MANUAL DE
formulação
de casos em
psicoterapia

M294	Manual de formulação de casos em psicoterapia / Organizador, Tracy D. Eells ; tradução : Pedro Augusto Machado Fernandes ; revisão técnica : Bruno Luiz Avelino Cardoso ; Janaína Bianca Barletta. – 3. ed. – Porto Alegre : Artmed, 2025.
	xvi, 471 p. : il. ; 25 cm.
	ISBN 978-65-5882-261-5
	1. Psicoterapia. 2. Casos clínicos. I. Eells, Tracy D.

CDU 159.9.019.4

Catalogação na publicação: Karin Lorien Menoncin – CRB 10/2147

Tracy D.
Eells
(org.)

MANUAL DE
formulação
de casos em
psicoterapia

3ª edição

Tradução
Pedro Augusto Machado Fernandes

Revisão técnica
Bruno Luiz Avelino Cardoso
Professor adjunto do Departamento de Psicologia da Universidade Federal de Minas Gerais. Formação em Terapia do Esquema pela Wainer Psicologia Cognitiva NYC Institute for Schema Therapy. Treinamento em Ensino e Supervisão de Terapia Cognitivo-comportamental no Beck Institute for Cognitive Behavior Therapy. Especialista em Terapia Cognitivo-comportamental pelo Instituto WP/FACCAT. Mestre em Psicologia pela Universidade Federal do Maranhão. Doutor em Psicologia pela Universidade Federal de São Carlos.

Janaína Bianca Barletta
Psicoterapeuta certificada pela Federação Brasileira de Terapias Cognitivas. Especialista em Psicologia Clínica pelo Conselho Federal de Psicologia e em Psicoterapia Cognitivo-comportamental pelo Centro de Estudos Superiores Silvio Romero/Faculdade de Ciências Médicas de Minas Gerais. Mestra em Psicologia pela Universidade de Brasília. Doutora em Ciências da Saúde pela Universidade Federal do Sergipe.

Porto Alegre
2025

Obra originalmente publicada sob o título *Handbook of Psychotherapy Case Formulation*, 3rd Edition
ISBN 9781462548996

Copyright © 2022 The Guilford Press
A Division of Guilford Publications, Inc.

Coordenadora editorial
Cláudia Bittencourt

Capa
Paola Manica | Brand&Book

Preparação de originais
Sandra da Câmara Godoy

Leitura final
Marcela Bezerra Meirelles

Editoração
AGE – Assessoria Gráfica e Editorial Ltda.

Reservados todos os direitos de publicação, em língua portuguesa, ao
GA EDUCAÇÃO LTDA.
(Artmed é um selo editorial do GA EDUCAÇÃO LTDA.)
Rua Ernesto Alves, 150 – Bairro Floresta
90220-190 – Porto Alegre – RS
Fone: (51) 3027-7000

SAC 0800 703 3444 – www.grupoa.com.br

IMPRESSO NO BRASIL
PRINTED IN BRAZIL

Organizador

Tracy D. Eells, PhD, é psicólogo clínico e professor de Psiquiatria e Ciências do Comportamento da University of Louisville. Além da prática psicoterápica, pesquisa ativamente e ensina psicoterapia a residentes de Psiquiatria e graduandos em Psicologia Clínica. Eells publicou inúmeros artigos sobre formulação de casos em psicoterapia e conduziu *workshops* voltados a profissionais sobre essa temática. Também compõe a equipe editorial de diversos periódicos sobre psicoterapia.

Autores

Barbara L. Milrod, MD, Department of Psychiatry, Albert Einstein College of Medicine, Bronx, New York; New York Psychoanalytic Institute, New York, New York; Columbia University Center for Psychoanalytic Training and Research, New York, New York

Barnaby D. Dunn, PhD, Mood Disorders Centre, University of Exeter, Exeter, Devon, United Kingdom

Brandon T. Sanford, MS, Department of Psychology, University of Nevada, Reno, Reno, Nevada

Brin F. S. Grenyer, PhD, School of Psychology and Illawarra Health and Medical Research Institute, University of Wollongong, Wollongong, New South Wales, Australia

Carrie U. Cole, MEd, The Gottman Institute, Seattle, Washington

Charles R. Ridley, PhD, Department of Educational Psychology, Texas A&M University, College Station, Texas

Christina E. Jeffrey, PhD, Department of Psychology and Counseling, University of Central Arkansas, Conway, Arkansas

Cory E. Stanton, MS, Department of Psychology, University of Nevada, Reno, Reno, Nevada

Donald L. Cole, DMin, LPC, LMFT, The Gottman Institute, Seattle, Washington

Ely M. Marceau, PhD, School of Psychology, University of Wollongong, Wollongong, New South Wales, Australia

Ephi J. Betan, PhD, prática privada, Atlanta, Georgia

Franz Caspar, PhD, Department of Clinical Psychology and Psychotherapy, University of Bern, Bern, Switzerland

Fredric N. Busch, MD, Columbia University Center for Psychoanalytic Training and Research, Weill Cornell Medical College, New York, New York

Fredrick T. Chin, MS, Department of Psychology, University of Nevada, Reno, Reno, Nevada

George Silberschatz, PhD, Department of Psychiatry and Behavioral Sciences, Weill Institute for Neurosciences, University of California, San Francisco, San Francisco, California

Hadas Wiseman, PhD, Department of Counseling and Human Development, University of Haifa, Haifa, Israel

Holly A. Swartz, MD, Department of Psychiatry, University of Pittsburgh School of Medicine, Pittsburgh, Pennsylvania

Jacqueline B. Persons, PhD, Oakland Cognitive Behavior Therapy Center, University of California, Berkeley, Berkeley, California

Jeffrey L. Binder, PhD, ABPP, Department of Psychiatry and Behavioral Sciences, Vanderbilt University Medical School, Nashville, Tennessee

John C. Markowitz, MD, Department of Psychiatry, Columbia University Vagelos College of Physicians and Surgeons, and New York State Psychiatric Institute, New York, New York

John M. Gottman, PhD, The Gottman Institute, Seattle, Washington

John T. Curtis, PhD, Department of Psychiatry and Behavioral Sciences, Weill Institute for Neurosciences, University of California, San Francisco, San Francisco, California

Julie S. Gottman, PhD, The Gottman Institute, Seattle, Washington

Leslie S. Greenberg, PhD, Department of Psychology, York University, Toronto, Ontario, Canada

Michael A. Tompkins, PhD, San Francisco Bay Area Center for Cognitive Therapy, University of California, Berkeley, Berkeley, California

Nicholas L. Salsman, PhD, ABPP, School of Psychology, Xavier University, Cincinnati, Ohio

Peter Sturmey, PhD, Department of Psychology, Queens College of the City University of New York, Flushing, New York

Rhonda N. Goldman, PhD, The Chicago School of Professional Psychology, Chicago Campus, Chicago, Illinois

Steven C. Hayes, PhD, Department of Psychology, University of Nevada, Reno, Reno, Nevada

Willem Kuyken, PhD, Department of Psychiatry, University of Oxford, Oxford, United Kingdom

A meus pais,
a Bernadette, Elias, Aidan e Lillian,
e a todos os colaboradores da
edição atual e das edições anteriores
deste livro.

Prefácio

O principal objetivo das duas primeiras edições do *Manual de formulação de casos em psicoterapia* foi abordar a lacuna entre a visão consensual existente de que a formulação de casos é uma habilidade psicoterápica central e a falta de treinamento adequado percebida em tal habilidade. As edições anteriores do *Manual* também apresentaram diversos métodos de formulação de casos baseados em evidências para um público clínico mais amplo. Desde a última edição, o tema da formulação de casos tem recebido cada vez mais atenção, como atestado pela publicação de vários textos e artigos sobre o tema, incluindo edições especiais de periódicos. Com isso, a fim de incorporar pesquisas recentes e de fomentar mais discussões sobre a formulação de casos, justifica-se esta revisão.

Nesta 3ª edição, todos os capítulos da edição anterior foram completamente atualizados de modo a incorporar avanços metodológicos, pesquisas recentes e melhorias no treinamento de terapeutas para a utilização do método. Alguns capítulos foram revistos visando enfocar a aplicação da formulação de casos a populações ou problemas específicos, sobretudo indivíduos com transtornos da personalidade, depressão, comportamento suicida e transtorno de pânico. Além disso, foram incluídos novos capítulos sobre a formulação de casos sob as perspectivas da terapia cognitiva baseada em *mindfulness*, da terapia de aceitação e compromisso e da terapia de casal.

Devido ao fato de a formulação de casos ser, fundamentalmente, uma habilidade prática, outro objetivo desta 3ª edição é aumentar a utilidade clínica do livro. Como nas edições anteriores, os autores dos capítulos demonstram de que forma o método de formulação de casos descrito no capítulo é desenvolvido, além de construírem uma formulação completa baseada em um caso real. Uma das características inéditas desta nova edição consiste na descrição que cada capítulo traz de um caso clínico completo, sessão a sessão, demonstrando como a formulação moldou o curso da terapia.

Um marco das edições anteriores foi a organização dos capítulos com base em uma mesma estrutura. Salvo pequenas mudanças, esta edição conserva esse formato. A utilização do formato-padrão é justificada pelas possibilidades que ele traz: facilitar comparações entre os métodos; certificar-se de que categorias similares de informação sejam fornecidas para cada um dos métodos; e simplificar o uso do livro. Todos os autores foram convidados a organizar seus capítulos como segue: origens históricas da abordagem, modelo conceitual, considerações multiculturais, evidências a favor do método, passo a passo da formulação de casos, aplicação ao planejamento e prática do tratamento psicoterápico, um exemplo de caso e uma seção sobre o aprendizado do método. Especificamente:

- *Origens históricas da abordagem.* Nessa seção, os autores descrevem as origens históricas e teóricas de sua abordagem de formulação de casos.

- *Modelo conceitual.* O objetivo dessa seção é apresentar *o que* está sendo formulado e *por que* está sendo formulado. Os autores foram convidados a considerar as seguintes perguntas: Quais são os pressupostos acerca da psicopatologia e do funcionamento psicológico saudável que fundamentam a abordagem? Qual é o modelo causal ou probabilístico considerado para embasar o método? Quais são os pressupostos sobre a estrutura da personalidade, o desenvolvimento, o autoconceito, a regulação do afeto e o conflito (caso exista)? Quais são os componentes da formulação de casos e qual é a fundamentação lógica da inclusão de cada componente? Como os alvos do tratamento são incorporados ao modelo? A formulação prediz o curso e o desfecho da terapia, incluindo os obstáculos a seu sucesso? Se sim, de que maneira?

- *Considerações multiculturais.* Os autores foram convidados a responder às seguintes perguntas: Quão adequada é a abordagem para pacientes de diversas origens étnicas e culturais? Deve-se fazer qualquer consideração especial na formulação sobre gênero, deficiências, idade, religião ou histórico de serviço militar do paciente? Como esses contextos socioculturais e identitários variados são considerados na formulação? De modo mais geral, quais pacientes são ideais e quais não o são para a formulação com o método exposto? Quais tipos de problemas são adequados ao método?

- *Evidências a favor do método.* Essa seção resume as evidências que embasam o uso do método na psicoterapia. Em que sentido o método é baseado em evidências? Como ele é sustentado por pesquisas?

- *Passo a passo da formulação de casos.* A meta dessa seção é fornecer uma descrição detalhada, passo a passo, de *como* se constrói uma formulação de casos utilizando o método exposto. Após a leitura da seção, os leitores devem ser capazes de construir uma formulação de casos utilizando o método apresentado. As perguntas às quais os autores foram convidados a responder incluem: Quanto tempo é necessário para formular os casos? Quais são os recursos utilizados (p. ex., entrevistas, questionários, anotações)? Qual é o papel do paciente na construção da formulação? Qual é a forma do produto alcançado?

- *Planejamento e prática do tratamento.* Essa seção trata de como o terapeuta utiliza a formulação em terapia. Por exemplo, deve-se compartilhar a formulação diretamente com o paciente? Se sim, de que maneira?

- *Exemplo de caso.* Apresenta-se um exemplo de caso detalhado para ilustrar de que forma o método é aplicado no tratamento de um indivíduo específico. Além de descrever como a formulação de caso é desenvolvida e de apresentar uma formulação completa, os autores do capítulo apresentam uma evolução completa de terapia mostrando como a formulação embasou e norteou o tratamento.

- *Aprendendo o método.* Essa seção trata de como os terapeutas podem ser mais bem treinados para empregarem o método de formulação de casos em questão. Ela apresenta aos leitores os passos concretos que devem ser dados a fim de se aprender o método descrito.

Os autores desta edição tomaram suas próprias decisões acerca do uso que fariam dos pronomes de tratamento. Desejo que esta edição revisada, preservando o formato-padrão de capítulos e incluindo métodos de formulação de casos complementares, bem como a fundamentação de cada um deles em evidências, forneça aos leitores várias ferramentas para aplicação no exercício da terapia.

Sumário

1

História e condição atual da formulação de casos em psicoterapia

Tracy D. Eells

O reconhecimento do papel central que a formulação de casos possui no planejamento e no tratamento da psicoterapia vem crescendo desde a última edição deste manual. As evidências dessa afirmação incluem a publicação de diversos livros que focam, exclusiva ou primariamente, na formulação de casos (p. ex., Bruch, 2015; Eells, 2015; Goldman & Greenberg, 2015; Haynes, O'Brien, & Kaholokula, 2011; Ingram, 2012; Kramer, 2019; Kuyken, Padesky, & Dudley, 2009; Persons, 2008; Sperry & Sperry, 2020; Sturmey, 2009; Tarrier & Johnson, 2016; Zubernis & Snyder, 2016). Outros livros apresentam métodos de psicoterapia nos quais a formulação é um passo essencial (p. ex., Benjamin, 2018; Levenson, 2017; McWilliams, 2011), e outros, ainda, focam na formulação de casos aplicada ao tratamento de condições psicológicas específicas (p. ex., Clark & Beck, 2011; Manber & Carney, 2015; Zayfert & Becker, 2007) ou populações específicas – como no caso de crianças e adolescentes (Manassis, 2014), famílias (Reiter, 2014) ou populações criminais (Sturmey & McMurran, 2011). A formulação de casos em psicoterapia também tem sido alvo de pesquisas e de revisões críticas de literatura (p. ex., Easden & Kazantzis, 2018; Eells, 2009; Fishman, 2010; Rainforth & Laurenson, 2014; Ridley, Jeffrey, & Roberson, 2017), incluindo, no mínimo, duas edições especiais de periódicos (Godoy & Haynes, 2011; Ridley et al., 2017). Além disso, dois periódicos revisados por pares focando em apresentações e revisões de casos continuaram suas atividades de maneira vigorosa (Fishman, 2002; Hersen, 2002). Ambos os periódicos envolvem a apresentação de casos em formato-padrão, que inclui uma seção sobre formulação de casos. Uma busca recente em literatura revelou mais de 2.700 publicações sobre "formulação de casos" ou "conceitualização de casos" desde 1980, com uma curva acelerada; e mais de 30 livros sobre o tópico foram publicados desde a última edição deste livro.

Com isso em mente, minha tarefa neste capítulo é traçar a história do conceito de formulação em psicoterapia e fornecer um panorama geral de sua situação. O objetivo central é fornecer um contexto que melhor favoreça a compreensão dos capítulos sobre métodos específicos de formulação de casos que se seguirão. Começo dando uma definição explicativa e, então, reviso grandes influências históricas e contemporâneas sobre o formato e o conteúdo de uma formulação de casos psicoterápica. Em seguida, examino tendências nas pesquisas sobre formulação de casos em psicoterapia. Por fim, proponho cinco tensões que influenciam o processo de formulação de casos em psicoterapia. Um fio condutor ao longo do capítulo é a ideia de que a formulação de casos é uma habilidade psicoterápica central, que se encontra na interseção entre diagnóstico e tratamento, teoria e prática, ciência e arte, e etiologia e descrição.

UMA DEFINIÇÃO EXPLICATIVA

A formulação de casos em psicoterapia é o processo de se desenvolver uma hipótese sobre as causas, os precipitantes e as influências mantenedoras dos problemas psicológicos, interpessoais e comportamentais de uma pessoa, bem como um plano para tratar tais problemas (Eells, 2015). Uma formulação de caso ajuda a organizar informações sobre a pessoa, sobretudo quando tais informações contêm contradições ou inconsistências em relação a comportamentos, emoções e conteúdo de pensamentos. O ideal é que ela contemple estruturas que permitam ao terapeuta compreender essas contradições e categorizar classes importantes de informação em uma visão suficientemente abrangente sobre o paciente. Uma formulação de caso também serve como um plano para guiar o tratamento e como um marcador de mudança. Ela deve ajudar o terapeuta a experimentar maior empatia (Elliott, Bohart, Watson, & Murphy, 2018) pelo paciente e a antecipar possíveis rupturas à aliança terapêutica (Eubanks, Muran, & Safran, 2018). Mais importante, ela informa ao terapeuta sobre o que fazer em seguida na terapia, não apenas de sessão para sessão, mas também conforme os eventos se desenrolam nas sessões.

Na condição de hipótese, uma formulação de caso pode incluir inferências acerca das vulnerabilidades predisponentes ou antecedentes como resultados de uma história de aprendizagem patogênica, traumas na primeira infância, influências biológicas ou genéticas, influências socioculturais, contingências de reforçamento operando no presente, ou esquemas e crenças desadaptativas sobre o *self* ou sobre outros. A natureza dessa hipótese pode variar bastante, dependendo de qual teoria psicoterápica ou psicopatológica o clínico utiliza e de quais evidências ele toma por base. Abordagens psicodinâmicas focam nos processos e nos conflitos mentais inconscientes (Messer & Wolitzky, 2007; Binder & Betan, Capítulo 5 deste livro; Busch & Milrod, Capítulo 3 deste livro; Perry, Cooper, & Michels, 1987; Summers, 2003). Uma formulação da terapia cognitiva pode enfocar pensamentos disfuncionais e crenças desadaptativas sobre o *self*, os outros, o mundo ou o futuro (p. ex., Beck, 2020; Persons & Tompkins, Capítulo 9 deste livro). De forma contraditória, uma formulação comportamental tradicionalmente talvez não enfatize eventos intrapsíquicos, mas, em vez disso, foque na história de aprendizagem do indivíduo e na análise funcional relacionada às contingências ambientais de reforçamento e nas inferências sobre pareamentos de estímulos-respostas (Sturmey, Capítulo 11 deste livro; Wolpe & Turkat, 1985). Formulações comportamentais contemporâneas têm incorporado cada vez mais cognição e afeto como componentes de suas análises funcionais (Nezu, Nezu, & Cos, 2007). Explicações biológicas também podem ser interligadas em uma formulação de caso. Alguns especialistas defendem que se busque nexos causais rigorosos entre uma condição psicopatológica e seus determinantes (Haynes, O'Brien, & Godoy, 2020; Mumma & Fluck, 2016), já outros salientam a importância de se alcançar uma narrativa explicativa que talvez não tenha embasamento factual em "verdades históricas", mas que seja, não obstante, terapêutica na medida em que forneça uma consideração conceitual da condição do paciente e um procedimento para melhorá-la (Binder & Betan, Capítulo 5 deste livro; Frank & Frank, 1991; Spence, 1982). Fontes de evidência podem incluir o autorrelato do cliente, descobertas psicométricas, processos psicoterápicos e pesquisa de desfechos, pesquisas epidemiológicas e evidências da genética comportamental (Eells, 2015). Na condição de hipótese, uma formulação de caso também está sujeita a revisões à medida que surgem novas informações, conforme os testes da hipótese de trabalho indicam, e à medida que o clínico enxergue o paciente através das lentes de um sistema teórico alternativo.

Formulações de casos envolvem tanto aspectos de conteúdo quanto processuais. Aspectos de conteúdo abrangem diversos componentes que, juntos, fornecem uma perspectiva holística do indivíduo, enfocando seus problemas. Elas também podem incluir um componente prescritivo, que flui diretamente de descrições e hipóteses anteriores, e propor um plano de tratamento (Sperry, Gudeman, Blackwell, & Faulkner, 1992). O plano de tratamento pode incluir detalhes como o tipo de terapia ou intervenções recomendadas, a frequência e a duração dos encontros, objetivos terapêuticos, obstáculos a esses alvos, recursos para tratar os problemas, um prognóstico e uma recomendação para intervenções auxiliares, como farmacoterapia, terapia de grupo, tratamento do abuso de substâncias ou uma avaliação médica. De maneira alternativa, pode-se recomendar intervenções que não a psicoterapia, ou nenhuma intervenção.

Os aspectos processuais da formulação de casos se referem às atividades do clínico que visam à obtenção das informações necessárias para se desenvolver o conteúdo da formulação; é comum que tal processo envolva sobretudo a condução de uma entrevista clínica. Duas categorias gerais de informação devem ser consideradas durante uma entrevista que contribua com a formulação. A primeira é a categoria de informações *descritivas*, que inclui dados demográficos, os problemas presentes, as medidas de enfrentamento tomadas pelo paciente, qualquer histórico de problemas ou tratamentos prévios de saúde mental, histórico médico, e históricos desenvolvimental, social, educacional e laboral. Embora a seleção de informações descritivas nunca esteja livre da influência de teorias ou vieses implícitos, em geral, não se procura interpretar ou derivar significado nessa fase; ao contrário, a ênfase está em fornecer uma base confiável de informações. A segunda categoria consiste nas informações de *significado pessoal* e se refere à forma como o paciente experiencia e interpreta os eventos descritos. Para obter tais informações, o terapeuta questiona o cliente e observa como os eventos descritivos afetam os pensamentos, os sentimentos e os comportamentos do paciente. O terapeuta pode também derivar informações acerca do significado pessoal a partir das narrativas contadas pelo paciente.

INFLUÊNCIAS HISTÓRICAS E CONTEMPORÂNEAS

Nesta seção, reviso quatro influências sobre a formulação de casos em psicoterapia, a saber: o exame médico e a história do caso, os modelos de psicopatologia e suas classificações, os modelos de psicoterapia e a avaliação psicométrica.

O exame médico e a história do caso

As principais influências sobre a forma e a lógica da formulação de casos em psicoterapia são o exame médico e o caso clínico, com suas raízes na medicina hipocrática e galênica.[1] A ascensão da medicina hipocrática no século V a.C. marcou o repúdio do politeísmo e da mitologia como fontes da doença ou da cura. Ela indicou também uma adoção da razão, da lógica e da observação na compreensão da doença, bem como sinalizou a convicção de que apenas as forças naturais estariam em jogo nos processos de adoecimento. Os médicos que seguiam o método hipocrático acreditavam que o diagnóstico devia se respaldar no seguro fundamento da observação e no prognóstico empregado como meio de se corroborar seus diagnósticos. Eles adotaram uma visão holística da doença, enxergando o paciente como um participante ativo em seu processo de cura. Como um presságio do movimento contemporâneo de bem-estar, das abordagens médicas holísticas e dos psicoterapeutas advogando em favor do foco nos "problemas da vida" de um paciente (Sullivan, 1954), os hipocráticos enxergavam a doença como um evento que tomava espaço no contexto amplo da vida do paciente. Seus esforços de tratamento procuravam restabelecer um equilíbrio das forças naturais de seus pacientes.

Partindo de pressupostos teóricos falhos envolvendo interação entre humores, vitalismo e "calor inato", a tarefa básica dos médicos hipocráticos era determinar a natureza do desequilíbrio dos humores do paciente. Com tal fim, desenvolveu-se um exame físico altamente sofisticado, em que o médico, utilizando seus cinco sentidos, buscava evidências objetivas para determinar a causa fundamental dos sintomas observados. Segundo Nuland (1988), relatos de caso hipocráticos incluíam descrições de mudanças na temperatura corporal, cor, expressões faciais, padrão respiratório, posição corporal, pele, cabelos, unhas e silhueta abdominal. Além disso, médicos hipocráticos provavam sangue e urina; eles examinavam secreções de pele, cera de ouvido, muco nasal, lágrimas, saliva e pus; eles cheiravam fezes e observavam a viscosidade do suor. Uma vez que o médico tivesse levantado e integrado essas informações, ele as utilizava para inferir a fonte do desequilíbrio humoral e o quanto a doença havia progredido. Só então prescrevia alguma intervenção. O ponto central a ser considerado é a qualidade empírica

---

[1]   Grande parte do material contido nesta seção é baseado em Nuland (1988).

desse exame. Os sintomas não eram aceitos sem questionamento, nem considerados produtos da intervenção divina; em vez disso, buscavam-se evidências objetivas dos padecimentos do corpo.

O foco de Hipócrates e seus estudantes na observação e no empirismo estabeleceu a fundação dos exames físicos feitos nos dias de hoje. Ele serve como um princípio importante da formulação de casos na psicoterapia moderna. Importante dizer que os hipocráticos também chamam a atenção dos formuladores de casos modernos para a ideia de que até os esforços combinados de objetividade e empirismo podem ser afligidos por uma crença exacerbada em um sistema teórico que organize observações.

Antes de poder ser descrito como moderno, o etos hipocrático demandava mais dois ingredientes: um enfoque em estruturas anatômicas (e subanatômicas) e suas funções como o fundamento das doenças, e o estabelecimento de experimentações planejadas como meio de compreensão da anatomia e das doenças. Tais ingredientes foram fornecidos, mais de 500 anos depois de Hipócrates, por outro médico grego, Galeno de Pérgamo. Antes de Galeno, um conhecimento detalhado da anatomia do corpo e de como as doenças a perturbam era considerado, na melhor das hipóteses, informação ultrapassada no treinamento médico. A ênfase de Galeno na anatomia e na estrutura pode ser interpretada como um precursor fisiológico das teorias psicológicas atuais que atribuem papéis centrais a estruturas mentais. Isso inclui os conceitos psicodinâmicos de id, ego e superego, bem como os conceitos de autorrepresentações, ou esquemas, estes enfatizados tanto por teóricos e pesquisadores cognitivistas quanto por alguns psicodinâmicos (Segal & Blatt, 1993).

Galeno foi o primeiro a valorizar a experimentação como um método para compreender a anatomia. A partir de uma série de experimentos simples e elegantes, ele provou que as artérias contêm sangue e que as pulsações arteriais nascem no coração. Consistente com esse espírito galênico, a experimentação visando a testagem de formulações sobre a "anatomia fisiológica" dos pacientes psicoterápicos tem sido proposta por muitos pesquisadores e metodologistas de psicoterapia (p. ex., Barlow & Hersen, 1984; Fishman, Messer, Edwards, & Dattilio, 2017; Haynes, O'Brien, & Godoy, 2020; McLeod, 2010; Morgan & Morgan, 2001; Stiles, 2003). Além disso, muitos dos autores de capítulos neste livro relacionam de maneira explícita seus métodos de formulação de casos com psicoterapias empiricamente embasadas e com uma tradição de empirismo.

Outro avanço importante na ciência médica no que diz respeito ao diagnóstico ocorreu muitos séculos após Galeno – a publicação, em 1769, da obra *De Sedibus et Causis Morburum per Anatomen* (*As bases e causas das doenças investigadas pela anatomia*), de Giovanni Morgagni. O texto de Morgagni é uma compilação de mais de 700 histórias de casos clínicos bem indexadas, cada uma relacionando a apresentação de um sintoma do paciente a um relato da patologia encontrada na necropsia e quaisquer experimentos relevantes que tenham sido conduzidos. *De sedibus* foi uma conquista notável, pois estabeleceu firmemente o "conceito anatômico de doença" de Galeno. Embora saibamos, hoje, que doenças não são unicamente produtos de órgãos enfermos, mas também de processos patológicos que ocorrem em tecidos e estruturas celulares e subcelulares, o conceito reducionista de doença ainda predomina. Um médico do século XVIII, utilizando *De Sedibus* para tratar um paciente, podia usar o índice para checar os sintomas de seu paciente, o que, por sua vez, podia ser cotejado com uma lista de processos patológicos possivelmente envolvidos. O preceito de Morgagni, de que os sintomas são "o grito do órgão em sofrimento", alinha-se com o pressuposto básico de algumas abordagens de formulação de casos de que sintomas representam o "grito" de estruturas e processos psicopatológicos ocultos.

Outra conquista de Morgagni é sua fundação do método clínico-patológico de pesquisa médica, em que correspondências entre sintomas de um paciente e patologias ocultas reveladas pela necropsia são examinadas. Embora não haja equivalente psicológico a uma necropsia conclusiva, o advento do método clínico-patológico pressagiou uma ênfase na obtenção de evidências independentes e corroborativas para embasar relações hipotéticas na psicologia. *De Sedibus,* de Morgagni, também demonstrou como os avanços na ciência médica podem ocorrer caso a caso, e como a integração e a organização de informações existentes podem fazer avançar a ciência. A criação de periódicos *on-line* sobre estudos de casos, como o *Pragmatic Case Studies in Psychotherapy* (Fishman, 2000), fornece um banco de dados de casos psicoterápicos com categorias de informação padronizadas e pesquisáveis. Tais esforços podem marcar o início de um *De Sedibus* psicológico.

Além de terem ampliado o alcance dos nossos cinco sentidos, as ferramentas e as tecnologias da medicina também aperfeiçoaram imensamente a precisão dos diagnósticos; sendo assim, a medicina nos brindou com um modelo referencial para a formulação de casos em psicoterapia. Dentre os exemplos de desenvolvimentos na medicina que contribuíram para o processo diagnóstico, encontram-se: a invenção do estetoscópio por Laennec, no começo do século XIX, a descoberta dos raios X por Roentgen e avanços recentes em técnicas de imagem cerebral. Um possível paralelo na psicologia é a associação livre de Freud (Lothane, 2018), a demonstração da força do controle de estímulos sobre o comportamento por parte de Skinner (Skinner, 1953), a tecnologia da genética comportamental (Waldman, 2007; Plomin, 2018) e o advento da psicometria (Wood, Garb, & Nezworski, 2007). Cada uma dessas "tecnologias" contribuiu para nossa compreensão do funcionamento psicológico e psicopatológico individual.

Como esta revisão do exame médico e do estudo de caso demonstrou, a estrutura e a lógica da formulação de casos tradicional em psicoterapia são modeladas com base na medicina. Aspectos específicos emprestados dessa disciplina incluem uma ênfase na observação, o pressuposto de que sintomas refletem processos ocultos de doenças, a experimentação como meio de descoberta, um ideal de confirmação *post mortem* (ou pós-tratamento) da formulação e uma confiança crescente de tecnologias para contribuir com os diagnósticos.

Modelos de psicopatologia e suas classificações

O entendimento e o conhecimento de um clínico sobre psicopatologia e as maneiras pelas quais estados psicopatológicos se desenvolvem, se mantêm e se organizam vão moldar como esse clínico formula casos. O entendimento e o conhecimento impõem uma série de restrições sobre o que o clínico enxerga como "errado" com a pessoa, o que precisa mudar, o quão possível é essa mudança e como se pode realizá-la. Embora uma discussão mais pormenorizada da natureza e da classificação da psicopatologia esteja fora do escopo deste capítulo, três temas que subjazem aos debates correntes sobre o tópico são de especial relevância para a formulação de casos. (Para uma discussão mais ampla, ver Achenbach, 2020; Blashfield, 1984; e Blashfield & Burgess, 2007.)

Etiologia versus descrição

Ao longo de sua história, a psiquiatria oscilou entre modelos descritivos e etiológicos de psicopatologia (Mack, Forman, Brown, & Frances, 1994; Surís, Holliday, & North, 2016). A tensão entre essas abordagens à nosologia reflete tanto a insatisfação com modelos descritivos quanto a inadequação científica dos modelos etiológicos passados. Durante o século XX e no começo do XXI, essa tendência foi observada no momento em que a psiquiatria descritiva de Kraepelin deu lugar ao foco psicossocial inspirado por Adolf Meyer e Karl Menninger, bem como à ênfase freudiana nos determinantes inconscientes do comportamento. Um foco na descrição até quase o ponto da exclusão da etiologia foi reavivado em 1980, com a publicação da terceira edição do *Manual diagnóstico e estatístico de transtornos mentais* (DSM-III; American Psychiatric Association, 1980) e tem se estendido aos dias atuais com o DSM-5[2] (American Psychiatric Association, 2013), junto à *Classificação internacional de doenças* (CID-10 e CID-11; World Health Organization, 2018). Contudo, pesquisas sobre as causas da psicopatologia e sobre seus contribuintes continuam de maneira intensa, como demonstrado pelo atual sistema do National Institute of Mental Health Research Domain Criteria (RDoC) (National Institute of Mental Health, 2020). No entanto, o impacto desse sistema sobre uma nosologia revisada permanece incerto (MacDonald & Krueger, 2013), e alguns pesquisadores já expressaram sua preocupação de que o sistema privilegie excessivamente a pesquisa biomédica em detrimento das pesquisas psicossocial e sociocultural (Berenbaum, 2013; Teachman et al., 2019). Considerando que a etiologia não é representada nas nosologias psiquiátricas atuais, cria-se um vácuo conceitual que a formulação de casos em psicoterapia procura preencher para o paciente individual.

Modelos categóricos versus dimensionais

Da mesma forma que psicopatologistas oscilaram entre nosologias etiológicas e descritivas, eles também debateram, por muito tempo, os méritos dos modelos categóricos *versus* dimensionais em psicopatologia (Kendell, 1975). A perspectiva categórica, ou "sindrômica", considera que os transtornos mentais são qualitativamente distintos

---

[2] N. de T. A versão mais atualizada disponível atualmente é o *Manual diagnóstico e estatístico de transtornos mentais*: DSM-5-TR (American Psychiatric Association). Artmed Editora, 2023.

entre si e do funcionamento psicológico "normal". A abordagem categórica manifesta o "modelo médico" de psicopatologia, que, além de enxergar doenças como condições patológicas discretas, também adere aos seguintes preceitos: (1) doenças possuem causas, cursos e desfechos previsíveis; (2) sintomas são expressões de estruturas e processos patogênicos subjacentes; (3) o domínio principal, embora não exclusivo, da medicina é a doença, não a saúde; e (4) a doença é, fundamentalmente, um fenômeno individual, e não uma entidade social ou cultural. A abordagem categórica da psicologia pode ser rastreável, na história recente, até o "conceito de doença" de Kraepelin, sendo incorporada pelos manuais diagnósticos e estatísticos publicados pela American Psychiatric Association desde 1980.

O modelo categórico tem sido muito criticado recentemente. A insatisfação parte de problemas como a heterogeneidade de sintomas nas entidades diagnósticas categóricas, baixa confiabilidade, altos níveis de comorbidade, validade preditiva limitada e preocupação de que modelos categóricos não capturem diferenças individuais em problemas de personalidade (Hopwood et al., 2018; Kessler, Chiu, Demler, Merikangas, & Walters, 2005). Comparando o modelo categórico dos transtornos da personalidade com a frenologia, o geocentrismo e as visões pré-hipocráticas de transtornos mentais, Hopwood e outras referências em psicopatologia escrevem de forma incisiva: "O modelo categórico tornou-se um atraso para a pesquisa e para a prática" (2018, p. 84).

Aqueles que advogam em favor de uma abordagem dimensional alegam que a psicopatologia é mais bem-compreendida como um conjunto de contínuos indo do normal ao anormal. Hopwood et al. (2018) afirmam que modelos dimensionais aumentam a confiabilidade, possuem ligações mais fortes com as pesquisas básicas sobre personalidade e eliminam desafios associados à comorbidade com transtornos da personalidade e heterogeneidade de sintomas. Outros declaram que dimensões podem ser mais facilmente mensuradas, identificam melhor fenômenos subclínicos e são uma forma mais parcimoniosa de compreender a psicopatologia (Blashfield & Burgess, 2007). O movimento em direção aos modelos dimensionais de transtornos da personalidade tem alcançado relevância a ponto de o DSM-5 (American Psychiatric Association, 2013) apresentar um modelo dimensional para consideração e pesquisas futuras. Talvez, mais notável ainda seja a substituição, na recente 11ª edição da CID, da Organização Mundial da Saúde, de uma abordagem categórica aos transtornos da personalidade por um modelo dimensional de traços com cinco domínios. Segundo a CID-11, tais domínios de traços são afetividade negativa, desinibição, distanciamento, dissociabilidade e anancastia. Os clínicos, primeiramente, avaliam um paciente no que diz respeito a um nível de severidade do transtorno da personalidade; em seguida, podem avaliar a pessoa no que tange aos cinco domínios de traços, com um qualificador de padrão *borderline* (Bagby & Widiger, 2020).

Em relação à formulação de casos, que diferença faz uma nosologia ser dimensional ou categórica? Pode-se identificar três fatores: potencial de estigmatização, a adequação de ajuste à concepção de organização da personalidade que um terapeuta possui e a facilidade de sua utilização.

Comparadas aos modelos dimensionais, as abordagens categóricas podem ser mais propensas a estigmatizar pacientes devido à sua maior tendência de reificar o que é um construto teórico. Por exemplo, escutar que você "tem" um transtorno da personalidade pode gerar ou exacerbar sentimentos de defectividade, sobretudo quando tal diagnóstico é proferido como uma "explicação" da condição da pessoa. Essa "formulação" pode também produzir um efeito desmoralizador desnecessário sobre o terapeuta. Abordagens dimensionais podem ser menos propensas à estigmatização, pois dimensões variam entre amplitudes normal e anormal, não sendo consideradas representantes de condições psicológicas discretas.

Quando expressa em termos de quase experiência, funcionais e contextuais, uma formulação de casos pode servir como um auxiliar terapêutico tanto para o sistema categórico quanto para o dimensional, reduzindo, assim, o potencial de estigmatização. Por exemplo, em vez de rotular uma pessoa dizendo que ela "tem" um transtorno da personalidade, o terapeuta pode oferecer uma intervenção com base em uma formulação, como: "É possível que, quando sente que pode ser abandonado, você se machuque como uma tentativa de aproximar os outros, mas, em vez disso, você só os afaste?"; ou: "Pergunto-me se você está permitindo que os outros decidam como você se sente, no lugar de você decidir por conta própria".

O debate dimensional-categórico também possui implicações na perspectiva de referência dos formuladores de casos no que diz respeito ao entendimento da personalidade. Se uma pessoa enxerga a personalidade em um contexto intraindividual (Valsiner, 1986, 1987) – isto é, como um sistema internamente organizado de partes interconectadas –, sua preferência por uma abordagem categórica ou dimensional influenciará as "partes" que ela identifica e sua visão de como elas se inter-relacionam. A abordagem categórica considera que sinais, sintomas e traços de personalidade se agrupam, formando um todo que constitui uma organização maior do que a soma de suas partes (ver Allport, 1961). Assim, do ponto de vista intraindividual, se um paciente exibe medo extremo de ser abandonado, sugerindo o transtorno da personalidade *borderline*, o formulador de casos pode investigar com mais cuidado características de impulsividade, problemas com autoimagem e risco de suicídio. Consultando a literatura científica, o formulador de casos pode também avaliar se estão presentes senso de onerosidade percebida e risco de suicídio quando estiver avaliando a suicidalidade (Chu et al., 2017).

A abordagem dimensional encaixa-se melhor se a pessoa enxerga a personalidade individual a partir de um referencial interindividual (Valsiner, 1986, 1987); ou seja, como uma série de traços que não se inter-relacionam necessariamente e que são mais bem-compreendidas segundo a forma como se comparam com a sua expressão em outros indivíduos. Abordagens dimensionais, como o modelo dos cinco fatores (Costa & Widiger, 1994) são desenvolvidas com o pressuposto de que as dimensões não estão correlacionadas. Desse modo, o escore de um indivíduo no traço "Agradabilidade" não ajudaria a predizer o grau de "Conscienciosidade" desse indivíduo. Um clínico que atua em uma perspectiva interindividual pode propor um grupo de traços cardeais como componentes centrais de uma formulação de caso.

A facilidade de uso é outra consideração relevante que se deve fazer em relação à formulação de casos, já que esta, comumente, deve ser feita de forma rápida. Muitos acham mais natural pensar em categorias do que em dimensões, inclusive no ramo da saúde, uma vez que decisões clínicas costumam ser naturalmente categóricas (p. ex., tratar ou não tratar, optar pela intervenção A ou B). Categorias também podem ser mais facilmente utilizadas no suporte ao terapeuta e ao paciente para que identifiquem e rotulem os problemas a serem abordados na terapia, como uma espécie de resumo. Por exemplo, Ridley e Jeffrey (Capítulo 7 deste livro) destacam quão útil foi a metáfora da "Garotinha rejeitada pelo papai" no caso que descrevem.

As perspectivas categórica e dimensional podem ser reconciliadas? Como observado (Eells, 2015), um terapeuta não precisa escolher entre as lentes categórica e dimensional, de modo que é útil se familiarizar com ambas as formas de pensar. Cientistas cognitivos descobriram que pensamos com mais facilidade em termos de categorias; parece-nos natural e é rápido. No entanto, abordagens dimensionais são parcimoniosas e preenchem lacunas dos sistemas categóricos. Cada uma serve a um propósito, e o clínico pode aprender a enxergar seus clientes alternativamente utilizando ambas as abordagens.

Normalidade versus anormalidade

As decisões sobre o que são e o que não são comportamentos e experiências normais se relacionam à questão dos modelos dimensionais vs. categóricos de psicopatologia. Tais decisões são centrais na tarefa da formulação de casos em psicoterapia. Elas não só orientam a estrutura e o conteúdo da formulação e dos processos pelos quais a formulação de casos é identificada como também orientam as estratégias de intervenção e os alvos de tratamento do clínico. Primeiro, é importante reconhecer que todas as concepções de psicopatologia são construções sociais, ao menos de forma parcial (Millon, 2011). Elas refletem visões consensualmente adotadas, derivadas da cultura, sobre o que é considerado anormal e o que não é.

Muitos critérios podem ajudar na tomada de decisões sobre o que é ou não normal. Alguns deles são: desvios estatísticos em relação ao comportamento normativo, sofrimento subjetivo, causar sofrimento nos outros, violar normas sociais ou culturais, desvio de um ideal de saúde mental, inflexibilidade da personalidade, baixa adaptação ao estresse e irracionalidade (Millon, 2011; Ramsden, 2013). Tais critérios fornecem uma base e um contexto com os quais os comportamentos e as experiências do paciente podem ser comparados. Eles permitem que o formulador de casos, em primeiro lugar, compreenda melhor seus pacientes ao comparar suas respostas ao estresse com respostas normativas ao estresse e, em seguida, avaliar as contribuições isoladas dos fatores disposicional vs. situacional, cultural, social e econômico para as manifestações clínicas do paciente. O formulador de casos não atua como juiz das experiências do paciente; em vez disso, ele utiliza visões normativas de normalidade e anormalidade para ajudar o paciente a se adaptar.

Em resumo, o conteúdo e a estrutura de uma formulação de casos em psicoterapia estão inextrincavelmente associados às visões, explícitas ou implícitas, do terapeuta sobre a etiologia dos problemas emocionais, ao debate sobre a natureza dimensional ou categórica dos transtornos mentais e aos pressupostos sobre o que é normal e o que é anormal no funcionamento psicológico.

Modelos de psicoterapia

A abordagem psicoterápica do terapeuta vai, é claro, influenciar consideravelmente o processo e o produto de suas formulações de casos. Nesta seção, reviso quatro grandes modelos de psicoterapia, com foco em suas contribuições para a formulação de casos. Estas abordagens são as terapias psicanalítica, humanista, comportamental e cognitiva.

Psicanálise

Embora sua influência tenha diminuído nos últimos anos (Paris, 2019), a psicanálise exerceu ao menos três grandes influências sobre a formulação de casos em psicoterapia. A principal contribuição é o desenvolvimento, por parte de Freud e de seus sucessores, de modelos de personalidade e de psicopatologia que moldaram de maneira significativa nossa compreensão das experiências e dos comportamentos humanos normais e anormais. Dentre os conceitos psicanalíticos mais importantes, encontram-se o determinismo psíquico e a noção de um inconsciente dinâmico, a sobredeterminação e o significado simbólico dos sintomas, a produção de sintomas como a formação de um acordo, os mecanismos de defesa do ego como mantenedores do equilíbrio psíquico e o modelo estrutural tripartite da mente. A começar pela formulação inicial de que "os histéricos sofrem principalmente de reminiscências" (Breuer & Freud, 1893/1955, p. 7), a psicanálise entregou aos terapeutas um sistema geral para compreenderem as experiências que os pacientes relatam na psicoterapia. Formulações posteriores de teóricos das relações objetais (p. ex., Kernberg, 1975, 1984) e psicólogos do *self* (Kohut, 1971, 1984) acrescentaram à psicanálise concepções de indivíduos com transtornos da personalidade (ver também McWilliams, 2011).

Uma segunda contribuição da psicanálise para a formulação de casos se relaciona com uma visão expandida da entrevista psicoterápica. Antes de Freud, a entrevista psiquiátrica era vista como uma entrevista de exame médico. Ela era altamente estruturada e enfocava a obtenção de um histórico e de uma checagem do estado mental, alcançando um diagnóstico e um plano de tratamento (Gill, Newman, & Redlich, 1954). Desde Freud, os terapeutas reconhecem que os pacientes, não raro, encenam seus problemas psicológicos, sobretudo os problemas de ordem interpessoal, enquanto os estão descrevendo para o terapeuta (p. ex., Binder & Betan, Capítulo 5 deste livro; Busch & Milrod, Capítulo 3 deste livro; Curtis & Silberschatz, Capítulo 4 deste livro; Grenyer, Merceau, & Wiseman, Capítulo 2 deste livro; Levenson, 2017). O processo de entrevista, em si mesmo, tornou-se uma *fonte* importante de informações para a formulação; isto é, as maneiras pelas quais os pacientes organizam suas autorrepresentações e seus pensamentos, aproximam-se ou se afastam de certos tópicos, e se comportam de maneira não verbal se tornaram parte daquilo que o terapeuta formula.

Uma terceira contribuição da psicanálise para a formulação é sua ênfase no estudo de caso. Embora o valor da história do caso continue a ser debatido (p. ex., Fishman et al., 2017; Flyvbjerg, 2006; McLeod, 2010; Mcleod & Elliott, 2011), há pouco o que se contestar na afirmação de que Freud elevou o perfil científico do método. O estudo de caso foi o principal veículo pelo qual Freud apresentou e embasou os conceitos psicanalíticos.

É interessante notar que a psicanálise, tradicionalmente, não incorporou o conceito de diagnóstico médico em uma formulação (Gill et al., 1954). A falta de interesse do próprio Freud em diagnósticos se manifesta no índice da *Standard Edition* de suas obras completas, que não possui entradas dedicadas a "diagnóstico" ou "formulação", embora apresente algumas sob o título "anamnese". Pasnau (1987) e Wilson (1993) afirmam que a falta de ênfase da psicanálise no diagnóstico contribuiu para a "desmedicalização" da psiquiatria no começo do século XX. Esses autores alegam que o "conceito de doença" não era visto como algo compatível ou relevante para o foco da psicanálise nos determinantes psicológicos inconscientes dos sintomas em contraste com os determinantes orgânicos, nem para uma ênfase em estados motivacionais, na história inicial de vida ou em padrões de relacionamentos interpessoais.

Embora tenha contribuído para a formulação de casos, a psicanálise tem sido criticada por aplicar formulações genéricas a pacientes quando não são apropriadas (ou adequadas). Um exemplo notável é o estudo de Freud do caso de Dora (ver Lakoff, 1990). Formulações psicanalíticas também foram criticadas por serem demasiadamente especulativas (Masson, 1984) por exibirem viés masculino (Horney, 1967) e por carecerem de rigor científico (Paris, 2019).

Terapia humanista

Representantes de psicoterapias de orientação humanista tradicionalmente adotaram a visão de que a formulação de casos, ou "diagnósticos psicológicos", é desnecessária e, até mesmo, deletéria. Segundo Carl Rogers (1951), "O diagnóstico psicológico... é desnecessário para a psicoterapia [centrada no cliente], e pode, na verdade, atuar em detrimento do processo terapêutico" (p. 220). Rogers tinha receio de que a formulação colocasse o terapeuta em uma posição "privilegiada" em relação ao cliente e criasse uma dependência malsã na relação terapêutica, dificultando, assim, o cliente de assumir a responsabilidade pela solução de seus próprios problemas. Nas palavras de Rogers (1951), "Perde-se, em certo grau, a humanidade à medida que o indivíduo adquire a crença de que apenas o especialista pode avaliá-lo precisamente, e de que, portanto, a medida de seu valor pessoal depende do juízo de outra pessoa" (p. 224). Rogers (1951) também expressou a objeção social e filosófica de que o diagnóstico pode, a longo prazo, exercer um "controle social de muitos [nas mãos de] poucos" (p. 224). Embora as críticas de Rogers sirvam de advertência, elas também parecem se basear no pressuposto de que a prática do "diagnóstico psicológico" necessariamente coloca o terapeuta e o paciente em um relacionamento não colaborativo, em que a formulação é imposta de maneira peremptória, e não construída conjuntamente e modificada quando necessário. Também é digno de nota que os expoentes contemporâneos de terapias fenomenológicas são menos resistentes à formulação do que Rogers, mas que tendem a enfatizar a formulação das experiências momento a momento do cliente em vez de proporem padrões globais que descrevem um cliente (Goldman & Greenberg, Capítulo 14 deste livro).

Algumas contribuições da psicologia humanista para a formulação de casos incluem sua ênfase no cliente na condição de pessoa, em vez de um "transtorno" que é "tratado"; seu foco no aspecto aqui-e-agora de um encontro humano, em vez de uma "formulação" intelectualizada; e sua visão do terapeuta e do cliente como iguais nesse relacionamento. A psicologia humanista também adota uma perspectiva holística, e não reducionista, da humanidade. A psicologia humanista contribuiu com técnicas que facilitam o *insight* e um aprofundamento da experiência (Goldman & Greenberg, Capítulo 14 deste livro), tendo também enfatizado uma abordagem à compreensão dos processos e dos desfechos psicoterápicos baseada em evidências, mesmo que tais contribuições permaneçam em grande parte não reconhecidas (ou não confirmadas) atualmente (Farber, 2007).

Terapia comportamental

Terapeutas comportamentais historicamente minimizaram a importância da avaliação e do diagnóstico tradicionais (Follette, Naugle, & Linnerooth, 2000; Goldfried & Pomeranz, 1968). As razões para tal são muitas e incluem uma ênfase desses terapeutas em entidades ou forças mentais não observáveis, na classificação *per se*, em preocupações com a falta de utilidade em ajudar indivíduos e em uma disparidade entre os alvos da avaliação tradicional e aquelas da análise comportamental (Follette & Darrow, 2014; Follette et al., 2000; Hayes & Follette, 1992). Além disso, categorias diagnósticas são altamente incompatíveis com a ênfase dos comportamentalistas em problemas em vez de em diagnósticos e na avaliação de problemas por meio de "análises funcionais". A análise funcional envolve identificar comportamentos-alvo, as variáveis e as contingências ambientais que controlam os comportamentos e a aplicação de princípios comportamentalistas para facilitar a mudança (Sturmey, Capítulo 11 deste livro). Alguns comportamentalistas reconheceram limitações na abordagem da análise funcional à formulação de casos, sobretudo devido às dificuldades de replicabilidade e aos problemas resultantes de se estudar cientificamente pacientes (Hayes & Follette, 1992). Mais recentemente, terapeutas comportamentais, bem como alguns terapeutas cognitivos (p. ex., Persons & Tompkins, Capítulo 9 deste livro), ampliaram a noção de análise funcional, passando a considerar nela os pensamentos e os sentimentos de um indivíduo – e não apenas seus comportamentos –, incorporando-a ao formato da formulação de casos (Haynes et al., 2011; Nezu et al., 2007). A "terceira onda" de terapias cognitivas

(Hayes, 2004) adicionou uma ênfase em conceitos como o foco, sem julgamentos, no momento presente, em valores e no *self* observador, utilizando terminologias como *atenção plena* (do inglês, *mindfulness*) e *aceitação* (Chin, Stanton, Sanford, & Hayes, Capítulo 13 deste livro; Kuyken & Dunn, Capítulo 12 deste livro).

A terapia comportamental contribuiu grandemente para o processo de formulação de casos. Primeiro, tem-se sua ênfase em sintomas e problemas. Comportamentalistas buscam entender a "topografia" da sintomatologia, incluindo associações relevantes do tipo estímulo-resposta e contingências de reforçamento. De modo diferente dos pensadores psicodinâmicos – que enxergam os sintomas como *símbolos* de um problema mais fundamental –, os comportamentalistas tradicionalmente enfocam os sintomas *como* o problema e priorizam, de forma direta, o alívio de sintomas. No entanto, como já observado, a terceira onda de terapias comportamentais busca mais que o mero alívio de sintomas, indo ao encontro do aumento da autoconsciência e do aprendizado de repertórios comportamentais flexíveis e adaptativos. Segundo, mais do que outros profissionais, os comportamentalistas enfatizaram as fontes ambientais do sofrimento e, de maneira mais específica, como o sofrimento do indivíduo pode funcionar como reforçador tanto de comportamentos desadaptativos quanto de comportamentos adaptativos. Consequentemente, deu-se mais atenção à modificação do ambiente do que do indivíduo. Uma formulação mais balanceada em sua atribuição de comportamentos desadaptativos ao indivíduo e ao seu ambiente é menos estigmatizante. Terceiro, os comportamentalistas enfatizaram demonstrações empíricas para fundamentarem a eficácia de suas abordagens. Isso inclui mensurar a sintomatologia, isolar possíveis variáveis causais e variá-las sistematicamente, e examinar seus efeitos sobre o comportamento. Essa tradição remonta à demonstração de Watson, com o pequeno Albert, de que fobias específicas podem ser produzidas e extinguidas conforme princípios do condicionamento clássico.

Terapia cognitiva

Em uma série de livros influentes, Beck e seus colaboradores apresentaram formulações gerais sobre as causas, os precipitantes e as influências mantenedoras da depressão (Beck, Freeman, Davis, & Associates, 2004), dos transtornos de ansiedade (Beck, Emery, & Greenberg, 1985; Clark & Beck, 2011), dos transtornos da personalidade (Beck, Rush, Shaw, & Emery, 1979; Beck, Davis, & Freeman, 2015) e do abuso de substâncias (Beck, Wright, Newman, & Liese, 1993). No sistema cognitivo, mecanismos específicos foram teorizados para transtornos específicos, como o de pânico (Clark, 1986; Craske & Barlow, 2014), a fobia social (Clark & Wells, 1995) e o transtorno de estresse pós-traumático (Ehlers & Clark, 2000). Essas formulações enfatizam um conjunto de padrões cognitivos, de esquemas e de processamentos errôneos de informação, cada um deles específico ao tipo de transtorno. Por exemplo, indivíduos com depressão tendem a enxergar a si mesmos como defeituosos e inadequados, o mundo como um lugar excessivamente exigente que apresenta obstáculos insuperáveis à conquista de objetivos e o futuro de maneira desesperançosa. Os processos de pensamento de indivíduos com depressão são descritos como se revelassem erros característicos, incluindo inferências arbitrárias, abstração seletiva do específico para o geral, supergeneralização e dicotomização. Já formulações de indivíduos com ansiedade tendem a se concentrar em torno da temática da vulnerabilidade, e aquelas referentes aos indivíduos que sofrem de abuso de substâncias podem enfocar pensamentos automáticos relacionados à antecipação de recompensa e à eficácia aumentada durante o uso de drogas ou alívio de sintomas que se seguirão ao consumo de substâncias. Até recentemente, psicólogos cognitivos tenderam a focar em formulações gerais para esses transtornos, e não em variações sob medida confeccionadas para pacientes específicos (Persons, 1989, 2008; Persons & Tompkins, Capítulo 9 deste livro; Tarrier & Calam, 2002, Carrier & Johnson, 2016). Como observado por Persons e Tompkins (Capítulo 9 deste livro), a questão sobre se formulações individualizadas têm impacto diferencial sobre o desfecho da terapia cognitivo-comportamental em relação ao uso exclusivo de formulações genéricas ainda permanece em julgamento.

Avaliação psicométrica

Dentre as contribuições da psicologia clínica para a compreensão da psicopatologia estão o desenvolvimento de testes de personalidade confiáveis e válidos, padrões para a construção e a administração desses testes e a aplicação da teoria das probabilidades à avaliação (Wood et al., 2007). Entretanto, a influência desses avanços sobre a formulação de casos em psicoterapia tem sido indireta, e não o que tem potencial para ser. Uma possível explicação é a tendência entre psicólogos clínicos de enxergar a psicoterapia e a avaliação psicométrica de maneira separada e, talvez, como iniciativas incompatíveis. Segundo, pode-se identificar regularmente dúvidas sobre o valor prático da avaliação psicológica para a psicoterapia (p. ex., Hayes, Nelson, & Jarrett, 1987; Korchin & Schuldberg, 1981; Nelson-Gray, 2003; Wood et al., 2007). Na verdade, poucas pesquisas examinaram o benefício suplementar da avaliação psicológica para o planejamento, a implementação e o desfecho do tratamento, a despeito da disponibilidade das estratégias de pesquisa para abordarem esse assunto (Hayes et al., 1987; Hunsley & Meyer, 2003).

Quais são as possíveis contribuições da psicometria e do pensamento psicométrico para a formulação de casos em psicoterapia? A primeira é o uso das próprias medidas validadas de personalidade e de sintomas no processo da formulação de casos (Koerner, Hood, & Antony, 2011). Como o leitor deste livro verá, alguns autores utilizam de forma rotineira medidas de sintomas e monitoramento de progresso empírico como partes do processo de suas formulações de casos. Demonstrou-se que algumas dessas ferramentas conferem validade incremental à predição de desfechos de tratamentos e sinalizam quando se está lidando com um possível fracasso do tratamento (Lambert, 2007, 2013). Outros autores discutiram as aplicações da psicoterapia de instrumentos psicométricos comumente utilizados, por exemplo, o Minnesota Multiphasic Personality Inventory

(MMPI; Finn & Kamphuis, 2006) e o Personality Assessment Inventory (Morey, 2003). Além disso, protocolos de entrevistas semiestruturadas, como o Mini-International Neuropsychiatric Interview (M.I.N.I.; Sheehan et al., 1998) ou ferramentas como a Shedler-Westen Assessment Procedure (SWAP-200; Shedler & Westen, 2004) poderiam ser utilizadas, a fim de contribuir para o componente diagnóstico da formulação de casos.

Uma segunda contribuição possível para a formulação de casos se relaciona à maneira de pensar que se associa à avaliação psicométrica. Uma clareza acerca de conceitos como confiabilidade, validade e padronização de administração de uma medida pode aumentar a adaptação de uma formulação de caso ao indivíduo em questão. Por exemplo, assim como a administração padronizada de testes psicológicos é importante para a interpretação confiável e válida dos resultados, ela pode também ser importante para o terapeuta na medida em que o ajuda a adotar uma abordagem padronizada em sua entrevista de avaliação, visando compreender o cliente mais precisa e empaticamente. Ao alcançar essa meta, o terapeuta não deve ser rígido ou grosseiro demais; deve buscar construir a familiaridade necessária com os pensamentos e os sentimentos do paciente, enquanto se distancia suficientemente, de modo a se preservar como um instrumento confiável para avaliar os problemas do paciente – incluindo a possível expressão desses problemas nos limites da relação terapêutica. É especialmente importante que se mantenha essa postura durante a entrevista psicoterápica, pois ela é a ferramenta utilizada com mais frequência para avaliar os pacientes em psicoterapia, estando vulnerável, também, a problemas de confiabilidade (Koerner et al., 2011).

Nesta seção, indiquei algumas influências históricas e contemporâneas que moldaram o processo que culminou no que hoje se entende como formulação de casos em psicoterapia. Como apontado, sua forma e sua estrutura se originaram em tempos helênicos e estão profundamente imersas na medicina, mas foram também alteradas de maneiras importantes pela psicologia – abordagens psicanalítica, humanista, comportamental e cognitiva. A formulação de casos em psicoterapia também foi influenciada pela forma pela qual a psicopatologia é compreendida e pelo advento da avaliação psicométrica.

PESQUISA EM FORMULAÇÃO DE CASOS

A formulação de casos tem sido objeto de uma quantidade considerável de pesquisas, e são necessárias ainda mais pesquisas. Nesta seção, destaco áreas importantes de foco e descobertas relacionadas. Têm-se publicado muitas revisões e críticas excelentes de aspectos da pesquisa em formulação de casos nos últimos anos, que fornecem detalhes importantes para além do escopo deste capítulo (Bucci, French, & Berry, 2016; Easden & Kazantzis, 2018; Persons & Hong, 2016; Rainforth & Laurenson, 2014; Ridley, Jeffrey, & Roberson, 2017). Cada capítulo deste *Manual* apresenta uma seção que discute a pesquisa sobre o método específico apresentado. Neste apanhado, discuto estudos sobre a confiabilidade e a validade da formulação de casos, a pesquisa investigando a contribuição da formulação de casos para os processos e os desfechos de tratamento, e trato da competência, da perícia e do treinamento em formulação de casos.

Confiabilidade da formulação de casos

O valor de uma formulação de caso depende de sua confiabilidade, bem como de sua validade – discutida na seção seguinte. Confiabilidade, aqui, refere-se a quão bem clínicos podem construir, de maneira independente e baseados em um mesmo material clínico, formulações semelhantes. A confiabilidade pode também se referir a quão bem as formulações dos clínicos são compatíveis com uma formulação construída por um especialista ou um time de especialistas, ou, de forma alternativa, até quando clínicos concordam que uma formulação já construída ou seus componentes se encaixam em um conjunto de materiais clínicos.

Em 1966, um psicanalista de Chicago, Philip Seitz (1966), publicou um artigo detalhando os esforços de um pequeno grupo de pesquisa para estudar o que ele chamou de "o problema do consenso na pesquisa psicanalítica" (p. 209). Durante três anos, o grupo de seis psicanalistas revisou independentemente notas detalhadas de um único caso de psicoterapia ou sonhos extraídos de diversos casos psicoterápicos. Cada formulador escreveu uma narrativa no estilo de ensaio tratando da situação precipitante, do conflito focal e dos mecanismos de defesa atuantes no material clínico. Os participantes também relataram seus raciocínios interpretativos e evidências tanto apoiando quanto se opondo às suas formulações. Após as formulações serem escritas, elas foram distribuídas a cada um dos membros do grupo, que, então, tiveram a oportunidade de revisar a formulação original à luz das pistas fornecidas pelas formulações dos outros. O grupo se encontrava semanalmente para revisar suas descobertas. A despeito do entusiasmo inicial do grupo, os resultados foram decepcionantes, ainda que previsíveis. Seitz relatou que foi alcançado um consenso satisfatório em pouquíssimas formulações.

O mérito principal do artigo de Seitz é ter alertado a comunidade de pesquisadores e praticantes de psicoterapia sobre o "problema do consenso". Se a pesquisa em psicoterapia almejava ser uma iniciativa científica, precisava-se de progresso na consistência com que os clínicos descreviam os problemas de um paciente e nas maneiras de manejá--los. O artigo de Seitz (1966) também é valioso por causa de sua apresentação dos motivos de os clínicos terem dificuldades em alcançar um acordo. Um motivo geral foi a "inadequação de nossos métodos interpretativos" (p. 214). Uma dessas inadequações foi a tendência de membros do grupo a fazer inferências em um nível excessivamente profundo – por exemplo, fazendo referências à "rivalidade fálico-edípica" e aos "medos de castração". Seitz (1966) reconheceu também que o grupo colocou "muita confiança em impressões intuitivas e deu pouca atenção à checagem sistemática e crítica de nossas interpretações" (p. 216). Tais destaques prenunciaram aqueles de pesquisadores posteriores que identificaram limitações e vieses nas capacidades humanas de processamento de informação e nas condições necessárias para se fazer melhor uso da intuição (Kahneman, 2011; Kahneman & Klein, 2009).

Nos anos seguintes à publicação do artigo de Seitz, diversos pesquisadores focaram em aperfeiçoar a confiabilidade das formulações de casos em psicoterapia. O primeiro a consegui-lo com sucesso foi Luborsky (Grenyer et al., Capítulo 2 deste livro; Luborsky, 1977; Luborsky & Barrett, 2007) com seu método *core conflictual relationship theme* (CCRT). Dentro de alguns anos, mais de 15 métodos estruturados de formulação de casos foram propostos (Luborsky et al., 1993). Embora a maioria desses métodos tenha sido desenvolvida com base em sistemas psicodinâmicos, também foram desenvolvidos métodos das escolas comportamental, cognitivo-comportamental, cognitivo-analítica e eclética/integrativa. Exemplos desses métodos incluem o CCRT (Grenyer et al., Capítulo 2 deste livro; Luborsky & Crits-Christoph, 1990, 1998; Tallberg, Ulberg, Johnsen--Dahl, & Høglend, 2020), o *plan formulation method* (Curtis & Silberschatz, Capítulo 4 deste livro; Curtis, Silberschatz, Sampson, Weiss, & Rosenberg, 1988), o método *role relationship model configuration* (Horowitz, 1989, 1991; Horowitz & Eells, 2007), o *cyclical maladaptive pattern* (Binder & Betan, Capítulo 5 deste livro; Johnson, Popp, Schacht, Mellon, & Strupp, 1989; Schacht & Henry, 1994), o método *idiographic conflict formulation* (Perry, 1994; Perry, Augusto, & Cooper, 1989), o *consensual response formulation method* (Horowitz, Rosenberg, Ureño, Kalehzan, & O'Halloran, 1989), a formulação de casos cognitivo-comportamentais (Persons, 1989, 2008) e a *plan analysis* (Caspar, 1995; Capítulo 8 deste livro).

A confiabilidade de vários tipos de formulação foi testada (Barber & Crits-Christoph, 1993; Critchfield, Benjamin, & Levenick, 2015; Flinn, Braham, & das Nair, 2015; Kuyken, Fothergill, Musa, & Chadwick, 2005; Sørbye et al., 2019). Uma revisão recente de 18 estudos (Flinn et al., 2015) descobriu que as estimativas de concordância entre avaliadores variaram de pequena (0,1-0,4) a significativa (0,81-1,0). Posteriormente, esses autores descobriram que "formulações psicodinâmicas pareceram gerar níveis ligeiramente aumentados de confiabilidade quando comparados a formulações cognitivas ou comportamentais; entretanto, tais estudos também incluíram métodos que podem ter servido para inflar a confiabilidade, por exemplo, acumulando os escores dos juízes" (p. 266). Evidências extraídas de estudos de confiabilidade de métodos de formulação de casos cognitivo-comportamentais descobriram níveis elevados de concordância (i.e., correlação intraclasse [ICC] > 0,83) no conteúdo da conceitualização de casos, mas níveis menores de concordância em mecanismos cognitivos subjacentes (ICC média de 0,46, variância de 0,07-0,70; Easden & Kazantzis, 2018).

Validade da formulação de casos e suas contribuições para o processo e o desfecho do tratamento

Houve menos pesquisas sobre a validade da formulação de casos do que sobre sua confiabilidade, e, assim como nos estudos de confiabilidade, os pesquisadores utilizaram uma variedade de métodos para avaliar a validade e a analisaram a partir de muitas perspectivas. A revisão sistemática de Easden e Kazantzis (2018) sobre a validade da formulação de casos cognitivo-comportamentais encontrou 16 estudos que procuraram avaliar a validade com relação à mudança de sintomas. Sete desses estudos incluíram alguma medida de tamanho de efeito sobre a relação entre aspectos da conceitualização de casos e sintomas de pacientes, mas três desses possuíam amostras bem pequenas. Nenhuma conclusão geral foi relatada devido à disparidade entre os estudos.

Fora da perspectiva cognitivo-comportamental, um estudo de Horowitz, Luborsky e Popp (1991) examinou a validade convergente do método *role relationship model configuration* (RRMC) (Horowitz, 1989, 1991; Horowitz & Eells, 2007) por meio da comparação qualitativa deste com o método CCRT de formulação de casos (Luborsky & Crits-Christoph, 1990; Grenyer et al., Capítulo 2 deste livro). Resultado: os métodos identificaram conflitos emocionais e interpessoais centrais parecidos; o CCRT foi mais fácil de aplicar, mas o RRMC coletou mais informações a respeito de processos de defesa. Diversos outros estudos aplicaram metodologias similares (p. ex., Collins & Messer, 1991; Perry, Luborsky, Silberschatz, & Popp, 1989; Persons, Curtis, & Silberschatz, 1991). Eles tendem a encontrar dois tipos de validade – convergente e divergente –, dependendo do método de formulação de casos e de sua respectiva teoria subjacente.

Uma forma de interpretar a validade das formulações de casos é examinando até que ponto uma formulação de casos prediz eventos ou temas que emergem posteriormente na terapia – uma forma de validade preditiva. Por exemplo, Horowitz, Eells, Singer e Salovey (1995) compararam RRMCs construídos no começo de uma terapia de longo prazo com transcrições de psicoterapia no segundo e no último terços do processo. Descobriu-se que temas essenciais de caráter interpessoal, emocional e de defesa identificados no início da terapia ainda eram o foco de atenção em períodos posteriores desta. Em outra série de estudos de caso intensivos, Silberschatz (2005) descobriu que intervenções de terapeutas consistentes com uma formulação predisseram tanto eventos de processo – sobretudo um aprofundamento da experiência por parte do paciente – quanto desfechos da terapia (ver também Messer, Tishby, & Spillman, 1992). Luborsky (1996) conduziu estudos semelhantes envolvendo o CCRT.

Estudos experimentais examinaram a validade incremental de formulações de caso ao compararem pacientes aleatoriamente distribuídos entre terapias-padrão manualizadas e terapias personalizadas com base em uma formulação de casos (p. ex., Schulte, Kunzel, Pepping, & Schulte-Bahrenberg, 1992; Ghaderi, 2011) ou em módulos de intervenção selecionados segundo uma avaliação individualizada das necessidades do paciente (Chorpita et al., 2013). De modo geral, tais estudos não detectaram diferenças entre os grupos quanto aos desfechos. Uma possível interpretação desses dados é reconhecer que algum grau de individualização ocorre até em terapias manualizadas, gerando certa falta de heterogeneidade entre níveis de variáveis independentes. Easden e Kazantzis (2018) também observam que a maior parte dos estudos desse tipo não são muito robustos. Eles concluem que as pesquisas ainda precisam estabelecer se a conceitualização de casos pode aperfeiçoar desfechos terapêuticos e oferecem sugestões para pesquisas posteriores.

Mumma e colaboradores (Mumma, 2011; Mumma & Fluck, 2016; Mumma, Marshall, & Mauer, 2018) apresentaram uma variedade de perspectivas interessantes para se avaliar a validade da formulação de casos. Eles enfocam uma abordagem específica à pessoa, de teste de hipóteses envolvendo avaliações repetidas utilizando medidas que possuem componentes tanto idiográficos quanto nomotéticos e que podem ser avaliados por meio de testes estatísticos simples. A abordagem que Mumma e colaboradores oferecem reconhece a distinção crítica entre os sistemas de referência intraindividual e interindividual – mais especificamente, que um padrão de resultados derivado de um sistema interindividual de referência pode não se transpor para a perspectiva intraindividual de referência (Eells, 2007; Hillard, 1993; Kim & Rosenberg, 1980; Kraemer, 1978; Lewin, 1931; Morgan & Morgan, 2001; Sidman, 1952; Thorngate, 1986; Tukey & Borgida, 1983). Dito de outro modo: "[o] fundamento e a justificativa da abordagem específica à pessoa deriva da noção de que padrões de correlação entre itens de um questionário podem ser diferentes, a depender se os dados são coletados de muitas pessoas ou de uma mesma pessoa por muitas vezes" (Mumma, 2011, p. 30).

Competência, perícia e treinamento em formulação de casos

Parte da pesquisa em formulação de casos também focou em questões relacionadas à competência, à perícia e ao treinamento em tal formulação. Alguns questionamentos levantam a possibilidade de terapeutas mais experientes ou especialistas serem superiores àqueles iniciantes em formular casos e, nesse caso, procuram capturar o que distingue o processo seguido pelos especialistas; buscam compreender como melhorar o treinamento de terapeutas em formulação de casos; e indagam sobre maneiras de mensurar a competência em formular casos. Esses questionamentos serão explorados de forma ordenada.

Há evidências de que especialistas, além de produzirem formulações de casos melhores, também adotam um processo distinto de as realizar quando comparados aos iniciantes e a terapeutas experientes que carecem de perícia na formulação de casos (Eells, Lombart, Kendjelic, Turner, & Lucas, 2005). Eells e colaboradores descobriram que terapeutas cognitivo-comportamentais e psicodinâmicos especialistas produziam formulações de casos mais abrangentes, elaboradas, complexas e sistemáticas em termos de consistência no processo seguido em cada caso; além disso, os planos de tratamento de especialistas eram mais elaborados e mais coerentes com os mecanismos inferidos e com a lista de problemas. Em termos de conteúdo, as formulações dos especialistas continham mais informações, especificamente dos tipos descritivo, diagnóstico, inferencial e planejamento de tratamento. Eles também exibiram melhor raciocínio inferencial e dedutivo quando comparados com não especialistas (Eells et al., 2011). Uma análise qualitativa indicou que formulações de alta qualidade desenvolvidas tanto por terapeutas cognitivo-comportamentais quanto psicodinâmicos utilizaram baixos níveis de inferência e um padrão de alternância entre informações descritivas e inferências à medida em que a formulação era desenvolvida (Eells, 2010). É interessante notar que, nesses estudos de Eells e colaboradores, iniciantes tiveram melhor desempenho do que terapeutas experientes, um achado que foi replicado (Vollmer, Spada, Caspar, & Burri, 2013) e que tem implicações no desenvolvimento profissional.

Em outro estudo, Kuyken et al. (2005) avaliaram a qualidade de formulações cognitivo-comportamentais e identificaram alta variabilidade, com 44% avaliadas como no mínimo boas o suficiente. Esses pesquisadores também descobriram que a qualidade da formulação de casos estava associada à experiência clínica e à condição de acreditação. De modo similar, Baer (2005) identificou uma pequena, mas positiva relação entre avaliações de qualidade de formulações de casos e resposta ao tratamento. É curioso que essa relação entre avaliações da qualidade de formulações de casos e a resposta ao tratamento tenha se revelado mais forte em indivíduos com diagnósticos complexos. Em um estudo semelhante, Easden e Fletcher (2018) investigaram a relação entre competência do terapeuta na conceitualização de casos e desfecho da psicoterapia. Eles descobriram que a competência do terapeuta explicou 40% da variância relativa a um só paciente e 19% da variância entre pacientes associada a mudanças significativas e positivas no Inventário de Depressão de Beck II (BDI-II; Beck, Steer, & Brown, 1996).

Poucos estudos têm sido realizados sobre o treinamento de terapeutas para aprenderem e aplicarem a formulação de casos. Caspar, Berger e Hautle (2004) desenvolveram uma abordagem auxiliada por computador que foi bem aceita e levou à melhoria da habilidade de formandos em sua capacidade de cobrir os aspectos relevantes de uma conceitualização de casos. Em outro estudo, Kendjelic e Eells (2007) descobriram que um treinamento "genérico" de duas horas em formulação de casos em psicoterapia levou a melhorias estatisticamente significativas na qualidade da formulação de casos. Mumma (2011) sugere que as complexidades de tratamentos baseados em formulações os tornam mais vulneráveis a vieses de julgamento e de inferência do que tratamentos padronizados. Consequentemente, ele propõe o desenvolvimento de manuais específicos sobre como testar e validar formulações. Ele ainda recomenda que formulações sejam avaliadas durante treinamentos de modo a fornecerem aos formandos *feedback* sobre acurácia e validade, com o objetivo de melhorar os julgamentos clínicos de tomada de decisões e os desfechos clínicos.

No que diz respeito às recomendações de Mumma, pesquisadores estão, cada vez mais, desenvolvendo ferramentas para medir a competência da formulação de casos em psicoterapia (Bennett & Parry, 2004; McMurran & Bruford, 2016; Kuyken et al., 2016; Müller, 2011) e estão as incluindo em manuais de formulação de casos (p. ex., Eells, 2015; Kuyken et al., 2009). Para uma revisão das medidas de competência de formulação de casos, ver Bucci et al. (2016).

Em resumo, pesquisas consideráveis foram feitas em relação à formulação de casos, e elas parecem estar aumentando. Descobertas sugerem que formulações confiáveis podem ser desenvolvidas, dependendo do formato e, sobretudo, quando há baixos níveis de inferência. As pesquisas também sugerem que terapeutas se diferenciam quanto à competência em formulação de casos, e que tal competência pode estar relacionada ao desfecho. Por fim, necessita-se de mais pesquisas, a fim de se estabelecer se as formulações de casos fornecem benefícios adicionais aos desfechos clínicos quando comparadas a tratamentos que não aderem de maneira explícita a uma formulação.

TENSÕES INERENTES AO PROCESSO DE FORMULAÇÃO DE CASOS

Examino, agora, cinco tensões que estão em jogo quando se está desenvolvendo uma formulação de caso eficaz e útil. Cada tensão representa metas concorrentes e incompatíveis enfrentadas pelo clínico durante suas tentativas de compreender um paciente e os problemas deste. O clínico deve reconciliar cada uma dessas tensões se a pretensão for construir uma formulação de caso que sirva como ferramenta eficaz para a psicoterapia.

Urgência *versus* abrangência

A tarefa de formular casos é, em primeiro lugar, uma tarefa pragmática. Uma formulação auxilia o clínico a escolher o que fazer em seguida na terapia, tanto nas sessões quanto entre elas. Desde a primeira hora da terapia, o clínico procura compreender os sintomas, os problemas centrais, as metas, os obstáculos e as forças, os processos de enfrentamento ou de defesa, o estilo interpessoal, os padrões de comportamentos desadaptativos, a situação de vida do paciente e assim por diante, tudo isso com o fim de desenvolver e implementar um plano de tratamento. Por tal razão, necessita-se de uma formulação de caso relativamente cedo no tratamento. Ao mesmo tempo, quanto mais abrangente e, portanto, fundamentada for uma formulação de casos, melhor servirá ao clínico e ao paciente. A prioridade dada à praticidade, necessariamente, lesa sua abrangência.

Alguns autores aconselham que se complete as formulações de casos durante a entrevista inicial com o paciente (Kaplan & Sadock, 1998; Morrison, 2014), já outros afirmam que a formulação não estará completa até que se complete a própria terapia (Binder & Betan, Capítulo 5 deste livro). Embora possa ser irrealista construir uma formulação de caso suficientemente abrangente em somente uma hora, pesquisas demonstram que médicos experientes começam a cogitar e a descartar possibilidades diagnósticas a partir dos primeiros minutos da entrevista médica (Elstein, Shulman, & Sprafka, 1978). Esse pode ser também o caso de psicoterapeutas especialistas, já apontado (Eells et al., 2005; Eells, 2010). Outro aspecto da tensão entre urgência e abrangência consiste no fato de o clínico observar uma amostra restrita de comportamento em um contexto relativamente controlado de entrevista. Essa amostra restrita pode obscurecer as capacidades de um paciente ou limitações que apareceriam em outros cenários, com tempo adicional para observação ou com informações de diversas fontes.

Em resumo, terapeutas que procuram equilibrar as metas da urgência e da abrangência devem identificar de maneira eficaz quais informações são necessárias para ajudar o paciente e evitar áreas que possam ser intrigantes ou interessantes, mas que tenham pouco a ver, diretamente, com ajudar o paciente.

Complexidade *versus* simplicidade

Uma pessoa pode concluir a tarefa de formulação de casos em termos relativamente simples ou complexos. No caso de uma construção excessivamente simples, dimensões importantes dos problemas do indivíduo podem passar despercebidas ou serem incompreendidas. Se excessivamente complexa, a formulação pode se tornar problemática, consumir tempo demais e perder praticidade. Além disso, quanto mais complexo for o método de formulação de casos, maiores prejuízos ele pode apresentar no que diz respeito à sua confiabilidade e à sua validade. Assim, o equilíbrio entre complexidade e simplicidade é uma meta importante na construção da formulação de casos. A parcimônia é um princípio-guia importante.

É claro que mesmo a mais complexa das formulações não se equipara à complexidade da pessoa real que se está entrevistando. Como indaga o escritor Robertson Davies (1994), para logo responder: "Quantos entrevistadores, pergunto-me, têm qualquer noção da complexidade da criatura a quem estão interrogando? Eles realmente acreditam que o que podem extrair de seu sujeito é o todo de sua 'história'? Não os melhores entrevistadores, certamente" (p. 20).

Vieses do clínico *versus* objetividade

Uma terceira tensão envolvida no processo de formulação de casos se dá entre os esforços de um terapeuta para extrair uma compreensão sólida de um paciente e as limitações inerentes às habilidades de todos os terapeutas para tal. Pode-se identificar uma longa tradição de pesquisas demonstrando os limites do julgamento, da inferência e do raciocínio clínicos (Garb, 1998; Kahneman, 2011; Meehl, 1954; Stanovich, 2009). Erros comuns incluem confiança exacerbada, vieses de retrospectiva, representatividade e heurística de disponibilidade, vieses de confirmação, correlação ilusória, negligenciar probabilidades anteriores e efeitos "halo" e de recência. (Ver Eells, 2015, pp. 31-52 para uma discussão mais detalhada de heurísticas cognitivas que podem afetar a formulação de casos.) Meehl (1973) identificou múltiplos exemplos de erros lógicos e estatísticos que podem minar o julgamento clínico. Eles incluem a patologização excessiva de pacientes com base em suas "peculiaridades" por parte do clínico ou a não patologização com base em suas "mesmices"; presumir, baseando-se meramente na coexistência de sintomas e de conflitos intrapsíquicos, que estes estão causando aqueles; confundindo "afabilidade" com "loucura"; e tratar todas as evidências clínicas como igualmente boas. Psicanalistas também já há muito têm consciência de como distorções na compreensão que um terapeuta tem de seu paciente pode afetar a terapia. Essa consciência se reflete em termos como *contratransferência, projeção* e *sugestão* (ver também Meehl, 1983).

Observação *versus* inferência

Em quarto lugar, todas as formulações de caso têm sua base tanto na observação quanto na inferência sobre processos psicológicos que organizam e mantêm sintomas de um indivíduo e seus padrões comportamentais problemáticos. Se um clínico se respaldar de forma excessiva em comportamentos observáveis, ele pode acabar ignorando padrões significativos que organizam os sintomas e os problemas da vida do paciente. Se o clínico alicerça a formulação excessivamente sobre inferências, o risco de perder sua base empírica cresce. Assim, um clínico deve achar um equilíbrio entre observação e inferência. Ele deve ser capaz de criar uma ligação empírica entre processos psicológicos deduzidos e fenômenos observados no paciente. Rotular suas inferências com base em quão perto ou distante dos fenômenos observáveis elas se encontram pode ajudar o clínico. Como já se apontou, existem pesquisas sugerindo que terapeutas cognitivo-comportamentais especialistas e terapeutas de orientação psicodinâmica alternam de modo sistemático entre observação e inferência à medida que formulam casos (Eells, 2010).

Formulações individuais *versus* genéricas

Uma formulação de casos é, fundamentalmente, uma declaração sobre um indivíduo e é, assim, moldada a partir das circunstâncias da vida, os problemas, as necessidades, os desejos, os objetivos, os medos, os padrões de pensamento desse indivíduo, e assim por diante. Não obstante, para chegar em uma conceitualização de um paciente, o terapeuta deve se respaldar em seus conhecimentos sobre psicologia, sobre a literatura científica em psicoterapia e psicopatologia e em outras fontes de evidências, bem como em suas experiências passadas trabalhando com outros indivíduos, sobretudo com aqueles cujos casos se parecem com o da pessoa em questão. A adequação do ajuste do geral (ou teórico) para o específico (ou individual) nunca é perfeita.

Ao se tentar equilibrar o individual e o genérico durante a construção de formulações de casos, dois tipos genéricos de erros são possíveis. Primeiro, tem-se o dilema do "Leito de Procusto": a tentativa de fazer um paciente se encaixar em uma formulação genérica na qual, na verdade, ele não se encaixa. Como já foi dito, a análise de Freud sobre Dora foi criticada nesse ponto. Os exemplos não se restringem à psicanálise. Na esfera cognitivo-comportamental, por exemplo, atribuir-se os sintomas de pânico de um paciente unicamente a interpretações catastróficas de sensações corporais pode negligenciar eventos importantes de sua história de vida ou padrões de relacionamento que também contribuem para o início e a manutenção de sintomas, bem como para o significado que eles têm para o paciente (ver Busch & Milrod, Capítulo 3 deste livro). A supergeneralização pode também resultar da estereotipação de pacientes com base em sua etnia, sua idade, seu gênero, sua aparência, seu contexto socioeconômico ou sua educação.

Um segundo tipo de erro é a individualização excessiva de uma formulação, o que leva à negligência de uma série de evidências acumuladas a partir de pesquisas nos campos da psicoterapia e da psicologia, como também da experiência prévia do especialista. Se cada paciente for considerado como uma *tabula rasa*, com experiências tão únicas a ponto de o terapeuta ter que ignorar seus conhecimentos prévios, então o terapeuta estará fazendo um desserviço ao paciente.

Desse modo, deve-se alcançar um equilíbrio entre uma formulação individual e uma genérica. Aqui, a humildade é um recurso estratégico. A correspondência entre qualquer modelo e qualquer indivíduo é, inerentemente, imperfeita, e a formulação nunca passará de um veículo de aproximação do indivíduo em sofrimento.

CONCLUSÕES

No início deste capítulo, descrevi a formulação de casos em psicoterapia como algo que se encontra na interseção entre diagnóstico e tratamento, teoria e prática, ciência e arte, etiologia e descrição. Para concluir este capítulo, retorno a essa ideia. Em relação ao diagnóstico e ao tratamento, uma formulação de casos fornece uma ferramenta pragmática para suplementar e aplicar um diagnóstico às peculiaridades da vida de um indivíduo. Ela também serve como veículo para converter um diagnóstico em um plano de tratamento, tanto em termos gerais de estratégias de tratamento quanto de "táticas" no que diz respeito à escolha de intervenções específicas. Uma formulação de casos em psicoterapia fornece uma ligação entre teorias de psicoterapia e de psicopatologia, por um lado, e a aplicação dessas teorias a um indivíduo específico, por outro. A formulação de casos transpõe a teoria para a prática. Enquanto ciência e arte, uma formulação de casos deve incorporar princípios científicos e descobertas científicas, mas também uma apreciação da singularidade e da humanidade da pessoa em terapia. Por fim, a formulação de casos preenche uma lacuna entre descrição e etiologia. Em resumo, uma formulação de caso em psicoterapia é uma ferramenta integrativa. Nas mãos de um terapeuta que sabe como construí-la e utilizá-la, a formulação de casos é indispensável.

REFERÊNCIAS

Achenbach, T. M. (2020). Bottom-up and top-down paradigms for psychopathology: A half-century odyssey. *Annual Review of Clinical Psychology, 16*(1), 1–24.

Allport, G. W. (1961). *Pattern and growth in personality.* New York: Holt, Rinehart & Winston.

American Psychiatric Association. (1980). *Diagnostic and statistical manual of mental disorders* (3rd ed.). Washington, DC: Author.

American Psychiatric Association. (2013). *Diagnostic and statistical manual of mental disorders* (5th ed.). Arlington, VA: Author.

Baer, S. M. (2005). *Case formulation quality as a predictor of psychotherapy treatment response* [Doctoral dissertation, Marquette University]. ProQuest Information and Learning. Retrieved from *https://epublications.marquette. edu/ dissertations/AAI3153993.*

Bagby, R. M., & Widiger, T. A. (2020). Assessment of the ICD-11 dimensional trait model: An introduction to the special section. *Psychological Assessment, 32,* 1–7.

Barber, J. P., & Crits-Christoph, P. (1993). Advances in measures of psychodynamic formulations. *Journal of Consulting and Clinical Psychology, 61,* 574–585.

Barlow, D. H., & Hersen, M. (1984). *Single case experimental designs: Strategies for studying behavior.* New York: Pergamon Press.

Beck, A. T., Davis, D. D., & Freeman, A. (Eds.). (2015). *Cognitive therapy of personality disorders* (3rd ed.). New York: Guilford Press.

Beck, A. T., Emery, G., & Greenberg, R. (1985). *Anxiety disorders and phobias: A cognitive perspective.* New York: Basic Books.

Beck, A. T., Freeman, A., Davis, D. D., & Associates. (2004). *Cognitive therapy of personality disorders* (2nd ed.). New York: Guilford Press.

Beck, A. T., Rush, A. J., Shaw, B. F., & Emery, G. (1979). *Cognitive therapy of depression.* New York: Guilford Press.

Beck, A. T., Steer, R. A., & Brown, G. K. (1996). *Beck Depression Inventory manual* (2nd ed.). San Antonio, TX: Psychological Corporation.

Beck, A. T., Wright, F. D., Newman, C. F., & Liese, B. (1993). *Cognitive therapy of substance abuse.* New York: Guilford Press.

Beck, J. S. (2020). *Cognitive therapy: Basics and beyond* (3rd ed.). New York: Guilford Press.

Benjamin, L. S. (2018). *Interpersonal reconstructive therapy for anger, anxiety, and depression: It's about broken hearts, not broken brains.* Washington, DC: American Psychological Association.

Bennett, D., & Parry, G. (2004). A measure of psychotherapeutic competence derived from cognitive analytic therapy. *Psychotherapy Research, 14,* 176–192.

Berenbaum, H. (2013). Classification and psychopathology research. *Journal of Abnormal Psychology, 122,* 894––901.

Blashfield, R. K. (1984). *The classification of psychopathology: Neo-Kraepelinian and quantitative approaches.* New York: Plenum Press.

Blashfield, R. K., & Burgess, D. R. (2007). Classification provides an essential basis for organizing mental disorders. In S. O. Lilienfeld & W. T. O'Donohue (Eds.), *The great ideas of clinical science: 17 principles that every mental health professional should understand* (pp. 93–117). New York: Routledge/Taylor & Francis Group.

Breuer, J., & Freud, S. (1955). On the psychical mechanism of hysterical phenomena: Preliminary communication. In J. Strachey (Ed.), *The standard edition of the complete psychological works of Sigmund Freud* (vol. 2, pp. 1–17). London: Hogarth Press. (Original work published 1893)

Bruch, M. (Ed.). (2015). *Beyond diagnosis: Case formulation in cognitive-behavioural therapy* (2nd ed.). Chichester, UK: Wiley-Blackwell.

Bucci, S., French, L., & Berry, K. (2016). Measures assessing the quality of case conceptualization: A systematic review. *Journal of Clinical Psychology, 72,* 517–533.

Caspar, F. (1995). *Plan analysis: Toward optimizing psychotherapy.* Seattle, WA: Hogrefe & Huber.

Caspar, F., Berger, T., & Hautle, I. (2004). The right view of your patient: A computer-assisted, individualized module for psychotherapy training. *Psychotherapy: Theory, Research, Practice, Training, 41,* 125–135.

Chorpita, B. F., Weisz, J. R., Daleiden, E. L., Schoenwald, S. K., Palinkas, L. A., Miranda, J., et al. (2013). Long--term outcomes for the child STEPs randomized effectiveness trial: A comparison of modular and standard treatment designs with usual care. *Journal of Consulting and Clinical Psychology, 82,* 999–1009.

Chu, C., Buchman-Schmitt, J. M., Stanley, I. H., Hom, M. A., Tucker, R. P., Hagan, C. R., et al. (2017). The interpersonal theory of suicide: A systematic review and meta-analysis of a decade of cross-national research. *Psychological Bulletin, 143,* 1313–1345.

Clark, D. A., & Beck, A. T. (2011). *Cognitive therapy of anxiety disorders: Science and practice.* New York: Guilford Press.

Clark, D. M. (1986). A cognitive approach to panic disorder. *Behaviour Research and Therapy, 24,* 461–470.

Clark, D. M., & Wells, A. (1995). A cognitive model of social phobia. In R. G. Heimberg & M. R. Liebowitz (Eds.), *Social phobia: Diagnosis, assessment, and treatment* (pp. 69–93). New York: Guilford Press.

Collins, W. D., & Messer, S. B. (1991). Extending the plan formulation method to an object relations perspective: Reliability, stability, and adaptability. *Psychological Assessment, 3,* 75–81.

Costa, P. T., & Widiger, T. A. (Eds.). (1994). *Personality disorders and the five-factor model of personality.* Washington, DC: American Psychological Association.

Craske, M. G., & Barlow, D. H. (2014). Panic disorder and agoraphobia. In D. H. Barlow (Ed.), *Clinical handbook of psychological disorders: A step-by-step treatment manual* (5th ed., pp. 1–61). New York: Guilford Press.

Critchfield, K. L., Benjamin, L. S., & Levenick, K. (2015). Reliability, sensitivity, and specificity of case formulations for comorbid profiles in interpersonal reconstructive therapy: Addressing mechanisms of psychopathology. *Journal of Personality Disorders, 29*, 547–573.

Curtis, J. T., Silberschatz, G., Sampson, H., Weiss, J., & Rosenberg, S. E. (1988). Developing reliable psychodynamic case formulation: An illustration of the plan diagnosis method. *Psychotherapy, 25*, 256–265.

Davies, R. (1994). *The cunning man.* New York: Penguin Books.

Easden, M. H., & Fletcher, R. B. (2018). Therapist competence in case conceptualization and outcome in CBT for depression. *Psychotherapy Research, 30*, 1–19.

Easden, M. H., & Kazantzis, N. (2018). Case conceptualization research in cognitive behavior therapy: A state of the science review. *Journal of Clinical Psychology, 74*, 356–384.

Eells, T. D. (2007). Generating and generalizing knowledge about psychotherapy from pragmatic case studies. *Pragmatic Case Studies in Psychotherapy, 3*, 35–54.

Eells, T. D. (2009). Contemporary themes in case formulation. In P. Sturmey (Ed.), *Clinical case formulation: Varieties of approaches* (pp. 293–315). Hoboken, NJ: Wiley.

Eells, T. D. (2010). The unfolding case formulation: The interplay of description and inference. *Pragmatic Case Studies in Psychotherapy, 6*, 225–254.

Eells, T. D. (2015). *Psychotherapy case formulation.* Washington, DC: American Psychological Association.

Eells, T. D., Lombart, K. G., Kendjelic, E. M., Turner, L. C., & Lucas, C. (2005). The quality of psychotherapy case formulations: A comparison of expert, experienced, and novice cognitive-behavioral and psychodynamic therapists. *Journal of Consulting and Clinical Psychology, 73*, 579–589.

Eells, T. D., Lombart, K. G., Salsman, N., Kendjelic, E. M., Schneiderman, C. T., & Lucas, C. (2011). Expert reasoning in psychotherapy case formulation. *Psychotherapy Research, 21*, 385–399.

Ehlers, A., & Clark, D. M. (2000). A cognitive model of posttraumatic stress disorder. *Behaviour Research and Therapy, 38*, 319–345.

Elliott, R., Bohart, A. C., Watson, J. C., & Murphy, D. (2018). Therapist empathy and client outcome: An updated meta-analysis. *Psychotherapy, 55*(4), 399–410.

Elstein, A. S., Shulman, L. S., & Sprafka, S. A. (1978). *Medical problem solving: An analysis of clinical reasoning.* Cambridge, MA: Harvard University Press.

Eubanks, C. F., Muran, J. C., & Safran, J. D. (2018). Alliance rupture repair: A meta-analysis. *Psychotherapy, 55*, 508–519.

Farber, B. A. (2007). On the enduring and substantial influence of Carl Rogers' notquite necessary nor sufficient conditions. *Psychotherapy: Theory, Research, Practice, Training, 44*, 289–294.

Finn, S., & Kamphuis, J. (2006). Therapeutic assessment with the MMPI-2. In J. N. Butcher (Ed.), *MMPI-2: A practitioner's guide* (pp. 165–191). Washington, DC: American Psychological Association.

Fishman, D. B. (2000). Transcending the efficacy versus effectiveness research debate: Proposal for a new, electronic "Journal of Pragmatic Case Studies." *Prevention and Treatment, 3*, Article 8. Available from *http://journals.apa.org/prevention.*

Fishman, D. B. (2002). From single case to data base: A new method for enhancing psychotherapy, forensic, and other psychological practice. *Applied and Preventive Psychology, 10*, 275–304.

Fishman, D. B. (2010). Editor's introduction to issue on case formulation and therapist responsiveness. *Pragmatic Case Studies in Psychotherapy, 6*(4), 223–224.

Fishman, D. B., Messer, S. B., Edwards, D. J. A., & Dattilio, F. M. (2017). *Case studies within psychotherapy trials: Integrating qualitative and quantitative methods.* New York: Oxford University Press.

Flinn, L., Braham, L., & das Nair, R. (2015). How reliable are case formulations? A systematic literature review. *British Journal of Clinical Psychology, 54*(3), 266–290.

Flyvbjerg, B. (2006). Five misunderstandings about case study research. *Qualitative Inquiry, 12*, 219–245.

Follette, W. C., & Darrow, S. M. (2014). Clinical behavior analysis. In F. K. McSweeney & E. S. Murphy (Eds.), *The Wiley–Blackwell handbook of operant and classical conditioning* (pp. 669–693). Oxford, UK: Wiley.

Follette, W. C., Naugle, A. E., & Linnerooth, P. J. N. (2000). Functional alternatives to traditional assessment and diagnosis. In M. J. Dougher (Ed.), *Clinical behavior analysis* (pp. 99–125). Reno, NV: Context Press.

Frank, J. D., & Frank, J. B. (1991). *Persuasion and healing: A comparative study of psychotherapy* (3rd ed.). Baltimore: Johns Hopkins University Press.

Garb, H. N. (1998). *Studying the clinician: Judgment research and psychological assessment.* Washington, DC: American Psychological Association.

Ghaderi, A. (2011). Does case formulation make a difference to treatment outcome? In P. Sturmey & M. McMurran (Eds.), *Forensic case formulation* (pp. 61–79). Chichester, UK: Wiley-Blackwell.

Gill, M., Newman, R., & Redlich, F. C. (1954). *The initial interview in psychiatric practice.* New York: International Universities Press.

Godoy, A., & Haynes, S. N. (2011). Clinical case formulation: Introduction to the special section. *European Journal of Psychological Assessment, 27*(1), 1–3.

Goldfried, M. R., & Pomeranz, D. M. (1968). Role of assessment in behavior modification. *Psychological Reports, 23,* 75–87.

Goldman, R. N., & Greenberg, L. S. (2015). *Case formulation in emotion-focused therapy: Co-creating clinical maps for change.* Washington, DC: American Psychological Association.

Hayes, S. C. (2004). Acceptance and commitment therapy, relational frame theory, and the third wave of behavior therapy. *Behavior Therapy, 35,* 639–665.

Hayes, S. C., & Follette, W. C. (1992). Can functional analysis provide a substitute for syndromal classification? *Behavioral Assessment, 14,* 345–365.

Hayes, S. C., Nelson, R. O., & Jarrett, R. B. (1987). The treatment utility of assessment: A functional approach to evaluating assessment quality. *American Psychologist, 42,* 963–974.

Haynes, S. N., O'Brien, W. H., & Godoy, A. (2020). A proposed model for the psychometric evaluation of clinical case formulations with quantified causal diagrams. *Psychological Assessment, 32,* 541–552.

Haynes, S. N., O'Brien, W. H., & Kaholokula, J. K. (2011). *Behavioral assessment and case formulation.* Hoboken, NJ: Wiley.

Hersen, M. (2002). Rationale for clinical case studies: An editorial. *Clinical Case Studies, 1,* 3–5.

Hilliard, R. B. (1993). Single-case methodology in psychotherapy process and outcome research. *Journal of Consulting and Clinical Psychology, 61,* 373–380.

Hopwood, C. J., Kotov, R., Krueger, R. F., Watson, D., Widiger, T. A., Althoff, R. R., et al. (2018). The time has come for dimensional personality disorder diagnosis. *Personality and Mental Health, 12,* 82–86.

Horney, K. (1967). *Feminine psychology.* New York: Norton.

Horowitz, L. M., Rosenberg, S. E., Ureño, G., Kalehzan, B. M., & O'Halloran, P. (1989). Psychodynamic formulation, consensual response method and interpersonal problems. *Journal of Consulting and Clinical Psychology, 57,* 599–606.

Horowitz, M. J. (1989). Relationship schema formulation: Role-relationship models and intrapsychic conflict. *Psychiatry, 52,* 260–274.

Horowitz, M. J. (Ed.). (1991). *Person schemas and maladaptive interpersonal patterns.* Chicago: University of Chicago Press.

Horowitz, M. J., & Eells, T. D. (2007). Configurational analysis: States of mind, person schemas, and the control of ideas and affect. In T. D. Eells (Ed.), *Handbook of psychotherapy case formulation* (2nd ed., pp. 136–163). New York: Guilford Press.

Horowitz, M. J., Eells, T. D., Singer, J., & Salovey, P. (1995). Role relationship models for case formulation. *Archives of General Psychiatry, 52,* 625–632.

Horowitz, M. J., Luborsky, L., & Popp, C. A. (1991). A comparison of the rolerelationship models configuration and the core conflictual relationship theme. In M. J. Horowitz (Ed.), *Person schemas and maladaptive interpersonal patterns* (pp. 213–220). Chicago: University of Chicago Press.

Hunsley, J., & Meyer, G. J. (2003). The incremental validity of psychological testing and assessment: Conceptual, methodological, and statistical issues. *Psychological Assessment, 15*(4), 446–455.

Ingram, B. L. (2012). *Clinical case formulations: Matching the integrative treatment plan to the client* (2nd ed.). Hoboken: Wiley.

Johnson, M. E., Popp, C., Schacht, T. E., Mellon, J., & Strupp, H. H. (1989). Converging evidence for identification of recurrent relationship themes: Comparison of two methods. *Psychiatry, 52,* 275–288.

Kahneman, D. (2011). *Thinking, fast and slow.* New York: Farrar, Straus & Giroux.

Kahneman, D., & Klein, G. (2009). Conditions for intuitive expertise: A failure to disagree. *American Psychologist, 64*, 515–526.

Kaplan, H. I., & Sadock, B. J. (1998). *Kaplan and Sadock's synopsis of psychiatry: Behavioral sciences/clinical psychiatry* (8th ed.). Baltimore: Williams & Wilkins.

Kendell, R. (1975). *The role of diagnosis in psychiatry.* Oxford, UK: Blackwell Scientific.

Kendjelic, E. M., & Eells, T. D. (2007). Generic psychotherapy case formulation training improves formulation quality. *Psychotherapy, 44*(1), 66–77.

Kernberg, O. (1975). *Borderline conditions and pathological narcissism.* New York: Aronson.

Kernberg, O. (1984). *Severe personality disorders.* New Haven, CT: Yale University Press.

Kessler, R. C., Chiu, W. T., Demler, O., Merikangas, K. R., & Walters, E. E. (2005). Prevalence, severity, and comorbidity of twelve-month DSM-IV disorders in the National Comorbidity Survey Replication (NCS-R). *Archives of General Psychiatry, 62*, 617–627.

Kim, M. P., & Rosenberg, S. (1980). Comparison of two structural models of implicit personality theories. *Journal of Personality and Social Psychology, 38*, 375–389.

Koerner, N., Hood, H. K., & Antony, M. M. (2011). Interviewing and case formulation. In D. H. Barlow (Ed.), *The Oxford handbook of clinical psychology* (pp. 225–253). New York: Oxford University Press.

Kohut, H. (1971). *Analysis of the self.* New York: International Universities Press.

Kohut, H. (1977). *Restoration of the self.* New York: International Universities Press.

Kohut, H. (1984). *How analysis cures.* New York: International Universities Press.

Korchin, S. J., & Schuldberg, D. (1981). The future of clinical assessment. *American Psychologist, 36*, 1147–1158.

Kraemer, H. C. (1978). Individual and ecological correlation in a general context. *Behavioral Science, 23*, 67–72.

Kramer, U. (2019). *Case formulation for personality disorders: Tailoring psychotherapy to the individual client.* San Diego, CA: Elsevier Academic Press.

Kuyken, W., Beshai, S., Dudley, R., Abel, A., Görg, N., Gower, P., et al. (2016). Assessing competence in collaborative case conceptualization: Development and preliminary psychometric properties of the Collaborative Case Conceptualization Rating Scale (CCC-RS). *Behavioural and Cognitive Psychotherapy, 44*, 179–192.

Kuyken, W., Fothergill, C. D., Musa, M., & Chadwick, P. (2005). The reliability and quality of cognitive case formulation. *Behaviour Research and Therapy, 43*, 1187–1201.

Kuyken, W., Padesky, C. A., & Dudley, R. (2009). *Collaborative case conceptualization: Working effectively with clients in cognitive-behavioral therapy.* New York: Guilford Press.

Lakoff, R. T. (1990). *Talking power: The politics of language.* New York: Basic Books.

Lambert, M. J. (2007). Presidential address: What we have learned from a decade of research aimed at improving psychotherapy outcome in routine care. *Psychotherapy Research, 17*, 1–14.

Lambert, M. J. (2013). The efficacy and effectiveness of psychotherapy. In M. J. Lambert (Ed.), *Bergin and Garfield's handbook of psychotherapy and behavior change* (6th ed., pp. 169–218). New York: Wiley.

Levenson, H. (2017). *Brief dynamic therapy* (2nd ed.). Washington, DC: American Psychological Association.

Lewin, K. (1931). The conflict between Aristotelian and Galileian modes of thought in contemporary psychology. *Journal of General Psychology, 5*, 141–177.

Lothane, H. Z. (2018). Free association as the foundation of the psychoanalytic method and psychoanalysis as a historical science. *Psychoanalytic Inquiry, 38*, 416–434.

Luborsky, L. (1977). Measuring a pervasive psychic structure in psychotherapy: The core conflictual relationship theme. In N. Freedman & S. Grand (Eds.), *Communicative structures and psychic structures* (pp. 367–395). New York: Plenum Press.

Luborsky, L. (1996). *The symptom-context method: Symptoms as opportunities in psychotherapy.* Washington, DC: American Psychological Association.

Luborsky, L., Barber, J. P., Binder, J., Curtis, J., Dahl, H., Horowitz, L., et al. (1993). Transference-based measures: A new class based on psychotherapy sessions. In N. E. Miller, L. Luborsky, J. P. Barber, & J. P. Docherty (Eds.), *Psychodynamic treatment research: A handbook for clinical practice* (pp. 326–341). New York: Basic Books.

Luborsky, L., & Barrett, M. S. (2007). The core conflictual relationship theme: A basic case formulation method. In T. D. Eells (Ed.), *Handbook of psychotherapy case formulation* (2nd ed., pp. 105–135). New York: Guilford Press.

Luborsky, L., & Crits-Christoph, P. (1990). *Understanding transference: The CCRT method.* New York: Basic Books.

Luborsky, L., & Crits-Christoph, P. (1998). *Understanding transference: The core conflictual relationship theme method* (2nd ed.). Washington, DC: American Psychological Association.

MacDonald, A. W., III, & Krueger, R. F. (2013). Mapping the country within: A special section on reconceptualizing the classification of mental disorders. *Journal of Abnormal Psychology, 122,* 891–893.

Mack, A. H., Forman, L., Brown, R., & Frances, A. (1994). A brief history of psychiatric classification: From the ancients to DSM-IV. *Psychiatric Clinics of North America, 17,* 515–523.

Manassis, K. (2014). *Case formulation with children and adolescents.* New York: Guilford Press.

Manber, R., & Carney, C. E. (2015). *Treatment plans and interventions for insomnia: A case formulation approach.* New York: Guilford Press.

Masson, J. M. (1984). *The assault on truth: Freud's suppression of the seduction theory.* New York: Farrar, Straus, & Giroux.

McLeod, J. (2010). *Case study research in counselling and psychotherapy.* Los Angeles: Sage.

McLeod, J., & Elliott, R. (2011). Systematic case study research: A practiceoriented introduction to building an evidence base for counselling and psychotherapy. *Counselling and Psychotherapy Research, 11,* 1–10.

McMurran, M., & Bruford, S. (2016). Case formulation quality checklist: A revision based upon clinicians' views. *Journal of Forensic Practice, 18,* 31–38.

McWilliams, N. (2011). *Psychoanalytic diagnosis: Understanding personality structure in the clinical process* (2nd ed.). New York: Guilford Press.

Meehl, P. E. (1954). *Clinical versus statistical prediction.* Minneapolis: University of Minnesota Press.

Meehl, P. E. (1973). Why I do not attend case conferences. In *Psychodiagnosis: Selected papers* (pp. 225–302). New York: Norton.

Meehl, P. E. (1983). Subjectivity in psychoanalytic inference: The nagging persistence of Wilhelm Fliess's Achensee question. In J. Earman (Ed.), *Minnesota studies in the philosophy of science: Vol. 10. Testing scientific theories* (pp. 349–411). Minneapolis: University of Minnesota Press.

Messer, S. B., Tishby, O., & Spillman, A. (1992). Taking context seriously in psychotherapy: Relating therapist interventions to patient progress in brief psychodynamic therapy. *Journal of Consulting and Clinical Psychology, 60,* 678–688.

Messer, S. B., & Wolitzky, D. L. (2007). The traditional psychoanalytic approach to case formulation. In T. D. Eells (Ed.), *Handbook of psychotherapy case formulation* (2nd ed., pp. 67–104). New York: Guilford Press.

Millon, T. (2011). *Disorders of personality: Introducing a DSM/ICD spectrum from normal to abnormal* (3rd ed). Hoboken, NJ: Wiley.

Morey, L. C. (2003). *Essentials of PAI assessment.* Hoboken, NJ: Wiley.

Morgan, D. L., & Morgan, R. K. (2001). Single-participant research design: Bringing science to managed care. *American Psychologist, 56,* 119–127.

Morrison, J. (2014). *The first interview* (4th ed.). New York: Guilford Press.

Müller, J. M. (2011). Evaluation of a therapeutic concept diagram. *European Journal of Psychological Assessment, 27,* 17–28.

Mumma, G. H. (2011). Validity issues in cognitive-behavioral case formulation. *European Journal of Psychological Assessment, 27,* 29–49.

Mumma, G. H., & Fluck, J. (2016). How valid is your case formulation? Empirically testing your cognitive behavioural case formulation for tailored treatment. *Cognitive Behaviour Therapist, 9.*

Mumma, G. H., Marshall, A. J., & Mauer, C. (2018). Person-specific validation and testing of functional relations in cognitive-behavioural case formulation: Guidelines and options. *Clinical Psychology and Psychotherapy, 25,* 672–691.

National Institute of Mental Health. (2020, February). Research domain criteria (RDoC). Retrieved from *www.nimh.nih.gov/research/research-funded-by-nimh/rdoc/index.shtml.*

Nelson-Gray, R. O. (2003). Treatment utility of psychological assessment. *Psychological Assessment, 15,* 521–531.

Nezu, A. M., Nezu, C. M., & Cos, T. A. (2007). Case formulation for the behavioral and cognitive therapies: A problem-solving perspective. In T. D. Eells (Ed.), *Handbook of psychotherapy case formulation* (2nd ed., pp. 349–378). New York: Guilford Press.

Nuland, S. B. (1988). *Doctors: The biography of medicine.* New York: Vintage Books.

Paris, J. (2019). *An evidence-based critique of contemporary psychoanalysis: Research, theory, and clinical practice.* New York: Routledge.

Pasnau, R. O. (1987). The remedicalization of psychiatry. *Hospital and Community Psychiatry, 38,* 145–151.

Perry, J. C. (1994). Assessing psychodynamic patterns using the idiographic conflict formulation method. *Psychotherapy Research, 4,* 239–252.

Perry, J. C., Augusto, F., & Cooper, S. H. (1989). Assessing psychodynamic conflicts: I. Reliability of the ideographic conflict formulation method. *Psychiatry, 52,* 289–301.

Perry, J. C., Luborsky, L., Silberschatz, G., & Popp, C. (1989). An examination of three methods of psychodynamic formulation based on the same videotaped interview. *Psychiatry: Journal for the Study of Interpersonal Processes, 52,* 245–249.

Perry, S., Cooper, A. M., & Michels, R. (1987). The psychodynamic formulation: Its purpose, structure and clinical application. *American Journal of Psychiatry, 144,* 543–550.

Persons, J. B. (1989). *Cognitive therapy in practice: A case formulation approach.* New York: Norton.

Persons, J. B. (2008). *The case formulation approach to cognitive-behavior therapy.* New York: Guilford Press.

Persons, J. B., Curtis, J. T., & Silberschatz, G. (1991). Psychodynamic and cognitive-behavioral formulations of a single case. *Psychotherapy, 28,* 608–617.

Persons, J. B., & Hong, J. J. (2016). Case formulation and the outcome of cognitive behavior therapy. In N. Tarrier & J. Johnson (Eds.), *Case formulation in cognitive behavior therapy: The treatment of challenging and complex cases* (2nd ed., pp. 14–37). New York: Routledge.

Plomin, R. (2018). *Blueprint: How DNA makes us who we are.* Cambridge, MA: The MIT Press.

Rainforth, M., & Laurenson, M. (2014). A literature review of case formulation to inform mental health practice. *Journal of Psychiatric and Mental Health Nursing, 21,* 206–213.

Ramsden, P. (2013). *Understanding abnormal psychology: Clinical and biological perspectives.* London: Sage.

Reiter, M. D. (2014). *Case conceptualization in family therapy.* Upper Saddle River, NJ: Pearson Education.

Ridley, C. R., Jeffrey, C. E., & Roberson, R. B., III. (2017). Case misconceptualization in psychological treatment: An enduring clinical problem. *Journal of Clinical Psychology, 73,* 359–375.

Rogers, C. R. (1951). *Client-centered therapy: Its current practice, implications, and theory.* Boston: Houghton Mifflin.

Schacht, T. E., & Henry, W. P. (1994). Modeling recurrent patterns of interpersonal relationship with the Structural Analysis of Social Behavior: The SASB CMP. *Psychotherapy Research, 4,* 208–221.

Schulte, D., Kunzel, R., Pepping, G., & Schulte-Bahrenberg, T. (1992). Tailormade versus standardized therapy of phobic patients. *Advances in Behaviour Research and Therapy, 14,* 67–92.

Segal, Z. F., & Blatt, S. J. (Eds.). (1993). *The self in emotional distress: Cognitive and psychodynamic perspectives.* New York: Guilford Press.

Seitz, P. F. (1966). The consensus problem in psychoanalytic research. In L. Gottschalk & L. Auerbach (Eds.), *Methods of research and psychotherapy* (pp. 209–225). New York: Appleton-Century-Crofts.

Shedler, J., & Westen, D. (2004). Refining personality disorder diagnosis: Integrating science and practice. *American Journal of Psychiatry, 161,* 1350–1365.

Sheehan, D. V., Lecrubier, Y., Sheehan, K. H., Amorim, P., Janavs, J., Weiller, E., et al. (1998). The Mini-International Neuropsychiatric Interview (M.I.N.I.): The development and validation of a structured diagnostic psychiatric interview for DSM-IV and ICD-10. *Journal of Clinical Psychiatry, 59*(Suppl. 20), 22–33.

Sidman, M. (1952). A note on functional relations obtained from group data. *Psychological Bulletin, 49,* 263–269.

Silberschatz, G. (2005). An overview of research on control-mastery theory. In G. Silberschatz (Ed.), *Transformative relationships: The control-mastery theory of psychotherapy* (pp. 189–218). New York: Routledge.

Skinner, B. F. (1953). *Science and human behavior.* New York: The Free Press.

Sørbye, Ø., Dahl, H.-S.J., Eells, T. D., Amlo, S., Hersoug, A. G., Haukvik, U. K., et al. (2019). Psychodynamic case formulations without technical language: A reliability study. *BMC Psychology, 7*, 67.

Spence, D. P. (1982). *Historical truth and narrative truth.* New York: Norton.

Sperry, L., Gudeman, J. E., Blackwell, B., & Faulkner, L. R. (1992). *Psychiatric case formulations.* Washington, DC: American Psychiatric Press.

Sperry, L., & Sperry, J. (2020). *Case conceptualization: Mastering this competency with ease and confidence* (2nd ed.). New York: Taylor & Francis.

Stanovich, K. E. (2009). *What intelligence tests miss: The psychology of rational thought.* New Haven, CT: Yale University Press.

Stiles, W. B. (2003). When is a case study psychotherapy research? *Psychotherapy Bulletin, 38*, 6–11.

Sturmey, P. (2009). *Clinical case formulation: Varieties of approaches.* Hoboken, NJ: Wiley.

Sturmey, P., & McMurran, M. (Eds.). (2011). *Forensic case formulation.* Chichester, UK: Wiley.

Sullivan, H. S. (1954). *The psychiatric interview.* New York: Norton.

Summers, R. F. (2003). The psychodynamic formulation updated. *American Journal of Psychotherapy, 57*(1), 39–51.

Surís, A., Holliday, R., & North, C. S. (2016). The evolution of the classification of psychiatric disorders. *Behavioral Sciences, 6*, 5.

Tallberg, P., Ulberg, R., Johnsen-Dahl, H.-S., & Høglend, P. A. (2020). Core conflictual relationship theme: The reliability of a simplified scoring procedure. *BMC Psychiatry, 20*.

Tarrier, N., & Calam, R. (2002). New developments in cognitive-behavioural case formulation: Epidemiological, systemic and social context: An integrative approach. *Behavioural and Cognitive Psychotherapy, 30*, 311–328.

Tarrier, N., & Johnson, J. (2016). *Case formulation in cognitive behaviour therapy: The treatment of challenging and complex cases* (2nd ed.). New York: Routledge/Taylor & Francis Group.

Teachman, B. A., McKay, D., Barch, D. M., Prinstein, M. J., Hollon, S. D., & Chambless, D. L. (2019). How psychosocial research can help the National Institute of Mental Health achieve its grand challenge to reduce the burden of mental illnesses and psychological disorders. *American Psychologist, 74*, 415–431.

Thorngate, W. (1986). The production, detection, and explanation of behavioral patterns. In J. Valsiner (Ed.), *The individual subject and scientific psychology* (pp. 71–93). New York: Plenum Press.

Tukey, D. D., & Borgida, E. (1983). An intrasubject approach to causal attribution. *Journal of Personality, 51*, 137–-151.

Valsiner, J. (Ed.). (1986). *The individual subject and scientific psychology.* New York: Plenum Press.

Valsiner, J. (1987). *Culture and the development of children's action.* New York: Wiley.

Vollmer, S., Spada, H., Caspar, F., & Burri, S. (2013). Expertise in clinical psychology: The effects of university training and practical experience on expertise in clinical psychology. *Frontiers in Psychology, 4*, 1–12.

Waldman, I. D. (2007). Behavior genetic approaches are integral for understanding the etiology of psychopathology. In S. O. Lilienfeld & W. T. O'Donohue (Eds.), *The great ideas of clinical science: 17 principles that every mental health professional should understand* (pp. 219–242). New York: Routledge/Taylor & Francis Group.

Wilson, M. (1993). DSM-III and the transformation of American psychiatry: A history. *American Journal of Psychiatry, 150*, 399–410.

Wolpe, J., & Turkat, I. D. (1985). Behavioral formulation of clinical cases. In I. D. Turkat (Ed.), *Behavioral case formulation* (pp. 5–36). New York: Plenum Press.

Wood, J. M., Garb, H. N., & Nezworski, M. T. (2007). Psychometrics: Better measurement makes better clinicians. In S. O. Lilienfeld & W. T. O'Donohue (Eds.), *The great ideas of clinical science: 17 principles that every mental health professional should understand* (pp. 77–92). New York: Routledge/Taylor & Francis Group.

World Health Organization. (2018). ICD-11, the 11th revision of the International Classification of Diseases. Retrieved from *www.who.int/classifications/classification-of-diseases.*

Zayfert, C., & Becker, C. B. (2007). *Cognitive-behavioral therapy for PTSD: A case formulation approach.* New York: Guilford Press.

Zubernis, L., & Snyder, M. J. (2016). *Case conceptualization and effective interventions: Assessing and treating mental, emotional, and behavioral disorders.* Thousand Oaks, CA: Sage.

2

O *Core Conflictual Relationship Theme* para transtornos da personalidade

Brin F. S. Grenyer, Ely M. Marceau e Hadas Wiseman

ORIGENS HISTÓRICAS DA ABORDAGEM

A formulação dos casos de pessoas com transtornos da personalidade torna-se mais fácil com o método *core conflictual relationship theme* (CCRT [tema central de relacionamento conflituoso]). O motivo é a forte sobreposição, em nossa compreensão contemporânea, do que os transtornos da personalidade são e como o método CCRT traz isso à vida. Os transtornos da personalidade postulam dois desafios principais: a compreensão do *self*[1] ("eu") e a compreensão dos outros. De fato, a *Classificação internacional de doenças*, 11ª Revisão, da Organização Mundial da Saúde (WHO, 2018), declara: "O transtorno da personalidade é caracterizado por problemas no funcionamento de aspectos do *self* (p. ex., identidade, valor próprio, precisão da visão do próprio eu, autodireção), e/ou disfunções interpessoais (p. ex., a habilidade de desenvolver e manter relacionamentos próximos e mutuamente satisfatórios, a habilidade de compreender as perspectivas dos outros e de gerir conflitos em relacionamentos)". É importante dizer que não é uma questão apenas de conflito para compreender o próprio eu e os outros mas também de como isso se manifesta na forma de um grupo pervasivo de dificuldades em pessoas com disfunções de personalidade em múltiplos contextos. Para a CID-11, tais problemas "são desadaptativos (p. ex., inflexíveis ou malregulados) e se manifestam por meio de situações pessoais e sociais (i.e., não se limitam a relacionamentos específicos ou a papéis sociais)". O CCRT fornece um método de descrição desses temas de relacionamento pervasivos e desadaptativos, fornecendo, assim, uma ferramenta eficaz para a compreensão e a formulação de problemas centrais em estudos de casos sobre transtornos da personalidade.

---

[1] N. de T. O termo *self* não tem sua complexidade conceitual em psicologia totalmente abarcada se traduzido simplesmente como «eu», embora seja corrente.

Desse modo, avaliações de personalidade geralmente começam com a seguinte pergunta básica: *Quais são os padrões centrais de relacionamento do indivíduo em suas maneiras de compreender e de enxergar a si mesmo, no mundo, ao lado das pessoas?* Uma das primeiras abordagens a essa questão utilizou medidas projetivas, solicitando às pessoas que respondessem a imagens ambíguas para compreender como elas enxergavam o mundo. Morgan e Murray (1935) estudaram as verbalizações de imagens feitas pelas pessoas durante o Teste de Apercepção Temática (TAT) e concluíram que havia três aspectos principais: (1) uma força motriz (2) exercida na direção de um objeto, ou em direção contrária, com (3) uma resposta subjetiva resultante de satisfação ou insatisfação (p. 293). Por exemplo, uma imagem da silhueta de um casal pode estimular, na pessoa com um transtorno da personalidade, uma resposta de (1) desejo por proximidade, esta (2) temida como meio de decepção, e consequente (3) afastamento do relacionamento.

Mais à frente, o método CCRT se desenvolveu a partir do trabalho de Lester Luborsky (1976) para operacionalizar a aliança terapêutica como componente essencial da psicoterapia. Para melhor compreender a aliança terapêutica, Luborsky deu atenção ao diálogo entre clínico e paciente durante seu estudo de transcrições literais das sessões de psicoterapia. Com isso, ele notou um padrão emergindo das conversas (Luborsky, 1977). As pessoas, na terapia, narravam detalhes das interações que tinham em seus relacionamentos com amigos, parceiros, colegas de trabalho e até terapeutas. Em geral, narrativas de relacionamento são identificadas por frases como "Lembro-me de quando...", ou "Por exemplo, igual àquela vez em que...". Elas costumam ilustrar um problema ou enfatizar uma observação, e contêm a mesma estrutura tripartite encontrada no método projetivo de Morgan e Murray (1935).

Segundo Luborsky, o CCRT de uma pessoa consiste em três elementos: (1) o desejo (D) daquele que fala, que corresponde a diversas necessidades (p. ex., necessidades de apego de receber amor e cuidado); (2) as reações ou respostas percebidas dos outros (RO; p. ex., hostilidade ou agressão); e (3) a resposta do *self* (RS; p. ex., afastar-se e ficar depressivo). Os três elementos (D, RO, RS) do CCRT, portanto, codificam a dinâmica da interação do relacionamento e documentam as tentativas básicas dos pacientes de terem suas necessidades satisfeitas, e como tais necessidades são satisfeitas ou frustradas pelos outros, resultando na reação do paciente.

Historicamente, a abordagem CCRT de avaliação dos temas centrais de relacionamentos conflituosos demonstrou uma concordância considerável com as observações originais de Freud sobre transferência (Luborsky, 1998). Freud notou como as pessoas que buscavam tratamento para condições de saúde mental expressavam atitudes, crenças e desejos em relação ao terapeuta, que se assemelhavam bastante aos mesmos padrões dos relacionamentos descritos fora do consultório de terapia. Isso ficou conhecido como "placa estereotipada" ou "molde de transferência" (i.e., um esquema de relacionamento – a forma como uma pessoa se enxerga e enxerga os outros no mundo molda suas expectativas acerca de relacionamentos futuros). Crê-se que tais atitudes derivam de experiências iniciais de apego, por exemplo, com os pais, e se generalizam para outros relacionamentos ao longo do tempo, incluindo o relacionamento com o terapeuta. Acredita-se que elas derivam de "uma operação conjunta de sua [da pessoa] disposição inata e das influências sofridas durante seus primeiros anos" (Freud, 1912/1958a, p. 99). O importante aqui é que essas "transferências" de relacionamento para relacionamento são padrões CCRT.

MODELO CONCEITUAL

Embora o CCRT possa se relacionar de maneira conceitual com os conceitos e as abordagens como a teoria das relações objetais, a teoria do apego, a teoria biossocial, a terapia dinâmica expressiva de apoio, a terapia do esquema, a mentalização e a terapia focada na transferência, ela é, em seu cerne, um método ateórico que não demanda conhecimentos psicodinâmicos ou cognitivo-comportamentais. Contudo, enquanto ferramenta de pesquisa clínica, pode melhorar e aprofundar de forma significativa nossa compreensão desses diferentes modelos de psicopatologia e de funcionamento da personalidade.

De fato, o método CCRT de descrever padrões de relacionamento em termos de respostas de desejo às respostas do outro à sequência do *"self"* fornece uma ferramenta útil para compreender teorias e métodos contemporâneos para tratar transtornos da personalidade. Por exemplo, as *teorias das relações objetais* fundamentam uma terapia baseada em evidências para os transtornos da personalidade chamada de *psicoterapia focada na transferência* (TFP; Yeomans, Clarkin, & Kernberg, 2015). Relações objetais são essencialmente padrões CCRT: representações internalizadas de outros em relação ao próprio eu derivadas de figuras de apego primárias. A terapia trabalha com essas relações objetais internalizadas, ou padrões CCRT relacionados à transferência, para compreender suas origens mas também para trabalhá-las e modificá-las nas interações diretas com o terapeuta. Este trata dos padrões CCRT em questão, esses também representados na relação paciente-terapeuta, a fim de que ambos compreendam e modifiquem a ubiquidade das atitudes de transferências negativas de um paciente e, com o tempo, integrem e internalizem padrões mais saudáveis.

De modo similar, a *teoria biossocial* de Linehan, a base da *terapia comportamental dialética* (DBT; Linehan, 2015), uma psicoterapia baseada em evidências, descreve a "invalidação" como uma "resposta do outro", central e repetitiva, por parte dos cuidadores, geralmente encontrada em pacientes com transtorno da personalidade *borderline* (TPB). Nessa descrição, uma criança talvez tenha o desejo (D) de ser ouvida e levada a sério, mas isso (RO) é respondido pelo cuidador ignorando, invalidando ou desconsiderando a criança, levando (RS) esta a se sentir magoada, autocrítica, brava e destrutiva. A DBT trabalha para reduzir os efeitos negativos da sensibilidade emocional por meio de estratégias de *mindfulness* (atenção plena), regulação emocional e tolerância ao desconforto e para fortalecer padrões de relacionamento por meio do treinamento de eficácia interpessoal para melhor atingir padrões CCRT positivos.

Além disso, o CCRT pode dar vida à *teoria do apego,* como foi descrita originalmente por Bowlby (1969/1982, 1988) e como foi integrada em outra terapia baseada em evidências para transtornos da personalidade, a *terapia baseada na mentalização* (MBT; Bateman & Fonagy, 2016). A MBT foca no fortalecimento da visão de si e dos outros que a pessoa tem por meio da participação nas interações e nas discussões entre terapeuta e paciente. Utilizando elaborações de CCRTs, o foco é propiciar a melhoria da *mentalização* que os pacientes fazem das reações dos outros e de suas próprias. Bartholomew e Horowitz (1991) organizaram de maneira útil tais temas de apego em dimensões do tipo eu-outro e do grau em que elas são positivas ou negativas. O *apego seguro* envolve uma visão positiva de si e dos outros, levando a uma independência saudável; ou, em termos de CCRT, o (D) desejo de ser próximo é (RO) suprido pelos outros, levando à (RS) satisfação do relacionamento. O *apego ansioso* envolve uma visão negativa de si e uma visão positiva dos outros, levando a uma dependência exagerada e ansiosa dos outros; o *apego desorganizado* envolve uma visão negativa de si e dos outros, levando a uma evitação mais desamparada; e um padrão de *apego evitativo* envolve uma visão positiva de si, mas negativa dos outros, levando a pessoa a priorizar a autonomia. Com base em evidências iniciais demonstrando paralelos entre CCRTs de narrativas acordadas e CCRTs de sonhos (Popp et al., 1996), Mikulincer, Shaver e Avihou-Kanza (2011) examinaram diferenças individuais em inseguranças de apego (ansiedade e evitação) em relação a temas CCRT extraídos de diários de sonho de jovens adultos. Em concordância com a teoria do apego, a evitação relacionada ao apego predisse desejos de evitação e ROs negativos nos sonhos, e a ansiedade de apego predisse desejos de proximidade (sobretudo em sonhos ocorridos após dias estressantes) e RS negativo e ROs positivos e negativos, com ROs negativos sendo mais comuns em sonhos que se seguiram a dias estressantes.

O CCRT também pode ser utilizado para descrever o esquema do transtorno da personalidade como descrito por Kellogg e Young (2006) na *terapia do esquema* (TE; Arntz & Genderen, 2009), outra terapia baseada em evidências para transtornos da personalidade. Por exemplo, o *modo criança abandonada/abusada* descreve de forma essencial um padrão CCRT de "resposta do outro" como D: ser cuidada; RO: abandonada e abusada; e RS: sem amor, indefesa e sozinha. O *modo criança zangada e impulsiva* pode refletir um padrão CCRT de "resposta do *self*" como D: ser protegida; RO: maltratada e rejeitada; RS: zangada e impulsiva. O *modo protetor desligado* pode descrever o padrão CCRT de "resposta do *self*" como D: estar segura; RO: invalidada e abusada; RS: afastamento, isolamento e evitação. O *modo pais punitivos* descreve um CCRT de "resposta do outro" como D: amor; RO: punitivo; RS: autocrítica e autolesiva. Em cada um desses casos, o terapeuta direciona a atenção do paciente para o modo ou padrão CCRT a fim de encorajar *insights*, mas também de trabalhar em busca do *modo pais saudáveis* – (criança) D: cuidada; RO: protege e afirma; RS: autocontrole e segurança emocional. A metáfora criança-pais-adulto reflete a influência da teoria psicanalítica da *análise transacional* (Berne, 1964) sobre a TE, mas também pode, de forma útil, ser compreendida como o desempenho de padrões CCRT centrais experienciados nos primeiros anos do paciente que continuam a moldar sua vida emocional.

CONSIDERAÇÕES MULTICULTURAIS

Embora o CCRT tenha se desenvolvido inicialmente nos Estados Unidos, ele passou, de maneira rápida, a ser estudado em várias nações, linguagens e culturas, e foi traduzido para italiano, sueco, espanhol, francês, tcheco, esloveno, albanês, hebraico, japonês e chinês. A principal lição derivada dessas diferentes traduções e estudos é que a mesma estrutura de padrões CCRT pode ser aplicada a diversas culturas, tornando-a uma linguagem ou uma abordagem universal para o estudo de narrativas (Atzil-Slonim, Wiseman, & Tishby, 2016; Popp & Taketomo, 1993; Weinryb. Barber, Foltz, Göransson, & Gustavsson, 2000). Isso se alcança por meio da flexibilidade do método CCRT como ferramenta para a formulação clínica, maximizada por meio do uso de conteúdos e narrativas exatamente como ocorrem de modo natural nas considerações subjetivas dos indivíduos. Isso permite que o contexto cultural do indivíduo seja embebido pela formulação CCRT e promove uma prática clínica culturalmente sensível.

Apesar de existirem poucos estudos publicados sobre a abordagem do CCRT em diversas culturas, muitos estudos enfocaram o papel da análise do CCRT na compreensão dos efeitos de traumas intergeracionais em grupos específicos, com um foco em considerações feitas por filhos adultos de sobreviventes do Holocausto ("segunda geração do Holocausto"), trazendo clareza para os efeitos sobre experiências presentes em relacionamentos (Wiseman & Barber, 2004, 2008; Wiseman, Metzl, & Barber, 2006). Outra maneira pela qual essa ferramenta tem sido aplicada é na análise de narrativas, ou histórias, em documentos históricos. Como exemplo desse trabalho, diversos estudos do método CCRT foram conduzidos para caracterizar relacionamentos entre Deus e as pessoas na Bíblia, em uma análise dos cinco primeiros livros da Bíblia (Popp, Luborsky, Andrusyna, Cotsonis, & Seligman, 2002) e do Novo Testamento (Popp et al., 2003), também em relação a atitudes intergrupos (Popp et al., 2004). Em outro exemplo do método CCRT aplicado à análise de obras literárias, dois livros escritos por autores que tiveram anorexia nervosa foram analisados, com descobertas que sugerem que padrões CCRT podem ser obtidos por meio de fontes mais amplas do que o conteúdo de sessões de psicoterapia (Stirn, Overbeck, & Pokorny, 2005).

EVIDÊNCIAS A FAVOR DO MÉTODO

Enquanto método de formulação de casos, o CCRT possui fortes ligações com o modelo cientista/praticante. Isso é enfatizado no corpo de literatura existente, que documenta o uso do método como ferramenta empírica para operacionalizar padrões de relacionamento de modo que possam ser quantificados e utilizados em pesquisas de processo e de desfecho em psicoterapia em psicoterapia. O que se segue dará uma visão geral de alguns dos estudos mais recentes em CCRT – trabalhos que servem para esclarecer ligações de processo e de desfecho em psicoterapia e levar ao refinamento e à inovação no uso do CCRT como método de formulação, com cada um alimentando o outro de modo recíproco. Pesquisas iniciais sobre CCRT são revisadas de modo abrangente na segunda edição de *Understanding transference* (Luborsky & Crits-Christoph, 1998), e o leitor encontrará, na obra em questão, referências a estudos introdutórios.

Mais recentemente, o método CCRT foi utilizado para diferenciar pacientes com depressão comórbida daqueles com transtornos da personalidade que demonstraram uma resposta inicial à psicoterapia *versus* aqueles que não a demonstraram (Hagarty, Marceau, Gusset, & Grenyer, 2020). O método CCRT Leipzig-Ulm (Albani et al., 2002) foi utilizado para categorizar componentes quantificáveis em transcrições de terceiras sessões de terapia. Ambos os grupos endossaram desejos de relacionamento similares, mas a satisfação de desejos foi menor nos respondentes não iniciais, que também endossaram categorias distintas de RO e RS. Os outros (RO) foram percebidos como menos confiáveis e encorajadores, e mais agressivos; e os pacientes (RS) passaram menos pela experiência de serem amados e se sentirem autodeterminados. A hipótese sobre tais padrões de relacionamento negativos foi que eles interferem nos benefícios da relação terapêutica experimentados pelos pacientes, contribuindo para uma resposta mais lenta ao tratamento.

O método CCRT tem sido utilizado para investigar a relação terapeuta-paciente em vários estudos. Uma área focal em específico é o papel da contratransferência, amplamente definida como as reações do terapeuta aos pacientes em psicoterapia (Hayes, Gelso, Goldberg, & Kivlighan, 2018; Hayes, Gelso, & Hummel, 2011). De modo específico, o método CCRT tem sido utilizado para investigar padrões de contratransferência em terapeutas que tratam adolescentes (Tishby & Vered, 2011), identificando tipos distintos de contratransferência no contexto dos estágios inicial, intermediário e avançado de terapia (Tishby & Wiseman, 2014), examinando revelações durante supervisões clínicas (Messina et al., 2018) e comparando respostas de contratransferência de terapeutas com pacientes diagnosticados com TPB *versus* transtorno depressivo maior (TDM; Bourke & Grenyer, 2010). A metodologia CCRT também tem sido utilizada para investigar processos intersubjetivos em terapia, incluindo a interação terapeuta-cliente, por meio do exame de interações CCRT relacionais dentro de díades e associações com a aliança terapêutica (Wiseman & Tishby, 2017). Relacionando-se a contratransferência de terapeutas identificada por meio de temas CCRT de terapeutas com seus pais e com seus clientes (Tishby & Wiseman, 2014) com quebras e reatamentos de alianças relatadas por terapeutas, demonstrou-se que, quando terapeutas repetiam seu RS, com seus pais, de se sentirem "úteis" aos seus clientes, isso se associava à resolução da quebra de aliança. Contudo, quando terapeutas tentavam "reparar" o RO de seus pais ("opositor e repudiador") por meio de um esforço para serem úteis (RS oposto ao RO negativo dos pais), isso se associava à alta intensidade de quebra da aliança e a menos resolução (Tishby & Wiseman, 2020).

Um estudo inovador e atual combinou o método CCRT com um paradigma de neuroimagem ao utilizar a ressonância magnética funcional (RMf) para identificar padrões de ativação cerebral associados à evocação de CCRTs pessoais *versus* narrativas-controle em participantes saudáveis de um grupo-controle (Loughead et al., 2010). Narrativas com maior carga de conteúdo CCRT se associaram à atividade cerebral aumentada em regiões relacionadas à memória episódica e à compreensão do eu e dos outros. Existem, atualmente, diversos estudos investigando a relação entre neurobiologia e psicoterapia (p. ex., Marceau, Meuldijk, Townsend, Solowij, & Grenyer, 2018), e adaptações ao método CCRT fornecem uma nova metodologia para descobrir as bases neurais de processos interpessoais em psicoterapia no contexto da RMf (Grandjean et al., 2020).

Um pequeno corpo de literatura examinou o uso do método CCRT e CCRTs únicos que podem surgir em populações e grupos clínicos específicos – por exemplo, infratores adultos com deficiências intelectuais e desenvolvimentais (Hackett, Porter, & Taylor, 2013), fadiga crônica (Vandenbergen, Vanheule, Rosseel, Desmet, & Verhaeghe, 2009; Vanheule, Vandenbergen, Desmet, Rosseel, & Insleghers, 2007), TPB (Chance, Bakeman, Kaslow, Farber, & Burge-Callaway, 2000; Drapeau & Perry, 2009; Drapeau, Perry, & Korner, 2010) ou alexitimia (Vanheule, Desmet, Rosseel, Verhaeghe, & Meganck, 2007) – e como uma função de estilos de apego seguro *versus* inseguro (Waldinger et al., 2003). Em cada um desses estudos, a relação entre conflitos interpessoais (padrões CCRT) se relaciona manifestamente com o surgimento e a gravidade de psicopatologia, reforçando o valor de intervenções clínicas orientadas por CCRT (como exemplo de tais processos, ver o estudo de caso mais à frente neste capítulo).

Um estudo inicial influente procurou investigar diferenças em CCRTs endossados conforme a personalidade utilizando o modelo estrutural de organização da personalidade de Kernberg (1984) (Diguer et al., 2001). Os grupos psicótico, *borderline* e neurótico não demonstraram diferenças perceptíveis claras em conteúdo de CCRT, mas demonstraram sobreposição em termos de Ds, ROs e RSs. Esse estudo demonstrou como as diferenças individuais, quando combinadas entre participantes e diagnósticos, tendem a desaparecer, manifestando-se como padrões CCRT comuns. Sendo assim, embora as pessoas possam demonstrar CCRTs únicos em nível individual, há também grandes similaridades em como as pessoas com diferentes tipos de psicopatologia tentam compreender a si mesmas e os outros. Para efeito de clareza, todos esses padrões desadaptativos de se relacionar demonstrados pelo CCRT revelam um padrão similar da não satisfação de desejos associados a respostas negativas dos outros e a respostas negativas associadas ao eu. Tratar de outras características estruturais, como a complexidade narrativa e o caráter pervasivo de CCRTs, pode também ajudar a distinguir perfis CCRT segundo a psicopatologia.

PASSO A PASSO DA FORMULAÇÃO DE CASOS

Aqui, o foco está nos passos para identificar e utilizar o CCRT em psicoterapia. Isto é, descrevemos como identificá-lo em terapia e, então, como utilizá-lo para auxiliar a formulação de casos e, como consequência, o tratamento. Assim, abordamos o CCRT como ferramenta clínica para ajudar terapeutas a organizarem suas formulações de casos e comunicarem suas hipóteses e suas descobertas aos pacientes e aos colegas de profissão, como supervisores e membros de equipes terapêuticas.

Escritos iniciais sobre CCRT e aqueles contidos em publicações científicas geralmente enfocavam mais o método CCRT como instrumento de pesquisa científica do que como ferramenta clínica. Esses usos específicos do CCRT seguem um procedimento em que entrevistas ou sessões de terapia são transcritas de forma literal. As transcrições são, em seguida, organizadas por meio da (1) identificação de narrativas (as partes da sessão que descrevem relacionamentos), da (2) identificação de proposições quantificáveis (i.e., frases D, RO e RS) nas narrativas e da (3) correspondência desses componentes D, RO e RS, como descritos individualmente pelo paciente, com dicionários de componentes D, RO e RS típicos, a fim de se criarem categorias padronizadas de CCRTs que possam ser, então, comparadas, considerando-se o próprio paciente ao longo do tempo e entre diferentes pacientes. Tais métodos são bem descritos em outro lugar (Luborsky & Barrett, 2007; Luborsky & Crits-Christoph, 1998) e não se repetem aqui; porém, vale ressaltar que o CCRT também pode ser utilizado como ferramenta clínico-quantitativa com aplicações específicas de pesquisa (Parker & Grenyer, 2007), que incluem avaliação da intensidade de temas CCRT (Grenyer & Luborsky, 1998). Esses métodos não são tão relevantes para o clínico.

O CCRT aparece nas narrativas que os pacientes contam na terapia. As narrativas específicas de importância são chamadas *episódios de relacionamento*. Os pacientes que buscam terapia de maneira espontânea contam narrativas para ilustrar suas dificuldades. Nas primeiras sessões do tratamento, os pacientes geralmente contam de quatro a seis narrativas a cada 50 minutos. Um episódio de relacionamento segue a estrutura básica de começo da história, parte do meio e, então, o fim. Eles são reconhecíveis porque os pacientes sinalizam quando contarão uma história com frases como "Outro dia, eu...", ou "por exemplo...". O papel do terapeuta é escutar a história e estimular o paciente a contar todos os componentes. Por exemplo, o terapeuta pode perguntar: "O que você esperava?" para incitar D, ou "Como ele [ou ela] reagiu?" para RO, ou "Como isso o fez se sentir?" para RS. É importante reconhecer que, em narrativas típicas, contadas na terapia, a história completa pode se desenvolver. Algumas vezes, um paciente contará parte da história, digressando em seguida para, então, retomar o fio da meada e encerrar a história. Os componentes de CCRT podem ser contados em qualquer ordem. Em alguns casos, é mais fácil para o paciente começar com sua RS – ou seja, como ele está se sentindo – e depois contar o que de fato o fez se sentir dessa maneira. De modo similar, é comum que o componente D não seja contado; espera-se que o terapeuta seja capaz de inferi-lo. No entanto, embora geralmente seja possível inferir o D, pode ser bem útil indagar mais diretamente, a fim de conferir se a compreensão foi exata.

Para ilustrar um CCRT típico, fornecemos um exemplo da terapia com a paciente "senhora Cater", uma mulher de 31 anos que apresentou nível elevado de ansiedade, que estava interferindo em sua vida pessoal e profissional. Cedo na terapia, a senhora Cater contou a seguinte história, da qual os principais componentes CCRT podem ser identificados:

> "Foi, tipo (sic), uns dias atrás que o Gerry, meu chefe, me procurou para perguntar se eu poderia ajudá-lo com um projeto novo. Eu tentei sorrir e parecer confiante, porque era uma grande oportunidade para mim (D), mas tenho certeza de que ele

podia dizer o quanto eu estava desconfortável (RO). A pessoa que estava ao meu lado se meteu na conversa e, antes que eu percebesse, ela já estava encarregada do projeto do qual ele tinha vindo falar comigo. Fiquei muito constrangida (RS) e desapontada com ele (RO), e passei tão mal do estômago que não consegui me concentrar (RS)."

A única tarefa que resta ao terapeuta, no que diz respeito ao levantamento de narrativas, é prestar atenção às informações sobre a pessoa de quem ele está ouvindo falar – o "objeto" da narrativa. Comumente, essas narrativas se enquadram em diversos grupos abrangentes: narrativas sobre parceiros românticos, pais, filhos, familiares ou parentes; amigos, colegas de trabalho, incluindo chefes; conhecidos (p. ex., em boates, grupos); e estranhos (p. ex., passageiros de ônibus, provedores de serviços). Dois objetos específicos adicionais recebem atenção especial – narrativas sobre o próprio eu e narrativas sobre o terapeuta. Um exemplo de CCRT sobre o "*self*" é a narrativa da senhora Cater, que disse: "Eu estava contando que iria para a festa (D), mas meu medo tomou conta de mim, e fiquei imaginando o quanto eu ficaria constrangida (RO), então fiquei em casa e passei mal do estômago (RS)". CCRTs sobre o terapeuta podem aparecer de duas formas – contados ou representados. Em um exemplo de narrativa contada, a senhora Cater disse ao terapeuta: "Sinto que você está simplesmente sentado aí sem fazer nada (RO), eu falo e falo, e você não diz nada (RO); eu gostaria que você me dissesse o que fazer (D) para que eu não me sentisse tão só e ansiosa (RS)". Em contraste, uma representação ocorre quando existe uma interação de verdade que demonstre o CCRT no "aqui e agora" da comunicação entre terapeuta e paciente. Por exemplo, a senhora Cater entrou no consultório e se recusou a falar (RS), mas se sentou, encarando de forma agressiva o terapeuta. Este disse: "Então você está com dificuldade para falar hoje", ao que ela respondeu: "Sinto que não devo nem me dar ao trabalho de falar, já que você não diz nada mesmo (RO)". Aqui, a paciente representou seu RO esperado (de que os outros não a ajudam) por meio de uma postura desafiadora de não falar (RS), mesmo tendo ido à terapia querendo compartilhar (D) com o terapeuta como ela estava se sentindo.

PLANEJAMENTO E PRÁTICA DO TRATAMENTO

Uma vez que o CCRT tenha sido identificado, pode ser que o terapeuta queira compartilhá-lo com o paciente. É mais comum que os terapeutas optem por esperar até escutarem mais narrativas, a fim de enxergar se são contados padrões CCRT similares ou diferentes. O terapeuta atenta-se para similaridades, bem como para diferenças em padrões CCRT. Os pacientes em estágios iniciais de sua recuperação, que se encontram muito sintomáticos, comumente contam histórias com temáticas similares que demonstram um padrão CCRT único ou central mais estereotipado e pervasivo. À medida que o tratamento avança e os pacientes começam a melhorar, as histórias contadas passam a ser mais longas, flexíveis e a demonstrar variações em padrões CCRT, revelando que os pacientes aumentaram o domínio de seu CCRT, sendo menos rígidos e mais capazes de responder de diferentes maneiras dependendo da situação (Grenyer & Luborsky, 1996; Grenyer, 2002).

Uma vez que o terapeuta tenha desenvolvido uma ideia do principal padrão CCRT, ele pode escolher comunicá-lo ao paciente. Isso pode ser feito seguindo-se a estrutura da Figura 2.1, delineando os três componentes nas linhas de "Você quer X, mas a outra pessoa responde com Y, e você sente Z". Por exemplo, em resposta ao dito pela senhora Cater, o terapeuta poderia dizer: "Eu entendo o quanto você realmente (D) quer 'mergulhar de ponta' na vida, envolver-se em projetos no trabalho e seguir com as coisas importantes que precisamos conversar aqui, mas também me parece importante o quanto você realmente se debate com o sentimento de que os outros (RO) não a ajudam, e até a julgam e desapontam, e isso faz você (RS) se sentir ansiosa, mal do estômago e com raiva de si mesma".

Nome do paciente: Data: Número da sessão:	
Número da narrativa: As outras pessoas mais importantes na narrativa:	
Sumário de incidentes/história/interação:	
D: Principais desejos, necessidades e intenções expressas na narrativa:	
RO: Respostas da outra pessoa:	
RS: Respostas da própria pessoa:	
Possível formulação CCRT:	
Você quer:	
mas/e a outra pessoa:	
e você sente:	

FIGURA 2.1 Forma simples de registrar narrativas CCRT contadas em sessões de terapia.

É importante notar que uma vez que o terapeuta tenha apresentado um CCRT ao paciente, o trabalho não está terminado. Em seu famoso artigo sobre o processo psicoterápico, Freud (1914/1958b) discutiu como os temas precisam ser "perlaborados". Então, com o tempo, o terapeuta precisa escutar mais CCRTs e continuar mostrando como esses padrões estão ativos na vida da pessoa, a fim de trazê-los à tona, auxiliando, então, em sua modificação.

Perlaborar é um mecanismo central de mudança em psicoterapia. Freud declarou: "Essa perlaboração... faz parte do trabalho que exerce as maiores mudanças no paciente e que distingue o tratamento analítico de qualquer outro tipo de trabalho por sugestão" (Freud, 1914/1958b, p. 155). O processo "pode, na prática, revelar-se uma árdua tarefa para o tema da análise" (Freud, 1914/1958b, p. 155) e demanda um "período de intenso esforço" (Freud, 1914/1958b, p. 159). Em geral, o primeiro objetivo do terapeuta é facilitar maior consciência dos padrões CCRT atuantes na vida da pessoa, ao utilizar a formulação CCRT já discutida, a fim de trazer à tona tais padrões. O segundo objetivo, então, é trabalhar com o paciente na modificação de seus padrões CCRT. Os terapeutas podem escolher trabalhar um componente específico (p. ex., RO) ou um grupo de componentes (p. ex., sequências de RO-RS). Por exemplo, com a senhora Cater, uma repetição considerável de seu padrão CCRT ocorreu devido à sua avaliação dos outros (RO) como pessoas que não a ajudam ou até a enxergam como incapaz. O terapeuta pode escolher, por exemplo, trazer à tona esse padrão e mostrar como ele pode estar operando no "aqui e agora" da relação terapêutica. Quando a senhora Cater teve a intensa experiência de enxergar seu terapeuta como uma pessoa que não a ajudava, ele foi capaz de destacar que, embora pudesse ter faltado com a atenção algumas vezes, o paciente exagerou tais faltas e minimizou as outras vezes em que o terapeuta se mostrou atento. De modo similar, o terapeuta foi capaz de relembrar à paciente de quão frequentemente ele fora capaz de apontar com precisão problemas em outros relacionamentos. Isso ajudou a paciente a ampliar sua compreensão do que poderia estar ocorrendo "na mente" dos outros, ajudando-a a relaxar um pouco e não pensar, imediatamente, que os outros estavam pensando o pior. Isso deu a ela um espaço para desenvolver confiança suficiente para pedir aos outros mais claramente o que ela desejava sem esperar rejeição. De forma lenta, os padrões CCRT pervasivos começaram a ser modificados, permitindo que ela experienciasse maior satisfação de seus desejos, bem como mais prazer em suas interações no trabalho e pessoais.

EXEMPLO DE CASO

Descrição do paciente e dos problemas presentes

Paige tinha 17 anos quando foi encaminhada pelo hospital local a uma clínica-escola que estava se especializando no tratamento de transtornos da personalidade. Durante sua orientação para a clínica, Paige passou por uma avaliação clínica que a enquadrou nos critérios diagnósticos do TPB. Em sua apresentação inicial, ela declarou que sofria com flutuações emocionais repentinas e extremas, períodos em que ela se sentia "oca" e como um "saco vazio"; disse ter dificuldades em manter amizades, além de viver experiências intensas com relacionamentos românticos que rapidamente se deterioravam e acabavam; descreveu bebedeiras aos finais de semana, que a levavam a ter um comportamento sexual impulsivo e de risco; e uma história de autolesão por cortes, que havia se agravado no curso dos últimos seis meses. Seu tratamento foi com Lyndsay, uma terapeuta no início da carreira, psicóloga clínica com um PhD, que praticava psicoterapia na clínica de saúde da universidade. Lyndsay aplicou os princípios para o uso de CCRT em psicoterapia como descritos neste capítulo e no manual de Book (1998).

Quando Paige compareceu à clínica pela primeira vez, ela passava por um quadro significativo de desregulação emocional, problemas em seus relacionamentos, sentimentos de vazio que a estavam perturbando, além de comportamentos impulsivos e autolesivos. Em relação ao seu histórico de dificuldades, ela notou que a passagem para o ensino médio aos 13 anos foi difícil e foi quando ela notou esses problemas pela primeira vez. Ela relatou que as coisas ficaram bem piores após o término de um relacionamento com Nick, há um ano aproximadamente, aos 16 anos, e foi aí que ela tentou se cortar pela primeira vez para aliviar a dor. No começo da terapia, Paige frequentava o ensino médio e estava em um relacionamento instável com Josh, que tinha 20 anos. Ela começou a terapia após ser liberada de uma breve internação hospitalar por causa de uma *overdose* desencadeada por uma discussão com Josh. Ela, inicialmente, mostrou-se ambivalente em relação à terapia e pareceu flutuar entre sentir como se o processo pudesse ajudá-la e dizer que só estava indo para agradar sua mãe.

A partir do que escutou nas sessões, Lyndsay começou aos poucos a construir a história de vida relevante, embora as descrições autobiográficas de Paige fossem fragmentárias e carecessem de detalhes, como é comum em pessoas com TPB severo (Carter & Grenyer, 2012). Seu pai biológico abandonou a família quando ela tinha 18 meses de idade. Sua mãe casou-se com outro homem, quando Paige tinha 3 anos de idade, e teve mais dois filhos com ele. Sua mãe e seu padrasto se divorciaram quando Paige tinha 14 anos de idade. No período da terapia, Paige vivia com sua mãe e dois meios-irmãos mais novos, Dylan (15 anos) e Tom (12 anos). Paige descreveu seu padrasto como um alcoólatra que muitas vezes bebia e tinha uma conduta verbal abusiva em relação à sua mãe, e, em certas ocasiões, isso escalava até o ponto da violência física. Ela também descreveu vezes em que sentiu que tinha um bom relacionamento com ele. Havia evidência, a partir de suas descrições, de que sua mãe não tinha lidado bem com a separação, tendo se deprimido em certos momentos, além de ter usado álcool como estratégia de enfrentamento e, ocasionalmente, com tendência suicida.

Apresentação da formulação e do plano de tratamento

Na Sessão 8, Lyndsay já tinha uma ideia clara dos principais CCRTs de Paige e, portanto, de como utilizá-los como guia para um tratamento direcionado. Lyndsay não falou de forma explícita para Paige: "Olhe, este é seu CCRT", mas utilizou uma linguagem que fosse o mais compreensível possível com base nas experiências de sua cliente, a fim de demonstrar esses temas de relacionamento conflituoso à Paige de maneira que fosse também significativa para sua experiência e útil para sua compreensão. Nos estágios iniciais da terapia, Paige expressou um forte desejo (D) de ser cuidada e ajudada, mas ela contou várias narrativas sobre relacionamentos tratando de sua percepção dos outros (RO) como pessoas indisponíveis, que não ligam para ela e não a ajudam. Inicialmente, pareceu que ela tinha dificuldade em utilizar palavras para expressar seus sentimentos sobre tais narrativas de relacionamento. Paige falou muitas vezes sobre a (RS) necessidade de se autolesionar, relatando um aumento em seus comportamentos de se cortar e de se embebedar fora da terapia naquela época.

Com o progresso da terapia, o comportamento de Paige se estabilizou, e ela se engajou mais na relação terapêutica, mostrando-se, ainda, mais competente em expressar e refletir sobre padrões de relacionamento em sua vida. A formulação CCRT da terapeuta sobre o caso de Paige foi construída e refinada à medida que a terapia progredia. A terapeuta utilizou seu conhecimento cumulativo de três elementos-chave do CCRT nas narrativas para perceber como tais maneiras características de se relacionar e responder se ativariam em relacionamentos – primeiro, em relacionamentos fora da terapia e, mais tarde, na relação terapêutica. Paige formou um forte vínculo com Lyndsay, e seu desejo (D) de ser cuidada foi ativado. Lyndsay teve dificuldade com isso, pois lhe pareceu algo retrógrado e infantil, e havia um constrangimento para que a terapeuta assumisse um papel parental controlador na vida de Paige. Mesmo assim, a experiência recorrente de Paige com outras pessoas (RO) era de não ser ajudada e de se sentir rejeitada. Lyndsay teve de balancear sua postura encorajadora, enquanto buscava maneiras de estimular Paige a ser mais proativa, a fim de contrapor seu desejo passivo de ser cuidada pelos outros.

Por volta da metade da terapia, Lyndsay foi exposta à onipresença do padrão-chave de relacionamento de Paige por meio de uma atuação na relação terapêutica; um padrão que só havia ficado evidente antes nas narrativas de relacionamento que Paige contou na terapia. As fases iniciais da terapia, então, corresponderam ao primeiro objetivo-chave do tratamento utilizando o método CCRT: *favorecer uma consciência aumentada de padrões CCRT na vida do paciente.* Com o tempo, os CCRTs de Paige ficaram mais claros em sua consciência, ativados e passíveis de modificação no contexto de sua experimentação de um relacionamento peculiar com Lyndsay. As fases mais avançadas da terapia incluíram a "perlaboração" dos padrões CCRT de Paige – o segundo objetivo-chave do método CCRT; ou seja, *ajudar os pacientes a refletirem sobre as origens desses padrões e a fortalecerem sua capacidade de fazer novas escolhas e de desenvolver novos comportamentos que promovam mais interações e relacionamentos interpessoais satisfatórios.* Essas mudanças são refletidas em narrativas CCRT alternadas durante sessões, bem como na relação terapêutica, e ficaram evidentes durante o tratamento de Paige.

Curso da terapia e progresso no tratamento dos problemas

A abordagem foi uma terapia breve, limitada temporalmente, com sessões semanais agendadas na clínica, e ocorreram ao longo de, aproximadamente, seis meses – posteriormente a uma fase pré-terapia. Paige compareceu a todas as 20 sessões agendadas.

Fase pré-terapia: avaliação e entrevista de socialização

As duas primeiras sessões abriram espaço para a discussão das dificuldades atuais de Paige e para que a terapeuta completasse uma avaliação diagnóstica e clínica, a fim de considerar as opções de tratamento. Os objetivos-chave dessa fase pré-terapia foram construir a aliança terapêutica e o engajamento por parte da paciente, fazer uma avaliação diagnóstica, conduzir uma avaliação de risco para estabelecer um perfil de risco agudo *versus* crônico, completar um plano de cuidado colaborativo e coletar mais informações, com ênfase especial em perceber e explorar os episódios de relacionamento, a partir do momento que a terapeuta começou a perceber temas de relacionamento nas narrativas interpessoais que Paige contava na terapia.

Tendo-se por base a quinta edição do *Manual diagnóstico e estatístico de transtornos mentais* (DSM-5), Paige se enquadrou em oito dos nove critérios para TPB, e seus problemas tinham duração, frequência e gravidade suficientes para se fechar um diagnóstico. Esse diagnóstico foi apresentado à Paige e discutido com ela. A terapeuta fez a psicoeducação no que diz respeito ao desenvolvimento, aos sintomas e ao tratamento eficaz para o TPB. A terapeuta também estabeleceu a "estrutura" de tratamento ao recomendar que ela e Paige combinassem de trabalhar de forma colaborativa no tratamento pelos próximos seis meses de encontros semanais, com a oportunidade de discutirem conjuntamente o progresso da terapia e de considerarem a necessidade de mais sessões após aquelas já acordadas. Sessões semanais foram marcadas em horário e local fixos, e todos os assuntos práticos do arranjo da terapia (p. ex., custo, duração das sessões, responsabilidades do terapeuta e do paciente) foram discutidos em preparação para o início do contrato terapêutico.

Sessões 1-3: rupturas, "atuação" e o surgimento de um CCRT central

Durante a primeira fase da terapia, a terapeuta foi desafiada intensamente em sua capacidade de manter os limites e, nas palavras do famoso aforismo de Winnicott (1953) descrevendo a importância de um vínculo satisfatório entre criança e cuidador, uma relação "boa o suficiente" com Paige. Houve rupturas frequentes na aliança terapêutica (Safran & Muran, 2000) marcadas pelo comportamento de Paige de se fechar em silêncio ou de se enfurecer e ficar hostil, além de aumento relatado de seus comportamentos de autolesão e bebedeira fora das sessões. Parecia que Paige estava expressando suas necessidades sobretudo por meio da "atuação", em vez de carregar conscientemente sentimentos relacionados a esses impulsos de se engajar em comportamentos destrutivos (Freud, 1968). Ao se comportar dessa forma, ela convidou a terapeuta a ficar mais ativada e vigilante, e a exercer um papel protetor e atencioso.

O excerto a seguir, extraído do início da Sessão 2, ilustra os níveis elevados de raiva e reatividade de Paige, bem como sua tendência de perlaborar e de testar os limites da psicoterapia, após perceber que seu parceiro romântico, Josh, a havia abandonado. É possível enxergar o caráter pervasivo de um tema central de relacionamento conflituoso emergir mesmo cedo na terapia, ilustrada pelo comentário a seguir:

PAIGE (P): Eu sinto que acabou. Ele sabe o quanto eu preciso vir aqui, ele simplesmente não ajuda. Eu acordo esta manhã e ele não está lá! Era para ele ter me trazido aqui.

[CCRT *Josh. Desejo: ser ajudada (me levar à terapia); Resposta do Outro: não estar ali, ausente, não me ajudar; Resposta do* self: *abandonada (sente que o relacionamento acabou)*]

TERAPEUTA (T): Você está falando do Josh?

P: Me sinto tão enjoada. Tive vontade de vomitar tudo, mas não tinha nada no meu estômago para eu vomitar. Fiquei mandando mensagem para ele a manhã toda. Finalmente, lá pelas 9h30, ele me respondeu só com uma frase: "Tive que ir, até mais".

T: Parece uma manhã péssima.

P: Não acredito o quanto as pessoas são doentias. Eu estava no ônibus, e as pessoas eram tão rudes e fediam tanto, que eu só queria que aquilo acabasse. Queria sair correndo do ônibus e ir direto para a frente de um caminhão.

[CCRT *passageiros do ônibus. Desejo: sentir-se ajudada; Resposta do Outro: rudes, desagradáveis; Resposta do* self: *sentir-se impulsiva e suicida*]

T: Isso já tinha acontecido?

P: Eu poderia matá-lo. Espero que cuidem de mim, e ele simplesmente me abandona desse jeito. Eu bem que podia nem estar aqui.

[CCRT *Josh. Desejo: ser cuidada; Resposta do Outro: abandono; Resposta do* self: *fúria (quero "matá-lo"), desamparada ("nem estar aqui", desistir, suicida)*]

T: Você precisa mesmo ser cuidada.

P: Eu estou mesmo tentando, Lyndsay, e eu quero acertar por você. Você é a única pessoa que pode me ajudar.

T: E nós podemos passar por isso juntas.

P: Desde a hora que eu entrei aqui a coisa simplesmente me veio à mente, tipo "Pois é, é isso aí". Você é a pessoa.

[CCRT *terapeuta. Desejo: ser ajudada; Resposta do Outro: você pode me ajudar; Resposta do* self: *acreditar na outra pessoa, esperança*]

T: Você sente esse enjoo o tempo todo ou só as vezes?

P: Viu só, você consegue me ler como um livro. Eu sei que você está aqui às segundas e às quartas porque a recepcionista me disse. Então pensei "Eu bem que podia ligar para dar uma conferida". Isso seria tão bom.

T: Acho importante nós conversarmos sobre essas coisas, mas precisamos falar sobre elas em nossas sessões aqui juntas, e não pelo telefone.

P: Já entendi, sempre a profissional. Me sinto bem enjoada de novo. Não suporto isso. Eu realmente quero me cortar. Não deveria ter vindo aqui hoje, deveria ter ficado na cama.

[CCRT terapeuta. Desejo: ser ajudada; Resposta do Outro: rejeição percebida (só ajuda durante as sessões, nunca fora); Resposta do self: *enjoo, desamparo]*

Nessa passagem, Paige conta várias narrativas CCRT – sobre seu namorado Josh, sobre as pessoas no ônibus e sobre a terapeuta. Em cada CCRT, o desejo expresso tem o mesmo tema: ser ajudada pelos outros. Sua resposta esperada é ser abandonada, rejeitada e desapontada, levando aos sentimentos de mal-estar, desamparo, impulsividade, fúria e suicida. Uma narrativa positiva assemelha-se mais a um desejo: que a terapeuta não seja como as outras pessoas (quanto à sua expectativa) e esteja presente para suprir suas necessidades. A terapeuta estabelece limites quanto à disponibilidade, o que leva a uma reafirmação do tema central de Paige: que até a terapeuta vai desapontá-la, assim como Josh, as pessoas do ônibus e as outras pessoas em sua vida o fizeram/fazem.

A terapeuta recorreu à supervisão regular durante esse período para dar conta do que ela percebeu como sessões conturbadas (incluindo a ameaça de Paige de se cortar), o que dificultou que se mantivesse presente e terapeuticamente focada, devido, em parte, às suas respostas emocionais elevadas (ou contratransferência).

Sessões 4-8: identificando as principais narrativas CCRT

Durante essa fase da terapia, o foco da terapeuta foi continuar a reunir narrativas de relacionamento, a fim de formar uma compreensão de como o CCRT de Paige esteve ativo em sua vida. Ao longo das sessões, o comportamento de atuação de Paige diminuiu, e a terapeuta experimentou melhorias na qualidade da aliança terapêutica, com Paige também demonstrando, às vezes, idealização em relação à terapeuta e uma crença de que ela era "diferente de todo mundo" e "a única capaz de me ajudar". Em nossa experiência, uma das características do TPB é, para alguns, o desejo de ter uma pessoa forte idealizada que pode tomar a frente e satisfazer as necessidades do paciente – semelhante a uma necessidade primitiva não atendida de ser cuidado. Bem próximas a esses desejos irrealistas idealizados, porém, andam a raiva e a decepção com os outros, levando à depreciação e à rejeição daqueles que foram previamente idealizados. Para permanecer neutra, foi importante que Lyndsay mantivesse em mente tais tendências, a fim de que não fosse arrastada em direção a representações, mas que fosse empática e se mantivesse sintonizada sem cair na posição idealizada ou depreciada.

Três temas distintos começaram a aparecer nas narrativas de relacionamento que Paige contou durante as sessões:

1. Interações nas quais ela ficava com raiva e hostil (resposta do *self*: RS) quando interpretava que os outros a estavam atacando (resposta do outro: RO)

2. Sentir-se vulnerável e com a necessidade de reafirmação de que os outros não a abandonariam (RS), ao mesmo tempo que interpretava que eles estavam a abandonando (RO)
3. Parecer competente, mas dispensar outras pessoas e se afastar delas (RS) quando enxergava que elas a estavam rejeitando ou excluindo (RO)

Em todos esses casos, Paige expressou desejos de relacionamento parecidos: ser ajudada pelas pessoas. Isso destaca outro assunto-chave que apareceu durante o tratamento de Paige: seus relacionamentos com os outros e sua visão de si mesma foram definidos por crenças reunidas em torno de um *locus* de controle externo[2] (Rotter, 1966). Ela expressou narrativas envolvendo pouca ação de sua parte, em que se via como desamparada, e contou, com frequência, narrativas na linha de "Eu preciso que os outros me ajudem e me consertem".

Quanto ao conteúdo interpessoal relatado nas sessões ao longo desse período, Paige expressou narrativas de relacionamento acerca de eventos mais recentes com pares na escola, interações com amigos e seu relacionamento com Josh. Ela também relatou narrativas sobre sua mãe, seu pai e seu padrasto, com suas origens muito mais cedo em sua vida.

Sessões 9-10: atuações se ativam na relação terapêutica

Atuações são exemplos especiais de CCRT em que o padrão se manifesta entre o paciente e o terapeuta no "aqui e agora". Ocorreu uma situação na Sessão 9 em que um dos CCRTs de Paige se ativou bastante na relação com sua terapeuta, levando, assim, a uma atuação. Quando a terapeuta foi cumprimentar Paige na sala de espera no começo da Sessão 9, outra paciente estava esperando sua sessão por engano (que, na verdade, havia sido marcada para o dia seguinte). A terapeuta teve uma breve e discreta conversa com essa paciente para esclarecer a situação, desapareceu por um momento para checar a agenda e retornou para confirmar o horário correto da marcação. A terapeuta então chamou Paige para iniciar a sessão. Paige parecia ausente, olhava para o chão e inicialmente ficou calada. No curso da sessão, ela se mostrou pouquíssimo responsiva às perguntas da terapeuta sobre como havia sido sua semana. Paige por fim foi ficando mais incomodada, dizendo à Lyndsay: "Você gosta mais dos outros pacientes" e "você marcou alguém no meu horário porque não quer me ver e acha que eu te dou muita dor de cabeça". Lyndsay ficou surpresa ao escutar essas acusações e viu Paige ficar consideravelmente mais hostil e verbalmente agressiva em relação a ela na sessão, dizendo coisas do tipo: "Você nem está me ajudando; na verdade, está mesmo é tentando me fazer ficar pior!". Durante a sessão, Lyndsay teve dificuldade de manejar essa ruptura,

---

[2] N. de T. O conceito de *locus* de controle diz respeito às crenças dos indivíduos sobre o que está controlando ou não o seu próprio comportamento e os eventos ambientais à sua volta. Um *locus* de controle externo envolve crenças de que os êxitos e os fracassos da vida de uma pessoa se devem a fatores externos, ou seja, independentes dela mesma. Já um *locus* interno refere-se à atribuição desses mesmos êxitos e fracassos a si mesma.

uma vez que ainda não havia experimentado a raiva de Paige se voltar tão claramente contra ela.

Lyndsay comentou sobre essa sessão em sua supervisão e pôde refletir sobre a atuação de parte dos CCRTs centrais de Paige (i.e., perceber os outros como pessoas que a abandonam, ficando assim com raiva e hostil quando interpreta que a estão atacando). A supervisão ajudou-a a formular a hipótese de que Paige sentiu ciúmes da possibilidade de a terapeuta se importar mais com outros pacientes; de que houvesse uma rivalidade, de que a terapeuta a rejeitaria em favor de outros pacientes preferidos, e de que seu horário especial seria roubado e cedido a outra pessoa. Isso deu à terapeuta uma oportunidade valiosa para tratar diretamente dos ROs de Paige – de que os outros não gostavam dela e iriam abandoná-la, e de que os outros a estavam atacando. Lyndsay mostrou para Paige como, no trabalho conjunto das duas, a terapeuta não a havia rejeitado ou desejado atacá-la e que, na verdade, nessa situação mais recente, ela havia agido para proteger o horário das duas ao pedir que a outra paciente voltasse depois. Paige conseguiu sentir nesse momento que estava sendo considerada, valorizada e apreciada, e essa foi uma experiência poderosa que a ajudou a se abrir à ideia de que ela era "passível de amor e digna" – desafiando, pois, seus ROs sustentados de modo pervasivo e abrindo espaço para um RO potencialmente mais positivo.

Sessões 10-15: novas narrativas de relacionamento demonstram melhoria nos relacionamentos

Durante a segunda metade da terapia, Paige começou a demonstrar algumas mudanças em sua vida, para além da própria terapia, que também ficaram evidentes nas narrativas de relacionamento que ela contou nas sessões. Ela estava desenvolvendo um círculo mais amplo de amigos e uma sensação de controle, e os padrões CCRT que geralmente apareciam em suas narrativas começaram a mudar.

Lyndsay havia trabalhado para cultivar uma abordagem terapêutica que enfatizasse uma "postura curiosa" como convite para que Paige pudesse se ajudar melhor e desenvolver um *locus* de controle mais interno. Lyndsay precisou atentar-se de maneira cuidadosa para balancear técnicas de apoio (validação) e técnicas expressivas (baseadas em mudança) durante esse período. Paige passou a ter mais controle sobre sua terapia e começou a trabalhar mais ativamente para perceber suas respostas emocionais e para experimentar CCRTs alternativos em relação ao seu forte desejo de ser ajudada pelos outros (p. ex., "Quero me fazer um favor"; "Os outros me ajudarão se eu comunicar melhor minhas necessidades"; "Quando eu me sentir desapontada, posso cuidar melhor de mim em vez de me tornar impulsiva e suicida").

De modo geral, parece que os CCRTs de Paige se tornaram menos conflituosos, o que significa dizer que havia menos discrepância entre seus desejos em interações interpessoais e a maneira pela qual ela e pessoas importantes em sua vida respondiam a tais desejos. Os CCRTs de Paige também se tornaram menos pervasivos, no sentido de que cada pessoa em sua vida passou a possuir seu CCRT único. Desse modo, ficou evidente que Paige começou a distinguir melhor as pessoas em vez de esperar o mesmo RO negativo (i.e., rejeição, abandono ou ataque) de todas. Assim, ela pôde se fiar em um CCRT positivo com sua terapeuta, percebendo Lyndsay como alguém que estava disponível e se importava com ela, e a internalizar isso como um novo modelo para expectativas futuras de relacionamento. Ela também foi capaz de reavaliar outros relacionamentos mais antigos em sua história de vida (i.e., mãe, pai e padrasto) e enxergar que eles eram menos "pretos ou brancos" e mais complexos, com tons de cinza.

A terapeuta considerou essas mudanças como marcadores de encerramento, sugerindo que Paige havia progredido e estava pronta para se preparar para o fim do acompanhamento. Outros marcadores do término também ficaram evidentes, incluindo a redução inicial e posterior eliminação por parte de Paige da autolesão como uma estratégia de enfrentamento e reduções em seu uso de álcool.

Sessões 16-20: preparação para o encerramento – padrões antigos e integração final

As cinco sessões finais abriram espaço para a consolidação dos CCRTs mais adaptativos de Paige, além de oportunidades para trabalhar de forma contínua em uma maior consciência de CCRTs pervasivos iniciais. Paige percebeu sentimentos de tristeza, luto e perda durante a preparação para o encerramento da terapia, e sentiu, algumas vezes, uma sensação forte de abandono, desejando reafirmação da terapeuta, mas também se sentindo traída, ficando então com raiva e hostil. A terapeuta usou sua formulação CCRT para compreender a recorrência e a elevação de padrões CCRT que com frequência aparecem por meio de um sentimento de perda que o encerramento invariavelmente evoca. De todo modo, a terapeuta ajudou Paige a desafiar suas percepções pervasivas das respostas negativas dos outros (RO), trabalhando continuamente no desenvolvimento de habilidades que suscitassem comportamentos e atitudes mais adaptativos em momentos de desconforto (RS), e na reconsideração de seus desejos (D) em relacionamentos para que se tornassem mais realistas e apropriados ao desenvolvimento (i.e., dosar o desejo de que os outros solucionem completamente problemas para ela e aliviem todos os seus sentimentos negativos com um desejo maior de estar próxima e compartilhar experiências com as pessoas).

Análise do caso e do papel da formulação

Os bons desfechos alcançados no tratamento de Paige, bem como sua progressão ao longo da terapia, destacam o CCRT como um método simples para ajudar o terapeuta a identificar, manter em mente e suscitar maior consciência dos padrões ineficientes de se relacionar que vão na direção contrária das necessidades e dos desejos dos pacientes em seus relacionamentos. Inicialmente, Paige tinha pouca consciência de seus padrões interpessoais característicos e, na primeira fase da terapia (Sessões 1-3), tendeu a responder a qualquer experiência de desconforto ou frustração se engajando em comportamentos destrutivos voltados para a eliminação desses sentimentos.

Os CCRTs centrais de Paige foram inicialmente avaliados (Sessões 1-3) e, então, formulados pela terapeuta durante as Sessões 4-8, levando a uma atuação desses padrões (Sessões 9-10) em que a terapeuta foi capaz de fornecer uma experiência relacional inédita e positiva durante o desenvolvimento de padrões CCRT arraigados na relação terapêutica. Paige fez bom uso da terapia e revelou um foco maior em trabalhar duro a cada dia, e em fazer melhores escolhas para se responsabilizar por seus sentimentos e seus comportamentos durante esse período. O que ficou claro é que ela se tornou menos focada externamente e desenvolveu mais proatividade e capacidade de ajudar a si mesma no curso da terapia. Isso foi representado por novas narrativas (Sessões 10-15), e a formulação CCRT da terapeuta forneceu um método simples para monitorar e conduzir mudanças que ajudaram Paige a cultivar interações interpessoais que melhor se enquadrassem em suas necessidades e desejos. O encerramento forneceu uma oportunidade de trabalhar continuamente em maior tomada de consciência de seus CCRTs pervasivos iniciais (p. ex., sentimento de abandono), além de propiciar reflexão sobre essas mudanças e integrá-las, e de planejar o futuro (Sessões 16-20). A terapia permitiu que Paige reconsiderasse seus desejos relativos a relacionamentos e necessidade intensa de que os outros a "ajudassem e consertassem", e a compreender o papel ativo que ela poderia ter, também, nessa missão de ajudar a si mesma.

APRENDENDO O MÉTODO

Para utilizarem o CCRT na terapia, os psicoterapeutas precisam apenas aprender o básico do método CCRT, como delineado neste capítulo. Com um pouco de prática, identificar os componentes do CCRT pode ocorrer durante a sessão, e eles podem ser registrados em arquivos para posterior compilação pelo terapeuta à medida que o trabalho progredir. Levar esses CCRTs para a supervisão ajuda o terapeuta a testá-los com o supervisor, sobretudo se as sessões tiverem sido gravadas para exame e avaliação tanto dos componentes falados quanto daquelas possíveis representações de CCRT ocorridas no consultório. Considerar as atuações e levar em conta o impacto do encontro entre os padrões relacionais do paciente e aperfeiçoam o gerenciamento da contratransferência (Schattner & Tishby, 2018). Em contrapartida, usar o CCRT em um contexto de pesquisa demanda mais treinamento, uma vez que é importante que se estabeleça a confiabilidade com outros avaliadores treinados. No presente, procurar instrutores experientes e aludir ao texto clássico sobre o CCRT (Luborsky & Crits-Christoph, 1998) configuram-se como os melhores pontos de partida para aqueles que desejam usar tal método em pesquisas.

REFERÊNCIAS

Albani, C., Pokorny, D., Blaser, G., Gruninger, S., Konig, S., Marschke, F., et al. (2002). Reformulation of the core conflictual relationship theme (CCRT) categories: The CCRT-LU category system. *Psychotherapy Research, 12*(3), 319–338.

Arntz, A., & Genderen, H. V. (2009). *Schema therapy for borderline personality disorders*. New York: Wiley-Blackwell.

Atzil-Slonim, D., Wiseman, H., & Tishby, O. (2016). Relationship presentations and change in adolescents and emerging adults during psychodynamic psychotherapy. *Psychotherapy Research, 26*(3), 279–296.

Bartholomew, K., & Horowitz, L. M. (1991). Attachment styles among young adults: A test of a four-category model. *Journal of Personality and Social Psychology, 61*(2), 226–244.

Bateman, A., & Fonagy, P. (2016). *Mentalization-based treatment for personality disorders: A practical guide.* New York: Oxford University Press.

Berne, E. (1964). *Games people play: The basic handbook of transactional analysis.* New York: Ballantine Books.

Book, H. E. (1998). *How to practice brief psychodynamic psychotherapy: The core conflictual relationship theme method.* Washington, DC: American Psychological Association.

Bourke, M., & Grenyer, B. F. S. (2010). Psychotherapists' response to borderline personality disorder: A core conflictual relationship theme analysis. *Journal of Personality Disorders, 20*(6), 680–691.

Bowlby, J. (1982). *Attachment and loss: Vol 1. Attachment.* London: Hogarth Press & Institute of Psycho-Analysis. (Original work published 1969)

Bowlby, J. (1988). *A secure base.* London: Tavistock Routledge.

Carter, P. E., & Grenyer, B. F. S. (2012). Expressive language disturbance in borderline personality disorder in response to emotional autobiographical stimuli. *Journal of Personality Disorders, 26*(3), 305–321.

Chance, S. E., Bakeman, R., Kaslow, N. J., Farber, E., & Burge-Callaway, K. (2000). Core conflictual relationship themes in patients diagnosed with borderline personality disorder who attempted, or who did not attempt, suicide. *Psychotherapy Research, 10*(3), 337–355.

Diguer, L., Lefebvre, R., Drapeau, M., Luborsky, L., Rousseau, J. P., Hébert, É., et al. (2001). The core conflictual relationship theme of psychotic, borderline, and neurotic personality organizations. *Psychotherapy Research, 11*(2), 169–186.

Drapeau, M., & Perry, J. C. (2009). The core conflictual relationship themes (CCRT) in borderline personality disorder. *Journal of Personality Disorders, 23*(4), 425–431.

Drapeau, M., Perry, J. C., & Korner, A. (2010). Interpersonal behaviours and BPD: Are specific interpersonal behaviours related to borderline personality disorder? An empirical study using the core conflictual relationship theme standard categories. *Archives of Psychiatry and Psychotherapy, 12*(3), 5–10.

Freud, A. (1968). Acting out. *International Journal of Psycho-Analysis, 49*, 165–170.

Freud, S. (1958a). The dynamics of transference. In J. Strachey (Ed.), *Standard edition of the complete psychological works of Sigmund Freud* (Vol. 12, pp. 97–108). London: Hogarth Press & Institute of Psycho-Analysis. (Original work published 1912)

Freud, S. (1958b). Remembering, repeating and working-through (Further recommendations on the technique of psycho-analysis II). In J. Strachey (Ed.), *Standard edition of the complete psychological works of Sigmund Freud* (Vol. 12, pp. 145–156). London: Hogarth Press & Institute of Psycho-Analysis. (Original work published 1914)

Freud, S. (1959). Inhibitions, symptoms and anxiety. In J. Strachey (Ed.), *Standard edition of the complete psychological works of Sigmund Freud* (Vol. 20, pp. 75–172). London: Hogarth Press & Institute of Psycho-Analysis. (Original work published 1926)

Grandjean, L., Beuchat, H., Gyger, L., de Roten, Y., Despland, J.-N., Draganski, B., et al. (2020). Integrating core conflictual relationship themes in neurobiological assessment of interpersonal processes in psychotherapy. *Journal of Counselling and Psychotherapy Research, 20*(3), 488–496.

Grenyer, B. F. S. (2002). *Mastering relationship conflicts: Discoveries in theory, research and practice.* Washington, DC: American Psychological Association.

Grenyer, B. F. S., & Luborsky, L. (1996). Dynamic change in psychotherapy: Mastery of interpersonal conflicts. *Journal of Consulting and Clinical Psychology, 64*, 411–416.

Grenyer, B. F. S., & Luborsky, L. (1998). Positive versus negative CCRT patterns. In L. Luborsky & P. Crits-Christoph (Eds.), *Understanding transference: The core conflictual relationship theme method* (2nd ed., pp. 55–63). Washington, DC: American Psychological Association.

Hackett, S. S., Porter, J., & Taylor, J. L. (2013). The core conflictual relationship theme (CCRT) method: Testing with adult offenders who have intellectual and developmental disabilities. *Advances in Mental Health and Intellectual Disabilities, 7*(5), 263–271.

Hayes, J. A., Gelso, C. J., Goldberg, S., & Kivlighan, D. M. (2018). Countertransference management and effective psychotherapy: Meta-analytic findings. *Psychotherapy, 55*(4), 496–507.

Hayes, J. A., Gelso, C. J., & Hummel, A. M. (2011). Managing countertransference. *Psychotherapy (Chic), 48*(1), 88–97.

Hegarty, B. D., Marceau, E. M., Gusset, M., & Grenyer, B. F. S. (2020). Early treatment response in psychotherapy for depression and personality disorder: Links with core conflictual relationship themes. *Psychotherapy Research, 30*(1), 112–123.

Kellogg, S. H., & Young, J. E. (2006). Schema therapy for borderline personality disorder. *Journal of Clinical Psychology, 62*(4), 445–458.

Kernberg, O. F. (1984). *Severe personality disorders: Psychotherapeutic strategies*. New Haven, CT: Yale University Press.

Linehan, M. M. (2015). *DBT skills training manual* (2nd ed.). New York: Guilford Press.

Loughead, J. W., Luborsky, L., Weingarten, C. P., Krause, E. D., German, R. E., Kirk, D., et al. (2010). Brain activation during autobiographical relationship episode narratives: A core conflictual relationship theme approach. *Psychotherapy Research, 20*(3), 321–336.

Luborsky, L. (1976). Helping alliances in psychotherapy. In J. L. Cleghhorn (Ed.), *Successful psychotherapy* (pp. 92–116). New York: Brunner/Mazel.

Luborsky, L. (1977). Measuring a pervasive psychic structure in psychotherapy: The core conflictual relationship theme. In N. F. S. Grand (Ed.), *Communicative structures and psychic structures* (pp. 367–395). New York: Plenum Press.

Luborsky, L. (1998). The convergence of Freud's observations about transference with the CCRT evidence. In L. Luborsky & P. Crits-Christoph (Eds.), *Understanding transference: The core conflictual relationship theme method* (2nd ed., pp. 307–325). Washington, DC: American Psychological Association.

Luborsky, L., & Barrett, M. S. (2007). The core conflictual relationship theme: A basic case formulation method. In T. D. Eells (Ed.), *Handbook of psychotherapy case formulation* (2nd ed., pp. 105–135). New York: Guilford Press.

Luborsky, L., & Crits-Christoph, P. (1998). *Understanding transference: The core conflictual relationship theme method* (2nd ed.). Washington, DC: American Psychological Association.

Marceau, E. M., Meuldijk, D., Townsend, M. L., Solowij, N., & Grenyer, B. F. S. (2018). Biomarker correlates of psychotherapy outcomes in borderline personality disorder: A systematic review. *Neuroscience and Biobehavioral Reviews, 94*, 166–178.

Messina, I., Solina, C., Arduin, A., Frangioni, V., Sambin, M., & Gelso, C. (2018). Origins of countertransference and core conflictual relationship theme of a psychotherapist in training as emerging in clinical supervision. *Psychotherapy, 55*(3), 222–230.

Mikulincer, M., Shaver, P. R., & Avihou-Kanza, N. (2011). Individual differences in adult attachment are systematically related to dream narratives. *Attachment and Human Development, 13*(2), 105–123.

Morgan, C. D., & Murray, H. A. (1935). A method for investigating fantasies: The Thematic Apperception Test. *Archives of Neurology and Psychiatry, 34*, 289–306.

Parker, L. M., & Grenyer, B. F. S. (2007). New developments in core conflictual relationship theme (CCRT) research: A comparison of the QUAINT and CCRT-LU coding systems. *Psychotherapy Research, 17*(4), 443–449.

Popp, C., Luborsky, L., Andrusyna, T. P., Cotsonis, G., & Seligman, D. (2002). Relationships between God and people in the Bible: A core conflictual relationship theme study of the Pentateuch/Torah. *Psychiatry: Interpersonal and Biological Processes, 65*(3), 179–196.

Popp, C., Luborsky, L., Descoteaux, J., Diguer, L., Andrusyna, T. P., Kirk, D., et al. (2003). Relationships between God and people in the Bible: Part II. The New Testament, with comparisons with the Torah. *Psychiatry: Interpersonal and Biological Processes, 66*(4), 285–307.

Popp, C., Luborsky, L., Descoteaux, J., Diguer, L., Andrusyna, T. P., Kirk, D., et al. (2004). Relationships between God and people in the Bible: Part III. When the other is an outsider. *Psychiatry: Interpersonal and Biological Processes, 67*(1), 26–37.

Popp, C., & Taketomo, Y. (1993). The application of the core conflictual relationship theme method to Japanese psychoanalytic psychotherapy. *Journal of the American Academy of Psychoanalysis, 21*(2), 229–252.

Popp, C. A., Diguer, L., Luborsky, L., Faude, J., Johnson, S., Morris, M., et al. (1996). Repetitive relationship themes in waking narratives and dreams. *Journal of Consulting and Clinical Psychology, 64*(5), 1073–1078.

Rotter, J. B. (1966). Generalized expectancies for internal versus external control of reinforcement. *Psychological Monographs: General and Applied, 80,* 1–28. Safran, J. D., & Muran, J. C. (2000). *Negotiating the therapeutic alliance: A relational treatment guide.* New York: Guilford Press.

Schattner, E., & Tishby, O. (2018). Patient and therapist relational patterns: Implicit negotiations. In O. Tishby & H. Wiseman (Eds.), *Developing the therapeutic relationship: Integrating case studies, research and practice* (pp. 61––80). Washington, DC: American Psychological Association.

Stirn, A., Overbeck, G., & Pokorny, D. (2005). The core conflictual relationship theme (CCRT) applied to literary works: An analysis of two novels written by authors suffering from anorexia nervosa. *International Journal of Eating Disorders, 38*(2), 147–156.

Tishby, O., & Vered, M. (2011). Countertransference in the treatment of adolescents and its manifestation in the therapist–patient relationship. *Psychotherapy Research, 21*(6), 621–630.

Tishby, O., & Wiseman, H. (2014). Types of countertransference dynamics: An exploration of their impact on the client–therapist relationship. *Psychotherapy Research, 24*(3), 360–375.

Tishby, O., & Wiseman, H. (2020). Countertransference types and their relation to rupture and repair in the alliance. Psychotherapy Research. Available at *www.tandfonline.com/doi/full/10.1080/10503307.2020.1862934*

Vandenbergen, J., Vanheule, S., Rosseel, Y., Desmet, M., & Verhaeghe, P. (2009). Unexplained chronic fatigue and core conflictual relationship themes: A study in a chronically fatigued population. *Psychology and Psychotherapy: Theory Research and Practice, 82*(1), 31–40.

Vanheule, S., Desmet, M., Rosseel, Y., Verhaeghe, P., & Meganck, R. (2007). Relationship patterns in alexithymia: A study using the core conflictual relationship theme method. *Psychopathology, 40*(1), 14–21.

Vanheule, S., Vandenbergen, J., Desmet, M., Rosseel, Y., & Insleghers, R. (2007). Alexithymia and core conflictual relationship themes: A study in a chronically fatigued primary care population. *International Journal of Psychiatry in Medicine, 37*(1), 87–98.

Waldinger, R. J., Seidman, E. L., Gerber, A. J., Liem, J. H., Allen, J. P., & Hauser, S. T. (2003). Attachment and core relationship themes: Wishes for autonomy and closeness in the narratives of securely and insecurely attached adults. *Psychotherapy Research, 13*(1), 77–98.

Weinryb, R. M., Barber, J. P., Foltz, C., Göransson, S. G. M., & Gustavsson, J. P. (2000). The Central Relationship Questionnaire (CRQ): Psychometric properties in a Swedish sample and cross-cultural studies. Journal of Psychotherapy Practice and Research, 9(4), 201–212. Retrieved from *http://ezproxy.uow.edu.au/login?url=https://search.ebscohost.com/login.aspx?direct=true&db=psyh&AN=2000-16107-004&site=eds-live.*

Winnicott, D. W. (1953). Transitional objects and transitional phenomena: A study of the first not-me possession. *International Journal of Psycho-Analysis, 34,* 89–97.

Wiseman, H., & Barber, J. P. (2004). The core conflictual relationship theme approach to relational narratives: Interpersonal themes in the context of intergenerational communication of trauma. In A. Lieblich, D. P. McAdams, & R. Josselson (Eds.), *Healing plots: The narrative basis of psychotherapy* (pp. 151–170). Washington, DC: American Psychological Association.

Wiseman, H., & Barber, J. P. (2008). *Echoes of the trauma: Relational themes and emotions in children of Holocaust survivors.* Cambridge, UK: Cambridge University Press.

Wiseman, H., Metzl, E., & Barber, J. P. (2006). Anger, guilt, and intergenerational communication of trauma in the interpersonal narratives of second generation Holocaust survivors. *American Journal of Orthopsychiatry, 76*(2), 176–184.

Wiseman, H., & Tishby, O. (2017). Applying relationship anecdotes paradigm interviews to study client–therapist relationship narratives: Core conflictual relationship theme analyses. *Psychotherapy Research, 27*(3), 283–299.

World Health Organization. (2018). *ICD-11: International Classification of Diseases 11th Revision.* Retrieved from *https://icd.who.int/en.*

Yeomans, F. E., Clarkin, J. F., & Kernberg, O. F. (2015). *Transference focused psychotherapy for borderline personality disorder: A clinical guide.* Arlington, VA: American Psychiatric.

3

Psicoterapia psicodinâmica focada no pânico

Fredric N. Busch e Barbara L. Milrod

ORIGENS HISTÓRICAS DA ABORDAGEM

A psicanálise e as psicoterapias psicodinâmicas relacionadas a ela possuem uma história que se estende por bem mais de um século. Breuer e Freud (1893-1895/1955) descreveram parte do que mais tarde se tornariam teorias e abordagens psicanalíticas centrais na fase inicial de sua obra clínica, como aquelas presentes em *Estudos sobre a histeria*. Algumas dessas abordagens e conceitos centrais são importantes para as psicoterapias psicodinâmicas contemporâneas focadas em sintomas, incluindo a psicoterapia psicodinâmica focada no pânico (PFPP, do inglês *panic-focused psychodynamic psychotherapy*; Busch, Milrod, Singer, & Aronson, 2012), sobretudo para os transtornos de ansiedade. Freud e Breuer descreveram e trataram pacientes com "histeria", termo que traduz de forma grosseira um tipo de sofrimento que hoje é descrito pela quinta edição do *Manual diagnóstico e estatístico de transtornos mentais* (DSM-5; American Psychiatric Association, 2013) como transtorno conversivo. Um caso em especial abordado em *Estudos sobre a histeria*, o caso de Katherina, apresenta-nos sintomas que compõem o que, no DSM-5, é o transtorno de pânico.

Breuer e Freud (1893-1895/1955) descreveram como sintomas biofisiológicos aparentemente inexplicáveis pareciam carregar significados emocionalmente simbólicos importantes, e como tais sintomas em geral simbolizavam experiências traumáticas centrais que o paciente havia sofrido no passado. Memórias de eventos traumáticos e suas conexões com sintomas não eram conscientes ou acessíveis, e pareciam ser "inconscientes". Embora conhecidas e armazenadas na memória, elas não eram imediatamente acessíveis na forma de memórias normais. A "cura pela fala" envolvia a investigação verbal desses sintomas. Esse era um método que permitia aos pacientes trazerem suas experiências traumáticas e os significados inconscientes desses sintomas à consciência. O acesso a essas memórias traumáticas e a compreensão de significados simbólicos subjacentes e entrelaçados eram vistos como contribuintes para o alívio de sintomas. Apesar de a teoria e o alcance de intervenções em psicanálise terem crescido imensamente desde esses primeiros escritos, tais princípios descritos em *Estudos sobre a histeria* ainda são considerados centrais para o tratamento de sintomas pela abordagem psicodinâmica. Na PFPP, ajudar o paciente a desvendar os significados emocionais dos sintomas de pânico (também, em parte, dos sintomas biofisiológicos) é um componente central do tratamento.

Baseado nessas observações acerca da histeria, Freud (1900/1953b) desenvolveu sua teoria inicial do modelo da mente, a "teoria topográfica", em que a vida mental era descrita a partir de uma existência em dois níveis: consciente e inconsciente. Nessa estrutura, sentimentos e desejos conflitantes no inconsciente, que são de alguma forma inaceitáveis para a pessoa, são mantidos afastados da consciência e emergem na forma de sintomas. Freud (1926/1950) desenvolveu posteriormente o modelo "estrutural", ou tripartite, da mente. A partir dessa perspectiva, a mente é conceitualizada como se fosse dividida em *id*, que inclui pulsões e desejos; o *superego*, ou função consciente, contendo censuras internalizadas que cercam a expressão pulsional, bem como uma função de recompensa interna em que a pessoa experimenta uma sensação de gratificação; e o *ego*, que abrange percepção, mecanismos de defesa psicológicos, cognição e autorre-presentações. O ego se ajusta entre o *id* e o superego, em parte pelo desencadeamento de mecanismos de defesa, por meio dos quais indivíduos, inconscientemente, *protegem sua própria consciência* das pulsões e dos conflitos que são para eles desestabilizadores, assustadores ou dolorosos.

Com base nos modelos topográfico e tripartite, determinava-se que os pacientes sofriam de fantasias e anseios derivados do *id*, que, ao mesmo tempo, não eram aceitos pelo ego e pelo superego. Sintomas, como ataques de pânico, não raro representam um acordo entre desejos e proibições, ambos disfarçados, ou "formações de compromisso". Estimular os pacientes a "associarem livremente" ou falarem a respeito do que acham de seus próprios sintomas, diante da postura livre de julgamento do terapeuta, auxilia na identificação de fantasias inconscientes subjacentes e em sua consequente emersão à consciência. Em nossos estudos de PFPP, demonstramos que esse processo suscita o alívio de sintomas.

Utilizando o modelo tripartite da mente, Freud (1926/1950) descreveu a *função da ansiedade* como uma resposta a perigos psicologicamente significativos. A ansiedade alerta o ego do perigo representado por desejos proibidos emergentes ao mobilizar mecanismos de defesa. Terapeutas psicodinâmicos utilizam a "ansiedade como sinal" para ajudar pacientes a identificar sentimentos assustadores inconscientes, fantasias e conflitos. Outro tipo de ansiedade, "ansiedade traumática" (semelhante a ataques de pânico – níveis desestabilizadores de uma ansiedade que possui comumente sintomatologia física) ocorre quando os mecanismos de defesa do ego se encontram inundados por uma sensação de perigo. Esse tipo de ansiedade costuma se relacionar a eventos desenvolvimentais traumáticos ou adversos, que podem ser difíceis de acessar devido a emoções intoleráveis ou a uma incapacidade do ego de simbolizar experiências internas na forma de linguagem (para esses pacientes, experiências costumam parecer desconexas ou incoerentes). Nessas instâncias, o terapeuta trabalha com os pacientes para emprestar linguagem e significado a essas ansiedades, determinando as ligações de tais estados ansiosos a eventos emocionalmente importantes ou traumáticos, ou a fantasias. Pela perspectiva desses modelos psicanalíticos, ataques de pânico podem ser vistos como falha na função de ansiedade como sinal por parte do ego diante de perigos que evocam desorganização esmagadora (conflitos inconscientes que são tão brutos e primitivos a ponto de não poderem ser simbolizados pela linguagem) ou como a experiência da ansiedade traumática. As tarefas do terapeuta incluem identificar os medos inconscientes relevantes (p. ex., medo de a raiva perturbar ou romper um relacionamento necessário) e identificar a ligação entre sintomas e experiências traumáticas relevantes.

Freud (1926/1950) também descreveu medos centrais que emergem ao longo do desenvolvimento. Eles incluem (1) o medo da perda de uma figura central de apego, também descrito como *ansiedade de separação*; (2) medo da perda do amor de uma figura de apego primária; (3) medo da destituição de poder (chamado de medo de castração); e (4) medo do superego, ou medo de ser punido por uma consciência culpada. Em situações clínicas, o terapeuta trabalha para definir quais desses medos estão contribuindo para a ansiedade do paciente (medos sobrepostos são comuns). Nosso grupo de pesquisa desenvolveu uma psicoterapia manualizada baseada nessas teorias psicanalíticas centrais sobre ansiedade, que integra nosso trabalho clínico, pesquisas e a literatura psicológica, incluindo estudos de pacientes com transtorno de pânico, para desenvolver e organizar formulações a fim de compreender e tratar tal transtorno (Busch et al., 2012).

Modelos psicanalíticos pós-freudianos e psicodinâmicos de compreensão das origens de sintomas incluem teorias das relações objetais. Indivíduos formam representações internalizadas de si mesmos e dos outros, incluindo relacionamentos de apego significativos, ao longo do curso de desenvolvimento (Freud, 1905/1953a; Bowlby, 1969). De um ponto de vista psicanalítico, problemas nessas representações, como a sensação de que relacionamentos com os outros são facilmente perturbáveis, podem contribuir para o desenvolvimento de sintomas, como a ansiedade. Relacionamentos presentes com os outros são afetados por percepções de relacionamentos formativos para o desenvolvimento, que continuam a exercer considerável influência inconsciente. Tais padrões de relacionamento formativos reaparecem em relacionamentos presentes, bem como na *transferência*, em sentimentos e fantasias intensamente sustentados por pacientes em relação a seus terapeutas.

A psicanálise explorou o impacto de um apego inseguro e perturbado sobre a cognição e as emoções. Fonagy e colaboradores (Fonagy & Target, 1997; Busch, 2008) focaram no impacto adverso do apego inseguro sobre o desenvolvimento da *mentalização* – a habilidade de conceber os próprios comportamentos e motivos, bem como os comportamentos e motivos dos outros, em termos de estados mentais. Uma perturbação ou distorção nessa capacidade, no contexto do apego inseguro, pode levar a medos de perda, fracasso e rejeição, aumentando, assim, o risco de se desenvolver transtornos ansiosos e depressivos. Pacientes também podem carecer da capacidade de simbolização de certas experiências internas. Por exemplo, é possível que pacientes com transtorno de pânico sejam incapazes de reconhecer sensações somáticas como parte das emoções, aumentando o risco de interpretações catastróficas distorcidas. Terapeutas praticando PFPP trabalham com seus pacientes visando auxiliar o desenvolvimento de capacidades de mentalização e simbolização.

O desenvolvimento das psicoterapias psicodinâmicas manualizadas e focadas em sintomas

Nos anos 1970, psicanalistas e psicoterapeutas psicodinâmicos começaram a explorar com mais profundidade o valor das psicoterapias psicodinâmicas breves. Malan (1979) descreveu uma psicoterapia breve desenvolvida para tratar dinâmicas definidas centrais de pacientes. Ele relatou de forma anedótica que esses tratamentos poderiam ser clinicamente efetivos, embora nunca fossem estudados de modo sistemático. Depois, à medida que ficou clara a necessidade de pesquisas sistemáticas envolvendo tratamentos psicodinâmicos, Luborsky (1984) publicou o primeiro manual de psicoterapia psicodinâmica. A terapia suportivo-expressiva (SET, do inglês *supportive-expressive therapy*) não foi desenvolvida para tratar um problema específico.

A partir dos anos 1990, os psicanalistas começaram a publicar os primeiros manuais de tratamento psicodinâmicos focados em sintomas, incluindo o manual de PFPP do nosso grupo (Milrod, Busch, Cooper, & Shapiro, 1997; Busch et al., 2012). Esses manuais (Bateman & Fonagy, 2016; Busch et al., 2012; Yeomans, Clarkin, & Kernberg, 2015) contêm, todos, formulações psicodinâmicas focadas nos transtornos específicos que estão sendo tratados, incluindo descrições de conflitos e defesas característicos, modificação de técnicas psicodinâmicas na abordagem a tais transtornos, e seções tratando das fases inicial, intermediária e final de tratamento. Foi somente quando esses blocos construtivos foram estabelecidos que estudos de desfecho, com credibilidade científica e reprodutibilidade confiável, sobre a eficácia de tratamentos psicodinâmicos realmente começaram. Nos últimos 20 anos, têm surgido cada vez mais evidências da eficácia de tratamentos psicodinâmicos (Steinert, Munder, Rabung, Hoyer, & Leichsenring, 2017), incluindo da PFPP, o primeiro tratamento psicodinâmico a demonstrar eficácia para um transtorno de ansiedade do Eixo I (Milrod et al., 2007) da quarta edição do *Manual diagnóstico e estatístico de transtornos mentais* (DSM-IV; American Psychiatric Association, 1994) e a única psicoterapia psicodinâmica com eficácia replicada para qualquer transtorno do Eixo I até hoje (Beutel et al., 2013; Milrod et al., 2016; Svensson et al., 2021).

À medida que tais manuais e tratamentos foram desenvolvidos, a *formulação psicodinâmica* (Perry, Cooper, & Michels, 1987) passou a ser cada vez mais reconhecida como componente central de tratamento. A formulação identifica como os sintomas do paciente se relacionam com representações do *self* e dos outros, com eventos traumáticos e desenvolvimentais, com conflitos intrapsíquicos e com defesas. A formulação fornece uma estrutura que indica como o terapeuta abordará e enfocará sintomas, a fim de identificar e tratar fatores contribuintes. Psicoterapeutas psicodinâmicos têm reconhecido cada vez mais o valor de se compartilhar elementos da formulação com o paciente desde o início do tratamento, sobretudo quando se está conduzindo uma psicoterapia limitada no tempo e focada em sintomas. Terapeuta e paciente trabalham para desenvolver e expandir a formulação (esse é um processo dinâmico, no sentido de ser uma modificação ativa de avaliações e intervenções) ao longo do curso de tratamento, para aliviar posteriormente os sintomas do paciente e outros relacionamentos e problemas associados. Este capítulo elabora com detalhe os elementos e o uso dessa formulação central para a PFPP.

MODELO CONCEITUAL

Abordagens psicanalíticas, embora sejam ferramentas poderosas, atolaram-se em terminologias excessivamente complexas e em uma imprecisão que pode interferir no treinamento e na comunicação de ideias durante a terapia. Descobrimos que focar em um transtorno específico ou em um grupo de sintomas claramente identificáveis esclarece a natureza específica da formulação, de modo que facilita a instrução de clínicos no que diz respeito ao tratamento e à compreensão por parte do paciente de seus sintomas. De fato, nossos estudos demonstram que muitos pacientes são capazes de compreender de forma rápida essas abordagens e de aplicá-las a seus próprios estados mentais e suas vidas sem qualquer capacidade preexistente de "*insight*", vistos até agora – embora não embasados por achados de pesquisa – como importantes.

Abordagens psicodinâmicas focam no desenvolvimento de psicopatologias durante as primeiras experiências de vida, com o objetivo de compreender as origens dos sintomas do paciente para auxiliar em seu alívio. Segundo a teoria psicanalítica, fatores temperamentais, eventos desenvolvimentais adversos e experiências traumáticas levam a autorrepresentações e representações dos outros problemáticas (visões persistentes de si e de outras pessoas), conflitos intrapsíquicos e defesas comuns, bem como dificuldades interpessoais, que resultam em sintomas e funcionamento comprometido. Um marco central de desenvolvimento é a capacidade de tolerar a separação, de ganhar autonomia e de dar conta de sentimentos ambivalentes em relação aos cuidadores. Examinamos como problemas nessas áreas contribuem para o desenvolvimento do transtorno de pânico. Nesse processo, examinamos elementos centrais da formulação psicodinâmica – autorrepresentações e representações dos outros, conflitos intrapsíquicos, defesas e habilidades de mentalização – no contexto de sintomas.

Ansiedades e conflitos em torno da separação são vulnerabilidades e sintomas centrais de pacientes que sofrem de transtorno de pânico. Essa ligação já foi sugerida por muitos clínicos ao longo do tempo, incluindo Klein (1964), que descobriu que metade de seus pacientes foram "crianças medrosas e dependentes, com nítida ansiedade de separação e dificuldades em se ajustar à escola" (p. 405). Ele declarou que esse grupo "parece ter sofrido de níveis cronicamente altos de ansiedade de separação ao longo de suas vidas e ter desenvolvido ataques de pânico sob condições nas quais eles se mostravam especialmente vulneráveis" (pp. 405-406). Hoje, existem evidências epidemiológicas abundantes que embasam a ligação entre transtorno de pânico e uma história de ansiedade de separação (Kossowsky et al., 2013; Milrod et al., 2014; Silove et al., 2015). A ansiedade advinda da separação tem sido atribuída a fatores temperamentais (inibição comportamental como descrita e estudada por Kagan e Rosenbaum; Rosenbaum et al., 1998; Rosenbaum et al., 1991), experiências desenvolvimentais adversas ou, não raro, ambos. Em qualquer um desses caminhos do desenvolvimento, pacientes nunca desenvolvem relacionamentos de apego seguro com outras pessoas. Esse problema, descrito como apego inseguro ou dependência temerosa dos outros, destaca os sentimentos de indivíduos de que não se pode depender dos outros, no sentido de se esperar que sejam emocionalmente responsivos ou até presentes (Bowlby, 1973; Main & Goldwyn, 1994; Milrod et al., 2014).

O contexto de sintomas

Estressores agudos, descritos na literatura como "eventos da vida", ocorrem, com frequência, logo antes do início do pânico (Busch et al., 2012; Faravelli, 1985; Klass e al., 2009; Roy-Byrne, Geraci, & Uhde, 1986). A despeito da descrição de ataques de pânico como se viessem "do nada" feita pelo DSM-5-TR (American, Psychiatric Association, 2023, p. 209), a partir de uma perspectiva psicodinâmica, o significado desses eventos para o indivíduo (incluindo a importância inconsciente carregada por eles) e os afetos deflagrados em resposta a esses eventos têm papel central no desenvolvimento dos ataques de pânico. Além disso, o terapeuta explora as emoções e circunstâncias em torno de episódios específicos de pânico. Isso fornece pistas adicionais acerca de significados, conflitos e defesas que contribuem para os sintomas de pânico. Os contextos, os estados emocionais e os pensamentos que cercam a primeira manifestação do pânico e ataques posteriores são considerados componentes centrais da formulação de casos.

Conflitos centrais

Medos relacionados à separação têm grande impacto na psicologia dos indivíduos, incluindo uma ansiedade persistente de que relacionamentos com figuras de apego próximas são evanescentes e podem ser facilmente perturbados. Esses medos levam a uma dificuldade em identificar e tolerar (e, algumas vezes, modular) sentimentos de raiva e de vingança, e fantasias (Busch, Cooper, Klerman, Shapiro, & Shear, 1991; Shear, Cooper, Klerman, Busch, & Shapiro, 1993; Busch et al., 2012); o paciente acredita, muitas vezes inconscientemente, que a experiência da raiva levará à rejeição ou ao comprometimento de figuras de apego centrais. Para indivíduos propensos a ataques de pânico, sentimentos de raiva e fantasias com frequência permanecem inconscientes; seu aparecimento potencial na consciência pode gerar ansiedade intensa ou ataques de pânico devido a medos de os relacionamentos centrais serem perturbados. Tanto os perigos de perturbação quanto a severidade dos conflitos sobre sentimentos de raiva podem levar à psicopatologia. Indivíduos que toleram melhor suas emoções em torno da raiva e do apego estão menos sujeitos a desenvolver transtornos de ansiedade. Tratamentos psicodinâmicos ajudam pacientes a ficarem mais conscientes de tais afetos e fantasias, a articulá-los e a considerá-los menos ameaçadores, uma vez que tais elementos passam a ser mais bem compreendidos, levando à mudança sintomática.

Defesas

Segundo Freud (1911/1958), defesas são desencadeadas por conflitos inconscientes em uma tentativa, também inconsciente, de lidar com ameaças emocionais que emergem de sentimentos desconcertantes de raiva, de fantasias ou de outros conteúdos intoleráveis (p. ex., culpa, desejos dependentes inaceitáveis ou anseios sexuais inaceitáveis). Mecanismos de defesa comuns que podem ser identificados em pacientes com transtorno de pânico incluem a formação reativa, a anulação, a negação e a somatização (Busch, Shear, Cooper, Shapiro, & Leon, 1995; Busch et al., 2012). Quando a formação reativa está operante, o paciente experimenta de forma consciente sentimentos positivos direcionados a alguém com quem ele está inconscientemente irritado (ou vice-versa). Quando utilizam anulação, indivíduos fazem as pazes, verbal ou simbolicamente, com sentimentos de raiva e fantasias. Uma declaração comum de pacientes que utilizam essa defesa é: "Eu odeio meu cônjuge, mas eu o amo de verdade" ou "Eu morro de amores por ele/ela". Ao tentar inconscientemente converter raiva em sentimentos mais afiliativos, os pacientes reduzem a ameaça inconsciente que percebem – com efeito, anulando-a inconscientemente – devido à sua ira para com uma figura de apego. Quando utilizam a negação, pacientes podem repudiar a presença de quaisquer sentimentos de raiva. "Eu não fico com raiva", enunciou um paciente profundamente agorafóbico. A somatização representa outra defesa importante em muitos transtornos ansiosos, permitindo a evitação de fantasias específicas e de sentimentos por meio do foco no corpo. Assim, os sintomas somáticos de pacientes com transtorno de pânico representam um meio de evitar sentimentos e fantasias intoleráveis. Em um tratamento psicodinâmico, o terapeuta foca nos significados de mecanismos de defesa e os utiliza na terapia com o paciente para identificar emoções e fantasias que desencadeiam sintomas.

Sintomas fóbicos também podem ser enxergados como uma defesa, em que indivíduos deslocam sua raiva ou outros sentimentos e fantasias inaceitáveis para locais no espaço ou objetos específicos. Desse modo, os pacientes enxergam tais locais ou objetos como a fonte do perigo a ser evitado, em vez de reconhecerem seus próprios sentimentos e suas fantasias atemorizantes. Os pacientes sentem, inconscientemente, que estão exercendo certo grau de controle sobre fantasias perigosas ao externalizá-las e concretizá-las. Os esforços do terapeuta são dirigidos às maneiras pelas quais as fobias do paciente simbolizam seus medos inconscientes, permitindo uma compreensão de como essas situações são percebidas erroneamente como perigosas. Na agorafobia, em especial, a mais disruptiva e global das fobias e uma companheira comum do transtorno de pânico, cada "espaço perigoso" mágico é acompanhado por um "espaço seguro" fantasiado e não declarado, mas igualmente importante (Busch et al., 2012). Os "espaços seguros" rotulados pelos agorafóbicos são em geral locais mais perigosos para essas pessoas no mundo real (p. ex., ambientes domésticos em que abusos graves ou negligenciados ocorrem, relacionamentos em que o paciente é ameaçado fisicamente). Tais ideias mágicas e incoerentes são incorporadas à compreensão que o terapeuta atuando com PFPP transmite aos pacientes para os ajudar a criar sentido a partir de seus sintomas ansiosos.

A raiva inconsciente e aspectos ambivalentes de apegos envolvendo amor intenso podem resultar na necessidade percebida de uma companhia fóbica (Deutsch, 1929). De modo parcial, em uma tentativa inconsciente de prevenir a destruição do objeto de amor por parte de suas fantasias hostis, persuasivas e destrutivas, os pacientes sentem a necessidade de ter essa "pessoa próxima" presente a todo instante para demonstrar para si mesmos que suas fantasias não se tornaram realidade. A necessidade de um companheiro fóbico também emerge, comumente, de um desejo inconsciente de raiva, ainda que passivo, de controlar tal pessoa.

Ataques de pânico podem representar uma formação de compromisso entre fantasias de raiva, que são vistas como perigosas, e uma autopunição pelas fantasias experimentadas pelo paciente como um terror incapacitante e deficiência. A sensação de vulnerabilidade deflagrada por ataques de pânico pode reduzir a ameaça percebida representada pelas fantasias agressivas: se a pessoa é assim tão doentia e carente, ela não pode ferir mais ninguém. Assim, pacientes se apresentam aos outros como se fossem inofensivos e necessitados de ajuda. Embora geralmente sejam inconscientes, impulsos agressivos podem ser expressos por meio de esforços coercitivos para controlar outras pessoas de maneira ambivalente. O desconforto causado por sintomas de pânico pode atuar como uma espécie de autopunição, expiando de forma inconsciente fantasias e sentimentos que desencadeiam culpa.

Representações do *self* (autorrepresentações) e dos outros/transferência

Em geral, pacientes com transtorno de pânico veem a si mesmos na condição de ameaçados e incapazes, pedindo proteção aos outros, ao mesmo tempo que enxergam estes como pessoas temperamentais, assustadoras, controladoras e capazes de rejeitá-los, agravando sua sensação de insegurança (Busch et al., 2012). Suas percepções potencializam sua sensação de dependência temerosa de figuras de apego. Identificar tais autorrepresentações e representações dos outros auxilia no desenvolvimento de uma formulação psicodinâmica para compreender e tratar de fontes emocionais/de apego da ansiedade e do pânico.

Padrões de percepção de outras pessoas significativas geralmente aparecem no relacionamento com o terapeuta; esse fenômeno psicológico universal, a transferência (Freud, 1905/1953a), é um dos pilares da teoria e da prática psicanalíticas. O foco na transferência pode se mostrar útil com os pacientes para o reconhecimento de fantasias estruturantes subjacentes, que circundam a relação terapêutica e contribuem para os sintomas; essa é uma ferramenta utilizada em PFPP. Sintomas ansiosos de pacientes em geral se intensificam em tempos de separação (Busch et al., 2012; Milrod et al., 2014) de pessoas importantes em suas vidas, incluindo seus terapeutas. Sintomas podem se agravar quando o tratamento, independentemente da modalidade, é temporária ou permanentemente interrompido. Tais separações e/ou encerramentos podem fornecer oportunidades importantes para os pacientes melhoraram sua articulação, sua compreensão e sua aprendizagem de como manejar seus sentimentos conflitantes sobre autonomia no contexto da transferência. Desse modo, o terapeuta inclui o estado da transferência na formulação psicodinâmica.

Habilidades de mentalização

Fatores temperamentais, eventos adversos e traumas podem interferir no desenvolvimento da mentalização – a capacidade de compreender sua própria mente e a dos outros (Fonagy & Target, 1997; Busch, 2008). Limitações na habilidade de mentalizar podem interferir na identificação de fatores internos que contribuem para a ansiedade e podem, também, interferir na compreensão dos relacionamentos com os outros, alimentando ameaças percebidas de abandono e intrusão. Uma falta de capacidade de representar estados corporais que contribuem para emoções e cognições, por parte dos pacientes, pode estar associada a dificuldades de mentalização. Essa dificuldade pode levar o paciente a interpretar erroneamente sensações corporais como algo catastrófico (Craske, DeCola, Sachs, & Pontillo, 2003). Como parte dessa tendência, pacientes têm dificuldade de diferenciar sensações relacionadas à raiva daquelas relacionadas à ansiedade. Desse modo, terapeutas trabalham para ajudar seus pacientes a traduzirem tais experiências incoerentes em palavras e a identificarem seus significados.

Antecipando problemas em terapia

A psicoterapia psicodinâmica tem bom encaixe no tratamento de obstáculos ao progresso do tratamento. Em PFPP, o terapeuta reconhece que, por mais que tenham pavor dos ataques de pânico, os pacientes sentem mais medo dos conflitos inconscientes que fazem surgir os sintomas. O trabalho com contextos, sentimentos e fantasias em relação aos episódios de pânico, ao lado da interpretação de defesas, fornece uma forma de ajudar empaticamente os pacientes a reconhecerem as origens de seus sintomas e seus significados subjacentes. Além disso, os medos e as fantasias dos pacientes muitas vezes aparecerão na transferência, fornecendo uma oportunidade poderosa para identificação e compreensão de seus conflitos no contexto da relação terapêutica. Sendo assim, a formulação psicodinâmica central fornece um mapa tanto para o tratamento de sintomas quanto dos obstáculos ao próprio tratamento.

CONSIDERAÇÕES MULTICULTURAIS

Ao longo de grande parte da história da psicanálise, dada a relativa cegueira cultural e racial do último século na psiquiatria dominante, foi dada pouca atenção ao impacto da cultura, uma vez que os fatores influenciando o desenvolvimento de sintomas eram tidos por universais. Contudo, nos últimos 20 anos, fatores culturais têm sido cada vez mais reconhecidos e são, agora, considerados parte da formulação psicodinâmica central (Stoute, 2017; Stoute & Slevin, 2016a, 2016b, 2017). Por exemplo, é importante considerar que certos pacientes vêm de meios ou culturas que sofrem de racismo institucionalizado e estrutural, e podem ter experimentado, como resultado, um grau atípico de trauma. Estereótipos culturais negativos podem ser inconscientemente internalizados, contribuindo para a sensação de inadequação dos pacientes. Isso, além de influenciar a compreensão do significado das experiências e dos sintomas do paciente, pode afetar também a transferência para com o terapeuta (Stoute, 2017; Stoute & Slevin, 2016a, 2016b, 2017). Além do mais, as culturas variam em seus tipos de pensamentos, sentimentos e circunstâncias considerados como ameaças. Por exemplo, em certas culturas, pode ser menos aceitável expressar emoções desconfortáveis para membros próximos da família, levando a um foco aumentado em sintomas somáticos, que são mais aceitáveis.

No passado, a psicanálise afirmou que pacientes precisavam de uma capacidade preexistente de *insight*, a fim de participarem de modo eficaz de um tratamento psicanalítico. Contudo, nas abordagens psicodinâmicas desenvolvidas por nosso grupo de pesquisa, descobrimos que a maior parte dos pacientes consegue rapidamente progredir em habilidades de auto-observação. Explorar o contexto e as emoções que cercam sintomas propicia a construção de uma capacidade de se voltar o olhar para dentro. Demonstrar como esses esforços abrem espaço para uma compreensão das origens de sintomas contribui posteriormente para motivar os pacientes a realizarem seu autoexame. Dadas a atenção aos fatores culturais e uma abordagem que auxilia pacientes no desenvolvimento de *insight*, abordagens psicanalíticas focadas se encaixam bem em uma variedade de meios étnicos e culturais.

EVIDÊNCIAS A FAVOR DO MÉTODO

Milrod et al. (2007) conduziram um estudo clínico randomizado (ECR) com 49 pacientes com um diagnóstico primário do DSM-IV (American Psychiatric Association, 1994) de transtorno de pânico com ou sem agorafobia, comparando PFPP com uma psicoterapia menos ativa, mas eficaz, para o transtorno de pânico – terapia de relaxamento aplicado (ART, do inglês *appplied relaxation therapy*; Öst & Westling, 1995). A PFPP apresentou uma taxa de resposta significativamente melhor do que a ART (73% vs. 39%; $p = 0,016$), utilizando a definição-padrão de "resposta": uma queda de 40% nos escores da Panic Disorder Severity Scale (PDSS, "Escala de Severidade do Transtorno de Pânico"), da fase pré-tratamento para a de pós-tratamento (Barlow, Gorman, Shear, & Woods, 2000). Os participantes submetidos à PFPP experimentaram melhoras significativamente maiores nos sintomas do transtorno de pânico, como mensurado pela PDSS ($p = 0,002$) e em seu funcionamento psicossocial, como mensurado pela Sheehan Disability Scale (Sheehan, 1983; $p = 0,014$). Os ganhos foram mantidos em um *follow-up* de seis meses sem tratamentos adicionais. Um estudo de *função reflexiva* (Rudden, Milrod, Aronson, & Target, 2008), conduzido em conjunto com esse primeiro ECR de PFPP, indicou que uma medida operacionalizada de consciência da ligação entre experiência emocional e sintomas de pânico – funcionamento reflexivo específico a sintomas – melhorou de forma significativa quando se comparou o ponto de partida com o pós-tratamento em pacientes tratados com PFPP, mas não naqueles tratados com ART.

Milrod et al. (2016) conduziram um segundo ECR com 201 pacientes com um diagnóstico primário do DSM-IV (American Psychiatric Association, 1994) de transtorno de pânico com ou sem agorafobia, comparando a PFPP com a terapia cognitivo-comportamental (TCC) e com a ART, em um estudo conduzido em dois locais: na Weill Cornell Medical College (Cornell), na cidade de Nova Iorque, e na University of Pennsylvania (Penn). O atrito mostrou-se consideravelmente maior na ART, com os pacientes mais sintomáticos desistindo da ART significativamente mais (69% em ART, 26% em PFPP, 24% em TCC, $p = 0,013$), o que indica que a ART é menos tolerável, sobretudo para o tercil mais doente dos pacientes com transtorno de pânico. Houve diferenças consideráveis nos desfechos de tratamento em relação aos locais: pacientes tratados na Cornell Medical College melhoraram em taxas iguais em todos os três tratamentos, ao passo que pacientes tratados na University of Pennsylvania melhoraram mais rapidamente nos cenários de ART e TCC do que em PFPP. Ao término, os pacientes de Cornell responderam melhor à PFPP e à TCC do que à ART; já os pacientes de Penn não demonstraram respostas consideravelmente diferentes de um tratamento para outro. As taxas gerais de resposta apresentadas pelos dois locais foram: ART, 46%; TCC, 63%; e PFPP, 59% em PDSS, mas essas diferenças nas taxas de resposta não foram estatisticamente significativas entre os tratamentos. Houve diferenças notáveis entre os locais, inclusive no número de pacientes que tomavam medicamentos psicotrópicos durante o estudo (houve uma taxa sete vezes mais elevada de uso de psicotrópicos em Penn do que em Cornell), embora tais diferenças não tenham dado conta de explicar as diferenças entre os locais ao término. Apesar de as três condições de tratamento não terem apresentado diferença significativa na resposta ao fim do tratamento, no *follow-up* de 12 meses, a PFPP e a TCC superaram a ART. A PFPP e a TCC demonstraram desfechos equivalentes no *follow-up* de 12 meses, e a maioria dos pacientes tratados em quaisquer dessas intervenções mantiveram a remissão do transtorno de pânico no *follow-up* de 12 meses (McCarthy, Chambless, Solomonov, Milrod, & Barber, 2018).

Um estudo de processo e de desfecho (Keefe et al., 2019) envolvendo esse estudo descobriu que o grau até o qual as interpretações focadas no pânico foram usadas na PFPP no meio do tratamento especificamente apresentaram correlação com o nível posterior de melhora nos sintomas de pânico. Pacientes com transtornos da personalidade mais graves, sobretudo do *cluster* B de tais transtornos (incluindo os da personalidade histriônica, *borderline*, narcisista e antissocial), experimentaram mais melhorias nos sintomas em seu *cluster* de transtorno da personalidade na PFPP do que na TCC (Keefe, Milrod, Gallop, Chambless, & Barber, 2018). A PFPP possui eficácia replicada em descobertas de mais dois grupos de pesquisa (Beutel et al., 2013; Svensson et al., 2021).

PASSO A PASSO DA FORMULAÇÃO DE CASOS

Na PFPP, o terapeuta trabalha com o paciente para determinar como sintomas fazem sentido como fenômenos psicológicos para, então, ajudar os pacientes a reconhecerem seus próprios sentimentos e pensamentos, de modo mais coerente do que antes eles eram capazes. Uma noção fundamental sobre o pânico e outros sintomas de ansiedade é que ideias e impulsos específicos, desconfortáveis e (o que se experimenta como) perigosos são representados na experiência de pânico, inclusive de forma somática. Um objetivo central do tratamento com a PFPP é capacitar o paciente para que se torne consciente dos conflitos emocionais subjacentes e auxiliá-lo a, com essa consciência, começar a lidar de maneira diferente com tais sentimentos. O foco inicial da PFPP é levantar as informações necessárias para que se delineie as fantasias, os conflitos e os sentimentos específicos que subjazem aos sintomas e começar a desenvolver a formulação psicodinâmica. A formulação passa a ser, então, um guia para elucidar os fatores que contribuem para os problemas, permitindo aos pacientes que compreendam o significado de seus sintomas.

Ao avaliar o paciente com transtorno de pânico, o terapeuta obtém uma história detalhada de sintomas, enfocando circunstâncias, *timing*, significados e sentimentos associados a episódios de ansiedade ou pânico intensos. O terapeuta começa focando no contexto e nas emoções relacionados aos ataques de pânico, que os pacientes não costumam reconhecer ou que têm evitado, muitas vezes devido a conflitos emocionais que emergem de sentimentos e fantasias. O período de começo dos ataques de pânico é investigado com o fim de se obter informações sobre gatilhos, incluindo estresses da vida. Em nossa experiência (Klass et al., 2009), esses gatilhos costumam incluir perdas ou mudanças recentes, em circunstâncias que o paciente experimenta como ameaças ao seu apego a pessoas importantes. Outros pacientes não experimentam uma perda propriamente dita, mas percebem o que, em condições normais, seria um evento comum, como uma ameaça a um relacionamento de apego, com base em sua própria vulnerabilidade psicológica. O terapeuta investiga de forma detalhada como pacientes reagiram a esses estresses e adquire uma noção de seu impacto persistente.

Ao examinarem emoções relacionadas ao pânico, embora possa se pensar que a ansiedade seria o sentimento mais comum que ocorre durante ataques de pânico, pacientes podem experimentar uma ampla gama de emoções. Isso inclui sentir-se humilhado ou envergonhado sobre sentimentos de falta de controle ou de necessidade da ajuda dos outros. Não raro, tal investigação revela uma raiva que precedeu o início dos ataques de pânico que não foi notada pelos pacientes, em parte porque estivera escondida por sua ansiedade. O terapeuta não somente recolhe essas informações mas também alerta para o jeito que os pacientes possivelmente estão relutando em reconhecer eventos, sentimentos e fantasias. Tais reações são usadas no começo da identificação de defesas que os pacientes possam estar empregando e de sentimentos e fantasias específicas que são desconfortáveis para eles.

O terapeuta desenvolve com o paciente uma noção progressivamente mais clara dos precipitantes e das emoções relacionados ao início do pânico. O paciente pode começar a colaborar observando tais fatores e reações internas à medida que novos ataques ocorrem, ganhando uma noção de reconhecimento, controle e uma capacidade de "recuar" diante desses estados mentais avassaladores.

História de desenvolvimento

À medida que adquirem melhor entendimento dos contextos e das emoções que envolvem o pânico, o terapeuta e o paciente exploram a história do paciente, a fim de compreenderem as fontes que contribuíram para o pânico. Segundo a teoria psicanalítica, sintomas surgem com base em vulnerabilidades desenvolvidas ao longo da história do paciente, a começar pelo início da vida. Por exemplo, o terapeuta examina como a separação e a raiva, que contribuem comumente para o pânico, foram geridas na família. Pacientes com pânico costumam descrever cuidadores que tiveram dificuldades em tolerar separação ou raiva, incluindo explosões temperamentais. Os pacientes também podem ter passado por eventos traumáticos que contribuíram para uma sensação elevada de ameaça em resposta ao apego, como perdas precoces ou doença de seus cuidadores. Assim, os terapeutas ajudam os pacientes a desenvolverem modelos para compreensão de como eles se tornaram vulneráveis à ansiedade e aos ataques de pânico. Além disso, essas informações possibilitam melhor compreensão de contextos atuais dos sintomas de pânico. Por exemplo, se o paciente tem ataques de pânico quando experimenta separação ou conflitos interpessoais, compreender como sua história contribui para tais preocupações ajuda a clarificar as fontes de seus sintomas.

Autorrepresentações e representações dos outros

Identificar precipitantes e sentimentos presentes que se relacionam aos episódios de pânico no contexto da história de desenvolvimento do paciente favorece uma melhor compreensão de suas representações internalizadas sobre si mesmo e sobre os outros. Pacientes com transtorno de pânico costumam se enxergar como inseguros e necessitados dos outros para o protegerem, enquanto percebem outras pessoas como temperamentais, assustadoras, controladoras ou propensas a rejeitá-los, o que agrava sua sensação de insegurança (Busch et al., 2012). Eles tendem a enxergar os outros como pessoas que potencialmente vão rejeitá-los ou abandoná-los quando expressarem suas necessidades, ou eles podem enxergar os outros como demasiadamente frágeis ou facilmente machucados por sua raiva. Tais percepções elevam os perigos que eles experimentam acerca da separação e da raiva, acrescentando à ameaça representada pelos apegos perturbados (Busch et al., 1991; Shear et al., 1993; Busch et al., 2012). O terapeuta pode examinar como as expectativas dos pacientes, baseado em parte em experiências passadas, podem levá-los a superestimar as ameaças representadas por seus sentimentos, suas fantasias e suas interações interpessoais presentes.

Conflitos intrapsíquicos

À medida que o terapeuta e o paciente adquirem uma noção maior dos precipitantes do pânico e das autorrepresentações e da representação de outros, eles podem começar a identificar conflitos centrais contra os quais o paciente luta. Em nossa experiência clínica advinda de pesquisa e estudos, tais conflitos geralmente incluem medo de desejos de dependência, com uma crença de que esses desejos são vergonhosos ou humilhantes, e, portanto, fazem o paciente se sentir inadequado, inferior ou incapacitado; ou que os outros não vão tolerar tais desejos, rejeitando-os. Além disso, os conflitos costumam incluir medo de sentimentos de raiva e de fantasias que poderiam potencialmente perturbar relacionamentos com figuras importantes de apego. Quando esses desejos dependentes e agressivos começam a emergir à consciência, desencadeando ameaças ao apego, pacientes experimentam ansiedade intensa na forma de pânico e, às vezes, culpa intensa. A culpa em relação a desejos de dependência e de raiva levam a outra dinâmica central, na qual ataques de pânico são experimentados como forma de punição. O terapeuta comunica tais conflitos como parte da formulação e elabora com pacientes a ampla gama de sentimentos, fantasias e circunstâncias em que esses conflitos levam a sintomas.

Defesas

O terapeuta trabalha para identificar defesas associadas a episódios de pânico. Em geral, as defesas funcionam para proteger pacientes de se conscientizarem sobre seus sentimentos de dependência e raiva, bem como seus desejos e medos de seus relacionamentos serem perturbados. Ao destacar essas defesas, o terapeuta não só ilustra como elas contribuem para o pânico como também destaca para os pacientes como eles evitam tomar consciência de seus conflitos; a identificação de defesas pode, então, ajudar os pacientes a ganharem acesso consciente aos conflitos. Por exemplo, utilizando o mecanismo de defesa da negação, pacientes podem relatar ausência de sentimentos de raiva e de fantasias, mesmo em circunstâncias nas quais tais sentimentos seriam extremamente apropriados. O terapeuta pode interpretar que pacientes estão evitando de forma inconsciente a experiência de sentir raiva, provavelmente porque essa emoção é apavorante. Outras defesas incluem a somatização, a formação reativa e a anulação (Busch et al., 2012). Explorando a somatização, o terapeuta identifica quão intoleráveis são os sentimentos e as fantasias deslocados para o corpo. O terapeuta explora o significado dos sintomas somáticos específicos para aquele paciente. Por exemplo, experiências corporais de falta de controle, como a vertigem, podem representar um medo da falta de controle sobre certos sentimentos e fantasias, ou podem servir como lembretes específicos de eventos, relacionamentos ou fantasias; de modo alternativo, elas podem se referir a memórias específicas. A anulação pode ser notada quando pacientes "retiram" o que disseram quando temem que o comentário tenha sido agressivo demais. Na formação reativa, os pacientes expressam sentimentos positivos em relação àqueles com quem têm motivo para estarem com raiva. O terapeuta interpreta como os pacientes suprimem a raiva em uma tentativa de reduzir a ameaça que sentem em relação aos relacionamentos de apego. O tratamento ajuda os pacientes a ganharem acesso consciente ao seu desconforto dos sentimentos negativos, o que minimiza o perigo associado a tais sentimentos e fantasias.

Mentalização

Construir uma formulação abarca determinar e tratar déficits nas capacidades de mentalização e simbolização. A ausência dessas capacidades interfere na compreensão dos pacientes acerca do significado de seus sintomas e exacerba a tendência de foco catastrófico no próprio corpo. Tais déficits são indicados por falta de consciência de estados mentais por parte do paciente sobre si mesmo e sobre os outros, como a postura de atribuir ataques de pânico a algo que o paciente comeu ou falhar em reconhecer um padrão de separação que precede episódios de pânico (Rudden et al., 2008). Trabalhar com PFPP envolve ajudar os pacientes no desenvolvimento de habilidades de mentalização e simbolização por meio do exame de contextos, estressores e significados de sintomas, na identificação de conflitos e de defesas, e na reavaliação de respostas antecipadas dos outros.

Fatores culturais

O desenvolvimento da formulação inclui a avaliação continuada do impacto que as raízes, os contextos e os fatores culturais podem ter no desenvolvimento ou na persistência dos sintomas do paciente. Isso inclui identificar como os contextos culturais dos pacientes influenciaram as maneiras de eles pensarem sobre seus corpos, sexualidade, ansiedade, doenças psiquiátricas e médicas e estados mentais. Além disso, o terapeuta avalia as raízes culturais dos pacientes e a relação que elas guardam com as experiências destes de pobreza, racismo, privação de direitos civis e violência, a fim de compreender seus impactos nos sintomas do paciente e os significados da doença.

PLANEJAMENTO E PRÁTICA DO TRATAMENTO

Comunicar ao paciente os aspectos da formulação é uma parte indispensável do processo de tratamento em PFPP, pois favorece melhor compreensão e verbalização de fatores que contribuem para os sintomas de pânico. O terapeuta compartilha uma formulação preliminar com o paciente, no mais tardar até a quarta sessão, esta que geralmente envolve os contextos e as emoções em torno do pânico, noções preliminares sobre o significado dos sintomas do paciente e uma história relevante de desenvolvimento. Formulações mais complexas abarcando conflitos e defesas são elaboradas em sessões subsequentes à medida que as informações necessárias para as construir vão aparecendo e sendo processadas pelos pacientes. As formulações são modificadas conforme as respostas dos pacientes, com o terapeuta trabalhando para fazer a formulação ser mais compreensível e se encaixar melhor nas experiências dos pacientes. Isto é, tais formulações também são "dinâmicas" no sentido de que modificam posteriormente informações. A formulação é desenvolvida no curso do tratamento para propiciar uma compreensão progressivamente abrangente do que contribui para os ataques de pânico dos pacientes e para identificar intervenções que miram no alívio do pânico e das vulnerabilidades psicodinâmicas associadas.

Durante a apresentação da formulação, algo que ajuda os pacientes a adquirirem maior sensação de controle sobre seus sintomas e uma oportunidade de observar e considerar proativamente esses gatilhos centrais é o reconhecimento de contextos e emoções relacionados ao pânico. A identificação de autorrepresentações e representações de pessoas importantes permite ao terapeuta que trate das ansiedades de separação, da vergonha e das preocupações sobre a crítica ou a rejeição. Terapeuta e paciente trabalham para identificar defesas centrais, a fim de tratar como os pacientes evitam tomar consciência de sentimentos assustadores e de fantasias. A articulação e a elaboração de conflitos que levam a ataques de pânico e à evitação fóbica permitem aos pacientes que tratem de medos da raiva e do abandono envolvendo figuras de apego. Essas preocupações centrais emergem, invariavelmente, no relacionamento que os pacientes desenvolvem com seu terapeuta. Construir capacidades de mentalização ajuda os pacientes a crescerem em capacidade de simbolização de medos somáticos e de outros medos catastróficos incoerentes, e a explorarem o que está ocorrendo em suas próprias mentes, bem como o que se passa na mente dos outros.

A determinação da acurácia da formulação está fundamentada sobre as respostas dos pacientes, sobre seu desenvolvimento de conceitos que ampliam a compreensão dos episódios de pânico, e sobre o alívio de seus sintomas.

EXEMPLO DE CASO

O Sr. A era um homem, negro, de 35 anos, programador de informática, que passava por seu segundo casamento, com um filho (de sua primeira união) de 5 anos e que trabalhava como chefe de uma divisão em uma empresa de tecnologia. Dois dias antes de seu 35º aniversário, durante o trabalho, ele sentiu ansiedade intensa, dormência nos braços e nas pernas, parestesia e "espasmos" pelo corpo. Ele pensou que estava tendo um acidente vascular cerebral (AVC) e foi para a emergência. Sua avaliação médica não confirmou o AVC, e o médico sugeriu que talvez seus sintomas fossem devidos ao estresse. Após o episódio inicial, ele continuou a experimentar ataques de pânico frequentes, com sintomas similares, e buscou tratamento em nossa clínica após seis semanas. Ele foi diagnosticado com transtorno de pânico e inscrito em um protocolo de estudo para o tratamento pela PFPP, duas vezes na semana, por 12 semanas, totalizando 24 sessões. Seu terapeuta foi um psiquiatra do sexo masculino, branco, treinado como psicanalista (Fredrich N. Busch).

A formulação desenvolvida nesse caso determinou que os ataques de pânico do Sr. A estavam sendo desencadeados no contexto de pressões, tanto no trabalho quanto em sua vida em casa. No trabalho, eles aconteciam quando Sr. A tinha de repreender ou demitir alguém. Fora do trabalho, eles eram desencadeados por tensões envolvendo sua ex-mulher no que dizia respeito ao filho que tinham. Tais experiências não eram compatíveis com sua necessidade de ser "o chefe e o pai perfeito", e ele lutava contra culpa e ansiedade de desapontar os outros. Em relação ao trabalho, descobriu-se que ele estava com raiva dos diretores da empresa por causa da má gestão de sua divisão, mas o Sr. A achava essa raiva algo assustador e difícil de aceitar.

Sua história de desenvolvimento esclareceu as origens desses conflitos. O Sr. A descreveu um relacionamento com sua mãe no qual sentia que tinha de ser submisso e assumir o papel de cuidador. Seu pai era distante e o criticava, e ele sentia que não podia alcançar as expectativas de seu pai. Dadas suas atitudes, ele não se sentia seguro para experimentar ou expressar suas frustrações em relação aos seus pais. Além disso, ele fora enviado para morar longe de casa em três ocasiões ao longo de sua infância, cada uma delas tendo ocorrido de maneira repentina e sem aviso. Ele interpretava tais separações como uma punição por ter se comportado mal. Ele desenvolveu um esforço compensatório de se comportar como a criança perfeita, na tentativa de evitar o risco de abandono. Seus ataques de pânico ocorriam em circunstâncias nas quais ele sentia uma raiva e medo crescentes de que seus relacionamentos fossem perturbados diante de expectativas elevadas, aos moldes de seu relacionamento com seus pais.

O plano de tratamento utilizando essa formulação envolveu ajudar o Sr. A a identificar os contextos interpessoais de seus ataques de pânico (crítica ou demissão de seus empregados, conflitos com sua ex-esposa) para ajudá-lo a se sentir mais no controle de seus sintomas, a engajar sua curiosidade sobre o porquê de essas coisas serem tão disruptivas para ele e a desenvolver uma compreensão dos significados de gatilhos. A elucidação de sua história de desenvolvimento permitiu-lhe compreender melhor as origens das pressões que ele sentia no espaço de trabalho, incluindo a meta inatingível de ser o "chefe perfeito". No andamento da psicoterapia, pela primeira vez, o Sr. A compreendeu a ameaça de abandono que ele experimentou em relação a separações prolongadas de seus pais na infância. O terapeuta identificou os conflitos relacionados a seus sentimentos de raiva, que ele temia que perturbariam seus relacionamentos e que levariam ao abandono no presente. O aparecimento de seus sentimentos de raiva e medo do abandono permitiu que estes fossem considerados, compreendidos, minimizados e que tivessem sua ameaça reduzida e sua disponibilidade consciente aumentada, diminuindo, assim, as ameaças intrapsíquicas que eles criaram – o que permitiu ao Sr. A parar de ter ataques de pânico.

Na Sessão 1, o terapeuta começou por explorar as circunstâncias e os sentimentos acerca da primeira manifestação do pânico. O Sr. A relatou que achava seu emprego extremamente estressante, sobretudo depois de sua recente promoção para liderar uma divisão em sua empresa de tecnologia, que estava sofrendo para bater suas metas. Inicialmente, ele se mostrou otimista diante da possibilidade de mudar as coisas, mas essa tarefa não aconteceu conforme esperava. À medida que sua divisão foi perdendo verba, ele viu a necessidade de pressionar seus empregados para que fossem mais produtivos. Ele queria ser o "chefe perfeito", apoiando sua equipe, mas, em vez disso, sentiu-se extremamente desconfortável diante da necessidade de repreender e, ocasionalmente, demitir membros de sua equipe. Ele enxergava o próprio comportamento como algo que decepcionava sua equipe, o que fazia ele se sentir culpado e responsável pelos problemas persistentes em sua divisão. No dia de seu primeiro ataque de pânico, que ele descreveu como o pior deles, ele teve de demitir alguém e se preocupou com o dano que poderia ter causado à funcionária e à família dela.

Nas Sessões 2-4, o terapeuta e o Sr. A exploraram as *circunstâncias e os sentimentos relacionados ao pânico* com mais detalhes. Eles determinaram que seus ataques de pânico geralmente ocorriam quando ele precisava tratar de problemas sobre trabalho com alguém de sua divisão, pressionando-o para que melhorasse sua produtividade ou lhe repreendendo severamente. O terapeuta e o paciente aprenderam que o Sr. A também tinha ataques de pânico durante reuniões com os diretores da empresa sobre o progresso de sua divisão. Ao identificar as circunstâncias de seus ataques de pânico, o Sr. A começou a reconhecer que os ataques surgiam no contexto de trocas tensas com seus funcionários e seus chefes, e não como eventos vindos "do nada", como ele inicialmente pensara.

O terapeuta explorou com mais profundidade as emoções relacionadas aos ataques de pânico que o paciente estava experimentando. O Sr. A reconheceu prontamente a culpa e o medo que sentia de comunicar expectativas extras a seus funcionários, sentimentos que precediam seus episódios de pânico. Ele ficava desconfortável quando começava a descrever suas reuniões com seus chefes, à medida que reconhecia sua frustração com os líderes da empresa, que o pressionavam. Ele minimizava esses sentimentos, afirmando: "Eu não fico com raiva, e sim frustrado", utilizando a defesa da anulação (voltando atrás em sua palavra) de sua raiva. Seu desconforto estava relacionado em parte à sua crença de que ele deveria ser o funcionário "perfeito"; de que ele deveria simplesmente "fazer seu serviço" e não reclamar. À medida que começou a se sentir mais seguro para reconhecer sua raiva, ele admitiu que se irritava com certas decisões de negócios que os líderes tomavam, e que acreditava que a gestão era responsável, em grande parte, pelo estresse pelo qual passava em sua nova função.

Terapeuta e paciente também discutiram os ataques de pânico que ocorriam depois dos conflitos com sua ex-esposa, Stacy, relacionados com a criação de seu filho de 5 anos. Stacy recorrentemente exigia que seu filho ficasse com ela nas noites de semana ou nos fins de semana, quando o Sr. A deveria buscá-lo; ela também insistia, com frequência, que ele buscasse seu filho quando o combinado era que Stacy cuidaria dele. Quanto ao trabalho, ele se sentia pressionado a responder a tais demandas, e o estresse relacionados a essas decisões vinha se intensificando desde que ele ficara mais ocupado no serviço. Ele discuta com Stacy, mas se sentia culpado e ansioso depois, e comumente cedia às demandas dela.

O terapeuta também procedeu, nessas sessões iniciais, de modo a explorar a *história de desenvolvimento* do Sr. A, com o fim de identificar mais fatores relevantes para a primeira manifestação de seus ataques de pânico. O Sr. A teve uma infância conturbada, na qual, em várias ocasiões, ficou separado de seus pais por longos períodos. Seus pais não achavam que sua casa durante sua infância, naquela área metropolitana, era segura, então ele foi enviado ao Caribe para ficar com seus avós, dos 4 aos 7 anos. Ele retornou para a área metropolitana para ingressar na segunda série, mas se sentiu perdido na nova escola. Ele parecia ter dificuldades de aprendizagem, que foram identificadas à época. Nunca ficou claro o que tais "dificuldades" tinham a ver com a separação do que outrora fora um ambiente e uma família seguros e confortáveis no Caribe ou em qual medida esse diagnóstico era, de fato, preciso. Ele foi separado novamente de seus pais entre as idades de 10 e 12 anos, dessa vez para viver com os tios em outra cidade do nordeste dos Estados Unidos. Ele os achou críticos e controladores, mas seu desempenho escolar melhorou. Ele descreveu que se sentiu profundamente machucado por ter sido "mandado para longe" e supôs que isso devia estar relacionado com a opinião de seus pais sobre seu mau comportamento. Em cada uma dessas instâncias, ele descreveu a dor e a ansiedade de sentir falta de seus pais, preocupando-se sobre o que ele precisaria fazer para se reencontrar com eles.

Seu ambiente doméstico foi posteriormente abalado após seus pais se divorciarem, quando ele tinha apenas 14 anos, depois de muitos anos de conflitos, que ele achara assustadores devido à gritaria e às ameaças verbais que eles faziam um contra o outro. Após o divórcio, ele foi para a escola militar em outro estado, da oitava série ao terceiro ano do ensino médio. Embora ele tivesse se sentido triste e com medo grande parte do tempo na escola, ele encontrou maneiras de compensar seus problemas de aprendizagem. Na faculdade, ele conseguiu treinamento técnico e se formou programador de informática. Ele esperava que seus esforços deixassem seu pai orgulhoso, mas a relação dos dois permaneceu desgastada, em parte porque seu pai esperava que ele tivesse seguido carreira na área de humanidades.

O Sr. A relatou um relacionamento bastante problemático com sua mãe, apesar de que, antes da terapia, ele não houvesse relacionado essas experiências com seu estresse e seus ataques de pânico atuais. Enquanto filho único, ele se sentiu pressionado a cuidar de sua mãe, que permaneceu amargurada por causa do divórcio, que ocorreu em parte porque seu pai teve um caso. Ele relatou que se tornara seu "conselheiro" e que precisava ser o homem da família. Ele sentiu necessidade de internalizar seus próprios pensamentos e sentimentos para protegê-la. Ele relatou que sua mãe era autocentrada e havia desenvolvido um "papel de vítima". Ela teve um acidente quando ele tinha 18 anos; ela tropeçara em uma calçada coberta de gelo e lesionara uma perna, sendo posteriormente indenizada. A partir daí, o Sr. A passou a acreditar que sua mãe se esforçara pouco para melhorar sua situação de vida, permanecendo praticamente trancada em casa e reclamando do destino.

Problemas parecidos aconteceram quando sua mãe, uma trabalhadora doméstica, tornou-se assistente de um senhor, branco, que abusava verbalmente dela. Na condição de adolescente, o Sr. A teve de ir ao trabalho com sua mãe em certa ocasião. Lá ele fora exposto a abuso verbal, mas não respondeu, temendo que sua mãe fosse demitida. Essas experiências foram vistas como instâncias adicionais em que ele teve de ser submisso e esconder sua dor e sua raiva, dessa vez com base em uma ameaça implícita de racismo.

Ele descreveu seu pai como exigente e disse que seu contato com ele era limitado. Seu pai, um professor de inglês, havia se frustrado com as dificuldades acadêmicas iniciais do Sr. A. O paciente relembrou um incidente terrível em que seu pai o perseguiu em volta da mesa quando ele tinha 8 anos porque não sabia o significado de algumas palavras. Seu pai o agarrou, abriu a porta e estava prestes a jogá-lo para fora quando sua mãe interveio. Pai e filho permaneceram distantes por muitos anos. Ele se reaproximou de seu pai no começo de seus 20 anos, após o pai ter frequentado um curso de terapia que o Sr. A lhe havia recomendado. O Sr. A relatou que, em sua cultura, as pessoas eram ensinadas a respeitar os pais e que os filhos não devem reclamar. No geral, ele se culpava pelos problemas pelos quais havia passado ao longo da vida e tentava compensá-los sendo o "filho perfeito".

O Sr. A descreveu sua ex-mulher como "combativa" e frustrada porque ele não se esforçava para se defender. Ela acabou tendo um caso e se casou com esse homem. Estresses maritais posteriores foram criados por disputas por controle com sua mãe, que demandava seu tempo e sua atenção. Stacy sentia raiva pelo fato de ele não estabelecer limites mais claros para sua mãe, enquanto esta atacava o comportamento de Stacy. As coisas foram muito melhores com sua segunda esposa, com quem ele se casou dois anos atrás. Sua segunda esposa não mantinha conexões com sua própria família, contribuindo para sua maior tolerância do comportamento da mãe do Sr. A.

Na Sessão 4, o terapeuta apresentou uma formulação preliminar, notando o esforço do Sr. A para ser "perfeito"; filho e chefe perfeitos, sempre gentil com os outros, com a ideia de que conseguiria a simpatia das pessoas. Nesse contexto, sua necessidade de disciplinar os funcionários no trabalho e de estabelecer limites para Stacy e sua mãe era extremamente difícil para ele. Ele se sentia pressionado a responder às demandas de seus chefes, de sua ex-mulher e de sua mãe, mas também sentia raiva dessas pessoas. Ele achava a raiva um sentimento assustador, junto com um medo constrangedor e um pressentimento, que ele não havia reconhecido, sobre ser "mandado para longe" e rejeitado. Então, suas *autorrepresentações e representações dos outros* incluíam uma visão de si mesmo como necessitado de ceder aos outros, que prontamente o rejeitariam. Ele fazia um esforço compensatório para ser "perfeito" e se desapontava e se irritava de forma constante consigo mesmo por causa de suas limitações.

Com tal formulação em mente, o terapeuta continuou, nas Sessões 6-8, a explorar as dificuldades presentes do Sr. A no trabalho para elucidar posteriormente seus *conflitos e defesas*. O indivíduo que o havia promovido para ser diretor de sua divisão havia deixado a empresa, e o Sr. A acreditava que o novo chefe incorria em faltas éticas. Ele se sentia pressionado a fazer coisas que eram inapropriadas. Quando ele expressou sua preocupação, disseram-lhe que ele precisava de uma atitude "sangue nos olhos". Terapeuta e paciente exploraram como ele se culpava pelos problemas de sua divisão, ao mesmo tempo que reconhecia que ele estava em uma posição muito difícil.

Os líderes da empresa mandaram-no pressionar mais seus subordinados para maximizar os resultados. O confronto com seus subordinados era o que havia de mais doloroso para ele. Ele sentia que estava machucando os outros – não os apoiando –, e, consequentemente, sentia-se culpado. Quando ele os encontrava, sentia um aperto no estômago, como se estivesse se preparando para receber um soco. O terapeuta identificou que o Sr. A, na verdade, sentia que era ele quem socava os outros. O terapeuta observou que ele provavelmente estava com raiva porque estavam fazendo a ele exigências irracionais e o desapontando, embora o Sr. A tenha declarado que demora a se irritar. O terapeuta interpretou que ele tinha medo de que sua raiva pudesse atrair a rejeição, como ocorrera quando fora mandado para longe quando criança. O Sr. A respondeu que ele nunca havia feito essa conexão, mas que era possível que fosse esse o caso, uma vez que ele acreditava que havia feito algo "ruim" que levara às separações.

Nas Sessões 8-10, o terapeuta explorou mais as tensões com a mãe e a ex-mulher do paciente. O Sr. A descreveu como ele havia decidido não contar à sua mãe sobre seu casamento com sua esposa atual, já que acreditava que ela tentaria controlar o casamento. Quando ele de fato contou à sua mãe, depois do casamento, ela ficou sem conversar com ele por várias semanas. Ele descreveu o quanto se sentiu culpado por ter decepcionado sua mãe, mas acreditava que fora necessário para preservar os limites adequados.

O Sr. A acreditava que sua mãe tentava o tempo todo puni-lo por quaisquer limites que ele estipulava, fazendo isso ao manter uma postura esquiva, deflagrando culpa e ansiedade intensas no Sr. A. Por exemplo, no Dia das Mães, ela adotou uma atitude do tipo "Ah, nem precisa se preocupar comigo...", que ele interpretou como causadora de culpa, passivo-agressiva e manipuladora. Ele sentiu que a estava decepcionando e que ela iria se afastar dele como forma de punição – a típica dinâmica entre eles. O afastamento dela pareceu-lhe uma repetição da experiência de ser mandado para longe quando criança, que ele enxergou como abandono. Ele acreditava que, de alguma forma, se tivesse sido um filho melhor, poderia ter ficado na sua casa. O Sr. A foi reconhecendo gradativamente que ele supunha que estava sendo punido por seus sentimentos de raiva. Com essas interpretações e conclusões, o Sr. A começou a se sentir mais seguro em relação à própria raiva. À medida que ia ficando mais confortável, ele passou a evitar contatos com sua mãe.

A ligação entre abandono e a não realização do que era esperado dele foi explorada na Sessão 12, a partir de outra memória. Aos 7 anos, sua mãe lhe deixara uma tigela de cereal, ordenando-lhe que a comesse. Quando ele recusou, ela saiu de casa, trancando-o dentro. Ele entrou em pânico, pegou uma cadeira e quebrou uma janela e, então, tentou sair por ela, cortando-se com os pedaços de vidro. Sua mãe, que estava esperando lá fora, teve de tirá-lo com a ajuda de um vizinho. Terapeuta e paciente identificaram essa experiência como, provavelmente, seu primeiro ataque de pânico.

O pânico do Sr. A diminuiu rapidamente à medida que ele foi, aos poucos, compreendendo que seus sintomas representavam sua raiva e os sentimentos associados de culpa e medo do abandono que ele não podia tolerar e que faziam ele se sentir como uma criança desesperada, silenciada, como ele se sentira quando quebrara aquela janela. O Sr. A conseguia, agora, reconhecer que sua raiva não apenas desencadeava culpa e ansiedade, como também tinha de ser reprimida para que ele fosse perfeito e agradável. Ele percebeu que uma situação na qual havia aprendido a reprimir sua raiva estava relacionada ao senhor (um homem branco) que sua mãe cuidava quando ele estava no ensino médio. Ao examinar os fatores culturais relevantes para a formulação, ele sentia que sua postura fora devida a um racismo internalizado, pois ele e sua mãe precisaram se submeter a um homem branco para permanecerem seguros. Ele também sentia culpa porque acreditava que sua mãe estava tolerando esse comportamento para que ela pudesse bancar sua faculdade.

As defesas que ele utilizou para combater seus sentimentos de raiva incluíram negação da raiva, uma vez que, a princípio, ele teve dificuldade em sequer reconhecer tais sentimentos. Além disso, ele demonstrou o uso inconsciente da formação reativa, uma vez que ele se esforçava ao máximo para tomar conta dos outros, dos quais ele poderia justificadamente sentir raiva. Reconhecer o uso desses mecanismos o ajudou a compreender com o tempo sua raiva e o medo do abandono subjacentes.

Na Sessão 14, o Sr. A relatou que havia se enfurecido com Stacy quando fora buscar seu filho. Stacy atrasou-se duas horas, fazendo o Sr. A perder uma reunião. Ele gritara com ela, sentindo-se provocado, e Stacy chamou a polícia, que o prendeu. O Sr. A sentiu-se culpado e reclamou que sua raiva agora estava solta, difícil de controlar. Ao mesmo tempo, ele estava furioso com Stacy por ter criado possíveis problemas legais para ele. O conflito foi apaziguado logo depois, e Stacy concordou em não prestar queixas. Em vez de escalar o conflito, após o Sr. A ter expressado seu descontentamento com suas manipulações sobre os períodos de visita, Stacy reduziu seus pedidos por mudanças no cronograma e passou a ser mais pontual.

As *habilidades de mentalização* aperfeiçoadas do Sr. A auxiliaram na modulação de sua raiva e sua ansiedade. Ele reconheceu que, no trabalho, a gerência estava desesperada para manter a empresa de pé, intensificando a pressão sobre ele. Além do mais, o Sr. A considerava os conflitos que tinha com Stacy como uma forma de ela manter um relacionamento com ele, conturbado que fosse. Ele começou a ficar mais alerta a suas provocações e foi capaz de evitar conflitos com mais facilidade.

Ao longo das Sessões 14-18, o Sr. A passou a reconhecer e tolerar cada vez mais sua frustração com a gerência, seus subordinados e sua mãe. Ao longo do tempo, seu reconhecimento progressivo, seu conforto e sua expressão produtiva de sentimentos de raiva de um modo mais modulado o ajudaram a melhorar seus vários relacionamentos e, em seu emprego, melhorar seus sintomas de pânico. Ele contou à liderança de sua empresa que seu grupo não poderia funcionar de modo adequado com tamanha pressão. Para a sua surpresa, eles apoiaram tais esforços em algum grau, embora o estresse em sua divisão tivesse se mantido.

Na Sessão 16, uma vez que o Sr. A não demonstrou sentimentos em relação ao encerramento, o terapeuta perguntou-lhe o que ele pensava e como se sentia em relação ao término da terapia. Com efeito, o Sr. A vinha pensando, sim, no fim do tratamento, mas ele não havia dito nada ainda por medo de possíveis tensões entre ele e o terapeuta.

Particularmente, ele estava preocupado com a limitação de tempo do tratamento, aflito em não conseguir resolver o que precisava no tempo restante. Tais preocupações foram abordadas nas próximas sessões. O terapeuta explorou as preocupações do Sr. A sobre trazer à tona esses sentimentos e como elas o representavam no papel de "bom paciente" – acreditando que ele não deveria manifestar suas preocupações para um homem branco. Além do mais, ele se preocupava com a forma que o terapeuta reagiria a seus medos e, de certa forma, via o fim do tratamento como mais um episódio de ser "mandado para longe".

Essas preocupações deram a oportunidade para que seus conflitos fossem abordados dentro da própria transferência. O Sr. A respondeu de maneira positiva à empatia demonstrada pelo terapeuta para com sua frustração, uma vez que o terapeuta identificou as reações submissas e temerárias do paciente como parte de um padrão mais amplo de suas dificuldades. Nesse contexto, o Sr. A foi capaz tanto de enxergar como essa dinâmica operava em seu relacionamento com o terapeuta quanto de se sentir mais seguro em relação aos próprios sentimentos de raiva, sendo capaz de expressá-los em relação ao terapeuta.

Nas Sessões 23 e 24, o Sr. A expressou tristeza pelo fim da terapia, descrevendo como ele sentiria falta das oportunidades de conversar sobre seus sentimentos, mas disse estar grato pelo progresso que havia feito. Esse progresso incluía ser capaz de se posicionar mais no trabalho, diante de sua ex-mulher e diante de sua mãe. Ele passou a ser mais capaz de tolerar a pressão no trabalho, em parte devido ao seu reconhecimento de que ele não podia ser um chefe ou um empregado perfeito nem que era necessário fazê-lo. Seu pânico entrou em remissão, e ele permaneceu livre do pânico após um *follow-up* de seis meses.

A formulação foi desenvolvida, modificada com mais informações e usada ao longo desse tratamento para identificar fatores que contribuíam para o pânico do Sr. A, bem como seus significados. A investigação de circunstâncias atuais (estresse no trabalho, problemas com a ex-esposa) e as emoções associadas que ele sentia (culpa e ansiedade) forneceram um reconhecimento inicial de que os ataques não vinham "do nada". A história de desenvolvimento indicou como o medo do abandono, as pressões para responder aos outros e a necessidade de ser perfeito geraram autorrepresentações e representações dos outros que o levaram a ser vulnerável ao pânico em suas circunstâncias atuais. O terapeuta identificou os conflitos intensos que o Sr. A experimentava relacionados aos sentimentos de raiva como potenciais causas do abandono e seus esforços para se defender contra esses medos por meio da negação e da formação reativa. A elaboração de seus conflitos e suas defesas antes inconscientes, incluindo na transferência, permitiram que seus medos diminuíssem e seus ataques de pânico acabassem. Esse trabalho também promoveu uma mudança na experiência dos relacionamentos interpessoais do Sr. A, permitindo uma postura mais assertiva, em vez de submissa, em seu ambiente de trabalho e em relação à sua ex-esposa e à sua mãe.

APRENDENDO O MÉTODO

Terapeutas de todas as escolas podem implementar as intervenções de tratamento descritas neste capítulo. Terapeutas com treinamento e experiência em psicoterapias que não se baseiam em exposição podem aprender a PFPP mais facilmente, uma vez que ela é uma psicoterapia focada no afeto, que não utiliza intervenções baseadas em exposições. Uma habilidade crucial em qualquer terapia focada no afeto é desenvolver a habilidade de responder a um afeto negativo de um paciente de modo empático, mas não diretivo (Markowitz & Milrod, 2011). Das abordagens sugeridas que utilizam a formulação, as intervenções que identificam o contexto e os sentimentos relacionados aos ataques de pânico estão prontamente acessíveis a clínicos não familiarizados com a psicoterapia psicodinâmica. Terapeutas aplicam essa terapia reconhecendo que serão capazes de dar sentido às experiências incoerentes de seus pacientes. Investigações identificando a relevância da história de desenvolvimento dos pacientes para seu quadro atual de sintomas representam uma extensão de abordagens clínicas típicas de avaliação. Para se obter uma compreensão mais aprofundada das abordagens psicodinâmicas e da formulação psicodinâmica em geral, é importante buscar treinamento especializado em um instituto psicanalítico e/ou em um programa de treinamento em psicoterapia psicodinâmica. Esse treinamento geral ajudará terapeutas na elaboração de autorrepresentações e representações dos outros, conflitos e defesas, habilidades de mentalização, e implementação de técnicas, como o esclarecimento e a interpretação. Dito isso, em nossos estudos (e em outros que foram citados), vários terapeutas eficazes trabalhando com a PFPP não tiveram nenhum treinamento psicodinâmico formal, embora todos se identifiquem primariamente como terapeutas focados no afeto.

Além disso, clínicos já familiarizados com e treinados em abordagens psicoterápicas psicodinâmicas precisam adaptar esses métodos mais "assistemáticos" para focarem em sintomas específicos, em vez de utilizar abordagens mais tradicionais, "assistemáticas" e gerais. Um programa de treinamento especializado de dois dias para terapeutas que desenvolvemos visa ensinar como utilizar a psicoterapia psicodinâmica de maneira focada na PFPP. A supervisão de casos é necessária para se dominar a elaboração de formulações e de tratamentos mais eficientes.

REFERÊNCIAS

American Psychiatric Association. (1994). *Diagnostic and statistical manual of mental disorders* (4th ed.). Washington, DC: Author.

American Psychiatric Association. (2013). *Diagnostic and statistical manual of mental disorders* (5th ed.). Arlington, VA: Author.

Barlow, D. H., Gorman, J. M., Shear, M. K., & Woods, S. W. (2000). Cognitivebehavioral therapy, imipramine, or their combination for panic disorder. *The Journal of the American Medical Association, 283*, 2529–2536.

Bateman, A., & Fonagy, P. (2016). *Mentalization-based treatment for personality disorders*. Oxford, UK: Oxford University Press.

Beutel, M., Scheurich, V., Knebel, A., Michal, M., Wiltink, J., Graf-Morgenstern, M., et al. (2013). Implementing panic-focused psychodynamic psychotherapy into clinical practice. *Canadian Journal of Psychiatry, 58*(6), 326–334.

Bowlby, J. (1969). *Attachment and loss: Vol. 1. Attachment.* New York: Basic Books.

Bowlby, J. (1973). *Attachment and loss: Vol. 2. Separation, anxiety and anger.* New York: Basic Books.

Breuer, J., & Freud, S. (1955). Studies on hysteria. In J. Strachey (Ed. & Trans.), *The standard edition of the complete psychological works of Sigmund Freud* (Vol. 2, pp. 1–335). London: Hogarth Press. (Original work published 1893––1895)

Busch, F. N. (Ed.). (2008). *Mentalization: Theoretical considerations, research findings, and clinical implications.* Hillsdale, NJ: Analytic Press.

Busch, F. N., Cooper, A. M., Klerman, G. L., Shapiro, T., & Shear, M. K. (1991). Neurophysiological, cognitive--behavioral and psychoanalytic approaches to panic disorder: Toward an integration. *Psychoanalytic Inquiry, 11,* 316–332.

Busch, F. N., Milrod, B. L., Singer, M., & Aronson, A. (2012). *Panic-focused psychodynamic psychotherapy, extended range.* New York: Routledge.

Busch, F. N., Shear, M. K., Cooper, A. M., Shapiro, T., & Leon, A. (1995). An empirical study of defense mechanisms in panic disorder. *Journal of Nervous and Mental Disease, 183,* 299–303.

Craske, M. G., DeCola, J. P., Sachs, A. D., & Pontillo, D. C. (2003). Panic control treatment for agoraphobia. *Journal of Anxiety Disorders, 17,* 321–333.

Deutsch, H. (1929). The genesis of agoraphobia. *International Journal of Psychoanalysis, 10,* 51–69.

Faravelli, C. (1985). Life events preceding the onset of panic disorder. *Journal of Affective Disorders, 9,* 103–105.

Fonagy, P., & Target, M. (1997). Attachment and reflective function: Their role in self-organization. *Developmental Psychopathology, 9*(4), 679–700.

Freud, S. (1950). Inhibitions, symptoms and anxiety. In J. Strachey (Ed. & Trans.), *The standard edition of the complete psychological works of Sigmund Freud* (Vol. 20, pp. 75–175). London: Hogarth Press. (Original work published 1926)

Freud, S. (1953a). Fragment of an analysis of a case of hysteria. In J. Strachey (Ed. & Trans.), *The standard edition of the complete psychological works of Sigmund Freud* (Vol. 7, pp. 3–122). London: Hogarth Press. (Original work published 1905)

Freud, S. (1953b). The interpretation of dreams. In J. Strachey (Ed. & Trans.), *The standard edition of the complete psychological works of Sigmund Freud* (Vols. 4 & 5). London: Hogarth Press. (Original work published 1900)

Freud, S. (1958). Formulations on the two principles of mental functioning. In J. Strachey (Ed. & Trans.), *The standard edition of the complete psychological works of Sigmund Freud* (Vol. 12, pp. 213–226). London: Hogarth Press. (Original work published 1911)

Keefe, J. R., Milrod, B. L., Gallop, R., Barber, J. P., & Chambless, D. L. (2018). What is the effect on comorbid personality disorder of brief panic-focused psychotherapy in patients with panic disorder? *Depression and Anxiety, 35,* 239–247.

Keefe, J. R., Solomonov, N., Derubeis, R. J., Phillips, A. C., Busch, F. N., Barber, J. P., et al. (2019). Focus is key: Panic-focused interpretations are associated with symptomatic improvement in panic-focused psychodynamic psychotherapy. *Psychotherapy Research, 29*(8), 1033–1044.

Klass, E. T., Milrod, B. L., Leon, A. C., Kay, S. J., Schwalberg, M., Li, C., et al. (2009). Does interpersonal loss preceding panic disorder onset moderate response to psychotherapy? An exploratory study. *Journal of Clinical Psychiatry, 70,* 406–411.

Klein, D. F. (1964). Delineation of two drug-responsive anxiety syndromes. *Psychopharmacologia, 5,* 397–408.

Kossowsky, J., Pfaltz, M. C., Schneider, S., Taeymans, J., Locher, C., & Gaab, J. (2013). The separation anxiety hypothesis of panic disorder revisited: A metaanalysis. *American Journal of Psychiatry, 170,* 768–781.

Luborsky, L. (1984). *Principles of psychoanalytic psychotherapy: A manual for supportive expressive treatment.* New York: Basic Books.

Main, M., & Goldwyn, R. (1994). *Adult attachment rating and classification system: Manual draft* (version 6.0). Unpublished manuscript, University of California, Berkeley.

Malan, D. H. (1979). *Individual psychotherapy and the science of psychodynamics.* Oxford, UK: Butterworth.

Markowitz, J. C., & Milrod, B. (2011). The importance of responding to negative affect in psychotherapies. *American Journal of Psychiatry, 168,* 124–128.

McCarthy, K., Chambless, D., Solomonov, N., Milrod, B., & Barber, J. P. (2018). Twelve-month outcomes following successful panic-focused psychodynamic psychotherapy, panic-control treatment, or applied relaxation training for panic disorder. *Journal of Clinical Psychiatry, 79*(5), 17m11807.

Milrod, B. L., Busch, F. N., Cooper, A. M., & Shapiro, T. (1997). *Manual of panic-focused psychodynamic psychotherapy*. Washington, DC: American Psychiatric Press.

Milrod, B., Chambless, D. L., Gallop, R., Busch, F. N., Schwalberg, M., McCarthy, K. S., et al. (2016). Psychotherapies for panic disorder: A tale of two sites. *Journal of Clinical Psychiatry, 77*(7), 927–935.

Milrod, B., Leon, A. C., Busch, F. N., Rudden, M., Schwalberg, M., Clarkin, J., et al. (2007). A randomized controlled clinical trial of psychoanalytic psychotherapy for panic disorder. *American Journal of Psychiatry, 164*, 265–272.

Milrod, B., Markowitz, J. C., Gerber, A. J., Cyranowski, J., Altemus, M., Shapiro, T., et al. (2014). Childhood separation anxiety and the pathogenesis and treatment of adult anxiety. *American Journal of Psychiatry, 171*, 34–43.

Öst, L. G., & Westling, B. E. (1995). Applied relaxation versus cognitive behavior therapy in the treatment of panic disorder. *Behavior Research and Therapy, 33*, 145–158 .

Perry, S., Cooper, A. M., & Michels, R. (1987). The psychodynamic formulation: Its purpose, structure, and clinical application. *American Journal of Psychiatry, 144*, 543–550.

Rosenbaum, J. F., Biederman, J., Gersten, M., Hirshfeld, D. R., Meminger, S. R., Herman, J. B., et al. (1988). Behavioral inhibition in children of parents with panic disorder and agoraphobia. *Archives of General Psychiatry, 45*, 463–470.

Rosenbaum, J. F., Biederman, J., Hirshfeld, D. R., Bolduc, E. A., Faraone, S. J., Kagan, J., et al. (1991). Further evidence of an association between behavioral inhibition and anxiety disorders: Results from a family study of children from a non-clinical sample. *Journal of Psychiatric Research, 25*, 49–65.

Roy-Byrne, P. P., Geraci, M., & Uhde, T. W. (1986). Life events and the onset of panic disorder. *American Journal of Psychiatry, 143*, 1424–1427.

Rudden, M. G., Milrod, B., Aronson, A., & Target, M. (2008). Mentalization: Theoretical considerations, research findings, and clinical implications. In F. N. Busch (Ed.), *Mentalization: Theoretical considerations, research findings, and clinical implications* (pp. 185–205). New York: Analytic Press.

Shear, M. K., Cooper, A. M., Klerman, G. L., Busch, F. N. & Shapiro, T. (1993). A psychodynamic model of panic disorder. *American Journal of Psychiatry, 150*, 859–866.

Sheehan, D. V. (1983). *The Sheehan Disability Scales, in The Anxiety Disease*. New York: Charles Scribner.

Silove, D., Alonso, J., Bromet, E., Gruber, M., Sampson, N., Scott, K., et al. (2015). Pediatric-onset and adult-onset separation anxiety disorder across countries in the world mental health survey. *American Journal of Psychiatry, 172*, 647–656.

Steinert, C., Munder, T., Rabung, S., Hoyer, J., & Leichsenring, F. (2017). Psychodynamic therapy: As efficacious as other empirically supported treatments? A meta-analysis testing equivalence of outcomes. *American Journal of Psychiatry, 174*, 943–953.

Stoute, B. (2017). Race and racism in psychoanalytic thought: The ghosts in our nursery. *The American Psychoanalyst, 51*(1), 10–11.

Stoute, B., & Slevin, M. (Eds.). (2016a). Conversations on psychoanalysis and race: Part 1. *The American Psychoanalyst, 50*(3).

Stoute, B., & Slevin, M. (Eds.). (2016b). Conversations on psychoanalysis and race: Part 2. *The American Psychoanalyst, 50*(4).

Stoute, B., & Slevin, M. (Eds.). (2017) Special Section: Conversations on psychoanalysis and race: Part 3. *The American Psychoanalyst, 51*(1), 8–13.

Svensson, M., Nilsson, T., Perrin, S., Johansson, H., Viborg, G., Falkenström, F., et al. (2021). The Effect of Patient's Choice of Cognitive Behavioural or Psychodynamic Therapy on Outcomes for Panic Disorder: A Doubly Randomised Controlled Preference Trial. *Psychotherapy and Psychosomatics, 90*(2), 107– 118.

Yeomans, F. E., Clarkin, J. F., & Kernberg, O. F. (2015). *Transference-focused psychotherapy for borderline personality disorder: A clinical guide*. Washington, DC: American Psychiatric.

4

Plan Formulation Method

John T. Curtis e George Silberschatz

ORIGENS HISTÓRICAS DA ABORDAGEM

Por mais de 40 anos, o San Francisco Psychotherapy Research Group (SFPRG, "Grupo de Pesquisa em Psicoterapia de São Francisco"; antes conhecido como Mount Zion Psychotherapy Research Group) vem conduzindo estudos de psicanálise, psicoterapia psicodinâmica e psicoterapias limitadas no tempo (para uma visão geral desse trabalho, ver Silberschatz, 2005b, 2017b). Um foco central dessa empreitada tem sido estudar o papel do analista ou do terapeuta no processo de tratamento. De modo específico, o grupo tem tentado identificar o que o terapeuta faz que leva a melhora, estagnação ou agravamento de quadro dos pacientes no curso do tratamento. Em vários estudos, o SFPRG testou a hipótese geral de que, quando um terapeuta responde em acordo com os objetivos de terapia dos pacientes, eles demonstram melhora imediata no processo de tratamento, e que essa melhora se traduz em um desfecho clínico, no geral, positivo. É claro, essa hipótese é tentadoramente simples, uma vez que cabe a pergunta: como alguém identifica, operacionaliza e responde de forma apropriada aos objetivos de um paciente em terapia? Na prática clínica, uma formulação de caso costuma ser desenvolvida pelo terapeuta, implícita ou explicitamente, para que ele compreenda o significado dos problemas de um paciente, a fim de avaliar a conveniência de cada intervenção terapêutica e para medir a resposta ao tratamento (ver Perry, Cooper, & Michels, 1987). Formulações não apenas identificam os problemas manifestos e latentes de um paciente como também seus objetivos declarados e não declarados para a terapia, possíveis obstáculos e resistências para alcançar tais objetivos, e como o paciente provavelmente trabalhará na terapia para solucionar os problemas. Para manter sua pesquisa o mais clinicamente relevante possível, o SFPRG decidiu empregar formulações de casos individuais em pesquisas de processos e de desfechos em psicoterapia. Contudo, visando empregar formulações clínicas, o grupo de pesquisa teve de lidar com o problema de conseguir que os terapeutas concordassem entre si, um impasse que tem acossado pesquisadores há anos (DeWitt, Kaltreider, Weiss, & Horowitz, 1983; Seitz, 1966).

Joe Caston, integrante do grupo de pesquisa, fez um trabalho inovador ao desenvolver o *plan diagnosis method* (PDM, "método do plano diagnóstico"; Caston, 1977, 1986), o precursor do *plan formulation method* (PFM, "método do plano da formulação"). O PDM tem sido aplicado em estudos de psicanálise e de psicoterapias psicodinâmicas limitadas no tempo para desenvolver formulações. Embora o PDM tenha se provado bastante confiável (Caston, 1986; Curtis, Silberschatz, Sampson, Weiss, & Rosenberg, 1988; Rosenberg, Silberschatz, Curtis, Sampson, & Weiss, 1986), ele precisou ser modificado para assegurar a independência de juízes e para reforçar os procedimentos para o desenvolvimento de itens sobre os quais a formulação final é desenvolvida (ver Curtis et al., 1988, para uma descrição mais completa do PDM, e Curtis & Silberschatz, 1997, para uma discussão dos problemas com esse método). Um novo procedimento, o PFM (Curtis & Silberschatz, 1997; Curtis, Silberschatz, Sampson, & Weiss, 1994), foi então desenvolvido. Recentemente, o PFM foi modificado para incluir uma "rubrica de integração" que integra os diferentes componentes de uma formulação em formato de narrativa (ver Figura 4.1, mais adiante no capítulo).

O PFM não constitui um novo método para formular casos. Na verdade, os componentes de um plano da formulação e os processos envolvidos em seu desenvolvimento são comuns a muitas abordagens de formulação de casos em psicoterapia. Embora desenvolvido originalmente para estudar a teoria da maestria do controle da psicoterapia (Weiss, 1986, 1993), ele é transteórico e tem sido empregado em estudos de outras teorias de terapia (p. ex., Collins & Messer, 1988, 1991; Persons, Curtis, & Silberschatz, 1991). O PFM demanda que terapeutas revisem e avaliem o material clínico para determinarem o que é relevante e necessário para se compreender um caso específico e desenvolver um plano de tratamento. O PFM é único porque permite aos terapeutas que compartilham de uma orientação teórica comum que desenvolvam uma formulação de caso abrangente e *confiável.*

O PFM identifica os objetivos conscientes e inconscientes de um paciente, seus conflitos e suas inibições que o refreiam ou previnem de buscar ou alcançar tais metas, a(s) fonte(s) desses conflitos e inibições, informações que possam ser úteis ao paciente para que compreenda e supere seus conflitos, e comportamentos ou intervenções, da parte do terapeuta, que vão ajudá-lo. O PFM pode se distinguir de outras abordagens em relação a um pressuposto básico: uma formulação rigorosa de um paciente específico pode, com frequência, ser desenvolvida bem cedo na terapia. Com efeito, para fins de pesquisa (p. ex., predizer respostas do paciente a intervenções ao longo do processo de terapia), os planos das formulações têm sido desenvolvidos logo na primeira entrevista. Em sua aplicação clínica, o terapeuta colherá frutos se formular o plano de um paciente o mais cedo possível na terapia. No entanto, de maneira diferente de formulações desenvolvidas para fins de pesquisa, quando utilizadas por um terapeuta, a o plano da formulação não é uma criação estática estabelecida no início da terapia. Ao contrário, ela é uma hipótese a ser constantemente testada e avaliada, ajustada com base em fatores como as respostas do paciente às intervenções e o surgimento de novas informações.

MODELO CONCEITUAL

Como já salientado, tanto o PFM quanto o PDM foram desenvolvidos com o fim de se estudar uma teoria psicanalítica cognitiva de terapia (teoria da maestria do controle), desenvolvida por Joseph Weiss (Weiss, 1986, 1993; ver também Gazzillo, 2016; Silberschatz, 2005a, 2017a). A teoria da maestria do controle (do inglês, *control-mastery theory*) defende que psicopatologias nascem, em grande medida, devido a crenças patogênicas que, por sua vez, desenvolvem-se a partir de experiências traumáticas, em geral ocorridas na infância. Crenças patogênicas são assustadoras e limitantes, pois sugerem que buscar certos objetivos colocará a pessoa e/ou outro alguém em risco. Consequentemente, um indivíduo fica altamente motivado a mudar ou desconstruir essas crenças a fim de buscar seus objetivos. Crenças irracionais sobre a força de um indivíduo de ferir os outros, medos excessivos de retaliação, sentimentos de desvalor e uma expectativa exagerada de ser esmagado por sentimentos como a raiva e o medo são todos exemplos de crenças que podem atuar como obstruções à busca ou à conquista de objetivos.

Na terapia, o paciente utiliza a relação com o terapeuta para tentar desconstruir crenças patogênicas. A função do terapeuta é ajudar o paciente a entender a natureza e as ramificações das crenças patogênicas por meio da interpretação e permitir que o paciente as teste na relação terapêutica. A maneira de um indivíduo trabalhar na psicoterapia para desconstruir crenças patogênicas, superar problemas e alcançar objetivos é chamada de "plano" do paciente. O plano não é um esquema rígido que o paciente seguirá sem variações; ao contrário, ele congrega áreas gerais que o paciente gostaria de trabalhar e considera como o paciente provavelmente conduzirá esse trabalho (ver Weiss, 1986, 1993, para uma descrição detalhada da teoria; ver também Curtis & Silbershcatz, 1986; Gazzillo, Genova, et al., 2019; Silberschatz & Curtis, 1986; e Silberschatz, 2005c, para mais discussões das aplicações da teoria a fenômenos clínicos). Formulações desenvolvidas segundo a teoria de Weiss têm cinco partes componentes: (1) os *objetivos* do paciente com a terapia, (2) as *obstruções* (crenças patogênicas) que o inibem de buscar ou alcançar tais objetivos, (3) os eventos e as experiências (*traumas*) que levaram ao desenvolvimento das obstruções, (4) os *insights* que auxiliarão os pacientes a alcançarem os objetivos terapêuticos e (5) a maneira pela qual o paciente trabalhará na terapia para superar os obstáculos e alcançar os objetivos (*testes*).

CONSIDERAÇÕES MULTICULTURAIS

Para formular as crenças patogênicas e os objetivos terapêuticos de um paciente específico, o terapeuta (ou, no contexto de pesquisa, a equipe de formulação) deverá considerar as raízes culturais e étnicas do paciente (ver, p. ex., Bracero, 1994). As crenças de um indivíduo são moldadas pelos significados atribuídos à(s) experiência(s), e os significados dessas experiências são moldados, em certa medida, pela família e pelo ambiente cultural. Por exemplo, em um nível bem básico, uma criança que cresce com pais barulhentos e emocionalmente instáveis pode responder de modo diferente (e atribuir significados diferentes) a uma explosão emocional de um pai do que uma criança cujos pais são, no geral, quietos e retraídos. De maneira similar, é possível que uma criança que cresce em uma cultura que valoriza e promove o respeito filial e a dependência intergeracional desenvolva crenças marcadamente distintas (e distintos objetivos de vida) de uma criança criada em uma cultura que promove a independência e a autonomia. Entretanto, pela mesma razão, é importante não supor que as raízes culturais ou étnicas de uma pessoa ditam, sozinhas, a natureza das crenças patogênicas ou dos objetivos dessa mesma pessoa. Um plano da formulação é *específico ao caso* e, para esta ser rigorosa, precisa ser desenvolvida considerando as diferenças culturais e étnicas, mas sem preconceitos sobre quais são ou deveriam ser as crenças e os objetivos do paciente. Sendo assim, é importante compreender quais experiências foram traumáticas para o indivíduo e por que – e quais crenças foram desenvolvidas a partir dessas experiências.

Um plano de formulação pode ser desenvolvido para todos os indivíduos que sofrem de psicopatologias psicogênicas. Para fins de pesquisa, o PFM tem sido aplicado em crianças (Foreman, 1989; Gibbins, 1989), adolescentes e adultos de todas as idades (Curtis et al., 1994), incluindo casos geriátricos (ver Silberschatz & Curtis, 1991). Ainda, o PFM tem sido empregado em pesquisa psicobiográfica (Conrad, 1995) e no estudo de terapia de família e de casais (Bigalke, 2004; Rodomonti, Crisafulli, Mazzoni, Curtis, & Gazzillo, 2020). A maioria dos casos que formulamos em nosso programa de pesquisa recebeu um diagnóstico do Eixo I da terceira edição do *Manual diagnóstico e estatístico de transtornos mentais* (DSM-III-R) de distimia ou transtorno de ansiedade generalizada, muitas vezes acompanhado por um *cluster* C do Eixo II de transtorno da personalidade (American Psychiatric Association, 1987). Os casos exibiram sintomatologia de leve a grave, com estresses psicossociais de moderados a catastróficos.

EVIDÊNCIAS A FAVOR DO MÉTODO

Obtivemos excelentes confiabilidades aplicando o PFM a terapias de longo e curto prazos em diferentes cenários (programas de pesquisa, prática privada, contexto hospitalar e clínicas-escola) utilizados com a orientação de diferentes modelos teóricos (incluindo psicoterapia psicodinâmica, psicanálise, psicoterapia interpessoal e terapia cognitivo--comportamental) (Curtis et al., 1994; ver também Persons, Curtis, & Silberschatz, 1991; Silberschatz, Curtis, Persons, & Safran, 1989). Em seis casos (Curtis et al., 1994), os coeficientes *alpha* (Shrout & Fleiss, 1979) foram os seguintes: objetivos, 0,90; obstruções, 0,84; testes, 0,85; *insights*, 0,90.

Outras investigações utilizaram o PFM com boa confiabilidade. Collins e Messer (1988, 1991) empregaram o PFM e obtiveram boas confiabilidades entre juízes, que, no geral, tinham menos experiência clínica do que os juízes utilizados por nosso grupo de pesquisa. Não encontramos diferenças significativas entre avaliações de juízes que tiveram experiência prévia com o PFM e avaliações daqueles que não possuíam a mesma familiaridade nem identificamos que o nível de experiência era uma barreira para aprender esse método (Curtis et al., 1994).

A validade do PFM já foi testada em estudos nos quais formulações foram utilizadas para medir o impacto das intervenções dos terapeutas (Fretter, 1984; Norville, 1989; Silberschatz, 1978, 1986; Silberschatz & Curtis, 1993; Silberschatz, Fretter, & Curtis, 1986; ver também Silberschatz, 2005b, para uma visão geral dessa pesquisa) e o progresso de pacientes na psicoterapia (Nathans, 1988; Silberschatz, 2017b; Silberschatz, Curtis, & Nathans, 1989). Por exemplo, em muitos estudos, demonstramos que a "acurácia" das intervenções de terapeutas (definida como o grau de aderência da interpretação ao plano de formulação do paciente) prevê o progresso subsequente do paciente em terapia (Broitman, 1985; Fretter, 1984; Silberschatz, 1986; Silberschatz & Curtis, 1993; Silberschatz, Curtis, Fretter, & Kelly, 1988; Silberschatz, Curtis, Persons, & Safran, 1989; Silberschatz et al., 1986; ver também Busch & Gassner, 1986) e em desfechos (Silberschatz, 2017b). Em estudos preliminares, também demonstramos que uma medida de desfecho específica ao caso, realização de plano – que avalia o grau em que um paciente alcançou os objetivos e os *insights*, e superou os obstáculos identificados em sua formulação de plano –, possui alta correlação com outras medidas padronizadas de desfecho e é um bom preditor do funcionamento do paciente após *follow-up* da terapia (Nathans, 1988; Silberschatz et al., 1989). Esses estudos apoiam a hipótese de que a formulação de plano identifica fatores importantes que influenciam a natureza e a manutenção da psicopatologia do paciente. A relevância clínica dessas descobertas fica clara quando terapeutas respondem conforme o plano de um paciente, o que leva à melhoria tanto do processo quanto do desfecho.

PASSO A PASSO DA FORMULAÇÃO DE CASOS

Como já apontado, um plano da formulação desenvolvida para uso clínico pode ser caracterizado como uma hipótese de trabalho (ou um grupo de hipóteses) que está sendo constantemente avaliada em sua acurácia pelo terapeuta. O terapeuta monitora diligentemente as respostas do paciente às intervenções, a fim de determinar se elas estão em conformidade com o que a formulação prediz. Se não, a formulação deve ser modificada de acordo. Uma formulação pode também ser alterada ou elaborada com base em novos dados (p. ex., memórias, padrões de transferência) que surgem no curso da terapia. Na verdade, do mesmo modo que a "tarefa" ou o "trabalho" do paciente na terapia é testar suas crenças patogênicas, a tarefa do terapeuta é testar a acurácia de sua formulação com base nas respostas do paciente às intervenções.

Em contrapartida, planos das formulações desenvolvidas para fins de pesquisa se baseiam tão somente em transcrições das horas iniciais de terapia, sem informações adicionais (p. ex., a respeito do tratamento ou desfecho subsequente). Restringindo-se os dados a partir dos quais tais formulações são desenvolvidas, elas podem então ser utilizadas, por exemplo, para predizer a resposta do paciente a uma intervenção do terapeuta em períodos mais avançados da terapia (p. ex., Silberschatz, 1986; Silberschatz & Curtis, 1993; Silberschatz et al., 1986). Para uma terapia breve, costumamos utilizar uma entrevista inicial e as duas primeiras horas de terapia do caso; para o estudo de uma psicanálise, costumamos empregar a entrevista inicial e as 10 primeiras horas de tratamento. Contudo, já formulamos confiavelmente casos individuais de psicoterapia baseados tão somente em uma entrevista (Curtis et al., 1994; Perry, Luborsky, Silberschatz, & Popp, 1989) e um caso de terapia de família nas duas primeiras sessões de terapia (Bigalke, 2004).

Para nossa pesquisa, geralmente utilizamos três ou quatro juízes clínicos. Os juízes todos têm experiência com a teoria da maestria do controle da psicoterapia de Weiss e aderem a ela. Utilizamos juízes com graus altamente variados de experiência clínica e de experiência na aplicação dessa teoria à terapia (Curtis et al., 1994).

O PFM envolve seis passos:

1. Juízes clínicos recebem transcrições das horas iniciais de uma terapia, com um "Manual PFM – Passo 1" (ver *www.sfprg.org/clinical_tools*), que inclui instruções de como revisar o material clínico, definições e exemplos precisos de cada um dos componentes (objetivos, obstruções, testes, *insights* e principais traumas) da formulação, e instruções de como os itens de cada componente devem ser escritos.

Os juízes clínicos revisam de forma independente as transcrições das horas de terapia, e cada um desenvolve uma formulação para o caso. Cada juiz cria, então, listas de objetivos, obstruções, traumas, *insights* e testes "reais" e "alternativos" para o caso. Itens "reais" são aqueles que o juiz considera relevantes para o caso, e "alternativos" são aqueles que o juiz considera razoáveis para o caso, mas que são menos relevantes (p. ex., itens dos quais eles estejam incertos ou que em algum momento consideraram altamente relevantes, mas, por fim, decidiram que não eram tão relevantes). A inclusão de itens "alternativos" objetiva lançar uma rede o mais larga possível para reunir e criar componentes. Tais itens "alternativos" não são simplesmente "espantalhos" que podem ser descontados de pronto. Na verdade, esses itens recebem, às vezes, notas altas por parte de outros juízes. Os juízes não identificam quais itens eles pensam ser "reais" ou "alternativos".

Todos os itens de um plano de formulação são redigidos em formato-padrão para facilitar a comparação entre eles e para ajudar a disfarçar qual juiz criou cada item. Além disso, esse pré-requisito resulta em itens mais precisos que se encaixam nas definições dos vários componentes.

2. As listas dos juízes são combinadas em listas principais de traumas, objetivos, obstruções, testes e *insights*, respectivamente. Nas listas principais, os autores dos itens não são identificados, e os itens desenvolvidos por qualquer um dos juízes são distribuídos de forma aleatória dentro da lista apropriada.

3. As listas principais de itens são apresentadas aos juízes originais com instruções de como avaliar os itens e suas definições (ver "Manual PFM – Passo 2", *www.sfprg.org/clinical_tools*). Os juízes avaliam de maneira independente os itens (objetivos, obstruções, trauma, *insights* e testes) em uma escala Likert de 5 pontos segundo sua relevância para o caso (0 = irrelevante; 1 = pouco relevante; 2 = moderadamente relevante; 3 = muito relevante; 4 = extremamente relevante).

4. Quando todos os juízes completam suas avaliações, o grau de concordância de suas avaliações é calculado. Devido ao fato de diferentes formulações serem desenvolvidas para cada caso, costuma haver, relativamente, pouca sobreposição de itens ao longo dos casos. Como consequência, a confiabilidade é medida para cada um dos cinco componentes do plano (objetivos, obstruções, testes, *insights*, traumas), para cada caso, calculando-se uma correlação intraclasse (ICC) para avaliações de juízes (Shrout & Fleiss, 1979). São calculados dois valores: a confiabilidade estimada do juiz médio ($r_{(1)}$ – chamada por Shrout & Fleiss de ICC 3,1) e o coeficiente *alpha*, a confiabilidade estimada das avaliações K dos juízes ($r_{(K)}$ – chamada por Shrout & Fleiss de ICC 3,K).

5. Após a confiabilidade ter sido determinada, os itens que foram avaliados como menos relevantes para o caso são retirados das listas. Isso é feito por meio da média por item das avaliações dos juízes, determinando-se a mediana das avaliações médias dos itens por categoria (objetivos, obstruções, etc.) e, então, colocando todos os itens dentro de cada categoria abaixo da avaliação mediana para aquela categoria. Em nossa experiência, esse é um critério conservador; os itens finais costumam receber avaliações médias que caem no campo "muito relevante" ou além dele. Como cada plano da formulação é específica ao caso, o número de objetivos, obstruções, testes, *insights* e traumas identificados varia de caso a caso, não existindo um número ideal para esses itens.

6. No passo seguinte do processo de formulação ("Manual PFM – Passo 3", *www.sfprg.org/clinical_tools*), as listas de itens relevantes são distribuídas para os juízes com instruções para que eles, trabalhando independentemente, eliminem redundâncias e notem as relações entre os diferentes componentes que foram identificados de modo confiável para o caso. Para eliminar redundâncias, os juízes nada mais fazem do que identificar quais itens parecem similares, deletando, então, todos menos um deles da(s) lista(s). Então, para descrever as inter-relações dos componentes, cada um dos componentes é atrelado a uma ou mais "rubrica(s) de integração".

Por exemplo, cada trauma é associado a uma ou mais crenças patogênicas, objetivos, *insights* e testes (ver "Manual PFM – Passo 1" para definições e exemplos de cada um dos componentes, e ver "Manual PFM – Passo 3" para um exemplo de uma rubrica de integração). O passo de integração ao mesmo tempo assegura a inter-relação de todos os itens criados para o caso e apresenta os itens em formato de narrativa (diferentemente das listas de itens individuais). Por fim, se um juiz identifica um componente que pare-

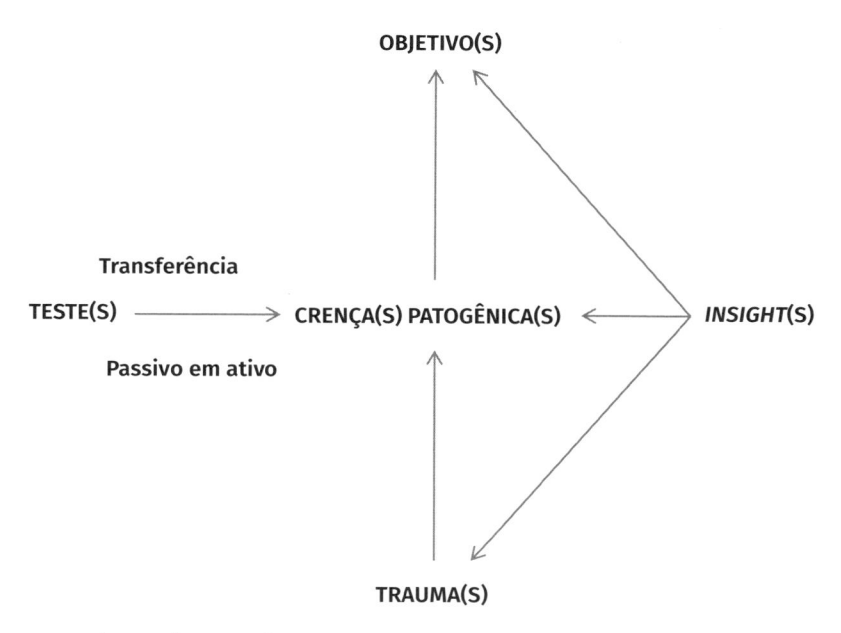

FIGURA 4.1 Rubrica de integração.

ce não se encaixar em qualquer esquema, esse item é eliminado. Os clínicos podem variar quanto à forma de orientar as rubricas que criam. Por exemplo, alguns podem focar em objetivos e construir suas rubricas com base nestes; outros talvez comecem pelas obstruções ou traumas. Os casos podem também variar conforme o foco dado. Embora os juízes invariavelmente difiram quanto à sua maneira de combinar itens nas rubricas, seus produtos são sempre variações de temas consistentes.

O plano da formulação final tem o seguinte formato: uma descrição do paciente e de suas circunstâncias atuais de vida, uma narrativa das queixas presentes do paciente e uma breve história. Então, cada esquema é escrito na forma de parágrafo, integrando todos os componentes em uma narrativa abrangente (ver o exemplo de caso mais à frente no parágrafo).

O processo para desenvolver uma plano da formulação para utilização clínica é essencialmente o mesmo que o empregado para desenvolver formulações para pesquisa. É claro, o Passo 2 é eliminado, uma vez que o clínico geralmente faz sua formulação sozinho e não está interessado em determinar a confiabilidade. Acreditamos que os clínicos podem se beneficiar utilizando o Passo 1 do PFM quando estiverem formulando seus próprios casos, sobretudo porque seguir as instruções pode aguçar o uso de conceitos e ajudá-los a evitar o pensamento desleixado. Completar a(s) rubrica(s) de integração no Passo 3 permite identificar áreas que podem demandar investigação ou atenção futuras, bem como lacunas em uma formulação que podem demandar reavaliação das próprias impressões dos clínicos.

PLANEJAMENTO E PRÁTICA DO TRATAMENTO

Um pressuposto básico do desenvolvimento de um plano da formulação é que um clíni-co não pode nem deve seguir para o tratamento de um paciente sem uma compreensão dos verdadeiros objetivos daquele indivíduo para a terapia e dos conflitos que o têm refreado de alcançá-los. Como se dá com todas as formulações, o plano da formula-ção contém a compreensão do clínico das causas e das manifestações dos sintomas e conflitos dos pacientes. Segundo a teoria da maestria do controle, as causas podem ser discernidas dos traumas que o indivíduo experimentou (Curtis & Silberschatz, 2005; Silberschatz, 2005a; Weiss, 1986, 1993). A identificação de traumas pode alertar o terapeuta para possíveis problemas na terapia, em especial para crenças patogênicas que sugerem que a busca ou o alcance de objetivos colocará em risco a própria pessoa ou os outros. Por exemplo, indivíduos que experimentaram a negligência e o abando-no são suscetíveis a problemas de confiança e de dignidade, manifestados em crenças de falta de valor próprio e da temeridade de confiar nos outros (Silberschatz & Cur-tis, 1991; Weiss, 1993). De modo similar, um paciente que vem de uma família cujos membros experimentaram perdas ou deficiências significativas pode sentir a culpa do sobrevivente advinda da crença patogênica de que ter sucesso pessoal na vida machu-caria os outros (Bush, 2005). Assim, uma consciência dos traumas experimentados por um paciente pode alertar o terapeuta para as obstruções, ou crenças patogênicas, que aquele indivíduo pode querer trabalhar em terapia. Uma compreensão das crenças pa-togênicas do paciente pode muitas vezes esclarecer os verdadeiros objetivos do paciente com a terapia, bem como o significado e as origens de sintomas. Sem uma formulação, o terapeuta não pode determinar se os objetivos declarados pelo paciente representam verdadeiros objetivos de tratamento ou soluções de compromisso (i.e., objetivos menos ambiciosos) ou até falsos objetivos (p. ex., quando a culpa em relação aos verdadeiros objetivos leva um paciente a apresentar objetivos que podem ser até mesmo o extremo oposto de suas verdadeiras aspirações; ver Curtis & Silberschatz, 1986, 2005). Embora um plano da formulação geralmente identifique vários objetivos que o paciente possa querer trabalhar na terapia, é o paciente, e não o terapeuta, que determina o foco do tratamento. Uma premissa básica da formulação de plano e de sua aplicação é que a formulação identifica o plano do paciente a fim de dar ao terapeuta a oportunidade de ajudar o paciente a colocar em prática o plano. Dito de outro modo, ela ajuda o terapeuta a seguir o paciente, e não a conduzir o tratamento.

Identificar os traumas vividos por um paciente e as crenças patogênicas consequen-tes que se desenvolveram pode ser essencial para a compreensão dos significados dos comportamentos do paciente. Essa compreensão permite ao terapeuta responder a tais comportamentos de maneira apropriada. Um bom exemplo é um paciente que testa o terapeuta ao mudar sua conduta de passiva para ativa – isto é, um paciente que ficou traumatizado pelos comportamentos dos outros reproduz comportamentos similares com o terapeuta. Por exemplo, é possível que um paciente que foi coagido várias vezes por seus pais seja crítico e belicoso diante do terapeuta como tentativa de vencer seu trauma de infância (ver Weiss, 1993; e Silberschatz, 2005a, 2017a, para uma explicação aprofundada sobre a testagem). Em momentos assim, é possível que o paciente pareça estar resistindo ou até sabotando o tratamento. No entanto, uma compreensão das crenças patogênicas de um paciente e da maneira pela qual tais crenças podem ser testadas na terapia pode ajudar o terapeuta a enxergar esses comportamentos como realmente são: tentativas ativas por parte do paciente de trabalhar e vencer um problema ao, literalmente, trazê-lo para a terapia.

Em uma perspectiva mais ampla, a formulação de casos pode ajudar o terapeuta a determinar qual grau de atividade do terapeuta será apropriado e útil para o paciente. Por exemplo, um paciente traumatizado por pais invasivos pode se sentir similarmente traumatizado – ou, no mínimo, ter tido situações importantes que não foram apropriadas – por um terapeuta ativo. Já um terapeuta passivo e "neutro" pode traumatizar um paciente que já experimentou negligência e abandono. Por fim, necessita-se de uma formulação para se avaliar o progresso da terapia. Sem objetivos claros e uma noção do que deve ser feito para que o paciente alcance tais objetivos, não é possível para o terapeuta avaliar o progresso da terapia, e ela provavelmente deixará a desejar. Quando a terapia não transcorre de acordo com a formulação, isso sugere ou que o terapeuta não está utilizando a formulação de modo adequado ou que a formulação está errada e precisa ser revisada. Pacientes não mudam seus planos básicos. Eles podem até mudar como tentam alcançar seus planos – por exemplo, se a terapia não os ajuda a progredir em certas áreas, é possível que tentem novas estratégias de testagem caso o terapeuta falhe de forma consistente em certos tipos de testagem ou trabalhe em objetivos distintos dos seus (ver Bugas & Silberschatz, 2005; Curtis & Silberschatz, 1986). Contudo, tudo isso pode ser enxergado como mudanças de foco, e não mudanças no plano geral do paciente. (Ver Curtis & Silberschatz, 1986, 1997; Silberschatz, 2005a; Silberschatz & Curtis, 1986, 1991; Weiss, 1986, 1993, para discussões mais aprofundadas de como a formulação de plano é utilizada em psicoterapia.)

O terapeuta deve compartilhar a formulação com um paciente? Em certo sentido, o curso da terapia pode ser visto como o desenrolar e a explicação do plano de um paciente. Entretanto, como e quando isso deve ser feito pode ser complicado. Pode levar tempo para o terapeuta se sentir confiante com a formulação, uma vez que, como apontado, o terapeuta também está, em certo sentido, testando a formulação no curso da terapia. Certamente, compartilhar uma formulação imprecisa com o paciente seria problemático. Compartilhar uma formulação certeira pode também causar problemas se, por exemplo, essa atitude desencorajar a testagem do paciente e/ou identificar conflitos inconscientes para os quais o paciente ainda não se atentou ou que não está pronto para considerar. Sendo assim, a melhor resposta à questão de quando e como compartilhar a formulação com o paciente é dada ao se considerar como a formulação sugere que o paciente ouvirá e responderá tanto às palavras quanto às ações do terapeuta (para um exemplo clínico detalhado, ver Bloomberg-Fretter, 2005).

EXEMPLO DE CASO

O caso a seguir foi retirado de nossa pesquisa em andamento sobre o processo e o desfecho em psicoterapia psicodinâmica limitada no tempo (Silberschatz, Curtis, Sampson, & Weiss, 1991). A paciente, Rene, foi encaminhada ao projeto de pesquisa por uma clínica médica que realiza exames de rastreio em pacientes idosos. Ela se sentia ansiosa e deprimida em relação a seu emprego e relacionamentos com seus colegas e suas filhas já criadas. Sua vida social era restrita, e ela não aproveitava a vida fora do ambiente de trabalho. Rene, inicialmente, encontrou-se com um avaliador independente para preencher vários formulários clínicos de avaliação e para uma entrevista de admissão para determinar sua adequação para a terapia limitada no tempo. Ela foi, então, encaminhada para um terapeuta para um tratamento de 16 sessões. O terapeuta, um psicólogo, branco, de 32 anos, não foi informado previamente dos dados coletados na admissão. Ele foi instruído a conduzir o tratamento da mesma forma que faria com um paciente em sua prática particular.

A formulação do plano de Rene apresentada a seguir não é a do terapeuta – embora ela seja bem similar e consistente com a formulação de caso do terapeuta. Essa formulação foi desenvolvida mais de 35 anos após o encerramento da terapia por um time de cinco clínicos, com base nas transcrições redigidas da entrevista de admissão (com o avaliador independente) e nas duas horas iniciais de terapia. Os clínicos que realizavam a formulação não sabiam nada sobre o que se passou na sequência do caso, nem sobre o desfecho. Eles também desconheciam a identidade do terapeuta.

Plano da formulação de Rene

Queixas atuais

Rene, 60 anos de idade, era uma viúva de origem hispânica que vivia sozinha. Ela tinha três filhas já criadas, todas casadas e vivendo longe de casa. Sua filha mais nova sofria de um transtorno bipolar severo e, muitas vezes, se aproximava de Rene em busca de ajuda financeira e emocional para ela e sua filha (neta de Rene). Rene trabalhava como analista de sistemas em uma empresa de grande porte.

As queixas atuais de Rene incluíam insatisfação em seu ambiente de trabalho. Ela obtivera relativo sucesso em sua carreira profissional e ocupava uma posição gerencial; contudo, ela sentia que havia sido desconsiderada para uma promoção, questionando-se se havia sido vítima de sexismo e racismo em seu trabalho. Ela trabalhava muitas horas a mais do que lhe pagavam, frequentemente indo trabalhar nos fins de semana e nos feriados, e estava sem nada para fazer, incapaz de aproveitar sua vida fora do trabalho. Por exemplo, ela recentemente passou férias em um *resort*, mas, uma vez lá, sentiu-se na necessidade de voltar para casa e ver como suas filhas estavam. Ela descreveu seu relacionamento com suas três filhas como instável e atravessado por desentendimentos. Sua filha mais velha parecia se importar pouco com ela, e sua filha mais nova era fonte constante de preocupação devido a seus episódios psicóticos frequentes e estilo de vida caótico e instável.

Breve história

Rene cresceu no deserto do sudoeste dos Estados Unidos. Sua família era pobre e vivia em uma casa rural de três quartos. Rene descreveu seu pai como um homem cronicamente desempregado, mulherengo, estagnado na vida, que mal parava em casa e não dava suporte emocional ou financeiro à família. A mãe de Rene era "maravilhosa", mas Rene nunca se sentiu próxima dela porque ela sempre estava ocupada tomando conta de seu marido e dos nove filhos (cinco deles eram irmãos mais novos de seus pais e o restante era fruto do casal; Rene era a segunda mais velha). A paciente relembrou uma cena em sua casa, durante a infância, em que sua mãe, que tinha varizes, estava pulando apoiada sobre apenas um dos pés, a fim de suprir as necessidades do pai saudável, mas indolente, de Rene. Sua mãe morreu aos 45 anos, de "velhice". Seu pai viveu até os 50 anos de Rene.

Embora fosse, no geral, distante de sua família, o pai de Rene mostrava preferência por seu primeiro filho e uma das irmãs de Rene, que tinha cabelos loiros e pele clara. Rene era diferente, tinha pele e cabelos escuros, e achava que seu pai tinha preconceito contra ela. A família era pobre, e era esperado de todas as crianças que trabalhassem e dessem seu dinheiro para o pai. Rene era uma boa aluna e se formou no ensino médio aos 15 anos. Embora tivesse recebido uma bolsa universitária, ela não pôde frequentar a universidade por causa dos apertos financeiros (ainda lhe cobravam que ajudasse em casa). Em vez disso, ela desenvolveu habilidades de secretária e trabalhou na igreja até sair de casa, aos 21 anos. Ela se juntou às Forças Armadas e recebeu treinamento em ciências da computação. Enquanto servia, ela conheceu o homem que, mais tarde, viria a ser seu marido. Apesar de ter descrito sua união como bem-sucedida, ela também relatou que seu marido exigia que ela o obedecesse e que não fosse independente. Eles tiveram três filhas antes que ele morresse de câncer.

Formulação de plano de Rene

Foi desenvolvida uma formulação para Rene utilizando-se os métodos já descritos. Cinco juízes, com excelentes confiabilidades (coeficiente *alpha*; Shrout & Fleiss, 1979) foram obtidos para cada um dos componentes da formulação: Objetivos, 0,86; Obstruções, 0,74; Testes, 0,83; *Insights*, 0,62; Traumas, 0,74. Os itens individuais de cada um dos componentes foram incorporados em "rubricas de integração" por todos os juízes. A formulação a seguir, do plano de Rene, é apresentada na forma de três rubricas orientadas pelos objetivos identificados para ela.[1]

---

[1]   Os itens individuais criados pelos juízes são identificados em parênteses no texto: O = objetivo; T = trauma; Ot = obstrução; TT = teste de transferência; PA = teste passivo em ativo; I = *insight* (não foram identificados testes PA na formulação de Rene).

Aproveitar a vida

Rene gostaria de se sentir dona das coisas que conquistou (O). Ela gostaria de se divertir mais (O), de buscar interesses e prazeres (O) e de dedicar tempo e dinheiro ao seu próprio lazer/proveito (O). Rene cresceu vendo sua mãe levar uma vida arrastada, de autossacrifício, devotada a trabalhar e tomar conta dos outros. Como consequência, por lealdade à sua mãe, ela acreditava que também devia devotar sua vida ao trabalho e a cuidar dos outros (p. ex., suas filhas; T). A família de Rene passou por muitas perdas e viveu em constante insegurança financeira. Desse modo, ela tinha dificuldade em gastar dinheiro e tempo para proveito próprio; acreditando que ao fazê-lo colocaria sua família em risco (p. ex., culpa do sobrevivente; T). Rene provê para os outros à sua própria custa porque acredita que deve sacrificar a si mesma como sua mãe (Ot), e ela se priva de se divertir porque acredita que é uma traição à sua mãe que tanto sofreu (Ot). Ela não busca coisas que pode aproveitar porque acredita que não merece aproveitar a vida (Ot). Um jeito de testar suas crenças seria descrever de forma cautelosa suas experiências de proveito pessoal para ver se o terapeuta a encorajaria a se sentir merecedora delas (TT). Outro seria conversar sobre sair com amigos ou frequentar encontros sociais para ver se o terapeuta desaprovaria sua busca pelos próprios interesses e desejos (TT). Ela poderia colocar suas próprias necessidades na frente das necessidades dos outros – sobretudo de suas filhas – para ver se o terapeuta a desaprovaria (TT). Rene poderia fazer exigências para seu terapeuta (p. ex., mudanças de horário), a fim de trabalhar sua crença de que ela não tem o direito de ter ou expressar suas necessidades para os outros (TT). *Insights* que ajudariam Rene a buscar seus objetivos incluem ganhar mais consciência de que ela trabalha em excesso por causa de uma identificação com sua mãe (I) e de que ela limita sua própria experiência de prazer porque se sentiria culpada de aproveitar mais a vida do que seus pais o fizeram (I).

Trabalho

Rene gostaria de reconhecer e apreciar seu intelecto e sua competência (O) e se sentir confortável sendo competente na frente dos outros (O). Ela gostaria de se afirmar mais e de se defender no trabalho (O), de ficar menos estressada no trabalho (O) e de ser respeitada no trabalho (O). Os talentos e as habilidades de Rene eram ignorados por seu pai. Como resultado, ela não acreditava realmente em seu talento, a despeito das evidências opostas (T). Os irmãos de Rene competiam por atenção limitada, e Rene humilhou sua irmã mais velha ao ultrapassá-la na escola. Consequentemente, Rene acreditava que demonstrar suas habilidades e ser competente ameaçava e rebaixava os outros (T). A família de Rene era numerosa e pobre, e ela foi pressionada a trabalhar para ajudar seus irmãos mais novos. Ela passou a praticar muito o autossacrifício (renunciando à bolsa da universidade) devido à crença de que ir atrás de seus próprios interesses seria egoísta e negligente com as necessidades de sua família (T). Ela descontava seus talentos e suas habilidades porque acreditava que não merecia ser bem-sucedida (Ot). Rene evitava competir com outras pessoas porque acreditava que machucaria ou humilharia seus competidores se ela os vencesse (Ot). Ela escondia suas habilidades e suas conquistas porque acreditava que os outros se sentiriam desmotivados por elas (Ot). Ela evitava apresentar ideias contrárias ao gerente porque acreditava que isso o devastaria (Ot). Ela não buscava oportunidades porque se sentia culpada de superar os outros, sobretudo homens (Ot). Rene refreava-se de procurar um emprego melhor porque acreditava que ela não merecia um (Ot). Ela poderia testar essas crenças ao denegrir suas habilidades e capacidades para ver se o terapeuta esperava que ela fosse fraca e ineficaz (TT) ou, por outro lado, mostrar sua competência para ver se o terapeuta se sentiria desafiado ou tentaria rebaixá-la (TT). Ela também poderia testar essas crenças expressando orgulho em excesso de suas habilidades para ver se o terapeuta se chatearia ou se sentiria ameaçado por essas expressões (TT). Ela poderia exagerar suas ambições para ver se o terapeuta ficaria incomodado ou as desaprovaria (TT) ou, no outro extremo, ela poderia questionar seu intelecto e sua competência para trabalhar a crença de que ela não merece reconhecimento (TT). Ela poderia expressar suas próprias ideias e seus *insights* sobre seus problemas para ver se o terapeuta ficaria chateado com suas formulações independentes (TT). Ela poderia zombar de seus gerentes e rebaixá-los durante a terapia para testar a crença de que ela não tem o direito de criticar os outros (TT). *Insights* que seriam úteis a Rene incluem enxergar-se merecedora de sucesso (I) e perceber que ela se refreia de se expressar porque acredita, falsamente, que isso a prejudicaria ou deixaria os outros desconfortáveis (I). Por exemplo, ela não se afirma no trabalho para não machucar/ameaçar seu chefe (I). Ela não demonstra todas suas forças porque ela acredita falsamente que os outros não a tolerariam sendo forte (I), e ela questiona a própria competência porque se sente culpada de superar os outros (p. ex., homens fracos, irmã invejosa) (I).

Relacionamentos

Rene gostaria de se sentir mais merecedora da admiração e do cuidado dos outros (p. ex., com um homem, no trabalho) (O), de ser capaz de pedir mais das pessoas (O), e ser capaz de fazer amigos (O). Rene recebeu pouco afeto ou atenção de cada um dos seus pais; sua mãe estava muito ocupada tomando conta de seu marido exigente e vários filhos, e seu pai claramente preferia suas filhas de cabelos loiros que não pareciam hispânicas. Como consequência, Rene não se sente merecedora e pensa que as pessoas não gostarão dela (T). O pai de Rene era extremamente narcisista, ainda que incompetente. Desse modo, ela se tornou passiva e autodepreciativa, acreditando que se afirmar e ser competente ameaçariam os outros como no caso de seu pai (T). Rene enxerga seu pai como um fraco – um fracasso tanto no amor quanto no trabalho. Sendo assim, ela acredita que os homens, no geral, são fracos e não conseguem tolerá-la sendo forte, ousada e independente (T). Sua mãe era excessivamente leal e obediente a seu pai. Como consequência, Rene acredita que ela tem de ser leal e subserviente aos homens (sobretudo namorados e chefes) (T). Rene viu quanto o casamento de seus pais foi infeliz e disfuncional. Como resultado, ela acredita, por lealdade a eles, que não tem o direito de ter um bom relacionamento com um homem (T). Por causa dessas experiências, Rene escolhe e fica com parceiros que não têm disponibilidade, pois ela acredita que ela não tem o direito ao carinho e à atenção individuais (Ot). Ela é excessivamente complacente com as demandas alheias porque acredita que se afirmar quanto às próprias necessidades ou desejos chatearia os outros (Ot). Rene não procurou relacionamentos com homens dignos porque ela acredita que deve ser abnegada e obsequiosa como sua mãe (Ot). Ela prioriza as necessidades e os interesses dos outros, pois acredita que buscar seus próprios interesses seria egoísmo e negligência para com as necessidades dos outros (Ot). Rene pode testar essas crenças expressando orgulho excessivo de suas habilidades para ver se o terapeuta se chateia ou se sente ameaçado por tais expressões (TT). Ela pode fazer exigências ao terapeuta (p. ex., mudanças de horário) para trabalhar em sua crença de que ela não tem o direito de ter ou expressar suas necessidades para os outros (TT). Ela pode propor encerrar a terapia ou talvez tentar interrompê-la para ver se o terapeuta a verá como merecedora (TT). Rene pode cuidadosamente descrever experiências de proveito pessoal para ver se o terapeuta a apoiará em seu sentimento de ser merecedora dessas experiências (TT). Rene conversará sobre sair com seus amigos ou comparecer a encontros sociais para ver se o terapeuta desaprova sua busca dos próprios interesses e desejos (TT). *Insights* que podem ser úteis a Rene incluem se tornar consciente de que ela é diferenciada em relação aos outros por causa da identificação com sua mãe (I), que ela não se sentir merecedora é coerente com o modo pelo qual ela foi tratada ao crescer (I), que ela se privou de ter um relacionamento íntimo saudável com um homem por lealdade aos seus pais (I) e que ela se privou de desenvolver uma vida social agradável por lealdade à sua mãe que tanto sofreu (I).

Aplicação da formulação ao tratamento de Rene

Como já dito, um plano da formulação identifica objetivos que um paciente pode querer buscar, mas é o paciente, e não o terapeuta, que determina quais objetivos serão buscados e como eles serão trabalhados na terapia. Ao longo de sua terapia, Rene enfocou três famílias amplas e inter-relacionadas de objetivos: sentir-se menos sobrecarregada e responsável pelos outros, sobretudo suas filhas adultas; permitir-se buscar prazer e divertimento em sua vida; e reconhecer sua competência em seu trabalho e sentir-se menos oprimida e atolada de serviço.

Ao longo das três primeiras horas das 16 sessões de terapia, Rene discutiu suas razões para buscar terapia. Ela descreveu as dificuldades que tinha de se divertir e de gostar de si mesma. De quando em quando, ela dizia que não sabia o que gostaria de fazer; em outros momentos, ela identificou algumas atividades potencialmente interessantes, mas, então, deu razões pelas quais ela não poderia buscá-las ou porque ela provavelmente não as aproveitaria se as fizesse. Rene também falou sobre suas filhas e os problemas que tinha com elas. Essencialmente, ela sentia que todas a desaprovavam de várias maneiras – de acordo com elas, ou ela se metia demais em suas vidas ou não se envolvia em nenhuma medida. Sua filha mais nova sofria de transtorno bipolar e vivia com seu marido viciado e seu filho. Essa filha já tivera diversos episódios psicóticos graves que demandaram múltiplas hospitalizações, e ela e seu marido passavam por dificuldades financeiras o tempo todo. Por fim, Rene discutiu seu trabalho como analista de sistemas em uma grande empresa. Ela descreveu trabalhar por longas horas, muitas vezes indo ao trabalho nos fins de semana e nos feriados, e ter dificuldades em manter um equilíbrio entre a vida profissional e a pessoal. Embora aparentemente muito respeitada na empresa, ela sentia que havia sido vítima de sexismo e racismo por não ter recebido uma promoção recentemente. Interessante notar que, ao discutir sobre seu trabalho, Rene muitas vezes empregava jargão técnico para descrever atividades complexas das quais era encarregada de supervisionar. Isso pareceu um teste para ver se o terapeuta se sentiria intimidado por e/ou crítico de sua *expertise* e sua competência.

Nessas primeiras horas, e comumente em resposta a perguntas feitas pelo terapeuta, Rene também relatou sua história pessoal (ver seções anteriores). O foco do terapeuta em conhecer a história refletiu sua postura de montar uma formulação, a fim de saber como intervir com Rene; e, para formular seu caso, ele precisava de uma história. Nesse aspecto, ele divergiu de muitos terapeutas trabalhando em formato limitado no tempo que sentem que há pouco tempo disponível para obter uma história detalhada. Tais terapeutas inevitavelmente acabam intervindo baseados em sua teoria de terapia em vez de se basearem na teoria sobre o paciente (cf. Gazzillo, Dimaggio, & Curtis, 2019).

Na terceira sessão, Rene falou sobre suas preocupações em relação à filha mais nova. Ela temia que sua filha estivesse descompensada e se preocupava com a segurança de seu neto. O marido da filha estava em estado de confusão e não era útil à esposa e ao filho. As outras duas filhas de Rene se recusavam a intervir fosse como fosse, já cansadas dos episódios passados. Rene tinha dificuldades para se decidir sobre o que fazer. Ela considerava pedir folga no trabalho e/ou cancelar planos dos fins de semana para tentar ajudar essa filha, mas antecipava que seus esforços seriam rejeitados. Ela se sentia incapaz de dar conta de suas próprias necessidades. Nessa sessão, o terapeuta fez uma interpretação que se repetiria ao longo do curso da terapia: ele fez paralelos entre a forma pela qual Rene respondia à sua filha e à forma pela qual sua mãe era obsequiosa para com seu pai.

TERAPEUTA (T): Sabe… isso me lembra, em certa medida, que existem alguns paralelos entre o que você está fazendo e a postura de sua mãe que você me descreveu. E eu penso isso especialmente em relação à cena que você descreveu: ela pulando pela casa para cuidar de seu pai quando ele era saudável e capaz de tomar conta de si mesmo. Pela maneira que você descreveu, parece que ela definhou ao cuidar dele e talvez de outras pessoas em sua família. E parece que você possa estar se sentindo compelida a repetir isso em alguma medida.

RENE (R): Nunca pensei nisso. Eu… bem, eu acho que, é… eu tenha um pouco de mártir em mim, e eu costumava reconhecer isso nela e dizer para mim mesma que eu não seria uma mártir.

O terapeuta achou que a resposta de Rene a essa intervenção e suas associações subsequentes apoiavam a acurácia de sua formulação sobre os conflitos centrais da paciente. Rene continuou dizendo que ela se percebia crítica de sua mãe, dizendo que ela não era uma boa mãe e que ela pensava que ela mesma poderia criar filhos melhor do que sua mãe. Ela disse que sua mãe simplesmente aceitou o abuso de seu pai, e ela pensava que ela havia se identificado com sua mãe e simplesmente "aceita" quando os outros são abusivos (filhas ou no trabalho). Ela, então, falou sobre tentar tomar conta melhor de si mesma, o que a fazia se sentir culpada, como se ela não estivesse cuidando dos outros – mas ela, não obstante, estava focando em fazer mais para si mesma. Isso parecia ser um teste para ver se o terapeuta a criticaria por colocar suas próprias necessidades acima das dos outros. Ao fim da hora, ela se preocupou se o terapeuta comeria tarde (eles se encontraram à noite). Ele disse que parecia que ela estava preocupada com ele. Ela disse que estava. Quando ele respondeu que ele poderia tomar conta de si, ela riu e desejou-lhe uma boa noite.

Ao longo das várias sessões seguintes, Rene retornou ao problema de como ela responderia aos problemas de sua filha mais nova. Ela expressou preocupação pelo bem-estar da filha, mas se preocupava especialmente com sua neta, de cuja segurança lhe parecia ser justificado se preocupar. Ela questionava se deveria deixar sua filha e sua neta se mudarem para sua casa, embora soubesse que sua filha seria combativa, desagradável e de difícil convivência. Além do mais, Rene vivia em um apartamento pequeno e funcional, e não seria prático três pessoas morarem nele. O terapeuta sentiu grande necessidade de compartilhar das preocupações de Rene e considerar como ela poderia intervir para resgatar ou tomar conta da criança. Contudo, orientado por sua formulação, ele achou que isso alimentaria os sentimentos onipotentes de responsabilidade de Rene, reforçando sua crença patogênica de que ela deveria sacrificar a própria vida em prol de cuidar dos outros. Ele, então, resolveu falar:

TERAPEUTA (T): ... você parece estar se sentindo... ou melhor, questionando se tem de renunciar à própria felicidade e conforto para intervir e resolver essa situação que realmente não está sob seu controle.

RENE (R): E eu não quero. Eu... eu gosto do meu lugar calminho, de conseguir ler meu jornal e... eu tenho dias difíceis, então quando chego em casa é muito bom. Eu tento descobrir como posso ajudá-la? Como posso pegar minha fatia de bolo e comê-la também? Como posso ajudá-la sem precisar tê-la literalmente por perto?

Rene então relatou como, tanto à época quanto no passado, profissionais envolvidos no cuidado de sua filha pensavam que a neta de Rene talvez devesse ser afastada da mãe. Rene sentia-se culpada de se sentir incapaz de cuidar de uma criança. Ela ressaltou que em sua família de origem havia a atitude de que uma pessoa deveria cuidar dos outros membros da família, independentemente das consequências, e de que uma criança jamais deveria ser afastada da família. "Quando minha mãe morreu, minhas duas tias basicamente tomaram a frente e cuidaram das crianças. Eram cinco crianças mais novas. Elas basicamente sacrificaram suas vidas por elas". Mais tarde na sessão, ela complementou: "Eu estava sentindo, sabe... o que eu mais queria é sair por aí, então eu estava dizendo a mim mesma, quão terrível era eu estar curtindo minha casa bacana, quentinha e confortável, quando ela [a filha] estava sofrendo".

Na hora 7, praticamente no meio da terapia, Rene estava discutindo o casamento de suas filhas, em especial, ela falava de seus genros. Isso trouxe de volta memórias de seu casamento:

RENE (R): ... Quando estávamos para nos casar, eu não queria me casar. Eu queria me casar porque me incomodava não estar casada. Mas eu não queria, não queria renunciar ao meu nome. Eu não queria abrir mão – eu sentia que estava abandonando uma parte de mim ao me casar. De certo modo, foi um alívio quando me vi sozinha novamente.

TERAPEUTA (T): Por que você teve de renunciar a algo?

R: Bem, para começo de conversa, meu marido exigiu isso. Exigiu. Eu não podia ser independente. Tínhamos que seguir o jeito dele.

T: O que você sentiu que estava abandonando?

R: Eu senti que tinha de mudar a mim mesma para fazer o que iria agradá-lo. Caso contrário, as coisas não dariam certo.

T: E você continuou fazendo isso?

R: Estou fazendo a coisa do mesmo jeito – bom... digamos que, em certo sentido, eu estou fazendo isso com [seu novo gerente]. Estou tentando me acomodar a ele, para que as coisas fiquem mais tranquilas no trabalho.

T: Sabe, eu também estava pensando sobre suas filhas. Com sua filha mais nova, por exemplo, quando ela lhe exige coisas que você pensa serem incabíveis e se sente compelida a ceder a essas exigências, mesmo que você se sinta melhor em não ceder. Mas se, nas duas situações, existe uma noção de que você poderia ou deveria renunciar a seus desejos e sua independência e a suas ideias e seus sentimentos.

R: Simplesmente, é o que parece certo.

T: É a coisa certa a fazer por que é o que sua mãe fazia?

R: Provavelmente. Minha mãe e minhas tias. Era assim – as coisas eram como eram.

T: Mesmo que o que você quisesse fazer fosse o extremo oposto?

R: Aqui senti que havia me apartado desde que me alistei e saí de casa. Eu não (*risada*). Eu simplesmente coloquei quilômetros entre as coisas... mas não, eu não mudei de outras maneiras.

T: Bem, você se sentiu na necessidade de desfazer essas mudanças que você fez ou, de algum modo, ceder?

R: Provavelmente. Talvez compensar.

T: Então você poderia se mudar de casa, mas, então, talvez, entrar em um relacionamento algo parecido com aquele que você havia abandonado.

R: Sim, meu marido e meu pai eram parecidos.

Mais uma vez, as respostas de Rene pareciam apoiar elementos-chave da formulação. Nas horas subsequentes, ela expressou mais preocupações sobre sua filha mais nova e questionou se ela deveria deixar sua filha e sua neta morarem com ela em seu apartamento de um quarto. O terapeuta uma outra vez percebeu que Rene estava lutando contra o sentimento de que deveria abandonar seu conforto e seu bem-estar para cuidar de sua filha e sua neta. Após alguma discussão, ela introduziu algumas alternativas (p. ex., uma casa de reabilitação) que sua filha poderia procurar, o que na verdade seria melhor para todos os envolvidos.

As Sessões 9-13 coincidiram com os feriados do Dia de Ação de Graças e do Natal, o que, por sua vez, fez Rene confrontar demandas conflitantes de suas filhas sobre como passar os feriados. Durante esse tempo, ela também descreveu melhorias em seu relacionamento com seu chefe. Ela esperava que ele ficaria indisposto para com ela quando ela tirasse um tempo do trabalho para os feriados, sobretudo porque ele teria que cobrir seu horário. Na verdade, enquanto a substituía, ele teve de tratar de problemas que ela tinha de lidar normalmente no trabalho; ele expressou muito mais apreciação por sua *expertise*, e seu relacionamento melhorou.

Nas sessões finais de terapia, Rene focou no conflito entre buscar seus próprios interesses e prazeres *versus* cuidar dos outros. Ela identificou várias atividades em que gostaria de se engajar, mas se sentia culpada em buscá-las. O terapeuta fez a seguinte intervenção – uma variação no tema que ele havia introduzido mais no começo do processo terapêutico:

TERAPEUTA (T): Existem muitas coisas que você gostaria de estar fazendo, ou que você se imagina fazendo... e, mesmo assim, quando você pensa em fazê-las, vem, então, essa ideia de "bom, então eu não estaria cuidando das minhas filhas ou me preocupando com elas". E quando você diz "bem, eu não sei o que aconteceria se eu não tivesse minhas filhas com quem me preocupar, eu não sei o que seria da minha vida", isso parece ser um jeito de negar todos esses outros sonhos e desejos que você possui. O que parece que significaria que você poderia, então, passar algum tempo buscando interesses que possa ter e desenvolvendo novos. Mas também significaria ir contra essa imagem da mãe sendo a pessoa que sacrifica tudo por seus filhos e não aproveita nada, e me parece que, no fim das contas, você se sente culpada de ir contra o que sua mãe fez e de mostrar que isso não é necessário. Essa vida não tem de ser uma batalha e um autossacrifício constantes.

RENE (R): E sem graça. Eu usei as outras Waves [força área feminina] quando servia, eu costumava me ausentar nos fins de semana e, você sabe, quase chegava a pensar "Isso é moral, legal e certo?" (*Ri.*) Você pode fazer esse tipo de coisa? Porque nós [sua família] nunca fizemos algo assim.

Rene focou nesses problemas nas sessões finais. Ela discutiu como achava que sua história a havia inibido e como ela havia se identificado com sua mãe em relação a não se permitir sentir prazer e se privar em prol de suas filhas. Na última sessão, ela falou sobre seu desejo de estar mais antenada com o que ela considerava sua cultura espanhola. O terapeuta enxergou isso como um repúdio à indisposição do pai de Rene por ela ter pele e cabelo escuros e como um teste de como ele reagiria à sua expressão de orgulho e autoaceitação. Isso levou à seguinte troca:

RENE (R): ... por que eu tenho essa coisa com a cultura espanhola, sabe? Eu dei as costas para isso há muito tempo. Eu me casei com alguém que não era espanhol. Eu não criei meus filhos como espanhóis. Por que eu estou sentindo isso agora, sabe... essa vontade de voltar? E eu estava pensando: talvez você só esteja tentando reencontrar sua mãe, se é que me entende. Talvez você ache que tem de fazer chacota dela, sabe... pulando em um pé só, e você está tentando encontrá-la e reanimá-la, sabe? Eu não estava muito certa sobre o que estava pensando. Mas quase pareceu que eu estou tentando voltar. O que eu acho que muitas pessoas mais velhas fazem.

TERAPEUTA (T): Voltar por qual razão?

R: Por causa das raízes deles, de suas... de suas...

T: Você disse algo sobre fazer chacota de sua mãe?

R: Bem, eu quase senti que tinha traído minha mãe.

T: Como?

R: Ao imaginá-la – ao permitir que você a imaginasse pulando em um pé só... eu praticamente me senti desleal (*voz vacilando*).

T: O que isso teve de desleal?

R: (*quase em lágrimas*) Humm, talvez... nós todos a enxergamos como uma pessoa maravilhosa. Ela foi a cola que nos manteve, todos, juntos. E ela é aquela que permitiu que tivéssemos uma educação e que nos tornássemos alguém. E em comparação com as outras pessoas do bairro [onde Rene cresceu], todos nós fomos capazes de conquistar algo. Fazer algo de nós. E simplesmente não parecia o jeito certo, a imagem correta a ser passada para os outros. A imagem certa para apresentar às pessoas.

T: Bom, parece que ela não queria que você – e, repito, estou usando uma metáfora – não queria que você...

R: Fizesse a mesma coisa.

T: Pulasse com apenas um pé.

As avaliações pós-terapia com o avaliador independente foram conduzidas um mês, seis meses e um ano após a terapia. Em todas essas avaliações, tanto Rene quanto o avaliador avaliaram-na como muito melhor. Rene declarou o seguinte em sua avaliação pós-terapia: "Sinto que eu tenho escolhas"; "Tenho uma sensação de liberdade que não tinha antes"; "Eu gosto da minha vida"; "Eu gosto mais de mim"; "Eu sinto que estou fazendo progresso em mudar as coisas das quais não gosto"; "Duas filhas minhas disseram que preferem como estou agora".

APRENDENDO O MÉTODO

Como apontado, embora o PFM tenha sido desenvolvido para estudar a teoria da maestria do controle em psicoterapia, ele foi aplicado por outros pesquisadores que aderem a uma postura teórica diferente (Collins & Messer, 1991) e a terapias conduzidas sob orientações teóricas altamente variadas, tanto psicodinâmicas quanto não psicodinâmicas (Curtis et al., 1994; Persons et al., 1991). Sendo assim, para fins de se treinar no PFM, a primeira consideração é que os clínicos compartilhem e sejam bem versados em uma posição teórica comum. Deve-se salientar que isso costuma ser mais fácil de falar do que de fazer. Uma das descobertas interessantes ao se adaptar o PFM para uso de outros pesquisadores é que teorias e suas aplicações costumam ser mal operacionalizadas, e os clínicos que pensam que compartilham uma perspectiva em comum podem descobrir, após aplicar o PFM, que eles diferem amplamente em como compreendem ou aplicam essa perspectiva (Collins & Messer, 1991; ver também Seitz, 1966). Enxergamos isso como um ponto forte a favor do PMF; ele não permite um pensamento desleixado. Uma vez que um grupo de clínicos compartilha uma perspectiva teórica comum e bem operacionalizada, o PFM pode ser aplicado com boa confiabilidade (Collins & Messer, 1988; Curtis et al., 1994). Mesmo clínicos relativamente inexperientes têm sido capazes de desenvolver formulações de plano com confiabilidades próximas às daqueles profissionais veteranos e com mais experiência no procedimento (Curtis et al., 1994).

REFERÊNCIAS

American Psychiatric Association. (1987). *Diagnostic and statistical manual of mental disorders* (3rd ed., rev.). Washington, DC: Author.

Bigalke, T. (2004). *The theoretical implications of applying the control-mastery concept of testing to family therapy.* Unpublished doctoral dissertation, California School of Professional Psychology, San Francisco Bay Campus, Alliant International University.

Bloomberg-Fretter, P. (2005). Clinical use of the plan formulation in long-term psychotherapy. In G. Silberschatz (Ed.), *Transformative relationships* (pp. 93–109). New York: Routledge.

Bracero, W. (1994). Developing culturally sensitive psychodynamic case formulations: The effects of Asian cultural elements of psychoanalytic control-mastery theory. *Psychotherapy, 31,* 525–532

Broitman, J. (1985). *Insight, the mind's eye: An exploration of three patients' processes of becoming insightful.* Unpublished doctoral dissertation, Wright Institute Graduate School of Psychology, Berkeley, California.

Bugas, J,. & Silberschatz, G. (2005). How patients coach their therapists in psychotherapy. In G. Silberschatz (Ed.), *Transformative relationships* (pp. 153–167). New York: Routledge.

Bush, M. (2005). The role of unconscious guilt in psychopathology and in psychotherapy. In G. Silberschatz (Ed.), *Transformative relationships* (pp. 43–66). New York: Routledge.

Bush, M., & Gassner, S. (1986). The immediate effect of the analyst's termination interventions on the patient's resistance to termination. In J. Weiss, H. Sampson, & the Mount Zion Psychotherapy Research Group (Eds.), *The psychoanalytic process: Theory, clinical observation, and empirical research* (pp. 299–320). New York: Guilford Press.

Caston, J. (1977). Manual on how to diagnose the plan. In J. Weiss, H. Sampson, J. Caston, & G. Silberschatz (Eds.), *Research on the psychoanalytic process: I. A comparison of two theories about analytic neutrality* (Bulletin #3, pp. 15–21). San Francisco: Psychotherapy Research Group, Department of Psychiatry, Mount Zion Hospital and Medical Center.

Caston, J. (1986). The reliability of the diagnosis of the patient's unconscious plan. In J. Weiss, H. Sampson, & the Mount Zion Psychotherapy Research Group (Eds.), *The psychoanalytic process: Theory, clinical observation, and empirical research* (pp. 241–255). New York: Guilford Press.

Collins, W., & Messer, S. (1988, June). *Transporting the plan diagnosis method to a different setting: Reliability, stability, and adaptability.* Paper presented at the Annual Conference of the Society for Psychotherapy Research, Santa Fe, NM.

Collins, W. D., & Messer, S. B. (1991). Extending the plan formulation method to an object relations perspective: Reliability, stability, and adaptability. *Psychological Assessment, 3,* 75–81.

Conrad, B. B. (1995). *Personality and psychopathology reconsidered: A quantitative/qualitative control-mastery psycho-biography on Henri de ToulouseLautrec (1864–1901).* Unpublished doctoral dissertation, Wright Institute Graduate School of Psychology, Berkeley, CA.

Curtis, J. T., & Silberschatz, G. (1986). Clinical implications of research on brief dynamic psychotherapy: I. Formulating the patient's problems and goals. *Psychoanalytic Psychology, 3,* 13–25.

Curtis, J. T., & Silberschatz, G. (1997). The plan formulation method. In T. D. Eells (Ed.), *Handbook of psychotherapy case formulation* (pp. 116–136). New York: Guilford Press.

Curtis, J. T., & Silberschatz, G. (2005). The assessment of pathogenic beliefs. In G. Silberschatz (Ed.), *Transformative relationships* (pp. 69–91). New York: Routledge.

Curtis, J. T., Silberschatz, G., Sampson, H., & Weiss, J. (1994). The plan formulation method. *Psychotherapy Research, 4,* 197–207.

Curtis, J. T., Silberschatz, G., Sampson, H., Weiss, J., & Rosenberg, S. E. (1988). Developing reliable psychodynamic case formulations: An illustration of the plan diagnosis method. *Psychotherapy, 25,* 256–265.

DeWitt, K. N., Kaltreider, N. B., Weiss, D. S., & Horowitz, M. J. (1983). Judging change in psychotherapy. *Archives of General Psychiatry, 40,* 1121–1128.

Foreman, S. (1989, June). *Overview of the method to study psychotherapy with children, based on the Mount Zion Method.* Paper presented at the annual conference of the Society for Psychotherapy Research, Toronto, Ontario, Canada.

Fretter, P. B. (1984). The immediate effects of transference interpretations on patients' progress in brief, psychodynamic psychotherapy [Doctoral dissertation, University of San Francisco]. *Dissertation Abstracts International, 46* (6). (UMI No. 85-12, 112).

Gazzillo, F. (2016). *Fidarsi dei pazienti: Introduzione alla Control-Mastery Theory* [Trust patients: Introduction to control-mastery theory]. Milan, Italy: Raffaello Cortina.

Gazzillo, F., Dimaggio, G., & Curtis, J. T. (2019). Case formulation and treatment planning: How to take care of relationship and symptoms together. *Journal of Psychotherapy Integration.* Available at *https://tinyurl.com/pv4tu3c8.*

Gazzillo, F., Genova, F., Fedeli, F., Curtis, J. T., Silberschatz, G., Bush, M., & Dazzi, N. (2019). Patients' unconscious testing activity in psychotherapy: A theoretical and empirical overview. *Psychoanalytic Psychology, 36*(2), 173– 183.

Gibbins, J. (1989, June). *The plan diagnosis of a child case.* Paper presented at the annual conference of the Society for Psychotherapy Research, Toronto, Ontario, Canada.

Nathans, S. (1988). *Plan attainment: An individualized measure for assessing outcome in psychodynamic psychotherapy.* Unpublished doctoral dissertation, California School of Professional Psychology, Berkeley.

Norville, R. L. (1989). *The relationship between accurate interpretations and brief psychotherapy outcome.* Unpublished doctoral dissertation, Pacific Graduate School of Psychology, Menlo Park, CA.

Perry, J. C., Luborsky, L., Silberschatz, G., & Popp, C. (1989). An examination of three methods of psychodynamic formulation based on the same videotaped interview. *Psychiatry, 52,* 302–323.

Perry, S., Cooper, A. M., & Michels, R. (1987). The psychodynamic formulation: Its purpose, structure, and clinical application. *American Journal of Psychiatry, 144,* 543–550.

Persons, J. B., Curtis, J. T., & Silberschatz, G. (1991). Psychodynamic and cognitive-behavioral formulations of a single case. *Psychotherapy, 28,* 608–617.

Rodomonti, M., Crisafulli, V., Mazzoni, S., Curtis, J. T., & Gazzillo, F. (2020). The plan formulation method for couples. *Psychoanalytic Psychology, 37*(3), 199–206.

Rosenberg, S. E., Silberschatz, G., Curtis, J. T., Sampson, H., & Weiss, J. (1986). A method for establishing the reliability of statements from psychodynamic case formulations. *American Journal of Psychiatry, 143,* 1454–1456.

Seitz, P. F. D. (1966). The consensus problem in psychoanalytic research. In L. Gottschalk & A. H. Auerbach (Eds.), *Methods of research in psychotherapy* (pp. 209–225). New York: Appleton-Century-Crofts.

Shrout, P. E., & Fleiss, J. L. (1979). Intraclass correlations: Uses in assessing rater reliability. *Psychological Bulletin, 86,* 420–428.

Silberschatz, G. (1978). Effects of the analyst's neutrality on the patient's feelings and behavior in the psychoanalytic situation. *Dissertation Abstracts International, 39,* 3007-B (UMI No. 78-24, 277).

Silberschatz, G. (1986). Testing pathogenic beliefs. In J. Weiss, H. Sampson, & the Mount Zion Psychotherapy Research Group (Eds.), *The psychoanalytic process: Theory, clinical observation, and empirical research* (pp. 256–266). New York: Guilford Press.

Silberschatz, G. (2005a). The control-mastery theory. In G. Silberschatz (Ed.), *Transformative relationships* (pp. 3–23). New York: Routledge.

Silberschatz, G. (2005b). An overview of research on control-mastery theory. In G. Silberschatz (Ed.), *Transformative relationships* (pp. 189–218). New York: Routledge.

Silberschatz, G. (Ed.). (2005c). *Transformative relationships.* New York: Routledge.

Silberschatz, G. (2017a). Control-mastery theory. In C. Coen (Ed.), *Reference module in neuroscience and behavioral psychology* (pp. 1–8). Amsterdam, The Netherlands: Elsevier.

Silberschatz, G. (2017b). Improving the yield of psychotherapy research. *Psychotherapy Research, 27,* 1–13.

Silberschatz, G., & Curtis, J. T. (1986). Clinical implications of research on brief dynamic psychotherapy: II. How the therapist helps or hinders therapeutic progress. *Psychoanalytic Psychology, 3,* 27–37.

Silberschatz, G., & Curtis, J. T. (1991). Time-limited psychodynamic therapy with older adults. In W. A. Myers (Ed.), *New techniques in the psychotherapy of older patients* (pp. 95–108). Washington, DC: American Psychiatric Press.

Silberschatz, G., & Curtis, J. T. (1993). Measuring the therapist's impact on the patient's therapeutic progress. *Journal of Consulting and Clinical Psychology, 61,* 403–411.

Silberschatz, G., Curtis, J. T., Fretter, P. B., & Kelly, T. J. (1988). Testing hypotheses of psychotherapeutic change processes. In H. Dahl, G. Kächele, & H. Thomä (Eds.), *Psychoanalytic process research strategies* (pp. 128–145). New York: Springer.

Silberschatz, G., Curtis, J. T., & Nathans, S. (1989). Using the patient's plan to assess progress in psychotherapy. *Psychotherapy, 26,* 40–46.

Silberschatz, G., Curtis, J. T., Persons, J. P., & Safran, J. (1989, June). *A comparison of psychodynamic and cognitive therapy case formulations.* Panel presented at the annual conference of the Society for Psychotherapy Research, Toronto, Ontario, Canada.

Silberschatz, G., Curtis, J. T., Sampson, H., & Weiss, J. (1991). Research on the process of change in psychotherapy: The approach of the Mount Zion Psychotherapy Research Group. In L. Beutler & M. Crago (Eds.), *Psychotherapy research: An international review of programmatic studies* (pp. 56–64). Washington, DC: American Psychological Association.

Silberschatz, G., Fretter, P. B., & Curtis, J. T. (1986). How do interpretations influence the process of psychotherapy? *Journal of Consulting and Clinical Psychology, 54,* 646–652.

Weiss, J. (1986). Part I. Theory and clinical observations. In J. Weiss, H. Sampson, & the Mount Zion Psychotherapy Research Group (Eds.), *The psychoanalytic process: Theory, clinical observations, and empirical research* (Chapters 1–7, pp. 3–138). New York: Guilford Press.

Weiss, J. (1993). *How psychotherapy works.* New York: Guilford Press.

Weiss, J., Sampson, H., & the Mount Zion Psychotherapy Research Group. (Eds.). (1986). *The psychoanalytic process: Theory, clinical observations, and empirical research.* New York: Guilford Press.

5

Padrão desadaptativo cíclico

Jeffrey L. Binder e Ephi J. Betan

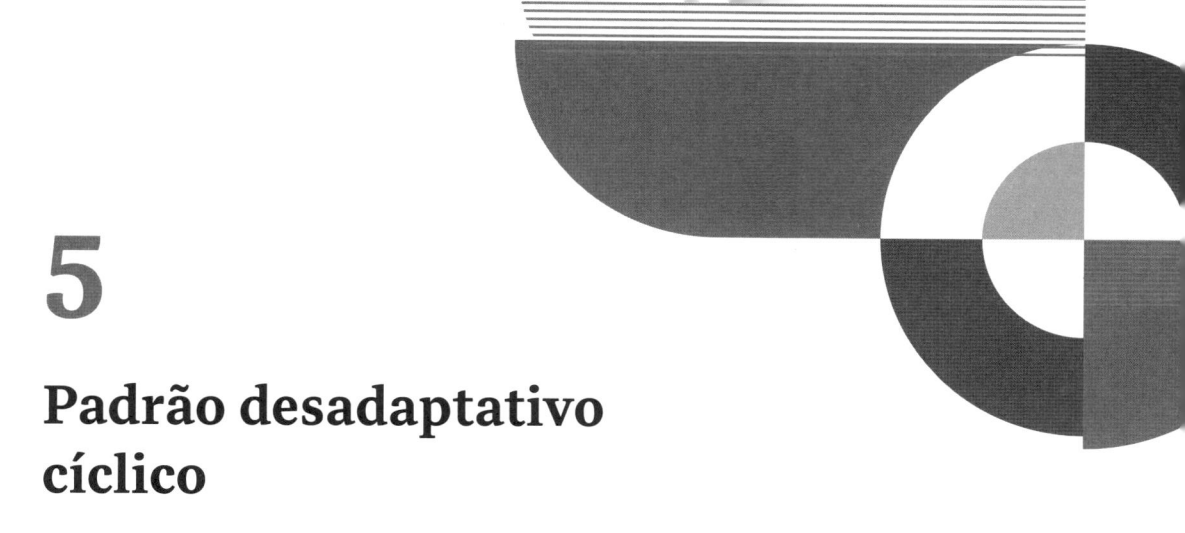

> *Para a terapia terminar adequadamente, ela deve começar adequadamente...*
> — JAY HALEY

ORIGENS HISTÓRICAS DA ABORDAGEM

Em geral se considera como o início adequado da psicoterapia o desenvolvimento de uma imagem hipotética do paciente, que sirva de guia inicial para o tratamento. Muitos clínicos acreditam que o guia mais útil é o diagnóstico formal, mas o ato de "diagnosticar" nada mais é do que um processo algorítmico de se coletar impessoalmente dados clínicos para identificar características distintivas de categorias taxonômicas específicas (Peebles, 2012). O método diagnóstico de fato ajuda a reconhecer a gravidade da psicopatologia presente, facilita a comunicação eficiente entre pares e promove a segurança do paciente. O clínico conduz uma busca estruturada e abrangente de problemas alarmantes, como risco de suicídio, surto psicótico, abuso de substâncias ou problemas ambientais sérios. Um dos objetivos primários é identificar e estabilizar pacientes com funcionamento de personalidade e situações ambientais precários. Contudo, não há evidência empírica de que escolher um diagnóstico ou diagnósticos se associe a uma condução mais efetiva da psicoterapia (Messer & Wolitzky, 2007). Diagnósticos psicológicos fornecem pouca – se alguma – orientação na escolha de conteúdos relevantes a serem explorados em terapia ou sobre qual postura terapêutica assumir.

Terapeutas psicodinâmicos são mais propensos a acreditar que, se situações não alarmantes forem identificadas, o guia mais útil para se desenvolver um plano de tratamento inicial é uma formulação de caso: "Reúne-se dados da história e se elaboram hipóteses, na forma de uma narrativa, sobre as influências predisponentes, precipitantes e mantenedoras sobre o sofrimento atual do paciente" (Peebles, 2012, p. 20). Na verdade, um princípio básico das terapias psicodinâmicas consiste na ideia de que a formulação de casos é necessária para se determinar quais problemas psicológicos tratar

(Bornstein, 2018; Cabaniss, Cherry, Douglas, Graver, & Schwartz, 2013; McWilliams, 1999).

As origens da formulação de casos psicodinâmica

A formulação de casos em psicoterapia se desenvolveu a partir do estilo de escrita das histórias de casos clínicos de Freud; seus casos pareciam contos, com uma estrutura narrativa organizada e aperfeiçoada por formulações inspiradas pelas teorias "dominantes" acerca das dinâmicas psicológicas do caráter (Messer & Wolitzky, 2007). Seguindo a evolução da teoria clínica de Freud, que cresceu cada vez mais em detalhe, abstração e abrangência, as formulações de casos psicanalíticas também se tornaram cada vez mais abrangentes, detalhadas e abstratas. O último desdobramento dessa tendência foi o "perfil metapsicológico" de Anna Freud (Freud, Nagera, & Freud, 1965). Esse modelo incrível de pesquisa e identificação de dados clínicos incluía mais de 60 entradas de tópicos e subtópicos. Organizada em torno dos principais domínios da metapsicologia freudiana (i.e., dinâmico, estrutural, genético, adaptativo, econômico) e livre das amarras dos dados empíricos, a especulação sobre o funcionamento da personalidade de um paciente encontrava barreiras somente na imaginação do clínico psicanalista. O "perfil" era visto como uma ferramenta inestimável para um plano de tratamento inicial. Uma vez que tentavam incluir todos os detalhes relevantes para a psicopatologia do paciente, os clínicos tinham em conta que tal processo demandaria muito tempo para ser completado. Essa característica não era vista como um problema, já que os psicanalistas geralmente consideravam que o tratamento duraria vários anos.

Teorias psicanalíticas contemporâneas – como a das relações objetais, a psicologia do *self*, as teorias relacionais e a teoria interpessoal – inspiraram mudanças nos modelos de formulação de casos. Formulações de casos psicanalíticas contemporâneas são forjadas em linguagem que reflete as maneiras pelas quais as pessoas de fato pensam e falam. Elas também são relativamente mais parcimoniosas, embora ainda postulem um número desafiador de tópicos focais a ser tratado. Por exemplo, Cabaniss et al. (2013) propõem tratar os "padrões de pensamento, sentimento e comportamento" em cinco dimensões (p. ex., *self*, relacionamentos) e "experiências desenvolvimentais" a partir de seis perspectivas (p. ex., trauma, conflito e defesa, relacionamento com os outros). Em seu livro sobre formulação de casos em psicanálise, McWilliams (1999) propôs uma formulação composta por oito domínios de funcionamento (p. ex., afetos centrais, identificações, regulação de autoestima).

Clínicos que advogam em favor de formulações abrangentes consideram que uma formulação mais detalhada fornece uma orientação mais útil para o planejamento e o início do tratamento. Entretanto, uma formulação de casos abrangente pode também atrapalhar o início da psicoterapia, pois a reunião de dados clínicos determinados pode consumir tempo demais, e tratamentos não são mais, tão comumente, processos de longo prazo como eram no passado. Outro problema é que o volume de dados levantados pode ser de difícil manejo. Os desenvolvedores de modelos psicanalíticos de formulações de casos abrangentes geralmente não fornecem diretrizes específicas para sintetização de dados clínicos determinados em uma narrativa coerente sobre o funcionamento psicológico do paciente, o que torna a tarefa exponencialmente difícil à medida que mais dados são obtidos. O processo de organizar uma quantidade volumosa de material clínico em uma formulação de casos coloca um grande desafio para seu ensino.[1] A formulação de casos psicanalítica tradicional é um produto idiossincrático e, por consequência, é praticamente impossível se obter uma confiabilidade respeitável entre os terapeutas trabalhando com o mesmo material clínico. Outros problemas são o fato de a grande quantidade de dados aumentar a dificuldade de distinção entre dados clínicos relevantes e irrelevantes, e o processo inicial de reunir dados clínicos abrangentes pode involuntariamente treinar o paciente para assumir uma postura passiva, esperando para responder às perguntas do terapeuta (Peebles, 2012).

Uma formulação de casos abrangente demanda um número indeterminado de sessões para ser construída. Ao mesmo tempo, o período mais importante para se estabelecer um bom relacionamento com o paciente novo são as primeiras sessões, pois é nesse período que um paciente tem mais chances de abandonar o tratamento (Westmacott, Hunsley, Best, Rumstein-McKean, & Schindler, 2010), e o estabelecimento de uma aliança terapêutica forte começa nas três primeiras sessões (Flückiger, Del Re, Wampold, & Horvath, 2018). Diante disso, é pertinente perguntar como, nas duas primeiras sessões, um terapeuta faz para mostrar ao paciente que ele compreende de algum modo o que assola o paciente? As diretrizes atuais para se construírem formulações de casos psicanalíticas tradicionais abordam domínios de desenvolvimento e funcionamento psicológicos que fornecem a estrutura organizacional para esses modelos de formulação. O *conteúdo* narrativo relevante para se traduzir a história pessoal do paciente em uma formulação geralmente é encarado, na diversidade de materiais clínicos apresentada nas primeiras sessões, como autoevidente. Além disso, mesmo especialistas em formulações de casos tradicionais admitem que, sobretudo no primeiro encontro, a construção de uma formulação inicial é improvável: "Especialmente uma entrevista de entrevista inicial – envolve uma espécie de ignorância... [a habilidade de sintetizar informações clínicas] opera apenas em retrospecto, e não no imediatismo do contato clínico, no qual eu posso ficar completamente desconcertado e inarticulado" (McWilliams, 1999, pp. 46-47).

Psicoterapia psicodinâmica limitada no tempo e o padrão desadaptativo cíclico

> *Todas as coisas devem ser levadas ao seu grau máximo de simplicidade, sem que se tornem mais simples do que são.*
> — ALBERT EINSTEIN

---

[1] David Malan, psicanalista britânico e pioneiro da terapia dinâmica breve, declarou que uma formulação de caso "se cristaliza" na mente do terapeuta. Ele deixou aqueles que queriam usar seu modelo de tratamento com o desafio de traduzir essa afirmação em um procedimento utilizável.

Nos anos 1970, pesquisas tratando do processo e do desfecho da terapia psicodinâmica começaram a ganhar força. Para delineamentos de pesquisa demandando formulações de casos, os pesquisadores psicodinâmicos avaliaram que a natureza dos modelos de formulação de casos psicanalíticos tradicionais colocava obstáculos enormes já enumerados aqui. A fim de superar tais limitações, várias equipes de pesquisa de tratamentos psicodinamicamente orientados desenvolveram modelos "estruturados" de formulação de casos.

Dois membros do Vanderbilt Center for Psychotherapy Research[2] (Centro Vanderbilt para Pesquisa em Psicoterapia), Thomas E. Schacht e Jeffrey L. Binder, desenvolveram um modelo estruturado de formulação de casos chamado padrão desadaptativo cíclico (CMP, do inglês *cyclical maladaptive pattern*). Esse modelo de formulação foi a ferramenta utilizada para identificar um foco no conteúdo para um modelo de tratamento psicodinâmico/interpessoal breve, a psicoterapia dinâmica limitada no tempo (TLDP, do inglês *time-limited dynamic psychotherapy*; Strupp & Binder, 1984). Esse modelo foi posteriormente desenvolvido por clínicos/pesquisadores (Binder, 2004; Binder & Betan, 2013; Levenson, 1995, 2017). O CMP possui diversas vantagens clínicas e de pesquisa sobre modelos tradicionais de formulação psicanalítica de casos: (1) ele demanda uma quantidade relativamente pequena de conteúdo; (2) conteúdos importantes são, relativamente, de fácil identificação, devido ao número pequeno de categorias de conteúdo padronizadas; (3) a organização do conteúdo em uma narrativa coerente é facilitada por uma sequência predeterminada para as categorias; e (4) identificar conteúdos demanda um nível baixo de inferência. Todas essas características contribuem para a relativa facilidade de se ensinar tal método de formulação, de se obterem resultados relativamente confiáveis e de se operacionalizarem os resultados para análise.

MODELO CONCEITUAL

Se você não sabe para onde está indo, qualquer estrada o levará até lá.
— O GATO DE CHESHIRE em "Alice no País das Maravilhas"

O modelo conceitual para a TLDP é baseado em perspectivas psicanalíticas/relacionais e de apego. Dificuldades psicológicas em adultos têm origem nas tentativas das crianças de se adaptarem às figuras parentais que não estão em harmonia com as necessidades desenvolvimentais de sua prole. Essas adaptações iniciais se tornam "lições de vida" (Hanna Levenson, comunicado pessoal, 2020) reproduzidas ao longo da vida e involuntariamente se tornam um modelo de relação interpessoal, sobretudo com pessoas importantes. Esse modelo interpessoal, que consiste em estratégias disfuncionais de se pensar e manejar emoções, junto de modelos desadaptativos correspondentes de se re-

---

[2] Sob a liderança de Hans H. Strupp.

lacionar, são representados por um modelo estruturado de formulação, o CMP. A estrutura narrativa que caracteriza um CMP descreve as ações humanas embebidas no contexto das trocas interpessoais. Ações incluem aquelas privadas (p. ex., pensamentos, sentimentos, imagens) e aquelas públicas (p. ex., falar, movimentar-se). As ações de uma pessoa são representadas evocando de forma explícita as ações de outras pessoas. Essas trocas complementares, por sua vez, são organizadas em um padrão cíclico psicodinâmico: padrões desadaptativos autorreproduzíveis, inflexíveis e repetitivos, que têm sido fonte recorrente de problemas na vivência, bem como de sofrimento e disfuncionalidade (Strupp & Binder, 1984; Wachtel, 2014).

O CMP, então, fornece ao terapeuta um modelo mental ativo (Peterfreund, 1983) de um padrão central ou proeminente de papéis interpessoais aos quais as pessoas inconscientemente aderem, os papéis complementares nos quais encaixam os outros, e as sequências de interação desadaptativas, as expectativas derrotistas e as autoavaliações negativas resultantes. O paciente é orientado por pressupostos inquestionados sobre o *self* e os outros que, repetidamente, influenciam trocas interpessoais não raro independentes de contexto ou situação. Um pressuposto recorrente sobre os outros é que eles serão tão intolerantes a respeito de certas ações privadas e/ou públicas quanto as pessoas consideradas significativas na infância da paciente foram em sua infância. O CMP também representa como os esforços defensivos da pessoa para evitar respostas negativas antecipadas dos outros paradoxalmente evocam reações que confirmam suas expectativas negativas. As reações dos outros acabam reforçando os esquemas negativos da paciente acerca de seu *self* e dos outros, deixando-a novamente em contato com uma dor interpessoal central. É assim que o padrão interpessoal desadaptativo recorrente se torna um ciclo vicioso.

De modo específico, o CMP articula como o desejo ou a intenção da paciente é contrariada por uma reação negativa antecipada por parte das pessoas significativas; então, na forma de uma profecia autorrealizável, ela é impelida a agir de forma involuntária de maneiras que evoquem reações dos outros que reforçam suas expectativas negativas. Expectativas negativas são assim reforçadas por suas interpretações dos motivos por trás das reações dos outros, que costumam se alinhar com suas expectativas. Ironicamente, as reações negativas dos outros são produzidas por estratégias defensivas inconscientes da pessoa, empregadas para se proteger de reações muito negativas às quais ela é exposta. Tais estratégias defensivas são representadas no CMP pela categoria *ações de autodefesa*.[3] Por fim, as respostas dos outros, como percebidas pela pessoa, servem para reforçar sua autoimagem negativa, bem como para reforçar as maneiras negligentes ou autocríticas/autodepreciativas pelas quais ela trata a si mesma (ver Figura 5.1). As cinco categorias do CMP são enumeradas a seguir:

---

[3] Essa categoria foi acrescentada ao CMP por sugestão de Ephi Betan. Ela reflete uma ideia implícita desde o começo, mas que a autora tornou explícita.

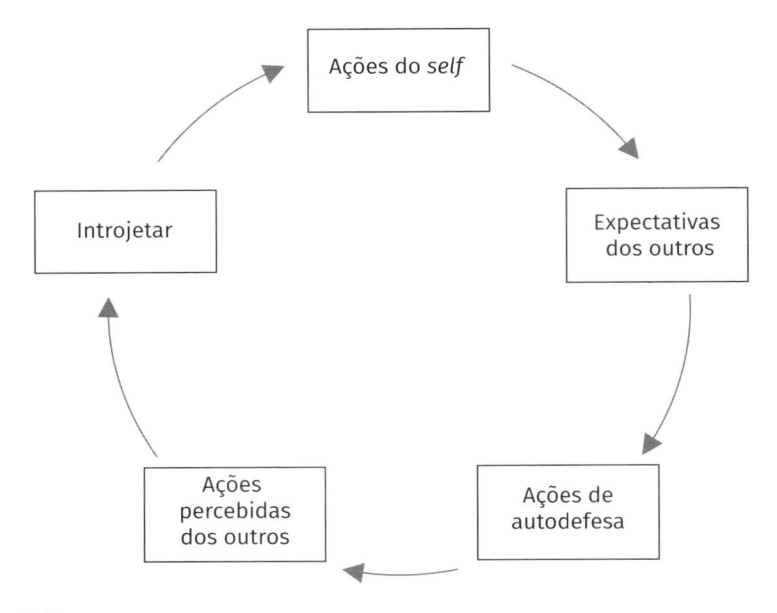

FIGURA 5.1 CMP.

1. *Desejos/aspirações/intenções.*[4] O CMP primeiramente identifica a necessidade ou a vontade interpessoal que a pessoa acha que nunca está preenchida ou que está contrariada em seus relacionamentos. Isso captura a dor central da pessoa associada a desejos e anseios interpessoais não supridos, que contribuem para sentimentos negativos (p. ex., "Eu quero que meus sentimentos sejam reconhecidos. Eu quero que o meu ressentimento seja compreendido.").

2. *Expectativas dos outros.* As expectativas da pessoa sobre experiências interpessoais e/ou emocionais problemáticas atrapalham a satisfação das necessidades e das aspirações de uma pessoa em seus relacionamentos (p. ex., "Meus sentimentos serão ignorados. Se eu expressar minha insatisfação, eu serei ostracizado.").

3. *Ações de autodefesa.* Ao esperarem uma resposta negativa dos outros com base em experiências interpessoais na infância, os indivíduos podem estar preocupados principalmente em protegerem a si mesmos de serem machucados pelos outros e/ou contra a dor da desconexão. Esforços de autodefesa em geral trabalham contra as necessidades e as aspirações interpessoais mais prioritárias da pessoa, porque supostamente suprimem o que foi negado ou proibido pelos cuidadores (p. ex., "Eu vou agir como se não me importasse com o que acontece.").

---

[4] Na Figura 5.1, desejos/aspirações/intenções são representados pelo rótulo "Ações do *self*", mas esse rótulo se refere às mesmas ações mentais.

4. *Ações percebidas dos outros*. Aqui, o interesse é nas lembranças e nos relatos da pessoa acerca das ações e das intenções dos outros, capturando as reais respostas deles, bem como a maneira pela qual ela pode perceber, de modo peculiar, o comportamento deles (p. ex., "Outras pessoas não pedem minha opinião, provavelmente porque elas não se importam com o que eu penso ou sinto.").

5. *Introjetar (Ações do self em relação ao próprio self)*. O autoconceito de uma pessoa tem base nas interações com os outros, e experiências interpessoais desagradáveis aumentam a chance de um indivíduo experimentar sentimentos e adotar uma postura excessivamente negativa em relação a si mesma (p. ex., "Eu não tenho muito a acrescentar. Eu nem vou me incomodar indo à festa.").

Iniciando a construção do CMP

Ao longo dos anos, o CMP se provou uma ferramenta relativamente útil para construir um foco inicial em conteúdo dentre as várias psicoterapias. No entanto, como qualquer ferramenta, o CMP é mais útil em algumas situações do que em outras. Em nossa experiência, independentemente do quão valioso ele se mostre ao longo de um tratamento em especial, raramente conseguimos construir uma versão completa na primeira entrevista – algumas vezes, nem em várias entrevistas. Destacamos a primeira sessão porque, como já apontado, o que transcorre no encontro inicial tem impacto imediato no desenvolvimento (ou não) da aliança terapêutica (Hilsenroth & Cromer, 2007); se uma aliança não começa a ser formada na primeira sessão de tratamento, é mais provável que ocorra um encerramento prematuro por iniciativa do paciente (Fernandez, Salem, Swift, & Ramtahal, 2015; Roos & Werbart, 2013).

Em outros momentos, não fomos capazes de utilizar o formato CMP de forma alguma. Chegamos à conclusão de que, embora modelos de formulação de casos sejam guias úteis ao longo do tratamento, são necessárias, frequentemente, várias sessões para se desenvolver um CMP completo. Nós nos perguntamos se havia um método mais confiável para se aplicar na primeira sessão a fim de gerar conexão com o paciente. No caso de Margot (discutido mais adiante no capítulo), podemos ver que o terapeuta desenvolveu um CMP fragmentado ao longo de diversas sessões. Embora isso possa não ilustrar a formulação de caso mais engenhosa, sustentamos que representa o desenvolvimento típico de uma formulação de casos estruturada.

Nos últimos anos, nossa orientação teórica dinâmica/interpessoal (i.e., "relacional") tem sido influenciada pela perspectiva da narrativa psicanalítica que ganhou destaque por um breve período nas décadas de 1960 e 1970 (Mayman, 1968; Schafer, 1992). Enxergamos os conteúdos centrais da mente como enredos rascunhados que são o resíduo de experiências interpessoais internalizadas desde o nascimento organizadas por temas. Esses enredos sempre envolvem uma interação ou um relacionamento, refletindo o desenvolvimento do cérebro em interação contínua com cuidadores primários (Cozolino, 2010; Siegel, 2010). Como corolário, a "livre associação" representa o anseio humano inato de comunicar uma história pessoal. As histórias contadas por um paciente fornecem pistas para suas dificuldades interpessoais mais comuns e de sua visão peculiar do *self* em relação com o mundo: o *tema interpessoal dominante*. Como veremos, com base em sua narrativa na primeira sessão, para Margot, esse tema parecia ser a *busca por cuidado, aceitação e amor* (Summers & Barber, 2010). No decorrer da terapia, esse tema é elaborado em um *enredo pessoal desadaptativo* relevante – um arco narrativo no drama épico que é a vida do paciente. A estrutura narrativa no centro desse enredo pessoal desadaptativo é o CMP. O processo de construção da história pessoal começa na primeira sessão de tratamento pela identificação do tema interpessoal dominante do paciente. Uma vez que esse tema é escolhido, o terapeuta procura *fragmentos narrativos* representativos com os quais o paciente possa se identificar. Tais fragmentos narrativos são os componentes iniciais para o enredo pessoal que captura o contexto narrativo dos problemas atuais de um paciente. Na primeira sessão de Margot, um possível fragmento narrativo trabalhado com empatia seria: *Seu pai lhe dedicou tão pouco tempo, você ansiava por sua aprovação e se perguntava o que havia de errado com você que o impedia de amá-la.*

Tais fragmentos narrativos devem ser articulados ao máximo, como se a pessoa estivesse falando para si mesma; em outras palavras, como se o que estivesse sendo examinado fosse visto pelos olhos da própria pessoa. O método de articulação desses componentes de uma formulação de caso inicial é parecido com o estilo literário de "discurso livre indireto"; o autor assume uma perspectiva em terceira pessoa junto com a essência do discurso direto em primeira pessoa (Rzepka, 2017). Existem bem poucas proposições introdutórias apresentando os pensamentos das personagens. Esse é um estilo literário utilizado por diversos autores, como Goethe, Austen, Flaubert, Kafka, Joyce, Woolf, Lawrence e Hemingway, e elevado ao caráter de obra-prima por Elmore Leonard, em romances que foram transformados em filmes populares, como *Get Shorty*, *Hombre* e *3:10 to Yuma*, e em séries populares de televisão, como *Justified*. Um exemplo desse estilo literário é o trecho que se segue do romance *Pronto*, de Leonard, em que o personagem principal, Harry Arno, um agente de apostas batendo à porta da velhice, contempla a aposentadoria:

> Logo, logo seus jogadores começariam a ligar perguntando "O que aconteceu com Harry Arno?", e perceberiam que não sabiam nada sobre ele. Ele desapareceria e começaria uma vida nova, uma vida que o aguardava. *Sem mais pressão. Nada de trabalhar para pessoas que não o respeitavam. Talvez beber de vez em quando. Talvez até mesmo fumar à noite, olhando para a baía ao pôr do sol. Com Joyce ao seu lado. Bem, talvez. Não era como se não houvesse nenhuma mulher com quem ele estivesse saindo. Talvez chegar lá primeiro e se ajeitar e, então, caso desse na telha, ligar para ela. Chamá-la para uma visita. Ele estava pronto. Tinha passaportes com dois nomes diferentes, só por garantia. Via uma pista livre adiante. Sem problemas.* (Leonard, 1993)[5]

No contexto da psicoterapia, o terapeuta articula o fragmento narrativo do *enredo pessoal* ao colocar os pensamentos da pessoa mediados por sua voz – a pessoa "fala" por intermédio da voz do terapeuta.

---

[5] Em *itálico*, discurso indireto livre.

Esses fragmentos narrativos são parecidos com a "dor suportada cronicamente", que James Mann identificaria como o foco de sua "psicoterapia limitada no tempo" de 12 sessões (Mann, 1973). Ambas as declarações são feitas para transmitir uma conexão empática com o paciente, e não uma explicação. Já a "dor suportada cronicamente" de Mann pretende capturar o problema central de uma pessoa, o que costuma levar várias sessões para se articular; de forma oposta, um fragmento narrativo identificado na sessão inicial de tratamento consiste apenas na primeira tentativa de se construir um enredo pessoal. Chamamos esse esforço inicial na formulação de casos de *CMP descritivo*.[6]

O *CMP descritivo* se atém aos dados clínicos – o que a pessoa declara e o que conseguimos observar em comportamentos, pistas não verbais, reações emocionais ou falta destas por parte da pessoa. Ao narrar a experiência de alguém, o terapeuta deve se esforçar para contar como a pessoa se sente em palavras que tenham significado emocional para ela e que sejam evocativas. O terapeuta precisa utilizar vocabulário e linguagem vastos quando estiver descrevendo a experiência subjetiva e o mundo interno da pessoa por meio de expressões de "quase experiências" e significativas que transmitam a conexão e a compreensão empáticas do terapeuta. Propomos que objetivos realistas para as primeiras sessões de psicoterapia são (1) identificar um *tema interpessoal dominante* e (2) articular *fragmentos narrativos* de um *enredo pessoal* com o qual a pessoa possa se identificar. Vislumbramos essa atividade como um processo empático e colaborativo que facilita o desenvolvimento rápido de uma aliança terapêutica (Hilsenroth & Cromer, 2007).

Essa conexão empática inicial também serve como o fundamento para construir uma formulação mais detalhada e elaborada, que chamamos de *CMP inferencial*. Essa versão do CMP inclui hipóteses orientadas por teoria sobre as origens dos problemas da pessoa, bem como sobre os fatores que contribuem para sua persistência. Guiado pela teoria, experiências profissionais e pessoais, e diálogos e experiências contínuas com o paciente, o terapeuta faz inferências sobre os relacionamentos primários da pessoa com seus cuidadores e com outros indivíduos importantes, bem como sobre os esquemas relacionais predominantes posteriores, que contribuem para as percepções disfuncionais sobre o próprio *self* e sobre os outros, assim como sobre seus padrões desadaptativos de se relacionar com os outros. O CMP inferencial serve como o cerne de uma imagem elaborada, pouco a pouco, da personalidade peculiar da pessoa, de seu estilo interpessoal e do modo de se relacionar interpessoalmente, das emoções reprimidas, invalidadas e dissociadas, e dos fatores socioculturais relevantes – todas facetas do enredo pessoal. A formulação de caso adquire de maneira progressiva estrutura e detalhes em ritmo que varia de pessoa para pessoa, e de terapeuta para terapeuta, e de díade terapêutica para díade terapêutica. O terapeuta mantém esse processo de formulação de casos em mente como método para manter um foco no conteúdo. Em geral, a formulação de casos estará completa quando a terapia estiver encerrada.

---

[6] Somos gratos a Hanna Levenson, Professora de Psicologia, do Wright Institute, e a Volney Gay, Professor Emérito, da Vanderbilt University, por sua ajuda em articular a distinção entre CMP *descritivo* e *inferencial*.

CONSIDERAÇÕES MULTICULTURAIS

A educação cultural e os fatores sociopolíticos, incluindo discriminação ou opressão, têm profundo impacto sobre o funcionamento psicológico, os padrões de relacionamento e as narrativas pessoais. Além do mais, a psicoterapia se dá em contextos altamente pessoais e culturais, que moldam a compreensão das dificuldades do paciente. Uma conceitualização de casos abrangente incorpora tanto as dinâmicas culturais quanto individuais como dimensões inter-relacionadas da identidade e do funcionamento de uma pessoa. A cultura exerce profunda influência sobre as histórias que construímos acerca de nossos relacionamentos, nossas autorrepresentações e as dinâmicas que alimentam padrões desadaptativos de relacionamento. Desenvolver um CMP com sensibilidade cultural considera o grau em que as expectativas culturais podem explicar a forma como a pessoa se apresenta e sua narrativa interpessoal.

O CMP gira em torno das expectativas sobre a disponibilidade e o apoio do outro e de como a pessoa administra inseguranças a esse respeito. Dinâmicas interpessoais são estabelecidas cedo na vida, no contexto de experiências de apego com cuidadores e sua responsividade e seu gerenciamento de necessidades desenvolvimentais. Estudos transculturais sobre apego têm descrito construções específicas a culturas de cuidado e de vínculo. Existem diferenças culturais em abordagens a dimensões interpessoais de, por exemplo, independência, autossuficiência/autodefinição, exploração, dependência, controle, obediência e harmonia. A disponibilidade dos cuidadores, a expressão emocional (incluindo demonstrações físicas e verbais de afeto) e os estilos de comunicação são todos mediados por meio de valores e pressupostos culturais. Dadas essas diferenças culturais, a definição e a manifestação de um cuidado sensível e responsivo depende dos valores de determinada cultura. Isso, por sua vez, influencia diferentemente as experiências relacionais principais e os padrões e esquemas relacionais emergentes da criança. De um ponto de vista transcultural, o que se considera déficit, intrusão, inconsistência ou ambivalência em experiências de cuidado iniciais, tidos como a raiz de um funcionamento interpessoal inseguro ou desadaptativo, pode ser bem diferente dependendo da cultura (e mesmo esses conceitos podem variar em relevância conforme o contexto cultural).

A narrativa interpessoal de um indivíduo incorpora os valores culturais, as visões e os idiomas específicos sobre o que se acredita ser certo ou possível para as interações e os relacionamentos. Como consequência, as crenças ou os comportamentos de uma pessoa não necessariamente refletirão transtornos psicológicos ou modos desadaptativos de relacionamento. Trabalhar com pacientes de culturas diferentes pode exigir a suspenção de construtos diagnósticos comuns e o foco em explicações culturalmente relevantes de sofrimento (Lewis-Fernández & Díaz, 2002). A conceitualização do CMP já é altamente personalizada. Enquanto tal, a estrutura do CMP é suficientemente flexível para abarcar considerações culturais como parte da narrativa interpessoal da pessoa. O modelo do CMP destaca os componentes estruturais da interação interpessoal, demonstrando as ligações cíclicas entre aquelas ações interpessoais e intrapsíquicas que ocorrem em relacionamentos. No entanto, o conteúdo do CMP de uma pessoa – seus temas interpessoais, dor central, motivações e ações – pertence unicamente a ela. Desse modo, o CMP pode ser compreendido como uma história altamente individualizada que considera vários significados e influências de diversas forças pessoais, sociais e culturais.

A partir dessa perspectiva, encorajamos a consciência da influência poderosa das expectativas culturais e familiares. Por exemplo, um indivíduo pode estar embebido fortemente de seus valores e seus costumes culturais, e elementos que possam parecer expectativas ou comportamentos rígidos podem, na verdade, ser uma realidade cultural. Os padrões de relacionamento de uma pessoa são baseados, em parte, em normas culturais preexistentes. Regras e normas culturais fornecem estrutura e limites para as interações interpessoais. Além do mais, tais regras de relacionamento são atos comunicativos que levam a uma noção de previsibilidade e pertencimento. Como consequência, alinhar-se com as normas culturais preenche a necessidade de afiliação e de identidade das pessoas. Nesse aspecto, é importante considerar, em uma conceitualização de caso e tratamento culturalmente responsivos, o potencial para perda e alienação quando um indivíduo escolhe abandonar ou quando é afastado de suas raízes culturais.

EVIDÊNCIAS A FAVOR DO MÉTODO

A formulação de casos baseada no método CMP foi um componente da TLDP (Strupp & Binder, 1984), desenvolvida especialmente para tratar pacientes "difíceis" (i.e., aqueles com transtornos da personalidade) em um grande projeto de pesquisa mirando a melhoria de habilidades de terapeutas que tratam esse tipo de paciente. O foco estava no impacto do protocolo de treinamento utilizado para melhorar as habilidades dos terapeutas. O método CMP não foi um dos focos dos pesquisadores, e não foram conduzidos estudos empíricos para testar o papel do método CMP no processo e no desfecho da terapia. Pesquisadores clínicos estudaram, posteriormente, o impacto do método CMP de formulação de casos no desenvolvimento de estagiários em psicoterapia. Por exemplo, instrutores clínicos em Israel utilizaram o método CMP de formulação de casos como parte de um programa de treinamento em terapia interpessoal integrativa. Essa abordagem de tratamento enxerga os problemas atuais da vida como consequências de padrões interpessoais desadaptativos que persistiram porque funcionaram bem em situações interpessoais importantes durante o desenvolvimento da personalidade e, portanto, tornaram-se difíceis de serem modificados (Levendosky & Hopwood, 2017).

Alguns estudos olharam para o impacto sobre o processo de terapia do método CMP de formulação de casos. Por exemplo, Scott e Lonborg (1996) estudaram como seus respectivos métodos de formulação de casos influenciaram as condutas de Donald Meichenbaum e Hans Strupp em terapia. Strupp utilizou o método CMP de formulação de casos, que se mostrou associado à sua abordagem técnica de instigar *insight* ao relacionar padrões interpessoais desadaptativos presentes com padrões passados da infância.

À época em que o CMP foi desenvolvido, um método de formulação de casos bastante similar, desenvolvido por Lester Luborsky, já estava em uso (Luborsky, 1977, 1984, 1997).[7] Lester Luborsky, Paul Crits-Christoph e sua equipe de pesquisa estudaram o método *core conflictual relationship theme* (CCRT [tema central de relacionamento conflituoso]) (Luborsky & Crits-Christoph, 1990). Por exemplo, Crits-Christoph, Gibbons, Temes, Elkin e Gallop (2010) descobriram que, na terapia suportivo-expressiva, quando o conteúdo das intervenções do terapeuta era congruente com o CCRT formulado para os pacientes, o desfecho de tratamento tendia a ser positivo.

Outros pesquisadores continuaram a estudar o papel do CCRT em psicoterapia e, de modo mais amplo, na vida mental. Em um estudo utilizando estagiários de clínica conduzindo terapias supervisionadas, o CCRT foi usado para demonstrar que um padrão interpessoal desadaptativo identificado na vida pessoal dos estagiários tendia a se manifestar na forma de contratransferência em suas terapias supervisionadas (Messina et al., 2018). Em outro estudo recente, o método CCRT de formulação de casos foi utilizado eficientemente para guiar a escolha de estratégias terapêuticas técnicas (Leibovich, Nof, Auerbach-Barber, & Zilcha-Mano, 2018). Uma vez que as categorias de conteúdo e a sequência de categoria do CCRT são basicamente o mesmo que o CMP, afirmamos que as descobertas de pesquisa associadas com o método CCRT podem também ser aplicadas ao método de CMP de formulação de casos. O método CCRT foi mais sistematicamente operacionalizado do que o método CMP original. Entretanto, Binder (2004) tentou introduzir mais passos sistemáticos para a construção do CMP, a fim de torná-lo mais permeável a estudos.

PASSO A PASSO DA FORMULAÇÃO DE CASOS

Todas as pessoas são quebra-cabeças até que finalmente encontremos, em alguma palavra ou atitude, a chave para o coração do homem, da mulher; no mesmo instante, todas as suas palavras e atitudes vêm à tona diante de nós.
— RALPH WALDO EMERSON, *"Journals"* (1842)

O objetivo de se desenvolver uma conceitualização de casos é aumentar a consciência da pessoa acerca de um padrão dominante e repetitivo de pensamento disfuncional e do padrão desadaptativo correspondente de relacionamento que contribui para perturbações em sua noção de *self*, em seu humor e em seu estilo de enfrentamento. Inicialmente, as pessoas divulgam muitas informações terríveis ou versões chocantes de sua infelicidade interminável. Para melhorar o entendimento e o número de intervenções

---

[7] Esses métodos foram desenvolvidos antes do uso disseminado de computadores de mesa e antes do desenvolvimento da internet e dos telefones celulares. Sendo assim, a comunicação entre localidades distantes não era nem de perto tão frequente quanto o é hoje em dia. As duas equipes de pesquisa que desenvolveram e utilizaram seus respectivos modelos de formulação de casos não sabiam das atividades umas das outras.

eficientes e eficazes, deve-se prestar uma atenção seletiva a certas informações, a fim de se estabelecer barreiras em torno da área de problema com as quais se possa trabalhar – um *foco* no conteúdo terapêutico. "Para que seja mais que um simples passeio no parque ou uma boa conversa, a psicoterapia precisa da disciplina do foco" (Vaughan, 1997, p. 34). A partir de uma perspectiva relacional, o foco é construído na forma de uma *estrutura narrativa* na qual uma amálgama de dados clínicos é organizada sequencialmente em um padrão previsível de experiências e ações interpessoais. Informações sobre padrões recorrentes de trocas interpessoais são reunidas a partir de um fluxo contínuo de diálogo terapêutico. O terapeuta, então, classifica, interpreta, organiza e reúne esse material bruto sobre as trocas interpessoais em um esboço coerente de um padrão problemático e repetitivo de troca interpessoal, usando o formato do CMP. Essa estrutura narrativa é o fundamento do *enredo pessoal* da pessoa. O enredo pessoal exerce influência predominante sobre o desenvolvimento da personalidade da pessoa, bem como sobre a qualidade e a direção de sua vida. Ele contribui instrumentalmente para explicar seus sintomas desconfortáveis, seus prejuízos de funcionamento e problemas interpessoais.

O CMP é desenvolvido a partir das histórias contadas pela pessoa sobre os problemas que a levaram à terapia. O primeiro passo no desenvolvimento de um CMP é se furtar por um tempo de fazê-lo, escutando a pessoa contar sua história com suas próprias palavras, em seu próprio tempo e com sua estrutura peculiar. A postura de escuta do terapeuta permite a avaliação inicial da capacidade espontânea da pessoa de acessar sua vida interior, de organizar sua história de vida e de determinar o conteúdo significativo de suas histórias. Em seu notável texto sobre a avaliação psicoterápica e planejamento de tratamento iniciais, Peebles (2012) cita o grande detetive ficcional Gamache, a quem perguntam, em um de seus casos, como ele os resolve. Gamache responde que, além de coletar evidências, "Nós escutamos... escutamos bastante... simplesmente escutamos".[8] Esse "escutar bastante", é claro, deve ser balanceado com perguntas evocadas pela curiosidade em relação aos detalhes.

O terapeuta escuta desejos, intenções, necessidades, expectativas e medos que se repetem nas descrições da pessoa acerca de suas interações e seus relacionamentos. O terapeuta busca identificar um tema recorrente que perpasse ao longo de suas preocupações, queixas, crenças, reações emocionais e maneiras de interação do paciente com outras pessoas. Esse tema significativo é o miolo de um enredo pessoal, que será o núcleo da formulação de caso. Esse enredo será desenvolvido pela associação, a partir de histórias contadas pela paciente, de fragmentos narrativos que possam ser reunidos em uma história pessoal coerente moldada por um CMP. O terapeuta identifica cenas críticas, "personagens" e cenários recorrentes, estados emocionais significativos e preocupações centrais. Somado a isso, o profissional deriva dados clínicos relevantes a partir do conteúdo manifesto de fantasias, sonhos e memórias, e de suas associações. Tais fontes de informação são especialmente úteis quando informações relevantes da

---

[8]   *A Fatal Grace*, de Louise Penny (2006, p. 90).

narrativa corrente da pessoa diminuem. Todas essas fontes de dados clínicos englobam o *conteúdo* da investigação terapêutica; isto é, do que se está falando – a compreensão literal do assunto.

Recorrentemente, o *processo* terapêutico – a direção em que caminha o relacionamento conversacional – é a fonte primária para detectar a presença de um padrão transacional desadaptativo. O terapeuta torna-se consciente de um padrão de interação significativo caracterizando seu relacionamento com a pessoa.[9] Algumas vezes, conteúdo e processo se fundem, como quando o terapeuta detecta primeiro uma representação de transferência-contratransferência por meio de "alusões disfarçadas" na relação terapêutica referentes ao conteúdo da conversação da pessoa (Strupp & Binder, 1984). Deve-se notar que, para a maioria dos pacientes, seus enredos pessoais são mais prontamente identificados em relatos verbais de relacionamentos externos. Mesmo quando facetas de um enredo pessoal são manifestadas em representações de transferência-contratransferência, relatos de relacionamentos externos fornecem, na maioria das vezes, um contexto narrativo mais completo (Peebles, 2012). Por fim, o terapeuta organiza todos esses tipos diferentes de informação em um enredo pessoal cada vez mais elaborado e detalhado, como se montasse um quebra-cabeça.

Quando estiver escutando a narrativa da paciente, o terapeuta deve imaginar cenas específicas com o máximo de detalhes que puder. Para se visualizar a narrativa, é necessário buscar os tipos de especificidade coletados a partir de exemplos concretos de trocas entre personagens na história. As histórias do paciente devem ser examinadas com detalhamento exaustivo. Deve-se presumir o mínimo possível. O detetive ficcional de homicídios, Columbo, do programa de televisão de mesmo nome, era particularmente afeito a identificar falhas, imprecisões e inconsistências na dinâmica das narrativas de um suspeito. Ele se apegava a essas irregularidades narrativas e as questionava em vez de permitir que passassem despercebidas. O terapeuta que conseguir visualizar a história com vívidos detalhes à medida que ela se desenrola terá mais chances de julgar quais aspectos são especialmente importantes para a pessoa.

Um desafio constante para o terapeuta é selecionar quais dados clínicos são relevantes para seu foco terapêutico. Ele procura temas relevantes que reflitam enredos pessoais. A relevância pode ser representada por dados clínicos que se destaquem, como figuras, e, funcionalmente, por aquilo que exerça influência preponderante sobre a maneira de a pessoa lidar com a vida. O terapeuta também procura por frequências e/ou intensidades altas ou baixas de uma ação ou experiência, o que pode muitas vezes refletir rigidez ou preocupação com tópicos específicos. Indicadores contextuais de relevância incluem mudanças no trabalho e promoções, problemas de saúde, mudanças na vida familiar, perdas e assim por diante. A relevância também pode ser indicada tanto pelo que é omitido do comportamento e/ou experiência da pessoa quanto pelo que é, invariavelmente, incluído. Já áreas importantes de dificuldade não serão discutidas se

---

[9] Em outras palavras, uma representação do tipo transferência-contratransferência.

respostas médias esperadas forem omitidas do repertório da pessoa (p. ex., ausência de luto após a morte de uma pessoa amada).

As capacidades mentais mais importantes de um terapeuta para construir uma formulação de caso são a *curiosidade* e o *bom senso*. A curiosidade foca na atenção dada pelo terapeuta ao que a pessoa fala, bem como à maneira pela qual ela passa informações e revela suas peculiaridades nos relacionamentos com os outros. Diante de qualquer sombra de imprecisão, ambiguidade ou inconsistência no discurso da pessoa, o terapeuta curioso indaga sobre detalhes precisos, significados, implicações e sobre as inconsistências que percebeu. O terapeuta aplica seu bom senso quando avalia o grau de adequação entre as maneiras pelas quais a pessoa interpreta o mundo e leva sua vida e o que ele, representando um consenso hipotético de pessoas razoáveis, consideraria razoável e esperado dadas as circunstâncias. Essa mentalidade é especialmente útil aos terapeutas iniciantes que não têm muita experiência profissional nem referências de base com boa integração teórica, mas que enxergam de forma constante similaridades relevantes entre as circunstâncias da paciente e suas próprias experiências passadas.

Transformar informações sobre o sofrimento subjetivo de um indivíduo e seu funcionamento comprometido em uma formulação sobre uma área-problema delimitada exige esforço colaborativo entre terapeuta e paciente. Um terapeuta encoraja seus pacientes a falarem sobre si mesmos e sobre suas vidas. O terapeuta escuta e provavelmente responde com perguntas, observações, comentários e procura refletir, com maior clareza e elaboração, sobre a história pessoal que está sendo contada e suas possíveis implicações. O terapeuta também encoraja seus pacientes a corrigirem e revisarem o conteúdo de quaisquer intervenções realizadas por ele.

A fim de gerar dados clínicos que possam ser utilizados para construir um CMP, a paciente é encorajada a descrever suas interações com outras pessoas. Se ela tende a enfocar ações discretas, sintomas ou experiências intrapsíquicas (p. ex., emoções, fantasias), ela é então encorajada a descrever os contextos interpessoais nos quais esses fenômenos ocorreram. Existem quatro grupos padronizados de perguntas que muitas vezes podem ser utilizados para gerar conteúdos que esclareçam as cinco categorias do CMP descritivo:

1. *Ações do self*: Quais são os desejos e as intenções da paciente no que diz respeito aos outros? Como ela se comporta em relação aos outros? Qual a natureza de seus sentimentos acerca dos outros?
2. *Expectativas dos outros*: O que a paciente considera ou espera que serão as ações, as intenções e os sentimentos dos outros em relação a ela própria?
3. *Ações de autoproteção*: Quais estratégias interpessoais desadaptativas a paciente utiliza para evitar as reações negativas que antecipa que os outros terão?[10]

---

[10] Ações de autoproteção tendem a ser identificadas no processo de desenvolvimento do CMP inferencial, uma vez que o terapeuta está construindo uma imagem mental mais detalhada dos problemas intrapsíquicos e do estilo interpessoal correspondente da pessoa.

4. *Ações percebidas dos outros*: Como a paciente percebe e interpreta as ações e as intenções dos outros? Quais são as reações da pessoa?
5. *Introjeção (autoimagem e trato pessoal)*: Como experiências das interações e dos relacionamentos com os outros influenciam a maneira pela qual a paciente enxerga e trata a si mesma?

PLANEJAMENTO E PRÁTICA DO TRATAMENTO

Uma característica essencial do CMP de uma paciente é sua rigidez, marcada por um padrão profético interpessoal autorrealizável de esperar, evocar involuntariamente e, então, reagir às respostas negativas dos outros. O tratamento, portanto, envolve aumentar sua consciência das maneiras pelas quais ela está se relacionando consigo mesma e com os outros. O objetivo é criar possibilidades de se relacionar de modo mais satisfatório e emocionalmente significativo a partir do aumento de *insight*, por meio do esclarecimento proporcionado por uma compreensão detalhada de seu próprio CMP, e pela criação de oportunidades de experiências interpessoais corretivas em relacionamentos significativos e na relação terapêutica.

A formulação de casos é um mapa conceitual do contexto problemático que fornece direção inicial e orientação continuada para o tratamento. Sem uma formulação, os terapeutas estariam à deriva, o que diminuiria a eficiência e a eficácia potenciais de seu trabalho. No entanto, ela não é um conhecimento acabado dos problemas da paciente; ela é um guia heurístico de investigação para organizar dados clínicos que, do contrário, pareceriam descontínuos e sem relação uns com os outros. A formulação de casos é sempre parcial e preliminar e, portanto, está sujeita ao escrutínio e à revisão constantes, conforme necessidade. Um terapeuta age com sabedoria quando adota uma postura experimental em relação ao CMP, pois as vidas das pessoas são complexas e multifacetadas. Terapeutas não devem esperar alcançar uma compreensão exaustiva ou final dos pacientes, independentemente da duração da terapia (Strupp & Binder, 1984).

O processo de compreender os problemas das pacientes se sobrepõe aos esforços para resolver tais problemas. Atividades de diagnóstico e intervenção devem sempre ocorrer de forma simultânea. Parafraseando Donald Schön (1983), um cientista social que estudou o desempenho de profissionais em domínios distintos de conhecimento: *a situação-problema é modificada enquanto é compreendida, e é compreendida enquanto é modificada*. Por exemplo, destacar a inconsistência e a ilogicidade de componentes em um padrão de pensamento e comportamento previamente inquestionados pode eliciar informações diagnósticas úteis e, ao mesmo tempo, instigar autorreflexões e autoquestionamentos terapêuticos.

Ao escolher um caminho de conteúdo para explorar, o terapeuta comumente se depara com vários caminhos possíveis e com a necessidade de escolher aquele que lhe pareça oferecer a rota mais produtiva pela qual se compreenderá a dificuldade recorrente da pessoa. Escolher o conteúdo do CMP envolve julgamento clínico, que pode ser auxiliado pelos seguintes critérios:

1. O tema narrativo representado por um CMP fornece uma explicação plausível e significativa dos sintomas da paciente dos problemas de vida associados.
2. Os componentes do padrão se repetem, frequente e comumente, com intensidade emocional notável.
3. O padrão faz parte do que parece ser um estilo disfuncional predominante que contribui para dificuldades interpessoais e faz a paciente se sentir ansiosa, deprimida e irrealizada.
4. O padrão interpessoal representa uma faceta plausível, significativa e heuristicamente útil da história de vida da paciente.

Segundo nossa visão da natureza e do papel da formulação de casos em psicoterapia, ela não é apresentada à pessoa como um produto acabado. Inicialmente, elementos identificados na formulação são apresentados à paciente na forma de fragmentos de uma história incompleta que demanda elaboração, ou na forma de uma pergunta sobre alguma inconsistência narrativa ou contradição que estimula a curiosidade tanto do terapeuta quanto da paciente. Embora o terapeuta possa ter hipóteses acerca de uma versão elaborada do enredo pessoal e do CMP da pessoa, à medida que o tratamento progride, ambos se mostram constantemente passíveis de revisões de suas suposições iniciais, bem como a dados inesperados que modificam a compleição da história. Os julgamentos do terapeuta e da paciente sobre avanços clínicos são as principais medidas de progresso terapêutico e avaliações indiretas da validade da formulação de caso em desenvolvimento. Contudo, ferramentas empíricas para avaliar o progresso clínico, como o *Outcome Questionnaire 45* (OQ-45; Lambert, 2010), podem fornecer uma segunda opinião valiosa sobre avanços clínicos e, por conseguinte, sobre a utilidade da formulação de caso.

EXEMPLO DE CASO

Introdução e apresentação dos problemas

Margot, uma mulher heterossexual, branca, casada, de 28 anos, apresentou-se para tratamento com dúvidas dolorosas e paralisantes sobre si mesma e com dificuldade de estabilizar sua carreira. Ela começou a terapia com um profissional experiente, que realizava atendimentos particulares. Ele havia sido treinado em TLDP como parte do projeto de pesquisa "Vanderbilt II" (Strupp, 1993). Os dois se encontraram por 25 sessões, e ambos participaram dos protocolos de pesquisa. No começo da terapia, Margot relatou sintomas de depressão: sentindo-se cada vez mais triste, indigna, desinteressada, desmotivada e, no geral, letárgica. Ela estava chorosa e descrevia uma sensação de decepção consigo mesma, bem como uma expectativa de ser criticada e rejeitada pelos outros. Ela falou de si como uma pessoa preguiçosa, criticando-se por não encontrar um emprego após ter se mudado (já completava um ano). Ela era sensível em relação ao modo que os outros se relacionavam com ela, indicando que ela facilmente percebia indícios os quais considerava como rejeição. Ela também se descreveu como uma pessoa atenciosa, que concordava imediatamente com o que os outros diziam sem considerar o que ela mesma pensava. Sua autoconsciência e seu caráter atencioso, porém, eram acompanhados por uma sensação de superioridade em relação à própria inteligência e capacidades, o que ficava aparente por declarações sobre seu desempenho escolar e sobre como "nada era tão difícil". Além do mais, ela falou sobre ter padrões elevados para os outros e que costumava se sentir decepcionada, sobretudo por figuras de autoridade.

Margot chorava facilmente no início da terapia e indicava que não era capaz de segurar seu choro. Todavia, a paciente falava com uma voz controlada, que passava um ar um tanto quanto intelectualizado, analítico. Claramente, ela era inteligentíssima e muitíssimo articulada verbalmente. Ela tendia a rir bastante e contava ao terapeuta histórias, ou fazia observações, de maneira um tanto quanto sedutora. Ela estava preocupada em ter progresso no tratamento, dizendo que ela gostaria de ser "consertada" de imediato. Ao mesmo tempo, quando compartilhava seus sentimentos ou seus pensamentos, ela tendia a validar ou a normalizar seus sentimentos – assim como o terapeuta faria, caso ela já não o tivesse feito. Ela expressou incerteza quanto ao pretenso caráter "indulgente" desnecessário da terapia e reclamou levemente que o terapeuta não estava fazendo o suficiente ou entendendo a coisa de forma correta.

Identificando os temas interpessoais dominantes de Margot

Como já destacado, a conceitualização de casos da TLDP começa com a identificação de temas interpessoais dominantes. Ouvimos e procuramos temas interpessoais à medida que a paciente descreve outras pessoas importantes em sua vida e elenca histórias de suas interações interpessoais. Na Sessão 1, Margot disse que, quando criança, conviveu com um pai, aos seus olhos, exigente, que esperava grandes conquistas e perfeição de sua filha. Ela observou que poderia se esforçar por ele em suas tarefas de casa e suas apresentações musicais:

> "Meu pai viajava a trabalho, então ele ficava fora por muito tempo, uma vez ficou oito meses fora. Parando agora para pensar, era difícil restabelecer um relacionamento todas às vezes que ele vinha para casa. Eu acho que foi difícil para suprir suas expectativas (*chorosa*) porque nós não nos conectávamos tão bem. Eu provavelmente sentia que estava me esforçando por ele. Acho que era assim que ele tentava mostrar que se importava comigo, orgulhando-se de minhas conquistas. E eu acho que o que eu gostaria é que ele me amasse, independentemente de eu alcançar um grande feito ou não."

O pai de Margot era relativamente ausente, mas ele a marcou de maneira profunda. Margot lembrou-se de que aprendera a antecipar o que seu pai queria, e que sentia que ele não a conhecia de verdade, nem a via como ela era. Margot parou de falar com seu pai dois anos antes do tratamento, aparentemente frustrada por ele não considerar suas necessidades e seus sentimentos, como se ele simplesmente considerasse que ela iria acolhê-lo.

Margot descreveu um relacionamento com sua mãe, que foi ficando cada vez mais próximo após divórcio de seus pais. Ela disse que idealizava sua mãe, mas logo ficaria claro que também era crítica a seu respeito. Além do mais, ela disse que sua mãe era crítica e insensível. Margot parecia pouquíssimo consciente dessa contradição e de sua ambivalência, talvez outro exemplo de seus esforços para agradar os outros enquanto suprimia a consciência de sua própria experiência.

Sua história sobre o relacionamento com seu marido era comparativamente insossa, mas também refletia como ela parecia desconsiderar sua decepção e sua ambivalência em favor de preservar algo parecido com um relacionamento. Havia uma impressão de distanciamento emocional em sua descrição de seu casamento. No mesmo sentido, ela falou casualmente sobre a possibilidade de deixar seu marido, enquanto também indicava que eles eram compatíveis e tinham um bom casamento. Ela ainda relatou que era "frígida", referindo-se ao baixo interesse em intimidade sexual com seu marido, e ele parecia ter aceitado isso.

> "Recentemente, eu realmente pensei mais do que nunca em deixá-lo. Por anos e anos a fio, meu marido não quis ter filhos de forma alguma. Ao longo dos anos, pensei, se eu simplesmente esperasse – se é realmente importante para mim, provavelmente ele passará a querer a mesma coisa."

Na Sessão 2, a experiência de Margot com figuras de autoridade emergiu quando ela disse ao terapeuta que estava com raiva dele por não compreender seu nível de sofrimento:

> "De início eu estava com raiva de você e, então, tentei entender qual o motivo da minha raiva. Mas eu não tenho uma boa razão. Eu tenho esses padrões incrivelmente irreais para as figuras de autoridade – chefes, instrutores. Acho que o coloquei nessa categoria também. Repetidamente, sabe, essas pessoas em minha vida falharam em atingir meus padrões, que elas nem sequer conhecem. Eu me irrito, e isso é uma loucura."

Essas histórias contribuíram para a compreensão gradual de uma narrativa interpessoal significativa. A sintonia de Margot com seu pai se tornou um modelo para seu relacionamento com os outros e para o que ela desejava dos outros. Margot indicou que com frequência se sentia irritada com figuras de autoridade que frustravam suas expectativas. Ela também falou de dificuldades em assumir autoridade, pois se preocupava com a maneira pela qual seria vista pelos outros. Associar sua frustração com figuras de autoridade a seu terapeuta apontou para a hipótese de que a paciente era sensível ao sentimento de não estar sendo levada a sério ou cuidada o suficiente por ele.

É importante reconhecer a dualidade da narrativa interpessoal da paciente. Por mais que insistisse que tinha dificuldades com autoridade e não conseguia expressar sua raiva ou suas necessidades, não podemos ignorar que ela começou a segunda sessão declarando que estava com raiva do terapeuta. Parece que ela se identificou psicologicamente com a figura de autoridade e afirmou suas expectativas e suas demandas como uma figura de autoridade faria. Ao mesmo tempo, é possível que ela estivesse tentando agradar ao terapeuta ao antecipar e satisfazer seu interesse na transferência. Ela estava se esforçando para não ignorar seus sentimentos mais negativos, mas isso pode ter sido um esforço para ser uma boa paciente/menina. Os temas interpessoais dominantes enfocaram a autoridade, as expectativas, o criticismo, a aceitação e a disponibilidade.

CMP de Margot

Desejos/aspirações em relacionamentos

Margot descreveu seu desejo de ser amada e reconhecida independentemente de suas habilidades e suas conquistas.

Expectativas dos outros

Margot indicou que ela se antecipava à crítica e à rejeição que viriam caso ela não tivesse um bom desempenho.

Ações de autoproteção

Com uma tendência de intelectualização, Margot tendia a evitar compartilhar suas emoções e suas necessidades com os outros. Em vez disso, ela buscava a perfeição e desejava agradar aos outros, antecipando o que queriam dela. Ela se mostrou confiante e propensa a criticar os outros nos momentos em que estava menos familiarizada com sua própria sensação de insegurança.

Ações dos outros

Margot, recorrentemente, descrevia os outros – figuras de autoridade em especial – como pessoas que se furtavam a reconhecê-la de alguma forma (professores não pediam sua ajuda, o terapeuta não a compreendia). Uma vez que Margot provavelmente se mostrava autossuficiente, dados seus esforços para ser bem-sucedida, os outros tendiam a não perceber sua necessidade de reafirmação e sua sensibilidade à crítica ou à rejeição.

Ações do self *direcionadas ao próprio* self

Sem o reconhecimento de seus próprios desejos e suas necessidades e sentindo falta de elogios que alimentariam seu valor próprio, Margot estava vulnerável ao sentimento de inadequação e de vazio, e lutava contra o medo de ser vista como uma fraude. Ela também tendia a se irritar consigo mesma e com os outros.

Conceitualização ao longo do tratamento

Na Sessão 3, Margot continuou a expor temas de autoridade, de desconexão e de criticismo relacionados a seus pais. Ela pintava a imagem de sua mãe como uma pessoa hipercrítica e, por sua vez, Margot via a si mesma como hipersensível. Seu pai era emotivo e dramático; ele, aparentemente, demonstrava sentimentos intensos que "davam vida à sua percepção". Margot sentia que estava muitas vezes na posição de ter de falar com seu pai para se acalmar. O terapeuta destacou que a paciente estava "trabalhando nos problemas de seu pai (de sentir intensamente) e de sua mãe (de ser crítica), e que essas coisas estão realmente a massacrando". A resposta do *follow-up* de Margot ecoou a noção do terapeuta de identificações divididas, já que ela falava da necessidade de integrar "duas partes bem diferentes de mim mesma". Isso aprofundou a conceitualização de caso de modo a incluir tanto a autoimagem vulnerável da paciente associada a se sentir machucada e rejeitada quanto seu modo de ser crítica e de invalidar os outros; essa maneira de se relacionar involuntariamente contradizia seu desejo central de ser próxima dos outros e conhecida por eles.

Na Sessão 4, Margot relatou que ela estava considerando fazer a prova para a faculdade, mas temia não ser aceita ou que procrastinaria. Ela compartilhou que já frequentara uma universidade particular altamente prestigiada, mas ela a abandonou porque nem sempre recebia notas altas. O terapeuta desafiou seu perfeccionismo: "Então você tem essa visão de si mesma, de que você não é, nem de perto, boa o suficiente e que você precisa estar à frente de todos. Como você vai conciliar essas duas coisas?". O terapeuta estava ajudando a paciente a explorar como ela se apegava a desejos de perfeição, a fim de manter sua conexão com seu pai.

Na Sessão 5, Margot compartilhou que sentia ciúmes da amiga de sua mãe, uma pista de seu anseio subjacente pela atenção da mãe. Ela também falou do sentimento de constrangimento sobre como sua mãe interagia com os outros. O terapeuta aproveitou essa situação para encorajar o desenvolvimento da paciente em direção a um modo de se relacionar mais maduro, que ele definiu em termos de permitir que seus parentes tivessem suas próprias vidas. Assim, ela poderia ter sua própria vida sem a pressão de ser perfeita por seus pais. Desse modo, a conceitualização foi posteriormente aprofundada por uma compreensão de como o perfeccionismo de Margot alimentava sua conexão internalizada com seus pais, mas comprometia sua capacidade de relacionamento mútuo.

A Sessão 6 evidenciou um padrão que revela a dificuldade de Margot em agradar o terapeuta, na condição de figura de autoridade, fato que a deixou profundamente irritada com ele por causa da sua falta de progresso. Ao fim da sessão, ela anunciou que abandonaria o tratamento, mas retornou na próxima sessão. Margot contou um sonho em que era uma garotinha na sala de aula, sem mesa para ela, pois ninguém pagou sua mensalidade. Ela interpretou: "Eu estou perambulando pela sala, tentando agradar figuras de autoridade. Por um lado, não estar disposta a dar às figuras de autoridade o que elas querem [i.e., a mensalidade], mas, por outro, esperar algum reconhecimento especial por parte delas". Eles discutiram os esforços da paciente para agradar o terapeuta e, em seguida, seu sentimento de raiva em relação a ele. Margot rapidamente assumiu a responsabilidade. O terapeuta a encorajou:

TERAPEUTA (T): Vejamos se conseguimos falar sobre nós dois sem te colocarmos para baixo.

MARGOT (M): (*lágrimas*) Ou eu deveria estar trabalhando e ocupando meu tempo, ou eu não deveria estar aqui.

T: Mas é isso que você está fazendo agora, não? Lidando com o problema de me deixar confortável e te deixar desconfortável. Não é sobre isso? E se realmente progredíssemos nisso?

M: (*suspiro*) Sim. (*suspiro*) Eu acho que faço uma coisa ou outra – ou eu rejeito a outra pessoa e me coloco como superior. Ou eu sou a inferior. É tão mais fácil ser superior. A única forma que conheço de conviver é sendo a boa menina. Eu não quero fazer nada além disso. Eu não gosto disso. Acabei rejeitando as pessoas, fui incapaz de aprender com elas. Tenho tantos padrões, e as pessoas não conseguem alcançá-los.

Aqui, Margot articulou suas maneiras de proteger a si mesma contra as experiências aterradoras de vazio e autocrítica quando ela não conseguia afirmação e atenção. Ela vacilava entre ser "a boa menina" e se irritar e se mostrar superior. O terapeuta a convidou para experimentar sua raiva com ele ("Ei, ficar com raiva de mim é o primeiro passo para se livrar disso") e descobriu que Margot nunca tivera uma "batalha de autoridade" com seus pais.

Na Sessão 7, Margot expressou ambivalência sobre estar em terapia ("Certamente eu não preciso ir hoje"), indicando que ela estava "perdendo tempo" e que queria ser "consertada". Depois de alguma discussão, Margot relatou que uma amiga lhe disse: "Você não tem sido você mesma ultimamente. Você não está tão confiável. Você está rabugenta". Margot explicou: "Quando ela me encontrou, eu não estava na melhor das condições. Quando estamos deprimidos, parece que ficamos um pouco mais agradáveis, sem oferecer resistência. Talvez nós precisemos renegociar quem eu sou e nossa amizade". Os ecos da transferência foram posteriormente confirmados quando Margot mencionou que seu progresso na terapia era um tanto quanto raso, visto que ela começou muito deprimida por ter esperado demais para começar a terapia. Mais tarde, a paciente se abriu sobre sua experiência com seu pai, uma pessoa muito fechada em si mesma:

> "Se você o procurar em um momento de crise precisando ser acudida, isso funciona. Mas se sua condição for menos do que crítica, ele terá outras seis pessoas na fila em estado crítico para acudir. Então você tem de escutá-lo falar sobre todas as pessoas que ele salvará ou se colocar em uma posição vulnerável para que ele possa tentar te acudir."

Durante essa discussão, tanto Margot quanto seu terapeuta pareciam intelectualizados e emocionalmente distantes. Mesmo quando Margot compartilhou sua decepção sobre seu relacionamento com seu pai, o terapeuta não notou o anseio subjacente pela aceitação de seu pai. Em vez disso, ele focou na ideia de que o pai da paciente era infantil e precisava da afirmação de Margot:

> "Estamos olhando para uma criança formando seu ego, ele realmente precisa formar seu ego. Eu espero que você enxergue seu pai como uma criança. Você quer que ele seja um homem. Você está dizendo: 'Seja homem. Eu vou brigar com você até você virar homem', e ele não está. Ele é um garotinho. Ele nem sequer sabe, ele nem tem consciência do que está fazendo. Eu acho que isso vai ajudar com o conflito que você sente. Dê a ele o que ele está pedindo."

O terapeuta foi guiado por uma parte da conceitualização de caso que destaca o quanto Margot se definiu com base em seu relacionamento com seu pai. Ele estava falando de uma perspectiva definida pela fase desenvolvimental de separação – individuação e tentativa de apoiar a paciente ao encorajá-la a se portar como uma adulta, que poderia aceitar a realidade das limitações de seu pai. O terapeuta estava trabalhando com os temas de autoridade e poder, mas não percebeu que poderia, na verdade, estar atuando no papel, dentro do CMP da paciente, de um outro indivíduo significativo desconectado e exigente.

A Sessão 8 trouxe à tona a boa menina/paciente. Margot ligou para o seu pai por sugestão do terapeuta, e seu pai pareceu fechado em si mesmo, como ela antecipara. O terapeuta reconheceu sua perda – "Sim, mas você ainda não tem um pai". Margot respondeu que ela, na verdade, tinha um pai, mas que: "Eu desperto o pior nele. Não é que ele não se importe comigo, mas ele quer que eu diga o que eu gostaria que ele soubesse. Ele não pergunta. É como se eu tivesse encarregada do relacionamento". Margot introduziu um novo ponto de vista sobre o tema de autoridade e poder. Sua sensação de estar "encarregada" era incômoda. Havia um profundo sentimento de solidão e abandono que alimentava o perfeccionismo, o desapego e, às vezes, a arrogância de Margot. Ela disse a respeito de seu pai: "Bem, eu percebo que não posso ter um relacionamento com meu pai – mas ainda permanece um sentimento de vazio. Eu só tenho que lembrar que eu não sou uma pessoa importante". O terapeuta, então, procurou desafiar a ideia de Margot de que ela não era importante, retornando à ideia de que ela tinha muito valor e poder para afirmar seu pai, que parecia estar "tentando tanto ser um bom garotinho".

Margot, por sua vez, iniciou a Sessão 9 como a "boa menina" que deu certo na terapia – "Eu me sinto tão bem ultimamente que eu não tenho nada do que reclamar". O terapeuta elogiou todo o trabalho duro que a paciente fez na terapia e afirmou seu progresso.

Entretanto, a Sessão 10 começou a destacar as falhas na conceitualização de caso que ainda não explicavam completamente o terror da paciente em relação à intimidade. Margot relatou que acreditava que havia "seduzido" o terapeuta para "fazê-lo pensar que ele era o melhor terapeuta do mundo e que fizera isso ao realmente prestar atenção no que ele dizia. E eu achava que você não havia percebido". Em uma reação aparente a seu elogio, ela pediu ao terapeuta que fosse "mais firme", confrontando-a de modo mais ativo.

Margot estava tendo dificuldades com o poder que tinha – um poder de ser bem-sucedida e agradar seu pai e sua mãe, um poder que pouco havia adiantado para preencher o vazio que ela experimentava em sua noção de *self*. Ao se desempenhar e exibir seus talentos, ela havia dado conta das necessidades dos outros, em um esforço de preservar seus únicos vínculos, mas ela constantemente sentia a perda de não ter alguém para cuidar dela. Ela tinha o poder de fazer as pessoas a notarem e elogiarem, mas, então, ela sentia como se tivesse manipulado ou seduzido os outros para que acreditassem que ela era digna. Sua sensação de vazio e desvalor era perturbada se ela recebesse elogio ou rejeição, pois ela não podia acreditar em quem ela era ou no que possuía. Ela estava pedindo ao terapeuta para estabelecer limites por ela, que fosse uma autoridade, pois, do contrário, ela se sentiria despojada, à deriva, sozinha no mundo. Essa reação foi abalada após ela ter encarado a própria decepção com seu pai. Ela queria que seu pai estivesse disponível para ela; ela queria ser importante independentemente de suas conquistas. As intervenções do terapeuta essencialmente comunicaram "cresça", e a paciente tentou fazê-lo – ela falou ao seu pai do jeito que seu terapeuta orientou, ela começou um emprego e ficou saudável. Ela estava muito melhor, com nada a reclamar. E, então, quando o terapeuta elogiou seu trabalho árduo e seu sucesso na terapia, ela achou que havia o seduzido e o considerou um fraco; ela havia pegado para si a autoridade que tão desesperadamente desejara que ele assumisse. Ela desabou a chorar quando o terapeuta indicou que ele não podia assumir tal autoridade, mas que estava disposto a ser seu parceiro, seu igual. Ele comunicou efetivamente que ela não podia voltar no tempo e redefinir seus cuidadores. Sobrou-lhe sua perda e sua decepção.

Na Sessão 11, Margot anunciou sua intenção de encerrar o tratamento, mas ela retornou na semana seguinte, percebendo que não se sentia aliviada pela perspectiva de encerramento. Ela, então, protestou perante o que via como "artificialidade" da relação terapêutica. Ela queria mais de seu terapeuta; ela queria ser "especial, a mais incrível". Ela lembrou que, na escola, desejava que seu professor contasse com sua ajuda, enquanto se sentia "humilhada" por desejar ser notada.

Na Sessão 12, Margot parecia derrotada, lentificada e tinha a voz branda, dizendo na sessão: "Eu não sei se você concorda com isso, mas eu não acho que temos nos comunicado bem ultimamente. Não sei exatamente o porquê". Ela, então, falou de seu medo diante do quanto queria a atenção do terapeuta. Ela revelou que tentava entregar ao terapeuta o que ele queria:

> "Entregar às pessoas o que elas querem para que você possa manipulá-las a te recompensarem. Eu não quero precisar de alguém para me dar atenção. É surreal o quanto o comprometimento de um terapeuta para com a paciente é limitado.

A coisa é bem mais importante para mim do que para você. Isso faz com que eu sinta que estou me arriscando demais, sozinha."

Ele relacionou o medo de Margot de precisar dele à sua raiva que ela também sentia a seu respeito, isso com base em sua leitura das ações da paciente de autoproteção para evitar ser desconsiderada.

Na sessão seguinte, Margot tornou a falar sobre "dependência, a vontade de ser dependente de outras pessoas e não querer depender de mais ninguém".

MARGOT (M): Sinto que estou na posição da pessoa infantilizada em um relacionamento, e eu odeio isso. Eu não... ou melhor, meu cérebro diz: 'Você está fazendo o que deveria', mas eu não gosto do fato de... você estar aqui somente uma vez por semana. Não gosto dessa unilateralidade. (*pausa*)

TERAPEUTA (T): Então você espera mais de mim.

M: Humm, acho que sim. Ou melhor, sim. Eu não quero, é complicado.

Isso fez com que Margot falasse sobre como ela queria ser especial para o terapeuta, e não apenas outra paciente – "Eu gostaria de ser uma paciente fascinante!". A ansiedade sobre não ser especial o suficiente para o terapeuta fez com que ela considerasse novamente abandonar a terapia, já que ela se escondia por detrás de seu véu de arrogância e ceticismo. Ela estava pronta para abandonar a terapia, dizendo: "Não tem algo de errado comigo", e reclamando que a terapia era artificial. Ela disse: "Eu simplesmente odeio todas as amarras e limitações, e isso não parece real. Eu não suporto!". Essa troca foi seguida de uma discussão sobre como Margot estava habituada a controlar e atrair atenção com seu desempenho e suas conquistas acadêmicas espetaculares. Quando o terapeuta sugeriu que ela poderia conseguir atenção sem ter de ser "especial ou perfeita para isso", Margot indicou que, se assim fosse, pareceria estar "tomando algo".

Margot iniciou a Sessão 14 dizendo que passou a semana inteira deprimida e com raiva, mas que agora não tinha sentimentos ou preocupações urgentes para a sessão. Ela, então, indicou sua frustração pelo fato de o terapeuta não a ter compreendido e reconhecido. Eles continuaram a discutir sua necessidade de ser especial a fim de evitar se sentir culpada e indigna. Margot, então, voltou a falar de seu desejo de ser uma paciente especial. O terapeuta perguntou: "E se você se contentasse em ser só boa o suficiente?". O terapeuta foi guiado por sua compreensão da dependência de Margot em agradar outras pessoas, visando regular sua autoestima. Ele também estava trabalhando com o paradigma do apego inicial dela: acolher seu pai, espelhar seu ego, como a única maneira de garantir sua atenção. Ela não queria que o terapeuta assumisse esse papel, também não queria se esforçar por ele, mesmo que essa fosse a única maneira que conhecesse de se conectar com os outros. Ela lutava contra esse anseio ao desmerecer seu terapeuta – ela continuaria se certificando de que ele não tivesse nada que ela desejasse. Seus esforços para rejeitá-lo e desmerecê-lo, para preservar sua noção de *self*, contudo, deixaram-na com um sentimento de vazio. Isso reativou seu padrão cíclico; sua única maneira de preencher o vazio era encontrando uma forma de ser especial, adequando-se às expectativas de alguém – mas o alívio era apenas de curta duração.

Na Sessão 15, Margot reconheceu: "Este processo aqui. Eu sei que é bom, ir na direção certa. Mas é tão triste e solitário. É difícil. Eu sei que estou aprendendo muito sobre mim mesma. Percebendo o quanto cada um de nós realmente está sozinho. Acho que é melhor saber do que não saber". O terapeuta afirmou: "Então, é como se você tivesse se conectado com sua fome, quando você não consegue preencher o vazio com alguém ou algo". Margot respondeu: "É difícil pensar em alguma coisa, em qualquer lugar em mim, ou em meu cérebro, ou em qualquer lugar, que possa ajudar com isso. Então estamos tentando simplesmente fazer o curativo. Fazer dar certo com o que temos". Sem saber ao certo, o terapeuta encerrou essa sessão de modo incomumente abrupto ("Precisamos parar"), logo antes de um feriado de três semanas.

Não foi surpresa quando, na Sessão 16, Margot novamente estava pronta para encerrar a terapia.

> "Eu estava refletindo um pouco sobre as coisas, sobre o que tem ocorrido desde que eu tentei encerrar, e eu realmente acho que encerrei desde então por... bem... não... eu não tenho prevaricado de fato, mas eu simplesmente não senti que precisava te contar tudo que aconteceu comigo, e eu tenho permitido que você coloque palavras na minha boca, e você falou coisas que são... simplesmente erradas. Eu acho que você estava se divertindo com a ideia de que eu tinha alguma coisa, algo muito além, que eu queria resolver com você, algo que eu estava projetando em você; e eu estava com muito medo de enfrentar isso, o que quer que seja. Eu não sei, eu realmente acho que não é isso. Eu me sinto muito mais segura desta vez do que me senti da última. Simplesmente não nos vejo chegando a lugar algum."

Margot disse que "de algum modo, também não estou assim tão doente, quero dizer, a artificialidade do relacionamento de fato me incomoda e realmente atrapalha". Ela, então, indicou que o terapeuta não a compreendia, e declarou que da próxima vez que tentasse terapia, ela acharia alguém que exigisse mais dela. "Você tem sido muito empático e encorajador, e está tudo bem se for por um tempo, mas depois disso, começa a parecer condescendente. Não preciso disso". Quando o terapeuta indicou que ele acreditava que ela tinha tido um bom progresso na terapia, Margot indicou: "Não foi difícil para mim". Então o terapeuta respondeu: "Quero dizer que por você ter feito um bom trabalho aqui, eu de alguma forma caí na sua estima. Acho que você estava no processo de se engajar com algo bem difícil em relação a si mesma, e eu não a culpo por partir. A única coisa é que eu continuo a encorajando, e então você me diz que eu não estou a confrontando o suficiente".

Esse terapeuta se respaldou firmemente em sua intuição, acreditando que, instintivamente, entendia a luta de Margot com sua necessidade de diminuir ou a si mesma ou ao outro diante de seus anseios por amor e aceitação. É possível, porém, que ele não tenha percebido a intensidade da vulnerabilidade de Margot ao sentimento de vazio e de solidão diante dos elogios ou reconhecimentos de outras pessoas. A noção de Margot de que alguém deveria confrontar sua inadequação pode indicar, paradoxalmente, que alguém se importa o suficiente para enxergá-la com mais profundidade. Em outras palavras, seus sucessos pertenciam ao seu falso *self* (Winnicott, 1960), e, consequentemente, elogios não tinham valor para Margot.

Três semanas depois, Margot compareceu para uma sessão, a fim de relatar que ela estava se sentindo bem melhor, tendo percebido que "Eu apenas transferi a raiva que tenho do meu pai. Eu tirei dele e coloquei sobre você. Estava resistindo muito quando você me disse que eu conquistei tanto. Eu não havia resolvido a coisa, apenas a retirado do lugar. Nada estava solucionado". Margot relatou, em um momento em que imaginava um encontro com o terapeuta e sua esposa, que ela o perdoou. "Eu não estava perdoando só a você, mas a mim também. Então houve uma grande inquietação sexual. Foi muito melhor do que perdoar meu pai – me perdoar... Foi um alívio perceber que não precisava ser especial – está tudo bem para mim ser especial ao meu modo, sem ter que ser mais especial do que qualquer outra pessoa. Eu me senti tão aliviada."

Pareceu que Margot havia continuado a trabalhar sua raiva do terapeuta e a refletir sobre suas origens e seus significados. Perdoar o terapeuta e a si mesma foram consequências de sua capacidade de continuar o processo em sua própria mente, mesmo tendo abandonado o tratamento. Mais importante, ela foi capaz de manter o seu vínculo com o terapeuta sem ter de aniquilá-lo por completo. Porém, os sintomas, os comportamentos, as mudanças e as escolhas são todos multideterminados. Um esforço saudável pode também ser uma defesa. Dessa perspectiva, é possível que a paciente não pudesse deixar o tratamento inacabado, e que ela tivesse de voltar se sentindo melhor. Esse possível salto em direção à saúde é, ao mesmo tempo, sua vitória sobre o terapeuta – afinal de contas, ela se curou – e mais um esforço para agradá-lo e conceder-lhe sua vitória. Seu padrão interpessoal e dinâmica estão fadados a persistirem. Contudo, se, de fato, ela puder ao menos se arriscar para ter vínculos e deixar seu marido se aproximar, ela terá mais possibilidades de encontrar reciprocidade em seus relacionamentos e autenticidade em sua autoexpressão.

APRENDENDO O MÉTODO

O fundamento de uma formulação de caso habilidosa, incluindo o CMP, é a compreensão teórica sólida e profunda do desenvolvimento da personalidade, do funcionamento, da psicopatologia e do processo terapêutico, que servem de mapa conceitual para guiar o trabalho do terapeuta (Binder, 2004; Binder & Betan, 2013). Uma formulação de caso competente, entretanto, não é o mero acúmulo de conhecimento *declarativo* (i.e., conhecimento que se aprende em textos e cursos). Esse tipo de conhecimento deve ser transformado em conhecimento procedural (i.e., saber como e quando implementar, na ação, tais teorias, conceitos, princípios e regras). Sem essa transformação de conhecimento, um estudante ou um clínico pode ter uma proficiência "depositária" – pode conseguir falar inteligentemente sobre formulação de casos –, mas, no trabalho clínico real, talvez não saiba o que fazer e quando fazer. Não importa quão abundante seja o conhecimento declarativo, ele permanecerá "inerte" quando confrontado com os problemas reais dos pacientes (Binder, 1993; Ericsson, 1996; Whitehead, 1929).

O formato mais amplamente utilizado para o treinamento de psicoterapias psicodinâmicas consiste em um curso, seguido de terapias supervisionadas com pacientes reais. Na maioria dos programas de treinamento de orientação psicodinâmica, a terapia pessoal também é encorajada ou exigida. Historicamente, os maiores avanços no treinamento de psicoterapias psicodinâmicas envolveram inovações técnicas, como gravações em áudio e vídeo de sessões de tratamento supervisionadas, assistir a gravações em vídeo de "terapeutas exímios" e manuais de tratamento para fornecer estratégias técnicas específicas para tipos específicos de transtornos. Esse formato de treinamento involuntariamente faz terapeutas estudantes começarem a enxergar pacientes munidos principalmente de conhecimento inerte acerca da formulação de casos. Para que os terapeutas avancem para além desse nível de competência em formulação de casos, eles devem encontrar um caminho com suas próprias pernas. Infelizmente, muitos não o encontram.

Por muitas décadas, tem havido interesse em aplicar ao treinamento psicoterápico princípios e métodos derivados de estudos de cientistas cognitivos acerca do modo pelo qual se desenvolve *expertise* ("perícia") em vários domínios de desempenho complexos (Binder, 1993, 1999, 2004). Nos últimos anos, cresceu o interesse na aplicação ao treinamento psicoterápico da "prática deliberada" – um protocolo pedagógico estruturado para desenvolver um desempenho de nível especializado em muitos domínios de conhecimento (Rousmaniere, 2017). "A "prática deliberada" tem três componentes: (1) prática de tarefas bem definidas em um nível apropriado de dificuldade; (2) *feedback* informativo; e (3) oportunidades para a repetição e correção de erros de desempenho (Ericsson, 1996, 2008). Atualmente, Hanna Levenson, Volney Gay e Jeffrey Binder estão preparando um manual de prática deliberada para o treinamento em psicoterapia psicodinâmica que inclui vários capítulos dedicados ao desenvolvimento de habilidades requeridas para se desenvolver competentemente formulações de casos construídas em torno do CMP.[11] Até então, o trabalho dos autores levou à desconstrução do CMP em dois componentes: o CMP descritivo e o CMP inferencial, cada um com seu próprio grupo de habilidades a serem praticadas. Esse manual será publicado em breve, com um de seus objetivos consistindo na melhoria do treinamento no método CMP de formulação psicodinâmica de casos.

---

[11] Hanna Levenson, Professora, The Wright Institute; Volney Gay, PhD, Professor Emérito, Vanderbilt University; Jeffrey Binder, PhD, ABPP, Professor Clínico, Vanderbilt University. O manual em que estamos trabalhando fará parte de uma série de livros sobre as aplicações da "prática deliberada" em diferentes abordagens de psicoterapia, editada por Tony Rousmaniere, PhD.

REFERÊNCIAS

Binder, J. L. (1993). Is it time to improve psychotherapy training? *Clinical Psychology Review, 13,* 301–318.

Binder, J. L. (1999). Issues in teaching and learning time-limited psychodynamic psychotherapy. *Clinical Psychology Review, 19,* 705–719.

Binder, J. L. (2004). *Key competencies in brief dynamic psychotherapy: Clinical practice beyond the manual.* New York: Guilford Press.

Binder, J. L., & Betan, E. J. (2013). *Core competencies in brief dynamic psychotherapy: Becoming a highly effective and competent brief dynamic psychotherapist.* New York: Routledge.

Bornstein, R. F. (2018). From symptoms to process: Case formulation, clinical utility, and PDM-2. *Psychoanalytic Psychology, 35,* 351–356.

Cabaniss, D. L., Cherry, S., Douglas, C. J., Graver, R. L., & Schwartz, A. R. (2013). *Psychodynamic formulation.* West Sussex, UK: Wiley-Blackwell.

Cozolino, L. (2010). *The neuroscience of psychotherapy: Healing the social brain* (2nd ed.). New York: Norton.

Crits-Christoph, P., Gibbons, M.B.C., Temes, C.M., Elkin, I., & Gallop, R. (2010). Interpersonal accuracy of interventions and the outcomes of cognitive and interpersonal therapies for depression. *Journal of Consulting and Clinical Psychology, 78,* 420–428.

Eells, T. D. (Ed.). (2007). *Handbook of psychotherapy case formulation* (2nd ed.). New York: Guilford Press.

Ericsson, K. A. (1996). The acquisition of expert performance: An introduction to some of the issues. In K. A. Ericsson (Ed.), *The road to excellence: The acquisition of expert performance in the arts and sciences, sports, and games* (pp. 1–50). Hillsdale, NJ: Erlbaum.

Ericsson, K. A. (2008). Deliberate practice and acquisition of expert performance: A general overview. *Academic Emergency Medicine, 15,* 988–994.

Fernandez, E., Salem, D., Swift, J. K., & Ramtahal, N. (2015). Meta-analysis of dropout from cognitive behavioral therapy: Magnitude, time, and moderators. *Journal of Consulting and Clinical Psychology, 83,* 1108–1122.

Flückiger, C., Del Re, A. C., Wampold, B. E., & Horvath, A. O. (2018). The alliance in adult psychotherapy: A meta--analytic synthesis. *Psychotherapy, 55,* 316–340.

Freud, A., Nagera, H., & Freud, W. E. (1965). Metapsychological assessment of the adult personality: The adult profile. *Psychoanalytic Study of the Child, 20*(5), 9–41.

Hilsenroth, M. J., & Cromer, T. D. (2007). Clinician interventions related to alliance during the initial interview and psychological assessment. *Psychotherapy: Theory, Research, Practice, Training, 44,* 205–218.

Lambert, M. J. (2010). *Prevention of treatment failure: The use of measuring, monitoring, and feedback in clinical practice.* Washington, DC: American Psychological Association.

Leibovich, L., Nof, A., Auerbach-Barber, A., & Zilcha-Mano, S. (2018). A practical suggestion for strengthening the alliance based on a supportive–expressive framework. *Psychotherapy, 55,* 231–240.

Leonard, E. (1993). *Pronto.* New York: Delacorte Press.

Levendosky, A. A., & Hopwood, C. J. (2017). A clinical science approach to training first year clinicians to navigate therapeutic relationships. *Journal of Psychotherapy Integration, 27,* 153–171.

Levenson, H. (1995). *A guide to clinical practice: Time-limited dynamic psychotherapy.* New York: Basic Books.

Levenson, H. (2017). *Brief dynamic therapy* (2nd ed.). Washington, DC: American Psychological Association.

Lewis-Fernández, R., & Díaz, N. (2002). The cultural formulation: A method for assessing cultural factors affecting the clinical encounter. *Psychiatric Quarterly, 73,* 271–295.

Luborsky, L. (1977). Measuring a pervasive psychic structure in psychotherapy: The core conflictual relationship theme. In N. Freedman & S. Grand (Eds.), *Communicative structures and psychic structures* (pp. 367–395). New York: Plenum Press.

Luborsky, L. (1984). *Principles of psychoanalytic psychotherapy: A manual for supportive–expressive (SE) treatment.* New York: Basic Books.

Luborsky, L. (1997). The core conflictual relationship theme: A basic case formulation method. In T. D. Eells (Ed.), *Handbook of psychotherapy case formulation* (pp. 58–83). New York: Guilford Press.

Luborsky, L., & Crits-Christoph, P. (1990). *Understanding transference: The CCRT method*. New York: Basic Books.

Mann, J. (1973). *Time-limited psychotherapy*. Cambridge, MA: Harvard University Press.

Mayman, M. (1968). Early memories and character structure. *Journal of Projective Techniques and Personality Assessment, 32*, 303–316.

McWilliams, N. (1999). *Psychoanalytic case formulation*. New York: Guilford Press.

Messer, S. B., & Wolitzky, D. L. (2007). The psychoanalytic approach to case formulation. In T. D. Eells (Ed.), *Handbook of psychotherapy case formulation* (2nd ed., pp. 67–104). New York: Guilford Press.

Messina, J., Solina, C., Arduin, A., Frangioni, V., Sambin, M., & Gelso, C. (2018). Origins of countertransference and core conflict relationship theme of a psychologist in training as emerging in clinical supervision. *Psychotherapy, 55*, 222–230.

Peebles, M. J. (2012). *Beginnings: The art and science of planning psychotherapy* (2nd ed.). New York: Routledge.

Peterfreund, E. (1983). The process of psychoanalytic therapy: Models and strategies. Mahwah, NJ: Analytic Press

Roos, J., & Werbart, A. (2013). Therapist and relationship factors influencing dropout from individual psychotherapy: A literature review. *Psychotherapy Research, 23*, 394–418.

Rousmaniere, T. (2017). *Deliberate practice for psychotherapists: A guide to improving clinical effectiveness*. New York: Routledge.

Rzepka, C. J. (2017). *Being cool: The work of Elmore Leonard*. Baltimore: Johns Hopkins University Press.

Schafer, R. (1992). *Retelling a life: Narration and dialogue in psychoanalysis*. New York: Basic Books.

Schön, D. A. (1983). *The reflective practitioner: How professionals think in action*. New York: Basic Books.

Scott, R. P., & Lonborg, S. D. (1996). Development of a method for studying thematic content of psychotherapy sessions. *Journal of Consulting and Clinical Psychology, 64*, 701–711.

Siegel, D. J. (2010). *The mindful Therapist: A clinician's guide to mindsight and neural integration*. New York: Norton.

Strupp, H. H. (1993). The Vanderbilt psychotherapy studies. *Journal of Consulting and Clinical Psychology, 61*, 431––433.

Strupp, H. H., & Binder, J. L. (1984). *Psychotherapy in a new key: A guide to time-limited dynamic psychotherapy*. New York: Basic Books.

Summers, R. F., & Barber, J. P. (2010). *Psychodynamic therapy: A guide to evidence-based practice*. New York: Guilford Press.

Vaughan, S. C. (1997). *The talking cure*. New York: Holt.

Wachtel, P. L. (2014). *Cyclical psychodynamics and the contextual self: The inner world, the intimate world, and the world of culture and society*. New York: Routledge.

Westmacott, R., Hunsley, J., Best, M., Rumstein-McKean, O., & Schindler, D. (2010). Client and therapist views of contextual factors related to termination from psychotherapy: A comparison between unilateral and mutual termination. *Psychotherapy Research, 20*, 423–435.

Whitehead, A. N. (1929). *The aims of education and other essays*. New York: Macmillan.

Winnicott, D. W. (1960). Ego distortion in terms of true and false self. In *The maturational process and the facilitating environment: Studies in the theory of emotional development* (pp. 140–152). New York: International Universities Press.

6

Formulação de casos na psicoterapia interpessoal para a depressão

John C. Markowitz e Holly A. Swartz

A psicoterapia interpessoal (TIP) é uma abordagem limitada no tempo, simples, prática e comprovada, originalmente desenvolvida para tratar pacientes ambulatoriais com transtorno depressivo maior. Seu sucesso em uma série de estudos clínicos randomizados (Weissman, Markowitz, & Klerman, 2018) levou à sua expansão para tratar vários subtipos de depressão e outras síndromes psiquiátricas. Neste capítulo, focamos na TIP como um tratamento para o transtorno depressivo maior, mas formulações parecidas podem ser aplicadas a outros transtornos. Em suas primeiras décadas, a TIP foi praticada quase exclusivamente por pesquisadores, mas seus resultados em pesquisa desde então têm sido incorporados em protocolos de tratamento, despertando interesse entre clínicos e encorajando sua disseminação na prática clínica. O falecido Gerald L. Klerman, MD, que junto de Myrna M. Weissman, PhD, desenvolveram a TIP, acreditava que a pesquisa de processo deveria aguardar provas da eficácia de uma intervenção. Portanto, inicialmente as pesquisas em TIP enfocaram mais o desfecho do que o processo, embora estudos sobre processo estejam surgindo à medida que a literatura da TIP amadurece (Ravitz et al., 2019). Pesquisadores têm mantido um monitoramento cuidadoso da adesão à técnica do terapeuta trabalhando com a TIP (Hill, O'Grady, & Elkin, 1992; Markowitz, Spielman, Scarvalone, & Perry, 2000; Amole et al., 2017), demonstrando que esta pode ser ofertada de maneira confiável e diferenciada de outras psicoterapias. A formulação de casos, aspecto importante do processo de tratamento, é central para a abordagem TIP, mas foi objeto de poucos estudos específicos até então.

Este capítulo descreve os elementos da formulação de casos da TIP e sua função no contexto clínico. A formulação de casos na TIP é, em vez de um construto teórico, sobretudo uma ferramenta de tratamento (ver Tabela 6.1). Ela serve tanto para ajudar o terapeuta a compreender o paciente quanto para focar e avançar esse tratamento semanal, que costuma ser breve (12 a 16 sessões). A formulação de casos incorpora o objetivo da

TABELA 6.1 Características da formulação de casos em TIP

a. Simples.
b. Emprega um "modelo médico" de doença psiquiátrica.
c. Baseada na ligação entre:
1. diagnóstico médico de doença psiquiátrica (depressão) e;
2. circunstâncias interpessoais do paciente.
d. Foca em 1 de 4 áreas de problemas interpessoais:
1. pesar (luto complicado);
2. disputa de papel;
3. mudança de papel;
4. déficits interpessoais.
e. Apresentada explicitamente ao paciente.
f. Determina o foco de tratamento limitado no tempo.
g. Para o tratamento prosseguir, terapeuta e paciente devem concordar com a formulação.
h. Geralmente é bem aceita pelo paciente como algo com significado afetivo.

TIP, que é ajudar o paciente a solucionar uma crise interpessoal associada à sua síndrome, melhorando, assim, sua situação de vida e aliviando seus sintomas.

O cerne da TIP é a associação, demonstrada empiricamente, entre humor e eventos interpessoais de vida (Klerman, Weissman, Rounsaville, & Chevron, 1984). Terapeutas trabalhando com a TIP ajudam os pacientes a identificarem eventos de vida e problemas interpessoais específicos que parecem, temporal e tematicamente, relacionados à primeira manifestação e à manutenção de seus episódios depressivos, utilizando essas informações para ajudar-lhes a compreender as conexões entre seu humor e as situações presentes da vida. Os pacientes aprendem que, alterando seus ambientes interpessoais, eles podem melhorar seu humor e aliviar seus transtornos de humor. A formulação de casos da TIP organiza essas informações cruciais e as transmite ao paciente, tornando-as o foco de todas as sessões subsequentes de terapia.

Uma formulação de casos em TIP deve ser coerente, convencendo tanto o terapeuta quanto o paciente, fundamentada nas experiências interpessoais do paciente e ligada à primeira manifestação ou à persistência do transtorno de humor. A formulação de casos encapsula tanto os princípios norteadores da TIP quanto os problemas particulares do paciente (i.e., ligando o sistema mais amplo da TIP a necessidades, objetivos ou à história individual do paciente). Uma condição *sine qua non* ("indispensável") da TIP é que a formulação de casos leve logicamente ao plano de tratamento. Na verdade, a formulação de casos guia o plano de tratamento e se torna o foco da TIP. A habilidade de desenvolver e apresentar tal formulação rapidamente está, para muitos terapeutas, entre os aspectos mais difíceis, porém valiosos, do aprendizado de uma psicoterapia limitada no tempo e focada, como a TIP.

ORIGENS HISTÓRICAS DA ABORDAGEM

A TIP foi desenvolvida na década de 1970 pelo falecido Gerald L. Klerman, Myrna M. Weissman e colaboradores como uma psicoterapia simples, reproduzível e testável para pacientes ambulatoriais com depressão maior (Klerman et al., 1984). Eles basearam a terapia nas ideias da escola psicanalítica interpessoal (Sullivan, 1953) e em pesquisas demonstrando o efeito de eventos da vida e de estressores sobre o humor (Klerman et al., 1984). Adolph Meyer, Harry Stack Sullivan, Fried Fromm-Reichmann e outros psicoterapeutas interpessoais do final das décadas de 1940 e 1950 asseveraram a importância de eventos ambientais como contrapesos à abordagem estritamente intrapsíquica que dominava a psicanálise (Lipsitz & Markowitz, 2016). Existem pesquisas que corroboraram a teoria, demonstrando que episódios depressivos muitas vezes ocorrem após a perda de um ente querido (depressão relacionada ao luto), em contexto de conflito conjugal (o que a TIP chama de "disputa de papel"), em contexto de uma grande mudança de vida (uma "mudança de papel") ou na falta de apoios sociais ("déficits interpessoais"; Weissman et al., 2018). Em contrapartida, apoios sociais protegem contra a depressão (Klerman et al., 1984; Brown & Harris, 1978; Kendler et al., 1995). A TIP também se baseia na teoria do apego, que argumenta que a habilidade de regular emoções se desenvolve no contexto de relacionamentos saudáveis (Bowlby, 1969). As primeiras experiências dos indivíduos com seus cuidadores fazem emergir padrões de apego na linha de traços que, por sua vez, orientam as reações subsequentes a eventos estressantes (Waters, Crowell, Elliott, Corcoran, & Treboux, 2002). Compreender os estilos de apego é informativo para o trabalho terapêutico, como a TIP (Gunlicks-Stoessel, Westervelt, Reigstad, Mufson, & Lee, 2019), que trata de dificuldades interpessoais. Sendo assim, a investigação do apego ansioso e evitativo, as duas principais dimensões do apego adulto (Fraley & Shaver, 2000), é um componente emergente da formulação de casos em reproduções mais recentes da TIP.

MODELO CONCEITUAL

A TIP foca no conceito, intuitivamente razoável, de que eventos ocorridos no ambiente psicossocial da pessoa afetam seu humor e vice-versa. Quando eventos dolorosos ocorrem, o humor piora, e a depressão pode despontar em indivíduos vulneráveis. Já o humor deprimido compromete a habilidade da pessoa de lidar com seu papel social, o que geralmente resulta em eventos negativos. Esse conceito simples, porém poderoso, é a coluna vertebral da TIP e de seu método de formulação de casos. Terapeutas trabalhando com a TIP utilizam as conexões entre humor, ambiente e papéis sociais para ajudar os pacientes a compreenderem sua depressão em um contexto interpessoal, e para guiá-los a fim de que consigam lidar com seu papel social e ambiente, de modo a resolverem seus problemas interpessoais e, assim, aliviarem a síndrome depressiva.

A TIP não defende uma teoria causal. Os eventos da vida não causam necessariamente um episódio depressivo – que é multideterminado. Em geral, eventos infelizes acompanham a primeira manifestação da depressão, uma vez que o transtorno de humor prejudica o funcionamento social. Independentemente da etiologia de um episódio depressivo, a mente humana busca significado em sua vida e conecta de forma voluntária eventos da vida a suas consequências aparentes. O objetivo é estabelecer uma conexão que o paciente ache crível, visando fornecer um contexto para o episódio depressivo e, mais importante, uma fuga dele. A formulação de casos concede o veículo para comunicar esse raciocínio ao paciente.

Pode ser útil, nessa conjuntura, comparar a TIP e as formulações psicodinâmicas de casos (ver Busch & Milrod, Capítulo 3 deste livro). Das psicoterapias manualizadas para a depressão que foram testadas em pesquisas limitadas no tempo, a TIP está entre aquelas mais próximas às psicoterapias psicodinâmicas que muitos terapeutas praticam. Todas elas são terapias focadas nos afetos, preocupadas com os sentimentos e os relacionamentos do paciente (Suarez-Jimenez et al., 2020). Todavia, a formulação de casos em TIP difere bastante da formulação psicodinâmica descrita por Messer e Wolitz (2007). A formulação em TIP se concentra na relação do paciente com o mundo ao seu redor e com os sintomas depressivos em vez de focar em sua relação com processos ou conflitos internos (Markowitz, Svartberg, & Swartz, 1998), enfatizando questões interpessoais presentes, e não passadas. Um terapeuta trabalhando com TIP reconhecerá que relacionamentos repetem padrões passados, tendo suas raízes no passado, mas destacará que uma intervenção feita no presente – sem tratar de conflitos passados – pode melhorar o ambiente interpessoal atual e aliviar a depressão do paciente.

De maneira diferente de uma abordagem psicodinâmica, a TIP não considera as questões intrapsíquicas do paciente importantes para a formulação de casos ou para a evolução do tratamento. Transferência, sonhos e fantasias não são interpretados. Subliminarmente, entretanto, o conhecimento de dinâmicas psíquicas pode guiar a abordagem do terapeuta a certos pacientes (p. ex., influenciando em como o terapeuta interage com um paciente histriônico, paranoico ou dependente). Muitos terapeutas que trabalham com TIP pensam de maneira psicodinâmica, mas falam com o paciente sobre – e formulam o caso com base nas – circunstâncias atuais de vida. Diferentemente de um psicanalista, um terapeuta trabalhando com TIP é, em geral, ativo e vocal nas sessões. A estrutura da TIP e a limitação temporal demandam que se apresente a formulação ao paciente, de modo explícito, até o fim da terceira sessão – a culminação da fase inicial da TIP.

O terapeuta que trabalha com essa abordagem utiliza um *modelo biomédico*, definindo a depressão como uma doença orgânica independente da personalidade ou do caráter do paciente. Como discutido de modo explícito na formulação de casos, este é um modelo de doença mental do tipo diátese-estresse: a depressão tem bases biológicas que interagem com eventos ambientais de vida. A formulação oferece ao paciente uma abordagem esperançosa, otimista e capacitadora, orientada para o futuro, ao identificar uma doença tratável que não é culpa do paciente e ao encorajá-lo a buscar a felicidade, ao mesmo tempo que oferece estratégias para alcançar esse objetivo.

Como parte da formulação de casos, o paciente recebe explicitamente o "papel do doente", que retira de si a culpa pelo próprio adoecimento, mas que o encarrega de trabalhar para sua melhora (Parsons, 1951). O papel do doente se refere a um papel social temporariamente inabitado, que permite experimentar uma doença mental (depressão), definido por um alívio socialmente sancionado de responsabilidades inimagináveis (p. ex., escola ou demandas de trabalho), bem como por obrigações de buscar o bem-estar (p. ex., comparecer a sessões de psicoterapia, engajar-se de forma ativa em comportamentos que estimulem o bem-estar). O papel do doente encoraja o paciente a separar a depressão de sua noção de *self* e a participar ativamente da TIP. Ele também dá ao terapeuta a oportunidade de oferecer psicoeducação sobre a depressão, outro aspecto da formulação e do tratamento em TIP.

O terapeuta conceitualiza e apresenta a formulação de caso nas três primeiras sessões. As tarefas terapêuticas nessa fase inicial de tratamento incluem diagnosticar a depressão como um transtorno médico, determinar a natureza de relacionamentos centrais e suas mudanças no "inventário interpessoal" do paciente e, com base nisso, apresentar ao paciente uma formulação de casos interpessoal que liga a primeira manifestação do transtorno de humor do paciente a uma das quatro áreas interpessoais problemáticas de foco (ver Tabelas 6.1 e 6.2).

Embora a TIP utilize pouco jargão, a "área interpessoal problemática" da TIP é rotulada e explicitamente incluída na formulação de casos. De certo modo, o termo *se torna* a formulação de caso. As quatro áreas-problema da TIP são (1) *pesar* (depressão relacionada ao luto), (2) *disputa de papel*, (3) *mudança de papel* e (4) *déficits interpessoais*. O *pesar* refere-se aos sintomas depressivos que se estendem para além da gravidade comum ou do período esperado após a morte de um ente querido na vida do paciente. Uma *disputa de papel* é uma discordância com cônjuge, chefe, parente, amigo, membro da família ou colega de trabalho, um conflito no qual o paciente, de modo invariável, sai perdendo. A *mudança de papel* abrange grandes eventos da vida, como graduação, aposentadoria, mudança, troca de emprego, diagnóstico de uma doença grave, casamento, divórcio e assim por diante. "Perdas" conceituais (p. ex., perda de um sonho ou um ideal) que não envolvam a morte de uma pessoa importante são categorizadas

TABELA 6.2 Tarefas da fase inicial da TIP

Em geral, até as três primeiras sessões. Objetivos incluem:

1. Diagnosticar a depressão ("modelo biomédico").
2. Eliciar o inventário interpessoal.
3. Estabelecer a área interpessoal problemática.
4. Atribuir o papel do doente.
5. Desenvolver um plano de tratamento.
6. Fazer a formulação interpessoal.
7. Obter a aquiescência do paciente sobre a formulação.
8. Estabelecer a aliança terapêutica.
9. Começar a psicoeducação.
10. Fomentar esperança.

como mudanças de papel em vez de pesar. A última categoria, *déficits interpessoais*, é a menos bem-desenvolvida, a que recebe o pior nome e, provavelmente, a que carrega o pior prognóstico. Ela define um padrão duradouro de relacionamentos empobrecidos e controversos. Déficits interpessoais, ao mesmo tempo que sugerem isolamento e sensibilidade interpessoais, realmente significam a ausência de eventos da vida – e, portanto, a inaplicabilidade dos três primeiros pontos.

A formulação de casos atribui ao paciente, de modo explícito, uma área-problema da TIP:

> "Sua mudança da Califórnia para Nova Iorque tem sido muito difícil para você. Essa *mudança de papel* significou vir para uma cidade nova e estranha, ao mesmo tempo que a fez perder contato com amigos e a afastou das grandes áreas livres que você tanto amava. Parece um caos, mas realmente é só uma mudança. É nesse contexto que seus sintomas surgiram. Focaremos em como essa *mudança de papel* está relacionada à sua depressão e examinaremos como você pode fazer dessa mudança algo mais gerenciável para você. Tomar o controle dessa mudança deve melhorar tanto sua situação de vida quanto seu humor."

O paciente deve concordar com a importância da área-problema proposta na formulação de casos e *concordar em trabalhar com ela*, antes de a TIP proceder com sua segunda fase.

Embora as circunstâncias de vida dos pacientes possam se encaixar em várias das quatro áreas-problema, a necessidade de um foco estabelecido com firmeza exige que se limite a escolher uma, ou no máximo duas, áreas-problema, se não o tratamento se torna difuso e perde coerência, tanto para o terapeuta quanto para o paciente. A formulação de casos deve ser considerada uma ficção organizada e simplificadora, uma destilação da história que o paciente inicialmente relatou, cujo objetivo é ajudá-lo a compreender tanto o que tem acontecido em sua vida quanto o que acontecerá no tratamento. Enquanto tal, a narrativa deve ser clara e concisa, e não complicada por uma lista de possíveis focos interpessoais. De um ponto de vista prático, se houver qualquer um dos três primeiros focos, os déficits interpessoais podem ser descartados. Muitos pacientes se encaixarão tanto na disputa de papel quanto na mudança de papel, mas, com frequência, o tratamento pode incluir um sistema dentro de outro, e o terapeuta poderá escolher o foco que faça mais sentido clínico ou que evoque o afeto mais forte no paciente.

Como alguém saberá qual a formulação "correta"? Algumas vezes, um único problema demanda atenção, e o caminho a se seguir parece claro. É possível que o paciente apresente material na direção de apenas uma das quatro áreas-problema. Mesmo nesse caso, há possibilidade de uma disputa de papel ou outra área interpessoal problemática encoberta ser também importante, de modo que o terapeuta deve investigar todas as possibilidades. Mesmo quando o paciente apresenta uma história complicada, caracterizada por múltiplos problemas interpessoais, o terapeuta precisa selecionar uma área-

-problema como foco de tratamento. A combinação de validade aparente e da aceitação do paciente sugere que o terapeuta escolheu um foco "bom o suficiente".

TIP depois da formulação

A segunda fase da TIP, incluindo a maior parte das 12 a 16 sessões de um tratamento típico para a depressão, foca na área interpessoal problemática definida na formulação de caso. Cada área interpessoal problemática tem uma estratégia de tratamento específica. É a coerência dessas estratégias, e não os elementos específicos do que é uma abordagem declaradamente eclética, que faz da TIP um tratamento focado e distinto. A formulação da TIP determina a direção e a mecânica do tratamento que se seguirá.

Ao tratar a depressão relacionada ao luto, o objetivo do terapeuta é ajudar o paciente a passar pelo pesar, a tolerar os afetos intensos do luto e, então, de forma gradual, a explorar novas atividades e relacionamentos para substituírem o relacionamento perdido. Os pacientes são encorajados a recontarem os bons e os maus aspectos de seu relacionamento com o falecido, para descrever coisas que eles fizeram juntos ou nunca tiveram a chance de fazer, para descrever detalhes da morte e sua relação com essa situação. Embora a TIP não atribua tarefas de casa, os pacientes são encorajados a olharem para recordações e álbuns de fotos, a visitarem o túmulo e a evocarem, de outras maneiras, a pessoa que partiu, para facilitar a catarse. Quando a fase do pranto se intensifica, o terapeuta costuma dedicar muito mais sessões à escuta empática. À medida que a terapia progride, o terapeuta auxilia o paciente a explorar novas áreas de interesse, novas atividades e novos relacionamentos.

Em uma disputa de papel, o terapeuta ajuda o paciente a examinar a disputa e a procurar sua resolução. Algumas vezes, os pacientes com depressão imaginam que um relacionamento chegou a um impasse, contudo, um simples esclarecimento ou uma discussão com o ente querido resolve a contenda. Quando existe uma contenda séria, o terapeuta ajuda o paciente a explorar o que ele deseja obter do relacionamento e quais opções existem para negociar esses objetivos desejados. As habilidades que pacientes com depressão geralmente precisam são autoafirmação, expressão de raiva ou capacidade de se arriscar socialmente; elas podem ser desenvolvidas em *role plays* durante as sessões, com o objetivo implícito de fazer o paciente testar tais comportamentos durante a semana subsequente. Se todos os esforços dos pacientes falharem na resolução de um impasse real na disputa de papel, o terapeuta pode ajudar o paciente a dissolver o relacionamento (uma mudança de papel), prantear sua perda e buscar melhores alternativas.

Um paciente com depressão em uma mudança de papel sente que sua vida está fora de controle. Ao formular o caso, o terapeuta redefine e rotula, de forma explícita, esse caos aparente como uma mudança de papel envolvendo a perda de um papel familiar antigo e o potencial pressuposto de um novo. A meta terapêutica é ajudar o paciente a navegar por essa mudança da maneira mais calma possível e extraindo as vantagens que puder. O paciente é encorajado a enxergar tanto os aspectos bons quanto os ruins do papel antigo, bem como os benefícios e os inconvenientes do novo, e a prantear a perda do passado, aceitando as possibilidades do presente e do futuro.

Os déficits interpessoais são uma categoria de lacuna: os pacientes não estão lidando com o luto nem com uma disputa de papel ou com uma mudança de papel. Tais pacientes costumam não ter muitas coisas acontecendo em suas vidas e ter poucos relacionamentos. Eles costumam ser pessoas isoladas e com problemas em construir ou manter relacionamentos. Em resumo, são pacientes mais difíceis de tratar com qualquer psicoterapia, e talvez mais ainda pela TIP, por causa de seus déficits gerais na área em que a TIP trabalha (Elkin et al., 1989). O objetivo é ajudar o paciente a reconhecer a ligação entre humor e suas dificuldades e seu isolamento sociais, e ajudar o paciente a expandir suas habilidades sociais e a obter conforto social. Isso costuma ser parecido com a tentativa de modificar aspectos de personalidade em uma intervenção breve – uma tarefa mais difícil, porém não impossível.

Na altura da fase final da TIP, as últimas sessões, o paciente costuma ter melhorado. Em ensaios clínicos, as *taxas de remissão* em TIP (tipicamente definidas como escores da Escala de Avaliação de Depressão de Hamilton [HRSD, do inglês Hamilton Rating Scale for Depression] ≤ 7) geralmente se localizam entre 40 e 50% (Elkin et al., 1989; Markowitz, Kocsis, et al., 1998; Frank et al., 2000; O'Hara, Stuart, Gorman, & Wenzel, 200; Mufson et al., 2004; Cuijpers et al., 2011). A *taxa de resposta* à TIP por si só (definida como uma queda em escores da HRSD ≥ 50%) foi relatada como 63% em um ensaio (O'Hara et al., 2000). Essas taxas de resposta e de remissão são comparáveis àquelas vistas em ensaios breves de farmacoterapia para depressão (Thase & Rush, 1997). Para pacientes que alcançaram a remissão, o terapeuta percebe o fim iminente da terapia quando os objetivos de aliviar a depressão e de resolver a área interpessoal problemática tenham sido alcançados e, com isso, reconhece que é triste separar um bom time. A tristeza é tratada como uma resposta normal a separações interpessoais e como algo distinto da depressão. Para fortalecer a autoconfiança do paciente à medida que o encerramento se aproxima, paciente e terapeuta revisam as conquistas do paciente durante a terapia breve – que costumam ser consideráveis – no que diz respeito à resolução da área interpessoal problemática e à redução de sintomas. Eles também revisam os sintomas da depressão, o potencial para recaída e os problemas interpessoais que podem desencadear uma recaída do paciente.

Nem todos os pacientes alcançam remissão total da depressão somente com a TIP, mas poucos saem dela de mãos vazias: a maioria, no mínimo, progride em sua área interpessoal problemática e passa a compreender melhor a utilidade social de suas emoções. Para os pacientes com sintomas persistentes, o terapeuta pode destacar que não é o paciente que falhou, mas o tratamento, que prometeu aliviar a depressão tão logo o problema interpessoal fosse resolvido. É importante que tais pacientes ainda sintomáticos não se sintam culpados em relação a seu papel na terapia, caso eles tenham se esforçado durante o processo, e sim que saiam da TIP conscientes das opções alternativas de tratamento da depressão. Por exemplo, uma sequência de TIP seguida de farmacoterapia para não respondentes e respondentes parciais à TIP resultou em remissão total em 79% dos pacientes com histórias de depressão maior recorrente (Frank et al., 2000). Um estudo de outra psicoterapia limitada no tempo descobriu que, dentre indivíduos com depressão crônica que não responderam a um curso breve de psicoterapia, 42% subsequentemente respondeu à um curso de farmacoterapia (Schatzberg et al., 2005). O terapeuta pode citar esses resultados encorajadores para os pacientes, instando-os a continuarem a buscar tratamentos que funcionem para eles.

CONSIDERAÇÕES MULTICULTURAIS

No geral, a TIP não demanda grandes adaptações para grupos étnicos ou culturais específicos, mas o terapeuta deve sempre ser sensível a dois aspectos do ambiente interpessoal do paciente, incluindo as influências culturais (Markowitz et al., 2009). Em um estudo que examinou a etnia como moderadora de desfechos, a TIP foi aceita por pacientes brancos, afro-americanos e hispânicos infectados pelo vírus da imunodeficiência humana (HIV) e com sintomas depressivos, produzindo iguais benefícios, ao passo que o número de pacientes afro-americanos tratados com terapia cognitivo-comportamental (TCC) apresentou piores desfechos (Markowitz, Spielman, Sullivan, & Fishman, 2000). Burke et al. (2017) descobriram um indício de melhores desfechos em quadros de transtorno alimentar em adolescentes do sexo feminino não brancas tratadas com TIP. Grote, Bledsoe, Swartz e Frank (2004b) demonstraram que a TIP pode ser adaptada para suprir as necessidades de mulheres de grávidas de baixa renda com depressão maior em uma clínica obstétrica pública utilizando uma entrevista etnográfica pré-tratamento para compreender o contexto cultural da depressão das pacientes e facilitando, de modo sistemático, o acesso a serviços sociais à medida que a necessidade para tal se apresentar. Um estudo-piloto com mulheres, em sua maioria afro-americanas, sugere que a flexibilidade de agendamento e a atenção maximizada às necessidades básicas (p. ex., alimentação e moradia adequadas) ajudam a tornar a TIP relevante para essa população (Grote, Bledsoe, Swartz, & Frank, 2004a). Mufson et al. (2004), que trataram adolescentes com depressão com a TIP em uma região de predominância latina em Nova Iorque, treinaram terapeutas bilíngues e traduziram instrumentos para o espanhol, a fim de que não só falantes de língua inglesa, mas também os de língua latina, pudessem participar do projeto.

Talvez porque questões interpessoais sejam universais, a TIP parece demandar poucas adaptações para trabalhar com pacientes criados em diferentes culturas. Uma vez que a TIP demanda que o terapeuta colete uma história detalhada dos relacionamentos e funcionamento interpessoais do paciente, os profissionais podem utilizar esse sistema para descobrir o que constitui expectativas "normais" e "anormais" de acordo com a cultura e a comunidade do paciente. Por exemplo, um adulto infantilizado seguindo firmemente as exigências de seu pai pode sugerir, de início, um cenário encoberto de disputa de papel, mas sondar os antecedentes culturais do paciente pode levar o terapeuta a concluir que isso representa um padrão culturalmente aceito, e não uma evidência de relacionamento problemático. Às vezes, pode ser útil investigar se o paciente tem receio de trabalhar com um profissional criado em uma cultura diferente e convidá-lo a apontar quando o profissional não compreender aspectos de sua vida interpessoal devido a tais diferenças.

Desenvolvida nos Estados Unidos, a TIP tem sido utilizada, com relativamente pouco ajuste cultural, na América do Norte, em grande parte da Europa, em Porto Rico e no Brasil. No primeiro ensaio psicoterápico controlado conduzido na África, uma intervenção de grupo baseada em TIP gerou melhoras consideráveis em moradores de vilas infectados com HIV em Uganda quando comparado com tratamentos típicos (Bolton et al., 2003). Essa versão da TIP utilizou conceitualizações locais de depressão e incorporou costumes sociais. Por exemplo, enquanto a TIP-padrão nos Estados Unidos encoraja os pacientes a comunicarem de forma direta suas insatisfações em relacionamentos interpessoais, mulheres ugandesas não confrontam diretamente os homens. Sendo assim, uma mulher insatisfeita com o comportamento de seu marido foi encorajada a afirmar seu descontentamento de modo mais indireto, culturalmente adequado: cozinhando-lhe uma refeição ruim. Isso foi prontamente entendido como desaprovação esponsal (Verdeli et al., 2003). Na sociedade de Uganda, os papéis sociais de homens e mulheres são distintos, o que fez os pesquisadores formarem grupos unissex para a terapia nas vilas e adequarem o gênero do terapeuta ao do paciente. Ainda assim, esse estudo destacou que questões interpessoais básicas relacionadas à depressão foram similares entre culturas bastante diferentes.

Embora a TIP tenha sido mais frequentemente utilizada para tratar pacientes ambulatoriais com depressão moderadamente severa, sua utilidade é bem estabelecida para vários transtornos (Cuijpers, Donker, Weissman, Ravitz, & Cristea, 2016). Ela tem sido utilizada, com sucesso, para tratar o transtorno depressivo maior agudo; diversas subpopulações de pacientes com depressão, incluindo pacientes adolescentes, geriátricos, HIV-positivo e puérperas (Weissman, Markowitz, & Klerman, 2018); pacientes com outros transtornos psiquiátricos, como bulimia (Fairburn, Jones, Peveler, Hope, & O'Connor, 1993; Weissman et al., 2000) e transtorno de estresse pós-traumático (Markowitz et al., 2015); e, com menos sucesso, abuso de substâncias (Rounsaville, Glazer, Wilber, Weissman, & Kleber, 1983; Carroll, Rounsaville, & Gawin, 1991). Para cada estudo, um diagnóstico sindrômico baseado em critérios diagnósticos contemporâneos foi um critério de inclusão, e (exceto nos estudos de abuso de substâncias) a TIP se provou superior a uma condição-controle em um ensaio randomizado controlado. Aplicações menos validadas, não obstante promissoras, da TIP incluem tratamento de transtornos de ansiedade (Markowitz, Lipsitz, & Milrod, 2014) e de transtorno distímico (Markowitz, Kocsis, Bleiberg, Christos, & Sacks, 2005). Com o complemento da terapia de ritmo social, a IPSRT (do inglês, *interpersonal and social rhythm therapy*), uma intervenção comportamental mirando distúrbios em ritmos circadianos, está bem estabelecida como um tratamento breve de manutenção para os transtornos bipolares dos tipos I e II, demonstrando evidências de eficácia em vários estudos randomizados controlados em larga escala (Frank et al., 1990; Frank et al., 2005; Swartz et al., 2018; Inder et al., 2015). Assim, o paciente típico da TIP é aquele que sofre de um transtorno de humor significativo ou de outro diagnóstico psiquiátrico.

A farmacoterapia concomitante não exclui um paciente da TIP. Na verdade, sua ênfase em um modelo biomédico torna a TIP facilmente compatível com a medicação antidepressiva. Uma "mega-análise" de pacientes tratados somente com psicoterapia (TIP ou TCC; n = 243) ou TIP mais farmacoterapia antidepressiva (n = 243) descobriu que o tratamento combinado não ofereceu vantagens adicionais para pacientes com depressão leve, mas demonstrou eficácia significativamente maior para pacientes com depressão grave (Thase et al., 1997). Mulheres com depressão que foram tratadas com uma combinação de TIP e farmacoterapia desde o início tiveram taxas de remissão significativamente menores do que mulheres com depressão tratadas primeiro somente com TIP, com a farmacoterapia posteriormente aplicada apenas para não respondentes à TIP (66% vs. 79%, p = 0,02; Frank et al., 2000). A maior parte (Frank et al., 2005; Miklowitz et al., 2007; Inder et al., 2015) dos estudos, mas não todos (Swartz et al., 2018), de IPSRT para transtorno bipolar administrou psicoterapia combinada com medicação.

Em geral, a TIP não é indicada para psicose, risco grave de suicídio ou homicídio e abuso ativo de substâncias. Outro grupo que pode se sair mal na TIP é composto por indivíduos com graves déficits interpessoais. O reexame de dados de um estudo em larga escala comparando a TIP com a TCC sugeriu que pacientes com déficits interpessoais graves se saem melhor no tratamento cognitivo-comportamental do que na TIP (Sotsky et al., 1991). Essa descoberta contraintuitiva sugere que pacientes talvez precisem, *a priori*, de um mínimo de habilidades interpessoais ou de uma crise interpessoal focal, a fim de se beneficiarem ao máximo da TIP; indivíduos com limitações interpessoais extremas podem se sentir mais confortáveis com um tratamento cognitivo que enfoque pensamentos em vez de interações interpessoais.

Enquanto a TIP continuar sua gradual disseminação dos estudos clínicos até a prática geral, seu foco primário provavelmente permanecerá em indicações diagnósticas específicas – algo que outras poucas psicoterapias podem alardear. Como apontado, focar em um diagnóstico médico específico faz parte da fórmula de tratamento. Entretanto, os princípios da TIP são, em essência, aplicáveis universalmente: quase todas as pessoas podem descobrir um relacionamento entre seu humor e alguma situação interpessoal.

EVIDÊNCIAS A FAVOR DO MÉTODO

A eficácia da TIP tem sido extremamente bem demonstrada para a depressão maior e para vários outros diagnósticos (p. ex., Cuijpers et al., 2011; Cuijpers et al., 2016). À parte a TCC, ela é a terapia mais testada e validada que existe. Aconselha-se mais pesquisas de processo em formulação de casos.

Alguns dados preliminares embasam a confiabilidade da formulação de casos da TIP. Três psicoterapeutas trabalhando com essa abordagem escutaram 18 fitas com gravações de sessões iniciais de tratamento pela TIP com pacientes com transtorno distímico utilizando a Escala de Área Interpessoal Problemática (IPARS, do inglês Interpersonal Problem Area Scale]; Markowitz, 1998) para testar a concordância na escolha de áreas interpessoais problemáticas. Coeficientes kappa para a presença ou a ausência de cada uma das quatro áreas-problema da TIP foram 0,87 para luto complicado, 0,58 para disputa de papel, 1,0 para mudança de papel e 0,48 para déficits interpessoais. O kappa para concordância em que as áreas-problema disponíveis forneceriam o melhor foco clínico foi 0,82 (Markowitz, Leon, et al., 2000). Tais descobertas sugerem que terapeutas trabalhando com a TIP tendem a concordar que se deve determinar áreas focais de problema com base em histórias coletadas.

Outro estudo preliminar indica que tratamentos de TIP, na verdade, focam na área interpessoal problemática escolhida na formulação de caso, e que pacientes e terapeutas percebem ganhos na resolução desses problemas. Investigadores avaliaram pequenas amostras de pacientes com transtorno distímico ou transtorno de estresse pós-traumático (TEPT) utilizando a Interpersonal Psychotherapy Outcome Scale (IPOS), uma medida bruta de 5 pontos que avalia se a área problemática focal foi modificada durante a terapia. Pacientes ($n = 24$) e terapeutas ($n = 7$), em um estudo de desfecho limitado no tempo em TIP para transtorno distímico, e pacientes ($n = 10$), em um ensaio aberto para TEPT, completaram a IPOS ao fim do tratamento. Todos os respondentes com distimia ($n = 24$) e terapeutas ($n = 21$) relataram ganhos interpessoais: pacientes com distimia tiveram escore de 4,39 (desvio-padrão [DP] = 0,52) em 5, terapeutas, 4,27 (desvio-padrão [DP] = 0,53). Pacientes com TEPT tiveram um escore de 4,77 (desvio-padrão [DP] = 0,34). As taxas IPOS de paciente e terapeuta demonstraram a tendência da correlação com melhora dos sintomas (Markowitz, Bleiberg, Christos, & Levitan, 2006). Essa testagem inicial da IPOS apoia a ligação teorizada entre a resolução de crises interpessoais e ganhos clínicos na TIP, o que fornece fundamentação indireta ao valor clínico da formulação de casos da TIP.

Uma pesquisa da University of Pittsburgh também fornece evidências indiretas a favor da confiabilidade e da validade da formulação de casos da TIP. Frank e colaboradores (Frank, Kupfer, Wagner, McEachran, & Cornes, 1991) descobriram que pacientes em um estudo, utilizando manutenções mensais da TIP, que durou três anos, tiveram melhores desfechos quando suas sessões de manutenção focaram em um tema interpessoal claro. Pacientes cujas sessões tiveram alta especificidade interpessoal foram poupados, por dois anos em média, antes de desenvolverem depressão, ao passo que aqueles com baixo foco interpessoal obtiveram apenas cinco meses de proteção antes da recaída. No entanto, esse estudo permitiu que as sessões de terapia de manutenção enfocassem *qualquer* tema interpessoal, o que, portanto, pode ter divergido da formulação de casos original e breve.

PASSO A PASSO DA CONSTRUÇÃO, PLANEJAMENTO DE TRATAMENTO E PRÁTICA DA FORMULAÇÃO DE CASOS

A formulação de casos da TIP geralmente demanda entre uma e três sessões, de um tratamento de 12 a 16 sessões semanais. Sua duração depende da complexidade da história presente do paciente e da proficiência do terapeuta. Para formular o caso, o terapeuta precisa (1) diagnosticar a depressão como uma doença orgânica; (2) avaliar relacionamentos interpessoais, obtendo um *inventário interpessoal*; (3) estabelecer uma *área interpessoal problemática* ("área-problema") de foco para o tratamento solucionar; e (4) realizar intervenções terapêuticas iniciais.

Diagnosticando a depressão

O terapeuta adota uma abordagem psiquiátrica tradicional, diagnosticando a psicopatologia com base em critérios diagnósticos correntes (p. ex., na quinta edição do *Manual diagnóstico e estatístico de transtornos mentais* [DSM-5]; American Psychiatric Association, 2013). Os terapeutas embasam-se em uma entrevista psiquiátrica padrão para revisarem de maneira cuidadosa a duração e a gravidade dos sintomas. Uma vez que o processo diagnóstico da depressão é vital para a formulação de casos, o terapeuta deve avaliar com precisão todos os critérios relevantes.

Os terapeutas costumam utilizar medidas, como a HRSD (Hamilton, 1960) ou o Questionário sobre a Saúde do Paciente – 9 (PHQ-9 do inglês Patient Health Questionnaire-9; Kroenke, Spitzer, & Williams, 2001), para garantir uma revisão detalhada de sintomas e para educar o paciente sobre eles. Utilizar um instrumento padronizado enfatiza que o paciente não é (como ele muitas vezes se sente) peculiarmente preguiçoso, voluntarioso, mau ou está misteriosamente sobrecarregado, e sim que sofre de um transtorno comum, distinto, compreensível e tratável que não é culpa dele. Medidas de avaliação devem ser repetidas com regularidade para demonstrar o progresso do paciente em terapia. O terapeuta deve coletar dados suficientes na entrevista inicial para ser capaz de descrever a natureza, a primeira manifestação e a gravidade da doença do paciente na formulação de caso. No contexto do diagnóstico de um episódio depressivo, também se atribui ao paciente o papel do doente.

Avaliando relacionamentos interpessoais (obtendo o inventário interpessoal)

Nas entrevistas iniciais, o terapeuta também desenvolve o "inventário pessoal", um catálogo informal de relacionamentos importantes na vida do paciente. Esse não é um instrumento formal, mas descreve uma anamnese profunda, em que o terapeuta investiga as pessoas importantes na vida do paciente e, em especial, na vida atual:

relacionamentos com cônjuge, filhos, pais, chefe, amigos e outros. O terapeuta tenta estabelecer uma ligação temporal entre a primeira manifestação da depressão e mudanças nos relacionamentos interpessoais do paciente, utilizando perguntas abertas e fechadas.

É importante explorar omissões no inventário interpessoal, bem como relacionamentos que o paciente discute com mais facilidade. Se um paciente descreve detalhadamente relacionamentos com amigos e chefes, mas pula seus interesses românticos e família, o terapeuta deve sondar tais áreas. O terapeuta não se preocupa apenas com os relacionamentos em si mesmos mas também com seus padrões, qualidades, níveis de intimidade e desejos e intenções não recíprocas que o paciente e pessoas importantes em sua vida possam ter. Como o paciente avalia necessidades e confronta as pessoas? Como o paciente lida com a raiva em relação aos outros? O terapeuta deve levantar detalhes suficientes para compreender esses relacionamentos. Por exemplo, se um paciente diz: "A pessoa mais importante da minha vida é minha esposa, e nós nos damos perfeitamente bem", o terapeuta investiga: "Fale mais a respeito de vocês dois". Se uma pergunta aberta falhar em produzir o grau de detalhamento necessário, o terapeuta seguirá com perguntas mais estruturadas, como:

"Por quanto tempo você está casado?"
"Sua esposa sabe o quão mal você tem se sentido?"
"Ela é alguém com quem você pode compartilhar seus sentimentos com facilidade? (Se não, com quem você os compartilha?)"
"O que exatamente você disse para ela?"
"Como vocês dividem as tarefas domésticas?"
"Como andam suas finanças?"
"E o relacionamento íntimo de vocês dois?"
"Vocês discutem com frequência? Como as desavenças começam? Como elas terminam?"
"Algo mudou entre vocês dois nos últimos meses?"

A postura do terapeuta é investigativa, empática e respeitosa.

Embora o passado determine de maneira importante esses padrões e sua cronicidade, o terapeuta foca em relacionamentos presentes e em mudanças recentes em relacionamentos que podem fornecer o foco interpessoal da fase intermediária da TIP. O terapeuta indaga sobre os relacionamentos da infância do paciente com membros da família e amigos, mas não os explora com a mesma profundidade com que investiga os relacionamentos significativos presentes. Informações sobre o desenvolvimento psicossocial do paciente configuram-se como antecedentes úteis, mas não são abordadas na formulação de casos, exceto de passagem. Por exemplo, uma formulação de casos pode incluir a seguinte declaração sobre o relacionamento passado da paciente com seu pai. (Reparem, porém, que a atenção da paciente é direcionada ao presente.)

"Suas dificuldades com seu marido soam parecidas com os problemas que você tem com seu pai, com seu *camp counselor* e com vários namorados no passado. Você parece aceitar o que os homens em sua vida querem e, então, silenciosamente, ressente-se com eles. Isso parece fazer parte de sua disputa de papel com seu marido, contribuindo para a sua depressão. Podem existir outras maneiras de lidar com essas situações: você está em posição de esperar, de insistir, por um tratamento melhor por parte de seu marido. Faz sentido para você?... Vamos conversar sobre como você pode melhorar a maneira pela qual você lida com seu marido."

Estabelecer um área interpessoal problemática

Tendo completado um inventário interpessoal, o terapeuta deve decidir em qual das quatro áreas-problema da TIP o problema do paciente se enquadra (pesar, disputa de papel, mudança de papel ou déficits interpessoais). Alguns dos terapeutas de nosso estudo utilizaram um *checklist*, a IPARS (Markowitz, 1998). A IPARS simplesmente assegura que o terapeuta considerou todas as possibilidades relevantes ao escolher entre as quatro áreas interpessoais problemáticas. Terapeutas aprendendo a TIP podem achar essa ferramenta um lembrete útil do alcance de formulações possíveis para a terapia. Gravar em áudio ou vídeo sessões de tratamento também pode ajudar terapeutas a revisarem materiais enquanto procuram construir áreas-problema para pacientes.

Ao escolher uma área-problema, o terapeuta deve focar em eventos interpessoais importantes na vida do paciente que estejam temporalmente próximos à primeira manifestação (ou à exacerbação) do transtorno. Tais eventos emergem da história. De modo ocasional, a história e o inventário interpessoal são evidentes. Nesse caso, o paciente tem uma vida social empobrecida, com poucos relacionamentos significativos e sem mudanças consideráveis nestes. É possível que tais pacientes tenham transtorno da personalidade esquizotípica ou outros transtornos da personalidade, o que dificulta o tratamento, mas não o impossibilita. Esses pacientes caem na categoria de lacuna dos "déficits interpessoais". O terapeuta costuma descrever o problema ao paciente como "isolamento", "sensibilidade interpessoal" ou "dificuldade de formar ou sustentar relacionamentos". O objetivo terapêutico, então, se torna encontrar melhor adequação social, uma que seja mais confortável. Outra possibilidade é que tais pacientes sofram de transtorno distímico, cuja cronicidade leva a uma escassez de relacionamentos e eventos interpessoais (Markowitz, 1998).

Uma vez que os elementos das situações vividas pelos pacientes variarão, é importante personalizar as questões específicas do paciente em uma área-problema geral. Ao rotular o problema (como se rotula a depressão), o paciente começa a atribuir significado e ordem a uma experiência que antes parecia aleatória e incontrolável. Isso reduz a ansiedade e dá ao paciente e ao terapeuta uma linguagem comum com a qual discutir questões à medida que o tratamento progride.

Realizando intervenções terapêuticas iniciais

Desde o início, o terapeuta promove a esperança, um ponto de vista otimista alternativo à perspectiva deprimida do paciente, a convicção de que a depressão é um transtorno tratável. Muitos pacientes experimentam uma melhora sintomática inicial só por terem iniciado a terapia nessa atmosfera esperançosa renovada. Isso impulsiona o tratamento. O terapeuta não deve ser indevidamente tagarela, o que poderia trivializar o sofrimento do paciente (Markowitz & Milrod, 2011). Se o terapeuta falha em oferecer um bom serviço, esses ganhos iniciais podem se desvanecer. Um ouvinte solidário e compreensivo, um local acolhedor, um ritual e uma explicação dos pesares do paciente constituem parte do armamento inespecífico da maioria das psicoterapias (Frank, 1971) e são ingredientes explícitos da TIP. A disponibilização de uma formulação de caso simples, clara e intuitivamente crível, fundamentada em experiências interpessoais recentes da vida do paciente e provida de significado afetivo, provavelmente tem benefício terapêutico para além de suas funções de explicação e enquadramento técnico para o tratamento.

Selecionando o tratamento apropriado

Antes de apresentar a formulação de caso, o terapeuta deve decidir se a TIP é uma opção apropriada para o paciente. O paciente tem um transtorno para o qual a TIP demonstrou eficácia (p. ex., transtorno depressivo maior)? O paciente parece interessado no tratamento e capaz de se engajar com o terapeuta? O paciente se adaptaria melhor a outra modalidade de tratamento, como a TCC ou a farmacoterapia?

Apresentar opções terapêuticas ao paciente deve vir após a formulação do caso, completando-a. Formas diferentes de terapia devem, de fato, determinar *qual* o tipo de formulação de caso o terapeuta compartilhará com o paciente. Se ficar claro que a TIP não é a melhor escolha de tratamento, o terapeuta deve abandonar a formulação pela ótica da TIP e apresentar uma alternativa psicoterápica ou psicofarmacológica.

Montando a formulação interpessoal

Embora sessões posteriores do tratamento deem corpo à área interpessoal problemática, as três primeiras sessões devem fornecer seu esqueleto sólido. Uma vez estando confortável com uma formulação de caso e tendo decidido que a TIP é uma opção cabível, o terapeuta a apresenta ao paciente diretamente. Na TIP, a formulação é apresentada de forma explícita, marcando o fim da fase inicial do tratamento e definindo a seguinte.

O paciente deve concordar com a formulação antes que a TIP possa prosseguir com sua fase intermediária. Esse aval por parte do cliente é mais do que uma aquiescência simbólica. Ele destaca o papel ativo que se espera do paciente no tratamento e afirma a aliança terapêutica. Talvez o mais importante seja entender que a aquiescência sinaliza que paciente e terapeuta partilham de um entendimento comum da situação do paciente e podem tentar, de modo conjunto, tratá-la. Sem esse acordo, a terapia pode ser vaga e inconclusiva, em vez de focar na área de maior valência afetiva para o paciente.

Caso o paciente discorde da formulação do terapeuta – coisa que ocorre raramente –, ambos deverão explorar com maior profundidade o ambiente e as situações interpessoais do paciente. Com base nessas informações adicionais, o terapeuta poderá, então, propor uma nova formulação para que o paciente a considere.

Uma mulher com transtorno depressivo maior, que se recusava a falar com sua mãe nos últimos seis meses por causa de um possível insulto, recebeu uma proposta de formulação de caso que ligava seus sintomas depressivos a uma disputa de papel com a mãe. O terapeuta sugeriu que a mãe lhe dava um suporte importante e que a "rusga" entre mãe e filha contribuía de maneira significativa para o desespero e o isolamento da paciente. A paciente contestou tal interpretação, argumentando que ela e a mãe já tinham dificuldades frequentes, que sua mãe constantemente se ausentava de sua vida por longos períodos e que ela experimentava esse episódio como "todos os outros". Em contrapartida, ela sentia que uma mudança em seu relacionamento com uma colega de trabalho, que se deteriorara na mesma época, era mais importante porque "afeta meu dia a dia". Aparentemente, para provar isso para o terapeuta, a paciente contatou a mãe entre sessões e combinou de encontrá-la – mas recusou qualquer conexão entre a mãe e sua depressão, pois a atitude não aliviou seus sintomas.

O terapeuta coletou mais informações sobre as dificuldades da paciente no trabalho, descobrindo que o trabalho funcionava como um refúgio para a paciente, protegendo-a da difícil situação familiar, mas que agora havia sido inundado pelo conflito. A formulação foi reestruturada como uma disputa de papel com a colega de trabalho da paciente. Embora o terapeuta tivesse entendido que a disputa com sua mãe também era importante, o investimento afetivo da paciente em sua dificuldade com a colega era impressionante. Por sentir que qualquer uma das disputas de papel poderia servir de foco para o tratamento, o terapeuta selecionou aquela que significava mais para a paciente, que aceitou a reformulação e deu sequência à TIP.

Aplicação à técnica psicoterápica

Na fase inicial (Sessões 1 a 3), o terapeuta trabalhando com a TIP explica a limitação de tempo, o objetivo de tratar a área interpessoal problemática e o transtorno de humor (e não os traços de personalidade ou outros alvos), o papel do doente e as expectativas do terapeuta em relação ao paciente no tratamento. O paciente é encorajado a se tornar um especialista na natureza e no tratamento da depressão, aprender a reconhecer a conexão entre humor e questões interpessoais, e a utilizar esse conhecimento para confrontar sua área-problema.

Nas fases intermediária e final da terapia (Sessões 4 a 12 ou 16), a formulação do caso é frequentemente mencionada. É útil repetir ao menos uma versão condensada da formulação por dois motivos: ela corrige a tendência dos pacientes com depressão de se culparem e mantém a continuidade temática e o foco do tratamento. Durante as sessões, o terapeuta menciona repetidamente a área-problema nuclear da formulação: a doença depressiva e o "luto complicado", "sua disputa de papel com seu marido", "a mudança de papel pela qual você está passando". Tais termos materializam externamente os problemas e as questões que os pacientes com depressão antes internalizavam e pelos quais se culpavam. O tratamento de pacientes com déficits interpessoais é um pouco diferente. Já que dizer que um paciente possui "déficits interpessoais" pode ser pejorativo e inútil, o terapeuta se refere ao "seu desconforto em se aproximar das pessoas" ou "seu isolamento social" em vez de utilizar esse rótulo formal infeliz.

O terapeuta trabalhando com a TIP passa a maior parte de cada atendimento tratando de pontos levantados na formulação. Cada encontro começa com a pergunta "Como você tem passado desde a última vez que nos falamos?", a fim de direcionar imediatamente o foco do paciente para questões interpessoais presentes. Caso o paciente desvie do foco (relembrando um sonho, discutindo algum problema desconexo, etc.), o terapeuta o escutará de forma empática, mas o guiará de volta até o foco original, mencionando a formulação do caso. O terapeuta poderá dizer:

> "Parece que esta situação com seu chefe nesta semana tem sido muito difícil de resolver. Como a depressão comumente faz as pessoas se sentirem frustradas e sobrecarregadas, não é surpresa que lidar com os relacionamentos do trabalho venha sendo difícil para você neste momento. Mas vamos olhar novamente para o que tem acontecido com seus esforços para se comunicar com seus pais sobre a cirurgia de redesignação sexual, que está se aproximando. Como já discutimos, a disputa de papel com seus pais sobre a inabilidade de eles o enxergarem como você é parece conectada com sua depressão; se você conseguir lidar com esse problema, sua depressão cederá, e você provavelmente achará mais fácil lidar com seu chefe."

De modo alternativo, o terapeuta pode aproveitar a questão do conflito com o chefe e abordá-la como outro aspecto da dificuldade do paciente com a comunicação, para retornar à disputa de papel com os pais.

Os terapeutas abandonam a formulação de caso apenas sob circunstâncias atípicas. Por exemplo, se o paciente de repente desenvolvesse sintomas novos que ameaçam sua vida, como ideação suicida ativa ou psicose, a formulação de caso seria abandonada, a fim de se tratar a segurança do paciente. Se o paciente passar por um evento importante e inesperado em sua vida no meio do tratamento (a morte de uma pessoa importante, uma mudança significativa em seu *status* socioeconômico), seria razoável suspender o foco inicial do tratamento para tratar das necessidades prementes do paciente. Espera-se retornar ao foco tão logo seja possível, mas, por outro lado, pode-se considerar renegociar o foco interpessoal ou abandonar a abordagem de tratamento da TIP.

A brevidade do tratamento em TIP deixa pouco espaço para erros na formulação de casos. O terapeuta deve utilizar as sessões iniciais de tratamento para buscar obstinadamente todas as áreas interpessoais problemáticas possíveis e para determinar um foco de tratamento antes de embarcar na fase intermediária do processo. É pouco provável que um terapeuta dedicado descubra, no meio do tratamento, que calculou seriamente mal a importância de uma área escolhida. Entretanto, se uma área-problema encoberta e impositiva surgir na fase intermediária, o terapeuta terá de renegociar o contrato de tratamento para lidar com ela.

Outras aplicações da formulação de casos em TIP

Colocar a depressão (ou outros transtornos psiquiátricos) em um contexto interpessoal e social pode ser uma técnica útil também para terapeutas que não trabalham com a TIP. Pacientes com depressão tendem a olhar para dentro de si e se culparem, acusando-se de fracos, preguiçosos, impotentes, falhos e maus, esquecendo da conexão geralmente intuitiva de que eventos afetam nossos estados de humor e vice-versa. Pacientes que tomam medicação antidepressiva, por exemplo, talvez se sintam aliviados quando relembrados do efeito que os estressores ambientais possuem em suas vidas, recebendo a informação de que a medicação pode, em breve, dar-lhes mais energia e iniciativa para lidar com tais estressores.

EXEMPLOS DE CASO

Modelo de exemplo de caso

Este modelo oferece aos leitores o roteiro (ou a fórmula) básico utilizado para compartilhar a formulação de caso com o paciente durante a fase inicial do tratamento (o exemplo a seguir é uma mudança de papel, mas uma linguagem similar seria aplicada para todas as quatro áreas-problema). O tom de voz deve ser sério, empático e, ao mesmo tempo, tranquilo e conversacional:

> "Você tem uma doença chamada transtorno depressivo maior, conforme discutimos quando preenchemos a *Hamilton Depression Rating Scale*. Vamos nos lembrar de que isso não é sua culpa e de que a depressão é uma condição tratável.
> "Pelo que você me disse, acho que sua depressão tem algo a ver com o que tem acontecido em sua vida: por exemplo, [a mudança de papel pela qual você tem passado em sua carreira/as coisas não têm sido as mesmas desde que seu marido morreu, e você tem tido problema em viver de verdade o luto/a disputa de papel que você tem tido com sua esposa/o que não tem acontecido em sua vida: as dificuldades que você tem em formar ou manter relacionamentos]. Se você resolver esses problemas, além de sua situação de vida melhorar, sua depressão também deve desaparecer. Isso faz sentido para você?
> "Existem várias maneiras comprovadas para se tratar a depressão. Uma delas é por meio de psicoterapia interpessoal, um tratamento antidepressivo breve que foca na conexão entre seu transtorno de humor e o que está acontecendo em

sua vida. Compreender essa conexão e usar esse conhecimento são meios de facilitarmos escolhas melhores e opções alternativas para lidar com sua situação e ajudar-lhe a se sentir melhor. Se você estiver disposto e isso fizer sentido para você, o que eu sugiro é que passemos as próximas 10 semanas trabalhando nisso. A TIP tem sido cuidadosamente testada em pesquisas e tem demonstrado ser um tratamento eficaz para o seu tipo de depressão. Então, temos boas chances de fazer *duas coisas* nas próximas 12 semanas: ajudar-lhe a solucionar seu [problema interpessoal: p. ex., disputa de papel] e, ao mesmo tempo, livrar-lhe deste episódio terrível de depressão."

Exemplo de caso 1

Este exemplo de mudança de papel ilustra a importância de se definir os papéis sociais transitórios antes e depois da mudança.

Mirai era uma caloura universitária de 19 anos de idade. Ela não relatou episódios depressivos prévios nem contatos com profissionais de saúde mental. Ela chegou ao centro de aconselhamento universitário, algumas semanas após o início do segundo semestre, relatando um humor triste desde as semanas iniciais do primeiro semestre, problemas em se concentrar nas aulas, níveis elevados de preocupação, sono ruim (dificuldade de adormecer, acordar durante a noite, dormir apenas cinco horas por noite), pouco apetite, períodos ocasionais de choro e pensando que talvez sua família estaria melhor se ela estivesse morta – embora não fizesse planos de tentar se matar. Não sendo alguém que normalmente consome álcool, ela estava bebendo de cinco a seis cervejas por noite nos fins de semana para "esquecer das coisas". Ela fumava maconha algumas vezes no mês, recreativamente. No PHQ-9, ela obteve um escore de 18, consistente com episódio depressivo maior de moderado a grave.

Na fase inicial da TIP, o terapeuta revisou as informações sobre a história da paciente e criou um inventário interpessoal. Mirai havia frequentado a escola pública e relatou uma infância e adolescência felizes, sem episódios prévios de depressão. Sua mãe era enfermeira certificada, e seu pai trabalhava com manutenção de edifícios. Ela tinha uma irmã mais nova que ainda estava no ensino médio. Seus pais emigraram para os Estados Unidos, saindo do sul da Índia no começo da década de 1990. Grande parte de sua família ainda morava em Mumbai, e eles não passavam muitos anos sem visitá-los.

Mirai foi para a faculdade com planos de obter um diploma em ciências da computação. Embora ela gostasse de matemática e ciências da computação, ela escolheu essa área porque seus pais creditavam o curso como uma formação prática que provavelmente a ajudaria a conseguir um bom emprego. Na verdade, ela não estava certa do que queria fazer na faculdade ou na vida. Quando pressionada, ela admitiu que sua verdadeira paixão era a música. Ela passava a maior parte de seu tempo livre praticando violão e sonhando em se juntar a uma banda, já que ela participara de uma no ensino médio, que havia sido sua principal válvula de escape social. Ela evitava as tarefas da faculdade e tirava notas ruins nas aulas de ciências da computação.

A mudança para a universidade foi difícil. Ela demorou a encontrar um grupo de amigos. Mirai estava acostumada a sair com outros músicos, mas estava com dificuldades de se conectar com a comunidade musical do *campus*. Ela sempre se sentiu atraída tanto por homens quanto por mulheres, mas agora estava começando a explorar sua identidade de gênero. Embora a comunidade *queer* do *campus* fosse aparentemente acolhedora, ela reconhecia em si uma homofobia e uma transfobia internalizadas, que vinha de suas próprias raízes sul-indianas, o que fazia ela ficar inquieta na comunidade LGBTQIAPN+. Ela sabia que os valores indianos tradicionais de seus pais dificultariam bastante uma conversa entre eles sobre sua orientação bissexual, quanto mais sobre seu questionamento sobre identidade de gênero. Ela pensava muito sobre essas questões, mas sentia que não tinha com quem as discutir.

Nesse ponto, o terapeuta reconheceu que Mirai passava por muitas mudanças em sua vida. O desafio na TIP é identificar a mudança mais importante e enquadrar essa questão como um foco de tratamento. Alguns focos possíveis incluem: mudança para a faculdade, mudança no relacionamento com seus pais, mudança de objetivos de carreira, evolução da identidade de gênero, transição da infância/da adolescência para a vida de jovem adulta. Nesse caso, por mais que as questões estivessem entrelaçadas, pareceu razoável eleger um sistema abrangente que permitiria à paciente e ao terapeuta trabalharem em vários desses temas ao mesmo tempo. Notem que Mirai relatou a primeira manifestação de sintomas logo após ter chegado na faculdade, o que sugere que a mudança para a escola ou para a vida adulta pudessem ser um enquadramento apropriado para o tratamento. Ao decidir "apostar alto", o terapeuta optou pela última, oferecendo à Mirai a seguinte formulação de caso:

"Seus sintomas depressivos começaram logo após o início de seu primeiro semestre. Parece que aconteceram muitas coisas nesse período. Você ficou insatisfeita com seu curso e sentiu que havia sido "jogada" nele por seus pais. Você teve dificuldade para dar vazão a seus talentos e suas paixões musicais, talvez porque se sentiu comprometida – mesmo que de modo ambivalente – com seus estudos em ciências da computação. Em paralelo, você se sentiu menos capaz de contar com seus pais para a apoiarem, pois você tem sofrido com dúvidas sobre sua identidade de gênero. Em resumo, você tem sofrido com as tarefas desenvolvimentais centrais da vida adulta: definir sua carreira, consolidar sua identidade de gênero, encontrar parceiros românticos, definir um grupo de amigos, desenvolver um novo tipo de relacionamento com seus pais. Isso faz parte de uma mudança de papel social normal da infância para a vida adulta. Ela pode ser, como tem sido, bem conturbada. E, no seu caso, se você tiver a vulnerabilidade biológica à depressão, ela pode estar associada à primeira manifestação de um episódio depressivo. A boa notícia é que, à medida que trabalharmos juntos nessa mudança de papel, para encontrarmos um caminho vitorioso da infância/da adolescência para a vida adulta que seja de sua escolha, você se sentirá melhor. E, à medida que seu humor melhorar, você achará mais fácil navegar por esses desafios. Como isso soa para você?"

Na Sessão 4 (começo da fase intermediária), Mirai obteve um escore de 12 no PHQ-9, ainda no intervalo da depressão, mas pontuando menos do que antes (escore inicial = 18). Ela relatou que se sentia aliviada pela formulação de caso, por ter um "plano". Ela pediu conselhos de carreira para o terapeuta, a fim de ajudar-lhe a mudar sua graduação. O terapeuta gentilmente redirecionou Mirai, sugerindo que um bom ponto de partida seria focar primeiro no papel antigo (infância/adolescência) antes de tentar "consertar" o papel atual. No trabalho de mudança de papel, terapeuta e paciente exploraram o papel antigo, discutindo os aspectos positivos e os não tão positivos do papel, na parte inicial da fase intermediária de tratamento.

Mirai inicialmente descreveu o ensino médio como "bem melhor do que a faculdade". Ela tirava boas notas e tinha um grupo de amigos em sua banda de *rock*, The M&M's, que ela formou com sua melhor amiga Mikala. Ela tocava contrabaixo, e Mikala era baterista. Ela lamentava o fato de Mikala não fazer mais parte de sua vida, já que frequentava uma universidade diferente, na qual ela parecia atolada em estudos e em seu namoro. Ela descreveu seus pais como amorosos, mas rígidos, "os típicos pais indianos". Ela gostava de comida caseira e de sair com sua irmã mais nova. Ela, na maior parte do tempo, se dava bem com sua família, mas admitiu que escondera deles seu interesse romântico por Mikala, bem como um relacionamento que teve com uma garota no terceiro ano do ensino médio. Ela também escondera seu relacionamento com Darius, o saxofonista de sua banda, pois namorar um não indiano era visto com maus olhos. Ela admitiu que, olhando em retrospecto, houve tempos durante o ensino médio em que ela se sentira triste e com raiva, sobretudo por causa de insatisfações com seus pais, as quais ela não podia expressar abertamente. Talvez a infância não tenha sido tão perfeita quanto ela se lembrava.

Na parte do meio da fase intermediária, o terapeuta e Mirai começaram a explorar os aspectos positivos e não tão positivos do novo papel. Seus escores de depressão permaneciam elevados, com um escore de 11 no PHQ-9. No princípio, Mirai só conseguia listar aspectos difíceis do papel atual: o desgosto em relação à faculdade, suas aulas, seu isolamento, seu medo de ser "descoberta" por seus pais e de se sentir perdida. No entanto, à medida que as conversas progrediram, ela começou a focar nos prazeres de sua recém-descoberta autonomia. Ao salientar a autonomia como característica da vida adulta ("Você pertence a si mesma agora"), o terapeuta a convidou a falar mais sobre o que ela percebia.

> "Não tenho certeza sobre meu gênero, se sou mulher, homem ou se me encontro em algum lugar no meio. Embora isso seja difícil, eu gosto de ter a liberdade para realmente pensar sobre quem eu sou e o que sinto. Eu não acho que poderia explorar minha identidade assim se estivesse em casa."

O terapeuta e Mirai falaram sobre experimentos de se apresentar como homem ou não binária e como isso foi para ela. Mirai reconheceu que se sentia empoderada por essas experiências, mesmo que estivesse incerta sobre sua identidade final. O terapeuta ressaltou que apropriar-se dessas experiências e saber que tais escolhas eram somente dela fazia parte da passagem da infância para a vida adulta. Depois da sétima sessão, Mirai decidiu mudar seus pronomes para "pronomes alternativos", consolidando posteriormente sentimentos de autoeficácia no processo de consolidação da identidade.

Mirai expandiu seu apoio social, sentindo-se cada vez mais confortável na comunidade *queer* de estudantes. À medida que sua identidade de gênero coalesceu como não binária, Mirai se sentiu mais preparada para focar em decisões sobre sua graduação. Reconhecendo que Mirai duvidava de que seguiria carreira em ciências da computação, o terapeuta sugeriu que ela fosse ao escritório de aconselhamento vocacional para explorar outras opções antes de mudar de curso, de modo que seu diploma pudesse servir como um trampolim em direção ao caminho profissional desejado. Após se encontrar por diversas vezes com o conselheiro vocacional, Mirai começou a se enxergar trabalhando em prol de grupos minoritários desassistidos, como imigrantes e a comunidade LGBTQIAPN+. Mirai via-se como advogada ou voluntária. Assim, decidiu mudar de curso, ingressando em antropologia, que possuía mais disciplinas relevantes, o que lhe ofereceria melhor capacitação para o caminho profissional escolhido.

À medida que o fim da TIP se aproximou, Mirai estava bem menos depressiva, obtendo um escore de 5 no PHQ-9 – fora do intervalo da depressão. Mirai estava engajada em várias organizações de seu *campus*, tendo começado a fazer amigos, a tocar baixo informalmente nos fins de semana e se inscrito em cursos de sua nova graduação. Mirai anunciou a mudança de graduação a seus pais, notícia esta que foi surpreendentemente bem aceita por seu pai, embora ainda tenha sido objeto de observações sarcásticas de sua mãe. Mirai escolheu não os informar sobre seus pronomes de preferência ou de seu gênero não binário. Sentia que esse assunto demandaria mais discussão, provavelmente quando retornasse para sua casa no verão. E reconheceu que isso seria difícil para seus pais compreenderem, mas seu plano era pedir a ajuda de sua irmã mais nova, que era muito compreensiva. Mirai achava que essa era a maneira "adulta" de lidar com relacionamentos desafiadores. O terapeuta reforçou que o papel social da vida adulta, de fato, não é definido pela ausência de conflitos, e sim pela habilidade de lidar com eles diretamente e contando com bom apoio social.

A fase de encerramento da TIP focou nas conquistas de Mirai, em seu progresso e nos sinais iniciais de aviso de depressão, caso ela precisasse buscar tratamento no futuro.

Exemplo de caso 2

Este exemplo de disputa de papel ilustra os processos necessários para se elucidar uma formulação de caso a partir de material clínico. Ele também demonstra como padrões comportamentais duradouros são reconhecidos, mas não diretamente acessados pela TIP.

Martha, uma empresária católica recém-casada de 31 anos de idade, apresentou-se com seu primeiro episódio depressivo maior, que já persistia há 11 meses. Ela começou a se sentir pressionada por seu marido (há um ano), de quem ela estivera noiva durante três anos antes de seu casamento. Seu marido, embora aparentemente fosse "a favor dos direitos iguais para as mulheres", havia começado de forma sutil e, então, forçosamente, a encorajá-la a abandonar seu emprego para ter filhos. Ela amava seu marido e estava aberta a uma possível maternidade, mas há muito se definia por meio de seu trabalho, tendo sido promovida recentemente, e estava relutante em abandonar seu emprego. Por volta dessa época, Martha notou o início de uma perturbação do sono e perda de energia, de apetite e de libido. Ela se sentia culpada de sua raiva, não expressada, mas consciente, em relação a seu marido, sentindo que se eles estavam com tantos problemas assim tão cedo no casamento, seu futuro estava condenado. Ela começou a ver um psicoterapeuta, mas abandonou o acompanhamento depois de oito meses, sentindo que ela não estava progredindo. O que precipitara sua segunda procura por tratamento foi um período menstrual atrasado que a fez achar que estava grávida.

Martha relatou um escore de 28 na HRSD (significativamente elevado) e se enquadrou nos critérios do DSM-5 para transtorno depressivo maior. Ela não relatou histórico de abuso de substâncias, distimia ou outro transtorno psiquiátrico. Sua mãe fora tratada para depressão. Quando seu pai morreu três anos atrás, ela conseguiu passar pelo luto, sentindo-se triste, mas não depressiva. Sendo a mais velha de duas irmãs, ela descreveu uma infância razoavelmente feliz, com pais excessivamente rígidos, exigentes, mas amorosos. Seu papel em casa era tirar boas notas e conseguir prêmios na escola, a fim de ter a aprovação de seus pais e de servir, às vezes, como mãe substituta de sua irmã. Ela teve dois relacionamentos sexuais importantes, ambos tendo durado muitos anos, antes de conhecer seu marido. Admirada em seu trabalho por sua dedicação, ela descreveu bons relacionamentos com seu chefe e colegas de trabalho. Martha descreveu a si mesma como alguém no geral "pra cima", que dava seu melhor naquilo a que se dedicava, que lidava com decepções de maneira estoica e que não gostava de ficar com raiva. Ela e seu marido haviam tido poucas discussões antes de a questão de seu trabalho surgir, uma vez que ela geralmente cedia aos desejos dele. Ele, embora cada vez mais preocupado com o estado de piora de sua esposa, não parecia entender a importância do trabalho para ela, nem os efeitos de seus próprios desejos: a sua depressão agravada era para ele apenas outro motivo para ela parar de trabalhar.

Neste ponto, o leitor talvez queira parar e refletir cuidadosamente. Quais áreas-problema parecem prováveis focos de intervenção? Há poucas sugestões aqui de luto complicado, dado que a habilidade de passar pelo luto relatada por Martha e a falta de vínculo temporal entre a morte de seu pai – um estressor interpessoal significativo – e a primeira manifestação de seu transtorno de humor. Nem há evidências de uma disputa de papel em seu ambiente de trabalho. Em casa, porém, encontramos uma clara disputa de papel com seu marido, que parece lhe deixar confusa sobre como resolver. Seu casamento e a promoção no emprego podem, ambos, constituir mudanças de papel (como também o seria a gravidez); na verdade, eles parecem tracionar sua noção de identidade e trajetória de vida em direções opostas. Seus bons relacionamentos e casamento argumentam contra possíveis déficits interpessoais; dada a presença de áreas problemáticas alternativas, nós iremos, de toda sorte, evitar a utilização desse foco. Portanto, a escolha fica entre uma disputa de papel e uma mudança de papel.

A terapeuta de Martha decidiu enquadrar a formulação como uma disputa de papel, por perceber que a dificuldade com seu marido era mais central do que as mudanças de papel. (Uma mudança de papel enfocando o casamento e o abandono de seu emprego diferiria principalmente em termos semânticos.) Ela disse:

"Diagnosticamos o problema como um transtorno depressivo maior; embora você se sinta culpada em relação à situação, isso é apenas um sintoma de sua doença, chamada depressão. Não é culpa sua. Seu escore Hamilton foi bem alto: 28. Mas não se preocupe, dentro de algumas semanas tentaremos baixá-lo para 7, fora do intervalo da depressão. E, sabe, sua depressão parece ter começado com a pressão de seu marido para você abandonar o trabalho que tem sido, e ainda é, tão importante para você. Você não parece saber como lidar com essa situação, e acho que isso está contribuindo para a sua depressão. Chamamos isso de disputa de papel.

"Existem vários tratamentos eficazes para a depressão, incluindo medicação antidepressiva, que você disse não querer tomar. Podemos falar sobre as razões a favor e contra a medicação. Outra abordagem é chamada psicoterapia interpessoal, ou TIP. A TIP atua ajudando-a a compreender a relação entre o que está acontecendo em sua vida e como isso afeta seu humor; uma vez que compreender isso, você poderá descobrir como lidar com as situações de sua vida. Assim que tiver resolvido essa disputa de papel com seu marido, é muito provável que você se sinta melhor. A TIP foi testada em pesquisas e comprovada como tratamento altamente eficaz para a depressão como a sua. Ela funciona em questão de semanas, também: vamos tratá-la nos encontrando semanalmente, por 12 semanas. Está tudo bem para você assim?"

Estava, sim, tudo bem. Embora àquela altura ela tivesse pouca perspectiva de se livrar da "bagunça" da sua vida, Martha ficou aliviada ao ouvir a formulação e concordou com a TIP. Ela voltou na semana seguinte se sentindo consideravelmente melhor, feliz em descobrir que não estava grávida. A terapia focou em aprender a tolerar e expressar sua raiva e utilizá-la para afirmar as próprias necessidades para seu marido. Ela primeiro simulou com sua terapeuta enxergar a raiva como uma resposta normal, útil em seu ambiente social, que poderia ser exprimida sem culpa.

Depois de quatro semanas, o escore Hamilton caiu para 9; na altura da semana 8, para 4; e, ao encerramento da terapia, estava em 3. Martha utilizou as semanas de terapia para inaugurar um diálogo mais equilibrado com seu marido, que começou a reconhecer a importância do papel do trabalho para ela, ficou feliz com a melhora dos sintomas da esposa (mesmo que um pouco surpreso com a nova assertividade de Martha) e concordou em adiar a parentalidade por alguns anos.

A terapeuta reconheceu que muitos dos padrões de Martha eram duradouros, mas ela enfocou, nas sessões, os relacionamentos presentes de Martha fora do trabalho, em vez de focar em sua infância. No meio da terapia, Martha relatou ter tido uma conversa esclarecedora com sua mãe sobre os direitos das mulheres e o papel da esposa no casamento. Elas concordaram que Martha faria bem em não repetir a postura demasiado submissa de sua mãe. Nas sessões finais, Martha lidou com as questões do encerramento de modo tranquilo. Seis meses e 12 meses depois, a terapeuta recebeu cartas da paciente relatando eutimia contínua. Muitos anos depois, ela recebeu a notícia de que um bebê batia à porta, por meio de uma carta explicando que Martha e seu marido agora tinham alegremente concordado em ter filhos. Martha, que havia sido promovida novamente, planejava continuar trabalhando meio período após a licença maternidade.

Exemplo de caso 3

Este caso apresenta uma paciente com luto complexo. Mary, uma mulher grávida e solteira, de 26 anos de idade, foi encaminhada para a clínica de saúde mental por seu obstetra, que estava preocupado com seu humor. Mary inicialmente estava relutante em se encontrar com um terapeuta, preocupada com a possibilidade de que não encontraria alguém com quem deixar seus dois filhos mais novos, de 3 e 5 anos, para ir às sessões. Como parte de um programa, uma terapeuta pôde se encontrar com Mary em sua casa para visitas semanais.

Ao longo das duas primeiras sessões, a terapeuta identificou uma história de sintomas depressivos, descobrindo que o humor de Mary havia rebaixado e que seu sono ficara errático cinco meses antes, quando ela descobriu que estava grávida. Utilizando a Escala de Depressão Pós-parto de Edimburgo (EPDS, do inglês Edinburgh Postnatal Depression Scale, instrumento construído para avaliar sintomas depressivos durante a gravidez; Cox, Holden, & Sagovsky, 1987), a terapeuta determinou que o escore (14) de Mary se enquadrava no intervalo moderadamente elevado e que, portanto, seria beneficiada pelo tratamento. Ela também aplicou uma medida de autorrelato de estilos de apego, a Experience in Close Relationships – Revised (ECR-r; Fraley & Shaver, 2000). Segundo a ECR-r, Mary apresentou níveis baixos de ansiedade e níveis elevados de evitação, sugerindo um estilo de apego evitativo-inseguro. Isso sugeriu à terapeuta que Mary pudesse ter dificuldade de confiar e tendência a se preocupar em relação à proximidade dos outros. Ela manteve esse modelo em mente enquanto trabalhava com Mary.

O inventário interpessoal revelou que Mary havia perdido um bebê com cinco meses de gestação, um ano antes da gravidez atual. Ela inicialmente minimizou a importância emocional da perda de seu filho, uma resposta que a terapeuta interpretou como consistente com um indivíduo com estilo de apego inseguro evitativo. Embora essa informação não tenha sido discutida de forma explícita com a paciente, a terapeuta utilizou seu entendimento da paciente para proceder mais lentamente do que ela do contrário faria, dando tempo à paciente para conhecê-la melhor e ficar confortável para revelar informações pessoais desconcertantes. À medida que as sessões avançaram, Mary por fim admitiu que pensava muito no bebê que perdera, chegando a revelar que havia lhe dado o nome Jaheem, em homenagem a seu pai. Ela também explicou que tentava de verdade não pensar sobre ele agora que estava grávida de um novo bebê, mas temia que isso fosse uma "batalha perdida".

Além de seus filhos, Mary era próxima de sua mãe e de sua irmã. Sua mãe a ajudava a cuidar de seus dois filhos, mas elas não se davam bem. Sua mãe criticava a criação que Mary dava aos filhos e sofria com suas próprias questões de saúde mental. Sua irmã, Miranda, vivia perto, mas estava ocupada cuidando de seus três filhos e conciliando dois empregos de meio período. Miranda ajudava Mary quando podia. Mary não tinha contato com o pai de seus filhos. O pai de seu bebê a visitava às vezes, mas ele só estava disponível esporadicamente, por causa de seu trabalho e sua dedicação aos seus outros filhos. Mary não o descreveu como emocionalmente presente.

Neste ponto, a terapeuta considerou duas áreas-problema possíveis: uma mudança de papel (gravidez) e luto devido à perda de seu bebê. Por existirem outras opções, a terapeuta não considerou déficits interpessoais. Teria sido plausível enquadrar este caso como uma mudança de papel, de "não grávida" para "grávida", mas ela escolheu enquadrar o problema como luto não resolvido, pois a paciente admitiu que pensava com frequência em Jaheem e que pensamentos sobre esta gravidez tornavam difícil para ela aceitar ou aproveitar a atual. [1] A terapeuta formulou o caso para a paciente da seguinte maneira:

> "Você percebeu que seu humor mudou logo após você ter descoberto que estava grávida. Embora você inicialmente tenha ficado empolgada com a notícia, logo começou a se preocupar que seu bebê pudesse morrer também. Você não tem dormido bem e não tem ganhado tanto peso quanto precisa. Esses são, ambos, sintomas da depressão. Você também evitou consultas com seu obstetra porque não acha que terá um bebê saudável. A desesperança é outro sintoma da depressão. Aos meus olhos, parece que sua depressão está ligada a sentimentos não resolvidos sobre sua gravidez anterior. Embora sinta parcialmente que já devia ter "superado" isso por agora, você foi fortemente afetada pela perda do Jaheem. Perder um filho é uma experiência terrível. Você lutou para afastar esses sentimentos e não pensar sobre o bebê, mas agora que você está grávida, esses sentimentos se tornaram uma parte considerável de sua vida. Sugiro que foquemos em seus sentimentos em relação à perda do seu Jaheem e em como eles estão afetando sua gravidez atual. Seu humor deve melhorar à medida que desvendarmos as ligações entre suas duas gravidezes e a ajudarmos a entender e expressar seus sentimentos em relação ao bebê que morreu."

Notem que, nessa formulação de caso, a terapeuta deliberadamente utilizou frases emocionalmente carregadas como "ao bebê que morreu". Ela observou a resposta da paciente a essas frases para se certificar de que a paciente pudesse tolerar material afetivamente carregado, especialmente sabendo que ela tinha um estilo de apego inseguro evitativo. A paciente ficou chorosa, mas não preocupantemente desprendida, durante a formulação. Isso deu uma razão para a terapeuta acreditar que ela estava no caminho correto com a formulação de caso. Caso a paciente tivesse demonstrado uma inabilidade de lidar com esse tipo de processamento emocional, a terapeuta poderia ter decidido reenquadrar o caso como uma mudança de papel, o que teria permitido que a paciente tratasse das questões de luto de forma indireta, focando ao mesmo tempo em questões mais neutras acerca da gravidez atual.

Durante o tratamento, a terapeuta instou Mary a revisar a experiência da gravidez anterior, suas expectativas sobre o bebê e sobre o parto. Elas discutiram os eventos levando ao nascimento de seu filho já morto: uma noite de cólicas confundidas com gastrenterite, seguida de sangramento vaginal e uma ida à sala de emergência; o choque de perder o bebê; a raiva de médicos insensíveis que lhe disseram friamente que a gravidez "não era viável"; e se sentir culpada por isso, como se, de algum modo, ela tivesse sido a responsável. Elas discutiram como Mary segurou seu bebê por pouco tempo, aterrorizada por sua pequenez e sua aparência estranha. Ela se lembrou de ter se sentido envergonhada por essa sensação de alívio que a inundou quando a equipe do hospital se ofereceu para tirá-lo de suas mãos e fazer o planejamento do enterro. Ficou claro que Mary nunca havia perguntado a seus médicos sobre a razão de o bebê ter nascido morto; ela concedeu que é possível que eles tivessem lhe dito na sala de emergência, mas que ela não tinha certeza. Com o encorajamento da terapeuta, Mary pediu a seu obstetra atual que eles discutissem as razões médicas para um bebê natimorto. Quando seu obstetra revisou o prontuário, este indicava que o bebê morreu porque o cordão umbilical estivera enrolado em seu pescoço. O obstetra salientou para Mary que isso era um desfecho infeliz, mas raro, e que era improvável que acontecesse novamente. Mary foi convidada a participar de suas consultas do pré-natal, e o obstetra reafirmou para ela que todos os testes até então estavam normais, e que não havia indícios de má-formação fetal em uma ultrassonografia recente.

Aliviada da culpa por seu bebê natimorto, Mary começou seu processo de luto pelo bebê perdido. Ela começou discutindo suas esperanças e seus sonhos para Jaheem, seu primeiro menino (ela tem duas meninas). Ela e o pai de Jaheem haviam terminado logo após a morte do bebê, agravando o sentimento de perda de Mary. Ela falou sobre o quão doloroso era se lembrar de Jaheem, mas também tinha medo de se esquecer dele quando o novo bebê nascesse. Ela admitiu que se preocupava com a possibilidade de perder o novo bebê assim como havia perdido Jaheem. Embora estivesse inicialmente relutante em externar seus medos para a terapeuta, ela parecia aliviada de ser capaz de confiar nela, percebendo que ela raramente era capaz de falar sobre seus sentimentos. Embora seu escore da EPDS inicialmente tivesse piorado (passado para 20) durante o processo de luto complicado, ele baixou para 4 (intervalo normal) à medida que a terapia progrediu. Mary permitiu-se pensar sobre o novo bebê e começou a se preparar para o nascimento. Ela compareceu às consultas do pré-natal regularmente. Em preparação para as demandas do período pós-parto, a terapeuta encorajou Mary a construir sua rede social e a persuadiu a aceitar ofertas de ajuda de membros da sua igreja, os quais ela havia evitado desde a morte de Jaheem, por medo de que, se os visse, surgiriam sentimentos incontroláveis.

O último encontro de TIP de Mary ocorreu três semanas após o parto sem complicações de uma saudável garotinha. Ela orgulhosamente apresentou sua bebê à terapeuta e relatou que ela estava bem, independentemente das demandas de cuidado de uma recém-nascida e de suas outras duas filhas. Além de parabenizar Mary tanto por sua bebê quanto por seu esforço na TIP, a terapeuta revisou o risco de recorrência da depressão durante o período pós-parto, instando-a a ligar para a clínica se ela percebesse novos sintomas depressivos. Mary concordou em proceder conforme orientado.

Exemplo de caso 4

Este caso descreve uma paciente com déficits interpessoais. Como é típico para esse tipo de paciente, a TIP produziu ganhos significativos, incluindo uma consciência renovada de comportamentos interpessoais e mudanças neles, mas o estilo de personalidade subjacente não foi alterado em 16 semanas. A paciente demandou encaminhamento para tratamento adicional ao fim do curso da TIP.

Melissa, uma auxiliar jurídica divorciada, de 42 anos de idade, foi encaminhada por uma profissional que a atendera depois de um *check-up* devido a uma série de reclamações médicas. Melissa relatou que se sentia triste e desesperançosa já há meses. Suas várias preocupações somáticas incluíam dores de cabeça recorrentes, dores de estômago, dores nas costas e inchaço. Ela estava satisfeita com a série de exames que a profissional lhe passara, mas relatou: "Eu ainda não me sinto bem". Seu escore da HRSD foi 16, refletindo um alto nível de queixas somáticas.

Não havia estressores recentes claros. Melissa havia trabalhado nos mesmos escritórios de advocacia durante 12 anos. Ela tinha orgulho de seu trabalho e era conhecida como alguém que poderia "sempre dar conta do recado". A despeito de sua reputação e seu prazer óbvio advindo do trabalho, Melissa tinha pouco contato com seus colegas. Ela geralmente trabalhava sozinha em um cubículo e passava seus almoços em algum lugar do restaurante lendo romances. Melissa morava sozinha. Ela não mantinha contato com sua família, que vivia distante. Ela tinha uma amiga, Martina, com quem falava todos os dias por telefone, mas que via raramente. Ela gostava de ler e de costurar. Uma ávida dançarina de *folk*, ela frequentava aulas de dança em grupo duas vezes na semana. Ela interagia com membros do grupo, mas não formava relacionamentos fora das atividades agendadas.

Melissa não tinha relacionamento romântico presente. Ela esteve casada brevemente no início de seus 30 anos, tendo conhecido um homem em um fim de semana de dança *folk* e se envolvido intimamente com ele. Eles passaram várias noites juntos por um período de dois meses antes de Melissa descobrir que estava grávida. Contra a vontade do homem, Melissa abortou. Paradoxalmente, ela se sentiu tão culpada que mais tarde concordou em se casar com ele quando pressionada. O casamento, que ela achava "claustrofóbico", acabou em menos de um ano.

A terapeuta agora já havia revisado todas as áreas interpessoais e descobrira uma escassez de relacionamentos. Melissa, não obstante, enquadrava-se nos critérios para transtorno depressivo maior e queria ajuda. A terapeuta, que ficou com a categoria de déficits interpessoais por falta de outra, concordou em tratar a paciente. Os dados sobre o casamento foram uma surpresa, dado seu isolamento social, demonstrando a importância de se coletar uma história cuidadosa e de procurar níveis mais elevados de funcionamento. A terapeuta ofereceu a seguinte formulação:

> "Seus vários problemas físicos podem estar relacionados a um transtorno de humor. Segundo esse escore Hamilton e minha impressão clínica, você tem um transtorno depressivo maior, que comumente causa ou piora os sintomas físicos que você descreveu. A depressão também torna difícil para você se sentir motivada para sair e passar o tempo com as pessoas. Você falou sobre o quanto gosta de socializar durante as danças *folk*, mas você acha que interage bem pouco com as pessoas em outros momentos. Você disse que gostaria de se encontrar mais com Martina e talvez começar outro relacionamento romântico. Eu acho que sua depressão está relacionada com sua dificuldade de encontrar e estar com as pessoas. Podemos pensar sobre maneiras para você desenvolver relacionamentos interpessoais mais satisfatórios e ao mesmo tempo aliviar seus sintomas depressivos. Isso faz sentido?"

Melissa mostrou-se surpreendentemente entusiasmada em relação à formulação e concordou com o tratamento. Inicialmente, a terapeuta pediu a ela que considerasse as mudanças que ela gostaria de fazer em seu relacionamento presente. Melissa pensou que seria agradável passar mais tempo com Martina pessoalmente, em vez de conversar somente por telefone, mas tinha receio que a amiga pudesse "não se interessar". A terapeuta a encorajou a pensar sobre opções para sugerir tal possibilidade à Martina. Encorajada por simulações de interação nas sessões de terapia, Melissa decidiu arriscar--se e convidar Martina para ver um filme. Para a sua surpresa, Melissa não só gostou do passeio como Martina a chamou para jantar na semana seguinte.

Feliz com esse sucesso, Melissa começou a considerar uma ampliação de seus contatos sociais. Embora ela tivesse afirmado que gostaria de passar tempo com mais pessoas, ela carecia das habilidades sociais necessárias para iniciar contato. Adotando uma abordagem de treinamento de habilidades sociais, a terapeuta sugeriu que Melissa considerasse iniciar uma conversa com uma colega de dança, Meryl, uma pessoa que ela gostaria de conhecer. Elas, de novo, simularam interações para testar a situação em um ambiente "seguro" antes que Melissa tentasse fazê-lo fora do consultório.

Como esse exemplo ilustra, a terapeuta deve ser bastante ativa com esses pacientes, encorajando-os a se arriscarem nos relacionamentos interpessoais e a quebrarem sua rotina. Devido ao fato de tais pacientes carecerem de habilidades interpessoais, a sugestão direta, a simulação de interações e a análise de comunicação se tornaram intervenções particularmente relevantes. É importante não forçar a barra com pacientes com uma ansiedade social desse tipo muito rapidamente, e sim, aos poucos, construir o progresso com base nos sucessos iniciais.

Melissa iniciou com sucesso uma conversa com Meryl no próximo encontro de dança *folk* e se surpreendeu quando Meryl a convidou para se juntar a ela e a dois homens em uma saída. Reflexamente, ela recusou o convite. Ao revisar o ocorrido na terapia, Melissa admitiu que estava com medo de repetir os eventos que a levaram a se casar e sentiu que beber com homens inevitavelmente daria em "sexo e complicações". A terapeuta a encorajou a encontrar atividades mais neutras. Melissa por fim concordou em sugerir a Meryl que elas saíssem para tomar um sorvete – em vez de bebidas – depois da próxima aula.

Com muita persuasão e prática, Melissa começou a passar tempo regularmente com Martina e Meryl. Ao fim das 16 sessões, ela estava socializando semanalmente, mas ainda estava longe de seu objetivo estipulado de buscar um parceiro romântico. Seus sintomas físicos arrefeceram um pouco, e seu humor estava bem melhor. Seu escore Hamilton melhorou um pouco, chegando a 10, mas permanecia no intervalo de depressão moderada.

A terapeuta parabenizou Melissa em seus esforços na terapia e disse a ela que, por já ter progredido, ela era uma boa candidata à continuidade da psicoterapia, para dar sequência ao trabalho com seus objetivos. Ela a encaminhou à psicoterapia de apoio com outro clínico. (A continuação da TIP seria outra opção razoável.)

APRENDENDO O MÉTODO

O treinamento em TIP está disponível para terapeutas de todas as disciplinas em saúde mental. Os pré-requisitos são muitos anos de experiência como psicoterapeuta e experiência clínica com o transtorno a ser tratado (p. ex., transtorno depressivo maior). Para obter treinamento específico na TIP, profissionais interessados devem ler o manual de TIP (Weissman et al., 2018) e, idealmente, participar de *workshops*. Devido à demanda crescente por terapias limitadas no tempo, específicas aos diagnósticos tratados e com potencial demonstrado, como a TIP, mais *workshops* estão sendo conduzidos para terapeutas experientes, e residentes de psiquiatria estão aprendendo a TIP em vários programas de treinamento (Markowitz, 1995, 2001). Sessões de treinamento costumam ser postadas no endereço eletrônico da International Society for Interpersonal Psychotherapy (ISIPT; *www.interpersonalpsychotherapy.org*), que inclui listas de capacitadores e supervisores certificados pela ISIPT.

O estudo do manual (Weissman et al., 2018) e um *workshop* de treinamento geralmente bastam para que clínicos experientes absorvam a técnica geral da TIP, a qual poderão, enfim, tentar aplicar à sua prática. Para dominar a técnica, porém, os terapeutas devem gravar em vídeo ou áudio três casos para treinamento e revisão detalhada, sessão a sessão, com um supervisor certificado pela ISIPT. A mensuração de sintomas em série também é importante.

CONCLUSÃO

A formulação de casos é relativamente pouco estudada, mas uma faceta importante da fase inicial da TIP. Agora que a eficácia da TIP foi demonstrada para diversos transtornos de humor e não afetivos, pesquisas acerca dos ingredientes da TIP, incluindo a formulação de casos, merecem mais atenção. Os leitores deste capítulo que não forem treinados em TIP podem, não obstante, experimentar os princípios inerentes à formulação de casos da TIP na avaliação e no tratamento de pacientes com depressão e outros transtornos psiquiátricos.

REFERÊNCIAS

American Psychiatric Association. (2013). *Diagnostic and statistical manual of mental disorders* (5th ed.). Arlington, VA: Author.

Amole, M. C., Cyranowski, J. M., Conklin, L., Markowitz, J. C., Martin, S., & Swartz, H. A. (2017). Therapist use of specific and non-specific strategies across two affect-focused psychotherapies for depression: Role of adherence monitoring. *Journal of Psychotherapy Integration, 27*, 381–394.

Bolton, P., Bass, J., Neugebauer, R., Verdeli, H., Clougherty, K. F., Wickramaratne, P., et al. (2003). Group interpersonal psychotherapy for depression in rural Uganda: A randomized controlled trial. *Journal of the American Medical Association, 289*, 3117–3124.

Bowlby, J. (1969). *Attachment and loss: Vol. 1. Attachment*. London: Hogarth Press.

Brown, G. W., & Harris, T. (1978). *Social origins of depression: A study of psychiatric disorder in women*. New York: Free Press.

Burke, N. L., Shomaker, L. B., Brady, S., Reynolds, J. C., Young, J. F., Wilfley, D. E., et al. (2017). Impact of age and race on outcomes of a program to prevent excess weight gain and disordered eating in adolescent girls. *Nutrients, 28*, 947.

Carroll, K. M., Rounsaville, B. J., & Gawin, F. H. (1991). A comparative trial of psychotherapies for ambulatory cocaine abusers: Relapse prevention and interpersonal psychotherapy. *American Journal of Drug and Alcohol Abuse, 17*(3), 229–247.

Cox, J. L., Holden, J. M., & Sagovsky, R. (1987). Detection of postnatal depression: Development of the 10-item Edinburgh Postnatal Depression Scale. *British Journal of Psychiatry, 150*, 782–786.

Cuijpers, P., Donker, T., Weissman, M. M., Ravitz, P., & Cristea, I. A. (2016). Interpersonal psychotherapy for mental health problems: A comprehensive meta-analysis. *American Journal of Psychiatry, 173*, 680–687.

Cuijpers, P., Geraedts, A. S., van Oppen, P., Andersson, G., Markowitz, J. C., & van Straten, A. (2011). Interpersonal psychotherapy of depression: A metaanalysis. *American Journal of Psychiatry, 168*, 581–592.

Elkin, I., Shea, M. T., Watkins, J. T., Imber, S. D., Sotsky, S. M., Collins, J. F., et al. (1989). National Institute of Mental Health treatment of depression collaborative research program: General effectiveness of treatments. *Archives of General Psychiatry, 46*, 971–982.

Fairburn, C. G., Jones, R., Peveler, R. C., Hope, R. A., & O'Connor, M. (1993). Psychotherapy and bulimia nervosa: Longer-term effects of interpersonal psychotherapy, behavior therapy, and cognitive behavior therapy. *Archives of General Psychiatry, 50*, 419–428.

Fraley, C. R., & Shaver, P. R. (2000). Adult romantic attachment: Theoretical developments, emerging controversies, and unanswered questions. *Review of General Psychology, 4*, 132–154.

Frank, E., Grochocinski, V. J., Spanier, C. A., Buysse, D. J., Cherry, C. R., Houck, P. R., et al. (2000). Interpersonal psychotherapy and antidepressant medication: Evaluation of a sequential treatment strategy in women with recurrent major depression. *Journal of Clinical Psychiatry, 61*(1), 51–57.

Frank, E., Kupfer, D. J., Perel, J. M., Cornes, C., Jarrett, D. B., Mallinger, A. G., et al. (1990). Three-year outcomes for maintenance therapies in recurrent depression. *Archives of General Psychiatry, 47*, 1093–1099.

Frank, E., Kupfer, D. J., Thase, M. G., Mallinger, A. G., Swartz, H. A., Fagiolini, A. M., et al. (2005). Two-year outcomes for interpersonal and social rhythm therapy in individuals with bipolar I disorder. *Archives of General Psychiatry, 62*, 996–1004.

Frank, E., Kupfer, D. J., Wagner, E. F., McEachran, A. B., & Cornes, C. (1991). Efficacy of interpersonal psychotherapy as a maintenance treatment of recurrent depression. *Archives of General Psychiatry, 48*, 1053–1059.

Frank, J. (1971). Therapeutic factors in psychotherapy. *American Journal of Psychotherapy, 25*, 350–361.

Grote, N. K., Bledsoe, S. E., Swartz, H. A., & Frank, E. (2004a). Culturally relevant psychotherapy for perinatal depression in low-income ob/gyn patients. *Clinical Social Work, 32*(3), 327–347.

Grote, N. K., Bledsoe, S. E., Swartz, H. A., & Frank, E. (2004b). Feasibility of providing culturally relevant, brief interpersonal psychotherapy for antenatal depression in an obstetrics clinic. *Research on Social Work Practice, 14*(6), 397–407.

Gunlicks-Stoessel, M., Westervelt, A., Reigstad, K., Mufson, L., & Lee, S. (2019). The role of attachment style in interpersonal psychotherapy for depressed adolescents. *Psychotherapy Research, 29,* 78–85.

Hamilton, M. (1960). A rating scale for depression. *Journal of Neurology, Neurosurgery, and Psychiatry, 25,* 56–62.

Hill, C. E., O'Grady, K. E., & Elkin, I. (1992). Applying the Collaborative Study Psychotherapy Rating Scale to rate therapist adherence in cognitive-behavior therapy, interpersonal therapy, and clinical management. *Journal of Consulting and Clinical Psychology, 60,* 73–79.

Inder, M. L., Crowe, M. T., Luty, S. E., Carter, J. D., Moor, S., Frampton, C. M., et al. (2015). Randomized, controlled trial of interpersonal and social rhythm therapy for young people with bipolar disorder. *Bipolar Disorders, 17*(2), 128–138.

Kendler, K. S., Kessler, R. C., Waters, E. E., MacLean, C., Neale, M. C., Heath, A. C., et al. (1995). Stressful life events, genetic liability, and onset of an episode of major depression in women. *American Journal of Psychiatry, 152,* 833–842.

Klerman, G. L., Weissman, M. M., Rounsaville, B. J., & Chevron, E. S. (1984). *Interpersonal psychotherapy of depression.* New York: Basic Books.

Kroenke, K., Spitzer, R. L., & Williams, J. B. (2001) The PHQ-9: Validity of a brief depression severity measure. *Journal of General Internal Medicine, 16,* 606–613.

Lipsitz, J., & Markowitz, J. C. (2016). Interpersonal theory. In J. C. Norcross, G. R. VanderBos, & D. K. Freedheim (Eds.), *American Psychological Association handbook of clinical psychology* (pp. 183–212). Washington, DC: American Psychological Association.

Markowitz, J. C. (1995). Teaching interpersonal psychotherapy to psychiatric residents. *Academic Psychiatry, 19,* 167–173.

Markowitz, J. C. (1998). *Interpersonal psychotherapy for dysthymic disorder.* Washington, DC: American Psychiatric Press.

Markowitz, J. C. (2001). Learning the new psychotherapies. In M. M. Weissman (Ed.), *Treatment of depression: Bridging the 21st century* (pp. 281–300). Washington, DC: American Psychiatric Press.

Markowitz, J. C., Bleiberg, K. L., Christos, P., & Levitan, E. (2006). Solving interpersonal problems correlates with symptom improvement in interpersonal psychotherapy: Preliminary findings. *Journal of Nervous and Mental Disease, 194,* 15–20.

Markowitz, J. C., Kocsis, J. H., Bleiberg, K. L., Christos, P. J., & Sacks, M. H. (2005). A comparative trial of psychotherapy and pharmacotherapy for "pure" dysthymic patients. *Journal of Affective Disorders, 89,* 167–175.

Markowitz, J. C., Kocsis, J. H., Fishman, B., Spielman, L. A., Jacobsberg, L. B., Frances, A. J., et al. (1998). Treatment of depressive symptoms in humanimmunodeficiency virus-positive patients. *Archives of General Psychiatry, 55,* 452–457.

Markowitz, J. C., Leon, A. C., Miller, N. L., Cherry, S., Clougherty, K. F., & Villalobos, L. (2000). Rater agreement on interpersonal psychotherapy problem areas. *Journal of Psychotherapy Practice and Research, 9,* 131–135.

Markowitz, J. C., Lipsitz, J., & Milrod, B. L. (2014). A critical review of outcome research on interpersonal psychotherapy for anxiety disorders. *Depression and Anxiety, 31,* 316–325.

Markowitz, J. C., & Milrod, B. (2011). The importance of responding to negative affect in psychotherapies. *American Journal of Psychiatry, 168,* 124–128

Markowitz, J. C., Patel, S. R., Balan, I., McNamara, M., Blanco, C., Brave Heart, M. Y. H., et al. (2009). Towards an adaptation of interpersonal psychotherapy for depressed Hispanic patients. *Journal of Clinical Psychiatry, 70,* 214–222.

Markowitz, J. C., Petkova, E., Neria, Y., Van Meter, P., Zhao, Y., Hembree, E., et al. (2015). Is exposure necessary? A randomized clinical trial of interpersonal psychotherapy for PTSD. *American Journal of Psychiatry, 172,* 430–440.

Markowitz, J. C., Spielman, L. A., Scarvalone, P. A., & Perry, S. W. (2000). Psychotherapy adherence of therapists treating HIV-positive patients with depressive symptoms. *Journal of Psychotherapy Practice and Research, 9,* 75–80.

Markowitz, J. C., Spielman, L. A., Sullivan, M., & Fishman, B. (2000). An exploratory study of ethnicity and psychotherapy outcome among HIV-positive patients with depressive symptoms. *Journal of Psychotherapy Practice and Research, 9,* 226–231.

Markowitz, J. C., Svartberg, M., & Swartz, H. A. (1998). Is IPT time-limited psychodynamic psychotherapy? *Journal of Psychotherapy Practice and Research, 7,* 185–195.

Messer, S. B., & Wolitzky, D. L. (2007). The psychoanalytic approach to case formulation. In T. D. Eells (Ed.), *Handbook of psychotherapy case formulation* (2nd ed., pp. 67–104). New York: Guilford Press.

Miklowitz, D. J., Otto, M. W., Frank, E., Reilly-Harrington, N. A., Wisniewski, S. R., Kogan, J. N., et al. (2007). Psychosocial treatments for bipolar depression: A 1-year randomized trial from the systematic treatment enhancement program. *Archives of General Psychiatry, 64*(4), 419–426.

Mufson, L., Dorta, K. P., Wickramaratne, P., Nomura, Y., Olfson, M., & Weissman, M. M. (2004). A randomized effectiveness trial of interpersonal psychotherapy for depressed adolescents. *Archives of General Psychiatry, 61*(6), 577–584.

O'Hara, M. W., Stuart, S., Gorman, L. L., & Wenzel, A. (2000). Efficacy of interpersonal psychotherapy for postpartum depression. *Archives of General Psychiatry, 57*(11), 1039–1045.

Parsons, T. (1951). Illness and the role of the physician: A sociological perspective. *American Journal of Orthopsychiatry, 21,* 452–460.

Ravitz, P., Watson, P., Lawson, A., Constantino, M. J., Bernecker, S., Park, J., et al. (2019) Interpersonal psychotherapy: A scoping review and historical perspective (1974–2017). *Harvard Review of Psychiatry, 27,* 165–180.

Rounsaville, B. J., Glazer, W., Wilber, C. H., Weissman, M. M., & Kleber, H. D. (1983). Short-term interpersonal psychotherapy in methadone-maintained opiate addicts. *Archives of General Psychiatry, 40,* 629–636.

Schatzberg, A. F., Rush, A. J., Arnow, B. A., Banks, P. L. C., Blalock, J. A., Borian, F. E., et al. (2005). Chronic depression: Medication (nefazodone) or psychotherapy (CBASP) is effective when the other is not. *Archives of General Psychiatry, 62*(5), 513–520.

Sotsky, S. M., Glass, D. R., Shea, M. T., Pilkonis, P. A., Collins, J. F., Elkin, I., et al. (1991). Patient predictors of response to psychotherapy and pharmacotherapy: Findings in the NIMH Treatment of Depression Collaborative Research Program. *American Journal of Psychiatry, 148,* 997–1008.

Suarez-Jimenez, B., Zhu, X., Lazarov, A., Mann, J. J., Schneier, F., Gerber, A., et al. (2020). Anterior hippocampal volume predicts affect-focused psychotherapy outcome. *Psychological Medicine, 50,* 396–402.

Sullivan, H. S. (1953). *The interpersonal theory of psychiatry.* New York: Norton.

Swartz, H. A., Rucci, P., Thase, M. E., Wallace, M., Carretta, E., Celedonia, K. L., et al. (2018). Psychotherapy alone and combined with medication as treatments for bipolar II depression: A randomized controlled trial. *Journal of Clinical Psychiatry, 79*(2), 16m11027.

Thase, M. E., Greenhouse, J. B., Frank, E., Reynolds, C. F., III, Pilkonis, P. A., Hurley, K., et al. (1997). Treatment of major depression with psychotherapy or psychotherapy–pharmacotherapy combinations. *Archives of General Psychiatry, 54*(11), 1009–1015.

Thase, M. E., & Rush, A. J. (1997). When at first you don't succeed: Sequential strategies for antidepressant non-responders. *Journal of Clinical Psychiatry, 58*(Suppl. 13), 23–29.

Verdeli, H., Clougherty, K., Bolton, P., Speelman, L., Ndogoni, L., Bass, J., et al. (2003). Adapting group interpersonal psychotherapy (IPT-G) for a developing country: Experience in Uganda. *World Psychiatry, 2,* 114–120.

Waters, E., Crowell, J., Elliott, M., Corcoran, D., & Treboux D. (2002) Bowlby's secure base theory and the social/personality psychology of attachment styles: Work(s) in progress. *Attachment and Human Development, 4,* 230–242.

Weissman, M. M., Markowitz, J. C., & Klerman, G. L. (2018). *The guide to interpersonal psychotherapy.* New York: Oxford University Press.

7

Mapeamento temático:
um método transteórico, transdiagnóstico de conceitualização de casos

Charles R. Ridley e Christina E. Jeffrey

ORIGENS HISTÓRICAS DA ABORDAGEM

O mapeamento temático, abordagem de análise de padrões à conceitualização de casos, é uma inovação relativamente recente. O caráter distintivo do modelo se respalda em suas características transteórica e transdiagnóstica. A incursão do método na literatura foi inaugurada por uma série de artigos em uma seção especial do *Journal of Clinical Psychology* (Jeffrey & Ridley, 2017; Ridley & Jeffrey, 2017a, 2017b; Ridley, Jeffrey, & Roberson, 2017a, 2017b), com um comentário posterior de Eells (2017). Os cinco artigos cobriram, respectivamente, estes tópicos: uma introdução, o problema duradouro da (des)conceitualização de casos, o modelo conceitual do método, o processo do método e um caso real utilizando o método. Eells apontou vários pontos fortes do método. Ele disse que o método possui um processo sistemático e lógico, que faz inferências para além dos "fatos", que convida o cliente a colaborar e que reduz erros no julgamento clínico. Sua crítica construtiva mais ardente foi a falta de comprovação do método por pesquisas. Como progenitores do mapeamento temático, apreciamos as afirmações de Eells e concordamos com sua crítica justificada. Devemos salientar que completamos uma prova de estudo de conceito para o mapeamento temático com resultados positivos (Jeffrey, Ridley, Quintana, & Terrebonne, 2019), e mais pesquisas estão a caminho.

O mapeamento temático nasceu de frustrações e insatisfações. Eu (C. R. R.) fui treinado em um programa tradicional de aconselhamento psicológico na University of Minnesota. Meu treinamento em conceitualização de casos se resumiu a aprender a interpretar o Inventário Multifásico de Personalidade de Minnesota (MMPI, do inglês Minnesota Multiphasic Personality Inventory), sem ir além. Como psicólogo acadêmico, desde então tenho dado aulas em quatro programas acreditados pela American Psychological Association (APA), investindo energia e trabalho consideráveis em treinamento psicoterápico. Além disso, abraço uma orientação científica/praticante, com seu comprometimento implícito ao rigor em ambos os domínios da ciência e da prática. Por interesse, mantive uma prática psicológica independente em vários momentos de minha carreira, o que serve como uma plataforma para implementar minhas ideias emergentes e fornecer casos em minha docência e supervisão. Essas experiências profissionais são o contexto do desenvolvimento do método.

Minha frustração deriva, em grande medida, da falta de padronização na formulação de casos e da consequente dificuldade que isso coloca para a prática clínica e para o treinamento de clínicos. Para um campo que promove a importância da prática baseada em evidências, e diferentemente de outras profissões da saúde que enfatizam a padronização do cuidado, as profissões de saúde mental e comportamental não possuem padronização correspondente. Desse modo, é praticamente impossível obter consenso sobre quais métodos de formulação de casos representam o que há de melhor da prática no campo. Nesse sentido, nós (Ridley & Jeffrey, 2017b) declaramos:

> A abundância de literatura demonstra de forma incontestável que não é a escassez de trabalho e pesquisa em formulação de casos que está na raiz deste enigma, mas uma resolução inadequada dos desentendimentos e das discrepâncias proeminentes acerca do tópico. As abordagens variáveis e não padronizadas à conceitualização de casos levaram a uma multidão de protocolos simplificados em excesso, bem como excessivamente complicados e/ou não explícitos em sua orientação. (p. 354)

Sugeri uma série de fatores que, coletivamente, alimentam esse problema. Definir a conceitualização de casos carece de um consenso de sua definição. Existe uma infinidade de modelos de formulação de casos. O *status* do julgamento clínico é desconcertante. Erros de julgamento e de inferência são difusos. Em resposta, desenvolvi um mapeamento temático para combater tais problemas. Por um lado, eu procurei fazer o método dar condições de formular quadros clínicos holísticos dos clientes. Com o reconhecimento de que humanos são complexos, compartimentalizar os clientes em segmentos, como comportamentos, cognições, emoções e relacionamentos interpessoais, provavelmente traz benefícios. Contudo, afirmamos que se acumula o máximo de benefícios quando os clínicos destilam as dinâmicas psicológicas dos clientes em temas centrais. Nesse método, temas narram a essência ou os menores denominadores comuns da psicologia dos clientes.

Por outro lado, quis que o método fornecesse uso eficiente para a ampla comunidade de clínicos, incluindo alunos cursando pós-graduação. Compreendi que as tarefas intelectuais e emocionais envolvidas na conceitualização de casos são exigentes e assustadoras. Portanto, procurei implantar um método que fosse direto, sem simplificações ou complicações excessivas do rigor inerente ao processo de uma conceitualização de caso sólida. Acreditamos que o método é útil à maioria dos clínicos, independentemente de seu nível de experiência, orientação psicoterápica ou dos *contextos* em que atuam. Ao ensinar o mapeamento temático, um de nossos objetivos é que os clínicos dominem o método bem o suficiente para treinarem outros em sua aplicação.

O desenvolvimento do mapeamento temático como um método começou para valer no verão de 2011. À época, eu ensinava os princípios de desenvolvimento, dogmas e protocolo em um estágio para doutorandos no programa de aconselhamento psicológico na Texas A&M University. Os sete estudantes do estágio se mostraram mais receptivos ao treinamento, de tal modo que dois deles foram coautores comigo dos artigos na seção especial. O quinto artigo relata a conceitualização de caso, realizada por Christina Jeffrey, de um indivíduo que ela viu durante o estágio (Jeffrey & Ridley, 2017).

As sementes conceituais dessa abordagem começaram a germinar muitos anos antes. Ao longo da minha carreira, preocupações acumuladas sobre padronização, eficácia de treinamento e competência em conceitualização de casos começaram a criar raízes. Por exemplo, a *APA Presidential Task Force on Evidence-Based Practice* (2006) destacou a necessidade de se aplicar princípios empiricamente fundamentados à formulação de casos. Fouad et al. (2009) posteriormente apontaram a formulação de casos entre um dos referenciais de competência em psicologia profissional. Nesse clima intelectual, fiz convergir três perspectivas teóricas: o modelo transteórico, o aconselhamento interacional e a entrevista descritiva comportamental. Como fios entrelaçados em uma corda, tais perspectivas formaram uma gênese bem firme para desenvolver o método.

O modelo transteórico credita a complexidade inerente à psicoterapia e oferece potencial para a unidade por meio das fronteiras tradicionais das orientações terapêuticas (Prochaska & Norcross, 2018). Ao fazê-lo, o modelo se baseia no amplo espectro das principais formas de terapia. O modelo abrange três dimensões centrais: processos de mudança, estágios de mudança e níveis de mudança. Aplicado ao mapeamento temático, o modelo dá aos clínicos a flexibilidade de selecionar uma variedade de intervenções e de técnicas para modificar disfunções. Além disso, uma vez que os clínicos tenham identificado padrões disfuncionais, as dimensões centrais do modelo fornecem-lhes um padrão para facilitar o processo de mudança terapêutica.

O aconselhamento interacional, uma amálgama de teorias relacionadas, dá ênfase a padrões de interação autoderrotistas e/ou autodestrutivos (Claiborn & Lichtenberg, 1989). Dentre suas muitas contribuições, a perspectiva traz várias características definidoras de padrões disfuncionais. Notavelmente, tais padrões são rígidos, autorrealizáveis, inescrupulosos e são acompanhados por uma construção cognitiva falha. Essas características esclarecem as palavras *autoderrotista* e *autodestrutiva*. Além do mais, os padrões são metamensagens que qualificam ou dão significado ao comportamento. Aplicando-os ao mapeamento temático, os clínicos têm agora uma rede com critérios operacionais para determinar se um padrão é disfuncional. Eles também possuem uma base teórica para interpretar o significado do comportamento sem depender do autorrelato dos clientes.

A entrevista descritiva de comportamento é uma abordagem estruturada utilizada na seleção de funcionários para coletar dados sondando o comportamento passado dos entrevistados em diversas situações (Janz, Hellervik, & Gilmore, 1986). A técnica apoia-se em um princípio bem-estabelecido de consistência comportamental: o melhor preditor do comportamento futuro é o passado (Quellette & Wood, 1998). Aplicado ao mapeamento temático, os clínicos empregam a habilidade de entrevista estruturada para coletar, descrever concretamente e investigar o comportamento do cliente manifestado em várias situações. Então, eles procuram consistência entre os comportamentos ao longo das situações, permitindo que se identifiquem padrões previsíveis.

MODELO CONCEITUAL

Das três categorias de conceitualização de casos no sistema de classificação de Sperry (2010), o mapeamento temático se encaixa na abordagem focada em padrões. O modelo conceitual do método inclui uma definição de mapeamento temático, 10 princípios fundamentais, sete características que definem o método, cinco conceitos centrais e uma teoria de mudança terapêutica.

Definição

Imagine um cano vazando em sua casa, com a água indo em direção aos banheiros no segundo piso. Por vários meses, tem havido um gotejar de água muito lento, mas constante, quase indiscernível. Quando você por fim toma consciência da situação, você supõe que o problema é a condensação vinda do sistema de resfriamento. Ao longo do tempo, o vazamento vai piorando e surgem algumas consequências indesejadas. Uma mancha de água começa a se formar no teto; mofo e esporos começam a crescer, criando um problema de saúde; e sua conta de água fica consideravelmente mais cara. Tais consequências são sintomas do real problema, embora você possa ficar tentado a intervir pintando sobre a mancha d'água no teto e vedando o cano com fita adesiva. Na realidade, sua avaliação inicial do problema foi falha, e você acabou tratando os sintomas, e não o problema. Quando os sintomas ressurgem, você opta pela solução de verdade e contrata um encanador, que substitui seu cano defeituoso por um novo cano, um funcional.

Utilizando o cenário descrito, o mapeamento temático é um método de identificação, interpretação e intervenção na disfunção do cliente. Ao modo do encanador, que identifica vazamentos repetitivos e substitui o cano defeituoso, os clínicos que utilizam o mapeamento temático identificam padrões disfuncionais e intervêm para ajudar os clientes a substituírem esses padrões por outros saudáveis e de autoaperfeiçoamento. Os padrões de autoaperfeiçoamento dos clientes são como novos canos que canalizam água, intactos, em direção a seu destino apropriado e que previnem gotejamentos. Os novos padrões adotados aparecem em oposição direta aos padrões disfuncionais, que têm como consequência a autoderrota. A estratégia substituta está conforme o princípio científico de que dois comportamentos opostos ou antitéticos não podem coexistir. O princípio também implica que, quanto mais os clientes adotarem padrões de autoaperfeiçoamento, menos eles vão se engajar em padrões de autoderrota.

Para substituir padrões disfuncionais, os clínicos primeiro devem identificar os padrões e compreender sua disfuncionalidade inerente. Alguns padrões são facilmente identificáveis; outros, não. Considere que o triângulo de Pascal contém muitos padrões numéricos incorporados em seu desenho, e todos estão em franca exposição. Entretanto, a maioria das pessoas reconhece apenas alguns padrões, pois elas não se encontram em sintonia com as muitas operações matemáticas dentro do triângulo. Elas precisam de uma explicação de alguém para quem os desenhos são reconhecíveis. De modo similar, muitos espectadores são incapazes de identificar e de apontar disfunções não tão óbvias nas pessoas, muitas das quais se escondem sob disfarces. Clínicos experientes, bem como aqueles inexperientes, podem falhar em reconhecer padrões disfuncionais de seus clientes, mesmo padrões envolvendo suas interações em primeira mão na terapia. Durante uma entrevista de admissão, uma nova cliente apresentou a um doutorando 10 páginas de seu diário. A cliente insistiu que o clínico/estudante utilizasse essas informações como ponto de partida para a terapia. O clínico não percebeu à época que o comportamento da cliente indicava seu padrão de controle de relacionamento.

Assim como matemáticos treinados, os clínicos precisam de um conjunto de habilidades para além da observação mecânica para discernir e interpretar disfunções. Nestas linhas, Ridley e Jeffrey (2017a) identificaram um importante desafio no mapeamento temático:

> Quais são os *padrões* persistentes e difusos que subjazem ao funcionamento psicológico e interpessoal dos clientes? Esses padrões indicam se a maneira de funcionar de um cliente leva ao autoaperfeiçoamento ou à autoderrota. No mapeamento temático, tais padrões são habilmente renomeados, passando a se chamar "temas". Algumas vezes, os temas são aparentes, mesmo aos olhos leigos ou dos neófitos no início de suas carreiras como profissionais da saúde mental. Contudo, muitos temas não são aparentes, fazendo até mesmo os clínicos mais experientes batalharem para identificar de forma correta a disfunção mais crítica embutida nas apresentações psicológicas dos clientes. (p. 376)

A identificação de padrões embutidos e não facilmente discerníveis no mapeamento temático depende sobretudo de habilidades que pressupõem a *observação indireta* do comportamento. Esse conjunto de habilidades segue um protocolo específico de coleta e organização de comportamentos associados a episódios comportamentais significativos nas experiências dos clientes. Em segundo lugar, o método emprega a *observação direta* de comportamentos associados às interações atuais dos clínicos com os clientes em terapia. Nas mãos de clínicos treinados, o mapeamento temático é uma poderosa ferramenta.

Princípios fundamentais

A utilidade do mapeamento temático depende da integridade de sua fundação. Estes 10 princípios constituem o alicerce do método.

1. *Facilitar a mudança terapêutica.* Como pilares da fundação, todas as atividades do método servem a esse abrangente propósito.
2. *Começar com uma conceitualização de caso clara e abrangente.* Para facilitar a mudança terapêutica, os clínicos devem formar um retrato coerente de seus clientes.

3. *Abordar a conceitualização de casos como um processo.* O mapeamento desenvolve-se como uma série de operações ao longo do tempo, e não como um único evento.
4. *Abarcar a complexidade das apresentações psicológicas.* Os clínicos devem fazer conexões entre todos os aspectos das experiências dos clientes (p. ex., emoções, comportamentos, cognições).
5. *Evitar a simplificação ou a complicação excessiva das apresentações psicológicas dos clientes.* Os dados coletados pelos clínicos não devem nem ser insuficientes nem desnecessários.
6. *Contextualizar as apresentações psicológicas dos clientes.* Sem referenciar o contexto, é provável que aconteça uma interpretação errônea de algum padrão.
7. *Reconhecer a possibilidade de vieses e pontos cegos por parte dos clínicos.* Os clínicos precisam proceder com humildade.
8. *Passar por um autoexame crítico.* Isso ajuda os clínicos a minimizarem seu potencial para os vieses e os pontos cegos.
9. *Manejar a objetividade e utilizar, discretamente, a subjetividade.* Neste método, os temas são interpretações subjetivas aplicados a padrões comportamentais objetivos.
10. *Obter desfechos terapêuticos positivos.* Esse é o objetivo final e a medida da efetividade da terapia e, por consequência, de uma conceitualização de caso sólida.

Características definidoras

Transteórico

As principais orientações terapêuticas oferecem conceitos e princípios inestimáveis. Sua força é também sua fraqueza, em que pese o fato de não serem abrangentes. Nenhuma teoria enquadra de modo abrangente o funcionamento das pessoas, a natureza da mudança, a conceitualização das dinâmicas psicológicas dos clientes e os tipos de intervenções úteis. O mapeamento temático procura superar essas limitações. O método utiliza conceitos e princípios que transcendem as fronteiras teóricas, e não aqueles específicos a teorias. Além do mais, o método permite aos clínicos utilizarem uma miríade de intervenções ao longo de uma extensão de orientações teóricas.

Transdiagnóstico

O método defende a posição de que uma conceitualização de caso sólida não substitui os benefícios de um diagnóstico psiquiátrico, embora possa ser mais útil que ele no que diz respeito ao tratamento geral. Dois pontos importantes compõem esse raciocínio. Primeiro, o mapeamento temático fornece mais informações idiográficas refletidas na constelação única de temas dos clientes do que se captura a partir das informações nomotéticas das categorias diagnósticas. Segundo, o método serve como um complemento ao diagnóstico, que fornece suas próprias informações para o tratamento.

Para além das queixas apresentadas

O método defende que os clínicos, não raro, conduzem mal o tratamento ao dedicar uma desmedida parcela de tempo e esforço com as queixas apresentadas pelos clientes. Certamente, uma terapia efetiva trata dessas queixas. No entanto, o mapeamento temático geralmente entende as queixas dos clientes como consequências ou sintomas de padrões disfuncionais subjacentes. Deixar sem tratamento a disfunção falha em tratar das queixas de um modo significativo. O alvo deve ser mudar os padrões, esperando que se sigam as mudanças nas queixas.

Visualização do cliente real

O mapeamento temático procura superar a nebulosidade metafórica comumente associada aos retratos clínicos que os profissionais fazem de seus clientes. A nebulosidade resulta da quantidade avassaladora de dados clínicos, das tentativas ineficazes de juntar as peças de dados que constituem de forma essencial um quebra-cabeça clínico ou da conceitualização baseada em uma orientação terapêutica preferida. Construímos o mapeamento temático como um farol que guia os clínicos através da névoa de dados excessivos e confundidores. O farol resulta em retratos mais lúcidos dos clientes.

Retrato holístico

Do mesmo modo que a clareza dos retratos clínicos é uma característica importante do método, também o é sua abrangência. O que faz dos retratos mapeados tematicamente holísticos é a filtragem de dados clínicos nos padrões abrangentes de funcionamento dos clientes. Os retratos consistem em padrões de autoaperfeiçoamento, bem como de padrões de autoderrota. Retratos holísticos maximizam os ganhos terapêuticos ao corrigirem padrões de autoderrota e reforçarem padrões de autoaperfeiçoamento.

Sensibilidade cultural

Questões multiculturais não são nota de rodapé ou apêndice, mas, antes, aspectos integrantes do mapeamento temático. O método opera sob as premissas de que todo aconselhamento e toda terapia ocorrem em um contexto cultural, e todos os clínicos e clientes levam à terapia seus valores e suas crenças culturais (Draguns, 1989; Kleinman, 1988). Sendo assim, aqueles que confeccionam mapas temáticos incorporam intencionalmente a cultura em suas conceitualizações de casos (Ridley & Kelly, 2007). Na seção seguinte, sobre as considerações multiculturais, explicamos e demonstramos como funciona a incorporação intencional da cultura.

Processo sistemático

O método procura eliminar a necessidade de adivinhação encontrada em abordagens desestruturadas à conceitualização de casos. Novamente, apreciamos o reconhecimento de Eells (2017) da natureza sistemática e lógica do método. Ridley e Jeffrey (2017a) descrevem essa característica da seguinte maneira:

> O mapeamento temático é um processo sistemático que abarca uma série de operações desenvolvidas de modo gradual através das ações clínicas. A coleta sistemática, a síntese e a interpretação de dados previnem os clínicos de realizarem inferências infundadas sobre seus clientes, pulando para conclusões precipitadas ou selecionando intervenções baseadas em "palpites". (pp. 384-385)

Nossa experiência coletiva ensinando em dois programas de doutorado revela *feedbacks* comuns de supervisores de estágio. O método é imensamente útil na estruturação do processo de conceitualização de casos.

Conceitos centrais

Existem seis conceitos centrais no modelo conceitual do mapeamento temático: disfunção, episódio comportamental, tema, subtema, mapa e metáfora.

1. *Disfunção*. Essa é uma forma padronizada de enfrentamento que é, inerentemente, autoderrotista. O enfrentamento consiste em emoções e cognições humanas, mas se manifesta expressamente no comportamento humano. Todos os padrões possuem suas causas e consequências únicas. As causas costumam ser ganhos secundários, em que a pessoa, sem saber, deriva benefícios psicológicos do engajamento em algum padrão desadaptativo. Ironicamente, as consequências costumam ser significativamente mais onerosas do que benéficas. O termo *padrão* sugere repetição, e não aleatoriedade, e, portanto, que o comportamento é previsível. Uma cliente tinha um padrão autodestrutivo de procurar a aprovação de homens. Variações do padrão ocorreram em vários relacionamentos ao longo de sua vida, com o denominador comum de que ela fazia toda e qualquer coisa por sua conta e risco.

2. *Episódio comportamental*. É esse o contexto dos padrões disfuncionais. O episódio original costuma ser traumático, estressante ou emocionalmente carregado. Um episódio pode ser um único evento ou uma série de experiências que, coletivamente, constituem o contexto do padrão disfuncional. A reação do indivíduo estabelece o estágio da disfunção. A cliente mencionada no parágrafo anterior revelou em terapia que, quando criança, ouvira seus pais tendo uma discussão intensa enquanto achavam que a filha estava dormindo. Em um momento de ira, seu pai disse que ela não era sua filha, um comentário que seus pais nunca negaram ou confirmaram. Ouvir o pai naquela noite terrível foi um episódio isolado, mas crescer na família foi um epi-

sódio prolongado. Seu pai parecia apenas tolerar sua presença em casa e não a acolhia com afeto paternal.

3. *Tema*. Um tema é uma narrativa unificadora e dominante que resume um padrão disfuncional. Por um lado, um tema narra a totalidade do funcionamento comportamental, interpessoal, emocional e cognitivo de uma pessoa. Ele captura o comportamento e a dinâmica psicológica associada ao padrão, como no caso da cliente mencionada, cuja forma de enfrentamento foi agir como se fosse órfã de pai. Sendo esse o tema dominante em sua vida, ela persistia em um estilo de vida repleto de comportamentos de autoderrota para conseguir atenção, aprovação e afeição, primeiramente de seu pai e, então, de uma série de homens.

4. *Subtema*. Um subtema é uma narrativa que emana de um tema dominante e o apoia. Subtemas esclarecem de maneira considerável o retrato geral da disfunção de um cliente. Muitas vezes, vários subtemas podem ser identificados.

5. *Mapa*. O mapeamento temático é uma ferramenta que permite formar um retrato da tipologia das apresentações psicológicas e navegar através da tipologia em direção a um retrato mais claro. Ambos os aspectos do mapa são essenciais. Enquanto mapa, o método guia clínicos para que sejam capazes de coletar, organizar e sintetizar dados sobre seus clientes, o que culminará na descoberta de seus padrões e na rotulação de padrões como temas.

6. *Metáfora*. Após mapear um padrão e identificar seu tema, os clínicos selecionam uma metáfora para representar um significado simbólico do padrão. O significado simbólico fornece uma interpretação que se estende para além do comportamento literal. Ela também aponta para o que precisa ser mudado. Selecionar metáforas demanda pensamento crítico e um julgamento clínico sólido. "A princesinha rejeitada do papai" tornou-se uma metáfora útil tanto para a cliente mencionada antes quanto para o profissional que a acompanhou, a fim de orientar sua conceitualização e seu tratamento. Dando suporte a essa metáfora para o seu tema dominante, "Natalie sapeca", "a eterna vítima" e "andarilha" foram metáforas úteis para seus subtemas.

Teoria de mudança terapêutica

O protocolo e as técnicas do mapeamento temático dependem de uma teoria de mudança terapêutica. Para esclarecimento, essa teoria (i.e., os processos internos pelos quais as pessoas passam a fim de mudarem) não é uma teoria madura de psicoterapia (i.e., os processos externos que facilitam a mudança terapêutica). A primeira diz respeito à transformação interna; a última, à facilitação da transformação interna. A teoria propõe que as pessoas melhoram seu bem-estar psicológico ao substituírem seus padrões disfuncionais por funcionais. Como em qualquer transformação, demandas desconfortáveis e não raro assustadoras acompanham o engajamento dos indivíduos no processo de substituição de padrões. É comum que os clientes resistam a se engajarem, achando mais fácil permanecer em um estado de disfunção do que responder às demandas de mudança. Clínicos competentes reconhecem a resistência como um impasse terapêutico e confrontam seus clientes em uma tentativa de eliminar o impasse.

Essa teoria de mudança terapêutica tem vários benefícios. Principalmente ao mapearem padrões disfuncionais, os clínicos podem ajudar seus clientes a reconceitualizarem seus problemas para além de suas queixas presentes. A reconceitualização altera o alvo de mudança das queixas e dos sintomas apresentados para os problemas fundamentais. Em segundo lugar, ao codificar a disfunção em comportamentos concretos, os clínicos conseguem mover o alvo de mudança, retirando-o do território da abstração. Problemas abstratos são praticamente impossíveis de serem modificados, pois não sabemos exatamente o que deve ser mudado. Em terceiro lugar, ao demonstrarem que disfunções são autoderrotistas, os clínicos podem melhorar os desfechos terapêuticos ao ajudarem seus clientes a substituírem seus padrões antigos por aqueles que nutram o autoaperfeiçoamento. Codificados com concretude, os padrões de autoaperfeiçoamento se tornam mais atingíveis. Por fim, ao engajarem seus clientes em um processo colaborativo, os clínicos podem criar um ambiente propício à mudança. O ideal é que os clientes participem do mapeamento, ajudem a estabelecer os objetivos de tratamento e concluam as tarefas entre as sessões.

CONSIDERAÇÕES MULTICULTURAIS

Como já mencionado, as considerações multiculturais são essenciais ao mapeamento temático. Uma vez que a cultura medeia grande parte dos comportamentos humanos, padrões disfuncionais costumam ter um fundo cultural. Esse fundo consiste nos valores e nas crenças da cultura levados ao extremo. Os clínicos devem ser astutos o suficiente para ultrapassarem a superfície e conectarem os valores e as crenças aos comportamentos dos clientes, do contrário, é quase certo que os clínicos perderão oportunidades de interpretarem de maneira sólida as disfunções dos pacientes. Aqueles profissionais que realizam o mapeamento temático honram e respeitam, com sinceridade, a cultura de seus clientes. Entretanto, eles devem compreender a falha implícita na sensibilidade cultural confusa e respeitar, com aceitação livre de crítica, os valores e as crenças culturais dos clientes (Ridley, Ethington, & Heppner, 2007). A literatura sugere, erroneamente, que qualquer desafio à cultura do cliente sinaliza desrespeito e insensibilidade. Muitos clínicos são tão imparciais em relação à sua competência multicultural que aceitam sem crítica qualquer expressão dos valores culturais de seus clientes.

Para superarem esse engano, os clínicos devem perceber que alguns clientes normalizam sua disfunção. Esses clientes consideram seus comportamentos como expressões legítimas em sua cultura. Eles não os enxergam como extremismos que trazem como consequência a autoderrota. Imersos na cultura, seus compatriotas reforçam a disfunção ao invés de confrontá-la. Os clínicos devem desconstruir a normalização, a fim de facilitar a mudança terapêutica. Esse é um desafio assustador, é verdade. Os clínicos, de algum modo, devem convencer seus clientes de sua disfunção, coisa que eles podem, facilmente, interpretar de forma errada, como se fosse uma denúncia de sua cultura. Portanto, os clínicos têm que manejar esse delicado equilíbrio entre sensibilidade cultural e confrontação cultural. A última coisa que eles querem é parecer insensíveis, desrespeitosos ou intolerantes.

A desconstrução ocorre ao se conectar o extremismo às suas consequências de autoderrota. Por causa da normalização, os clínicos devem antecipar a resistência e se prepararem para uma confrontação cultural (Ridley & Kelly, 2007). Vocês conseguem ouvir algum cliente exclamando ruidosamente: "Mas isso é minha cultura". Os clínicos devem também monitorar sua própria apreensão, uma vez que isso vai contra toda a sua formação sobre sensibilidade e tolerância. Mais importante, eles devem compreender que o fracasso em desconstruir a normalização de padrões desadaptativos contraindica os objetivos da terapia.

Ridley et al. (2017b) relataram um caso real em que a terapeuta teve de desconstruir a normalização de um cliente norte-americano de origem mexicana. Ele se apresentou com vários problemas físicos, causados, sobretudo, por um estilo de vida estressante, um trabalho exaustivo e uma extrapolação dos próprios limites. Por muitos anos, ele trabalhou em dois empregos, com carga horária anormalmente longa. Ele tinha hipertensão e, antes de começar a terapia, tivera um ataque cardíaco. Inadvertidamente, ele estabelecera um paradigma em que seus familiares pareciam irresponsáveis e eram fonte de estresse adicional para ele. Batizado de "a pedra" por sua terapeuta, ele inicialmente considerou seu comportamento como uma expressão normal de masculinidade em sua cultura e família, ou *machismo*.[1] Em contrapartida, a profissional interpretou sua forma de *machismo* como disfuncional. Seu comportamento não só era uma armadilha mortal como também perpetuava a irresponsabilidade por parte de seus familiares próximos e distantes. Eles se beneficiavam à custa dele.

Para interpretar a disfunção, a profissional teve de identificar o fundo cultural. Ao longo de detida investigação, ela descobriu que uma gangue havia matado o pai do cliente quando ele era adolescente; consequentemente, o cliente precisara assumir um papel de chefe de família, buscando um emprego para ajudar a sustentá-la. Isso se tornou um estilo de vida para ele, sua mãe e suas irmãs, e se intensificou à medida que ele foi se tornando adulto e passando a assumir o papel de marido e pai. A terapeuta, porém, não normalizou o comportamento. Em vez disso, ela relacionou seu comportamento às suas consequências de autoderrota e o diferenciou do *machismo* de muitos outros homens também de origem mexicana, que se esforçam para sustentar suas famílias, mas não a ponto de se prejudicarem. Levar um valor cultural a um extremo comprometedor – não a natureza inerente ao *machismo* – foi a causa da disfunção "d'A Pedra". Sem essa

---

[1] N. de T. Termo do espanhol.

interpretação do papel da cultura em seu comportamento, qualquer esforço para facilitar a mudança terapêutica seria em vão.

EVIDÊNCIAS A FAVOR DO MÉTODO

Colocamos o ensinamento do mapeamento temático à prova empírica ao expor seis doutorandos em psicologia (em seu 2º ano) ao modelo em um *workshop* introduzido em vários intervalos ao longo de seis semanas. Esse *workshop* ocorreu durante supervisões em grupo em uma clínica de saúde mental comunitária. Os doutorandos criaram várias formulações de casos pré e pós-exposição ao mapeamento temático, com clientes que eles já estavam acompanhando durante o semestre. Eu (Jeffrey) avaliei as formulações de casos e atividades relacionadas ao processo de mapeamento temático dos estudantes ao longo do *workshop* por níveis de complexidade, processo sistemático, adequação temática e identificação de conteúdo. Isso incluiu comparações de formulações de casos criadas antes e depois das exposições ao mapeamento temático.

As variáveis de complexidade e processo sistemático tiveram origem no trabalho de Eells sobre formulação de casos e foram mensuradas utilizando-se o *Case Formulation Content Coding Method* (CFCCM; p. ex., Eells, Kendjelic, & Lucas, 1998; Eells, Lombart, Kendjelic, Turner, & Lucas, 2005). Segundo Eells et al. (2005), uma formulação de caso de alta *complexidade* indica que o clínico integrou várias facetas do cliente em uma formulação de caso que resulta em uma "apresentação significativa", ao passo que o *processo sistemático* se refere à quantidade de evidências que um clínico utilizou em um método *a priori* para o desenvolvimento de formulações de casos. Adaptada da variável de adequação de Eells do CFCCM, a adequação temática mede o nível de "adequação" do tema aos dados organizados de um cliente (Jeffrey et al., 2019). Os autores adaptaram essa variável para avaliar melhorias na identificação de temas e síntese de dados de clientes ao longo do *workshop*. Todas as três variáveis foram ordenadas entre 0 e 4.

Avaliadores independentes estabeleceram a confiabilidade dessas variáveis acompanhando três sessões. Os autores desidentificaram, aleatorizaram e avaliaram independentemente as formulações de casos dos participantes em um período de 48 horas. Coeficientes de correlação intraclasse (ICCs) para as variáveis de complexidade, processo sistemático e adequação temática foram 0,97, 0,98 e 0,93, respectivamente, que se distribuíram entre moderadas a excelentes, conforme as diretrizes de Koo e Li (2016).

Todos os participantes demonstraram melhorias significativas em todas as três variáveis ao longo do *workshop*, com alguns participantes melhorando dentro dos menores escores possíveis no CFCCM no início até os maiores escores possíveis na conclusão do *workshop*. De um modo geral, os participantes demonstraram melhoria média de 2,75 para a complexidade, 2,66 para o processo sistemático e 1,66 para a adequação temática. É pertinente destacar que os participantes que obtiveram os menores escores em todas as três variáveis após o *workshop* ainda tiveram seus escores superiores quando comparados aos participantes com os maiores escores antes do *workshop*.

A identificação de conteúdo se refere ao grau de *inclusividade* de dados importantes e culturalmente sensíveis dos clientes. Isso incluiu o registro do número de "unidades de ideia" ou a expressão escrita de um pensamento completo (Eells, Kendjelic, Lucas, & Lombart, 1998; Stinson, Milbrath, Reidboard, & Bucci, 1994). Para avaliar isso, os autores registraram unidades de ideia não repetitivas a partir das fichas de mapeamento temático dos participantes ao longo do *workshop*, incluindo características culturais, padrões comportamentais e eventos de vida importantes, rotulados "episódios". Todos os participantes demonstraram aumento significativo nas unidades de ideia identificadas em todos os três domínios, com um aumento médio de 20 unidades de ideia no geral. Os participantes demonstraram a maior melhoria na identificação de episódios dos clientes, com uma melhoria média de 10 unidades de ideia de "episódios". A melhoria média nas características culturais e nos comportamentos também foi notável, com aumentos médios de 5,5 e 4,5 unidades de ideia, respectivamente.

Os resultados desse estudo de prova de conceitos sugerem que esse método de ensino do mapeamento temático, introduzido na forma de *workshop*, leva a melhorias nas conceitualizações de casos criadas por doutorandos em seu início de carreira em termos de complexidade, processo sistemático, adequação temática e identificação de conteúdo. Está sendo elaborado, na forma de publicação, um manuscrito de Jeffrey et al. (2019) sobre os resultados desse estudo. Essa análise inicial da eficácia de ensino do mapeamento temático com estagiários em psicologia é promissora para as pesquisas e as implicações futuras para o tratamento terapêutico.

PASSO A PASSO DA FORMULAÇÃO DE CASOS

O método de formulação de casos consiste em três estágios sequenciais expandidos por sete passos clínicos do processo. Os estágios seguem uma progressão lógica da identificação do tema até sua interpretação e posterior intervenção. Cada estágio tem um objetivo, uma estratégia norteadora e tarefas específicas ao estágio. O domínio de cada estágio é vital à uma conceitualização de caso sólida. Nós resumimos os estágios e, em seguida, elaboramos os passos do processo. Diferentemente dos estágios, os passos não são sequenciais, e sim integrados ao longo dos estágios segundo o necessário.

Três estágios

Estágio 1: identificação do tema

Este enfoca a coleta de dados do cliente, especificamente das informações comportamentais que levam à uma identificação dos padrões do cliente. Ele é composto por quatro componentes: (1) reunir descrições comportamentais em torno de um objetivo, (2) utilizar a indução como a estratégia-guia para coletar e sintetizar os dados comportamentais em temas coerentes, (3) criar uma lista de episódios comportamentais e (4) evitar interpretações precipitadas.

Estágio 2: interpretação do tema

A ênfase deste estágio é dar significado aos padrões identificados no primeiro. Quatro componentes o constituem: (1) fazer uma inferência conectando padrões a suas causas e suas consequências enquanto objetivo, (2) utilizar a dedução como a estratégia-guia para fazer inferências, (3) atribuir metáforas que rotulem de forma adequada os padrões e (4) desenvolver subtemas.

Estágio 3: intervenção no tema

Este consiste na mudança exequível. É constituído por cinco componentes: (1) estabelecer o objetivo de substituir padrões disfuncionais por novos padrões de autoaperfeiçoamento, (2) utilizar a colaboração como estratégia-guia, (3) selecionar intervenções, (4) monitorar o progresso do cliente e (5) avaliar os desfechos terapêuticos.

Sete passos clínicos

Conduzir uma entrevista inicial

Dada a natureza holística e idiográfica do mapeamento temático, faz sentido que sua conceitualização de casos comece já no início da terapia. Como dito previamente, um terapeuta pode ser o especialista no consultório, mas os clientes são os especialistas em suas próprias experiências. Por tal razão, a primeira tarefa que o terapeuta deve realizar no mapeamento temático é coletar informações do cliente que, ao mesmo tempo, desenvolvam a aliança terapêutica e orientem o mapeamento temático por meio da identificação indutiva de episódios, comportamentos e padrões.

Para construir a aliança e coletar esses "dados" do cliente, é vital ao terapeuta que escute, enxergue, acredite e valide as experiências do cliente. O terapeuta alcança essa meta ao dar espaço ao cliente no consultório utilizando um estilo de entrevista empático e aberto. A entrevista permite ao cliente que guie a série de eventos revelados em vez de ser levado a responder uma série de perguntas predefinidas. A entrevista é sistemática em sua natureza, mas não é um método rígido de coleta de dados; em vez disso, os terapeutas que utilizam o mapeamento temático são encorajados a deixarem o cliente liderar o caminho e direcioná-lo conforme necessário.

O raciocínio para um estilo de entrevista flexível é triplo. Primeiro, os clientes podem fornecer informações adicionais sobre comportamentos e episódios aos terapeutas por meio da ordem e da maneira com as quais eles relatam suas experiências. Segundo, dada a natureza colaborativa do mapeamento temático, entrevistas não estruturadas permitem aos clientes compartilharem um retrato mais preciso de seu mundo interior, o que honra sua proficiência pessoal e lhes permite sentir empoderados. Por último, permitir que os clientes guiem o processo de entrevista cria melhores condições para que os terapeutas façam perguntas subsequentes importantes, a fim de coletar informações, especificamente sobre episódios de comportamento. Os terapeutas são encorajados a continuarem a coletar informações ao longo da terapia, tratando, assim, a conceitualização de caso como um processo contínuo, e não como um evento singular.

Identificar características culturais

Após a entrevista inicial, os terapeutas começam o mapeamento temático identificando e listando características culturais importantes para construir a conceitualização através das lentes multiculturais centradas no cliente. Definições de multiculturalismo delineadas pela APA (2002) e pela quinta edição do *Manual diagnóstico e estatístico de transtornos mentais* (DSM-5; American Psychiatric Association, 2013) conduzem os clínicos vinculados ao mapeamento temático na criação dessa lista. Isso inclui, embora não unicamente, raça, etnia, idade, práticas geracionais, sexo, gênero, conceitualização e prática de papéis sociais de gênero, orientação sexual, condição socioeconômica, níveis de aculturação/enculturação, educação, condição de veterano militar, deficiências visíveis e não visíveis, e religião/espiritualidade dos clientes. Além disso, essa lista inclui normas culturais, costumes, rituais ou práticas que os clientes considerem importantes.

Os clínicos são encorajados a tomarem nota das características culturais das pessoas importantes no sistema do cliente, aquelas que ele identifica voluntariamente. Isso pode incluir práticas religiosas de outras pessoas da família; deficiências de indivíduos que vivem em sua casa; e identidades racial, étnica e de gênero de seus parceiros, seus pais e seus filhos. Enfatizamos a importância de se notarem ambos os tipos de características culturais, minoritárias e majoritárias, do cliente. Por exemplo, se um cliente não se identifica como tendo uma deficiência, os clínicos são encorajados a registrá-lo em sua lista de considerações culturais, para não adotarem uma abordagem deficitária da visão dos clientes que, não intencionalmente, podem impedir que o clínico considere o papel do privilégio cultural no funcionamento do cliente.

Evitar interpretações precipitadas

Após a identificação preliminar de características culturais, os clínicos registram suas interpretações e conceitualização iniciais do cliente. Isso pode incluir, e com frequência o faz, considerações iniciais de diagnósticos. O propósito desse passo é permitir aos clínicos, intencionalmente, que identifiquem pressupostos passíveis de inclusão na formulação de caso. Com este passo, não estamos acusando os clínicos de viés, e sim tratando da tendência humana natural aos erros de juízos e inferenciais (Ridley et al., 2017a). Afirmamos que a conceitualização de casos e o processo terapêutico nunca estão completamente livres do viés clínico. No entanto, dar um passo consciente em direção à autorreflexão pode enfraquecer as consequências não intencionais de tal viés sobre o cliente. Portanto, os clínicos precisam de autocompaixão, além de empatia para com seus clientes.

Construir uma lista de episódios comportamentais

Com base na identificação de possíveis interpretações precipitadas, os clínicos constroem a lista de episódios comportamentais. Ela consiste na criação de três colunas ordenadas sequencialmente da seguinte forma: (1) episódios, (2) comportamentos e (3) padrões.

Episódios

Os clínicos iniciam este processo listando eventos influentes, ou "episódios", que o cliente identifica na primeira sessão e nas subsequentes. O objetivo desta fase é distinguir eventos de vida que possam ser formadores de identidade pessoal, padrões comportamentais, apresentação clínica e forças adaptativas do cliente. Episódios podem ser tanto eventos positivos quanto negativos na vida do cliente.

Exemplos de episódios de vida notáveis incluem ter filhos, casar-se, formar-se na escola, o surgimento de deficiências, experiências de trauma e a perda de entes queridos. Eventos transicionais, como imigração, prisão e o começo de uma nova fase de vida também são considerações importantes. Além disso, alterações na dinâmica familiar, como divórcio, conflitos entre irmãos, remoção de um filho do lar e recasamento, costumam ser altamente influentes sobre as vidas do cliente. Os clínicos também podem incluir episódios repetitivos, abarcando instâncias recorrentes de abuso ou de oscilação da presença dos cuidadores na vida de uma criança. Recomendamos que os clínicos identifiquem entre 10 e 20 episódios.

Comportamentos

Definimos "comportamentos" como atividades psicomotoras que são observáveis, repetíveis e mensuráveis. Tais comportamentos podem ser experiências internas autorrelatadas (p. ex., conversa interna negativa recorrente) e atividades, como "dominar a conversação, ser prolixo, criar conflitos, fugir de responsabilidades pessoais ou beber excessivamente" (Ridley et al., 2017b, p. 395). Muitas vezes, esses comportamentos ficam mais aparentes nos relacionamentos do cliente com outras pessoas, dentro da relação terapêutica inclusive. Embora os clínicos possam observar de modo direto alguns comportamentos em sessão, eles devem mapear comportamentos passados ou presentes que ocorrem fora da terapia. À medida que a aliança terapêutica se aprofunda, os clientes costumam realizar essa tarefa naturalmente ao revelarem novas reflexões, afetos e experiências relacionados a seu sofrimento original.

De maneira similar, os clínicos são encorajados a listarem comportamentos importantes, algumas vezes chegando ao número de 10 a 20. Aqui, os profissionais devem manter em mente muitas considerações. Eles devem focar em obter descrições de comportamentos, antecipar padrões que emergem das descrições e evitar interpretações precipitadas. Embora os clínicos possam inicialmente ter dificuldades para identificar padrões de comportamento ou ser relutantes em "registrar" um comportamento sem mais informações sobre o cliente, um objetivo central do mapeamento temático é continuar a coleta de descrições de comportamentos de seus clientes ao longo da terapia. Como resultado, essa coluna comumente é desenvolvida à medida que o cliente continua a frequentar a terapia, sobretudo à medida que a aliança se aprofunda e o sofrimento inicial do cliente diminui. Além disso, notas de progresso que incluam observações do clínico acerca da apresentação em sessões do cliente podem dar assistência à identificação de comportamentos.

Padrões preliminares

Após coletar um número suficiente de comportamentos e episódios, o próximo passo do mapeamento temático é identificar padrões que emergem dentro dos dados. Neste passo, "os clínicos devem olhar para além do conteúdo da descrição do comportamento para encontrar a função, ou propósito, comum às várias descrições de comportamentos" (Ridley et al., 2017b, p. 397). De forma específica, os clínicos o fazem ao atribuir significado aos comportamentos do cliente à luz dos episódios de vida deste. Os clínicos podem deduzir um padrão ao longo dos episódios comportamentais ou múltiplos padrões que expliquem a apresentação geral do cliente. Para ajudar na identificação de padrões, Ridley et al. (2017b) encorajam os clínicos a questionarem o que os clientes ganham ao manterem determinado padrão de comportamento, especialmente se tal padrão é desadaptativo.

Desafiar vieses

Enquanto deduzem os padrões dos clientes, os clínicos devem dar um passo adicional para desafiar possíveis vieses na construção da lista de episódios comportamentais. Isso inclui certificar-se de que o profissional (1) tenha coletado um número suficiente de comportamentos e episódios para derivar padrões relevantes, (2) tenha dado pesos idênticos às considerações de episódios e comportamento e (3) tenha dado embasamento suficiente para os padrões identificados. Os clínicos devem também colocar sob escrutínio sua própria identificação de padrões para checarem possíveis redundâncias de temas entre os clientes. Por fim, o mapeamento temático exige que os clínicos contra-argumentem suas próprias inferências e explorem evidências científicas existentes que possam embasar sua conceitualização presente.

Criar um tema e seus subtemas

Uma vez que os clínicos tenham identificado um padrão claro, ou uma série de padrões, eles então atribuem uma metáfora ao tema que representa o funcionamento do cliente fora de descritores diagnósticos. Esse tema é criativo e específico à pessoa. Na prática, os profissionais criaram metáforas com origem em natureza (p. ex., "jardim esquecido e terreno vazio"; "vulcão em erupção"), animais (p. ex., "leão no campo de batalha", "de lagarta à borboleta"), jogos infantis (p. ex., "Monopoly"; "espirobol"), itens (p. ex., "balão perdido", "fita elástica") e atividades físicas (p. ex., "piloto forçado de uma montanha-russa"; "boxeador e saco de pancadas").

Ridley et al. (2017b, p. 401) recomendam que, para ajudar com a seleção de um tema, os clínicos "visualizem o padrão de comportamento do cliente, relacione-os a verbos que descrevam a ação e, então, conecte a metáfora às consequências dos comportamentos". Além disso, clínicos em treinamento acharam as metáforas utilizadas nas terapias de aceitação e comportamental (p. ex., Association for Contextual Behavioral Science, 2016) guias úteis na criação de suas próprias metáforas. Ridley et al. (2017b) argumentam que, ao utilizar um tema específico ao cliente, o clínico torna-se capaz de evitar explicar demais a nomenclatura diagnóstica, coisa que faz perder as complexidades das experiências únicas do cliente.

A partir desse tema, o clínico consegue construir subtemas posteriores para acrescentar profundidade à conceitualização de caso. Ao relacionarem os subtemas com a metáfora geral, os clínicos são capazes de desafiar e expandir suas conceitualizações temáticas de seus clientes. É esse o tema – e subtemas relacionados – que servem como o fundamento do plano de tratamento subsequente.

Encorajar a colaboração do cliente e a expansão continuada

Todo o processo do mapeamento temático ocorre tanto dentro quanto fora da terapia. Os clínicos são encorajados a construírem as listas de episódios comportamentais com seus clientes, disponibilizando-a, inclusive, em sessão, a fim de expandi-la à medida que a terapia se desenvolve. Dada a ênfase na colaboração neste método de conceitualização de casos, os clientes também são encorajados a participarem na criação de seus próprios tema e subtemas. Contudo, os autores enfatizam que o melhor método para o clínico utilizar para colaborar com seus clientes no mapeamento temático é se adequar às preferências terapêuticas e ao estilo de seu cliente. Desse modo, os clínicos colaboram com o cliente de uma forma e em um grau que o cliente experimenta como terapêuticos, e não mandatório, no sentido de serem coagidos a colaborar com o profissional em sua conceitualização.

Na prática, os clínicos relatam experiências positivas na construção do mapeamento temático com certos clientes em sessão. Especificamente, esses clientes citaram a identificação de seus problemas presentes com um tema colaborativo como mais abrangente e menos estigmatizante do que seus diagnósticos clínicos. Outros profissionais, sobretudo aqueles trabalhando com clientes de funcionamento intelectual mais baixo, acharam que compartilhar aspectos gerais da lista de episódios comportamentais ou de padrões hipotéticos com os clientes foram atitudes mais favoráveis à terapia do que estabelecer conjuntamente os temas e subtemas. Além do mais, alguns clientes preferiram não colaborar em suas conceitualizações; em vez disso, confiaram no clínico ou esperaram que este agisse como o especialista em formulações.

PLANEJAMENTO E PRÁTICA DO TRATAMENTO

O planejamento e a prática do tratamento integram o mapeamento temático, uma vez que a "intervenção no tema" é o terceiro estágio lógico do método. Quando a identificação e a interpretação do tema significativo ocorrem nos dois estágios anteriores, os clínicos embarcam em um processo vigoroso e abrangente de facilitar a mudança terapêutica. É claro, entendemos que os dois primeiros estágios também representam um aspecto da mudança terapêutica, uma vez que o objetivo de ajudar os clientes a perceberem um retrato de si mesmos é um precursor da mudança comportamental. Comparamos os dois primeiros estágios a segurar um espelho psicológico na frente dos clientes. Estes variam imensamente em um *continuum* quanto à sua receptividade ao mapeamento e aceitação do que enxergam no espelho. Alguns abraçam o processo com todo seu ser a ponto de prontamente darem descrições comportamentais. Descobrimos que algumas das metáforas mais pungentes na captura de temas vêm dos próprios clientes. Outros resistem profundamente ao mapeamento ou à aceitação da imagem que aparece no espelho. Quando isso ocorre, os clínicos tentam motivar os clientes e, quando necessário, confrontar sua resistência.

Após os clínicos e os clientes concordarem com os padrões e metáforas correspondentes representativas de seus temas, eles estabelecem o objetivo de substituir os padrões disfuncionais pelos padrões de autoaperfeiçoamento. Esse tipo de planejamento de tratamento fornece uma estrutura aos clínicos, dá a eles uma direção para facilitar a mudança e, como relatado por vários estagiários, ajuda-os a superarem sentimentos de incerteza sobre o processo. Um estagiário diz o seguinte: "Na condição de terapeutas, muitas vezes ficamos limitados e sem poder de ação em vez de promovermos uma mudança significativa em muitos dos fatores que influenciam as vidas de nossos clientes".

Para planejar o tratamento, os clínicos forjam a descrição de padrões disfuncionais em comportamentos concretos e definíveis. O mapeamento temático repudia descrições comportamentais abstratas, pois abstrações podem têm múltiplos significados comportamentais; isso pode gerar confusão no que diz respeito ao que o cliente realmente precisa mudar. Um exemplo de uma descrição concreta de um padrão disfuncional é "manipular os outros para assumirem suas responsabilidades pessoais", enquanto uma versão mais abstrata é "comportar-se irresponsavelmente". A última versão não indica precisamente a natureza do comportamento irresponsável, dificultando a compreensão do que exatamente precisa ser mudado.

Já as descrições comportamentais concretas da disfunção são uma configuração para operacionalizar e direcionar concretamente os padrões comportamentais que melhoram a si mesmos, eliminando as suposições para o alcance da meta terapêutica. Adotar esses novos padrões, o extremo oposto dos padrões disfuncionais, beneficia os clientes. Um padrão de autoaperfeiçoamento expressado em termos concretos é "cumprir as responsabilidades pessoais por meio do esforço próprio, sem manipular os outros". Esse padrão é observável, mensurável e, como consequência, uma ação contrária ao padrão disfuncional.

Em seguida, os clínicos estabelecem objetivos específicos para cada tema e subtema. Eles colocam os objetivos na forma infinitiva, dando conotação da necessidade de os clientes agirem concretamente. Para o exemplo citado, alguns objetivos possíveis são os seguintes: criar uma lista das principais responsabilidades da pessoa; estabelecer prioridades dentro dessas responsabilidades; marcar horários específicos para lidar com as responsabilidades. Outros objetivos seriam: buscar orientação para lidar com responsabilidades para as quais a pessoa se sente incapaz; identificar um parceiro de responsabilidade para apoio; planejar recompensas para o progresso representado pela conquista de objetivos. Cada um desses objetivos são ações para tornar o padrão central uma realidade estável na vida do cliente.

Em todo caso, os clínicos utilizam a colaboração como a estratégia-guia para intervirem nos padrões disfuncionais identificados por meio desses objetivos. Utilizando a aliança terapêutica como fundamento, os clínicos procuram motivar seus clientes a se engajarem em atividades que promovam automudança nas sessões e fora delas. Por exemplo, um clínico pode passar planos de ação semanais entre as sessões; estas costumam compor o planejamento de tratamento e ser bastante úteis para os clientes, que se beneficiam dessas atividades terapêuticas. Nesse caso, uma expectativa pode ser que os clientes levem cadernos ou dispositivos tecnológicos para a sessão para registrar seus planos de ação semanais relacionados aos seus objetivos. Os clínicos afirmam e reforçam para que seus clientes realizem ou tentem cumprir suas tarefas, ao mesmo tempo que desafiam aqueles clientes quando eles não o fazem.

Os clínicos selecionam de forma criteriosa as intervenções. Dada a natureza transteórica do mapeamento temático, os profissionais dispõem de uma ampla gama de intervenções, dependendo das necessidades peculiares de seus clientes. No mínimo, eles costumam psicoeducar seus clientes para ajudar-lhes a compreender a natureza de sua disfunção. De modo específico, eles fazem a conexão do padrão às suas causas e às suas consequências. Além disso, muitos clínicos utilizam abordagens terapêuticas como a ativação comportamental, a modelação e *role playing* em sessões para começarem a praticar os padrões de aprimoramento pessoal. Essa prática opera sobre as premissas científicas de que dois comportamentos opostos não podem coexistir e de que a transferência de padrões positivos fora da terapia começa durante as sessões.

Os clínicos monitoram o progresso do cliente e avaliam os desfechos psicoterápicos. Na verdade, o mapeamento temático emprega avaliações formativas e sumativas, considerando-as intrinsecamente ligadas à facilitação da mudança do cliente. Reconhecemos que a mudança normalmente não é linear e que os clientes sofrem com atrasos e lapsos. Portanto, uma vez que o planejamento de tratamento começa, defendemos que os clientes relatem seu progresso semanal e/ou tarefas em cada sessão. Especificamente, defendemos o uso de mensurações quantitativas individuais para monitorar seus progressos, como o Questionário sobre a Saúde do Paciente – 9 e o Outcome Questionnaire-45 (OQ-45). Nas sessões, é possível que peçamos aos clientes que recontem sua implementação de novos comportamentos. Durante o relato, os clínicos podem avaliar os comportamentos e compará-los com as autoavaliações dos clientes. Isso se torna a base para uma discussão qualitativa, levando à possível concordância ou discordância sobre os progressos dos clientes e o planejamento contínuo do tratamento. Pedimos aos clientes para descreverem suas tarefas com os objetivos. Para cada padrão-alvo, avaliamos a mudança do cliente em uma escala Likert e fornecemos comentários sobre a mudança do padrão. O encerramento do tratamento demanda avaliações elevadas consistentes pelos clínicos e pelos clientes em relação aos novos padrões de funcionamento.

EXEMPLO DE CASO

O exemplo a seguir é em parte ficcional e em parte uma amálgama de vários indivíduos tratados por um clínico com domínio pleno do método – Richard – nas etapas finais de seu treinamento. Destacamos o processo de utilização do mapeamento temático com esse cliente, incluindo uma variação da metáfora original identificada por Richard para determinado caso. Ainda, apresentamos o curso de tratamento do clínico com o cliente – a quem Richard acompanhou durante uma hora semanalmente, por 25 sessões – e os desfechos. Apresentamos uma representação gráfica do mapeamento temático criada pelo clínico responsável na Figura 7.1.

Visão geral das queixas apresentadas pela cliente

Jazmin é uma afro-americana de 20 anos de idade que buscou terapia devido a alterações frequentes e inesperadas de humor, rompantes de raiva, depressão, suicidalidade e fadiga. Além disso, ela relata um histórico de adição à cocaína, mas negou adições atuais, a despeito de engajamentos repetidos. À época da terapia, Jazmin havia recentemente perdido a custódia de seus filhos para a mãe biológica dela. Embora relate que está buscando terapia devido aos "próprios problemas", ela enfatizou que gostaria de ajuda para recuperar a custódia dos filhos, Tamara (2) e Jamal (14 meses).

Entrevista clínica

Jazmin afirmou que sua decisão de começar a terapia resultou da retirada de Tamara e Jamal de sua casa pelo Child Protective Services (CPS); isso ocorreu após o namorado de Jazmin, Mark, que morava com ela, ter acionado a polícia e acusado Jazmin de violência doméstica contra ele. A polícia prendeu Jazmin, mas não a acusou devido à falta de evidências. Entretanto, o CPS removeu seus filhos de casa após Jazmin ter testado positivo para uso de cocaína. Seus filhos estavam agora sob custódia da mãe de Jazmin, o que a enfureceu devido à história que sua mãe tinha de negligência e abuso verbal contra a paciente e suas irmãs quando crianças.

Jazmin mora atualmente com Mark na casa que ela cresceu quando criança, que sua mãe permitiu que ela alugasse mensalmente. Jazmin salienta que ela, ao mesmo tempo, "odeia e ama o Mark mais do que tudo" e permite que ele more com ela por causa do suporte financeiro adicional que ele dá. Jazmin relatou uma história importante de trau-

Características culturais de Jazmin	Queixas de Jazmin	Possíveis interpretações precipitadas
1. 20 anos de idade 2. Afro-americana 3. Mulher, gênero feminino 4. Heterossexual 5. Solteira 6. Condição socioeconômica baixa (abaixo da linha da pobreza) 7. Abandonou o ensino médio 5 meses antes de se formar 8. Mora com o atual parceiro romântico de 2 meses, Mark – homem branco de 44 anos 9. Tem dois filhos de dois namorados antigos – (Tamara, 2 anos; Jamal, 14 meses) 10. Diagnóstico de transtorno por uso de substância, transtorno bipolar tipo II e fibromialgia; diagnóstico provisório de transtorno da personalidade *borderline* 11. Dificuldades com leitura, mas sem diagnóstico de transtorno de aprendizagem 12. Desempregada 13. Criada como cristã (batista), mas não possui religião ou espiritualidade atualmente 14. Sem condição de veterano militar 15. Mora em cidade grande, na mesma casa e vizinhança em que cresceu quando criança	1. Sente-se deprimida, desesperançosa e extremamente fatigada 2. Raiva/explode com os outros e tem alterações de humor; de repente e sem aviso 3. Quer recuperar a guarda dos filhos	1. Problemas originados do abuso de substâncias 2. Transtorno do tipo bipolar com episódios maníacos 3. Possível transtorno depressivo

FIGURA 7.1 Exemplo de mapeamento temático com uma cliente.

ma e abuso por parte de várias figuras em sua vida, incluindo abuso emocional por parte de seu pai, negligência e abuso físico por parte de sua mãe e abuso sexual repetido de seu tio e padrinho. Jazmin destacou que ela cresceu sabendo que a maioria dos adultos em sua vizinhança eram usuários contumazes de cocaína e testemunhou sua mãe usando a droga "diversas" vezes. Jazmin compartilhou diversas instâncias de sua infância em que passou fome e teve de assumir um papel paternal para suas três irmãs mais novas. Normalmente, isso envolvia a incapacitação de sua mãe devido ao uso de drogas.

Jazmin disse que costumava ser próxima de suas irmãs, mas que agora sentia como se elas "estivessem mortas" depois de a terem renegado dois anos e meio atrás; isso foi por volta da mesma época em que ela começou o uso habitual de cocaína, que fora apresentado a ela pelo pai de Tamara três meses antes de ele falecer. Jazmin relatou poucos relacionamentos que lhe servissem de apoio além de Mark e com frequência sentia que as pessoas estavam "apenas esperando para [me] decepcionar", embora ela se lembrasse de uma amiga a quem ela havia ajudado a superar um episódio depressivo no ano passado. Jazmin acrescentou que ela não havia conversado com o pai de Jamal desde que ela contou a ele sobre sua gravidez.

No início da terapia, Richard e Jazmin discutiram as experiências passadas da paciente e suas expectativas em relação à terapia. Ela compartilhou desde o início que já havia tentado fazer terapia antes, com dois terapeutas, mas interrompera o acompanhamento rapidamente com ambos. Jazmin afirmou que tinha dificuldade de confiar em terapeutas quando eles não lhe pareciam autênticos. Richard normalizou e validou os padrões de desconfiança de Jazmin em relação a seus terapeutas anteriores antes de estabelecer o plano formal de tratamento. A despeito de problemas passados, Jazmin compartilhou que se sentia mais preparada para a terapia do que antes. Ela também apontou que tinha muitos objetivos que gostaria de conquistar, como se estabilizar em um emprego e se mudar do local onde mora.

Identificando episódios

Após a entrevista clínica e a coleta de informações sobre o contexto cultural de Jazmin, Richard começou a identificar episódios importantes de vida que pareciam impactar a vida de Jazmin. Eles incluíam os repetidos abusos sexual e físico por parte de seu tio e padrinho; a adição em drogas de sua mãe; dar à luz a Tamara e Jamal; a morte do pai de Tamara vitimado de tiro; o pai de Jamal ter cortado qualquer contato com Jazmin após descobrir que ela estava grávida; a introdução de Jazmin ao uso de cocaína de Jazmin; e a perda de custódia de seus filhos para sua mãe. De um modo geral, o clínico e Jazmin identificaram 19 episódios importantes de vida ao longo das primeiras sessões de terapia.

Coletando descrições comportamentais

Ao longo das seguintes, Jazmin e Richard trabalharam juntos para identificar 15 padrões comportamentais que Jazmin reconhecia como causadores de sofrimento ou de grande impacto. Estes incluíam sentimentos duradouros de desesperança; dificuldade de confiar nos outros, sentir-se vazia e "sempre estar travada". Jazmin acreditava que muitas dessas emoções recorrentes tinham um papel central em sua história de tentativas repetidas de suicídio e de seu abuso de substâncias. Richard e Jazmin utilizaram essa reflexão para identificar quando tal afeto aumentava seu risco de recaída e, reciprocamente, como o uso de substâncias exacerbou esse sofrimento de maneiras diretas e indiretas. Jazmin revelou três tentativas "sérias" de suicídio ao longo de sua vida, mas afirmou que ela só foi "descoberta" e hospitalizada depois de uma das tentativas. Todas as três instâncias ocorreram após um conflito sério em seus relacionamentos românticos, incluindo seus relacionamentos com os pais de Tamara e Jamal.

À medida que a aliança terapêutica se aprofundou, Jazmin e Richard trabalharam juntos para identificar padrões comportamentais que pareciam se manifestar em seus relacionamentos interpessoais. Estes incluíram conflitos e abusos frequentes nos relacionamentos mais próximos, padrões de apego e dependência excessiva dos outros e uma tendência de explodir rapidamente com os outros, mesmo em resposta a deslizes mínimos. Para destacar isso, Richard utilizou uma instância em que Jazmin ameaçou encerrar prematuramente a terapia quando ele teve de cancelar o horário da semana seguinte devido a um conflito familiar. Jazmin e Richard identificaram de forma gradual que Jazmin também tinha um padrão de expectativas exageradas e de ideais romantizados sobre relacionamentos. Jazmin percebeu que ela havia repetido padrões de experimentar decepção e raiva quando suas expectativas eram estilhaçadas nos relacionamentos, sobretudo dada a sua tendência autodescrita de "apenas enxergar o lado bom" das pessoas de início.

O clínico também identificou vários padrões comportamentais que Jazmin não reconhecia. Estes incluíam padrões recorrentes de autocrítica, cognições negativas, autodepreciação e pensamento extremista. Embora Jazmin identificasse tais distorções cognitivas durante as sessões, ela não acreditava que esses pensamentos eram distintos dos pensamentos que qualquer pessoa tem e, portanto, não os via como clinicamente importantes. Além disso, Richard percebeu que Jazmin tinha uma tendência recorrente de minimizar sua adição quanto ao uso da cocaína no passado e no presente.

Checklist de episódios comportamentais

À medida que a terapia progredia, Richard começava a formular hipóteses gerais sobre as fontes do sofrimento de Jazmin ao ligar seus comportamentos e episódios, amarrando-os em padrões e temas gerais. Três padrões foram identificados nas duas primeiras sessões: (1) o diálogo negativo de Jazmin, seu vazio e sua depressão podem ter surgido pelo abuso pregresso; (2) os sentimentos de Jazmin de estar presa e de desesperança podem ter se originado do trauma, da falta de modelos positivos e do tempo em que vivia em uma condição socioeconômica de baixa renda, com oportunidades acadêmicas e educacionais limitadas; e (3) a exposição duradoura de Jazmin às drogas provavelmente contribuiu para seu uso continuado de cocaína.

Tema da cliente e colaboração: "A flor que desabrochou em meio às rachaduras do concreto"

Richard introduziu um tema inicial, a "flor que desabrochou em meio às rachaduras do concreto", a Jazmin na quarta sessão, que destacou como a cliente havia sobrevivido –

mas ainda estava presa entre – diversas barreiras emocionais, socioeconômicas, sociais e traumáticas. Ao mesmo tempo que Jazmin havia se adaptado a esses ambientes, ela parecia ter alcançado um ponto em que se sentia presa entre seu passado e presente abusivos. Sem ajuda, Jazmin corria o risco de murchar sem os recursos que precisava. Jazmin acolheu essa metáfora, que ela continuou a aprimorar com Richard ao longo da terapia. Jazmin e Richard colaboraram em três subtemas relacionados à metáfora geral de Jazmin: "presa entre blocos de concreto"; "ansiando por solo fértil" e "a força do sol".

Presa entre blocos de concreto

Richard e Jazmin utilizaram este subtema para ilustrar a prisão que Jazmin sentia em sua vida devido ao abuso que sofrera em sua infância. Neste subtema, Richard e Jazmin foram capazes de explorar as consequências emocionais e psicológicas residuais de seu passado e a sensação de insegurança que ela sentia avançar. Paciente e terapeuta descobriram que a raiz dessa insegurança era a falta de compreensão de como garantir relacionamentos saudáveis, bem como no autoconceito de Jazmin.

Ansiando por solo fértil

Richard utilizou este subtema para ajudar Jazmin na identificação das barreiras sociais em torno de si que contribuíam para o seu sofrimento. Exemplos: a falta de oportunidades educacionais e ocupacionais em sua área, que, consequentemente, levaram-na a se sentir presa na mesma vizinhança em que ela crescera. Através dessas lentes, Richard e Jazmin olharam para a atual "salubridade do seu solo" no passado e no presente. Juntos, eles também construíram um conceito do que "solo fértil" poderia significar para Jazmin, como: obter um diploma de desenvolvimento educacional geral (GED, do inglês *general educational development*), buscar um trabalho consistente e expandir sua rede de contato social.

A força do sol

Com base nas preferências terapêuticas destacadas por Jazmin, Richard levantou a hipótese de que a aliança terapêutica poderia servir como um meio de trazer a paciente "para fora das trevas" da confusão de seus relacionamentos interpessoais. Se lhe fosse fornecida a "luz solar" da intimidade saudável por meio do relacionamento terapêutico, Jazmin poderia florescer ainda mais na compreensão de si mesma e dos outros. Richard e Jazmin desenvolveram este subtema posteriormente ao explorarem o impacto de sua falta de modelos positivos e de relacionamentos saudáveis em seu passado.

Considerações do tratamento

Devido aos problemas relatados por Jazmin em nutrir a confiança com seus terapeutas no passado, Richard guiou a terapia em direção a uma abordagem centrada na pessoa, com ênfase especial na autenticidade, na congruência e no imediatismo. Essa autenticidade inclui Richard poder contar com a contribuição de Jazmin para a autoconceitualização no processo de mapeamento temático, com consultas continuadas com Richard ao longo das sessões. Com o tempo, Richard introduziu exercícios cognitivos, incluindo intervenções da terapia comportamental dialética (DBT) para enfocar a conversa interna negativa de Jazmin, seu sentimento de vazio, suas distorções cognitivas e seu uso de substâncias. Dada a dificuldade de Jazmin com a alfabetização, Richard e a paciente concordaram em evitar utilizar muitas fichas ou atividades que demandassem muita leitura ou escrita. Com o tempo, Richard encaminhou Jazmin para um grupo de DBT para terapia para uso de substâncias, atividade que ela passou a frequentar consistentemente depois de desenvolver um senso pessoal de segurança no grupo. De um modo geral, Richard adotou uma abordagem integrativa de tratamento com Jazmin e focou em métodos cognitivo-humanistas visando o empoderamento.

Richard monitorou o progresso de Jazmin utilizando o OQ-45, que ela preencheu semanalmente no início de suas sessões de terapia. O processo de mudança de Jazmin no curso da terapia não foi linear e foi caracterizado por vários altos e baixos ao longo do tratamento. Entretanto, seu OQ-45 evidenciou mudanças sustentáveis em seus escores semanais por meio de uma queda de escore geral consistente de, em média, 22 pontos. Jazmin mostrou-se responsiva à criação de uma lista de episódios comportamentais, vocalizando particularmente seu apoio ao método de conceitualização colaborativa. Ela disse que gostou de ter a oportunidade de ver, durante a sessão, a lista de episódios comportamentais produzida por Richard, o que fez ela se sentir parte "real" do seu processo de tratamento.

Quando atingiu o estágio de criação da metáfora, Jazmin inicialmente expressou ceticismo quanto a um tema em sua vida. Contudo, com sugestões e orientação de Richard, ela chegou a uma metáfora com a qual ela se identificou na quinta sessão e continuou a desenvolver e expandir ao longo do curso da terapia. Ao explorar sua metáfora recém-descoberta, Jazmin chorou e compartilhou que nunca havia se enxergado ou enxergado seu passado desse jeito. À medida que a terapia progrediu, ela compartilhou que havia explicado seu "tema" a seus amigos fora das sessões, incluindo uma amiga que também havia sofrido com a depressão e com uma dificuldade parecida de confiar em profissionais de saúde mental.

APRENDENDO O MÉTODO

Até hoje, introduzimos o mapeamento temático em quatro modalidades de treinamento distintas a vários grupos de mestrandos, doutorandos e profissionais da psicologia.

Elas incluíram um *workshop* de seis dias, duas práticas de aconselhamento semestral, uma didática de grupo com três horas de duração em um centro comunitário de saúde e mais de dois períodos de aulas como parte de um curso universitário em tratamento psicológico. Cada instrução seguiu uma estrutura semelhante. A despeito das diferenças na duração, os treinamentos produziram desfechos comparáveis em qualidade de conceitualização de casos independentemente das diferenças na duração.

Como resultado, recomendamos que se siga um método similar de instrução no ensinamento do método em contexto de grupo. A Tabela 7.1 reproduz uma visão geral das unidades utilizadas durante o treinamento, tópicos abarcados por unidade, atividades, objetivos e leituras suplementares sugeridas. No entanto, enfatizamos que os clínicos podem, com sucesso, dominar o processo do mapeamento temático independentemente, recorrendo ao detalhado modelo conceitual, ao processo e à aplicação clínica do método disponíveis no *Journal of Clinical Psychology*.

TABELA 7.1 Visão geral do treinamento em mapeamento temático

Unidade	Tópicos abarcados	Atividades (minutos gastos por atividade)	Objetivos	Leituras sugeridas[b]
1	Visão geral da conceitualização de casos (CC) em psicologia[a]	1. Revisão do propósito e dos tipos de CC (10) 2. Atividade artística: "Como a CC afeta a aliança terapêutica?" (10) 3. Atividade de grupo: Definir a CC com suas próprias palavras (10)	1. Identificar uma definição clara de CC 2. Aprofundar a compreensão do propósito/das práticas da CC 3. Introduzir maneiras de pensar criticamente sobre a CC como uma atividade clínica	Schwitzer & Rubin (2015)
	Introdução ao mapeamento temático	1. Apresentação didática: "Visão geral dos traços do mapeamento temático" (10) 2. Discussão/quiz em grupo: Diferenciar componentes do mapeamento temático, como apresentado na exposição (5)	1. Introduzir os traços básicos e o modelo conceitual do mapeamento temático 2. Destacar as características únicas do mapeamento temático comparado a outros métodos de conceitualização de casos	Sim, Gwee, & Bateman (2005); Ridley & Jeffrey (2017a)

(Continua)

TABELA 7.1 Visão geral do treinamento em mapeamento temático *(Continuação)*

Unidade	Tópicos abarcados	Atividades (minutos gastos por atividade)	Objetivos	Leituras sugeridas[b]
2	O processo do mapeamento temático	1. Apresentação didática: "O processo do mapeamento temático" (15) 2. Atividade de grupo: Discutir maneiras de empregar o mapeamento temático na entrevista clínica utilizando um cliente fictício (15)	1. Introduzir os passos básicos do processo completo do mapeamento temático 2. Fornecer suportes visuais do método e esclarecer o propósito do processo 3. Iniciar a aplicação do mapeamento temático	Ridley & Jeffrey (2017b); Ridley, Jeffrey, & Roberson (2017b)
	Implementação do mapeamento temático na prática	1. Atividade de grupo: Revisar a demonstração do processo de mapeamento temático com um exemplo de caso (20) 2. Atividade de grupo: Identificar características culturais, criar uma lista de episódios comportamentais de um cliente não identificado (45) 3. Atividade individual: Criar uma lista de episódios comportamentais de um cliente do passado ou do presente (20)	1. Demonstrar a metodologia do mapeamento temático 2. Aplicar o processo com um cliente real com a colaboração do grupo	Jefrrey & Ridley (2017); Kinderman & Tai (2007)
3	Temas, teoria e metáforas	1. Atividade em grupo: Explorar o papel dos temas e da teoria no mapeamento temático (20) 2. Atividade em grupo: Praticar a criação de metáforas (10) 3. Atividade individual: Criar um tema e seus subtemas para o cliente utilizado na unidade anterior	1. Compreender o propósito das metáforas e como elas são utilizadas no mapeamento temático 2. Investigar como as metáforas influenciam as conceitualizações do clínico	Fernyhough (2006); Honos-Webb & Leitner (2001)

(Continua)

TABELA 7.1 Visão geral do treinamento em mapeamento temático *(Continuação)*

Unidade	Tópicos abarcados	Atividades (minutos gastos por atividade)	Objetivos	Leituras sugeridas[b]
3	Temas, teoria e metáforas		3. Utilizar uma abordagem transdiagnóstica à conceitualização de casos	
	Checando vieses	1. Apresentação didática: Erros de juízo e inferenciais, "Passos para vieses no mapeamento temático" 2. Discussão em grupo: Identificando erros na prática pessoal 3. Atividade individual: Aplicar os passos de reversão de vieses à conceitualização do mapeamento temático	1. Introduzir métodos de autorreflexão e reversão de vieses na conceitualização de casos e no mapeamento temático	Ridley, Jeffrey, & Roberson (2017a)

[a] Denota um passo fornecido especificamente para estagiários iniciantes em psicologia; esse passo pode não ser necessário aos clínicos de nível avançado.
[b] Citações completas dos artigos referenciados estão disponíveis na lista de referências.

REFERÊNCIAS

American Psychiatric Association. (2013). *Diagnostic and statistical manual of mental disorders* (5th ed.). Arlington, VA: Author.

American Psychological Association. (2002). *Guidelines on multicultural education, training, research, practice and organizational change for psychologists.* Washington, DC: Author.

APA Presidential Task Force on Evidence-Based Practice. (2006). Evidence-based practice in psychology. *American Psychologist, 61*(4), 271–285.

Association for Contextual Behavioral Science. (2016). Metaphors. Retrieved from *https://contextualscience.org/metaphors.*

Claiborn, C. D., & Lichtenberg, J. W. (1989). Interactional counseling. *Counseling Psychologist, 17*(3), 355–453.

Draguns, J. G. (1989). Dilemmas and choices in cross-cultural counseling: The universal versus the culturally distinctive. In P. B. Pedersen, J. G. Draguns, W. J. Lonner, & J. E. Trimble (Eds.), *Counseling across cultures* (3rd ed., pp. 21–33). Honolulu: University of Hawaii Press.

Eells, T. D. (2017). Thematic mapping maps much territory but needs stronger evidence-based correlates. *Journal of Clinical Psychology, 73*(4), 425–438.

Eells, T. D., Kendjelic, E. M., & Lucas, C. P. (1998). What's in a case formulation? Development and use of a content coding manual. *Journal of Psychotherapy Practice and Research, 7*(2), 144–153.

Eells, T. D., Kendjelic, E. M., Lucas, C. P., & Lombart, K. G. (1998). *Manual for case formulation and treatment plan coding.* Unpublished manuscript.

Eells, T. D., Lombart, K. G., Kendjelic, E. M., Turner, L. C., & Lucas, C. P. (2005). The quality of psychotherapy case formulations: A comparison of expert, experienced, and novice cognitive-behavioral and psychodynamic therapists. *Journal of Consulting and Clinical Psychology, 73*(4), 579–589.

Fernyhough, C. (2006). Metaphors of mind. *Psychologist, 19*(6), 356–358.

Fouad, N. A., Grus, C. L, Hatcher, R. L, Kaslow, N. J., Hatchings, P. S., Madson, M. B., et al. (2009). Competency benchmarks: A model for understanding and measuring competence in professional psychology across training levels. *Training and Education in Professional Psychology, 3*(4, Suppl.), S5–S26.

Honos-Webb, L., & Leitner, L. M. (2001). How using the DSM causes damage: A client's report. *Journal of Humanistic Psychology, 41*(4), 36–56.

Janz, T., Hellervik, L., & Gilmore, D. C. (1986). *Behavior description interviewing: New, accurate, cost effective.* Englewood Cliffs, NJ: Prentice Hall.

Jeffrey, C. E., & Ridley, C. R. (2017). A case conceptualization using thematic mapping. *Journal of Clinical Psychology, 73*(4), 410–424.

Jeffrey, C. E., Ridley, C. R., Quintana, N., & Terrebonne, T. (2019, August 8–11). *Thematic mapping in case conceptualization: A test of teaching efficacy.* Poster presentation at the annual meeting of the American Psychological Association, Chicago.

Kinderman, P., & Tai, S. (2007). Empirically grounded clinical interventions: Clinical implications of a psychological model of mental disorder. *Behavioural and Cognitive Psychotherapy, 35*(1), 1–14.

Kleinman, A. (1988). *Rethinking psychiatry: From cultural category to personal experience.* New York: Free Press.

Koo, T. K., & Li, M. Y. (2016). A guideline of selecting and reporting intraclass correlation coefficients for reliability research. *Journal of Chiropractic Medicine, 15*(2), 155–163.

Prochaska, J. O., & Norcross, J. C. (2018). *Systems of psychotherapy* (9th ed.). New York: Oxford University Press.

Quellette, J. A., & Wood, W. (1998). Habit and intention in everyday life: The multiple processes by which past behavior predicts future behavior. *Psychological Bulletin, 124*(2), 54–74.

Ridley, C. R., Ethington, L., & Heppner, P. (2008). Cultural confrontation: An advanced skill of cultural empathy. In P. Pedersen, J. Draguns, W. Lonner, & J. Trimble (Eds.), *Counseling across cultures* (6th ed., pp. 33–64). Thousand Oaks, CA: Sage.

Ridley, C. R., & Jeffrey, C. E. (2017a). The conceptual framework of thematic mapping in case conceptualization. *Journal of Clinical Psychology, 73*(4), 376–392.

Ridley, C. R., & Jeffrey, C. E. (2017b). Thematic mapping in case conceptualization: An introduction to the special section. *Journal of Clinical Psychology, 73*(4), 353–358.

Ridley, C. R., Jeffrey, C. E., & Roberson, R. B. (2017a). Case misconceptualization in psychological treatment: An enduring clinical problem. *Journal of Clinical Psychology, 73*(4), 359–375.

Ridley, C. R., Jeffrey, C. E., & Roberson, R. B. (2017b). The process of thematic mapping in case conceptualization. *Journal of Clinical Psychology, 73*(4), 393–409.

Ridley, C. R., & Kelly, S. M. (2007). Multicultural considerations in case formulation. In T. D. Eells (Ed.), *Handbook of case formulation* (2nd ed., pp. 33–64). New York: Guilford Press.

Schwitzer, A. M., & Rubin, L. C. (2015). Clinical thinking skills: Diagnosis, case conceptualization, and treatment planning. In A. M. Scheitzer & L. C. Rubin (Eds.), *Diagnosis and treatment planning skills: A popular culture casebook approach: DSM-5 update* (2nd ed., pp. 13–30). Thousand Oaks, CA: Sage.

Sim, K., Gwee, K. P., & Bateman, A. (2005). Case formulation in psychotherapy: Revitalizing its usefulness as a clinical tool. *Academic Psychiatry, 29*(4), 289–292.

Sperry, L. (2010). *Core competencies in counseling and psychotherapy: Becoming a highly competent and effective therapist.* New York: Routledge.

Stinson, C. H., Milbrath, C. M., Reidbord, S., & Bucci, W. (1994). Thematic segmentation of psychotherapy transcripts for convergent analyses. *Psychotherapy, 31*(1), 36–48.

8

Otimizando a psicoterapia com a análise de plano

Franz Caspar

ORIGENS HISTÓRICAS DA ABORDAGEM

A Análise de Plano (*plan analysis*) originalmente foi desenvolvida no final da década de 1970, sob o nome de análise vertical do comportamento (*vertical behavior analysis*). Na terapia cognitivo-comportamental em grupo, no hospital psiquiátrico universitário em Hamburgo, Klaus Grawe (que se tornou um dos pesquisadores em psicoterapia europeus mais influentes) e colaboradores se depararam com pacientes que não cooperavam conforme o esperado e o necessário para que a terapia fosse bem-sucedida, embora os terapeutas parecessem fazer tudo da maneira correta de um ponto de vista técnico. Eles eram chamados de "pacientes difíceis" naquela época; atualmente, muitos deles receberiam um diagnóstico de transtorno da personalidade. Talvez tenha sido até bom que não fosse comum ter "categorias" diagnósticas disponíveis à época (ao menos na terapia comportamental): os terapeutas eram forçados a desenvolver uma compreensão individualizada do que estava por trás do comportamento aparente e impeditivo de cada paciente.

Grawe estava convencido de que é crucial compreender os motivos que guiam o comportamento problemático e – como os conceitos da terapia comportamental tradicional ajudavam pouco – buscou na psicologia geral conceitos que pudessem lhe servir de base teórica para uma abordagem clínica a ser desenvolvida. Ele extraiu um conceito promissor da obra de Miller, Galanter e Pribram (1960). Esses autores haviam tentado superar as limitações do behaviorismo com seu conceito de Planos hierarquicamente organizados, consistindo em objetivos/propósitos e meios para alcançá-los. Seu entendimento dos Planos, de modo contrário ao significado familiar de *plano*, é que eles funcionam em grande medida de maneira não consciente, com controle deliberado apenas parcial. Isso criava a necessidade de uma estrutura de Plano para que fosse eficiente no dia a dia e tornasse o conceito especialmente útil à aplicação clínica. Para destacar essa diferenciação no significado de plano, Miller et al. (1960) grafaram *Plano* com um *P* maiúsculo, tradição que mantemos.

O conceito clínico de Plano foi designado como análise comportamental vertical, em contraste com a análise comportamental de aprendizado-teórica ("horizontal") comum, que enfatizava a sequência de eventos (estímulo, resposta, consequências) ao longo do eixo temporal. A análise comportamental vertical enfatizava os propósitos ou os motivos em vez do comportamento em uma estrutura hierárquica. Nem todo comportamento é visto como possuidor de alguma função instrumental, mas se ele é visto como parte de um Plano, tal função é presumida. A compreensão dos motivos do paciente era necessária ao desenvolvimento de uma oferta de relacionamento complementar (que hoje seria chamada de "responsiva") para cada paciente. Com a expansão do conceito no início dos anos 1980, o termo *análise do comportamento* foi de todo abandonado, pois a prática ia muito além da análise do *comportamento*. O novo termo, atualmente em voga, é a *Análise de Plano*.

Quais foram essas extensões? Dois aspectos, elaborados por Caspar (1984), foram de especial importância. Enquanto a análise vertical do comportamento afirmava-se útil para o desenvolvimento de uma *relação* terapêutica, agora a afirmação se estendeu para compreender o desenvolvimento e a manutenção de *problemas psicológicos*. De forma complementar, um conceito para analisar a relação entre *emoções* e Planos foi desenvolvido para sanar um importante déficit da análise vertical do comportamento.

Embora Grawe tenha ido além no desenvolvimento do que ele chamou de "teoria do esquema" e de "análise de esquema", a Análise de Plano permaneceu uma "teoria fraca". *Fraca* não em sentido pejorativo, e sim enfatizando que o conceito não foi ampliado por conceitos teóricos que podem aproximar a abordagem da completude e da autossuficiência. A Análise de Plano permaneceu um conceito para se desenvolver formulações de casos abrangentes com ênfase na perspectiva instrumental (Qual é o propósito de um comportamento evidente? Quais os meios utilizados pelo paciente para alcançar determinado objetivo?). Ao mesmo tempo que permite a inclusão de elementos não instrumentais (p. ex., relacionados a emoções: o bloqueio a partir do qual Planos levam a emoções negativas?), a análise permanece clara e aparente devido à primazia da perspectiva dos meios-fins.

A mera *análise* do funcionamento existente é enriquecida por dois conceitos adicionais importantes e típicos em relação à maneira de conduzir a terapia:

- Um conceito para a confecção personalizada da relação terapêutica (originalmente chamada *relação complementar*, mas rebatizada como *relação orientada para o motivo*, desde 2007, para melhor distinguir o conceito da complementaridade de conceitos interpessoais conforme foram descritos por Leary [1957] e Kiesler [1986]).
- Um conceito para a maneira como se desenvolve um procedimento terapêutico individualizado considerando-se uma variedade de aspectos.

Nenhum desses complementos conflita com as grandes orientações psicoterápicas, de modo que não limita a compatibilidade ou a usabilidade dos conceitos para os praticantes que aderem a tais abordagens. Goldfried (1989) atestou que a Análise de Plano é neutra em termos de orientação terapêutica, embora, originalmente, tenha sido desenvolvida em *contextos* de terapia cognitivo-comportamental (TCC) (por autores também familiarizados com conceitos humanistas e psicodinâmicos).

Desde meados da década de 1980, a Análise de Plano tem sido considerada uma abordagem madura à formulação de casos, que não passou por mudanças essenciais naquela época. Ao contrário, ela ganhou clareza de descrição em alguns aspectos; sua fundamentação empírica foi ampliada; demonstrações de seu uso na prática, como em exemplos de caso, proliferaram-se; e seu uso em pesquisas foi demonstrado.

MODELO CONCEITUAL

Pressupostos sobre o funcionamento saudável

Com base em Miller et al. (1960), na Análise de Plano, assume-se que o funcionamento humano se organiza sobretudo nas linhas da instrumentalidade: o que quer que seja útil para a sobrevivência biológica e psicológica tende a ser implementado em nosso repertório de estratégias visíveis e intrapsíquicas conscientes e não conscientes. Isso começa (caso se queira incluir a biologia) com a aparência (esquema de características infantis) de um bebê, continua com seu sorriso e seu choro, desenvolvendo um repertório de estratégias interpessoais (p. ex., como apelar às outras pessoas e como conseguir seu apoio), bem como intrapsíquicas (p. ex., regulação emocional) ao longo da vida, por fim desenvolvendo e aderindo a crenças que facilitam a despedida deste mundo. Miller et al. (1960) postularam que o comportamento é direcionado a objetivos, com uma organização hierárquica em uma estrutura que vai desde o comportamento em situações concretas na base até as necessidades humanas no topo. Em seu modelo *Test-Operate-Test-Exit* (TOTE), eles consideram que a unidade básica, isto é, um Plano, inclui um propósito/objetivo/motivo e um meio – ou vários – que serve a esse objetivo. Um exemplo clássico é a ação de martelar, como representada na Figura 8.1, enriquecido por aspectos interpessoais.

Complementando o princípio *hierárquico* de organização do comportamento, Miller et al. (1960) consideram um princípio *sequencial*. No mundo interpessoal, geralmente fica menos claro do que no mundo técnico quando um objetivo é alcançado (As pessoas me admiram o suficiente?), de modo que há uma tendência de motivos de aproximação e especialmente de evitação *permanecerem ativados*. Em contrapartida, também é óbvio (e elaborado na "Análise Sequencial de Plano"; Richter, Schiepek, Köhler, & Schütz, 1995) que, com o tempo, há flutuações no *grau* em que motivos são ativados e determinam comportamentos.

Como já mencionado, Miller et al. (1960) consideram que muitos dos repertórios humanos funcionam sem participação da consciência. Embora seja possível que alguma

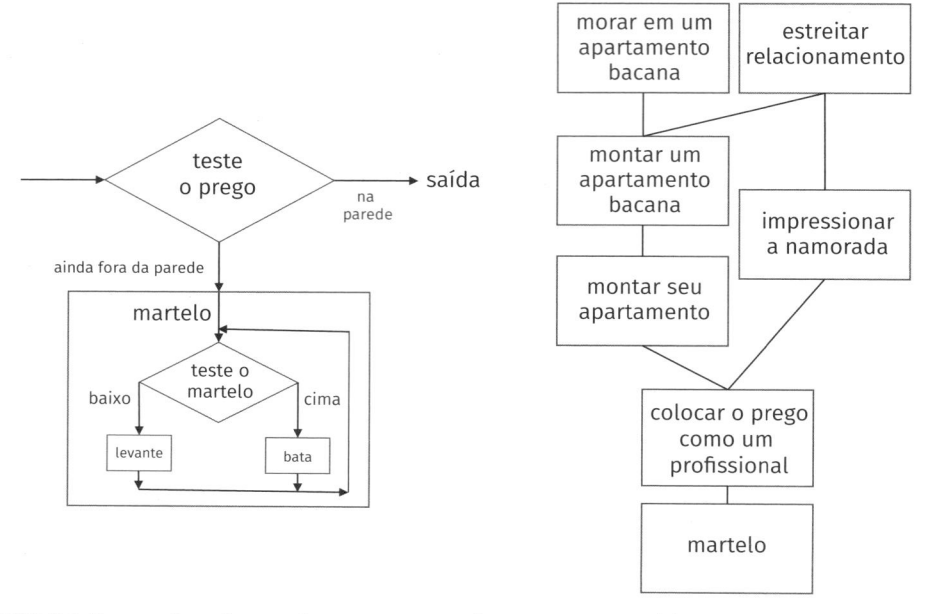

FIGURA 8.1 *Esquerda*: a forma de o teste e a ação operarem está integrada em uma unidade de *Test-Operate-Test-Exit* (TOTE). *Direita*: uma representação bidimensional típica de uma Análise de Plano mostrando como um elemento – como a ação de martelar – pode ser integrado em uma hierarquia interpessoal mais complexa. Um Plano é rotulado a partir de seu componente motivacional (propósito), enquanto seu componente operacional (meios) é representado por seus elementos subordinados.

consciência dolorosa ou ameaçadora seja reprimida (que seria uma estratégia intrapsíquica instrumental – a extensão do raio de consciência pode ser restringida), a falta de controle consciente é um pré-requisito para a eficiência. Como poderíamos ter uma discussão calorosa com um passageiro enquanto dirigimos se tivéssemos que pensar em cada detalhe da direção deliberada e conscientemente? Os detalhes comportamentais não são apenas automáticos e, portanto, não conscientes, mas também o são os motivos no nível superior da hierarquia. Quais são os motivos finais por detrás de nosso comportamento? A maior parte de nós tem conceitos que pode explicar, mas, quando falamos de altruísmo, por exemplo, é questionável até que ponto tais conceitos são válidos. Algumas pessoas não percebem que não vivem alinhadas com suas reais necessidades antes de alcançarem o leito de morte.

Dentre as abordagens mais recentes, os conceitos de autorregulação propostos por Carver e Scheier (1998, 2002), juntamente a outros, sobretudo Baumeister e Vohs (2007), a partir da perspectiva da psicologia social e da personalidade, são dignos de menção. Como a Análise de Plano, essas abordagens baseiam-se em Miller et al. (1960) e possuem, portanto, uma compatibilidade básica – enquanto adicionam modelos clinicamente úteis, como o modelo de duplo processo (controle deliberado vs. auto-organizado). Modelos de duplo processo congregam modelos tradicionais (como os esquemas) de funcionamento psicológico e modelos de rede conexionistas ou neurais, que também têm sido parte de nossa teorização (Caspar, Rothenfluh, & Segal, 1992; Grawe, 2004).

Além disso, a utilização de vários outros conceitos básicos não é uma parte compulsória da Análise de Plano, mas eles podem aumentar sua utilidade – quando os que a utilizam estão familiarizados com eles e são capazes de aplicá-los. Um exemplo é a teoria da reatância da psicologia social quando aplicada à compreensão da resistência. Um exemplo de conhecimento muito concreto e mais moderno é a descoberta de que, com pacientes com transtorno da personalidade *borderline*, o estresse não leva à liberação de cortisol redutora de estresse, mas a dor sim, o que contribuiria para a compreensão instrumental da autolesão dolorosa desses pacientes (Kaess, Hille, Maser-Gluth, Resch, & Brunner, 2012).

As *emoções* são um aspecto crucial da psicoterapia, e suposições sobre como emoções e Planos estão relacionados representam parte crucial dos conceitos básicos. A Análise de Plano não tem sua própria teoria acerca das emoções, e sim adota uma série de conceitos comuns, dos quais apenas os mais importantes são mencionados aqui: a avaliação primária (Existe alguma ameaça?) e a secundária (Eu consigo lidar com ela?), de Lazarus (1966); a interrupção da ação, de Mandler (1975); o conceito de emoções que se desenvolvem e mudam ao longo do tempo, de Scherer (2000); a regulação emocional, de Gross (Gross & Thompson, 2007). Um conceito não historicamente envolvido no desenvolvimento da Análise de Plano, não obstante uma companhia contemporânea próxima da noção de transformação das emoções, é aquele de Pascual-Leone e Greenberg (2007).

Um pilar adicional da Análise de Plano é o conceito de "psicoterapia geral". Grawe (1995; Caspar, 2010) postulou que, após a era do que ele chama de teorias da primeira geração – as teorias dos fundadores, que em geral enfatizam em excesso a importância de alguns fatores, ao passo que negligenciam outro e até suprimem conceitos e evidências incompatíveis com seus pressupostos básicos –, uma era das teorias da segunda geração deve tomar lugar. Estas idealmente lidariam com todos os conceitos e evidências relevantes, que confirmam ou que refutam, para o domínio mais estreito ou mais amplo que uma teoria alega cobrir.

Análise de Plano clínica

Embora a Análise de Plano tenha, clinicamente, muita coisa em comum com a abordagem de formulação de plano (ver Curtis & Silberschatz, Capítulo 4, deste livro), há diferenças importantes (Caspar, Silberschatz, Goldfried, & Watson, 2010), a começar pela definição de *plano*. Para a Análise de Plano, o termo se refere à unidade básica de todo o funcionamento psicológico dos indivíduos. Para os últimos, ele se refere ao uso geralmente inconsciente dos clientes da terapia para desconstruir suas próprias crenças patogênicas.

A Análise de Plano clínica tem dois propósitos principais. O primeiro é propiciar uma compreensão das limitações, dos desafios e das possibilidades na *relação* terapêutica. O segundo é compreender o desenvolvimento e a manutenção dos *problemas* mentais do paciente para além do diagnóstico. Alvos menos imediatos, mas não menos importantes, são a otimização da aprendizagem a partir da prática continuada em prol de pacientes futuros, bem como o desenvolvimento posterior de conceitos, com base em uma compreensão detalhada dos processos; a criação de uma situação ideal para o bem-estar e a saúde mental profissionais dos terapeutas com base em boas relações terapêuticas e um sentimento otimizado de controle (incluindo uma compreensão de seus limites) com base em um bom entendimento do funcionamento individual de pacientes e na aceitação dos motivos por trás dos comportamentos problemáticos; e, por fim, o uso da Análise de Plano em pesquisas. Sem alguma descrição do procedimento da Análise de Plano, isso pode ser difícil de entender; o procedimento é, pois, explicado em termos gerais, antes de uma descrição mais detalhada dos passos que aparecerá posteriormente.

A diferença entre autoconceito e o que Grawe (2004) chamou de *self regulador*, isto é, como uma pessoa "realmente" funciona (ainda a partir de uma perspectiva construtivista) em oposição a como ela enxerga a si mesma, é importante para que se compreenda quais fontes de informação são utilizadas principalmente e como informações são interpretadas. O *autoconceito* pode ser acessado simplesmente perguntando-se à pessoa, seja durante uma conversa ou por meio de questionários como o Inventory of Approach and Avoidance Motives (IAAM; Grosse Holtforth, Grawe, & Castonguay, 2006).

A abordagem mais direta ao *self regulador* é a observação complementada por relatos sobre comportamentos e emoções fora da situação da terapia; emoções e tendências de ação desencadeadas nos outros, incluindo o terapeuta; e mais. Quanto mais importante for um Plano e mais restrito o repertório de um paciente, mais provável será que ele deixe rastros pela determinação de comportamentos instrumentais na situação de terapia. O que o paciente disse e como ele falou quando ligou para marcar sua primeira sessão? Postura? Vestimenta? Voz? Gestos?

Quando perguntamos "A que propósito o comportamento X pode servir?", rapidamente desenvolvemos um primeiro esboço do funcionamento instrumental do paciente. Como demonstrado na Figura 8.2, buscamos *bifurcações descendentes* na Estrutura de Plano desenhada de forma bidimensional, que significa Planos com vários significados que podem se *complementar* uns aos outros (p. ex., convidar uma pessoa na qual se está interessado para almoçar juntos, dizer-lhe coisas que possam impressioná-la, sorrir, demonstrar interesse) ou se apresentarem como *alternativas* dependendo da situação (falar sobre *depressão profunda* com uma pessoa *compreensiva* e *acolhedora*, mas de *burnout* com uma pessoa de cujo *criticismo* se tem medo).

Também buscamos *bifurcações ascendentes*, que significam diversas determinações. Várias determinações significam que um comportamento ou um Subplano serve a diversos propósitos ou motivos ao mesmo tempo. Indivíduos tentam construir seu comportamento de uma maneira satisfatória multilimitada, que geralmente torna o repertório mais eficiente, mas pode também levar a complicações. Inúmeras determinações podem ter várias características: vários motivos podem *fortalecer* um Subplano (exer-

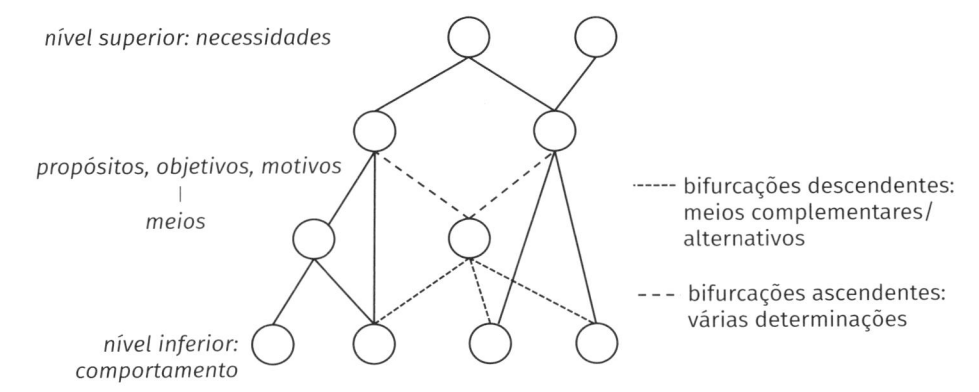

nível superior: necessidades

propósitos, objetivos, motivos
|
meios

nível inferior:
comportamento

------ bifurcações descendentes:
meios complementares/
alternativos

--- bifurcações ascendentes:
várias determinações

FIGURA 8.2 Estrutura de Plano esquemática bidimensional. Objetivos ou propósitos (elementos superordenados) se encontram mais acima na dimensão vertical do que os meios que servem a eles (elementos subordinados). As linhas conectam Planos que guardam relação instrumental direta uns com os outros. Os elementos mais abaixo servem aos elementos mais acima, que os guiam. Elementos no nível dos comportamentos são formulados na forma indicativa, já os Planos, na imperativa. As linhas pontilhadas são utilizadas nesta figura apenas para explicação; em geral, elas são contínuas.

citar-se pode servir para manter a boa forma, mas também para deixar a pessoa mais atraente; embora o propósito possa não ser suficiente para motivar a boa forma de maneira regular, a combinação de ambos pode). Dois Planos norteadores podem também *reduzir* a eficácia: se um paciente deseja aumentar seu salário mas também evitar tensões com seu supervisor, ele pode apresentar o tópico salarial de um modo não assertivo (baixo tom, sem contato visual, sem postura ereta), facilitando a rejeição de seu desejo por parte do supervisor. Comumente, um Plano determina *o que* é feito, já outros Planos determinam *de que maneira* é feito. Como se verá no exemplo de caso no final deste capítulo, o paciente contribui com modelos etiológicos de autodesenvolvimento de seu pânico: aquilo com *que* ele contribui serve ao propósito de fazer sua parte para dominar o pânico; a *maneira pela qual* ele contribui (ele, um *designer* elétrico, desenha circuitos eletrônicos como uma tentativa de compreender os mecanismos do pânico) serve, racional como é, ao Plano de evitar e conter emoções.

O mesmo comportamento pode também servir a diferentes propósitos (ou a diferentes combinações destes) dependendo da situação. Uma paciente com transtorno da personalidade *borderline* pode se cortar com o propósito de reduzir tensões, receber atenção ou punir-se. Olhando mais de perto, uma pessoa pode também descobrir qual Plano domina uma situação em especial: quando a paciente hospitalizada se corta no quarto e, então, imediatamente vai ao encontro da enfermeira para mostrar seus punhos, é plausível interpretar que ela está buscando cuidado e atenção. Quando ela se corta em casa e revela o fato ao seu terapeuta dois dias após o acontecido, talvez seja mais plausível que a autolesão tenha servido ao propósito de reduzir alguma tensão. Quando corta sua genitália com uma tampa enferrujada, como uma paciente já fez, é plausível interpretar que não foi o suficiente utilizar uma faca ou lâmina preservada, uma vez que ela procurava se punir.

O objetivo da Análise de Plano é desenvolver uma compreensão de funcionamento instrumental completo de uma pessoa, deliberado e auto-organizado, consciente e não consciente, interpessoal e intrapsíquico. "Completo" não pretende incluir tudo; a análise precisa permanecer em um nível razoável de complexidade. Isso é alcançado por meio da omissão de estratégias que não são relevantes individualmente (respirar serve ao propósito vital de levar oxigênio à corrente sanguínea e, em última instância, ao propósito de sobreviver, mas isso não agrega informações relevantes se incluído na análise) e do foco em hipóteses explanatórias do(s) problema(s) relevante(s) para a terapia e relacionada(s) à relação terapêutica.

A Estrutura de Plano resultante é representada em um gráfico bidimensional. A complexidade da estrutura varia conforme a complexidade do caso, mas também conforme o nível de complexidade com o qual o terapeuta se sente confortável para trabalhar. Embora a estrutura exemplificada na Figura 8.5 (mais à frente neste capítulo) possa parecer complexa, se a pessoa desenvolveu a estrutura por ela mesma, ou é apresentada a uma estrutura de modo sistemático, a complexidade aparente diminui consideravelmente. A familiaridade com a abordagem reduz de maneira substancial a complexidade, da mesma forma que ocorre com imagens de raios X ou de eletrencefalogramas (EEGs).

Emoção na Análise de Plano

Uma Análise de Plano clínica também inclui um exame de como as emoções estão relacionadas aos Planos. Emoções são um aspecto importante do funcionamento de um indivíduo, e é especialmente importante que se desenvolva uma compreensão sólida em psicoterapia do porquê as emoções surgem quando surgem. A Análise de Plano incorpora uma abordagem pragmática que é consistente com diversas abordagens psicológicas. Em vez de diferenciar emoções de acordo com seu grau de consciência, ou se são "básicas" ou "derivadas", a Análise de Plano enxerga as emoções em um *continuum* que se estende da consciência à não consciência, normalmente com alguns aspectos conscientes e outros não, e não distingue entre categorias de emoções. Na Análise de Plano, há igual espaço para emoções "básicas", como *triste* ou *feliz*, para emoções "cognitivas", como *chateado*, para emoções "orientadas para a ação", como *vigoroso*, e para emoções "fisiológicas", como *tonto*. Essa perspectiva é apoiada por posições similares (p. ex., Ortony, Clore, & Collins, 1988).

Na análise de casos individuais, emoções são abordadas em termos de sua relação com Planos, dos quais uma função instrumental direta de uma emoção é apenas uma das possibilidades. Quatro perspectivas são consideradas por propósitos heurísticos: (1) Planos que são bloqueados ou ameaçados (quando emoções negativas surgem); (2) Planos que moldam a emoção que se desenvolve; (3) Planos de enfrentamento, que funcionam para superar e lidar com emoções; e (4) Planos nos quais a emoção em si mesma tem uma função instrumental. Cada uma delas é discutida a seguir.

Planos bloqueados/ameaçados

Existem duas razões pelas quais o conceito de ameaça ou bloqueio tem importância especial na compreensão das emoções na terapia e, portanto, da Análise de Plano. Primeiro, os pacientes vêm à terapia quando chegaram a um impasse, isto é, quando são confrontados com um bloqueio ou vários deles. Salvo algumas exceções, problemas mentais costumam ser acompanhados de emoções negativas intensas, e, na terapia, a pessoa quer entender essas emoções e relacioná-las à situação de bloqueio concreta. A extensão de inconsistências por causa de conflitos entre Planos e uma realidade que não está alinhada com os Planos de uma pessoa costuma estar diretamente relacionada a estados psicopatológicos (Grawe, 2004; Grosse Holtforth & Grawe, 2002). Segundo, na terapia, o terapeuta sugere repetidamente intervenções que são desconcertantes para os pacientes porque eles não conseguem (e não se espera que consigam) integrá-las facilmente sem adaptarem estruturas antigas. Essa incompatibilidade entre as intervenções do terapeuta e as estruturas existentes do paciente tem sido extensivamente discutida sob a rubrica da *resistência* (Caspar & Grawe, 1981). Com base no conceito de assimilação-acomodação de Piaget (1970), Grawe (1986) interpreta essa função desconcertante focada como um grande fator de mudança na terapia. Alinhadas com essa perspectiva, algumas emoções negativas que surgem durante a terapia são vistas como inevitáveis.

A Análise de Plano considera que emoções negativas, como o medo, a raiva, a vergonha e a tristeza, costumam surgir quando Planos importantes são ameaçados ou bloqueados (*ameaçados* e *bloqueados* denotam o mesmo conceito, mas geralmente um ou outro termo é mais apropriado dependendo da concretude da ameaça e de outros fatores). Contanto que uma pessoa seja capaz de agir de acordo com seus Planos mais importantes, não há ativação significativa. Uma pessoa se torna (negativamente) ativada quando Planos são bloqueados ou ameaçados, ou (positivamente) ativada quando surgem novas oportunidades de se buscarem Planos importantes (Planos favoritos).

O autoconceito e o conceito do mundo de um indivíduo exercem papéis importantes no autofuncionamento e podem ser vistos a partir de uma perspectiva instrumental. Portanto, ter experiências incompatíveis com as próprias experiências passadas e com o autoconceito também representa uma forma de ameaça ou bloqueio. Se uma ameaça causa emoções intensas, a pessoa pode supor que Planos importantes estão envolvidos e que alternativas adaptativas dentro da estrutura existente que poderiam prontamente ser aplicadas estão em falta e não podem ser facilmente desenvolvidas. Por exemplo, estar doente antes de uma prova trará emoções intensas à pessoa se o sucesso na prova representar Planos importantes (p. ex., finalmente concluir os estudos, conseguir um emprego bem remunerado, satisfazer as expectativas dos pais) ou se existirem alternativas disponíveis (p. ex., a oportunidade de realizar a prova em outro momento, alternativas de concluir os estudos nessa área em particular). A ameaça ou bloqueio pode consistir em uma restrição na habilidade da pessoa de agir devido a uma mudança no ambiente, uma perda de habilidades individuais (p. ex., devido a envelhecimento, doenças ou por causa de emoções intensas) ou a perda de pessoas ou objetos importantes em sua vida.

Uma ameaça pode também vir da própria Estrutura de Plano da pessoa, por exemplo, quando Planos entram em conflito uns com os outros. Uma ameaça pode estar ligada a uma situação concreta ou pode ser difusa e de natureza duradoura. Um exemplo da última é a negligência prolongada de uma necessidade básica devido ao estilo de vida que a pessoa escolheu.

A noção de conflitos resultantes de efeitos colaterais de outros Planos tem extrema importância clínica, uma vez que traz conflitos "oníricos" para um plano concreto. Ao examinarem uma Estrutura de Plano rascunhada (parcial), terapeuta e paciente podem rastrear de forma direta qual efeito colateral para qual outro plano traz consequências negativas para qual outro plano, por que essa estratégia é utilizada independentemente dos efeitos colaterais (Planos terceiros excluindo mais alternativa adaptativas?), quais alternativas mais adaptativas podem ser desenvolvidas na terapia, e assim por diante.

Uma ameaça não precisa existir objetivamente. A experiência subjetiva de uma ameaça é o que importa. Sendo assim, uma única sinalização situacional que foi impressa em um indivíduo via condicionamento clássico pode desencadear a ameaça em uma situação que, objetivamente falando, não é nem um pouco ameaçadora. Ou uma interpretação pode ser distorcida (como enfatizam as abordagens cognitivas). A avaliação da ameaça não precisa ser consciente. Em muitos casos, uma Análise de Plano pode ajudar terapeuta e paciente a compreenderem quais Planos específicos se encontram ameaçados, resultando em reações emocionais que o paciente antes não conseguia compreender.

Emoções positivas se desenvolvem de modo inverso às negativas (i.e., quando surgem situações ou percepções que são favoráveis a Planos importantes). Emoções positivas recebem menos atenção aqui do que as negativas, não porque tais emoções ou o bem-estar psicológico no geral sejam menos importantes, e sim porque a Análise de Plano é um método para compreender o estado atual dos pacientes; então, uma compreensão detalhada das emoções negativas é de especial importância. Para enfatizar a orientação de recursos da Análise de Plano, eu, não obstante, esperaria que quando as emoções mais importantes de um paciente forem analisadas detalhadamente, ao menos uma delas seria positiva. Uma possível pergunta norteadora é "qual emoção é experimentada quando o Plano mais importante pode ser satisfeito?". É interessante que, para um Plano de evitação favorecido em uma situação, geralmente se encontram emoções como o alívio e, para os Planos de aproximação, emoções mais diretas costumam aparecer, como alegria ou orgulho.

Planos modelando a emoção que se desenvolve

Planos ameaçados ou bloqueados representam apenas um aspecto no desenvolvimento de emoções negativas e positivas. A emoção que aparece em resposta à situação ameaçadora ou bloqueadora pode depender de Planos adicionais. Por exemplo, se o caráter da situação sugere emoções agressivas (p. ex., a sogra de uma paciente restringe seus direitos de maneira dominadora), tais emoções podem ser prevenidas por Planos de agressão-evitação. Isso aumenta a probabilidade de outras emoções negativas, como a ansiedade. Pode até haver completa falta de emoções conscientes, com tensões expressadas em sintomas psicossomáticos ou problemas de sono. Às vezes, o tipo de ameaça já sugere uma reação emocional específica. Em geral, porém, um certo espectro de reações emocionais é possível. Aqui se pode enxergar a tremenda – geralmente específica à cultura ou à família-cultura – influência das experiências passadas na forma com que se lida com as emoções. Esse aspecto das relações entre emoções e Planos se encontra especialmente alinhada com a noção de emoções primárias (= originais, plausíveis, naturais) e secundárias (= realmente observadas ou relatadas) encontrada na "terapia focada na emoção" (Greenberg, 2010).

Planos de enfrentamento

Outro aspecto da relação entre Planos e emoções é a tendência de se evitar emoções negativas e de se buscar as positivas. A maior parte das atividades humanas pode ser compreendida a partir dessa perspectiva. Se uma emoção negativa é experimentada ou antecipada, uma pessoa geralmente ativa Planos mais ou menos adaptativos para remover ou prevenir a emoção negativa. Tais estratégias de enfrentamento podem mirar na fonte da perturbação; ou seja, a pessoa pode tentar remover a fonte da ameaça. Essas costumam ser as estratégias mais adaptativas. Exemplos incluem concluir o trabalho que tem feito a pessoa perder noites de sono, buscar novos amigos quando se está deprimido por causa de uma perda ou, se a ameaça surgiu internamente devido a conflitos entre Planos, tentar compreender os próprios conflitos por meio da terapia. Frequentemente, deve-se adquirir habilidades e competências e diminuir a ansiedade na terapia antes de atividades de enfrentamento adequadas se tornarem possíveis. Infelizmente, nem sempre é possível remover a perturbação em sua fonte. Por exemplo, a ameaça que uma pessoa enfrenta de perder seu emprego durante uma crise econômica, uma doença terminal ou desastres técnicos e naturais não pode simplesmente ser afastada pelo indivíduo. Nesses casos, comportamentos paliativos de enfrentamento visando lidar com as emoções negativas em si mesmas podem ser necessários. Dependendo da situação, pode ser mais adaptativo enfrentar a emoção de forma direta ou limitar a consciência da emoção, até o extremo da repressão.

Para alguns pacientes, indivíduos sofrendo de um modo especialmente severo, estratégias de enfrentamento e de evitação representam uma grande parcela de suas atividades. Nesses casos, a maioria dos Planos de enfrentamento podem não ser orientados na direção de ameaças e de emoções concretas, e sim na direção de proteger "pontos vulneráveis". É plausível que tais estratégias de evitação tenham se desenvolvido originalmente a partir de situações concretas nas quais Planos foram ameaçados e bloqueados. Pontos vulneráveis iniciais provavelmente estão relacionados à ameaça de perder os próprios cuidadores primários ou, no mínimo, de perder seu amor e atenção, e as ameaças consequentes de vergonha e constrangimento. Em adultos, entretanto, esses pontos vulneráveis e as estratégias de evitação associadas tornaram-se independentes das condições sob as quais elas se desenvolveram e se manifestaram na determinação direta do comportamento (Barlow et al., 2017).

Emoções positivas não são evitadas, e sim buscadas, ao menos é o que se costuma pensar. Embora isso seja verdade no geral, se uma pessoa examina o assunto com mais cuidado, ela percebe que, para quase todas as pessoas, certas situações que no geral suscitariam emoções positivas, no melhor dos cenários, suscitam emoções ambivalentes. Um medo generalizado de ser arrastado por emoções positivas pode estar presente: sair-se bem nas provas significa se sair melhor do que os outros, coisa que pode ser um tabu; completar uma especialização profissional pode trazer insegurança sobre o futuro; um aumento da importância de um relacionamento pode ativar ansiedades relacionadas à possível perda do(a) parceiro(a) ou da própria autonomia da pessoa. Weiss, Sampson e o Mount Zion Psychotherapy Research Group (1986; Curtis & Silberschatz, Capítulo 4, deste livro) elaboraram a ideia de culpa e medo oriundos de desenvolvimentos positivos de maneira altamente compatível com a Análise de Plano – que é, a propósito, apenas um exemplo de como conceitos de diferentes origens podem ser referenciados e utilizados pela Análise de Plano.

Planos para os quais a emoção tem uma função instrumental

Por fim, as próprias emoções ou os fatos relacionados a emoções podem ter uma função instrumental na Estrutura de Plano de um indivíduo. Para começar, elas podem funcionar como suporte para comportamentos. Por exemplo, é difícil se afastar de uma fonte de conflito quando a pessoa está cheia de energia, mas é mais fácil fazê-lo se ela está desmoralizada ou se sente impotente, ansiosa ou deprimida. É difícil se aproximar de outras pessoas se o indivíduo em questão não está com o humor apropriado ou capaz de se conectar com tal humor. Por exemplo, um paciente com ansiedade social só poderia afirmar-se quando fosse bem-sucedido em entrar em um estado de raiva de modo antecipado. Esse exemplo demonstra o quão inseparavelmente ligadas as funções intrapsíquicas e interacionais são. Nesse caso, enxergamos como a raiva energiza a pessoa e remove dúvidas (intrapsíquicas) e, ao mesmo tempo, maximiza o comportamento expressivo que provavelmente impressionará os outros (interacional). Muitos exemplos poderiam ser dados em relação a como emoções ansiosas sustentam e justificam o comportamento de evitação, como as emoções deprimidas sustentam e justificam o afastamento deprimido, como a raiva sustenta e justifica o comportamento agressivo, e assim por diante. Essa função instrumental direta das emoções é tão comum que só recebe consideração explícita em uma Análise de Plano quando ajuda a explicar uma observação específica com um paciente específico.

Outra função instrumental muitas vezes observada das emoções é de gerar impacto interacional quando são expressas. A atenção que as pessoas com agorafobia recebem por causa de sua ansiedade exemplifica o reforçamento instrumental do transtorno. Um humor deprimido pode ter impacto similar, dependendo do sistema interacional.

Demonstrar nervosismo hostil pode fazer a outra pessoa recuar e manter uma maior distância depois de ter se aproximado demais. Um exemplo de uma função intrapsíquica concreta é o efeito paralisante dos estados ansiosos ou deprimidos que funcionam para evitar problemas que parecem não ter solução (p. ex., divorciar-se de um parceiro suicida; um professor homossexual já perto da velhice se assumir em uma comunidade rural conservadora). Em geral, estratégias de enfrentamento elaboradas são desenvolvidas quando as emoções são ou seriam intensas e duradouras; além disso, funções instrumentais devem ser consideradas quando uma emoção persiste a despeito de seus efeitos negativos.

Esses são os aspectos mais importantes da relação entre emoções e Planos. A definição de uma emoção, a descrição da situação e uma análise do aspecto 1 (Planos bloqueados ou favorecidos) são compulsórias. Aspectos devem ser conferidos, mas não são relevantes para cada emoção. Leitores especialmente familiarizados com uma teoria das emoções específica podem utilizar as ideias básicas apresentadas aqui como ponto de partida. Obviamente, esses leitores serão capazes de considerar diferentes aspectos de uma maneira muito mais sofisticada do que seria possível sem o conhecimento específico que possuem. A respeito de algumas limitações da conceitualização das emoções na Análise de Plano, devemos enfatizar que, em nossa experiência, considerando os aspectos já apresentados, costuma ser possível compreender as emoções relevantes em terapia adequadamente. Para além dessa experiência geral, um argumento específico a favor de nossa abordagem é a ênfase da Análise de Plano em uma análise cuidadosa do comportamento *não verbal* instrumental e reativo e de sua relação com a motivação. Isso é de especial importância dado que emoções geralmente só são expressas, de modo não verbal, por meio de maneiras sutis. A análise das emoções recebeu generoso espaço neste capítulo porque (1) compreendê-las e lidar com elas são competências fundamentais em qualquer psicoterapia e porque (2) a questão exemplifica como a Análise de Plano, a respeito de sua ênfase em relações instrumentais, não é limitada à análise do comportamento instrumental explícito.

Psicopatologia

Não se afirma que a Análise de Plano pode capturar ou explicar todas as psicopatologias. Ela tem suas limitações no que diz respeito aos fatores neurobiológicos, em termos de contribuição causal destes para a psicopatologia. Entretanto, tão logo *lidar com* vulnerabilidades neurobiológicas passe a ser relevante, a Análise de Plano entra em jogo. Modelos biopsicossociais e multicausais possuem a desvantagem de serem complicados, mas a vantagem é que, quando fatores psicológicos que podem ser influenciados pela psicoterapia *contribuem significativamente* para a psicopatologia, existe potencial para a psicoterapia e, consequentemente, para a Análise de Plano.

A partir da perspectiva instrumental que caracteriza a Análise de Plano, existem duas possibilidades elementares para a forma pela qual os problemas psicológicos podem se relacionar a Planos:

1. Problemas psicológicos podem ser *instrumentais* no funcionamento de um paciente. Por exemplo, a agorafobia pode inutilizar um parceiro ao preveni-lo de sair para o bar à noite ou até fazer ele terminar um relacionamento; a depressão pode funcionar como uma ajuda para evitar um conflito não solucionado; e um transtorno somatoforme pode oferecer uma justificativa para se retirar de um emprego estressante.

2. Problemas psicológicos podem ser *efeitos colaterais* de estratégias instrumentais. Por exemplo, o alcoolismo (a dependência, e não o consumo) pode ser enxergado como um efeito colateral da bebida como uma estratégia de regulação emocional; a depressão (explicada pela teoria de perda de reforçamento de Lewinsohn [1974]) pode ser a consequência de uma pessoa não ter saído jamais do próprio apartamento devido à evitação agorafóbica.

Embora essas duas possibilidades não representem uma abordagem psicopatológica elaborada e empiricamente validada, elas são compatíveis com abordagens que, sim, foram empiricamente validadas e, acima de tudo, configuram-se como uma heurística útil para localizar individualmente os problemas psicológicos na Estrutura de Plano de um paciente. Elas também são compatíveis com a noção de que a psicopatologia se desenvolve em estruturas rígidas que não trazem em si muitos Subplanos alternativos por motivos importantes. Isso faz os pacientes utilizarem as poucas estratégias restantes que têm disponíveis, sejam elas adaptadas ou não à situação, tenham probabilidade ou não de serem bem-sucedidas, ou tragam ou não a possibilidade de gerar efeitos colaterais negativos intensos. Ciclos viciosos podem se desenvolver: um paciente utiliza uma estratégia ineficaz, carregada de potencial para um efeito negativo, em uma tentativa de satisfazer uma necessidade, mas a necessidade não é satisfeita e permanece ativada, fazendo o paciente tentar novamente. Como esse indivíduo carece de alternativas comportamentais, a estratégia já malsucedida se torna também inútil (e potencialmente deletéria), e assim por diante. Na psicologia da resolução de problemas, isso é designado como *estratégia "mais do mesmo"*. Ela é usada repetidamente, não porque seja recompensada, e sim porque o motivo que a guia não foi satisfeito e, portanto, permanece ativado. Nós observamos essa situação muito comumente com os pacientes. A pergunta principal, então, é o que tem impedido o paciente de desenvolver alternativas e um repertório mais flexível para os Planos importantes? Muitas vezes, observamos evitação de tensões ou de emoções negativas, ou, mais genericamente, conflitos com um Plano B para o qual o comportamento que serve ao Plano A traria efeitos colaterais negativos. Em geral, isso tem a ver com os pontos vulneráveis, feridas que o paciente desenvolveu ao longo da vida e que agora tentar proteger. Amplamente, isso ocorre sem consciência, porque faz parte da evitação da consciência do que acontece. Para muitos indivíduos (não somente pacientes!), a evitação de pontos vulneráveis pode determinar grandes decisões da vida. Por exemplo, um indivíduo que foi injustiçado pode decidir se tornar um advogado com a esperança de nunca mais se sentir desamparado quando tratado injustamente; indivíduos expostos ao abandono em situações interpessoais difíceis podem buscar treinamento em psicoterapia e, analogamente, na escolha de um parceiro.

As quatro heurísticas para se relacionar Planos a emoções podem também ajudar a explicar o problema. Por exemplo: (1) elas ajudam na identificação dos Planos bloqueadores que desencadeiam emoções negativas relacionadas ao problema. (2) Planos que moldam a emoção que se desenvolve tornam o problema difícil de se solucionar ao disfarçá-lo por trás de emoções secundárias desadaptativas. (3) Razões que explicam o motivo de estratégias de enfrentamento disponíveis não estarem resolvendo o problema devem ser avaliadas. (4) Uma função instrumental possível de uma emoção negativa relacionada ao problema pode estar contribuindo para a sua manutenção.

Tais questões contribuem para que se compreenda quando a psicopatologia é caracterizada predominantemente por emoções específicas, como a ansiedade ou a depressão, ou pela regulação emocional desadaptativa, como no caso de indivíduos que atendem aos critérios diagnósticos do transtorno da personalidade *borderline*.

Um tópico importante é o autoconceito do paciente, isto é, a visão geral que o paciente tem de si mesmo ou de seus problemas. Em quais aspectos existem diferenças entre as visões do paciente e do terapeuta? Quais Planos controlam o raio de consciência, quais Planos determinam os pontos cegos (e, portanto, a inabilidade do paciente de resolver o problema) *versus* uma ênfase exagerada em aspectos que se encaixam confortavelmente na Estrutura de Plano (como problemas externalizantes)? Todos esses são aspectos importantes do planejamento de terapia.

Em resumo, a Análise de Plano revela a estrutura e a função dos problemas psicológicos, podendo estes ser rotulados ou não com um diagnóstico. Quando um diagnóstico se encaixa, podemos utilizar "Estruturas de Plano prototípicas", que foram suscitadas a partir de vários pacientes pertencentes a um diagnóstico ou outro grupo. Terapeutas devem checar para determinar se um Plano prototípico de fato caracteriza um paciente concreto, mas tais estruturas capturam padrões que são típicos de um diagnóstico (ou de outro grupo) e podem agilizar o processo de desenvolvimento de uma Estrutura de Plano.

Por fim, um objetivo importante é antecipar incompatibilidades de intervenções planejadas ou já implementadas na Estrutura de Plano de um paciente. Um terapeuta deve estar convencido de que é importante confrontar um paciente com um tema importante e, portanto, pode criar tensão sobre um nível de conteúdo de uma maneira deliberada e focada. No nível dos métodos e relacionamentos, um terapeuta deve evitar suscitar a resistência, e certamente o menos cegamente possível baseado em uma falta de compreensão do paciente. Nem todos os obstáculos antecipados podem ser evitados ou superados, e, em um extremo, um terapeuta pode recomendar que um paciente não tente solucionar um problema por meio da psicoterapia, ao menos não sob as condições atuais que o paciente está enfrentando.

CONSIDERAÇÕES MULTICULTURAIS

A Análise de Plano é construída sobre o que quer que seja mais prontamente observado sobre um paciente específico. Por exemplo, aspectos do comportamento não verbal ou, digamos, uma vestimenta chamativa são evidentes? Uma pessoa pode enxergar suas roupas ou comportamento não verbal diferentemente, dependendo de sua identidade cultural. A adesão estrita a regras internalizadas é evidente com base nas normas culturais?

A cultura certamente exerce um papel e deve ser considerada quando, após a emigração ou em resposta a uma nova subcultura, Planos bem elaborados são bloqueados ou têm efeitos colaterais que não teriam na cultura em que o paciente cresceu. Uma Estrutura de Plano desenvolvida em uma cultura pode não ser adaptável para satisfazer as necessidades de um paciente em outra cultura, por exemplo, depois da emigração ou de um casamento em uma subcultura diferente. Devido ao fato de a Análise de Plano tentar capturar o funcionamento completo de uma pessoa – não somente as partes patogênicas mas também os recursos e as partes de bom funcionamento da pessoa –, a chance de que recursos específicos à cultura sejam reconhecidos e respeitados é grande.

A busca por reconhecimento em um grupo diferente e às vezes marginalizado por parte dos pacientes que recebem pouca atenção positiva em seu grupo de origem é outro fenômeno que pede atenção na Análise de Plano. Um relacionamento bom *versus* um ruim com os pais pode ser a razão de a pessoa se adaptar demais ou resistir à adaptação ao seu grupo de origem. Finalmente, Planos que determinam o tipo de uma emoção são fortemente influenciados pelas emoções que são aceitáveis na cultura de cada um.

EVIDÊNCIAS A FAVOR DO MÉTODO

Para quais pacientes a análise de plano é útil?

A experiência na prática, bem como as considerações teóricas sugerem que a Análise de Plano pode ser utilizada com qualquer paciente, mas que ela é especialmente poderosa com pacientes que utilizam estratégias interpessoais problemáticas – por exemplo, aqueles com transtornos da personalidade. Não existem limitações aparentes sobre para quais pacientes o método é adequado. Pode-se pensar, por exemplo, em pacientes com psicose. A relação terapêutica é extremamente importante para eles, incluindo sua adesão à medicação, e o estresse (que leva a recaídas) costuma se relacionar à ameaça percebida de Planos interpessoais e à falta de um enfrentamento efetivo (Westermann, Cavelti, Heibach, & Caspar, 2015). A psicoterapia mostra-se importante também para esse grupo.

O benefício de se utilizar a Análise de Plano e não outra abordagem à conceitualização de casos – ou nenhuma sequer – varia conforme o paciente. Alguns pacientes não possuem complicações em seus padrões de relacionamento (o que, olhando-se de perto, pode esconder problemas), e seus problemas podem ser suficientemente explicados por teorias de aprendizagem mais diretas. Com esses pacientes, o ganho é menor do que com pacientes mais complicados e conflituosos.

Evidências de efeitos gerais

Historicamente, a primeira evidência dos efeitos positivos do uso da forma original da Análise de Plano vem de um ensaio clínico randomizado (ECR) que comparou os efeitos de três formas de conceitualização de casos: terapia comportamental de amplo espectro (BSBT, do inglês *broad-spectrum behavior therapy*) com uma forma tradicional de aprendizagem teórica e cognitiva de formulação; terapia comportamental interacional (IBT, do inglês *interactional behavior therapy*) com uma análise vertical do comportamento; e a terapia centrada no cliente (CCT, do inglês *client-centered therapy*) sem uma forma explícita de formulação de casos (Grawe, Caspar, & Ambühl, 1990). A IBT apresentou alguns efeitos de resultado, mas não superior, em média, mas efeitos diferenciais interessantes: pacientes buscando autonomia se deram melhor com a CCT, ao passo que pacientes procurando estruturação o fizeram com a BSBT. Na IBT, essa diferença não foi encontrada, sugerindo que os terapeutas se adaptaram de forma responsiva às necessidades dos pacientes. Está alinhado com o paradoxo da equivalência o fato de que as diferenças entre as três abordagens genuínas não foram generalizadas (Luborsky, Singer, & Luborsky, 1975). No *processo* terapêutico, foram encontradas grandes diferenças: pacientes, bem como terapeutas, avaliaram o processo terapêutico por meio de questionários de sessão (Flückiger, Regli, Zwahlen, Hostettler, & Caspar, 2010) – o que captura um amplo espectro de aspectos relevantes no processo terapêutico –, todos mais positivamente na IBT do que nas outras duas condições. Isso foi encontrado até em relação aos itens do questionário de pacientes em que teríamos aceito algumas descobertas inferiores, refletindo efeitos colaterais negativos de conceitualizações de casos abrangentes, como a pergunta que visava investigar se os pacientes tiveram a impressão de que o terapeuta pensou algo sobre eles de modo diferente do que disseram de si próprios ou de que o terapeuta deveria prestar mais atenção às emoções do paciente (os conceitos de emoção da Análise de Plano à época não era tão elaborados quanto hoje). Para a BSBT e a CCT, foram encontradas muitas correlações entre pacientes pré-terapia e variáveis de desfecho, ao passo que tais correlações praticamente desapareceram na condição da IBT. Isso corresponde à carência de tais correlações geralmente encontradas em formas de terapia especialmente responsivas (Kramer & Stiles, 2015). Outra descoberta foi que, na condição da IBT, os terapeutas utilizaram, com folga, um espectro mais amplo de procedimentos/técnicas terapêutico(a)s concreto(a)s.

Não há uma nova comparação experimental direta de psicoterapia com ou sem as conceitualizações de casos da Análise de Plano, exceto por um estudo de Kramer et al. (2014a; ver discussão mais à frente neste capítulo), mas existem vários estudos sugerindo efeitos positivos. Caspar, Grossmann, Unmüssig e Schramm (2005) demonstraram que terapeutas sem treinamento na Análise de Plano e no método de relação terapêutica orientada para o motivo (MOTR, do inglês *motive-oriented therapeutic relationship*), conduzindo terapias com pacientes com depressão alinhados espontaneamente com esses conceitos, conforme análises retrospectivas, obtiveram mais sucesso nas taxas de mudança dos pacientes.

Um conjunto de dados não experimentais é o monitoramento em curso de tamanhos de efeito pré e pós encontrados no treinamento clínico psicoterápico do Instituto de Psicologia da Universidade de Berna (Grosse Holtforth, Grawe, Fries, & Znoj, 2008). Em comparação com tamanhos de efeito comumente relatados em ECRs e monitoramentos de qualidade em curso em clínicas de treinamento, tamanhos de efeito para terapias conduzidas por novatos com uma mistura de diversas variáveis do paciente, incluindo diagnóstico com uma dominância de comorbidade, são muito elevados; para um conjunto comum de questionários dentre aqueles que completaram a terapia, bem como para intenção de tratar pacientes, tamanhos de efeito são de 1,0 ou acima (em sua maior parte, bem acima), que é considerado forte. Uma única exceção é o *Inventory of Interpersonal Problems* ("Inventário de Problemas Interpessoais", Horowitz, 1988), conhecido por não ser muito sensível à mudança, sobretudo na média de suas escalas, com um tamanho de efeito apenas um pouco acima de 0,5, que ainda seria um tamanho de efeito médio. Para uma abordagem de terapia que procura se adaptar às necessidades do paciente individual, a taxa de desistência também é um critério importante. Com uma taxa de desistência de 14,7%, ela se encontra abaixo das taxas comumente relatadas em ECRs e instituições similares (Wolfer, 2016).

Evidência metodológica e evidência para uso em pesquisa

A Análise de Plano tem sido utilizada como instrumento de pesquisa em vários estudos, dos quais uma lista completa, incluindo em sua maior parte relatos em alemão, aparece em Caspar (2018); limitamos o relato aqui a alguns estudos publicados em inglês. Em Caspar et al. (2005), a Análise de Plano tem sido utilizada, como mencionado, para avaliar a complementaridade espontânea de terapeutas não treinados no método MOTR, conjunto de heurísticas de relações terapêuticas e estratégias de intervenção. Uma concordância interclasse de satisfatória a boa e correlações positivas entre complementaridade e desfechos avaliados de pacientes foram encontradas, sobretudo em pacientes com dificuldades interpessoais.

Em outros estudos (aproximadamente 50 teses de mestrados e cinco dissertações escritas em alemão), a Análise de Plano tem sido utilizada como um instrumento de pesquisa, com resultados de satisfatórios a bons, e a utilidade da Análise de Plano como instrumento de pesquisa tem sido demonstrada. Os tópicos incluem (indicadas publicações em inglês):

- Estratégias de manejo de impressões de pacientes (Frühauf, Figlioli, Böck, & Caspar, 2015; Frühauf, Figlioli, & Caspar, 2017; Frühauf, Figlioli, Oehler, & Caspar, 2015).

- Confrontação de pacientes (Moesender, Figliolo, & Caspar, 2018; Moesender, Ribeiro, Muran, & Caspar, 2019).
- Motivações para o tratamento de pedófilos (Drapeau, Körner, Granger, Brunet, & Caspar, 2005).
- O funcionamento de pessoas que tentaram (seriamente) se suicidar (Brüdern, et al., 2015).

A confiabilidade interclasse teve que ser demonstrada para cada estudo; se não atingida, o procedimento de inferir Planos foi treinado novamente até que se alcançasse uma confiabilidade satisfatória. Se isso não pudesse ser alcançado, a análise era descartada, o que tivemos que fazer em uma instância, perdendo meses de trabalho – uma demonstração de que levamos a confiabilidade muito a sério. Na prática terapêutica, a utilidade é um critério mais importante do que a concordância. A utilidade é, contudo, difícil de se avaliar, e desvios muito grandes de uma visão válida geralmente limita a utilidade.

Relatos de caso

Diversos relatos de caso foram publicados em inglês, muitos deles alinhados com padrões elevados de também fornecer avaliação quantitativa. Os transtornos investigados incluem o transtorno da personalidade *borderline* (Berthoud, Kramer, Caspar, & Pascual-Leone, 2015; Berthoud, Kramer, de Roten, Despland, & Caspar, 2013), o da personalidade evitativa com comorbidades (Caspar & Ecker, 2008), depressão (Caspar, 2010) e transtorno da personalidade narcisista (Kramer, Berthoud, Keller, & Caspar, 2014b).

Evidências anedóticas

Há uma abundância de relatos de supervisões de situações ruins, nas quais terapeutas com conhecimento da Análise de Plano, mas não a utilizando de forma apropriada, e terapeutas sem treinamento em Análise de Plano ficaram presos com pacientes em problemas relacionados a níveis de relacionamento, métodos ou nível de conteúdo. Embora a melhor solução em alguns casos fosse esclarecer o motivo de a psicoterapia não conseguir ajudar, soluções poderiam ser encontradas na maioria dos casos, geralmente ao auxiliar os terapeutas a encontrarem uma solução eles mesmo via Análise de Plano. Ajudar terapeutas experientes e terapeutas bem treinados em outros métodos – que, não obstante, chegaram a algum impasse – foi uma das experiências mais satisfatórias e convincentes, embora ela claramente não possa substituir estudos mais formais. Uma contribuição importante das evidências anedóticas é que elas ajudam a compreender como e por que a Análise de Plano funciona, o que vai essencialmente na linha dos princípios expostos neste capítulo.

Evidências experimentais

Em um estudo quase experimental, Schmitt, Kammerer e Holtmann (2003) descobriram que a introdução da Análise de Plano no treinamento de médicos teve impacto positivo em sua competência interpessoal em suas interações com pacientes psicossomáticos. Um de poucos ECRs demonstrando os efeitos de uma abordagem prescritiva sobre a relação terapêutica foi conduzido por Kramer et al. (2014a). Eles utilizaram o conceito baseado na Análise de Plano da MOTR em um delineamento complementar, em que pacientes com transtorno da personalidade *borderline* foram tratados com um tratamento psicodinamicamente orientado. Os terapeutas trabalharam com ou sem treinamento adicional em MOTR. Na condição com MOTR, mudanças positivas foram observadas em vários dos critérios relevantes de desfecho. Em uma série de análises de *follow-up* ("acompanhamento"), Kramer e colaboradores também estudaram detalhes do surgimento desses efeitos.

PASSO A PASSO DA FORMULAÇÃO DE CASOS

Muitos meios pelos quais se pode inferir conceitualizações de casos em Análise de Plano, bem como o que é importante em tal análise, já foram descritos. A seguir, mostra-se uma descrição dos passos concretos para utilizar a Análise de Plano na prática clínica.

A Análise de Plano começa muito cedo na terapia, ou mesmo antes desta. Por exemplo, observações podem ser feitas sobre como um paciente se comporta quando liga para marcar a primeira sessão. Quando um diagnóstico é conhecido, a primeira hipótese provisória ou as primeiras perguntas podem ser formadas. Por exemplo, quando a paciente é uma mulher jovem com anorexia, alguém pode, com base em sua experiência, bem como em conceitos explícitos, levantar de maneira cuidadosa a hipótese de que a autonomia interpessoal e o controle são questões importantes. Quando encontrar pela primeira vez com um paciente, o profissional deveria observar suas roupas, postura, maneira de falar e modo de cumprimentar. Algumas perguntas importantes:

- Quais emoções e impressões o paciente desencadeia em mim e nos outros?
- Como o paciente quer que eu e os outros sejamos?
- O que o paciente quer que eu ou os outros façamos?
- Qual imagem de si mesmo o paciente tenta passar para mim e para os outros?
- Qual imagem de si mesmo o paciente tenta ter ou manter para si mesmo?
- Qual comportamento dos outros ou meu nesta situação não pareceriam corretos ou seriam difíceis de se ter ou alcançar?
- Qual comportamento dos outros ou meu o paciente tenta prevenir?

Com base na observação dos meios interacionais ("ferramentas") que o paciente utiliza e as próprias reações do terapeuta, alguém desenvolveria uma hipótese inicial provisória sobre os motivos interpessoais dominantes do paciente e começaria a construir uma MOTR o mais cedo possível. Tudo isso, é claro, é mais fácil para um terapeuta quando a experiência já levou à automatização de alguns dos processamentos psicoterápicos gerais de informação (como formular a próxima frase, etc.), liberando, então, a capacidade cognitiva para observações paralelas e para a geração de hipóteses.

Uma suspeita seria que uma vez que o indivíduo tenha desenvolvido (possivelmente errado) hipóteses, ele, em seguida, processaria informações de forma seletiva, de modo confirmatório. O contra-argumento é que a formulação inicial de hipóteses aguça a percepção: a pessoa ativamente buscaria e/ou investigaria mais atentamente informações de potencial relevância para tais hipóteses. É, então, uma questão da atitude (acurácia e curiosidade vs. desleixo e preguiça) do terapeuta se e em que medida ele cai na armadilha do viés de confirmação. Se considerarmos que conceitualizações de casos válidas facilitam a clareza e o sucesso em terapias, terapeutas que são excessivamente confirmatórios não estão se ajudando. Nossa experiência prática em terapia e supervisão favorece a formulação inicial de hipóteses.

Após a entrevista de admissão, um terapeuta primeiro desenharia uma estrutura bidimensional, focando em aspectos relevantes para a relação terapêutica enquanto também inclui hipóteses sobre psicopatologia quando elas parecerem óbvias. Apenas relações instrumentais (meios-fins) são incluídas na estrutura desenhada. Elementos e aspectos não instrumentais podem encerrar em si informações contextuais importantes, mas o terapeuta os mantém apenas em sua mente ou em suas anotações, e elas podem reaparecer novamente na formulação de caso escrita. É uma boa heurística começar com um Plano especialmente plausível/óbvio e relativamente concreto (p. ex. "evitar tensões com o terapeuta" ou "impedir que o terapeuta toque em temas diferentes") e conectá-lo com seu comportamento instrumental (servir como evidência ou pilar para a hipótese). Então, Planos adicionais, em geral não mais que três, hipotetizados como orientadores do primeiro Plano, portanto hierarquicamente acima do primeiro Plano, são desenhados. Então se segue com um próximo Plano concreto plausível e se faz o mesmo. Utilizamos "núcleos de cristalização" como uma metáfora útil. Há duas vantagens em se seguir nessa direção em vez de apenas escrever uma lista de comportamentos observados na base da estrutura. A pessoa é forçada a pensar e decidir, imediatamente enquanto desenha as linhas, qual pode ser a relação instrumental, evitando, então, a inclusão de elementos não instrumentais. Além disso, os elementos instrumentais no nível mais baixo são colocados o mais próximo possível do motivo-guia no nível mais elevado, o que reduz o número de linhas longas e cruzamentos desnecessários.

Em geral, uma primeira análise, incluindo uma Estrutura de Plano bidimensional desenhada, deve ser concluída depois da entrevista inicial ou da primeira sessão. Em instituições nas quais o indivíduo que faz a entrevista inicial não é o terapeuta, este pode fazer a primeira análise com base em uma gravação em vídeo da primeira sessão e ter um conceito para o MOTR (ver seção seguinte) pronto antes de se encontrar com o paciente pela primeira vez. É recomendado que o terapeuta desenhe a Estrutura de Plano utilizando um *software* de apresentação eletrônica que várias pessoas conheçam e que permita o desenho de tal estrutura. Existem disponíveis *softwares* mais especializados, mas seu uso demanda maior dedicação de tempo e esforço, diminuindo os ganhos reais, a não ser que a pessoa tenha que produzir uma grande quantidade de análises em pouco tempo. Quando se está desenhando no computador, mudanças podem ser inseridas facilmente, e a abertura à mudança não resultará em desenhos progressivamente ilegíveis.

A seguir, o terapeuta continuaria a desenvolver hipóteses e a coletar mais informações sobre o desenvolvimento e a manutenção do(s) problema(s) e derivar um modelo psicopatológico provisório por volta da Sessão 5 em uma terapia com mais ou menos 20 sessões, ou mais. Se a terapia tiver de ser breve, um modelo provisório deve ser derivado antes. Se a coleta de informações e a utilidade da geração de hipóteses para a relação terapêutica (Sessão 1), bem como a compreensão dos problemas (Sessão 5), tiverem sido bem-feitas, a Análise de Plano concluída por volta da Sessão 5 deverá ser uma base que se sustentará até o fim da terapia. Isso é compatível com a expectativa de que, com base em novas informações, algumas delas advindas da observação dos efeitos das intervenções ou pela não percepção destes, uma Análise de Plano tem que estar permanentemente aberta à mudança. Nem toda mudança leva a uma revisão escrita da Estrutura de Plano; o terapeuta preferiria mantê-la em mente (ou em anotações) e mudar a estrutura de maneira explícita apenas quando pequenas mudanças se acumularem ou quando ocorrer uma grande mudança. Ocorre, mesmo que raramente, que informações completamente inéditas aparecem e precisam ser processadas. Recentemente, como um desses raros exemplos, eu me deparei com um caso de uma mãe, que havia perdido um filho para a doença, que começou, então, a suspeitar de tê-lo assassinado, possivelmente devido à presença do transtorno de identidade dissociativa. Outra paciente havia, com vergonha, escondido sua tricotilomania, mas, encorajada pelo andamento de uma terapia dedicada a combater seu transtorno depressivo maior, solicitou mais tempo de terapia por causa do problema recém-revelado.

Na fase inicial da análise vertical do comportamento, tivemos fases de grandiosidade, crendo que, é claro, ela seria boa para transmitir ao paciente as hipóteses inteligentes e diferenciadas que havíamos derivado de nossas observações. Para aqueles pacientes de um funcionamento já mais racional, foi facílimo compreender o conceito, mas eles tendiam a utilizá-lo erroneamente ao se tornarem ainda mais racionais e evitando envolvimento emocional. Pacientes com características narcisistas retornavam à próxima sessão com estruturas ainda mais elaboradas. Atualmente, dois princípios nos guiam no que diz respeito ao compartilhamento da formulação com o paciente. Primeiro, o objetivo primário da Análise de Plano é elaborar uma compreensão do funcionamento do paciente *para o terapeuta*. Incluímos afirmações que os pacientes fazem acerca de seu próprio funcionamento, mas – considerando que grande parte de seu funcionamento não é deliberado ou consciente – não limitamos nossas hipóteses apenas ao que o paciente pode confirmar. Imagine como um paciente que tenha desenvolvido um exército de estratégias para evitar a reabertura de feridas antigas reagiria se um terapeuta confrontasse justamente os tópicos que ele tentou de tudo para evitar até agora. Não obstante, um terapeuta não deve esperar até que o paciente esteja pronto para falar sobre essas estratégias para desenvolver hipóteses relacionadas a elas. Embora seja desejável que um paciente compreenda a si mesmo e que paciente e terapeuta compartilhem de uma visão concorde até o término da terapia, buscamos uma visão abrangente do funcionamento do paciente o mais cedo possível na terapia.

Segundo, com um meio para o esclarecimento do fator terapêutico, faz sentido utilizar a Análise de Plano na comunicação com o paciente. Isso deve, porém, ser focado, o que significa dizer que um terapeuta implementando o esclarecimento do fator terapêutico deve ter uma ideia clara a respeito de qual é o ponto desejável para maximizar a compreensão de um paciente na terapia. Um terapeuta pode, então, dizer, por exemplo:

> "Eu compreendo que você realmente sofre por causa do jeito que esta situação se desenvolveu repetidamente, e você com certeza não se comporta desse jeito de forma deliberada. 'A coisa' simplesmente se comporta assim. A experiência demonstra que muitas vezes existe uma vantagem oculta por detrás do comportamento. Então, vamos especular qual poderia ser essa vantagem."

O terapeuta pode colaborar com o paciente para desenhar uma estrutura manejável parcial com seis a oito elementos em não mais do que três ou quatro níveis hierárquicos no papel ou no quadro. Os pacientes costumam compreender o princípio rapidamente sem quaisquer explicações conceituais explícitas sobre a Análise de Plano. Uma vez que um paciente esteja familiarizado com tais mini-Estruturas de Plano, é possível que um terapeuta utilize a Análise de Pano, ou seja, geralmente apenas partes do grupo inteiro de seus conceitos (p. ex., as ideias patogênicas de problemas servindo a um propósito, ou de problemas como efeitos colaterais de estruturas rígidas, ou de conflitos como consequências da falta de Subplanos com menos efeitos colaterais negativos) na comunicação com os pacientes. Discussões abrangentes de Estruturas de Plano é a rara exceção na prática clínica cotidiana, mas é mais comum nas terapias de treinamento baseadas em Análise de Plano.

Qual é o processo de desenvolvimento e quais são os produtos da Análise de Plano? Mencionei o processo de derivar uma estrutura provisória para aspectos relevantes à relação até a Sessão 1 e uma estrutura mais abrangente tratando dos problemas psicológicos até a Sessão 5. Todas as informações relevantes, mas não instrumentais, permanecem apenas na mente do terapeuta ou em anotações informais. Talvez a estrutura precise ser adaptada, possivelmente, simplificada para fins de apresentação, por exemplo, em supervisões ou como uma intervenção.

Entretanto, a Estrutura de Plano, trazendo as informações instrumentais, não é o produto final. Um terapeuta deve ser capaz de responder a todas as perguntas refletidas no formato de conceitualização de casos, como aparecerá no exemplo de caso ao fim deste capítulo. Isso inclui, por exemplo, formar uma visão abrangente das relações entre as emoções mais importantes e Planos, incluindo aspectos não instrumentais. Isso dependerá, então, do contexto da terapia (requerimentos da instituição ou do programa de treinamento), até que ponto e em qual forma um relatório escrito é entregue, como será ilustrado no exemplo de caso.

PLANEJAMENTO E PRÁTICA DO TRATAMENTO

O planejamento de tratamento envolve três perguntas:

1. O que tenho de considerar no que diz respeito à relação terapêutica?
2. Quais conteúdos devem ser tratados (objetivos, temas, o que o paciente deve aprender a compreender)?
3. Quais meios/intervenções posso utilizar e quais são os principais efeitos e os efeitos colaterais esperados quando intervenho?

A Análise de Plano foca em compreender o funcionamento presente dos pacientes, incluindo, no mínimo, uma compreensão parcial das circunstâncias de sua história de vida, sob as quais um paciente desenvolveu suas estratégias conscientes e não conscientes. A Análise de Plano pode oferecer as premissas para se deliberar a respeito do procedimento terapêutico, mas ela não é uma abordagem de tratamento. Terapeutas que desejarem utilizar uma abordagem que cubra uma análise do estado atual, bem como conceitos e ferramentas para intervenção, podem buscar uma abordagem que não cubra a intervenção de modo abrangente como desvantajosa. Como já se argumentou, porém, a vantagem de se manter uma Análise de Plano enxuta é a possibilitação de maior compatibilidade com uma ampla gama de abordagens de tratamento baseadas em evidências, contanto que elas não entrem em contradição com premissas importantes da Análise de Plano.

Neste capítulo, aparecem algumas ilustrações representando como a Análise de Plano pode ser utilizada no planejamento de terapia. Tal análise pode apontar para a falta de habilidades de se satisfazer as necessidades de uma pessoa ou de se solucionar um problema atual, apontando, assim, para ferramentas de tratamento efetivas para fornecer tais habilidades. Ela também pode identificar conflitos que vêm impedindo um paciente de desenvolver essas habilidades em sua história de aprendizagem e/ou o impedindo de sanar um déficit por meio da aprendizagem das habilidades ainda não aprendidas independentemente da terapia. Ainda, a Análise de Plano pode apontar para crenças problemáticas, que podem fazer um terapeuta utilizar técnicas da terapia cognitiva. A Análise de Plano pode também revelar uma função instrumental de uma crença problemática (p. ex., pintar o mundo de preto e branco para se furtar de tentar novamente, fugindo, assim, da falha e da decepção antecipadas). Uma consequência possível é o insucesso de se argumentar de forma direta contra a visão preta e branca do mundo, uma vez que o paciente pode criar uma resistência para não perder uma crença protetiva. Uma análise de como as emoções estão relacionadas a Planos pode revelar que um paciente não pode solucionar um problema que não compreende, pois sua reação emocional primária é bloqueada por Planos com os quais essa reação (p. ex., sentimentos agressivos ou ansiosos) não seria compatível, levando, assim, a emoções secundárias desadaptativas (p. ex., vergonha). A pergunta, então, seria: Por quais meios o paciente pode crescer em *insight* e transformar emoções negativas em adaptativas? Em uma situação com Planos conflitantes (A vs. B), a Análise de Plano pode ajudar a pessoa a entender os efeitos colaterais negativos, dos quais Subplanos (meios) servindo ao Plano A, em detrimento do B, causam o conflito. Isso seria a base para se discutir estratégias alternativas com menos efeitos colaterais negativos, reduzindo, assim, o conflito entre o Plano A e o Plano B.

O que tem impedido o paciente de desenvolver e utilizar alternativas com menos efeitos colaterais negativos? O exemplo de caso, neste capítulo, demonstra como a Análise de Plano pode ajudar a identificar uma função instrumental de um grande problema que não pode ser tratado até que a utilidade do problema se torne supérflua. A conceitualização de caso deve ser mantida em segundo plano na mente do terapeuta sempre que este estiver considerando uma intervenção, a fim de conferir se deve ser esperada resistência de um conteúdo, relacionamento ou perspectiva de método. Isso não significa evitar uma intervenção difícil. Ao mesmo tempo que busca sempre seguir o modelo de um equilíbrio entre dar segurança ao paciente e desafiá-lo (Caspar, 2018), o terapeuta pode optar por confrontar o paciente com um conflito difícil, previamente evitado, mas prestar detida atenção para se certificar de que o paciente se sinta seguro na relação e que seus recursos estejam suficientemente ativados.

Em geral, um terapeuta não definiria um problema para logo em seguida escolher uma técnica; em vez disso, é preferível que se defina o que ajudaria a solucionar, em princípio, um problema específico (p. ex., maximizar o *insight* por meio do esclarecimento, da ativação de emoções, do desenvolvimento de competências ou da ativação de recursos existentes); tais princípios correspondem aos fatores terapêuticos definidos por Grawe, Donati e Bernauer (1998). Apenas no segundo passo é que a pessoa refletiria sobre meios terapêuticos concretos ou técnicas que poderiam ajudar na implementação daquilo que o fator terapêutico descreve em princípio. Postergar a decisão do procedimento concreto serve à maximização da flexibilidade técnica, que atinge seu máximo quando o terapeuta tem orientação integrativa, dando-lhe o máximo de liberdade na escolha do procedimento com os melhores efeitos positivos primários e um balanço ideal de efeitos colaterais positivos e negativos.

Embora a eficiência demonstrada de uma técnica bem descrita e uma ampla experiência com ela seja um argumento importante a favor de tal procedimento, da perspectiva da Análise de Plano, um terapeuta não está limitado a esses procedimentos específicos a orientações e/ou diagnósticos. Um terapeuta pode ser confrontado com uma situação na qual tal procedimento não esteja disponível ou em que são esperados sérios efeitos colaterais negativos de um paciente em especial. A criatividade de um terapeuta, então, é desafiada para que ele desenvolva uma nova intervenção, que pode ser inspirada por técnicas no geral conhecidas e que, idealmente, seriam acompanhadas por evidências empíricas.

O desenvolvimento de um novo procedimento que é único para um paciente e situação específicos se dá de forma ordinária quando "aplicamos uma técnica". Consistentemente com pesquisas sobre especialistas em outros domínios, que mostram que tais profissionais consideram uma ampla gama de opções antes de agir (Caspar, 2017), terapeutas especialistas provavelmente prefeririam desenvolver uma nova ação de forma a satisfazer múltiplas restrições, em vez de adaptarem um procedimento-padrão (ver Figura 8.3). Apesar de um plano de terapia poder ser desenvolvido com antecedência de uma maneira abstrata, à medida que a terapia progride, *"entsteht der Weg beim Gehen"* ("faz-se caminho ao andar").[1]

De modo ideal, isso acompanha uma considerável presença mental do terapeuta na sessão, alinhado com postulados de abordagens humanistas, ao passo que a formulação de casos é utilizada como um mapa no fundo da mente do terapeuta. Uma ideia comum, porém errada, é que a Análise de Plano significa que tudo deve ser detalhadamente planejado e, então, posto em prática estritamente conforme planejado. Ao contrário, a boa compreensão que se busca em relação ao funcionamento do paciente deve permitir que o terapeuta combine uma postura flexível, mas sistemática.

À parte o modelo de restrições múltiplas para se construir a ação terapêutica novamente (Figura 8.3; Caspar, 1995, 2009), existe outro conceito prescritivo intimamente

FIGURA 8.3 Modelo de construção criativa. Modelo de satisfação multilimitada paralela da construção da ação terapêutica. Os colchetes nos problemas indicam que eles geralmente se encontram interconectados.

---

[1] N. de T. Para adaptação da frase alemã ao português, escolheu-se um verso – cuja mensagem transmite a mesma ideia do original empregado pelo autor – do poema "Caminhante, não há caminho", do poeta espanhol Antônio Machado (1875-1939) (tradução de José Bento, em: MACHADO, A. *Antologia Poética*. Lisboa: Editorial Cotovia, 1999.)

relacionado à Análise de Plano: o conceito de MOTR. Conforme já discutido, a relação terapêutica tem um papel importante desde o início, então é coerente que a abordagem da Análise de Plano traga uma abordagem específica à compreensão dos pré-requisitos individuais para a relação terapêutica e as regras para a construção do comportamento do terapeuta derivadas dela.

É necessária uma compreensão sólida dos motivos que norteiam o comportamento problemático do paciente na relação terapêutica para se derivar uma estratégia responsiva para o terapeuta. Um bom exemplo é o comportamento hostil do paciente: qualquer regra para se reagir ao comportamento hostil que pudesse ser propagada pode ser apropriada para alguns casos, mas falsa ou não tão boa para outros. A Figura 8.4 mostra alguns motivos possíveis para a condução do comportamento hostil do paciente. De várias possibilidades, três delas são abordadas aqui.

Neste exemplo, "ataca o terapeuta" se refere à crítica verbal aberta e pessoal. Com isso, uma pergunta da Análise de Plano seria: "Quais motivos estão guiando o comportamento hostil?". Dependendo do paciente e da situação, hipóteses de plausibilidade variável podem impedir a terapia, mantendo o terapeuta a certa distância ou o testando. A duas primeiras parecem problemáticas no sentido de dificultar que o terapeuta prossiga com a terapia de uma maneira direta. Testar o terapeuta deixa aberta a possibilidade de ser um motivo problemático (ver Curtis & Silberschatz, Capítulo 4 deste livro).

Aqui entra o primeiro princípio da MOTR: se subirmos na hierarquia do Plano, provavelmente chegaremos em um motivo não problemático (i.e., um que não esteja impedindo a terapia ou que não seja muito difícil de lidar para o terapeuta), não importa quão problemáticos sejam os meios atualmente empregados para satisfazer o motivo. Isso é certo, pois os motivos mais elevados correspondem a necessidades humanas básicas, como a de manter laços. É possível que um indivíduo tenha problemas em satisfazer tais necessidades, mas, em si mesmos, não sejam problemáticos. Com o exemplo da hostilidade, ao julgarmos os motivos-guia mencionados ainda como problemáticos, subiríamos um degrau na hierarquia do Plano e perguntaríamos: A quais motivos mais

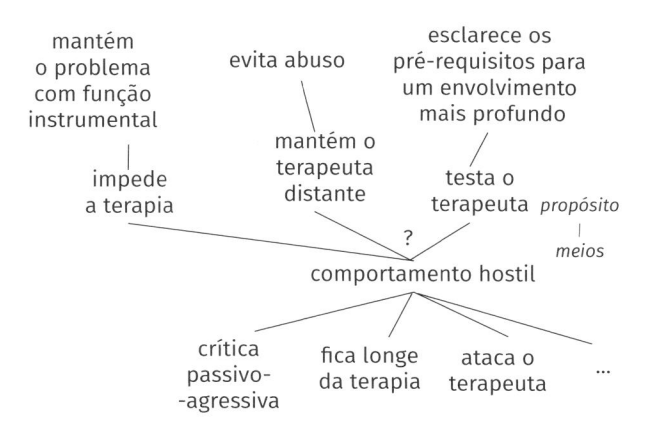

FIGURA 8.4 Motivos que guiam o comportamento hostil.

elevados esses motivos servem? Por que um paciente que busca terapia e está motivado a trabalhar para solucionar seus problemas deveria impedir o progresso? Com base em informações adicionais, podemos presumir que o problema tem uma função instrumental não consciente (p. ex., a separação da tristeza no caso descrito mais à frente no capítulo). Conferiríamos novamente se um motivo para manter o equilíbrio mental de uma pessoa é problemático e provavelmente descobriríamos que não, e sim que apenas os meios empregados para manter o equilíbrio mental são problemáticos.

Em relação ao motivo hipotético de se manter o terapeuta afastado, provavelmente diríamos que é problemático caso isso ocupe demais a atenção do paciente e signifique excluir qualquer possibilidade de se aproximar ou de o terapeuta adquirir importância para o paciente. Portanto, novamente subiríamos um degrau na hierarquia instrumental e perguntaríamos que motivo pode estar guiando a atitude de manter o terapeuta afastado. Por exemplo, com base no conhecimento que poderíamos ter sobre abusos passados (seja por parte de um parente ou até de um outro terapeuta), poderíamos levantar a hipótese de que o motivo é evitar mais abusos, o que, claramente, não configura um motivo problemático.

Em relação ao motivo de testar o terapeuta, declaramos que o caráter problemático dependerá do motivo por trás desse teste. Subindo de novo na hierarquia, poderíamos descobrir que faz sentido que o paciente deseje estar envolvido mais profundamente na terapia, mas que deseja (não necessariamente de modo consciente) certificar-se sobre a confiabilidade e resiliência do terapeuta primeiro. O paciente considerar se engajar com antecedência certamente não é problemático, e não é problemático testar o terapeuta com base nesse motivo. Se o teste também abrisse brecha para uma possível mudança de uma crença patogênica (p. ex., que defender as próprias necessidades leva à rejeição), isso também não seria problemático.

Neste ponto, encontramos motivos não problemáticos para todos os três ramos na estrutura hipotética de Plano. Uma vez que gostaríamos de continuar o mais específico e individual possível, é importante não subir demais na hierarquia, pois motivos se tornam cada vez menos específicos à medida que se aproximam de necessidades gerais. Em relação à parte da análise, qual seria a ação adequada?

O segundo princípio da MOTR é satisfazer, de maneira proativa, os motivos reconhecidos como aceitáveis e que não impedem a terapia, de modo que um paciente não precise utilizar estratégias problemáticas a fim de satisfazê-las. Dito de outro modo, o terapeuta sobrepõe a base motivacional do comportamento problemático. A ação do terapeuta deve ser proativa, isto é, ele não deve reagir contingencialmente ao comportamento problemático e, portanto, correr o risco de reforçá-lo. Ao contrário, uma vez que motivos não problemáticos sejam reconhecidos após o primeiro princípio, o terapeuta deve utilizar todas as chances que tiver de se comportar de modo complementar ao motivo. Isso deve se basear em uma profunda compreensão dos motivos do paciente, na aceitação da inabilidade presente do paciente de se comportar mais adequadamente (o que não significa aceitar qualquer comportamento) e em um raciocínio para o comportamento do terapeuta, que é considerado como genuíno e digno de crédito até mesmo para um paciente desconfiado. Alguns elementos do comportamento do terapeuta podem ser pré-fabricados, mas, em sua maioria, deve haver uma ação flexível ao menos nas interações parcialmente imprevisível. Portanto, o terapeuta deve ter Planos de construção para o seu próprio comportamento em mente, ao invés de um comportamento concreto, que poderia se encaixar ou não idealmente na situação.

É comum que, no sentido da MOTR, o comportamento complementar deva satisfazer dois ou mais limites (p. ex., dar autonomia ao paciente ao mesmo tempo que lhe dá segurança ao estruturar a situação). Com aqueles pacientes difíceis, diversos limites podem praticamente não deixar espaço para a ação terapêutica, desafiando, assim, a criatividade do terapeuta. Se eles não deixarem espaço algum, pode ser uma boa ideia explicar ao paciente de uma maneira não reprovadora e não defensiva o motivo de, com base em uma versão simplificada da conceitualização de casos, a psicoterapia não poder ajudar, pelo menos não no momento.

Tudo isso se refere à complementaridade no sentido de utilizar a MOTR com comportamento *problemático* de pacientes, quando seria um erro terapêutico reagir de uma maneira complementar no nível do comportamento do paciente. Em contrapartida, um comportamento *não problemático* e *adaptativo* por parte do paciente pode ser acompanhado de um comportamento complementar por parte do terapeuta em todos os níveis hierárquicos da Análise de Plano. De modo parecido, é melhor não reagir no nível das necessidades gerais e focar em níveis mais baixos a fim de permanecer concreto e individual. Por exemplo, um terapeuta tentando melhorar a autoestima do paciente não deve elogiar toda e qualquer ação deste, distribuindo cumprimentos de forma indiscriminada, sob o risco de parecer inautêntico, e sim concentrar-se no que importa mais para o paciente (p. ex., desempenho, resistência, tolerância à frustração, empatia, bom gosto, criatividade). Se o terapeuta trabalhar com o que representa, metaforicamente, a moeda mais valiosa, menos se precisará dela. Um exemplo: dedicar uma atenção indiscriminada a pacientes com características *borderline* nos leva a um poço sem fundo. Adaptar o comportamento terapêutico a outros Planos importantes dos pacientes e agir de modo proativo, em vez de reagir a comportamentos coercitivos do paciente, aumenta a chance de satisfazer o motivo para o qual uma pessoa tenta ser complementar.

De volta ao exemplo de hostilidade, o motivo impedidor da terapia do paciente (provavelmente não consciente), proteger uma função instrumental, não se encontra principalmente localizado no domínio da relação terapêutica, embora o paciente o defenda por meios interpessoais (i.e., hostilidade). Portanto, o problema não pode ser resolvido por meios relacionais; em vez disso, ele requer uma solução em termos de conteúdo. Metaforicamente, o terapeuta teria de apoiar uma escada na árvore antes de o galho sobre o qual senta o paciente poder ser cortado. Isso pode demandar uma boa relação de confiança, reforçando para o paciente que o terapeuta dará todo o apoio necessário, mas a solução se encontra fora da relação.

O Plano de evitar abusos futuros pode ser abordado no nível da relação. O Plano do terapeuta seria reforçar para o paciente que ele não o abusará. Concretamente, o terapeuta pode ceder o controle ao paciente para prevenir essa possível interpretação (e relembrá-lo de que o paciente tem o controle) ao pedir-lhe que expresse imediatamente quaisquer sentimentos desconfortáveis, dizendo quando preferiria não se aproximar em termos de distância física, e assim por diante. Utilizando a metacomunicação, o terapeuta deve deixar claro o que pensa sobre terapeutas abusivos. O Plano de testar a resiliência e a confiabilidade do terapeuta também deve ser cumprido na relação sem hesitações, e o terapeuta deve utilizar quaisquer oportunidades para reforçar o paciente ao mesmo tempo que utiliza a metacomunicação, de modo crível, para explicar os riscos emocionais na terapia.

De modo geral, o conceito de MOTR tem sido refinado ao longo dos anos e ilustra o quão intimamente estão relacionadas as intervenções e as análises. A MOTR não necessariamente significa intervir exclusiva ou principalmente em prol da relação terapêutica, e sim construir a ação terapêutica de modo que aspectos relacionais sempre codeterminem a maneira pela qual uma intervenção é aplicada. A MOTR não só demonstrou efeitos positivos na psicoterapia experimentalmente, em sentido estrito, mas também se provou útil na relação com os pacientes em tratamento não psicoterápicos para problemas mentais e somáticos, em conversas entre professores e pacientes difíceis, e mais. Ela é uma joia na aplicação da Análise de Plano e, portanto, recebeu espaço neste capítulo.

EXEMPLO DE CASO

Fui o terapeuta neste caso. O tratamento ocorreu em uma unidade ambulatorial de um hospital psiquiátrico norte-americano. À parte os relatos do paciente (incluindo questionários), as informações que serviram de base para esta formulação de caso vieram de observações durante as sessões de terapia, incluindo uma sessão da qual participou a esposa do paciente. (Para a Estrutura de Plano, ver Figura 8.5)

Situação atual de vida e biografia

Principais informações demográficas

O Sr. S é um homem branco e casado, de 26 anos de idade e ascendência alemã.

As principais pessoas importantes na vida do paciente

Ele tem um casamento feliz com sua esposa, de mesma idade; eles não têm filhos. Ele descreveu sua mãe como "a pessoa mais negativa que já conheci". Ela é divorciada e mora com o padrasto do Sr. S. O Sr. S a encontra uma vez por semana. Ele também se encontra com alguns amigos regularmente, sobretudo para assistir a jogos na televisão ou em estádios.

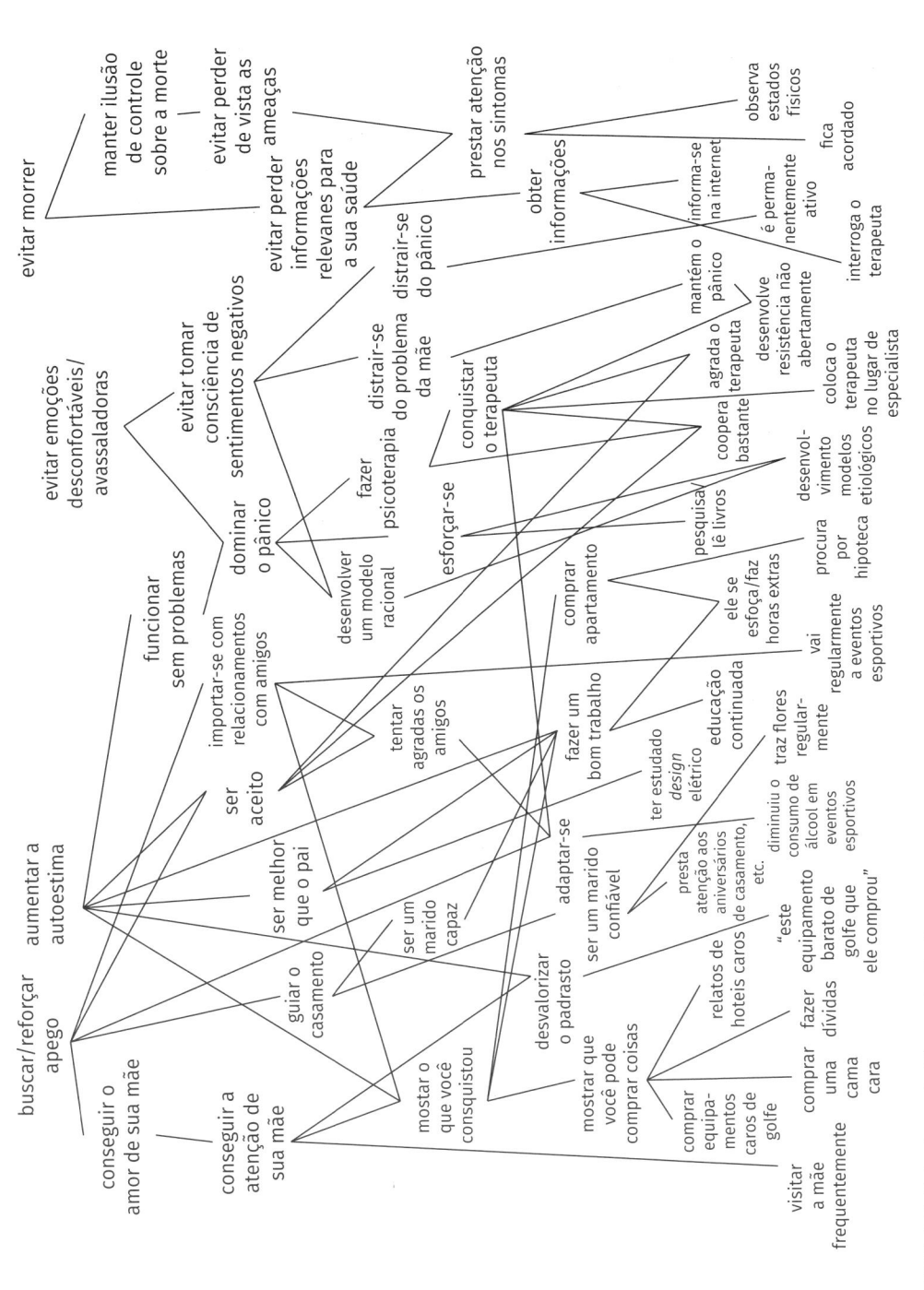

FIGURA 8.5 Estrutura de Plano do Sr. S.

Condição socioeconômica e estilo de vida

O Sr. S graduou-se em uma universidade e está feliz com seu trabalho como desenvolvedor elétrico, desenvolvendo fiações, por exemplo, para postos de gasolina. Sua esposa atua como assistente administrativa. Os dois têm estabilidade em seus respectivos empregos e possuem uma renda de classe média. Eles têm algumas dívidas, uma vez que ele tende a gastar dinheiro em itens de luxo, como roupas sofisticadas, móveis caros, equipamentos esportivos e pernoites em hotéis caros. Eles atualmente vivem de aluguel, mas esperam comprar um apartamento. Eles têm a vaga esperança de serem pais quando estiverem em um condomínio. Ele joga golfe, mas pratica outros esportes ativos; gosta de assistir a esportes na televisão e de viajar para se divertir; também gosta de carros caros e espera ser dono de um no futuro.

História desenvolvimental e social

O Sr. S cresceu como filho único com uma mãe que era rígida e sempre negativa em suas atitudes. Ela se divorciou quando ele tinha 3 anos. Ele não consegue lembrar de seu pai biológico e não teve contato com ele desde que seus pais se separaram. Ele não sabe se seu pai ainda está vivo. O que o Sr. S sabe sobre seu pai foi contado por sua mãe, que disse que ele veio de uma família da classe trabalhadora e que ele trabalhava como tal. O avô paterno do Sr. S morreu precocemente por causa de um ataque cardíaco quando seu pai tinha 12 anos. O pai assumiu a responsabilidade cedo, junto com sua mãe, pela criação de sua irmã e de seu irmão, que, respectivamente, eram três e quatro anos mais novos do que ele. A avó paterna do Sr. S demonstrava poucas emoções, parecia estafada e trazia consigo as marcas da batalha pela sobrevivência de sua família. Ela morreu de causa desconhecida quando seu pai tinha mais ou menos 22 anos.

Sua mãe veio de uma família bem-educada. Ela provavelmente jamais fora uma boa combinação para o seu pai; eles se casaram porque um breve romance fez ela engravidar do Sr. S. A família de sua mãe nunca aceitou genro. O avô materno ocupava um alto cargo administrativo. Ele morreu de um ataque cardíaco quando o paciente tinha 20 anos. A avó materna cuidava da casa, mas sempre sentiu que era algo melhor. Ela morreu com uma doença no fígado quando o paciente tinha 22 anos de idade. Quando criança, o Sr. S ocasionalmente visitou seus avós com sua mãe, mas nunca gostou deles. Eles nunca eram cordiais com ele, e ele já os escutou criticando sua mãe por ter namorado e casado com seu pai. Ele não os via desde seus 20 anos de idade, e sua mãe não se importava com isso.

O Sr. S nunca se sentiu amado por sua mãe; ela também transmitia sua atitude negativa a ele ao criticar tudo. Quando ele tinha por volta de 6 anos, ela começou um relacionamento com um amigo, que mais tarde se tornou seu padrasto, e tentou esconder de seu filho. O Sr. S nunca aceitou seu padrasto, e vice-versa. O padrasto fazia ele se sentir "notado", e não amado e aceito. Nunca houve abuso ativo, apenas falta de atenção. O Sr. S supôs que o padrasto ainda o enxergava de forma negativa e o via como alguém inconveniente.

Sua escola e primeiros relacionamentos com mulheres não foram abordados. Seu primeiro relacionamento íntimo ocorreu quando ele tinha 16 anos. Ele se sentiu amado pela primeira vez, mas o relacionamento foi breve, já que sua namorada o trocou por outro garoto a quem ela achou mais atraente. No entanto, eles se separaram em bons termos. Antes de conhecer sua esposa, ele teve outros dois relacionamentos íntimos, que não foram "tão importantes".

Problemas médicos e de saúde mental

O Sr. S estava saudável e não apresentava sinais de problemas cardíacos ou gerais. Ele não sabia de quaisquer problemas mentais em sua família. Ele se mantinha em forma jogando golfe e se exercitando na academia.

Por que o Sr. S procurava a psicoterapia

O Sr. S compareceu ao profissional médico que costumava atendê-lo por causa de ataques de pânico que haviam se tornado cada vez mais frequentes e intensos, e para os quais não se encontraram causas somáticas.

Diagnóstico

O Sr. S enquadrou-se nos critérios de transtorno de pânico, com base no *Manual diagnóstico e estatístico de transtornos mentais* – 5ª edição (DSM-5). Ele também tinha sintomas de transtorno depressivo maior, mas não se enquadrava plenamente neste a ponto de ser diagnosticado. Ele não se enquadrou nos critérios de nenhum transtorno da personalidade, e não pontuou alto nas escalas do Inventário de Problemas Interpessoais (do inglês Inventory of Interpersonal Problems; Horowitz, 1988). Intelectualmente, ele funcionava bem. No Inventário de Sintomas SCL-90 (SCL-90, do inglês Symptom Checklist-90; Derogatis, 1983), a Escala de Ansiedade Fóbica (Phobic Anxiety Scale) apresentou resultados elevados, e a Escala de Depressão (Depression Scale) apresentou resultados um pouco elevados. A Escala de Psicotismo (Psychoticism Scale) também apresentou resultados elevados, o que é normal nos casos de pacientes com transtorno de pânico.

Problemas mais significativos

O Sr. S vinha sofrendo com ataques de pânico por diversos anos, e a intensidade e a frequência deles estavam aumentando. Os ataques ocorriam em duas situações: no trabalho, quando ele estava sozinho no escritório, em uma situação supostamente mais relaxante se comparada com as reuniões com seu chefe ou colegas, ou em visitas a locais de construção; e, em segundo lugar, quando ele estava com sua esposa, sobretudo quando falavam sobre planos para o futuro ou quando assuntos do tipo vinha à tona.

As cognições do Sr. S relacionavam-se à sua saúde, ao seu corpo e à morte, como é típico do ciclo vicioso do pânico. Ele passava por fases de pensamento negativo, preocupações acerca do futuro e perda de energia e de libido. No começo da terapia, não estava claro se esses eram sinais de uma depressão independente ou parte do transtorno de pânico. O pânico ocorre em situações nas quais se carece de estrutura, e não em resposta a estímulos fóbicos. Se verificada, o surgimento de pensamentos sobre planos familiares pode ser uma exceção. O Sr. S tomava alprazolam quando o pânico se manifestava, geralmente de duas a três vezes na semana, conforme prescrito por seu médico, mas ele tomava "o mínimo possível". Ele não tratava os ataques de pânico de outra maneira e não tinha história pregressa de psicoterapia. Mais adiante na terapia, ficou claro que ele achava que sua mãe não o amava, mas lhe dava alguma atenção quando ele se desempenhava bem e alcançava sucesso em algo.

Planos mais importantes abordados

Conforme a Figura 8.5, vê-se que as conquistas profissionais e sociais eram importantes para o Sr. S, servindo como atrativos para a atenção de sua mãe (i.e., seu amor), bem como um combustível para sua autoestima. De modo diferente de seu pai, ele concluiu seu treinamento profissional e estava envolvido com o trabalho. Ele tentava demonstrar que podia bancar bens de qualidade comprando equipamentos de golfe e mobília caros, e fazendo viagens breves de alto custo, o que lhe endividava. Para destacar suas conquistas, ele diminuía seu padrasto (p. ex., "O equipamento de golfe que ele comprou é tão barato!"). Também, em seu relacionamento conjugal, conquistas eram importantes, a fim de se apresentar como um marido bem-sucedido e capaz. A compra de um apartamento parecia ocupar a função primária de documentar sua habilidade de convencer os bancos de seu potencial de conquista. Além de sua esposa, seus amigos eram uma terceira maneira de demonstrar conquista social e de ganhar autoestima.

O objetivo de dominar seu pânico servia a dois propósitos principais: o Plano de aproximação de reconquistar sua autoestima na condição de uma pessoa de bom funcionamento, e um Plano de evitar emoções negativas avassaladoras. Esse é um exemplo de como Planos de aproximação e de evitação podem estar entrelaçados.

Os esforços do Sr. S para contribuir com o tratamento de seu pânico ao ler livros sobre o pânico e funcionamento neurobiológico também eram positivos. Juntamente à sua perícia como *designer* elétrico, os livros lhe capacitaram para desenvolver um modelo peculiar de funcionamento do seu pânico em termos de circuitos eletrônicos.

Planos de evitação mais importantes

A evitação de emoções negativas avassaladoras, que justificava suas tentativas de se livrar de seus ataques de pânico via busca de terapia e por meio de seus próprios esforços, já foi mencionada. A princípio, a hipótese de que seu transtorno de pânico pudesse servir ao proposto de ajudá-lo a evitar a consciência do quão pouco provável era ele obter amor incondicional de sua mãe parecia bastante especulativa. A hipótese foi se fortalecendo, porém, por causa da resistência (não consciente) à perda desse distrator poderoso por meio da terapia. Se a hipótese estivesse correta, o pânico servia para distraí-lo de algo ainda menos tolerável do que o pânico: o pesar aparentemente insuportável atrelado ao reconhecimento de que ele jamais conquistaria o amor de sua mãe. Ao mesmo tempo que servia de meio, o pânico era desagradável o suficiente a ponto de demandar atenção especial. Ele fazia isso ao se distrair, mantendo-se constantemente ativo e intensamente concentrado no trabalho.

Ele lançava mão de estratégias relativamente ineficazes para gerenciar seu medo de pensamentos de morte. Ele monitorava suas funções do sistema nervoso autônomo (respiração, frequência cardíaca) a ponto até de se manter acordado, a fim de evitar per- der qualquer informação. Ele também levantava todas as informações que podia rela- cionadas ao pânico.

Emoções significativas e como elas se relacionavam à estrutura de plano

Foram identificadas três emoções significativas no Sr. S: satisfação, pânico ansioso, e perturbado e deprimido. Na sequência, mostro como os Planos se relacionavam a cada uma dessas emoções.

Satisfeito

Um Plano preferido era o de mostrar que ele tinha conquistado algo importante (p. ex., comprando um apartamento), demonstrando que ele era bem-sucedido na vida. Um Plano de alcançar essa satisfação (análogo aos Planos de Enfrentamento de emoções ne- gativas) era demonstrar aos os outros tudo o que ele havia conquistado. Os outros dois aspectos (Planos determinando a emoção e a função instrumental) não são relevantes para esta emoção.

Pânico ansioso

O Sr. S originalmente relatou que acordava de noite suando e com palpitações; depois, esses ataques de pânico se generalizaram para situações no trabalho que careciam de estrutura e para situações com sua esposa, sobretudo quando o "futuro" era o tópico. Os ataques eram exacerbados por tensões elevadas básicas causadas principalmente por suas dívidas. Planos bloqueados ou ameaçados relacionados ao pânico ansioso eram evitar pensamentos de morte e emoções desagradáveis ou avassaladoras, e um desejo de conquistar o amor de sua mãe (em situações desestruturadas, distrações desse as- sunto não funcionavam tão bem). Um Plano hipotetizado para determinar seu pânico ansioso foi evitar a tomada de consciência de emoções ameaçadoras (p. ex., um pesar insondável ante a impossibilidade de ser amado por sua mãe). Os Planos de Enfrentamento eram fazer psicoterapia (com Subplanos) e distrair-se de seu pânico. Por fim, presumimos que seu pânico ansioso funcionava instrumentalmente para distraí-lo do problema com sua mãe.

Perturbado e deprimido

Seus ataques de pânico e os recursos desperdiçados por eles bloqueiam e ameaçam seu anseio por um funcionamento sem atritos. Os Planos determinando o tipo de emoção não se mostraram relevantes, uma vez que as emoções atuantes eram as mais plausíveis. Um plano de enfrentamento (com Subplanos) era dominar seu pânico. Nenhuma evidência sugeria uma função instrumental para esta emoção.

Recursos importantes

O Sr. S era capacitado para o seu trabalho. Ele tinha um relacionamento bom, estável – embora não demasiadamente emocional – com sua esposa. Ele a descreveu como uma mulher atraente, não muito exigente e como alguém que contribuía para a renda da família. Ele era atraente e fisicamente saudável. Ele era capaz de refletir sobre os próprios problemas, com a exceção da função instrumental hipotética de que seus ataques de pânico o ajudavam a evitar o desespero e o pesar diante da possibilidade de não ser amado pela mãe. Na terapia, ele era extremamente cooperativo e contribuía com suas próprias ideias.

Autoconceito do Sr. S e sua explicação dos próprios problemas

O Sr. S enxergava-se como um jovem profissional razoavelmente atraente, atlético e bem-sucedido, em um bom casamento, integrado socialmente. Ele tinha consciência de que o relacionamento com sua mãe era um ponto vulnerável e estava em grande medida consciente de quanto ele fazia para impressioná-la e agradá-la; no entanto, não tinha plena consciência de quão desesperados eram tais esforços. No começo da terapia, não tinha consciência plena do quanto a intrusão de problemas não solucionados (p. ex., seus planos para o futuro, particularmente o de ter um filho, e finalmente aceitar que sua mãe jamais o amaria) em situações desestruturadas contribuíam para o seu pânico. Em consonância com seu Plano de se distrair do problema com sua mãe, inicialmente ele não estava consciente de que o desenvolvimento e a manutenção de seu pânico eram, possivelmente, uma estratégia não consciente para protegê-lo de reconhecer que sua mãe nunca o amaria e da tristeza insuportável relacionada a tal ideia.

Explicação do terapeuta dos problemas do Sr. S

O Sr. S vinha vivendo uma incongruência desde cedo em sua infância devido à sua percepção de que sua mãe era muito negativa com ele, diminuindo-o e comunicando de várias maneiras sutis que ele era um fardo e que ela não o amava. A incongruência era reforçada pelo fato de que suas estratégias para reduzir essa incongruência haviam sido fúteis; portanto, a incongruência era incontrolável. A incongruência relacionada à mãe seria máxima e insuportável se ele tivesse plena consciência dela e reconhecesse que ele jamais seria amado por ela da maneira que desejava. Ele sustentava a crença de que um dia ele conseguiria conquistar o amor de sua mãe se continuasse tentando, e se refreava de tomar consciência dessa crença por meio de estratégias de evitação, incluindo o desenvolvimento e a manutenção do pânico. Outro problema era que seus esforços excessivos, embora apenas parcialmente bem-sucedidos, para ser aceito ("estratégia mais do mesmo") tinham claros efeitos colaterais negativos para outras necessidades.

Uma hipótese central era de que o pânico funcionava para distraí-lo da noção de que ele nunca conseguiria o amor de sua mãe. Essa hipótese se desenvolveu de maneira gradual, com base em seus relatos semanais ilustrando o quanto ele havia vivido voltado para símbolos de *status* e como seu interesse por *status* estava baseado em seu relacionamento com sua mãe e seu padrasto. A hipótese cresceu em relevância quando uma resistência não deliberada começou a se desenvolver no meio da terapia.

Premissas da relação terapêutica

O Sr. S era um paciente cooperativo e agradável, o que podia ser visto como parte de seus esforços contínuos para ser aceito. Assim, isso não era simplesmente confortável para o terapeuta, mas também problemático por duas razões: usar disso poderia reforçar a tendência do paciente de negligenciar suas necessidades e suas preferências em favor de ser aceito como um cara bacana, e poderia, mais especificamente, levar o Sr. S a aceitar um procedimento terapêutico sem que avaliasse de modo suficiente o que ele realmente queria ou não. Isso poderia preparar o caminho para uma terapia não tão efetiva, becos sem saída e resistência encoberta.

Por tais razões, a relação terapêutica não poderia ser complementar ao nível do *comportamento* do paciente. O Princípio 1 da MOTR seria buscar *motivos não problemáticos* acima do (fácil, ainda que, a longo prazo, potencialmente problemático) comportamento. Os motivos de conquistar o terapeuta e conseguir aceitação certamente não eram problemáticos, então o terapeuta poderia desenvolver Planos complementares a esses. O terapeuta, proativamente, faria de tudo para reassegurar o Sr. S de que ele estava totalmente motivado para apoiá-lo e que ele aceitava o Sr. S, sem necessidade de que este fosse calmo ou agradável o tempo todo. Contrastando com isso, o terapeuta poderia encorajar o Sr. S a demonstrar discordância e opiniões independentes. Ainda, consistente com o Princípio 2 da MOTR – ou seja, para *satisfazer motivos reconhecidos como aceitáveis* e como não impeditivos da terapia –, o terapeuta tornaria o uso de meios problemáticos pelo Sr. S para obter aceitação e apoio como desnecessário e irrelevante, porque o terapeuta forneceria aceitação e apoio sem que o Sr. S empregasse estratégias problemáticas para obtê-los. Relembrando seus próprios consertos com eletrônicos, o terapeuta também apreciaria e discutiria os circuitos que o paciente havia proposto para compreender seu pânico, mas os moderaria levemente de modo que ficassem suscetíveis às visões mais psicológicas que o profissional considerava importantes.

O que deve mudar para que o Sr. S viva uma vida melhor?

O paciente desejava claramente se livrar de seu transtorno de pânico, e o terapeuta, dada a limitação de 20 sessões, estava pronto para trabalhar para atingir esse objetivo ao aderir a protocolos de tratamento manualizados para transtorno de pânico, o que parecia possível com esse paciente cooperativo. A importância da questão com a mãe ficou cada vez mais clara na primeira metade da terapia e levou à hipótese de que o pânico servia como um meio de evitar a tristeza sem fim relacionada à futilidade de suas tentativas de conseguir o amor da mãe. A especulação ganhou importância quando a resistência ao tratamento orientado aos sintomas do pânico aumentou. Consequentemente, a neutralização dessa instrumentalidade foi vista como pré-requisito para a resolução do pânico.

Como a psicoterapia pode contribuir para ajudar o Sr. S a viver uma vida melhor?

Inicialmente, pareceu vantajoso proceder com base em psicoeducação sobre o transtorno em questão e com uma abordagem baseada em exposição (Barlow, 2002) para tratar o pânico, com o paciente em um estágio de ação para esse problema (Prochaska, DiClemente, & Norcross, 1992). Ao fazê-lo, levou a uma redução inicial do pânico. Contudo, a despeito de todos os esforços e da óbvia cooperação do paciente, o pânico ressurgiu, primeiro em situações no trabalho. Quando os esforços terapêuticos focaram no trabalho, o pânico migrou para situações com sua esposa, e vice-versa. Isso ocorreu entre as Sessões 7 e 13. Já com mais da metade das sessões totais realizadas, o terapeuta concluiu que a questão da mãe também teria de ser tratada. É plausível que o terapeuta, mesmo que tivesse previsto o curso da terapia até o ponto mencionado, não teria convencido o Sr. S a confrontar uma questão a qual ele vivia evitando (i.e., fase de pré-contemplação para lidar com esse problema). O sentimento de estar travado no tratamento do pânico, embora tudo parecesse ser conduzido da maneira correta de um ponto de vista técnico, era – junto da boa relação terapêutica – um importante bloco construtor para a eventual prontidão do Sr. S (não muito entusiasmadamente) para lidar com o problema materno (i.e., uma mudança para a fase de contemplação). Após essa mudança, o tratamento seguiu os conceitos do trabalho com o pesar relacionado à morte de um ente querido; isso se arrastou pelas cinco sessões finais e dolorosas. Consequentemente, o pânico desapareceu sem trabalho adicional específico ao transtorno, adicionando, assim, mais plausibilidade à hipótese de que o pânico funcionava para bloquear *insights* e a tristeza relacionados à mãe.

Quais informações potencialmente úteis ainda faltam?

Ao fim, todas as informações que eram necessárias em retrospecto estavam disponíveis. No começo, porém, informações sobre o relacionamento com a mãe não estavam presentes, devido à terapia original ter sido planejada para ser específica ao transtorno, sem ir muito além.

APRENDENDO O MÉTODO

Existem, essencialmente, três maneiras de aprender o básico. Uma delas é a leitura (Caspar, 1995, 2018 [em alemão]) e a condução dos exercícios sugeridos nessas leituras. Outra maneira é frequentar *workshops*. A terceira é utilizar meios eletrônicos, que até o momento só estão disponíveis em alemão (incluindo um conjunto de apresentações em PowerPoint com vídeos de perguntas para autoteste, e há também vídeos de instrução; Belz, 2018). Os exercícios sugeridos incluem: observar vídeos de terapia e tomar notas de comportamentos evidentes, com atenção especial a comportamentos não verbais – distinguindo entre aspectos instrumentais e não instrumentais; formular elementos de uma Estrutura de Plano apropriadamente, desenvolvendo uma Estrutura de Plano bidimensional e analisando a relação entre emoções e Planos; considerar a psicopatologia a partir de uma perspectiva da Análise de Plano; utilizar os Princípios 1 e 2 da MOTR; e, finalmente, redigir uma formulação de caso a partir da Análise de Plano.

Quando possível, é recomendado que se pratique exercícios em pequenos grupos. Uma vez que muitas vezes não há claramente um certo ou errado, é útil (se não necessário) comparar as próprias soluções com aquelas de outras pessoas, especialmente na fase de aprendizado. Por exemplo, se uma pessoa enxerga Planos narcisistas na maioria dos pacientes, e outros no grupo não, pode ser interessante refletir se isso tem a ver com questões pessoais. Uma lista de incompreensões e erros comuns na Análise de Plano ajuda a evitar tais questões.

Colegas já proficientes em uma ou várias das habilidades requeridas (p. ex., a observação de comportamento não verbal) pode poupar tempo na medida em que diminui a necessidade de treinamento. Visto de outro modo, porém, a maioria das habilidades adquiridas enquanto se aprende a Análise de Plano é valiosa na prática clínica independente da Análise de Plano. Portanto, o tempo investido conta a favor de não apenas aprender a Análise de Plano mas também de maximizar a competência clínica no geral.

Para estudantes avançados de psicologia, o tempo demandado para aprender a Análise de Plano em nível correspondente à boa concordância com outros juízes é de cerca de duas semanas, tempo integral. Isso inclui ler, analisar várias terapias em vídeo e discutir formulações de casos com especialistas. Isso não significa, porém, que uma pessoa não pode se beneficiar da abordagem a não ser que possa investir esse tempo. A Análise de Plano é um sistema de conceitos e heurísticas. Se alguém desejar se beneficiar inteiramente ao aprender a aplicar todos ou a maioria desses, precisará investir mais tempo. Entretanto, se alguém achar alguns conceitos e heurísticas mais interessantes do que outros, então poderá aprender a utilizá-los mais rapidamente, sem o uso completo da Análise de Plano. É objeto de debate, então, até que ponto alguém pode falar que está "fazendo Análise de Plano" sem designar uma limitação; claramente, não é uma questão de tudo ou nada.

Outra questão a ser considerada é se o objetivo é ser capaz de conduzir uma Análise de Plano em princípio ou fazê-la com um bom equilíbrio entre tempo investido em uma análise e ganhos clínicos subsequentes. Esse último objetivo é alcançado apenas depois de uma fase inicial de aprendizagem que inclua a prática da Análise de Plano e a formulação de vários casos. Quantos desses são necessários depende das habilidades observacionais e da geração de hipóteses, de outras habilidades de processamento de informações e da experiência clínica que um terapeuta já possui.

REFERÊNCIAS

Barlow, D. H. (2002). *Anxiety and its disorders: The nature and treatment of anxiety and panic.* New York: Guilford Press.

Barlow, D. H., Farchione, T. J., Sauer-Zavala, S., Murray Latin, H., Ellard, K. K., Bentley, K. H., et al. (2017). *Unified protocol for transdiagnostic treatment of emotional disorders: Therapist guide* (2nd ed.). Oxford, UK: Oxford University Press.

Baumeister, R. F., & Vohs, K. D. (2007). Self-regulation, ego depletion and motivation. *Social and Personality Psychology Compass, 1,* 115–128.

Belz, M. (Writer), Fliegel, S., Buß, L., & Maith, V. (Directors). (2018). CD 6: Plananalyse und Motivorientierte Beziehungsgestaltung [Plan analysis and emotive-oriented therapeutic relationship. Training film series the trade of psychotherapy]. *Lehrfilmreihe Handwerk der Psychotherapie, Staffel 2: Moderne psychotherapeutische Verfahren* (DVD 6–9). Tübingen, Germany: DGVT Verlag.

Berthoud, L., Kramer, U., Caspar, F., & Pascual-Leone, A. (2015). Complex case: Emotional processing in a ten-session general psychiatric treatment for borderline personality disorder: A case study. *Personality and Mental Health, 9,* 73–78.

Berthoud, L., Kramer, U., de Roten, Y., Despland, J.-N., & Caspar, F. (2013). Using plan analysis in psychotherapeutic case formulation for borderline personality disorder. *Clinical Psychology and Psychotherapy, 20,* 1–9.

Brüdern, J., Berger, T., Michel, K., Gysin Maillart, A., Schmutz Held, I., & Caspar, F. (2015). Are suicide attempters wired differently? A comparison with nonsuicidal depressed individuals using plan analysis. *Journal of Nervous and Mental Disease, 203*(7), 514–521.

Carver, C. S., & Scheier, M. F. (1998). *On the self-regulation of behavior.* New York: Cambridge University Press.

Carver, C. S., & Scheier, M. F. (2002). Control processes and self-organization as complementary principles underlying behavior. *Personality and Social Psychology Review, 6,* 304–315.

Caspar, F. (1984). *Analyse Interaktioneller Pläne* [Analysis of interactional Plans]. Unpublished dissertation, Universität Bern, Bern, Switzerland.

Caspar, F. (1995). *Plan Analysis: Toward optimizing psychotherapy.* Seattle, WA: Hogrefe-Huber.

Caspar, F. (2009). Therapeutisches Handeln als individueller Konstruktionsprozess [Therapeutic action as an individualized construction process]. In J. Margraf & S. Schneider (Eds.), *Lehrbuch der Verhaltenstherapie* (vol. 1, pp. 213–225). Heidelberg, Germany: Springer.

Caspar, F. (2010, June). How general is Grawe's "General Psychotherapy." *IFP Newsletter, 10*(1), 18–26.

Caspar, F. (2017). Professional expertise in psychotherapy. In L. G. Castonguay & C. E. Hill (Eds.), *How and why are some therapists better than others? Understanding therapist effects* (pp. 193–214). Washington, DC: American Psychological Association.

Caspar, F. (2018). *Beziehungen und Probleme verstehen: Eine Einführung in die psychotherapeutische Plananalyse* [Understanding relationships and problems: An introduction to psychotherapeutic Plan Analysis] (4th ed.). Bern, Switzerland: Hogrefe.

Caspar, F., & Ecker, S. (2008). Treatment of an avoidant patient with comorbid psychopathology: A Plan Analysis perspective. *Journal of Clinical Psychology, 64*(2), 139–153.

Caspar, F., & Grawe, K. (1981). Widerstand in der Verhaltenstherapie [Resistance in behavior therapy]. In H. Petzold (Ed.), *Der Widerstand: Ein strittiges Konzept in der Psychotherapie* [Resistance: A controversial theme in psychotherapy] (pp. 349–384). Paderborn, Germany: Junfermann.

Caspar, F., Grossmann, C., Unmüssig, C., & Schramm, E. (2005). Complementary therapeutic relationship: Therapist behavior, interpersonal patterns, and therapeutic effects. *Psychotherapy Research, 15*, 1–10.

Caspar, F., Rothenfluh, T., & Segal, Z. V. (1992). The appeal of connectionism for clinical psychology. *Clinical Psychology Review, 12*, 719–762.

Caspar, F., Silberschatz, G., Goldfried, M., & Watson, J. C. (2010). Similarities and differences in four views of David. *Journal of Psychotherapy Integration, 20*(1), 101–110.

Derogatis, L. R. (1983). *SCL-90-R administration, scoring, and procedures manual II* (2nd ed.). Towson, MD: Clinical Psychometric Research.

Drapeau, M., Körner, A., Granger, L., Brunet, L., & Caspar, F. (2005). A Plan Analysis of pedophile sexual abusers' motivations for treatment: A qualitative pilot study. *International Journal of Offender Therapy and Comparative Criminology, 49*(3), 308–324.

Flückiger, C., Regli, D., Zwahlen, D., Hostettler, S., & Caspar, F. (2010). Der Berner Patienten und Therapeutenstundenbogen 2000: Ein Instrument zur Erfassung von Therapieprozessen [The Bernese patient and therapist questionnaires: An instrument for assessing therapy processes]. *Zeitschrift für Klinische Psychologie und Psychotherapie: Forschung und Praxis, 39*(2), 71–79.

Frühauf, S., Figlioli, P., Böck, J., & Caspar, F. (2015). Patients' self-presentational tactics as predictors of the early therapeutic alliance. *American Journal of Psychotherapy, 69*(4), 379–397.

Frühauf, S., Figlioli, P., & Caspar, F. (2017). You won't get me: Therapist responses to patients' impression management tactics. *Journal of Nervous and Mental Disease, 205*(3), 217–226.

Frühauf, S., Figlioli, P., Oehler, D., & Caspar, F. (2015). What to expect in the intake interview? Impression management tactics of psychotherapy patients. *Journal of Social and Clinical Psychology, 34*(1), 28–49.

Goldfried, M. R. (1989). Foreword. In F. Caspar, *Beziehungen und Probleme verstehen: Eine Einführung in die psychotherapeutische Plananalyse* [Understanding relationships and problems: An introduction to psychotherapeutic Plan Analysis]. Bern, Switzerland: Huber.

Grawe, K. (1986). *Schema-Theorie und interaktionelle Psychotherapie* [Schema theory and interactional psychotherapy]. (Tech. Report No. 1986/1). University of Bern, Institute of Psychology.

Grawe, K. (1995). Grundriss einer Allgemeinen Psychotherapie [Layout of a general psychotherapy]. *Psychotherapeut, 40*, 130–145.

Grawe, K. (2004). *Psychological therapy*. Seattle and Toronto: Hogrefe & Huber.

Grawe, K., Caspar, F., & Ambühl, H. R. (1990). Differentielle Psychotherapieforschung: Vier Therapieformen im Vergleich: Die Berner Therapievergleichsstudie [Differential psychotherapy research: Four forms of therapy in comparison: The Bernese therapy comparison study]. *Zeitschrift für Klinische Psychologie, 19*(4), 294–376.

Grawe, K., Donati, R., & Bernauer, F. (1998). *Therapy in transition from faith to facts*. Seattle: Hogrefe.

Greenberg, L. (2010). *Emotion-focused therapy: Theory and practice*. Washington, DC: APA Press.

Gross, J. J., & Thompson, R. A. (2007). Emotion regulation: Conceptual foundations. In J. J. Gross (Ed.), *Handbook of emotion regulation* (pp. 3–24). New York: Guilford Press.

Grosse Holtforth, M., & Grawe, K. (2002). *Fragebogen zur Analyse Motivationaler Schemata (FAMOS)—Handanweisung*. Göttingen: Hogrefe.

Grosse Holtforth, M., Grawe, K., & Castonguay, L. G. (2006). Predicting a reduction of avoidance motivation in psychotherapy: Toward the delineation of differential processes of change operating at different phases of treatment. *Psychotherapy Research, 16*(5), 639–644.

Grosse Holtforth, M., Grawe, K., Fries, A., & Znoj, H. (2008). Inkonsistenz als differenzielles Indikationskriterium in der Psychotherapie: Eine randomisierte kontrollierte Studie. *Zeitschrift für klinische Psychologie und Psychotherapie, 37*(2), 103–111.

Horowitz, L. (1988). Inventory of Interpersonal Problems: Psychometric properties and clinical applications. *Journal of Consulting and Clinical Psychology, 56*, 885–892.

Kaess, M., Hille, P., Maser-Gluth, C., Resch, F., & Brunner, R. (2012). Alterations in the neuroendocrinological stress response to acute psychosocial stress in adolescents engaging in nonsuicidal self-injury. *Psychoneuroendocrinology, 37*(157), 157–161.

Kiesler, D. J. (1986). The 1982 Interpersonal Circle: An analysis of DSM-III personality disorders. In T. Millon & G. L. Klermann (Eds.), *Contemporary perspectives in psychopathology: Toward the DSM-IV* (pp. 571–597). New York: Guilford Press.

Kramer, U., Berthoud, L., Keller, S., & Caspar, F. (2014a). Motive-oriented psychotherapeutic relationship facing a patient presenting with narcissistic personality disorder: A case study. *Journal of Contemporary Psychotherapy, 44*(2), 71–82.

Kramer, U., Kolly, S., Berthoud, L., Keller, S., Preisig, M., Caspar, F., et al. (2014b). Effects of motive-oriented therapeutic relationship in a ten-session general psychiatric treatment of borderline personality disorder: A randomized controlled trial. *Psychotherapy and Psychosomatics, 83*(3), 176–186.

Kramer, U., & Stiles, W. B. (2015). The responsiveness problem in psychotherapy: A review of proposed solutions. *Clinical Psychology: Science and Practice, 22*(3), 277–295.

Lazarus, R. S. (1966). *Psychological stress and the coping process.* New York: McGraw-Hill.

Leary, T. (1957). *Interpersonal diagnosis.* New York: Ronald Press.

Lewinsohn, P. M. (1974). A behavioral approach to depression. In R. M. Friedman & M. M. Katz (Eds.), *The psychology of depression: Contemporary theory and research* (pp. 157–185). New York: Plenum Press.

Luborsky, L., Singer, B., & Luborsky, L. (1975). Comparative studies of psychotherapy: Is it true that "Everybody has won and all must have prizes"? *Archives of General Psychiatry, 32*, 995–1008.

Mandler, G. (1975). *Mind and emotion.* New York: Wiley.

Miller, G. A., Galanter, E., & Pribram, K. H. (1960). *Plans and the structure of behavior.* New York: Holt, Rinehart & Winston.

Moeseneder, L., Figlioli, P., & Caspar, F. (2018). Confronting patients: Therapists' model of a responsiveness-based approach. *Journal of Contemporary Psychotherapy, 48*, 61–67.

Moeseneder, L., Ribeiro, E., Muran, J. C., & Caspar, F. (2019). Impact of confrontations by therapists on impairment and utilization of the therapeutic alliance. *Psychotherapy Research, 29*, 293–305.

Ortony, A., Clore, G. L., & Collins, A. (1988). *The cognitive structure of emotions.* Cambridge, UK: Cambridge University Press.

Pascual-Leone, A., & Greenberg, L. S. (2007). Emotional processing in experiential therapy: Why "the only way out is through." *Journal of Consulting and Clinical Psychology, 75*(6), 875–887.

Piaget, J. (1970). Piaget's theory. In P. H. Mussen (Ed.), *Carmichael's manual of child psychology* (3rd ed., vol. 1). New York: Wiley.

Prochaska, J. O., DiClemente, C. C., & Norcross, J. C. (1992). In search of how people change: Applications to the addictive behaviors. *American Psychologist, 47*, 1102–1114.

Richter, K., Schiepek, G., Köhler, M., & Schütz, A. (1995). Von der statischen zur Sequentiellen Plananalyse [From a static to Sequential Plan Analysis]. *Psychotherapie, Psychosomatik und Medizinische Psychologie, 45*, 24–36.

Scherer, K. R. (2000). Psychological models of emotion. In J. Borod (Ed.), *The neuropsychology of emotion* (pp. 137–162). New York: Oxford University Press.

Schmitt, G. M., Kammerer, E., & Holtmann, M. (2003). Förderung interaktioneller Kompetenzen von Medizinstudierenden [Fostering of emotional competences of medicine students]. *Psychotherapie, Psychosomatik, Medizinische Psychologie, 53*, 390–398.

Weiss, J., Sampson, H., & the Mount Zion Psychotherapy Research Group. (1986). *The psychoanalytic process: Theory, clinical observation, and empirical research.* New York: Guilford Press.

Westermann, S., Cavelti, M., Heibach, E., & Caspar, F. (2015). Motive-oriented therapeutic relationship building for patients diagnosed with schizophrenia. *Frontiers in Psychology, 6*, 1294.

Wolfer, C. (2016). *Therapieabbruch: Eine Untersuchung an der Praxisstelle der Universität Bern* [Drop outs from therapy: A study at the psychotherapy outpatient clinic of the University of Bern]. Unpublished master's thesis, University of Bern, Bern, Switzerland.

9

Formulação de casos cognitivo-comportamental

Jacqueline B. Persons e Michael A. Tompkins

ORIGENS HISTÓRICAS DA ABORDAGEM

O modelo da terapia cognitivo-comportamental (TCC) orientada por formulação de casos que apresentamos aqui têm várias origens históricas. Uma delas é o método científico. No modelo que descrevemos, a formulação é uma hipótese; o terapeuta e o paciente utilizam a hipótese de formulação como base para delinear estratégias de intervenção, e eles coletam dados para testar a hipótese e avaliar se as intervenções estão ajudando ou não o paciente a alcançar seus objetivos. Outra origem histórica é a tradição psicológica do estudo do organismo único (Morgan & Morgan, 2001). Outros antecedentes históricos incluem o esforço para integrar ciência e prática na psicologia clínica (Baker & Benjamin, 2000), o movimento para desenvolver cuidados em saúde mental baseados em evidências (APA Presidential Task Force on Evidence-Based Practice, 2006; Spring, Marchese, & Steglitz, 2019), e os esforços, na psicologia clínica, para se desenvolver e promover tratamentos fundamentados empiricamente (ESTs, do inglês *empirically supported treatments*; Chambless & Ollendick, 2001). Nosso modelo também se inspira na liderança de Hunsley e Mash (2007) e de outros para desenvolverem métodos de avaliação baseados em evidências.

Nosso pensamento se respalda amplamente nas formulações baseadas em evidências para transtornos e sintomas específicos que têm sido desenvolvidas nos últimos 60 anos por teóricos cognitivo-comportamentais e desenvolvedores de tratamentos. Nós nos respaldamos, por diversas razões, no modelo cognitivo de Aaron T. Beck como o fundamento para desenvolver uma formulação de caso. Primeiro, demonstrou-se que esse modelo fornece tratamento efetivo para uma ampla gama de transtornos (Hofmann, Asnaani, Vonk, Sawyer, & Fang, 2012). Em segundo lugar, o modelo de Beck é fundamental para muitas formulações e muitos tratamentos cognitivo-comportamentais focados em transtornos, como a teoria de que a sensibilidade à ansiedade causa e mantém o transtorno de pânico (Reiss & McNally, 1985), a terapia de processamento cognitivo para o transtorno de estresse pós-traumático (Resick & Schnicke, 1993) e outros, numerosos demais para serem listados aqui. Devido ao fato de vários tratamentos para tantos transtornos serem baseados nos elementos centrais do modelo cognitivo de Beck, enxergamos tal modelo como, essencialmente, um tratamento trans-diagnóstico. Terceiro, o modelo é flexível e facilmente adaptável a cada caso.

Nossas ideias se apoiam em outros terapeutas cognitivo-comportamentais que escreveram sobre a conceitualização de casos, sobretudo os analistas funcionais (Haynes & O'Brien, 2000; Nezu, Nezu, Friedman, & Haynes, 1997), Aaron T. Beck (1983) e Ira Turkat (1985), bem como em obras mais recentes de diversos outros, como Judith S. Beck (1995); Kuyken, Padesky e Dudley (2009); Nezu, Nezu e Lombardo (2004); Sturmey (2008); e Tarrier e Johnson (2015).

MODELO CONCEITUAL

Nossa visão sobre a formulação de casos cognitivo-comportamental se respalda em dois modelos conceituais, um da TCC orientada por formulação de casos e um da própria formulação de casos. A TCC orientada por formulação de casos (ver Figura 9.1) é uma abordagem empírica de testagem de hipóteses ao tratamento que inclui três elementos centrais, *avaliação*, *formulação* e *intervenção*. As informações obtidas durante a *avaliação* são utilizadas para se desenvolver uma *formulação*, uma hipótese acerca das causas dos transtornos e problemas do cliente, que é utilizada como a base da *intervenção*. À medida que o tratamento avança, o terapeuta retoma repetidamente a fase de *avaliação*, coletando dados para monitorar o processo e o progresso da terapia e utilizando esses dados para atualizar a formulação e o plano de intervenção conforme necessário.

Nosso modelo de formulação de casos, ou conceitualização (utilizamos os termos de maneira intercambiável), aparece na Figura 9.2. A figura ilustra os elementos centrais da formulação de casos: os problemas, na lista de problemas; os mecanismos, ou fatores (utilizamos os termos de maneira intercambiável), que hipoteticamente causam e mantêm os problemas; as origens dos mecanismos; e os precipitantes dos problemas.

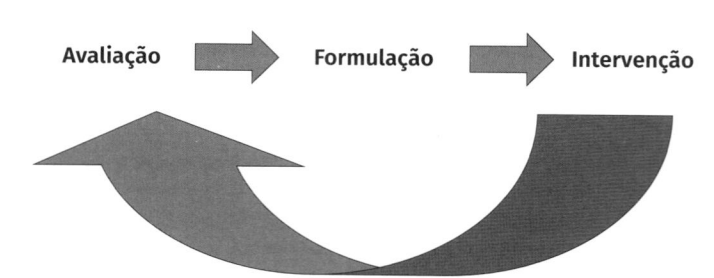

FIGURA 9.1 Terapia cognitivo-comportamental orientada por formulação de casos. Copyright © Jacqueline B. Persons.

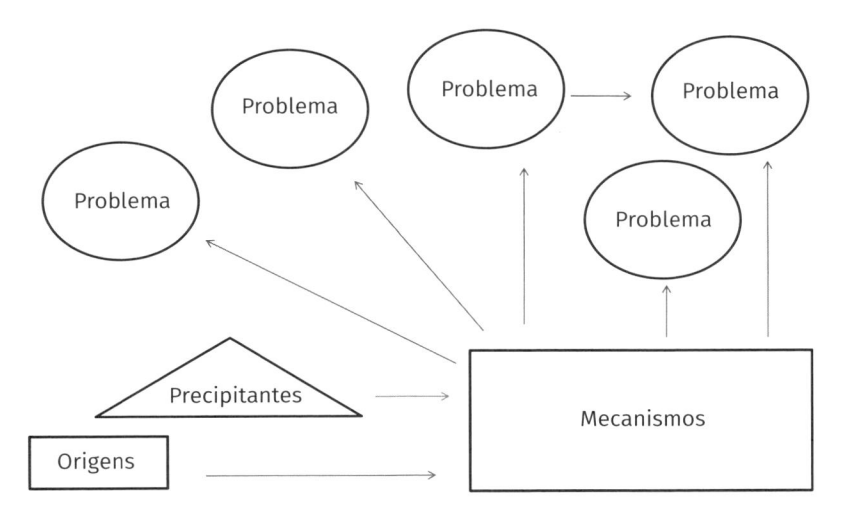

FIGURA 9.2 Elementos de uma formulação de caso. Copyright ©Jacqueline B. Persons.

Terapia cognitivo-comportamental orientada por formulação de casos: uma abordagem empírica ao caso individual

A TCC orientada por formulação de casos oferece um método sistemático para a organização de informações referentes aos fatores que, segundo as hipóteses com as quais se está trabalhando, mantêm os problemas particulares do cliente e para a condução do tratamento. O empirismo é central nesse método sistemático e organiza tanto a maneira pela qual formulamos um caso quanto nossa forma de trabalhar. Uma abordagem empírica é um meio de ganhar conhecimento por meio da observação direta e indireta e da testagem de hipóteses, e nós aplicamos isso ao nosso trabalho clínico. Essa abordagem costuma ser chamada de *método científico* e inclui uma série de passos.

O primeiro passo é especificar a pergunta. A pergunta típica em psicoterapia é: Por que um cliente em específico sofre de um conjunto particular de problemas? Em seguida, formulamos uma hipótese, ou conceitualização, a ser testada. A conceitualização é uma hipótese que propõe fatores e inter-relações centrais dentre aqueles fatores considerados como mantenedores dos problemas dos clientes. Depois, fazemos uma predição baseada nessa hipótese. Por exemplo, se nossa conceitualização coloca a hipótese de que a ausência de atividades prazerosas é um fator central que mantém a depressão de um cliente, então nós prediríamos que aumentar as atividades prazerosas diminuirá os sintomas depressivos do cliente. Então, avançaríamos o experimento, ajudando o cliente a aumentar as atividades agradáveis em sua vida. Para coletar dados para testar nossa hipótese, monitoramos a mudança nos sintomas depressivos do cliente. Por fim, o método científico é um processo interativo, como o é o processo terapêutico que seguimos. Com base nos dados que coletamos para avaliar os efeitos de uma intervenção, modificamos a hipótese atual ou geramos uma nova e, então, modificamos a intervenção ou selecionamos uma nova e implementamos o experimento novamente (Persons, Beckner, & Tompkins, 2013).

Aplicamos outros princípios do empirismo durante a conceitualização de casos. Por exemplo, aderimos ao *princípio da parcimônia*, que postula que explicações ou teorias com o menor número de suposições ou explicações de um evento ou fenômeno são preferíveis. No caso da conceitualização de casos cognitivo-comportamental, um modelo conceitual parcimonioso ajuda o terapeuta a compreender os fatores psicológicos tidos como responsáveis pela manutenção dos problemas do cliente da maneira mais simples possível, e nada além. Interessamo-nos pela *utilidade para o tratamento* da conceitualização de casos em vez de nos interessar por sua acurácia (ou precisão) (Hayes, Nelson, & Jarrett, 1987). Portanto, buscamos a teoria ou conceitualização mais simples que explica os problemas do cliente que contribuem para o tratamento, o que leva ao progresso em direção aos objetivos do tratamento.

À medida que desenvolvemos uma conceitualização, preferimos começar com um sistema conceitual *nomotético* baseado em evidências e elaborar esse sistema para construir uma conceitualização idiográfica, ou individualizada, para o caso especial em questão. O termo *nomotética* é derivado da palavra grega *nomos*, que significa *lei* e se refere a leis gerais de comportamento. Uma teoria nomotética, por exemplo, descreve leis gerais de funcionamento que se aplicam a todos os indivíduos ou grupos de indivíduos (p. ex., a proposta de que os sintomas do transtorno de pânico resultam de interpretações deturpadas e catastróficas de sensações somáticas inofensivas; Reiss & McNally, 1985). A palavra *idiográfica* é derivada da palavra grega *idios*, que significa *da pessoa*, e *particular*, e se refere a teorias *aplicáveis a um caso específico* (Cone, 1986). Sendo assim, uma formulação idiográfica da hipótese nomotética do pânico, que acabamos de descrever, por exemplo, seria propor que os sintomas de pânico de Sam resultam de seu medo de que, caso ele sinta palpitações enquanto dirige sobre a ponte de São Francisco-Baía de Oakland, isso significa que ele provavelmente sofrerá um ataque cardíaco e morrerá. Portanto, o método de conceitualização descrito aqui é um método sistemático para se adaptar conceitualizações nomotéticas baseadas em evidências a um caso em especial, a fim de construir uma conceitualização idiográfica, ou individualizada.

O método científico é uma *abordagem de resolução de problemas* para se desenvolver conhecimento e compreensão que contribuam para o tratamento. Uma conceitualização, pois, só é boa na medida em que é hábil em solucionar os problemas do cliente. Essa abordagem é espelhada não apenas no processo de conceitualização mas também na postura dos terapeutas cognitivo-comportamentais. Em vez de perguntar "Sobre o que você gostaria de conversar hoje?", é mais provável que terapeutas cognitivo-comportamentais perguntem "Em quais problemas você gostaria de trabalhar hoje".

Por fim, o *empirismo colaborativo* tem sido uma característica definidora da TCC desde seu surgimento (Beck, 1967). O empirismo colaborativo é o processo sistemático pelo qual cliente e terapeuta se tornam coinvestigadores, já que eles esclarecem e definem os objetivos de tratamento e investigam os pensamentos do cliente conjuntamente. Por meio do empirismo colaborativo, os terapeutas ajudam seus clientes a testarem seus próprios pensamentos por meio de observações pessoais e experimentos (Beck & Dozois, 2011). O empirismo colaborativo também tem seu espaço na conceitualização cognitivo-comportamental de casos. Terapeuta e cliente trabalham juntos para desenvolver uma compreensão compartilhada dos problemas do cliente e de seus relacionamentos. Padesky e colaboradores (Kuyken et al., 2009) utilizam o termo adequado *conceitualização de casos "ombro a ombro"* para descrever esse processo colaborativo.

Elementos da formulação cognitivo-comportamental de casos

A formulação cognitivo-comportamental de casos, representada na Figura 9.2, é uma hipótese que amarra, em uma breve narrativa ou diagrama, os *mecanismos* que causam e mantêm os *problemas* do cliente, as *origens* dos mecanismos e os *precipitantes* que atualmente fazem os *mecanismos* causarem os *problemas*. A formulação também descreve as relações entre *problemas* e *mecanismos*.

Problemas

Utilizamos o termo *problemas* para nos referir a sintomas, transtornos ou dificuldades evidentes ou manifestos que o cliente apresenta em qualquer um destes domínios: sintomas psicológicos/psiquiátricos, interpessoal, ocupacional, escolar, médico, financeiro, habitacional, legal e recreativo, bem como problemas com a saúde mental ou tratamentos médicos (Linehan, 1993; Nezu & Nezu, 1993; Turkat, 1985). Uma formulação de caso abrangente abarca todos os problemas do cliente em todos esses domínios; a ideia é que, a fim de compreender o caso bem o suficiente para delinear um plano de intervenção efetivo, o terapeuta deve saber o que são *todos* os problemas e como eles se relacionam uns com os outros.

Recomendamos que o terapeuta se atente à utilidade para o tratamento quando for construir uma lista de problemas. Por exemplo, mesmo se um comportamento suicida for um sintoma de depressão, e o problema "depressão" aparecer na lista de problemas, ainda assim, devido ao fato de o comportamento suicida ser um problema significativo por si só, isso demanda atenção de alta prioridade no tratamento, de modo que o terapeuta deve escolher incluí-lo na formulação como um problema a ser colocado na lista. Pela mesma razão, o terapeuta deve optar por incluir na lista problemas como baixa motivação para o tratamento ou baixo engajamento com tratamentos prévios.

Mecanismos

O cerne da formulação é a descrição de mecanismos ou processos que aparentam estar causando e mantendo os problemas do cliente. A formulação cognitivo-comportamental de casos enfatiza mecanismos psicológicos, mas pode também incluir mecanismos biológicos. A conceitualização cognitivo-comportamental se respalda em modelos cognitivos e comportamentais de psicologia e psicopatologia. O modelo cognitivo de psicologia de Beck é um suporte de particular importância e utilidade para a conceitualização cognitivo-comportamental de casos (Beck & Bredemeier, 2016). O modelo cognitivo de Beck postula que problemas psicológicos ou transtornos são sustentados por pensamentos e comportamentos disfuncionais do cliente. Pensamentos disfuncionais possuem um papel especialmente crucial e influenciam as reações emocionais, fisiológicas e comportamentais do cliente. O modelo descreve as inter-relações entre pensamentos, emoções e comportamentos, e argumenta que, por meio da modificação ou mudança de pensamentos e/ou comportamentos, os clientes podem mudar suas respostas emocionais a eventos.

Origens dos mecanismos

Aqui a formulação descreve os fatores distais que causaram os mecanismos (contrastados com os precipitantes, descritos a seguir, que podem ser encarados como fatores causais proximais ou imediatos dos problemas). Por exemplo, se a teoria de Beck for utilizada, a parte de "origens" da formulação descreve como o paciente aprendeu suas crenças, ou esquemas, disfuncionais que causam seus problemas. As seções de origens da formulação podem também identificar as causas de mecanismos biológicos, como no caso de Briana, descrito mais adiante, em que, provavelmente, são notadas causas genéticas de mecanismos biológicos influenciando sua depressão. Fatores culturais também são comumente relevantes aqui, bem como fatores familiares, outros fatores sociais, e aspectos do ambiente físico que podem contribuir para as origens de mecanismos que causam e mantêm os problemas.

Precipitantes dos problemas atuais

Formulações cognitivo-comportamentais nomotéticas são hipóteses do tipo diátese--estresse, que propõem que sintomas e problemas resultam da ativação de vulnerabilidades psicológicas e/ou biológicas de uma ou mais diáteses, ou estressores, que podem ser internos, externos, biológicos, psicológicos, ou alguma combinação destes; utilizamos o termo *precipitantes* para nos referir a essas diáteses. Algumas vezes, precipitantes são eventos que causam a primeira manifestação de um transtorno ou sintoma (p. ex., uma promoção pode desencadear um episódio de transtorno bipolar), e, algumas vezes, como no caso de Briana, precipitantes são eventos (gravidez e interrupção da medicação antidepressiva) que desencadeiam recorrências de problemas preexistentes (sintomas depressivos) e uma exacerbação de problemas duradouros (dificuldades em relacionamentos).

Amarrando os elementos

Um dos propósitos de uma formulação é amarrar diversas informações sobre um paciente (origens, mecanismos, precipitantes, problemas) em uma narrativa coerente que possa ser compreendida como um todo, e não como uma lista de fatos desconexos.

A formulação de casos pode ser apresentada em diagrama, como demonstrado na Figura 9.2, e no exemplo de caso que apresentaremos mais à frente, ou em um parágrafo.

CONSIDERAÇÕES MULTICULTURAIS

A cultura envolve os valores, as crenças e os comportamentos de um grupo de pessoas. Muitos fatores influenciam a identidade cultural e os valores de um indivíduo, como o grau de aculturação e a adequação entre a cultura do indivíduo e a cultura dominante da comunidade em que ele está inserido.

O desafio de se trabalhar transitando entre culturas distintas é incorporar valores culturais e crenças relevantes para as pessoas sem que se construam estereótipos (Hall, 2019). O processo de se desenvolver uma formulação de caso e de a utilizar como guia do tratamento fornece um método detalhado pelo qual fatores culturais relevantes podem ser incluídos no delineamento e na implementação de planos de tratamento cognitivo-comportamentais. Nosso raciocínio se inspira em Hayes, Muto e Masuda (2011), que propõem que a adaptação cultural da psicoterapia pode ser alcançada ao se "unir conhecimento cultural com processos e princípios da psicopatologia e da mudança comportamental" (p. 232). Um exemplo é a obra recente de Lawrie, Eom, Moza, Gavreliuc e Kim (2020), que mostram que a relação entre idade e bem-estar é moderada por fatores culturais e, em especial, pelo grau em que a cultura evita incertezas. Uma idade mais avançada se mostrou associada a menos bem-estar em países que demonstravam maior evitação da incerteza. O profissional que está tratando um paciente que vem de um país com alta intolerância à incerteza pode conseguir tratar de um aspecto cultural das dificuldades do paciente ao focar na evitação da incerteza que deriva da origem cultural do paciente.

A confiança em um modo de tratamento orientado por uma formulação de caso trata dos fatores culturais de duas maneiras. Primeiro, a formulação de casos é um método sistemático que ajuda os profissionais a considerarem o papel de todas as variáveis relevantes, incluindo crenças culturais e valores, para a manutenção dos problemas do cliente, e a utilizar essas informações para guiar a seleção de estratégias que mirem tais problemas. Por exemplo, uma cliente muçulmana que buscou tratamento para ansiedade social pode se sentir insegura em lugares lotados, em parte por causa de sua ansiedade social, e em parte por causa de eventos que viralizaram recentemente nos Estados Unidos e ao redor do mundo, em que muçulmanos foram violentamente atacados. Portanto, o profissional considerará esse fator quando estiver construindo uma conceitualização de caso e implementando estratégias centrais de intervenção, como exposições interpessoais.

Em segundo lugar, a formulação cognitivo-comportamental de casos pode ajudar os profissionais a compreenderem o papel em potencial de valores culturais no desenvolvimento da relação terapêutica e do processo de tratamento. Por exemplo, em nossa experiência, indivíduos de raízes japonesas que retêm os valores de sua cultura esperam que os profissionais os conduzam em vez de solicitarem suas opiniões e colaborarem com eles. O fracasso em atender a esse fator cultural pode levar o profissional a interpretar erroneamente a deferência e a passividade do cliente, tomando-as por indícios de falta de engajamento no tratamento. De modo similar, quando estiver trabalhando com clientes que esperam que o profissional ofereça um direcionamento autoritário, o terapeuta que adere a esse fator cultural provavelmente usará menos o diálogo socrático e dará mais recomendações diretas. Fatores culturais também podem exercer influência na aderência e no abandono do processo terapêutico, talvez, em parte, por causa de valores culturais que estigmatizam a doença mental e seu tratamento. O terapeuta pode se esforçar para reduzir a probabilidade de que tais pacientes encerrem de modo prematuro o tratamento ao incluir na formulação de casos fatores que contribuem para esse abandono. Um de nós (J.B.P.) tratou uma mulher idosa americana de ascendência coreana com depressão que apresentou uma autocrítica intensa e vergonha sobre os próprios sintomas depressivos, e acrescentar essa vergonha e autocrítica à lista de problemas da paciente ajudou a terapeuta a prestar uma detida atenção a esse aspecto culturalmente carregado da apresentação da mulher.

Em suma, o processo de desenvolver uma formulação cognitivo-comportamental de caso individualizada e de a utilizar para conduzir o tratamento nos oferece um método sistemático para incluir fatores culturais no tratamento.

EVIDÊNCIAS A FAVOR DO MÉTODO

Descreveremos de forma breve algumas das evidências que avaliam se a utilização da abordagem orientada por formulação de casos da TCC (Figura 9.1) contribui para desfechos favoráveis com pacientes. Persons e Hong (2016) fornecerem uma revisão mais abrangente desse tópico.

Poucos ensaios clínicos randomizados (ECRs) compararam o desfecho da TCC guiada por formulações de casos com desfechos advindos da TCC guiada por protocolos padronizados. Em sua revisão desses estudos, Persons e Hong (2016) concluíram que tratamentos conduzidos por formulações levaram a desfechos, no geral, não diferentes ou ocasionalmente um pouco superiores a tratamentos guiados por protocolos padronizados. O fracasso em demonstrar uma superioridade clara de tratamentos conduzidos por formulações talvez seja devido, em parte, ao fato de que mesmo quando o terapeuta utiliza um protocolo padronizado, ele individualiza o tratamento, atendendo a vários dos elementos (p. ex., cognições e comportamentos idiográficos do paciente) descritos na formulação de casos.

Uma metanálise recente, realizada por Hurl, Wightman, Haynes e Virues-Ortega (2016), de 13 estudos de 57 análises de casos únicos de série temporal intrassujeito, demonstrou que o tratamento era mais eficaz quando se baseava em resultados de uma análise funcional pré-tratamento do que quando não se baseava. A maioria dos participantes eram crianças ou jovens adultos recebendo tratamento para comportamento disruptivo. A alternativa ao tratamento baseado em análise funcional era um tratamento não baseado em análise funcional. Por exemplo, em um caso, o tratamento não baseado em uma análise funcional era um sistema de fichas que dava recompensas quando se jogava cooperativamente com os pares, uma intervenção que não era baseada em uma avaliação idiográfica dos fatores ambientais controlando o comportamento agressivo dos pacientes com seus pares.

Dois ensaios não controlados conduzidos com a participação de um de nós (J.B.P.) junto a colaboradores revelaram que o tratamento com pacientes adultos ambulatoriais com depressão (Persons, Bostrom, & Bertagnolli, 1999) e ansiedade (Persons, Roberts, Zalecki, & Brechwald, 2006), que foi guiado pela abordagem conduzida por formulação de casos da TCC descrita aqui, tem desfechos similares aos da TCC padronizada ou da TCC mais farmacoterapia em ECRs.

O elemento da abordagem conduzida por formulações de casos ao tratamento (Figura 9.1) que tem o embasamento empírico mais robusto é o monitoramento de progresso. Lewis et al. (2018) publicaram uma revisão de pesquisas sobre cuidados baseados em mensuração, definidos como "a avaliação sistemática de sintomas de pacientes antes ou durante um encontro para orientar tratamentos comportamentais de saúde" (p. 324). Eles revisaram 22 ECRs demonstrando que pacientes que receberam cuidados baseados em mensuração tiveram desfechos superiores aos pacientes que receberam cuidados usuais.

Por fim, dados que demonstram que a utilização por parte dos terapeutas de uma ferramenta de suporte clínico ajuda os profissionais a responderem a sinais indicando que o paciente está fracassando em responder ao tratamento também fornece certo suporte para a utilidade da formulação de casos para o tratamento (Harmon, Hawkins, Lambert, Slade, & Whipple, 2005). A ferramenta de suporte clínico apresentada no estudo de Harmon et al. (2005) instiga o profissional a focar em diversos elementos (p. ex., prontidão para a mudança, grau de apoio social do paciente) que comumente compõem uma formulação de caso.

Para concluir, salientamos que praticamente nenhum desses estudos examinou o benefício sinérgico de se utilizar tanto a formulação de casos quanto a avaliação, sobretudo dados de monitoramento de progresso que são coletados para se testar a formulação, a fim de guiar o tratamento. Nosso modelo propõe que esses dois elementos são necessários para se capitalizar inteiramente em cima dos benefícios de se desenvolver uma formulação de caso e usá-la para guiar o tratamento.

De modo semelhante, não enxergamos a TCC guiada por formulações de casos como um novo tratamento, mas como uma forma sistemática de se adaptar formulações e intervenções nomotéticas baseadas em evidências aos casos individuais. A formulação de caso idiográfica é uma hipótese, e, por ser uma hipótese, devemos coletar dados para testar sua utilidade para guiar o tratamento de um paciente específico que se encontra no consultório do terapeuta naquele momento. A partir dessa perspectiva, os dados mais relevantes sobre a utilidade da abordagem orientada por formulação de casos à TCC são dados que avaliam o grau em que ela ajuda *o paciente que o terapeuta está tratando neste momento* a alcançar seus objetivos de tratamento. Para obter esses dados, o terapeuta deve coletar dados para monitorar o desfecho e o processo de cada tratamento que ele oferece.

PASSO A PASSO DA FORMULAÇÃO DE CASOS

Para que o profissional desenvolva uma formulação de caso, sugerimos que ele siga, em ordem, estes passos: (1) obter uma lista abrangente de problemas; (2) atribuir um diagnóstico ou diagnósticos com base no *Manual diagnóstico e estatístico de transtornos mentais* – 5ª edição (DSM-5) ou na *Classificação internacional de doenças* (CID-10); (3) selecionar um "diagnóstico de ancoragem"; (4) selecionar uma formulação nomotética do diagnóstico de ancoragem; (5) individualizar a formulação, de modo que ela explique os detalhes do caso em questão e todos os problemas da lista e suas relações; (6) coletar informações sobre a história pessoal e familiar do paciente, a fim de propor hipóteses sobre as origens de mecanismos psicológicos; e (7) coletar informações sobre a primeira manifestação das dificuldades atuais a fim de descrever precipitantes dos episódios atuais de doença ou da exacerbação de sintomas. Tais passos produzem as informações necessárias para se desenvolver uma formulação do caso.

Descrevemos aqui cada passo do processo de construção de uma formulação de caso. É claro, a ordem aqui descrita é idealizada; na verdade, muitas coisas acontecem ao mesmo tempo ou em ordem distinta. Por exemplo, no processo de desenvolvimento de uma lista de problemas (Passo 1), o terapeuta poderá refletir e aprender como os problemas estão relacionados uns com os outros e quais mecanismos podem estar os causando ou mantendo (Passos 5 e 6).

Passo 1: obter uma lista abrangente de problemas

Uma lista abrangente de problemas descreve todos os problemas que o paciente está enfrentando em todos estes domínios: sintomas psicológicos/psiquiátricos, interpessoal, ocupacional, escolar, médico, financeiro, habitacional, legal e recreativo, e problemas com os tratamentos médicos ou de saúde mental. Embora a abrangência seja importante, também o é manter a lista de problemas em um escopo gerenciável. Se a lista tiver mais de 10 itens, uma boa ideia é agrupar alguns dos problemas em ordem para diminuí-la. É útil colocar cada problema em formato simples, utilizando uma palavra ou duas para nomear o problema, seguida(s) de uma descrição do problema, fornecendo, quando possível, informações sobre alguns dos elementos cognitivos, comportamentais, fisiológicos e emocionais dos problemas. Este passo ajuda o terapeuta (e o paciente) a começar a conceitualização dos problemas em termos cognitivos-comportamentais.

A principal estratégia que a maioria dos terapeutas utiliza para coletar uma lista abrangente de problemas é a entrevista clínica. Na entrevista inicial, a tensão que sempre traciona o terapeuta é a pressão de se mover rapidamente para compreender as preocupações principais do paciente e tratar delas enquanto obtém as informações necessárias para compreender como essas preocupações são parte de um contexto mais amplo. Em geral, pacientes chegam ao tratamento desejando discutir com profundidade sobre uma ou duas questões que os estão perturbando. Recomendamos que o terapeuta dedique tempo suscitando informações sobre tais questões, mas que, em seguida, peça ao paciente permissão para dar um passo atrás e lançar um olhar mais amplo sobre a situação do paciente e coletar informações sobre outras áreas antes de se aprofundar em detalhes a respeito da queixa central do paciente. Hawkins (1979) utilizou o termo *funil comportamental* para descrever esse processo de coletar informações sobre uma ampla gama de domínios antes de enfocar detalhes acerca de problemas ou sintomas específicos.

A utilização de ferramentas de avaliação pré-tratamento pode ajudar a solucionar a tensão entre amplitude e profundidade. Pedimos a nossos pacientes que preencham diversas escalas de avaliação antes da entrevista inicial, incluindo o Patient Health Questionnaire-9 (PHQ-9; Kroenke, Spitzer, & Williams, 2001), o Generalized Anxiety Disorder-7 (GAD-7; Spitzer, Kroenke, Williams, & Löwe, 2006), o Obsessive Beliefs Questionnaire-44 (OBQ-44; Obsessive Compulsive Cognitions Working Group, 2003); a Work and Social Adjustment Scale (Mundt, Marks, Shear, & Greist, 2002); o Perseverative Thinking Questionnaire (Ehring et al., 2011); e um extenso questionário de admissão que desenvolvemos em nossas próprias práticas investigando a história familiar e social de nossos pacientes, além da história de uso de substâncias, doença médica e história de tratamento, história de dificuldades e tratamento de dificuldades psicológicas e psiquiátricas, e história familiar de doença psiquiátrica (disponível em *https://oaklandcbt.com/forms-and-tools-for-clinicians*). O PHQ-9 e o GAD-7 são de domínio público e estão disponíveis gratuitamente em *www.phqscreeners.com*. Solicitamos que nossos pacientes completem esses questionários *on-line* ou que os preencham no papel e tragam consigo na primeira sessão, de modo que o terapeuta possa revisar as respostas do paciente no começo da entrevista e utilizá-las para direcionar a sessão de avaliação. Ter tais informações no começo da entrevista reduz a probabilidade de o terapeuta descobrir nos cinco minutos finais da sessão sobre algum problema (p. ex., adição em heroína) que possa invalidar completamente a formulação inicial do terapeuta, bem como o plano de tratamento.

A observação cuidadosa pode alertar o terapeuta sobre problemas que os pacientes podem não reconhecer ou verbalizar, como uma aparência desarrumada e déficits em habilidades interpessoais. Esses fenômenos incluem informações valiosas acerca de problemas e até sugerem hipóteses sobre mecanismos subjacentes.

Quando o terapeuta observa problemas dos quais o paciente não tem consciência ou que o paciente não aceita (p. ex., problema de abuso de substâncias), o profissional pode (ou não) insistir de imediato que o paciente os reconheça como problemas. Para decidir se e quando fazer isso, a formulação de caso em desenvolvimento pode ser útil. Por exemplo, pacientes como aqueles com transtorno dsa personalidade narcisista, que aparentemente acreditam que "Se eu tenho problemas, não valho nada", podem não ser receptivos à inclusão de um novo item na lista de problemas até que se sintam mais confiantes em relação aos profissionais que os acompanham. Algumas vezes, um paciente que não adere à noção de que o abuso de substâncias é um problema pode concordar em investigar a possibilidade de isso ser um problema, podendo, assim, concordar com um "possível problema com substâncias".

Passo 2: atribuir um ou mais diagnósticos com base no DSM-5 ou na CID-10

Encorajamos o profissional a se respaldar em diagnósticos durante o processo de desenvolvimento de uma formulação de caso. Um diagnóstico ajuda o clínico a identificar uma formulação nomotética baseada em evidências que pode servir como um modelo para a formulação de caso. Por exemplo, a informação de que o paciente se enquadra nos critérios do transtorno depressivo maior direciona o clínico para formulações nomotéticas para os ESTs que tratam desse transtorno. Tais formulações são baseadas em evidências tanto porque tratamentos que se baseiam nelas têm tido sua eficácia apontada em ECRs quanto porque pesquisadores de ciência básica produziram algumas evidências para fundamentar as formulações (teorias) acerca da depressão sobre as quais os ESTs se embasam. Além disso, os ESTs (que no geral se ligam a diagnósticos) oferecem ao clínico ideias de intervenções e os ajudam a oferecer ao paciente informações sobre o que acontecerá no tratamento e a duração esperada do tratamento. Para chegar a um diagnóstico, o profissional não costuma fazer uma avaliação diagnóstica com qualidade de pesquisa, mas é possível que utilize partes de ferramentas de entrevista diagnóstica estruturada. Somos da opinião de que módulos do Anxiety Disorders Interview Schedule (Cronograma de Entrevista para Transtornos de Ansiedade; Brown & Barlow, 2014) são úteis.

Passo 3: selecionar um diagnóstico de "ancoragem"

Aqui, os clínicos escolhem um diagnóstico que será utilizado para se criar um sistema nomotético para a formulação de casos idiográfica. Utilizando-se do princípio da parcimônia, uma abordagem útil para se selecionar um diagnóstico de ancoragem é escolher o diagnóstico que explica o maior número de problemas da lista – ou seja, o diagnóstico que mais interfere no funcionamento do paciente. De um ponto de vista prático, uma implicação dessa regra é que caso um paciente tenha transtorno bipolar, esquizofrenia ou transtorno da personalidade *borderline* (transtornos que podem explicar muitos de seus problemas presentes), o clínico pode querer escolher essa condição como o diagnóstico de ancoragem.

Algumas vezes, é útil escolher um diagnóstico de ancoragem baseando-se nos objetivos de tratamento atuais. Então, por exemplo, se uma paciente tem transtorno bipolar sob controle e deseja tratar seus sintomas de pânico, o diagnóstico de transtorno de pânico pode servir de diagnóstico de ancoragem. Mesmo assim, o clínico deverá ter em mente o transtorno bipolar à medida que o tratamento avança. Becker (2002) dá uma descrição fascinante de seu método para integrar conceitualizações e intervenções para vários transtornos e ESTs no tratamento de um caso complexo singular. A decisão de selecionar um diagnóstico de ancoragem é clínica e pragmática, guiada pelos princípios da parcimônia e da utilidade clínica, e não baseada em qualquer ciência, uma vez que poucas pesquisas sobre esse tipo de tomada de decisão clínica estão disponíveis.

Passo 4: selecionar uma formulação nomotética para o diagnóstico de ancoragem

Se formulações nomotéticas para o diagnóstico de ancoragem estiverem disponíveis, selecione uma que lhe servirá de modelo para a formulação de caso idiográfica. Por exemplo, no caso apresentado neste capítulo, a terapeuta utilizou a teoria cognitiva de Beck sobre a depressão (Beck, Rush, Shaw, & Emery, 1979) para ancorar a formulação de caso.

Quando não se tem disponível uma formulação nomotética baseada em evidências, é possível que o terapeuta considere adaptar um modelo, que tenha sido proposto para outro transtorno ou sintoma(s), ao caso em questão. Por exemplo, o terapeuta pode adaptar a formulação nomotética para um transtorno em especial, a fim de compreender o caso de um paciente que relata sintomas subsindrômicos daquele transtorno. Outra opção à mão do terapeuta é desenvolver, quando não existe um modelo nomotético com o qual trabalhar (p. ex., o paciente relata um sintoma ou problema peculiar para o qual ainda não se desenvolveu tratamento ou formulação), uma formulação utilizando uma teoria de psicopatologia empiricamente fundamentada, sobretudo uma que sustente muitos dos ESTs atualmente disponíveis. Essas teorias gerais incluem a teoria cognitiva de Beck, teorias de condicionamento associativo e operante, e teorias das emoções e da regulação emocional, como a teoria da regulação emocional de Gross (1998). Um exemplo elegante é o uso da teoria do condicionamento operante como um fundamento para a formulação e o tratamento de uma criança com migrânea (O'Brien & Haynes, 1995).

Passo 5: individualizar a formulação

Para individualizar a formulação nomotética, o terapeuta deve coletar os detalhes dos aspectos cognitivos, comportamentais, emocionais e somáticos dos problemas vividos pelo paciente singular que está no consultório do terapeuta naquele momento, detalhes sobre como os problemas parecem estar relacionados e detalhes sobre os fatores predisponentes e precipitantes, que estão em jogo na vida daquele paciente. É claro, nem todos os problemas resultam dos supostos mecanismos psicológicos que se encontram no cerne da formulação. Alguns problemas resultam inteira ou parcialmente de fatores biológicos, ambientais ou de outros fatores não psicológicos, como no caso de problemas médicos ou financeiros – por exemplo, em vista da falência do patrão de determinado indivíduo. Informações acerca dos objetivos de tratamento do paciente também podem ajudar o terapeuta a individualizar a formulação, como no caso da paciente com seu transtorno bipolar sob controle que busca tratamento para sintomas do transtorno de pânico.

Passo 6: propor hipóteses sobre as origens dos mecanismos

Aqui, o terapeuta coleta informações para gerar hipóteses sobre como o paciente desenvolve os esquemas, como o paciente aprendeu os comportamentos disfuncionais ou falhou em aprender aqueles funcionais, como o paciente desenvolveu uma emoção ou um déficit na regulação emocional, e como o paciente adquiriu uma vulnerabilidade biológica – isto é, como o paciente adquiriu os mecanismos que são tidos por causas dos seus problemas. Para tal, o clínico coletará uma história familiar de transtornos psiquiátricos, bem como uma história familiar e social que identifique eventos e fatores centrais na criação e desenvolvimento do paciente.

Passo 7: descrever os precipitantes do episódio atual de doença ou da exacerbação de sintomas

Para obter informações sobre os precipitantes e as situações ativadoras, o terapeuta pode solicitar ao paciente e/ou a alguém que seja próximo do paciente que descreva a sequência de eventos que levou aos problemas atuais do paciente ou à decisão do paciente de buscar tratamento para seus problemas duradouros. Enquanto o indivíduo fizer isso, o terapeuta estará pensando sobre as hipóteses propostas acerca dos mecanismos em uma tentativa de amarrar ou ligar, de uma maneira lógica, precipitantes a mecanismos. Beck (1983) discutiu essa questão de modo bastante elegante, propondo que se esperaria que perdas interpessoais e rejeição precipitassem depressão em pacientes que possuem esquemas relacionados à dependência, ao passo que se esperaria que o fracasso precipitasse depressão em pacientes com esquemas relacionados ao fracasso e à perda de autonomia.

Após passar por esses sete passos, o terapeuta terá as informações necessárias para desenvolver uma formulação de caso inicial.

PLANEJAMENTO E PRÁTICA DO TRATAMENTO

A formulação de casos ajuda o terapeuta cognitivo-comportamental em inúmeras maneiras durante o planejamento de tratamento e durante o tratamento em si, incluindo o auxílio prestado ao terapeuta na construção de uma relação terapêutica firme, na identificação de alvos de tratamento, no estabelecimento de bons objetivos de tratamento e na abordagem aos problemas que, inevitavelmente, emergem na terapia.

Construindo uma relação terapêutica firme

O terapeuta desenvolve a formulação colaborativamente com o paciente, e esse processo colaborativo é um grande contribuinte para uma relação terapêutica firme. O terapeuta cognitivo-comportamental desenvolve a formulação com o paciente de maneira passo a passo, em geral desenhando um diagrama da formulação ou completando um registro de pensamentos que capture um elemento-chave da formulação com o paciente durante a sessão de terapia. Mesmo durante sessões por vídeo, o terapeuta pode fazê-lo utilizando o recurso de compartilhamento de tela. A formulação de caso é um documento vivo, que respira, que terapeuta e pacientes muitas vezes consultam e revisam à medida que o tratamento progride. Um de nós escreve a formulação a lápis, em um pedado de papel colorido, de modo que seja fácil encontrá-la e retirá-la dos registros clínicos para consultá-la ou revisá-la durante a sessão. Se o terapeuta estiver utilizando um prontuário médico eletrônico, ele talvez prefira também manter um pequeno registro em papel para arquivar fichas, como a formulação escrita que pode ser escaneada e anexada ao prontuário eletrônico quando o terapeuta encerra o caso. Alguns métodos para manter registros médicos eletrônicos permitem ao terapeuta revisar e atualizar a formulação de caso na sessão com o paciente. Uma de nossas colegas faz isso utilizando um iPad Pro, uma Apple Pencil e um aplicativo chamado Notability para seus registros médicos.

Identificando alvos de tratamento

Uma das principais maneiras de a formulação cognitivo-comportamental de casos guiar o tratamento é identificando os alvos de tratamento. Na TCC, esses alvos costumam ser cognições ou comportamentos. Alvos de tratamentos cognitivos podem incluir o *conteúdo* de pensamentos, que, em um modelo cognitivo-comportamental, pode ser impreciso ou inútil, ou ambos, ou a *forma ou padrão* de cognições, como cognições negativas repetitivas sobre o passado (geralmente chamadas de *ruminação*) ou sobre o futuro (geralmente chamadas de *preocupação*). A ruminação e a preocupação podem ser produtivamente enxergadas como comportamentos (p. ex., Martell, Addis, & Jacobson, 2001). Comportamentos também são um alvo comum de tratamento. Uma formulação cognitivo-comportamental de caso pode descrever evitações ou outros déficits comportamentais, déficits em habilidades (p. ex., falta de assertividade interpessoal ou agressão) ou excessos comportamentais (p. ex., exercício em excesso para promover perda de peso). A formulação também identifica relações entre problemas, oferecendo hipóteses sobre quais problemas são primários (i.e., aparentemente causadores de outros problemas) e quais são secundários (i.e., aparentemente causados por outros problemas). Por definição, estabelecer como alvos de mudança os problemas mais primários provavelmente produzirá mais benefícios para o paciente do que estabelecer como alvos os problemas secundários ou menores (Haynes, 1992).

Estabeleça bons objetivos de tratamento

A formulação de casos ajuda no processo de estabelecimento de objetivos de tratamento, pois, geralmente, ao menos alguns dos objetivos de tratamento incluirão solucionar alguns dos problemas da lista de problemas. Além do mais, algumas vezes, o mecanismo hipotético da formulação ajuda o terapeuta a guiar o paciente na seleção de bons objetivos de tratamento, como no caso de uma jovem mulher, Susan, que buscou tratamento porque se sentia muito preocupada de que estivesse noiva do homem errado. Ela passava horas, diariamente, repassando suas interações com seu noivo, Sam, e perguntando-se "Ele é o homem certo para mim?". Ela também passava muito tempo com suas amigas e sua mãe, revisitando várias vezes sua decisão de se casar com Sam. A terapeuta de Susan trabalhou com ela para desenvolver a formulação de que a paciente estava com dificuldades de tolerar o fato de que não era possível ter certeza de que sua decisão de se casar com Sam era boa. Em um esforço malsucedido para ter certeza, ela revisitava a decisão por diversas vezes. A formulação ajudou a terapeuta a evitar a armadilha de permitir que Susan estabelecesse como objetivo de tratamento alcançar certeza sobre sua decisão. Em vez disso, Susan concordou em estabelecer o objetivo de tratamento de reduzir a quantidade de tempo que ela passava pensando sobre sua decisão de se casar com Sam. O fato de que o tratamento focou nesse objetivo e não no de ter certeza foi um contribuinte-chave para o sucesso de seu tratamento. Susan descobriu que, quando ela parava de pensar repetidamente sobre sua decisão, ela era capaz de estar presente em suas interações com Sam e, quando fez isso, ela conseguiu as informações de que precisava para compreender que o relacionamento não estava bom para ela, rompendo, então, o noivado.

Solucionando problemas

Um dos papéis principais da formulação é ajudar o terapeuta (e o paciente) a antecipar, prever e resolver problemas que possam interferir na efetividade do tratamento, incluindo problemas na relação paciente-terapeuta, não adesão, ausência de progresso e encerramento prematuro ou não colaborativo.

O terapeuta pode utilizar a formulação para antecipar e prevenir problemas. Por exemplo, pode prever que a procrastinação que fez o paciente buscar tratamento pode interferir na adesão a tarefas e pode trabalhar com o paciente quando for passar a tarefa para avaliar o potencial de o perfeccionismo interferir na adesão e desenhar uma intervenção para tentar prevenir que isso interfira na própria terapia.

Correções do curso tomado pela terapia costumam ser necessárias. Uma abordagem orientada por formulação de caso à psicoterapia (apresentada na Figura 9.1) ajuda o terapeuta a iniciar e implementar correções necessárias de maneira oportuna e sistemática por meio da coleta e da revisão de dados para o monitoramento de progresso a cada sessão de terapia. Como apontamos na seção "Modelo conceitual" deste capítulo, a formulação de caso é uma hipótese. Ela é utilizada para guiar intervenções que foram elaboradas para ajudar o paciente a conquistar seus objetivos. Paciente e terapeuta monitoram o progresso em direção aos objetivos à medida que a terapia avança. Um bom progresso sugere que a formulação pode estar correta, e um mau progresso, que ela pode estar incorreta. Para se utilizar a formulação e dados do monitoramento de progresso conjuntamente, recomendamos monitorar o progresso a cada sessão e revisar os dados com o paciente. É especialmente útil e importante discutir qualquer mudança significativa de melhora ou piora de sintomas, uma vez que um entendimento cuidadoso desse tipo de mudança pode lançar luzes sobre os mecanismos que as estão influenciando e pode fornecer informações que fundamentem ou refutem hipóteses da formulação.

Uma estratégia útil para tratar do pouco progresso é coletar mais dados de avaliação na tentativa de obter uma outra formulação do caso que possa identificar alvos de tratamento distintos e um plano de intervenção diferente que possa ser mais bem-sucedido do que aquele que fracassou (Persons, Beckner, & Tompkins, 2013; Persons & Mikami, 2002).

EXEMPLO DE CASO

Briana era uma mulher branca grávida e solteira de 40 anos de idade, uma escrivã desempregada, que vivia com seu parceiro, Bill, dono de um negócio internacional de importação de alimentos. Ela foi encaminhada por um psiquiatra e ligou para ser atendida por um de nós (J.B.P.), dizendo: "Estou deprimida, mas não quero tomar remédio porque estou grávida".

Briana era uma mulher jovem com cabelos escuros e curtos, cuja atratividade estava escondida por sua roupa monótona e sua expressão facial e postura corporal tristes, desmoralizadas e derrotadas.

Avaliação para se desenvolver uma formulação de caso inicial e um diagnóstico

A terapeuta utilizou as estratégias de avaliação descritas na seção "Passo a passo da formulação de casos" deste capítulo para desenvolver as formulações iniciais e os diagnósticos descritos aqui.

Lista de problemas

1. *Sintomas depressivos.* O humor de Briana estava desolado, e seu pensamento, pessimista, enquanto ela descrevia uma situação que percebia como desesperançosa e insolúvel. Ela declarou que havia cometido o erro idiota de concordar em ter um bebê com um homem com o qual ela estava infeliz, e agora estava grávida e presa em uma situação miserável. Ela insistiu: "Eu cometi um grande erro e arruinei minha vida". Briana teve um escore de 27 no Inventário de Depressão de Beck (Beck Depression Inventory), indicando sintomas depressivos de moderados a graves (Beck, Steer, & Garbin, 1988), e de 36 nas Escalas de Depressão, Ansiedade e Estresse (DASSs, do inglês Depression Anxiety Stress Scales), um escore que se enquadra na faixa grave (Lovibond & Lovibond, 1995). Ela relatou sintomas de tristeza, perda de interesse, baixa energia, sentimentos de culpa e desvalor, desesperança, dificuldade em tomar decisões e agitação. Ela relatou pensamentos passivos de suicídio ("talvez algo aconteça e eu não estarei mais nesta situação"), mas sem plano ou intenção.

2. *Pensamento negativo recorrente.* Briana relatou que gastava por volta de três horas ruminando sobre como ela havia arruinado a própria vida devido às decisões ruins que tomou no passado. Ela também relatou pensamento negativo recorrente (preocupação) sobre o futuro. Ela também mencionou alguns pensamentos intrusivos (p. ex., de cenas violentas de filmes), mas ela não relatou sintomas suficientes de transtorno de ansiedade generalizada ou de transtorno obsessivo-compulsivo a ponto de se enquadrar nos critérios diagnósticos para tais transtornos.

3. *Dificuldades de relacionamento.* Briana estava infeliz em seu relacionamento com Bill, seu parceiro há oito anos. Ela se sente ressentida sobre o comportamento de Bill em relação a ela, que ela enxergava como autocentrado, insensível e alheio às suas necessidades. Ela relatou que, quando ela tentou, recentemente, falar com ele sobre algo irritante em seu comportamento, ele não pareceu compreender o ponto que ela trazia, embora ela admitisse que a dificuldade dele de entendê-la poderia ter sido causada por ela estar com tanta raiva que ela "simplesmente descontara nele". Briana, de modo sagaz, relatou que "essas coisas me incomodam muito mais do que deveriam". Sua predisposição a rompantes de raiva refletiu em seu escore de 20 na subescala de Estresse (que compõe a DASS), na qual ela se enquadrou no escore máximo nos itens avaliando irritabilidade e tendência a reagir desproporcionalmente a situações. Briana descreveu suas dificuldades de relacionamento como duradouras, dizendo que ela havia tentado mais de uma vez terminar com Bill, mas que ele "me forçou a voltar".

4. *Desemprego.* Briana recentemente abandonara um emprego que ela gostava por causa de sua crença – "Eu estou trabalhando mal demais para merecer o que me pagam".

5. *Isolamento social.* Briana não se comunicou com seus amigos por causa da baixa energia e culpa advindas da crença de que "meu humor rebaixado deixará meus amigos para baixo".

6. *Situação de vida insatisfatória.* Briana havia se mudado para o apartamento de Bill quando ela engravidou, e ela não gostava do espaço nem tinha qualquer sensação de posse.

Diagnóstico

Briana relatou tanto tristeza quanto perda de interesse, os dois principais sintomas do transtorno depressivo maior no DSM-5 (American Psychiatric Association, 2013) e na CID-10, e relatou diversos outros sintomas depressivos, conforme já descrito. Briana relatou uma história de múltiplos episódios de depressão, o primeiro aos 19 anos, quando ela esteve hospitalizada por dois meses. Com base na entrevista clínica e nos dados obtidos pelas avaliações de admissão feitas com Briana, a terapeuta atribuiu a ela um diagnóstico do/a DSM-5/CID-10 de transtorno depressivo maior, recorrente, moderado, F33.1.

Não havia indícios de transtorno alimentar, autolesão, abuso de substâncias, psicose, mania presente ou passada ou hipomania, ou história familiar de transtorno bipolar.

Precipitantes e hipóteses de mecanismos

O diagnóstico, a lista de problemas, a atenção cuidadosa à versão da paciente de seus problemas e história, e os resultados da escala OBQ-44 aplicada no pacote de admissão levaram a terapeuta a cogitar, a começar pela primeira sessão, uma formulação nomotética baseada na teoria cognitiva de Beck sobre a depressão (Beck et al., 1979). A terapeuta levantou a hipótese de que eventos de vida negativos de ter engravidado em um relacionamento infeliz e a perda de um emprego que ela gostava ativaram vários mecanismos comportamentais e cognitivos que causaram e vinham mantendo os sintomas de Briana. Após diversas sessões de avaliação e intervenção, a terapeuta desenvolveu a formulação do caso de Briana que aparece na Figura 9.3. A formulação identificou os seguintes mecanismos cujas hipóteses da terapeuta sugeriram que estavam mantendo os sintomas e os problemas de Briana: autocrítica, ruminação, poucas habilidades de assertividade, perfeccionismo e as crenças "Eu cometi um grande erro, e minha vida está arruinada", "Sou responsável pela felicidade dos outros", e "Eu não posso lidar com erros e adversidades". Tais mecanismos promoviam o comportamento de falta de ação, que a terapeuta colocou no meio do diagrama de formulação, uma vez que ela o enxergou como fator central que causava e mantinha todos os problemas na lista de problemas de

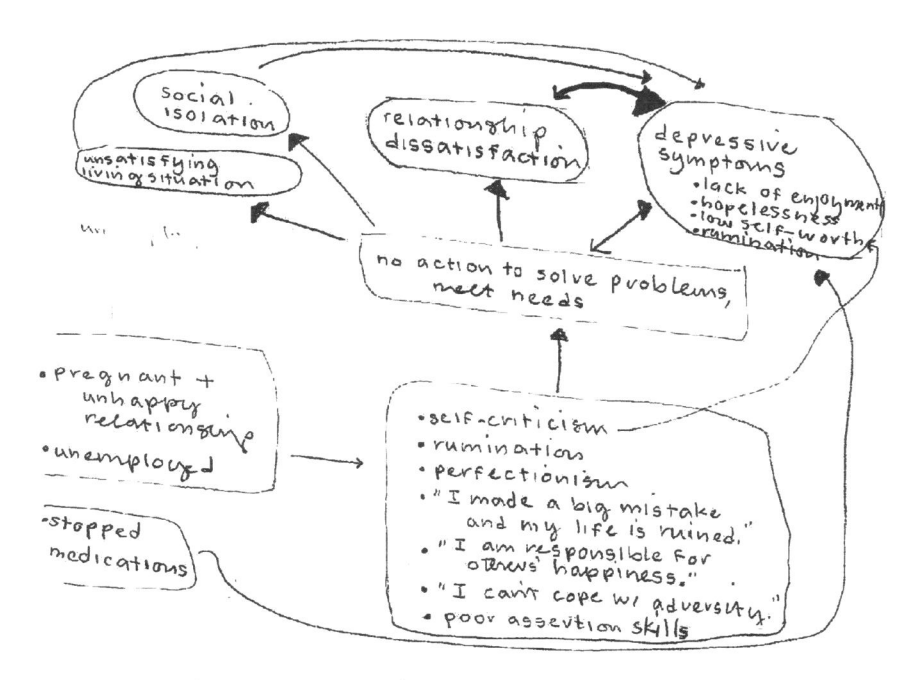

FIGURA 9.3 Formulação de caso para Briana.

Briana. Outro precipitante foi a atitude de Briana de interromper o uso de sua medicação antidepressiva, sugerindo um possível mecanismo biológico que contribuía para a recorrência de sintomas depressivos.

Por acreditar que "Se eu falar sobre, ele será infeliz e será minha culpa", e por ela ter habilidades de assertividade restritas que muitas vezes levavam a desfechos ruins, Briana não afirmava-se diante de Bill, ficando muito ressentida de ter surtado e o atacado. Esse comportamento fez ela se sentir culpada e recuar novamente em um ciclo prejudicial em que ela alternava entre comportamentos passivos e agressivos, como demonstrado na formulação de seus problemas de relacionamento apresentada na Figura 9.4. Nenhum desses comportamentos era bem-sucedido em fazer Briana alcançar o que desejava de Bill. Os problemas de relacionamento e os sintomas depressivos se alimentam uns aos outros, como proposto pelas setas na formulação de casos da Figura 9.3.

As formulações apresentadas nas Figuras 9.3 e 9.4 emergiram após muitas sessões de tratamento. Para confeccioná-las, a terapeuta trabalhou um passo a passo com Briana. Por exemplo, a terapeuta utilizou o registro de pensamentos que ela completou com Briana na Sessão 2 (mostrado na Figura 9.5) para ensinar Briana que sua resposta de autocrítica a seu sofrimento alimentava emoções de desamparo, incerteza sobre o que fazer, desesperança e um sentimento de aflição e, na verdade, aumentava o sofrimento que estimulava a autocrítica. De modo similar, a terapeuta utilizou o registro de pensamentos que ela completou com Briana na Sessão 7 (mostrado na Figura 9.6) para acrescentar mais elementos à formulação. Esse registro de pensamentos enfoca uma espécie de descrição resumida da situação de Briana, identifica sua resposta a tais problemas

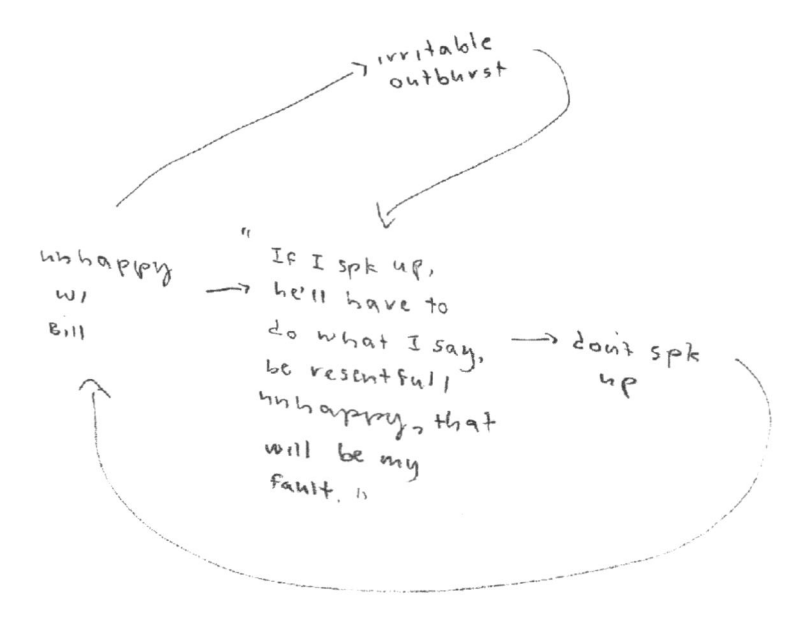

FIGURA 9.4 Formulação do problema de relacionamento de Briana.

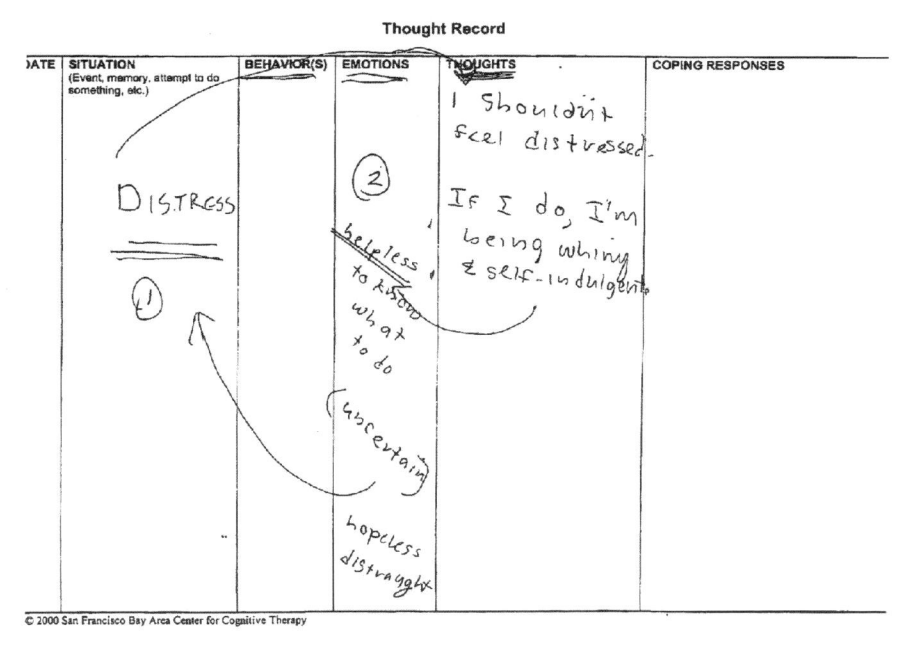

FIGURA 9.5 Registro de pensamentos de Briana durante a Sessão 2. Thought Record Copyright © 2000 San Francisco Bay Area Center for Cognitive Therapy.

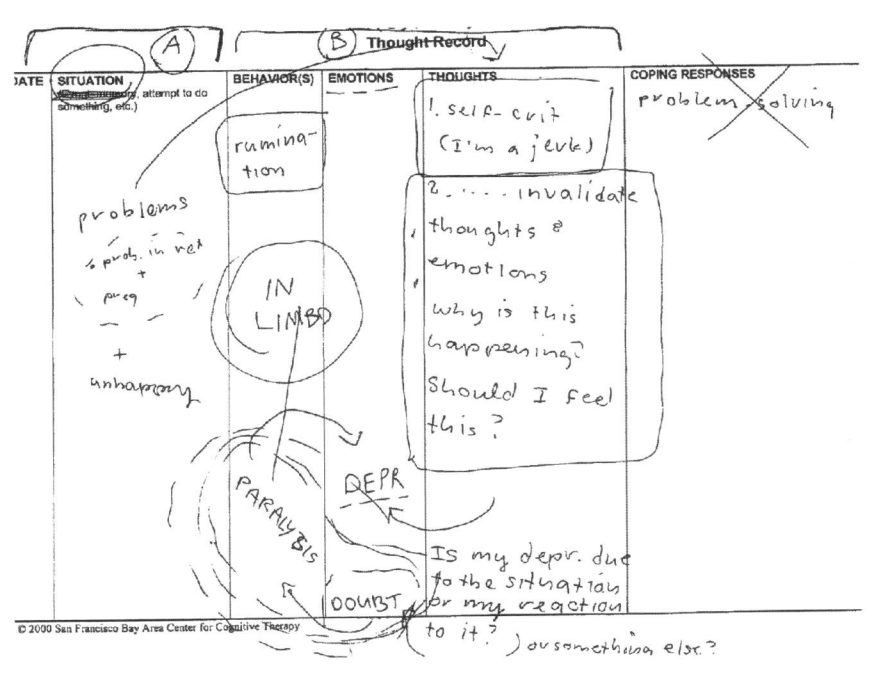

FIGURA 9.6 Registro de pensamentos de Briana durante a Sessão 7. Thought Record Copyright © 2000 San Francisco Bay Area Center for Cognitive Therapy.

como autocrítica (Gilbert & Procter, 2006) e pensamento "por quê" (Watkins, 2016), e demonstra como esses pensamentos alimentam emoções de depressão e dúvida, que, por sua vez, alimentam comportamentos de ruminação, paralisia e um comportamento geral de um estado "de limbo" que, como demonstrado na coluna de "Respostas de enfrentamento", bloqueia a resolução ativa de problemas.

Origens dos mecanismos

As origens das crenças e dos comportamentos problemáticos de Briana pareciam incluir os pensamentos e comportamentos que foram modelados por seus pais, sobretudo seu pai, que parecia ser perfeccionista, ansioso e excessivamente responsivo. Ele não estava disposto a dar nenhum conselho a Briana, por exemplo, temendo que isso pudesse se provar prejudicial e que ele seria, então, responsável por qualquer desfecho ruim que ela experimentasse. O mecanismo biológico que, segundo a hipótese, sustentava os sintomas depressivos de Briana parecia ser herdado, uma vez que dois parentes distantes tinham doenças mentais graves.

Estabelecendo objetivos de tratamento

Briana utilizou o formulário que a terapeuta lhe entregou (disponível em *https:// oaklandcbt.com/forms-and-tools-for-clinicians*) para desenvolver a seguinte lista preliminar de objetivos de tratamento, que ela levou para sua segunda sessão:

- Obter uma pontuação dentro da normalidade em uma escala que mede a depressão
- Não me sentir repelida e irritada por Bill (ir de 10 para 2 em uma escala de 10 pontos)
- Sentir-me motivada a fazer projetos
- Acordar de manhã sem um sentimento de temor
- Sentir que posso lidar com adversidades

Briana concordou em usar a medida das DASSs para monitorar a mudança nos sintomas a cada sessão. A terapeuta selecionou esse instrumento porque os escores de admissão de Briana foram altos, porque a medida era sensível à mudança decorrente do tratamento e porque o instrumento rastreava tanto os sintomas da depressão quanto do estresse (agitação, irritabilidade, tendência a reagir de modo desproporcional) com os quais Briana sofria. O objetivo de Briana era alcançar uma pontuação de 9 na escala de depressão, indicada pela linha na Figura 9.7, que retrata os dados de monitoramento de progresso coletados a cada sessão durante o tratamento de Briana. A terapeuta utilizou o Formulário de Atribuição de Sessão e de *Feedback* (SAFF, do inglês Session Assignment and Feedback Form) – descrito em Jensen et al. (2020) e disponível *on-line* em *https:// perma.cc/K78V-BSSM* – a cada sessão, para monitorar diversos aspectos do processo da terapia.

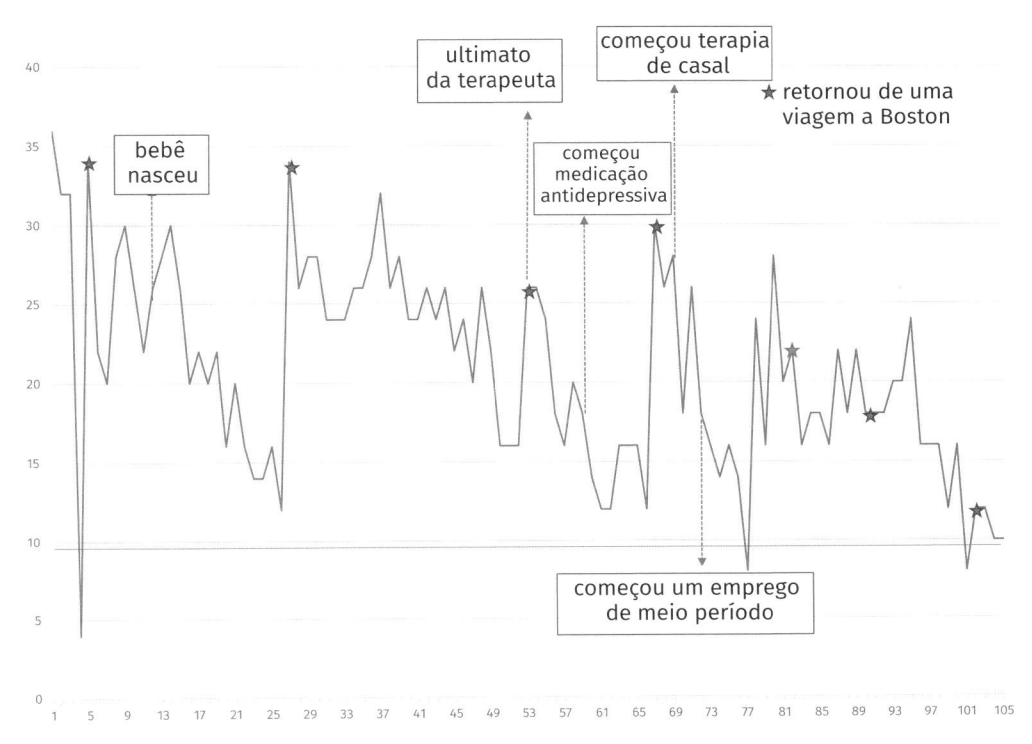

FIGURA 9.7 Escores na subescala de depressão das Escalas de Depressão, Ansiedade e Estresse a cada sessão da terapia de Briana.

Planejamento de tratamento e consentimento livre e esclarecido para o tratamento

Ao fim da segunda sessão, a terapeuta revisou suas recomendações de tratamento com Briana. Ela recomendou um conjunto de sessões de TCC, propondo que Briana se encontrasse com ela para sessões semanais, fizesse tarefas entre as sessões que envolveriam trabalhar para modificar cognições e comportamentos, incluindo a autocrítica que havia sido identificada naquela sessão, e completasse DASS e SAFF todas as sessões para monitorar o progresso. Briana concordou com esse plano. A terapeuta revisou brevemente outras opções de tratamento que estavam disponíveis na comunidade local e seu raciocínio por trás da recomendação da TCC para Briana, de modo que Briana pudesse tomar uma decisão informada sobre seu tratamento.

Tratamento

O processo de conduzir a avaliação e de trabalhar conjuntamente na formulação ajudou a construir uma forte aliança de trabalho e ofereceu a Briana algumas hipóteses sobre os mecanismos mantenedores de sua depressão, que apontaram para ações que ela poderia fazer para alcançar seus objetivos. Avaliação e intervenção se sobrepuseram ao longo do tratamento, mas sobretudo no começo.

A terapeuta solicitou que Briana utilizasse SAFF para elencar, antes das sessões, alguns tópicos que se tornariam pautas durante a terapia. A terapeuta fez isso com o fim de coletar informações sobre em que Briana gostaria de ser ajudada, para que pudesse auxiliar a paciente, além de conseguir eliciar e fornecer reforços naturais para o comportamento de Briana de tomar a atitude de falar sobre algo para o qual ela queria ajuda (Kohlenberg & Tsai, 1991). Essa intervenção tratou da falta de habilidades de assertividade de Briana e do mecanismo de "inação" no centro da formulação de caso (Figura 9.3).

Na Sessão 4, Briana relatou uma queda considerável em seu escore na escala de depressão (dentro de DASS), conforme a Figura 9.7. Ela e a terapeuta olharam conjuntamente para o diagrama de escores; Briana ligou o escore baixo ao fato de que ela estava planejando uma visita à sua família em Boston, a quem ela gostava de ver porque suas interações com ela eram no geral positivas e leves, o que não ocorria com Bill. Na sessão seguinte, após seu retorno de Boston, seu escore apresentou grande elevação (indicada por uma ★ no diagrama de seus escores de depressão), que Briana explicou dizendo que retornar para Oakland reativou, de maneira intensa, a crença de que "Eu cometi um grande erro e estraguei minha vida". Essa informação foi consistente com a identificação da formulação dessa crença como um mecanismo central que dirigia seus sintomas e com o plano da terapeuta de ensinar Briana que ela podia, na verdade, identificar e tomar atitudes que tornariam sua vida melhor.

Com esse fim, a terapeuta trabalhou com Briana em registros de pensamento para ensiná-la que a ideia "Eu tomei uma decisão ruim e estou condenada" era uma crença, não um fato, e a superar o pensamento perfeccionista que dificultava que a paciente tomasse atitudes para melhorar sua vida, como comprar um novo tapete para a sala de estar. A terapeuta prosseguiu com uma série de intervenções que abordaram os alvos de tratamento identificados na formulação (ver Figura 9.3). Ela trabalhou com Briana em um exercício de prós e contras para ensinar à paciente que ruminar seu passado não era nada útil, além de ensinar-lhe habilidades para interromper tal ruminação (Watkins, 2016). A terapeuta ensinou à Briana a habilidade "DEAR MAN" (*Describe, Express, Assert, Reinforce, Mindfully, Appear Confident, Negotiate* [Descreva, Expresse, Afirme, Reforce, Plenamente Consciente, Pareça Confiante, Negocie]) relacionada ao comportamento assertivo (Linehan, 2015) e a praticou com a paciente, para que Briana conseguisse pedir a Bill que mudasse comportamentos que a irritavam e para fazer uma grande mudança: mudar-se para Boston.

Briana e Bill haviam se conhecido em Boston, seus pais e suas três irmãs moravam lá, e, quando Briana engravidou, Bill concordara em se mudar para Boston. Entretanto, alguns registros de pensamentos revelaram que Briana tinha medo de pedir que Bill desse sequência à sua promessa de se mudar por causa de sua crença de que, se ela se manifestasse e falasse sobre a mudança, ela estaria fazendo ele fazer algo que ele não queria, o que o faria se sentir infeliz, e isso seria culpa dela. A terapeuta utilizou o diálogo socrático para ensinar a Briana que as emoções e os comportamentos de Bill eram responsabilidade *dele*, não dela. Como parte desse trabalho, a terapeuta decidiu fazer uma revelação pessoal, contando a Briana que ela havia pedido a seu marido (que *não* concordava com ela), *de maneira bem assertiva*, que fizessem uma reforma na cozinha. (Briana mais tarde revelaria que essa informação foi "inspiradora" e sugeriu a ela que, talvez, ela também pudesse conseguir o que queria.)

As sessões tocaram nos vários mecanismos que apareceram na formulação, tendo um deles como ponto central. A formulação (ver Figura 9.3) "sem atitudes para resolver problemas, suprir necessidades" foi um elemento central do quebra-cabeça. Por tal razão, em todas as sessões, a terapeuta enquadrou a inatividade e a falta de assertividade de Briana, e o fez ao solicitar a Briana tópicos para a pauta no começo das sessões e ao tentar encerrar cada sessão com uma atribuição de tarefa que convocava Briana a tomar certa atitude para tratar do problema em que aquela sessão havia focado.

Briana não fez terapia durante um mês entre as Sessões 12 e 13, quando seu bebê nasceu. Logo após o bebê nascer, ela, efetiva e assertivamente, pediu a Bill que tomasse conta de seu filho para que ela pudesse retomar a terapia.

Na Sessão 17, a terapeuta começou a revisar o progresso. O diagrama dos escores DASS de Briana (ver Figura 9.7) mostraram que seus sintomas depressivos estavam melhorando, e Briana relatou que ela também estava progredindo nos outros objetivos. Ela relacionou seus ganhos à sua atitude e à sua assertividade crescentes, que estavam gerando mais prazer e proveito, além de interações melhores com Bill, incluindo conversas produtivas sobre sua rotina de jantar e outras questões – e sobre se mudar para Boston. O fato de a mudança nos sintomas parecer estar ligada a mudanças nos mecanismos identificados na formulação (inação, poucas habilidades de assertividade) indicava que a terapia estava no caminho correto. Tanto os desfechos quanto o processo iam bem. As sessões eram produtivas, e Briana e a terapeuta gostavam de trabalhar juntas. Briana completou suas tarefas praticamente em todas as sessões e relatou que a terapia era "uma experiência extraordinariamente positiva".

Utilizando a formulação e os dados de monitoramento de progresso para lidar com a falta de progresso

Cinco meses depois, na Sessão 29, Briana relatou outro aumento considerável nos sintomas (DASS) depois de voltar de uma viagem a Boston para visitar sua família, como indicado pela ★ no diagrama de monitoramento de progresso contido na Figura 9.7. Enquanto Briana e a terapeuta trabalharam para compreender a escalada dos sintomas, a paciente contou que visitar sua família lhe parecera algo bom porque "Eu consigo ajuda com o bebê e passo um tempo com pessoas tranquilas de conviver", e que retornar para a casa em Oakland era difícil, pois reativara, novamente, sua crença de que sua vida estava arruinada. Durante a discussão de sua vida em Oakland, Briana se mostrou bastante autocrítica. O fato da autocrítica e crença de Briana de que sua vida estava arruinada serem tão facilmente reativadas acenderam um sinal vermelho na mente da terapeuta, e ela começou a discutir com Briana se a terapia estava mesmo no caminho certo. As duas discutiram a formulação e concordaram de novo que os alvos de tratamento descritos na formulação eram os corretos (autocrítica, ruminação, a crença de que sua vida estava arruinada, e o fracasso em tomar atitudes que melhorassem sua vida). Elas concordaram em redobrar os esforços para abordarem os mecanismos contidos na formulação, especialmente a autocrítica e a assertividade efetiva, e em focarem particularmente em ajudar Briana a se mudar para Boston, que era o que ela gostaria de fazer.

Entretanto, o progresso de Briana parecia estagnado. Na Sessão 40, três meses depois, o escore de Briana na DASS foi de 32, similar ao escore inicial de 36. A terapeuta discutiu a situação com Briana. Elas concordaram novamente que as coisas em que estavam trabalhando eram as corretas, mas concluíram, depois de passarem um tempo conversando, que eram necessárias armas mais poderosas para atacá-las. A terapeuta e Briana revisaram o diagrama de formulação e desenharam as linhas em negrito entre problemas de relacionamento e sintomas depressivos que aparecem no diagrama da formulação na Figura 9.3 para indicarem que a ligação entre esses dois problemas era central, e que era necessário trabalhar mais nos problemas de relacionamento. Briana concordou com uma tarefa de casa que consistia em encontrar um serviço de cuidado para crianças de modo que ela pudesse iniciar uma terapia de casal.

A terapeuta também recomendou que Briana fosse a um psiquiatra para discutir a possibilidade de voltar com a farmacoterapia. Seu raciocínio por trás da sugestão foi o seguinte: a depressão de Briana se manifestou pela primeira vez quando ela interrompeu sua medicação; ela tinha uma história de benefícios trazidos pela medicação; sintomas depressivos (incluindo a autocrítica e a ruminação) não apresentavam remissão consistente; e havia algumas evidências na literatura (Keller et al., 1992) de que quanto mais duradouro fosse um episódio depressivo, pior era o prognóstico em longo prazo.

Briana e a terapeuta continuaram a trabalhar, reduzindo a autocrítica e outros mecanismos descritos pela formulação. Mas Briana não deu continuidade à farmacoterapia ou à terapia de casal. Briana estava relutante em retomar suas medicações, em parte pela autocrítica que lhe sugeria que ela não era capaz de superar a depressão sem os remédios. Aqui, novamente, a autocrítica impedia que Briana tomasse uma atitude. Esses mecanismos estavam empacados e resistiam à mudança! E, como o diagrama de dados de monitoramento de progresso mostra (Figura 9.7), os sintomas depressivos persistiram. Na verdade, na Sessão 50, ao menos como apontou a subescala de depressão utilizada, Briana não estava melhor do que quando ela havia começado o tratamento há praticamente cinco meses.

Sendo assim, na Sessão 50, a terapeuta deu um grande passo. Ela se manifestou dizendo que, para ela, era antiético oferecer um tratamento ineficaz (American Psychological Association, 2002), e que, um mês após aquela data, ela não estaria mais disposta a continuar o tratamento com Briana, a não ser que a paciente concordasse em realizar algumas mudanças no plano de tratamento – seguir com a farmacoterapia ou com a terapia de casal. A terapeuta permitiu que Briana soubesse que, caso ela não quisesse fazer uma mudança significativa no plano de tratamento, a terapeuta a ajudaria a encontrar outro profissional.

Estabelecer tal limite foi um passo difícil para a terapeuta. Ela pediu a opinião de alguns colegas antes de se decidir, e a formulação também a ajudou a fazê-lo. A formulação ajudou a terapeuta a compreender que a falta de continuidade de Briana com a terapia de casal ou com a farmacoterapia era um exemplo de um dos comportamentos problemáticos principais de Briana descritos na formulação (inação) e que a atitude da terapeuta de bloqueá-lo seria terapêutica para a paciente. Além disso, ao falar de maneira bem assertiva, a terapeuta modelou um dos comportamentos que ela estava ensinando à Briana – ser habilidosamente assertiva com o fim de pedir aquilo de que precisava.

Após uma ou duas sessões turbulentas gastas discutindo o ultimato da terapeuta, Briana concordou relutantemente em se encontrar com o psiquiatra. A terapeuta enviou ao psiquiatra um resumo do tratamento da paciente com uma nota que afirmava: "Eu tendo a querer um plano de tratamento mais agressivo do que ela. Contamos com sua contribuição". O psiquiatra, quando se encontrou com Briana, convenceu a paciente a começar com um antidepressivo. Por volta de um mês depois, Briana disse que sentia que estava se beneficiando da medicação.

Por volta de três meses depois, na Sessão 75, depois de ela ter retornado de uma viagem de visita à família em Boston, Briana passou por outro pico em seus escores de depressão, indicado pela ★ no diagrama de monitoramento de progresso na Figura 9.7. Tornou-se claro que voltar com a medicação não era uma pílula mágica. Um pico de tensão em seu relacionamento convenceu Briana de que era necessário trabalhar em conjunto, então ela começou a terapia de casal. Por volta dessa época, ela também tomou a atitude de voltar a trabalhar meio período em um emprego de que gostava.

Utilizando a formulação para guiar a colaboração com terapeutas auxiliares

Os profissionais que acompanhavam Briana na terapia individual e na de casal desenvolveram uma formulação compartilhada que propunha que uma peça-chave do quebra-cabeça era que Briana precisava aprender a se manifestar de maneira mais efetiva em nome de si mesma. Os profissionais trocaram mensagens de celular por diversas vezes, de modo que a terapeuta individual pudesse alertar o outro profissional sobre coisas para as quais ela havia treinado a paciente, envolvendo assertividade durante a terapia de casal, por exemplo. As duas terapias trabalharam juntas para fornecerem um benefício sinérgico.

Encerrando o tratamento

Agora Briana tinha em jogo uma terapia tripla em seu favor: terapia individual, medicação e terapia de casal. Ela teve um progresso lento, mas consistente. Como apontam os símbolos de ★, no diagrama de monitoramento de progresso na Figura 9.7, Briana agora era capaz de retornar a Oakland de uma visita à sua família sem passar por um pico de sintomas depressivos. Depois de cerca de um ano e meio do começo da terapia de casal e de 102 sessões e três anos e meio após iniciar a terapia individual, Briana encerrou sua terapia, já que ela e Bill estavam se preparando para mudarem para Boston. Ao fim do tratamento, o escore na DASS foi de 10 – 1 ponto acima do intervalo normal –, seu escore na escala de estresse foi de 8 – dentro do intervalo normal –, e ela conquistara os outros objetivos que havia estabelecido no começo do tratamento. A terapeuta deu-lhe um diagnóstico de encerramento de transtorno depressivo maior em remissão.

Como parte do processo de encerramento, a terapeuta pediu a Briana que trouxesse uma lista de coisas que ela havia aprendido na terapia. Alguns itens incluídos na lista de Briana foram os seguintes:

- As outras pessoas têm livre-arbítrio. Elas tomam suas próprias decisões, e não é minha responsabilidade me certificar de que elas tomem boas decisões.
- Eu posso conseguir mais coisas que desejo do que eu pensava que podia.
- Não ter medo de pedir o que eu quero.
- Usar a ferramenta de assertividade "DEAR MAN" (Linehan, 2015).
- A negação não é lá uma boa ideia.
- Tomar atitude; eu me sentirei melhor se tomar a frente e avançar com as coisas.
- Não agir como se o que eu estivesse pedindo fosse irrazoável.
- Diminuir minha autocrítica e minha ruminação; elas atrapalham a resolução de problemas.

Esses itens se encaixam muito bem aos mecanismos descritos na formulação e apontam para a natureza altamente transparente e colaborativa da formulação e do tratamento.

Relatório de *follow-up* de longo prazo

Como parte da preparação deste relato de caso, a terapeuta contatou Briana (3 anos e meio depois do encerramento do tratamento) para obter sua permissão para apresentar este material e obter algumas informações sobre como ela estava passando. Briana disse que, no geral, estava passando bem. Ela relatou escores dentro do intervalo normal no Inventário de Depressão de Beck e nas DASS. Ela relatou que ainda estava com Bill e que seu relacionamento "não é tão bom, mas eu não estou abatida como estava antes". Ela tinha um emprego em tempo integral de que gostava, e seu filho passava bem. Ela continuava tomando antidepressivos e sentia que eles a ajudavam. Ela não havia procurado mais psicoterapia. Briana leu esta versão de seu tratamento e constatou que estava de acordo com sua própria experiência.

APRENDENDO O MÉTODO

As habilidades de desenvolver e utilizar a formulação de casos cognitivo-comportamental para guiar o tratamento são particularmente desafiadoras de se aprender. Contudo, elas são habilidades importantes. A formulação de casos é considerada uma competência clínica central (Roth & Pilling, 2008). Para guiar nossas recomendações para o treinamento de clínicos para que desenvolvam uma formulação de caso, recorremos a uma revisão recente de estratégias para o treinamento mais generalista de terapeutas na condução de tratamentos psicossociais baseados em evidências. Herschell, Kolko, Baumann e Davis (2010) descobriram que treinamentos que incluem várias modalidades de ensinamento se mostraram mais efetivos do que outros métodos de treinamento. Por tal razão, recomendamos que estagiários utilizem várias modalidades para aprenderem a desenvolver e utilizar uma formulação de caso, incluindo a leitura de livros e artigos sobre formulação cognitivo-comportamental de casos (Kuyken et al., 2009; Persons, 2008), participação em *workshops* e supervisão ou consultoria em formulação de casos, incluindo a revisão de gravações de atendimentos de terapeutas cognitivo--comportamentais experientes.

Também incluímos estratégias reflexivas de prática quando ensinamos estagiários a desenvolverem e utilizarem formulações de casos (Bennett-Levy, Thwaites, Haarhoff, & Perry, 2014). Vários estudos empíricos demonstram que a prática reflexiva maximiza a aprendizagem de habilidades em TCC (Haarhoff & Farrand, 2012; Thwaites, Bennett-Levy, Davis, & Chaddock, 2014), bem como a qualidade da formulação cognitivo-comportamental de casos (Haarhoff, Gibson, & Flett, 2011). Tanto terapeutas experientes quanto iniciantes se beneficiam da incorporação da prática reflexiva em suas experiências de treinamento (Bennet-Levy, Lee, Travers, Pohlman, & Hamernik, 2003; Davis, Thwaites, Freeston, & Bennett-Levy, 2015). Quando utiliza estratégias de autoprática/autorreflexão, o estagiário pratica uma habilidade psicoterápica ao aplicá-la em si mesmo e ao gastar um tempo refletindo sobre essa experiência. Por exemplo, pedimos aos clínicos que pratiquem o desenvolvimento de miniformulações, a partir das quais eles identificam um problema que estão tendo com um cliente, como a relutância em conversar com o cliente sobre atrasos. Nós, então, pedimos aos estagiários que completem um registro de pensamentos, a fim de identificarem os pensamentos automáticos e os sentimentos que estão ligados a seus comportamentos problemáticos. Em seguida, solicitamos que eles elaborem essas miniconceitualizações de modo a incluírem hipóteses a respeito de suas crenças intermediárias e centrais.

Além disso, aplicamos o modelo de prática deliberada baseada em evidências de Ericsson (Ericsson, Krampe, & Tesch-Romer, 1993) para guiar nosso ensinamento de habilidades de conceitualização de casos. Ericsson postula que o desenvolvimento da perícia (*expertise*) em uma habilidade depende mais de como a pessoa pratica a habilidade do que a quantidade de experiência que tem em utilizá-la. Na prática deliberada, professores primeiramente desmembram a habilidade em sub-habilidades. Por exemplo, as sub-habilidades da formulação cognitivo-comportamental de casos incluem, dentre outras, desenvolver uma lista de problemas, gerar hipóteses de crenças, e identificar estratégias de enfrentamento desadaptativas. O estudante, então, pratica cada sub-

-habilidade, já obtendo *feedback* corretivo imediato. Por exemplo, talvez nós peçamos ao estagiário que ouça uma entrevista gravada com um cliente e liste problemas clínicos que o cliente identifica. Um de nós (J.B.P) desenvolveu um exercício de treinamento em formato de *workshop* em que ela pede que os participantes ouçam a gravação de áudio dos primeiros 12 minutos de uma sessão inicial e levantem algumas hipóteses sobre os problemas e esquemas dos pacientes em relação a si mesmos e aos outros. Ela consegue, assim, dar *feedbacks* sobre os problemas, e hipóteses sobre esquemas eram ofertadas por outros clínicos que ouviram o material como parte de um estudo de confiabilidade entre avaliadores da formulação cognitivo-comportamental de casos (Persons, Mooney, & Padesky, 1995). Por fim, o professor pede ao estagiário que pratique a habilidade em níveis mais desafiadores; no caso das habilidades de formulação de casos, tal prática pode envolver o desenvolvimento de formulações de caso para clientes com problemas cada vez mais complexos.

CONCLUSÃO

Este capítulo descreve a abordagem orientada por formulação de casos na TCC. O capítulo começa com uma descrição das origens históricas da abordagem. Ele destaca o modelo conceitual que sustenta a formulação cognitivo-comportamental de casos, descreve a maneira pela qual a formulação de casos trata de fatores culturais e, brevemente, revisa as evidências a favor da proposta de que a TCC que se baseia em formulações individualizadas de casos geram melhores desfechos do que a TCC que não se baseia em formulações individualizadas. Listamos e descrevemos passos que o terapeuta pode dar para desenvolver uma formulação cognitivo-comportamental de caso e destacamos algumas das maneiras pelas quais a formulação contribui com o tratamento. Apresentamos um exemplo de uma paciente tratada por um de nós (J.B.P.) e oferecemos o processo detalhado de desenvolvimento e utilização da formulação para tratar Briana, um caso interessante, pois é o caso de um tratamento de longo prazo (mais de 100 sessões) que não é incomum na prática clínica, mas que não é representado nos ESTs sobre depressão. Concluímos com nossas recomendações de métodos baseados em evidências para treinar estudantes e praticantes a desenvolver uma formulação de caso.

AGRADECIMENTOS

Agradecemos a todos os nossos pacientes, com os quais aprendemos muito do que foi apresentado aqui, e especialmente à "Briana", que permitiu que apresentássemos uma versão anônima de seu tratamento para este capítulo. Agradecemos à Megan Hsiao pela ajuda com as tabelas e as figuras, à Connie Fee, por sua ajuda com a formatação e as referências, e à colega Monique Thompson pelas valiosas contribuições em relação ao seu jeito de trabalhar com o arquivamento via registro eletrônico.

REFERÊNCIAS

American Psychiatric Association. (2013). *Diagnostic and statistical manual of mental disorders* (5th ed.). Arlington, VA: Author.

American Psychological Association. (2002). *Ethical principles of psychologists and code of conduct.* Washington, DC: Author.

APA Presidential Task Force on Evidence-Based Practice. (2006). Evidence-based practice in psychology. *American Psychologist, 61*(4), 271–285.

Baker, D. B., & Benjamin, L. T., Jr. (2000). The affirmation of the scientist–practitioner: A look back at Boulder. *American Psychologist, 55*(2), 241–247.

Beck, A. T. (1967). *Depression: Clinical, experimental and theoretical aspects.* New York: Harper & Row.

Beck, A. T. (1983). Cognitive theory of depression: New perspectives. In P. J. Clayton & J. E. Barrett (Eds.), *Treatment of depression: Old controversies and new approaches* (pp. 265–288). New York: Raven Press.

Beck, A. T., & Bredemeier, K. (2016). A unified model of depression: Integrating clinical, cognitive, biological, and evolutionary perspectives. *Clinical Psychological Science, 4*(4), 596–619.

Beck, A. T., & Dozois, D. J. A. (2011). Cognitive therapy: Current status and future directions. *Annual Review of Medicine, 62,* 397–409.

Beck, A. T., Rush, J. A., Shaw, B. F., & Emery, G. (1979). *Cognitive therapy of depression.* New York: Guilford Press.

Beck, A. T., Steer, R. A., & Garbin, M. G. (1988). Psychometric properties of the Beck Depression Inventory: Twenty-five years of evaluation. *Clinical Psychology Review, 8,* 77–100.

Beck, J. S. (1995). *Cognitive therapy: Basics and beyond.* New York: Guilford Press.

Becker, C. B. (2002). Integrated behavioral treatment of comorbid OCD, PTSD, and borderline personality disorder: A case report. *Cognitive and Behavioral Practice, 9,* 100–110.

Bennett-Levy, J., Lee, N., Travers, K., Pohlman, S., & Hamernik, E. (2003). Cognitive therapy from the inside: Enhancing therapist skills through practising what we preach. *Behavioural and Cognitive Psychotherapy, 31*(2), 143–158.

Bennett-Levy, J., Thwaites, R., Haarhoff, B., & Perry, H. (2014). *Experiencing CBT from the inside out: A self-practice/ self-reflection workbook for therapists.* New York: Guilford Press.

Brown, T. A., & Barlow, D. H. (2014). *Anxiety and Related Disorders Interview Schedule for DSM-5 (ADIS-5L): Client interview schedule.* Oxford, UK: Oxford University Press.

Chambless, D. L., & Ollendick, T. H. (2001). Empirically supported psychological interventions: Controversies and evidence. *Annual Review of Psychology, 52,* 685–716.

Cone, J. D. (1986). Idiographic, nomothetic, and related perspectives in behavioral assessment. In R. O. Nelson & S. C. Hayes (Eds.), *Conceptual foundations of behavioral assessment* (pp. 111–128). New York: Guilford Press.

Davis, M. L., Thwaites, R., Freeston, M. H., & Bennett-Levy, J. (2015). A measurable impact of a self-practice/ self-reflection programme on the therapeutic skills of experienced cognitive-behavioural therapists. *Clinical Psychology and Psychotherapy, 22*(2), 176–184.

Ehring, T., Zetsche, U., Weidacker, K., Wahl, K., Schönfeld, S., & Ehlers, A. (2011). The Perseverative Thinking Questionnaire (PTQ): Validation of a content-independent measure of repetitive negative thinking. *Journal of Behavior Therapy and Experimental Psychiatry, 42*(2), 225–232.

Ericsson, K. A., Krampe, R., & Tesch-Romer, C. (1993). The role of deliberate practice in the acquisition of expert performance. *Psychological Review, 100*(3), 361–406.

Gilbert, P., & Procter, S. (2006). Compassionate mind training for people with high shame and self-criticism: Overview and pilot study of a group therapy approach. *Clinical Psychology and Psychotherapy, 13,* 353–379.

Gross, J. J. (1998). The emerging field of emotion regulation: An integrative review. *Review of General Psychology, 2,* 271–299.

Haarhoff, B., & Farrand, P. (2012). Reflective and self-evaluative practice in CBT. In W. Dryden & R. Branch (Eds.), *The CBT handbook* (pp. 475–492). London: Sage.

Haarhoff, B., Gibson, K., & Flett, R. (2011). Improving the quality of cognitive behaviour therapy case conceptualization: The role of self-practice/self-reflection. *Behavioural and Cognitive Psychotherapy, 39*(3), 323–339.

Hall, G. C. N. (2019). Why don't people of color use mental health services? *Psychological Science Agenda, 33*(3). Retrieved from *www.apa.org/science/about/psa/2019/03/people-color-mental-health*.

Harmon, C., Hawkins, E. J., Lambert, M. J., Slade, K., & Whipple, J. L. (2005). Improving outcomes for poorly responding clients: The use of clinical support tools and feedback to clients. *Journal of Clinical Psychology, 61,* 175–185.

Hawkins, R. P. (1979). The functions of assessment: Implications for selection and development of devices for assessing repertoires in clinical, educational, and other settings. *Journal of Applied Behavior Analysis, 12*(4), 501–516.

Hayes, S. C., Muto, T., & Masuda, A. (2011). Seeking cultural competence from the ground up. *Clinical Psychology: Science and Practice, 18*(3), 232–237.

Hayes, S. C., Nelson, R. O., & Jarrett, R. B. (1987). The treatment utility of assessment: A functional approach to evaluating assessment quality. *American Psychologist, 42,* 963–974.

Haynes, S. N. (1992). *Models of causality in psychopathology: Toward dynamic, synthetic, and nonlinear models of behavior disorders.* New York: Macmillan.

Haynes, S. N., & O'Brien, W. H. (2000). *Principles and practice of behavioral assessment.* New York: Kluwer Academic/Plenum.

Herschell, A. D., Kolko, D. J., Baumann, B. L., & Davis, A. C. (2010). The role of therapist training in the implementation of psychosocial treatments: A review and critique with recommendations. *Clinical Psychology Review, 30,* 448–466.

Hofmann, S. G., Asnaani, A., Vonk, I. J. J., Sawyer, A. T., & Fang, A. (2012). The efficacy of cognitive behavioral therapy: A review of meta-analyses. *Cognitive Therapy and Research, 36*(5), 427–440.

Hunsley, J., & Mash, E. J. (2007). Evidence-based assessment. *Annual Review of Clinical Psychology, 3,* 29–51.

Hurl, K., Wightman, J., Haynes, S. N., & Virues-Ortega, J. (2016). Does a preintervention functional assessment increase intervention effectiveness? A meta-analysis of within-subject interrupted time-series studies. *Clinical Psychology Review, 47,* 71–84.

Jensen, A. S., Fee, C., Miles, A. L., Beckner, V. L., Owen, D., & Persons, J. B. (2020). Congruence of patient takeaways and homework assignment content predicts homework compliance in psychotherapy. *Behavior Therapy, 51*(3), 424–433.

Keller, M. B., Lavori, P. W., Mueller, T. I., Endicott, J., Coryell, W., Hirschfeld, R. M. A., et al. (1992). Time to recovery, chronicity, and levels of psychopathology in major depression: A 5-year prospective follow-up of 431 subjects. *Archives of General Psychiatry, 49*(10), 809–816.

Kohlenberg, R. J., & Tsai, M. (1991). *Functional analytic psychotherapy: Creating intense and curative therapeutic relationships.* New York: Plenum Press.

Kroenke, K., Spitzer, R. L., & Williams, J. B. W. (2001). The PHQ-9: Validity of a brief depression severity measure. *Journal of General Internal Medicine, 16*(9), 606–613.

Kuyken, W., Padesky, C. A., & Dudley, R. (2009). *Collaborative case conceptualization.* New York: Guilford Press.

Lawrie, S. I., Eom, K., Moza, D., Gavreliuc, A., & Kim, H. S. (2020). Cultural variability in the association between age and well-being: The role of uncertainty avoidance. *Psychological Science, 31*(1), 51–64.

Lewis, C. C., Boyd, M., Puspitasari, A., Navarro, E., Howard, J., Kassab, H., et al. (2018). Implementing measurement-based care in behavioral health: A review. *JAMA Psychiatry, 76*(3), 324–335.

Linehan, M. M. (1993). *Cognitive-behavioral treatment of borderline personality disorder.* New York: Guilford Press.

Linehan, M. M. (2015). *DBT skills training handouts and worksheets* (2nd ed.). New York: Guilford Press.

Lovibond, S. H., & Lovibond, P. F. (1995). *Manual for the Depression Anxiety Stress Scales* (2nd ed.). Sydney, Australia: Psychology Foundation.

Martell, C. R., Addis, M. E., & Jacobson, N. S. (2001). *Depression in context: Strategies for guided action.* New York: Norton.

Morgan, D. L., & Morgan, R. K. (2001). Single-participant research design: Bringing science to managed care. *American Psychologist, 56,* 119–127.

Mundt, J. C., Marks, I. M., Shear, M. K., & Greist, J. M. (2002). The Work and Social Adjustment Scale: A simple measure of impairment in functioning. *British Journal of Psychiatry, 180*(5), 461–464.

Nezu, A. M., & Nezu, C. M. (1993). Identifying and selecting target problems for clinical interventions: A problem-solving method. *Psychological Assessment, 5,* 254–263.

Nezu, A. M., Nezu, C. M., Friedman, S. H., & Haynes, S. N. (1997). Case formulation in behavior therapy: Problem-solving and functional analytic strategies. In T. D. Eells (Ed.), *Handbook of psychotherapy case formulation* (pp. 368–401). New York: Guilford Press.

Nezu, A. M., Nezu, C. M., & Lombardo, E. (2004). *Cognitive-behavioral case formulation and treatment design: A problem-solving approach.* New York: Springer.

O'Brien, W. H., & Haynes, S. N. (1995). A functional analytic approach to the conceptualization, assessment, and treatment of a child with frequent migraine headaches. *Journal of Clinical Psychology, 1,* 65–80.

Obsessive Compulsive Cognitions Working Group. (2003). Psychometric validation of the Obsessive Beliefs Questionnaire and the Interpretation of Intrusions Inventory: Part I. *Behaviour Research and Therapy, 41*(8), 863–878.

Persons, J. B. (2008). *The case formulation approach to cognitive-behavior therapy.* New York: Guilford Press.

Persons, J. B., Beckner, V. L., & Tompkins, M. A. (2013). Testing case formulation hypotheses in psychotherapy: Two case examples. *Cognitive and Behavioral Practice, 20*(4), 399–409.

Persons, J. B., Bostrom, A., & Bertagnolli, A. (1999). Results of randomized controlled trials of cognitive therapy for depression generalize to private practice. *Cognitive Therapy and Research, 23,* 535–548.

Persons, J. B., & Hong, J. J. (2016). Case formulation and the outcome of cognitive behavior therapy. In N. Tarrier & J. Johnson (Eds.), *Case formulation in cognitive behaviour therapy* (2nd ed., pp. 14–37). London: Routledge.

Persons, J. B., & Mikami, A. Y. (2002). Strategies for handling treatment failure successfully. *Psychotherapy: Theory/Research/Practice/Training, 39,* 139–151.

Persons, J. B., Mooney, K. A., & Padesky, C. A. (1995). Interrater reliability of cognitive-behavioral case formulation. *Cognitive Therapy and Research, 19,* 21–34.

Persons, J. B., Roberts, N. A., Zalecki, C. A., & Brechwald, W. A. G. (2006). Naturalistic outcome of case formulation-driven cognitive-behavior therapy for anxious depressed outpatients. *Behaviour Research and Therapy, 44,* 1041–1051.

Reiss, S., & McNally, R. J. (1985). The expectancy model of fear. In S. Reiss & R. R. Bootzin (Eds.), *Theoretical issues in behavior therapy* (pp. 107–121). London: Academic Press.

Resick, P. A., & Schnicke, M. K. (1993). *Cognitive processing therapy for rape victims: A treatment manual.* Newbury Park, CA: Sage.

Roth, A., & Pilling, S. (2008). Using an evidence-based methodology to identify the competences required to deliver effective cognitive and behavioral therapy for depression and anxiety disorders. *Behavioral and Cognitive Psychotherapy, 36,* 129–147.

Spitzer, R. L., Kroenke, K., Williams, J. B. W., & Löwe, B. (2006). A brief measure for assessing generalized anxiety disorder: The GAD-7. *Archives of Internal Medicine, 166*(10), 1092–1097.

Spring, B., Marchese, S., & Steglitz, J. (2019). History and process of evidencebased practice in mental health. In S. Dimidjian (Ed.), *Evidence-based practice in action: Bridging clinical science and intervention* (pp. 9–27). New York: Guilford Press.

Sturmey, P. (2008). *Behavioral case formulation and intervention: A functional analytic approach.* Chichester, UK: Wiley-Blackwell.

Tarrier, N., & Johnson, J. (Eds.). (2015). *Case formulation in cognitive behavior therapy: The treatment of challenging and complex cases* (2nd ed.). New York: Routledge.

Thwaites, R., Bennett-Levy, J., Davis, M., & Chaddock, A. (2014). Using self-practice and self-reflection (SP/SR) to enhance competence and meta-competence. In A. Whittington & N. Grey (Eds.), *The cognitive behavioural therapist: From theory to clinical practice* (pp. 241–254). London: Routledge.

Turkat, I. D. (Ed.). (1985). *Behavioral case formulation.* New York: Plenum Press.

Watkins, E. R. (2016). *Rumination-focused cognitive behavioral therapy for depression.* New York: Guilford Press.

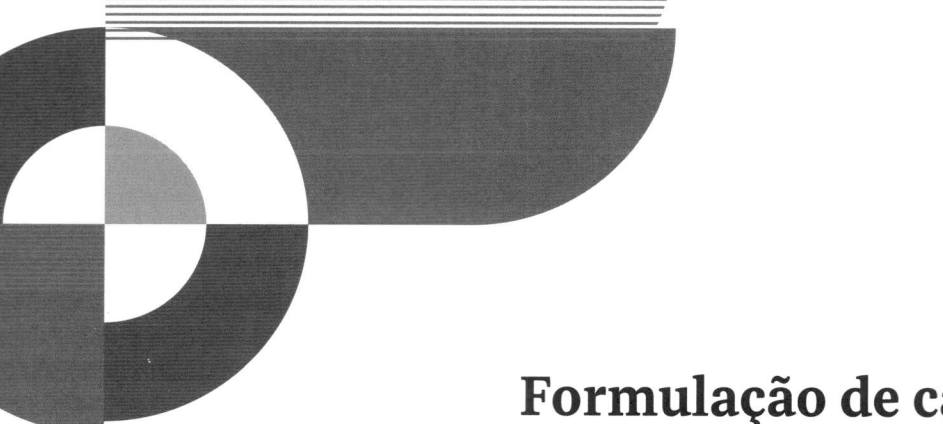

10

Formulação de casos em terapia comportamental dialética para indivíduos com comportamento suicida crônico

Nicholas L. Salsman

Indivíduos com comportamento suicida crônico sofrem imensamente, e seus comportamentos que ameaçam suas próprias vidas oferecem vários desafios às habilidades de formulação de casos dos terapeutas. Esses indivíduos, não raro, possuem múltiplos diagnósticos, sendo complicado e difícil de tratar. Os clínicos que realizam os atendimentos podem se sentir sobrecarregados pela quantidade e pela seriedade de comportamentos-problema, levando ao *burnout* e à evitação. Antes do desenvolvimento de tratamentos empiricamente sustentados, era comum que as formulações de casos para pacientes com comportamento suicida crônico, com comportamento autolesivo e com múltiplos diagnósticos sugerissem que eles eram intratáveis (Sherer, 2008).

ORIGENS HISTÓRICAS DA ABORDAGEM

Marsha Linehan, a criadora da terapia comportamental dialética (DBT), acreditava que indivíduos com múltiplos diagnósticos, que eram difíceis de tratar e que manifestavam comportamento cronicamente suicida e autolesivo, poderiam e deveriam receber tratamentos efetivos. Ela foi pioneira ao propor uma síntese de abordagens baseadas na mudança e na aceitação e reconheceu a necessidade de se formular os problemas desses indivíduos em sofrimento utilizando teorias explícitas e pesquisas para maximizar a compreensão e guiar o tratamento (Linehan, 1993, 2015). Além disso, ela percebeu que esse tratamento precisaria ser abrangente em seu alcance e oferecido por meio de uma sequência de estágios.

Desenvolvimento histórico da síntese dialética da DBT sobre aceitação e mudança

Linehan (1993) desenvolveu um tratamento para aqueles tidos por muitos como casos perdidos. Ao iniciar seu trabalho, ela reconheceu que esses indivíduos frequentemente se envolviam em comportamentos que contribuíam para o seu sofrimento, incluindo tentativas de suicídio, outras formas de autolesão, uso de substâncias, agressividade e ruminação destrutiva. Assim, Linehan começou a buscar um tratamento eficaz para tais indivíduos, concentrando-se em métodos para ajudá-los a mudar seus comportamentos problemáticos. Ela reconheceu que a terapia comportamental tinha uma fundamentação empírica robusta, tendo sido desenvolvida para facilitar a mudança de comportamento. Seguindo uma abordagem comportamental, não demorou para que ela se deparasse com problemas. O foco exclusivo na mudança levou muitos clientes a se sentirem invalidados e incompreendidos, o que manifestavam em comentários como: "Já passou pela sua cabeça que, se fosse possível mudar, eu já teria feito isso?! Você acha que eu quero ser assim?!". As experiências dos clientes de Linehan na terapia comportamental focada na mudança comumente eram marcadas por sentimentos de invalidação, o que os impedia de progredir e, às vezes, levava-os a abandonar a terapia. Linehan percebeu que, embora as intervenções baseadas em mudança fossem necessárias, elas não eram suficientes quando se estava trabalhando com clientes que tinham múltiplos diagnósticos e que apresentavam comportamentos com comportamento suicida crônico e autolesivos.

Linehan reconheceu que uma abordagem que validasse as experiências individuais de seus clientes, bem como suas emoções, era necessária para tratá-los e mantê-los em tratamento de modo efetivo. Por toda a DBT, ela incorporou princípios de aceitação das pessoas exatamente como elas são – o que modelava a validação de si mesmo. Muitos desses princípios se alinham com abordagens das quais Rogers (1959) foi pioneiro, que enfatizavam a consideração positiva incondicional e a autenticidade em seu trabalho com seus clientes.

A necessidade tanto da terapia comportamental focada na mudança quanto de uma abordagem baseada na aceitação criou um dilema. Essas duas abordagens eram, aparentemente, opostas e não pareciam se encaixar. Escolher apenas uma delas não funcionava para indivíduos com comportamento suicida crônico. Ao ponderar esse dilema, Linehan descobriu a dialética. A abordagem dialética exige buscar a verdade em posições opostas (i.e., a tese e a antítese), assim como o que está sendo deixado de lado em ambas as posições, em vez de identificar uma como a "resposta correta". Ao aplicar a dialética, no lugar de adotar uma abordagem do tipo "um ou outro", o indivíduo é chamado a adotar uma abordagem "isto e aquilo". Por meio desse processo, trabalha-se para encontrar uma síntese de posições aparentemente opostas. Linehan teorizou que o tratamento eficaz de indivíduos com comportamentos com comportamento suicida crônico demandava uma abordagem em que a mudança ocorria no contexto de uma inabalável aceitação dos clientes e do mundo exatamente como são.

Cada momento na DBT acontece através desse filtro de síntese entre aceitação e mudança.

Na DBT, a mudança é incorporada por meio de princípios da terapia comportamental (p. ex., condicionamentos operante e clássico), e a aceitação é incorporada por meio de princípios e técnicas, como a validação e a atenção plena (*mindfulness*). Embora a incorporação de princípios baseados em aceitação na terapia comportamental e cognitivo-comportamental (TCC) seja comum atualmente, isso não era comum na época do desenvolvimento da DBT. É por isso que a DBT é considerada vanguardista dentro do que, às vezes, se chama de "terceira onda das TCCs". Com a introdução da DBT, Linehan desenvolveu 10 modificações na TCC-padrão – com base no que normalmente se praticava à época:

1. Síntese de aceitação e mudança.
2. Inclusão da atenção plena como prática para terapeutas e como habilidade fundamental para os clientes.
3. Ênfase no tratamento de comportamentos, tanto do cliente quanto do terapeuta, que interferem na terapia.
4. Ênfase na relação terapêutica e na autorrevelação do terapeuta como essenciais para a terapia.
5. Ênfase nos processos dialéticos.
6. Ênfase nas etapas do tratamento e na segmentação de comportamentos conforme a gravidade e a ameaça.
7. Inclusão de protocolo específico de avaliação e gerenciamento de risco de suicídio.
8. Inclusão de habilidades comportamentais provenientes sobretudo de outras intervenções baseadas em evidências.
9. A equipe de tratamento como componente integral da terapia.
10. Foco na avaliação contínua de múltiplos desfechos por meio de cartões diários. (Linehan, 2015, p. 16)

Cada modificação desempenha um papel na formulação de casos da DBT e distingue essa abordagem de outros métodos de formulação de casos.

Desenvolvimento histórico do papel da regulação emocional na formulação de casos da DBT

Linehan (1993) desenvolveu uma teoria biossocial para equipar a DBT com um modelo para compreender de forma compassiva os clientes e guiar o tratamento. Em seu cerne está a visão de que problemas generalizados na regulação emocional levam a comportamentos suicida crônico e autolesivos. Linehan (1993) descreve as emoções como respostas intrínsecas que envolvem todo o sistema da pessoa, incluindo cognição, fisiologia e ação, que, então, interagem com o ambiente. Portanto, a DBT centra-se em ajudar os indivíduos a melhorar sua regulação emocional. Na época das primeiras pesquisas de Linehan com a DBT, exigia-se dos pesquisadores que estabelecessem um diagnóstico como foco de seu trabalho, a fim de receberem financiamento para pesquisa e desenvolvimento do tratamento. Linehan focou no diagnóstico que mais se alinhava com os indivíduos que ela queria tratar: o transtorno da personalidade *borderline* (TPB). No entanto, a teoria e os modelos conceituais da DBT se aplicam a qualquer indivíduo que tenha problemas generalizados ("pervasivos") com a regulação emocional. Linehan (2015) afirma: "A DBT foi desenvolvida originalmente para indivíduos altamente suicidas e, secundariamente, para indivíduos que se enquadravam nos critérios do TPB" (p. 5).

O desenvolvimento histórico da abordagem abrangente da DBT

A DBT é um tratamento abrangente desenvolvido para atender a cinco funções: (1) aprimorar as capacidades do cliente, (2) aumentar a motivação do cliente, (3) generalizar novos aprendizados fora da terapia, (4) estruturar o ambiente para maximizar os ganhos e (5) aprimorar as capacidades e motivação dos terapeutas para oferecerem tratamentos efetivos (Linehan, 2015). Para abordar essas funções, a DBT incorpora quatro modos de tratamento: (1) terapia individual semanal, (2) um encontro semanal adicional para o treinamento de habilidades, geralmente ministrado em formato de grupo, (3) *coaching* telefônico conforme necessário e (4) uma reunião semanal da equipe de consultoria para os fornecedores de DBT. Além disso, os terapeutas da DBT usam estratégias de gerenciamento de casos e podem envolver membros da família dos clientes para ajudar na estruturação do ambiente.

MODELO CONCEITUAL

Koerner (2007) descreveu como a DBT enfatiza a formulação de casos do TPB utilizando cinco elementos. Aos cinco elementos descritos por Koerner, este capítulo acrescenta dois, para uso quando os terapeutas estiverem, principalmente, direcionando para o comportamento suicida. Os sete elementos são: (1) a teoria biossocial, (2) os estágios e os alvos de tratamento, (3) o enfoque do comportamento suicida, (4) os pressupostos do tratamento, (5) princípios de aprendizagem e terapia comportamental, (6) uma orientação dialética para a mudança e (7) dilemas dialéticos como alvos secundários de mudança (ver Figura 10.1).

A teoria biossocial como modelo causal na DBT

As dificuldades generalizadas na regulação emocional que alimentam condutas com comportamento suicida crônico e autolesivas são teorizadas como sendo causadas pela interação entre fatores ambientais e biológicos durante um período crítico de desenvolvimento na vida de um indivíduo (Linehan, 1993, 2015). Esses fatores causais são:

Elementos do modelo conceitual da DBT	Passos da formulação de casos em DBT
1. A teoria biossocial	1. Coletar história pregressa enquadrada pela teoria biossocial
2. Estágios e alvos do tratamento 3. Enfoque do comportamento suicida utilizando um modelo sociocomportamental	2. Conceitualizar o estágio adequado de tratamento 3. Identificar e priorizar os principais comportamentos-alvo
4. Os pressupostos da DBT	4. Construir uma compreensão colaborativa de objetivos
5. Aprendizagem de princípios e da terapia comportamental como uma ciência da mudança 6. Orientação dialética para a mudança	5. Avaliar as variáveis de controle de comportamentos problemáticos por meio da análise comportamental em cadeia 6. Criar e implementar soluções por meio da análise de soluções
7. Dilemas dialéticos como alvos secundários	7. Avaliar e tratar alvos secundários

8. Medir o progresso
9. Reformular com base em *feedbacks*

FIGURA 10.1 Alinhamento do corpo conceitual da DBT e passos da formulação de casos em DBT.

(1) vulnerabilidade emocional com base biológica, (2) ambiente social invalidante e (3) natureza transacional da relação entre o indivíduo e o ambiente.

A teoria biossocial indica que os indivíduos que desenvolvem suicidalidade crônica com desregulação emocional generalizada têm diversas características biológicas preexistentes: alta sensibilidade a estímulos que evocam emoções; um grau elevado de afeto muito negativo; retorno lento aos níveis basais de ativação emocional; e impulsividade (Crowell, Beauchaine, & Linehan, 2009). Muitos elementos dessas características nem sempre são patológicos e podem funcionar de forma adaptativa. Alguém com sensibilidade emocional, por exemplo, é capaz de perceber sinais emocionais sutis que os outros não percebem. No entanto, problemas significativos na desregulação emocional surgem quando a vulnerabilidade de base biológica de um indivíduo interage com um ambiente invalidante.

Um ambiente invalidante é aquele que rejeita a expressão das experiências internas de uma pessoa, reforça emoções crescentes e simplifica demais a resolução de problemas. Tais respostas inibem o desenvolvimento da confiança e a capacidade de uma pessoa descrever experiências emocionais, tolerar o sofrimento, validar a si mesma e regular emoções. Com isso, os indivíduos expostos a ambientes invalidantes invalidam a si mesmos ativamente, passam por períodos de supressão e explosão emocionais e adotam padrões punitivos e perfeccionistas para si e para os outros. Linehan (1993, 2015) descreveu três ambientes familiares invalidantes (embora os cuidadores possam não ter a intenção de invalidar): a família "perfeita", a família "normal" e a família "desorganizada e caótica". Na primeira, a expressão do afeto negativo não é tolerada. Na segunda, um membro da família tem características emocionais diferentes do resto da família, então o que funciona para outros membros não funciona para o membro diferente da família. Na terceira, as experiências de um indivíduo com os cuidadores envolvem considerável negligência e maus-tratos. A invalidação também pode ocorrer fora do ambiente familiar. Por exemplo, mensagens sociais (p. ex., "emoção é sinal de fraqueza") ou *bullying* crônico na escola podem invalidar as experiências emocionais de uma pessoa. Independentemente da fonte, uma história de experiências traumáticas na infância associa-se à desregulação emocional generalizada na idade adulta (p. ex., Wagner & Linehan, 1994; Zanarini, Frankenburt, Reich, Hennen, & Silk, 2005). No entanto, a invalidação por si só não gera a desregulação emocional generalizada.

O terceiro componente da teoria, a relação transacional entre ambiente e biologia, oferece uma perspectiva desenvolvimental de como esses elementos criam a desregulação emocional crônica. O tempo é um elemento necessário para que uma pessoa desenvolva a desregulação emocional generalizada. Ao longo do tempo, uma pessoa com vulnerabilidades emocionais de base biológica vai sendo invalidada, e tal invalidação aumenta as vulnerabilidades da pessoa. À medida que a pessoa se torna mais vulnerável, o ambiente intensifica sua invalidação, e assim por diante, em um ciclo vicioso transacional.

À medida que a desregulação emocional aumenta, o sofrimento também aumenta, a esperança de que as coisas melhorem se evapora, e a autolesão e a suicidalidade aparecem como soluções viáveis para o sofrimento.

A transação conceitualizada pela teoria biossocial leva à desregulação em cinco esferas: emoções (i.e., labilidade emocional, problemas com a raiva); vida interpessoal (relacionamentos caóticos, medos de abandono); autoconceito (sensação de vazio, perturbações na autoidentidade); comportamento (comportamentos suicidas, autolesão, comportamento impulsivo); e cognição (pensamento rígido, dissociação). A DBT visa a melhorias nessas áreas por meio do ensino de quatro conjuntos de habilidades comportamentais: (1) regulação emocional, (2) efetividade interpessoal, (3) tolerância ao mal-estar e (4) habilidades centrais de atenção plena (*mindfulness*).

Estágios e alvos do tratamento em DBT

Os terapeutas da DBT conceitualizam os indivíduos com base em seu estágio de tratamento e, nos estágios, comportamentos que são priorizados como alvos. O estágio do tratamento pode ser pensado como a rodovia que o terapeuta e o cliente estão percorrendo, e os alvos são as pistas de cada rodovia. Só se muda de rodovia após se completar a distância necessária nessa estrada, já a mudança de pista, em qualquer rodovia específica, é feita momento a momento, com base nas circunstâncias atuais.

A DBT é oferecida em quatro estágios, mais um estágio de pré-tratamento, cada um com foco estrategicamente direcionado (Linehan, 1993, 2015). Grande parte das pesquisas e dos escritos sobre DBT concentra-se no pré-tratamento e no Estágio 1, que costumam ser os estágios concluídos durante os primeiros seis meses a um ano contratados de terapia. No estágio de pré-tratamento, os alvos são a orientação para o tratamento e o compromisso com a DBT. O clínico da DBT e o cliente avaliam os objetivos e os problemas do cliente e começam a desenvolver uma aliança colaborativa e a formulação de caso necessária para orientar as intervenções. O cliente e o clínico concordam em "cocapitanear" o "navio", que é o tratamento. Uma vez que o cliente e o clínico tenham alcançado uma orientação e compromisso suficientes, o tratamento avança para o Estágio 1, que se concentra em ajudar o cliente a passar do descontrole comportamental para o controle comportamental. Linehan (1993) descreve como os clínicos utilizam uma hierarquia de alvos para organizar e priorizar o comportamento do cliente. No tratamento individual da DBT no Estágio 1, o comportamento do cliente é categorizado e priorizado em quatro alvos: (1) diminuir comportamentos que ameaçam a vida (p. ex., comportamentos suicidas, homicidas e autolesivos intencionais); (2) diminuir comportamentos que interferem na terapia (i.e., comportamentos do cliente ou do terapeuta que impedem o progresso na terapia, como falta de comparecimento, atrasos ou falta de conclusão de tarefas de casa); (3) diminuir comportamentos que interferem na qualidade de vida (p. ex., problemas de uso de substâncias, comportamentos disfuncionais na escola ou no trabalho, comportamentos relacionados a diagnósticos de saúde mental); e (4) aumentar habilidades comportamentais. Para o tratamento de comportamentos que ameaçam a vida, a DBT utiliza o Protocolo de Avaliação e Manejo de Risco de Linehan (LRAMP, do inglês Linehan Risk Assessment and Management Protocol; Linehan, 2009; Linehan, Comtois, & Ward-Ciesielski, 2012). No treinamento de habilidades da DBT no Estágio 1, três alvos hierárquicos guiam os líderes de grupo: (1) interromper comportamentos que destroem a terapia (p. ex., atos de violência em grupo); (2) aumentar a aprendizagem de habilidades (i.e., aquisição de conhecimento, fortalecimento de habilidades e generalização de habilidades); e (3) diminuir comportamentos que interferem na terapia. Os comportamentos que interferem na terapia devem ser abordados apenas se, ao fazê-lo, não se prejudique a aprendizagem de habilidades. No *coaching* telefônico da DBT, no Estágio 1, três alvos hierárquicos guiam o terapeuta individual em sua intervenção telefônica: (1) diminuir comportamentos de uma crise suicida, (2) aumentar a generalização de habilidades e (3) diminuir os sentimentos de alienação, de conflito ou de afastamento do terapeuta que o cliente possa estar experimentando. Os alvos fornecem, assim, um conjunto de filtros para manter as intervenções focadas no Estágio 1 da DBT.

Após o controle comportamental ser alcançado no Estágio 1, terapeuta e cliente "trocam de rodovia", embora os objetivos dos estágios posteriores possam ou não ser alcançados no contexto da DBT. No Estágio 2, os terapeutas da DBT se concentram em ajudar os clientes a passarem de um estado de "desespero silencioso" para um estado no qual que as emoções são experimentadas mais livremente. No contexto da DBT, o transtorno de estresse pós-traumático (TEPT) já foi, por vezes, conceitualizado como um transtorno de "desespero silencioso". Diversos estudos recentes demonstraram a efetividade da DBT para indivíduos com TEPT, muitos dos quais lutam contra a suicidalidade e a autolesão (p. ex., Harned, Korslund, & Linehan, 2014; Steil, Dyer, Priebe, Kleindienst, & Bohus, 2011). No Estágio 3, os terapeutas se concentram em abordar problemas de vida, como outros transtornos residuais leves, problemas psicossociais, objetivos de vida e aumento da autoestima. No Estágio 4, os terapeutas se concentram em propiciar a passagem dos clientes de estados de incompletude para estados de liberdade, e em construir uma capacidade consistente para alegria. Assim, a estrutura abrangente e os estágios da DBT criam um corpo conceitual para entender e tratar de forma eficaz indivíduos com suicidalidade e autolesão crônicas.

Enfoque do comportamento suicida utilizando um modelo sociocomportamental

Um fator importante que contribui para o descontrole comportamental é a suicidalidade, que Linehan (2015) descreve como "uma resposta ao sofrimento emocional insuportável" (p. 5). Portanto, os terapeutas da DBT conceitualizam comportamentos suicidas e autolesivos como tentativas de resolver problemas. Linehan (1981, 1993) propôs um modelo sociocomportamental que descreve como fatores ambientais se combinam com fatores pessoais (incluindo fatores demográficos estáveis e fatores comportamentais flutuantes) para produzir o comportamento suicida. Os fatores ambientais incluem mudanças críticas de vida, baixo apoio social, exemplos de suicídio no ambiente e consequências dos comportamentos suicidas. No mundo interior de cada indivíduo, os fatores demográficos estáveis considerados incluem idade, raça e sexo. Os fatores comportamentais flutuantes incluem cognição (p. ex., ideação suicida), fisiologia e afeto (p. ex., emoções como vergonha) e fatores motores manifestos (p. ex., ações suicidas e autolesão não suicida [NSSI, do inglês *nonsuicidal self-injury*]). O LRAMP (Linehan, 2009; Linehan et al., 2012) é uma ferramenta usada para avaliar o comportamento suicida, o risco de suicídio, os fatores de proteção e a NSSI, no início do tratamento e durante o tratamento, se um cliente se envolver em comportamento suicida ou NSSI, ou quando os fatores de risco aumentam.

Os pressupostos da DBT

Indivíduos com suicidalidade crônica, comportamentos autolesivos e desregulação emocional generalizada normalmente são alvos de estigma e de julgamento. Para combater tal problema, Linehan (1993, 2015) propôs nove pressupostos para guiar a compreensão e as intervenções da DBT – todos baseados em princípios de validação e de aceitação, norteados por: "avalie, não suponha".

Os dois primeiros pressupostos são que as pessoas "estão fazendo o melhor que podem" para viver vidas que valham a pena, e que elas "querem melhorar" (Linehan, 1993,

p. 106). Esses pressupostos ajudam os clínicos a evitarem armadilhas, como a suposição de que algumas pessoas não desejam se sentir melhor. O terceiro pressuposto é "descobrir e mudar as causas do comportamento é um plano melhor do que julgar e culpabilizar" (Linehan, 2015, p. 53). Isso é um apelo para que sejam evitadas conceitualizações invalidantes e, em vez disso, sejam utilizadas formulações de casos baseadas em dados, a fim de ajudar os clientes a alcançarem seus objetivos.

Três pressupostos orientam os modos possíveis de os clínicos ajudarem seus clientes a alcançarem objetivos: as pessoas "precisam se comportar melhor, tentar mais e estar mais motivadas a mudarem"; as pessoas "podem não ter causado todos os seus próprios problemas, mas, mesmo assim, elas precisam resolvê-los"; e as pessoas "devem aprender novos comportamentos em todos os contextos relevantes" (Linehan, 1993, p. 106). Tais pressupostos orientam de maneira direta os clínicos em sua abordagem de problemas e para que ajudem seus clientes por meio da motivação e da generalização de novos aprendizados.

Um sétimo pressuposto é que os clientes "não podem fracassar na terapia" (Linehan, 1993, p. 108), embora os clínicos possam fracassar, e a DBT, como tratamento, também possa falhar, mesmo quando os clínicos não falharam. Essas ideias eliminam a tentação de culpar os clientes pelo fracasso do tratamento. De modo semelhante ao tratamento do câncer, é injusto atribuir o fracasso aos clientes. Mesmo que o tratamento seja difícil e os clientes nem sempre adiram a ele, os clínicos são instigados a se esforçarem ao máximo, com prudência, para fazer o tratamento funcionar e para motivar a adesão dos clientes. Uma vez que não culpam os clientes, esses pressupostos mantêm o foco na melhoria do desempenho do clínico e na efetividade do tratamento.

Dois pressupostos adicionais facilitam a compreensão dos problemas e dos objetivos dos clientes da DBT, além das maneiras de apoiar e servir a todos os envolvidos no tratamento. Um desses é que "as vidas de indivíduos suicidas e *borderline* são insuportáveis em seu estado atual" (Linehan, 1993, p. 107). Ao formular os objetivos do tratamento de um cliente, um clínico avalia e planeja, visando ajudar o cliente a construir uma vida que valha a pena ser vivida. O último pressuposto é que "os terapeutas que tratam pacientes *borderline* precisam de apoio" (Linehan, 1993, p. 106). Esse pressuposto aponta para a necessidade de equipe de consultoria terapêutica para dar suporte à motivação do terapeuta.

Aprendizagem de princípios e da terapia comportamental como uma ciência da mudança

A terapia comportamental emprega três processos de aprendizagem: condicionamento clássico, condicionamento operante e aprendizagem observacional. O condicionamento clássico envolve a associação de dois estímulos, um incondicionado e um condicionado, o que faz ambos produzirem a mesma resposta (i.e., resposta condicionada e incondicionada). Por exemplo, um soldado pode vivenciar um trauma em combate ao ouvir uma bomba explodindo (i.e., o estímulo incondicionado), o que prevê danos traumáticos nele próprio e nos outros (i.e., o estímulo incondicionado que naturalmente produz uma resposta incondicionada de pânico e terror). No entanto, esse poderoso processo de aprendizagem pode criar uma associação entre sons de explosão (i.e., o estímulo condicionado) e pânico/terror (i.e., a resposta condicionada) no futuro, quando até sons de explosões inofensivas (p. ex., nos casos de fogos de artifício ou de motores de carro à combustão) produzirão a resposta condicionada de pânico e terror. O condicionamento operante envolve aprender com as consequências que se seguem ao comportamento. O reforço é uma consequência que aumenta a probabilidade de repetição de um comportamento; a punição é uma consequência que diminui tal probabilidade. Por exemplo, cortar-se pode ser reforçado quando a pessoa se sente mais calma imediatamente depois. Por fim, a aprendizagem observacional envolve imitar o comportamento observado em outras pessoas que servem de modelos. Por exemplo, as representações midiáticas de suicídio precipitam, com frequência, aumentos na suicidalidade (p. ex., Cheng, Hawton, Lee, & Chen, 2007). Cada um desses processos de aprendizagem é utilizado na avaliação e na conceitualização de clientes na DBT.

Os terapeutas da DBT usam esses três processos para avaliar como as ações dos clientes, incluindo comportamentos suicidas, são aprendidas e mantidas. As técnicas e os componentes de uma análise comportamental em cadeia (descrita mais à frente neste capítulo) podem ser utilizadas para se desenvolver uma sequência de variáveis críticas que levam a determinado comportamento, bem como às consequências. Compreender comportamentos problemáticos não costuma ser suficiente para promover mudanças, de modo que os terapeutas da DBT utilizam estratégias de análise de solução para facilitar a mudança. A análise de solução utiliza treinamento de habilidades, exposição, manejo de contingências e modificação cognitiva para desenvolver e implementar soluções para as variáveis que contribuem de forma causal e explicam a presença de comportamentos problemáticos, também conhecidas como variáveis de controle. As soluções geradas são direcionadas para abordar as principais variáveis de controle.

Orientação dialética para a mudança

Linehan (1993) descreveu três características de uma visão de mundo dialética, a primeira das quais é a inter-relação e a totalidade. Essa característica é crucial na formulação de casos, pois o comportamento é mais bem-compreendido no contexto de fatores inter-relacionados. Segundo Linehan (1993), uma orientação dialética "considera que o funcionamento individual e as condições ambientais são mútua e continuamente interativos, recíprocos e interdependentes. Na teoria da aprendizagem social, este é o princípio do 'determinismo recíproco': o ambiente e o indivíduo se adaptam e influenciam um ao outro" (p. 39).

A segunda característica de uma visão de mundo dialética é o princípio da polaridade. Koerner (2007, p. 330) escreveu: "Considera-se que um 'todo' é uma relação de 'partes' heterogêneas polarizadas ('tese' e 'antítese') das quais surge uma nova 'síntese' de 'partes' e, assim, um novo 'todo'". Uma polaridade dialética pode surgir ao se examinar a autolesão (p. ex., cortes). Embora a autolesão crie problemas (i.e., a tese; Hooley & Franklin, 2018), os clínicos que forçam tal visão sobre seus clientes podem descobrir que os últimos ficam ainda mais enraizados na posição oposta de que a autolesão resolve problemas (i.e., a antítese). Na verdade, evidências apoiam a visão de alguns clientes de que a autolesão resolve problemas em curto prazo ao proporcionar uma experiência calmante em momentos de crise (p. ex., Reitz et al., 2015). É como jogar cabo de guerra: você puxa sua extremidade da corda, e o cliente puxa com mais força do outro lado. Uma orientação dialética para a mudança sugere que, quando os indivíduos estão em cabo de guerra, eles devem parar de puxar, soltar a corda, ver o mundo do outro lado, reconhecer a verdade em ambas as posições e, depois, procurar o que está sendo ignorado por ambos os lados. Por meio desse processo, pode-se encontrar uma síntese. No caso da autolesão, o que está sendo ignorado de ambos os lados é que existem maneiras de se sentir melhor quando se está experimentando uma dor emocional intensa que não traz as consequências problemáticas da autolesão. Por exemplo, um cliente pode usar uma habilidade da DBT de sobrevivência a crises para experimentar um alívio fisiológico em momentos de grande aflição. Ao reconhecer a verdade de que a autolesão, ao mesmo tempo, resolve e cria problemas, a pessoa estará mais capacitada para entender a realidade como ela é e para abordar o que é necessário na situação.

A terceira característica de uma visão de mundo dialética é o princípio da mudança contínua. Como as coisas estão sempre mudando, os terapeutas da DBT tentam evitar cair em armadilhas estagnantes. Embora algo possa ser uma síntese em um momento, é provável que não permaneça uma síntese para sempre. Ao contrário, a coisa se torna uma nova tese, da qual uma antítese pode surgir no futuro, criando assim uma outra tensão dialética. A formulação de casos é um processo contínuo ao longo do tratamento.

Dilemas dialéticos como alvos secundários: possíveis obstáculos ao tratamento bem-sucedido

Linehan (1993, 2015) descreveu padrões comportamentais de indivíduos com uma desregulação emocional que pode atrapalhar o progresso relacionado aos alvos primários da DBT. Esses dilemas dialéticos são organizados em pares, sendo cada termo a descrição de uma das duas extremidades do espectro do padrão comportamental. Uma extremidade do espectro surge da predisposição biológica de um indivíduo à emotividade, e a outra extremidade surge a partir do que foi aprendido do ambiente de invalidação. Dilemas dialéticos são conhecidos como alvos secundários porque bloqueiam o progresso dos alvos primários. Os clínicos da DBT ajudam os clientes a se afastarem dos comportamentos nas extremidades distantes desses dilemas dialéticos e, de maneira oposta, a encontrarem uma síntese de novos comportamentos no caminho do meio.

Competência aparente e passividade ativa

A competência aparente e a passividade ativa são padrões comportamentais que funcionam para lidar com a vergonha. A competência aparente inclui apresentar-se como alguém que está lidando com os problemas na própria vida sem a necessidade de ser ajudado. Consequentemente, os outros são mantidos à distância. A passividade ativa consiste na pessoa interagir com o mundo de modo a comunicar que ela não dá conta dos problemas da vida. Como resultado, os outros intervêm e tentam assumir o controle da vida da pessoa.

Luto inibido e crise implacável

O luto inibido e a crise implacável são tentativas exageradas de gerenciar a dor pervasiva. O luto inibido envolve suprimir experiências dolorosas, já a crise implacável é caracterizada pelo esgotamento e pela falta de recuperação de um fluxo consistente de eventos dolorosos.

Autoinvalidação e vulnerabilidade emocional

A autoinvalidação e a vulnerabilidade emocional levam um indivíduo a focar na culpa e a ficar preso na fonte de seus problemas. A autoinvalidação é caracterizada por autocrítica e pela falta de autocompaixão. A vulnerabilidade emocional envolve o sentimento de que as próprias emoções não são compreendidas pelos outros. Consequentemente, o indivíduo foca na injustiça do mundo e na sua indiferença à imensa dor da pessoa.

Dilemas dialéticos adolescentes

Quando a DBT foi desenvolvida para adolescentes suicidas, Miller, Rathus e Linehan (2007) identificaram alguns dilemas dialéticos adicionais que operam no ambiente de cuidado e que interferem no progresso do tratamento. Esses pares incluem controle autoritário *versus* leniência excessiva, fomento da dependência *versus* imposição de autonomia e patologização de comportamentos normais *versus* normalização de comportamentos patológicos. O objetivo de se conceitualizar esses dilemas dialéticos é encontrar uma síntese que represente um caminho do meio entre os polos desses dilemas.

CONSIDERAÇÕES MULTICULTURAIS

A abordagem dialética é um chamado a compreender diversas pessoas a partir de suas próprias perspectivas e a ajudá-las a mudar no contexto completo de seu ambiente, que, para as pessoas marginalizadas, pode ser opressor e invalidante. A DBT possui uma base de evidências crescente indicando sua efetividade com indivíduos diversos. Fuchs, Lee, Roemer e Orsillo (2013) conduziram uma metanálise de intervenções baseadas em atenção plena e aceitação realizadas com populações diversas sem muito suporte psicossocial, marginalizadas e/ou que, com frequência, não são incluídas em estudos de desfecho. Eles selecionaram estudos que recrutaram, de maneira específica, indivíduos com deficiências físicas, de baixa renda, mais velhos, encarcerados, não heterossexuais, que não falavam inglês como primeira língua e/ou que não eram brancos ou europeus-americanos. Entre os 35 estudos selecionados, 13 eram estudos de DBT. Na metanálise, eles encontraram um tamanho de efeito médio geral (i.e., g de Hedges = 0,67), demonstrando a efetividade dessas intervenções com diferentes indivíduos.

A DBT tem sido aplicada a indivíduos com diferenças em relação a nacionalidade, raça, religião, gênero, idade, condição de veterano militar e de deficiente. Já foram conduzidos estudos em DBT com indivíduos de diversos países ocidentais, incluindo Estados Unidos (p. ex., Linehan, Comtois, Murray, et al., 2006), Holanda (p. ex., van den Bosch, Verheul, Schippers, & van den Brink, 2002), Canadá (p. ex., Courbasson, Nishikawa, & Dixon, 2012) e Espanha (p. ex., Navarro-Haro, 2018), bem como países não ocidentais, incluindo Nepal (Ramaiya, Fiorillo, Regmi, Robins, & Kohrt, 2017), Egito (p. ex., Abdelkarim, Molokhia, Rady, & Ivanoff, 2017), Israel (p. ex., Rabinovitz & Nagar, 2018) e Irã (p. ex., Azizi, Borjali, & Golzari, 2010). Esses estudos destacam como a DBT foi aplicada de forma eficaz a indivíduos de muitos contextos raciais, étnicos e religiosos distintos. Muitos estudos de DBT demonstraram efetividade com mulheres (p. ex., Linehan, Comtois, Murray, et al., 2006) e homens (p. ex., Linehan, Lynch, Harned, Korslund, & Rosenthal, 2009), bem como indivíduos transgêneros e de gênero não conforme (Sloan, Berke, & Shipherd, 2017). Embora a DBT tenha sido originalmente desenvolvida para adultos, ensaios clínicos randomizados subsequentes demonstraram efetividade para adultos mais velhos (p. ex., Lynch, Morse, Mendelson, & Robins, 2003), adolescentes (p. ex., McCauley et al., 2018) e crianças de 7 a 12 anos (p. ex., Perepletchikova et al., 2017). Alguns estudos em DBT, incluindo ensaios clínicos randomizados (ECRs), têm demonstrado a efetividade da DBT com veteranos (p. ex., Koons et al., 2001) e indivíduos com deficiência (p. ex., Koons et al., 2006; Landes, Chalker, & Comtois, 2016). Portanto, a evidência da aplicabilidade de tal terapia com populações diversas é promissora.

Na formulação de casos e execução do tratamento, a DBT demanda que os terapeutas pratiquem competência cultural, humildade e reconhecimento de sua falibilidade. Para clientes com comportamento suicida crônico, o terapeuta avalia como raça, gênero, idade e outros elementos da identidade de uma pessoa podem influenciar os comportamentos do cliente, inclusive como fatores de risco empiricamente comprovados para comportamentos suicidas. A validação demanda do terapeuta que este compreenda a singularidade do indivíduo, e a competência cultural facilita a compreensão. Os terapeutas da DBT, reconhecendo sua própria falibilidade, seus preconceitos e sua ignorância, devem trabalhar de maneira contínua fora das sessões para aumentar sua competência cultural e não depender de seus clientes para educá-los sobre seus aspectos de diversidade. Além disso, os terapeutas da DBT devem avaliar e estar atentos a como os fatores de identidade multicultural do terapeuta influenciam os comportamentos do cliente. Elementos estruturais específicos da DBT ajudam os terapeutas a aumentarem a efetividade com indivíduos diversos. Um papel da equipe de consultoria da DBT é ajudar um terapeuta a prestar atenção e entender perspectivas diversas e suas próprias lacunas de conhecimento. Além disso, a abordagem da DBT para entender o comportamento, por meio de ferramentas como análises em cadeia, é avaliar, e não supor, o que incentiva os terapeutas a entenderem a instância individual de um comportamento e se afastar dos preconceitos. Em resumo, a estrutura da DBT é flexível na aplicação de princípios a clientes únicos, ao mesmo tempo em que exige ativamente que os terapeutas trabalhem de modo contínuo para avaliar e melhorar sua compreensão dos fatores multiculturais de cada indivíduo.

EVIDÊNCIAS A FAVOR DO MÉTODO

A DBT foi estudada em mais de 30 ECRs e inúmeros ensaios não randomizados. Ela consistentemente tem se mostrado um tratamento eficaz para a redução do comportamento suicida, da NSSI e de outros desfechos (Linehan, 2015). Esses ensaios incluem um em que a DBT foi comparada ao tratamento comunitário por especialistas (não comportamentais) (CTBE, do inglês *community treatment by [nonbehavioral] experts*) para o tratamento de comportamentos suicidas de indivíduos com TPB (Linehan, Comtois, Murray, et al., 2006). A condição CTBE foi criada para ter um tratamento de comparação rigoroso que deveria ser equivalente ou melhor em comparação à DBT em fatores terapêuticos, incluindo treinamento, perícia, experiência, disponibilidade para os clientes, disponibilidade de consulta com outros terapeutas e prestígio da instituição. O estudo mostrou que os clientes tratados na condição DBT tiveram metade da taxa de tentativas de suicídio daqueles na CTBE. Além disso, os clientes na DBT apresentaram risco médico significativamente menor de autolesão, menos hospitalizações por ideação suicida e hospitalizações psiquiátricas, e taxas mais baixas de abandono e visitas ao pronto-socorro psiquiátrico. Devido ao rigor da condição de comparação, além do fato de o principal desfecho ter sido a tentativa real de suicídio (*versus* a ideação), esse estudo se destaca como um exemplo da efetividade da DBT para comportamentos suicidas. Ainda, embora a DBT seja um tratamento intensivo em recursos, evidências significativas mostraram que ela tem um bom custo-benefício (p. ex., Brettschneider, Riedel-Heller, & König, 2014; Linehan & Heard, 1999; Meuldijk, McCarthy, Bourke, & Grenyer, 2014; Murphy, Bourke, Flynn, Kells, & Joyce, 2019).

Embora grande parte da pesquisa sobre a referida terapia tenha começado com um foco na DBT abrangente por um ano com adultos com comportamentos suicidas e diagnóstico de TPB, atendidos em ambiente ambulatorial, pesquisas subsequentes examinaram adaptações da DBT. Rizvi, Monroe-DeVita e Dimeff (2007) descrevem resultados significativos encontrados consistentemente em várias adaptações, incluindo a indivíduos com TPB e uso de substâncias ou transtornos alimentares, com adolescentes ou casais e famílias, e em unidades ou ambientes forenses. Como já descrito, os pesquisadores demonstraram a efetividade da DBT para populações diversas. Vários estudos demonstraram que seis meses de DBT podem ser eficazes para o tratamento de indivíduos com comportamentos suicidas (p. ex., Carter, Willcox, Lewin, Conrad, & Bendit, 2010; Koons et al., 2001). Além disso, inúmeros estudos indicaram que alguns indivíduos com comportamentos suicidas podem ser tratados de maneira eficaz com o treinamento de habilidades da DBT fora do contexto de terapia abrangente, ou seja, sem terapia individual (p. ex., Linehan et al., 2015; McMain, Guimond, Barnhart, Habinski, & Streiner, 2017). Embora essas adaptações possam alterar a estrutura do tratamento, o mesmo sistema e as mesmas etapas da formulação de casos da DBT ainda se aplicam.

Vários estudos demonstraram que elementos do corpo conceitual contribuem de forma significativa para a efetividade da DBT. Linehan et al. (2015) demonstraram que ensinar habilidades da DBT para indivíduos com comportamentos suicidas leva a melhorias significativas, apoiando o componente de déficit de habilidades da teoria biossocial. Diversos estudos apontam para a importância do tratamento direcionado especificamente para comportamentos suicidas (McMain et al., 2009) e para o uso de habilidades, a fim de evitar a hospitalização durante crises suicidas (Coyle, Shaver, & Linehan, 2018). Bedics, Atkins, Comtois e Linehan (2012) examinaram o processo de mudança intrapsíquica na DBT em comparação com a CTBE. Eles descobriram que aqueles na DBT tiveram aumentos significativamente maiores na medida de afiliação introjetada (i.e., amor-próprio) da Análise Estrutural do Comportamento Social (*Structural Analysis of Social Behavior*; Benjamin, 1974). O corpo conceitual da DBT tem, assim, fundamentação empírica, guiando as etapas posteriores da formulação de casos em DBT.

PASSO A PASSO DA FORMULAÇÃO DE CASOS

Os passos da formulação de casos da DBT para indivíduos com comportamento cronicamente suicida derivam do corpo conceitual de tal terapia. A Figura 10.1 identifica como o corpo conceitual se alinha com os passos. Os nove passos são: (1) coletar história pregressa enquadrada pela teoria biossocial, (2) determinar o estágio do tratamento, (3) identificar comportamentos-alvo primários, (4) construir uma compreensão colaborativa de objetivos, (5) avaliar as variáveis de controle dos problemas por meio da análise em cadeia, (6) gerar soluções por meio da análise de soluções, (7) avaliar e tratar os alvos secundários, (8) medir o progresso e (9) reformular com base em *feedbacks*. Embora eles sejam apresentados como passos separados e sequenciais, não é necessário que sejam completados nessa ordem.

Passo 1: coletar história pregressa enquadrada pela teoria biossocial

A coleta da história pregressa é enquadrada pela teoria biossocial e envolve a aquisição de informações que auxiliam na formulação durante os passos subsequentes. Os problemas apresentados pelo cliente e a história recente são utilizados para se identificar os objetivos e os alvos de tratamento. Para indivíduos com comportamento cronicamente suicida, a avaliação da história de comportamentos suicidas é essencial.

Linehan, Comtois, Brown, Heard e Wagner (2006) desenvolveram a Entrevista de Tentativa de Suicídio e de Autolesão (SASII, do inglês Suicide Attempt Self-Injury Interview) para esse fim. As informações desenvolvimentais servem para avaliar a predisposição do indivíduo a alta emotividade, experiências de invalidação no ambiente e a transação entre os dois. Essas informações ajudam a determinar se os problemas do cliente se originam e são impulsionados por dificuldades generalizadas na regulação emocional. Para esse tipo de avaliação, Linehan criou uma Entrevista de História Social (SHI, do inglês Social History Interview), que combina a Escala de Adaptação Social – Autorrelato (Social Adjustment Scale – Self-Report; Weissman & Bothwell, 1976) e o Inventário de Avaliação de Base de Intervalo Longitudinal e de *Follow-Up* (Longitudinal Interval Follow-Up Evaluation Base Schedule; Keller et al., 1987). Além disso, fatores demográficos (p. ex., sexo, raça, idade) são considerados como preditores de comportamentos enfocados, incluindo comportamentos suicidas. Linehan (1982) desenvolveu a Escala de Dados Demográficos (DDS, do inglês Demographic Date Scale) para esse fim. A avaliação diagnóstica pode ser guiada por medidas e entrevistas padronizadas, como a Entrevista Clínica Estruturada para os Transtornos do DSM-5[1] (First, Williams, Karg, & Spitzer, 2016). Uma característica marcante da conclusão do Passo 1 é a existência de informações suficientes para se determinar se a DBT pode ser adequada para o indivíduo. Linehan disponibilizou publicamente a SASII, a SHI e a DDS em: *http://depts. washington.edu/uwbrtc/resources/assessment-instruments*.

Passo 2: determinar o estágio de tratamento adequado

No Passo 2 da formulação de casos da DBT, o terapeuta trabalha de forma colaborativa com o cliente para determinar o estágio mais adequado e o ponto focal do tratamento. No pré-tratamento, o foco é garantir que tanto o cliente quanto o terapeuta entendam os objetivos e os procedimentos do tratamento e se comprometam um com o outro e com o plano de tratamento. As duplas terapêuticas avançam dessa fase quando há entendimento mútuo suficiente e compromisso com o plano de tratamento. O ponto focal do Estágio 1 da DBT tem como alvo o descontrole comportamental significativo, incluindo comportamentos suicidas, a NSSI, problemas de uso de substâncias e outros transtornos. Para muitas pessoas, o descontrole comportamental está enraizado em seu modo de vida. Uma marca de saída do Estágio 1 é que o descontrole não é mais um ponto focal importante na vida do cliente, sendo substituído pelo controle comportamental. O Estágio 2 da DBT é necessário quando um indivíduo que alcançou o controle comportamental experimenta um estado interno crônico de "desespero silencioso", no qual a dor emocional é pervasiva. Como já descrito, o diagnóstico de TEPT pode exigir o Estágio 2 da DBT para resolver traumas passados. Os indivíduos superam o Estágio 2 da DBT após trabalharem as emoções que suprimiram e quando passam a ser capazes

---

[1] N. de T. Publicado no Brasil: First, M. B., Williams, J. B. W., Karg, R. S., & Spitzer, R. L (2017). *Entrevista clínica estruturada para os transtornos do DSM-5*: SCID-5-CV versão clínica. Porto Alegre: Artmed.

de experimentar livremente uma gama completa de emoções. O foco do Estágio 3 da DBT é ajudar o cliente a resolver problemas comuns na vida, que podem incluir outros transtornos comórbidos. Uma marca de progressão neste estágio é que os clientes são capazes de experimentar flutuações ordinárias de felicidade e infelicidade, responder de forma eficaz aos eventos em suas vidas e demonstrar autoestima positiva consistente. À medida que os indivíduos avançam para experimentar felicidade e infelicidade ordinárias, eles ainda podem sentir uma sensação de incompletude, que é o ponto focal do Estágio 4. Ao trabalhar nesse estágio, os indivíduos se esforçam para experimentar uma liberação do sofrimento e uma capacidade para a alegria por meio de uma consciência expandida e de experiência máxima.

O estágio adequado do tratamento não é determinado por nenhum comportamento isolado (p. ex., em um dia com fortes impulsos suicidas), mas por um padrão de comportamento – por exemplo, descontrole comportamental marcado por múltiplas tentativas de suicídio, NSSIs consistentes, processos ruminativos de pensamento suicida e a posse de bilhetes de suicídio. Se uma pessoa em um estágio posterior tiver um deslize comportamental, retrocedendo para uma instância de um comportamento que foi abordado em um estágio anterior (p. ex., uma pessoa no Estágio 2 se corta), isso não significa necessariamente que a pessoa precise voltar ao Estágio 1 ou que nunca tenha progredido para além deste. É importante afastar-se dessas suposições e avaliar a possibilidade de que a pessoa tenha tido apenas um deslize, que foi uma divergência do plano de tratamento e que pode rapidamente retomar o curso.

Passo 3: identificar e priorizar comportamentos-alvo primários

O Passo 3 da formulação de casos da DBT envolve a avaliação histórica e continuada dos alvos primários, ou principais, do Estágio 1 da terapia individual da DBT, a começar pelos comportamentos que ameaçam a vida. Tais comportamentos são avaliados por meio da escuta da história individual do cliente com essas ações. Para incrementar essa avaliação e complementarmente à SASII, Linehan e colaboradores desenvolveram o Cálculo da Tentativa de Suicídio e da Autolesão (L-SASI, do inglês Suicide Attempt Self--Injury Count; Linehan & Comtois, 1996) e o Questionário de Comportamentos Suicidas (SBQ, do inglês Suicidal Behaviors Questionnaire; Addis & Linehan, 1989). A avaliação continuada de comportamentos que ameaçam a vida é realizada utilizando ferramentas como o LRAMP e os cartões diários da DBT (i.e., um formulário de monitoramento diário que enfoca comportamentos graves). Linehan disponibilizou publicamente o L-SASI, o SBQ, o LRAMP e os cartões diários da DBT em: *http://depts.washington.edu/uwbrtc/resources/assessment-instruments*. Os comportamentos que ameaçam a vida são priorizados com base no grau de risco representado por esses comportamentos.

Comportamentos que interferem na terapia também são avaliados nesta etapa. Eles podem ser avaliados em tempo real por meio da atenção direcionada aos comportamentos do terapeuta e do cliente (p. ex., um cliente ou terapeuta faltando a uma sessão, chegando atrasado a uma sessão) e reações (p. ex., um cliente sentindo irritação quando um terapeuta suspira em uma sessão de tratamento). Os terapeutas também podem tomar conhecimento dos comportamentos que interferem na terapia dos clientes ocorrendo em grupos de treinamento de habilidades (e outras modalidades de tratamento) durante a reunião semanal da equipe de consultoria do terapeuta. O esgotamento ("*burnout*") do terapeuta é direcionado como um comportamento que interfere na terapia, e os terapeutas usam a estrutura do tratamento, incluindo a equipe de consultoria do terapeuta, para evitar e tratar o esgotamento. Na terapia individual, o cartão diário da DBT é usado para monitorar os impulsos dos clientes de abandonar o tratamento, que podem funcionar como um comportamento que interfere na terapia. Os comportamentos que interferem na terapia são priorizados com base no grau em que inibem a efetividade do tratamento.

Comportamentos que interferem na qualidade de vida são aqueles que interferem na capacidade do cliente de ter uma vida que valha a pena ser vivida. Esses comportamentos podem incluir problemas de uso de substâncias, expressão ineficaz de raiva, dormir excessivamente durante períodos de depressão e assim por diante. Eles podem ser identificados por meio de algumas das outras etapas da formulação de casos, incluindo a coleta da história pregressa e a construção de entendimento colaborativo de objetivos. Uma vez que terapeuta e cliente tenham concordado sobre quais comportamentos estão interferindo na qualidade de vida, esses comportamentos são avaliados com o cartão diário da DBT e outras atividades de monitoramento do tratamento (p. ex., medidas rotineiras de desfecho clínico). Os comportamentos que interferem na qualidade de vida são priorizados com base na urgência dos comportamentos, na facilidade com que podem ser tratados e no grau em que estão funcionalmente relacionados a outros alvos primários.

Por fim, os terapeutas da DBT avaliam o conhecimento e o uso das habilidades comportamentais pelo cliente. De modo específico, eles avaliam a atenção plena, a regulação emocional, a efetividade interpessoal, a tolerância ao sofrimento e – especialmente para adolescentes e suas famílias – as habilidades do caminho do meio, desenvolvidas para ajudar as famílias a evitarem extremos comportamentais e que incluem dialética, validação e estratégias de mudança de comportamento. Assim como os outros comportamentos-alvo, a aquisição de conhecimento, o fortalecimento de habilidades e a generalização de habilidades são continuamente avaliados ao longo do tratamento.

Passo 4: construir uma compreensão colaborativa de objetivos

Terapeuta e cliente trabalham de forma colaborativa para estabelecer objetivos de tratamento com base nas informações coletadas nos Passos 1 a 3. Esses objetivos de tratamento devem ser específicos e definidos em termos comportamentais (p. ex., diminuição da autolesão, maior comparecimento à terapia) e devem representar objetivos abrangentes que valham a pena ser vividos (p. ex., comprar um apartamento, recuperar a custódia dos filhos, conseguir um emprego). Os pressupostos da DBT já descritos orientam a identificação de objetivos no sentido de que os objetivos são baseados em compreensão compassiva e não julgadora do cliente, na compreensão do que é necessário para se alcançar o objetivo e na construção de uma vida que valha a pena ser vivida. A importância de estabelecer objetivos em um contexto de aceitação não pode ser subestimada, pois esses objetivos e a relação terapêutica comumente são o que mantêm os clientes no tratamento, apesar das crises incessantes e do imenso sofrimento que experimentam.

Passo 5: avaliar as variáveis de controle dos comportamentos problemáticos com a análise comportamental em cadeia

Os clínicos que trabalham com a DBT utilizam a análise comportamental em cadeia para compreenderem as variáveis de controle dos comportamentos problemáticos que são enquadrados nos Passos 1 a 4. Tal análise comportamental envolve a identificação de cinco componentes temporalmente sequenciais que levaram ao comportamento-problema (p. ex., uma tentativa de suicídio): (1) vulnerabilidade para se engajar no comportamento, (2) um evento desencadeante, (3) elos que levam ao comportamento-problema, (4) o comportamento-problema e (5) as consequências decorrentes do comportamento. A avaliação desses componentes começa com a definição do comportamento-problema. Na etapa de pré-tratamento da DBT, o cliente e o terapeuta definem quais comportamentos serão enquadrados como problemas (p. ex., tentativas de suicídio). Na análise em cadeia, a díade define a topografia do comportamento-problema, ou seja, onde e quando ocorreu; quem mais, se alguém estava presente; a intensidade e a frequência do comportamento (p. ex., profundidade e número de cortes); e a duração da instância do comportamento-problema, tudo suficientemente detalhado de modo que um ator pudesse reencenar o evento. A díade avalia então o evento desencadeante para do comportamento-problema. O evento desencadeante é o "ponto de virada" que iniciou o cliente no caminho do comportamento-problema. Por exemplo, um marido tenta suicídio após o evento desencadeante de sua esposa dizer: "Eu quero o divórcio" durante uma discussão, considerando-se que ela nunca dissera isso antes. Muitas vezes, o evento desencadeante é temporalmente próximo ao comportamento-problema e fornece uma pista sobre por que o comportamento ocorreu quando ocorreu. Em seguida, a díade considera os fatores de vulnerabilidade que levaram ao evento desencadeante. Os fatores de vulnerabilidade são aqueles que aumentam a probabilidade do comportamento – por exemplo, modelos do comportamento-problema aprendidos vicariamente. Em seguida, terapeuta e cliente identificam os elos, momento a momento, na cadeia, do evento desencadeante ao comportamento-problema. Um acrônimo útil para definir esses elos é o TEASE – Pensamentos, Emoções, Ações, Sensações e Eventos ambientais (do inglês *Thoughts, Emotions, Actions, Sensations, Environmental events)*. Alguns elos podem mostrar como o condicionamento clássico elicia um comportamento. Por fim, a díade examina as consequências de curto e longo prazos do comportamento-problema. Ao fazer isso, avalia-se qual pode ser o papel da aprendizagem operante (p. ex., experimentar uma sensação de paz imediatamente após tentar suicídio).

Uma única análise em cadeia ajuda o terapeuta a entender uma única instância de um comportamento. Instâncias do mesmo comportamento-problema – por exemplo, tentativas de suicídio – podem ocorrer como resultado de uma variedade de cadeias. No entanto, análises em cadeia comportamental de múltiplas instâncias de um comportamento-problema podem revelar padrões de comportamento que levaram a ele. Tal identificação de padrões é uma parte extremamente útil da formulação de casos, pois identifica as variáveis que precisam ser enfocadas como alvos. O uso contínuo e consistente da análise em cadeia reflete a orientação dialética para a mudança na DBT. Isso permite que terapeuta e cliente respondam de forma eficaz ao que, do contrário, pareceriam eventos inexplicáveis, encontrando, assim, soluções.

Passo 6: criar e implementar soluções por meio da análise de soluções

A análise comportamental em cadeia aumenta a compreensão das variáveis de controle, mas pode não ser suficiente para promover a mudança. A mudança ocorre por meio da implementação de soluções geradas pela análise de soluções. Durante a análise de soluções, o terapeuta de DBT utiliza quatro técnicas da terapia comportamental: (1) treinamento de habilidades, (2) exposição, (3) manejo de contingências e (4) modificação cognitiva.

Cada uma dessas técnicas pode ajudar a mudar o curso em uma cadeia comportamental. Uma análise comportamental em cadeia pode revelar que uma tentativa de suicídio é precedida por um conflito interpessoal. No entanto, uma avaliação mais detalhada pode apontar para a necessidade de implementar todas as quatro estratégias. O treinamento de habilidades é utilizado quando o cliente não aprende os comportamentos necessários para produzir resultados melhores. Por exemplo, se uma tentativa de suicídio ocorre após um conflito interpessoal devido à falta de habilidades interpessoais do cliente, o terapeuta poderá implementar o treinamento de habilidades para ajudar o cliente a aprender e praticar a efetividade interpessoal. A exposição é usada quando comportamentos efetivos são bloqueados por respostas condicionadas e/ou evitação. Por exemplo, se uma tentativa de suicídio ocorrer após um conflito interpessoal que deixa o cliente com sentimentos insuportavelmente dolorosos, o terapeuta poderá implementar estratégias de exposição para ajudar o cliente a aprender a tolerar a dor emocional. O manejo de contingência é usado para regular fatores operantes de forma que comportamentos eficazes sejam reforçados em vez de punidos, e comportamentos ineficazes não sejam reforçados. Por exemplo, se uma tentativa de suicídio ocorrer após um conflito interpessoal, e o comportamento suicida for negativamente reforçado por (temporariamente) encerrar o conflito, e positivamente reforçado pela atenção e pela validação que a pessoa recebe após sua tentativa, o terapeuta poderá implementar procedimentos de manejo de contingências com o cliente. É prudente que o terapeuta tenha o cuidado de dar atenção aos comportamentos efetivos não relacionados a comportamentos suicidas e validá-los, além de evitar dar mais atenção e validação imediatamente após comportamentos suicidas. Da mesma forma, o terapeuta também pode ensinar o cliente a modelar o comportamento das pessoas no ambiente do cliente. A modificação cognitiva é usada para modificar pensamentos problemáticos que contribuem para comportamentos problemáticos ou para aumentar a probabilidade de que pensamentos eficazes, que estão ausentes na cadeia (p. ex., lembrar das desvantagens do comportamento problemático), ocorram. Por exemplo, se uma tentativa de suicídio ocorrer após um conflito interpessoal e o cliente pensar "Ele ficará melhor sem mim", o terapeuta poderá implementar estratégias de modificação cognitiva para ajudar o cliente a mudar esse pensamento (p. ex., reunindo e relembrando dados que indiquem o contrário dessa crença). Por meio do uso dessas estratégias de análise de soluções, a díade da DBT oferece novos caminhos para que futuras cadeias comportamentais produzam melhores resultados.

Após uma análise de soluções, o terapeuta talvez precise ajudar o cliente a dividir os componentes da solução proposta em pequenos passos para garantir que o cliente saiba o que fazer e tenha a melhor chance possível de aplicá-la em seu ambiente. Quando possível, é importante que o cliente pratique a solução escolhida durante a sessão – por exemplo, por meio de um jogo de papéis (p. ex., *role-play* de habilidades de efetividade interpessoal). Além disso, o terapeuta da DBT deve conseguir que o cliente se comprometa a implementar a solução escolhida e, em seguida, fortalecer o compromisso e solucionar potenciais obstáculos à implementação.

Passo 7: avaliar e tratar os alvos secundários

O Passo 7 envolve avaliar os alvos secundários nas cadeias de comportamentos-problema e depois tratá-los. O terapeuta avalia e conduz o cliente em direção aos padrões comportamentais de competência aparente, passividade ativa, luto inibido, crises implacáveis, autoinvalidação e vulnerabilidade emocional (bem como aos dilemas dialéticos adolescentes ao tratar adolescentes). Tanto o terapeuta quanto o cliente tomam medidas para aumentar a conscientização sobre esses comportamentos à medida que ocorrem e para entender como eles impedem o progresso na terapia. De modo semelhante à maneira de lidar com alvos primários, os terapeutas utilizam técnicas da terapia comportamental para ajudar os clientes a praticarem comportamentos alternativos, pertencentes ao "caminho do meio". Por exemplo, um cliente que tem pensamentos de autoinvalidação pervasivos pode aprender habilidades de atenção plena para reconhecer a autoinvalidação, afastar a atenção desses pensamentos e direcioná-la para a ação mais eficaz.

Passo 8: medir o progresso

Cliente e terapeuta avaliam se/como o progresso está ocorrendo ao recorrerem ao corpo conceitual e aos passos da formulação de casos, a fim de definirem desfechos comportamentais, que são medidos continuamente ao longo do tratamento. O terapeuta emprega ferramentas, incluindo os cartões diários da DBT, para coletar informações sobre aumentos e quedas nos alvos comportamentais. As díades terapeuta e cliente monitoram de forma contínua a utilização de habilidades, os alvos comportamentais (p. ex., comportamento suicida) e impulsos tendendo aos comportamentos enquadrados como alvos, bem como as relações entre tais variáveis. Quando comportamentos-alvo ocorrem, a díade utiliza a análise comportamental em cadeia para compreender o comportamento e utiliza múltiplas cadeias para reconhecer padrões. Esses padrões ajudam a díade a determinar se vários caminhos levam ao mesmo comportamento. Por exemplo, o comportamento suicida pode seguir um caminho em que um elo-chave é a vergonha *e* outro caminho em que um elo-chave é a desesperança. Como solução, análises são implementadas – a díade avalia desfechos.

Passo 9: reformular contínua e colaborativamente com base em dados

À medida que os resultados comportamentais são medidos, o terapeuta e o cliente avaliam o sucesso do plano de tratamento e o reformulam, caso necessário. Se as medidas tomadas foram bem-sucedidas (p. ex., eliminando o comportamento-problema de tentativas de suicídio), a díade reformula o plano de tratamento utilizando as etapas relevantes anteriores para se concentrar em alvos adicionais. Resultados bem-sucedidos podem levar a reavaliações do alvo mais elevado de tratamento, os objetivos do tratamento e o estágio do tratamento (i.e., Etapas 2 a 4 da formulação do caso). Se um resultado comportamental não for alcançado, então a reformulação pode ocorrer nas etapas que envolvem análise comportamental em cadeia, análise de soluções e/ou avaliação dos alvos secundários (i.e., Etapas 5 a 7 da formulação do caso). Por exemplo, a díade pode determinar que é necessário abordar um elo crítico diferente na análise em cadeia ou que é necessária uma solução diferente.

PLANEJAMENTO E PRÁTICA DO TRATAMENTO

A formulação de casos em DBT é um processo colaborativo que envolve o terapeuta individual e o cliente, no qual a transparência e a precisão são altamente valorizadas. Ao longo das etapas de formulação de casos, terapeuta e cliente trabalham juntos para desenvolver e testar hipóteses. As informações coletadas dos cartões diários e das análises em cadeia, por exemplo, são usadas para confirmar ou refutar hipóteses e gerar novas. Utilizando as etapas de formulação de caso, terapeuta e cliente se engajam em um processo contínuo de utilização da terapia para avançar em direção aos objetivos.

EXEMPLO DE CASO

Descrição da cliente e problemas apresentados

Descrição da cliente

Ellen era uma mulher branca no meio de seus 30 anos, que trabalhava em período integral na área administrativa da saúde. Ela não tinha filhos, nunca havia se casado e vivia com uma tia e um tio à época do tratamento. Ellen relatou um conflito com sua mãe e seu pai e ressentimento para com eles, mas descreveu seu relacionamento com sua irmã e suas sobrinhas como fonte de apoio. Ellen era uma sobrevivente de abuso sexual na infância por um membro de sua família; o abuso persistiu por vários anos e resultou em uma doença crônica sexualmente transmissível. As queixas apresentadas por Ellen estavam alinhadas com as cinco áreas de desregulação (i.e., emocional, interpessoal, do *self*, comportamental e cognitiva). A hipótese era de que elas se desenvolveram de maneira consistente com a teoria biossocial.

Queixas atuais: áreas de desregulação

Ellen experimentou uma grave desregulação comportamental, frequentemente na forma de comportamentos com risco de vida. Ela tinha ideias frequentes de suicídio e planejamentos suicidas que levavam à NSSI e a tentativas de suicídio. Durante a maior parte de um período de 20 anos, ela se autolesionou todos os dias, geralmente por cortes. Ellen havia sido hospitalizada duas vezes por causa de comportamentos que ofereciam risco à vida no ano anterior ao início da DBT, e uma vez há, aproximadamente, 10 anos.

Ellen enfrentou uma desregulação emocional e cognitiva significativa. Ela relatava *flashbacks* e "memórias corporais" relacionadas ao seu abuso sexual e relatava sentimentos fortes e persistentes de vazio, desesperança e desvalor. Ela exibia labilidade de humor e sentia, com frequência, que o suicídio e a NSSI eram a única maneira de lidar com sua dor avassaladora.

Ellen relatou um padrão de desregulação interpessoal de longa data relacionado ao medo de abandono por parte daqueles que eram próximos a ela. Ela lutava para formar conexões interpessoais e confiar em outras pessoas, e não lidava bem com a separação e a rejeição. Ela exibia instabilidade relacional, sobretudo com seus pais, e tendia a responder aos outros com raiva e irritabilidade. Sua experiência com dificuldades interpessoais também se estendia ao trabalho, onde encontrava dificuldade para se dar bem com os outros; ela relatava irritabilidade crônica em relação aos colegas de trabalho.

Ellen relatou outros problemas com desregulação pessoal, comportamental, emocional e cognitiva. Isso incluía sono ruim, ansiedade, depressão moderada a grave e alucinações auditivas ocasionais que diziam para ela se machucar – o que justificava a prescrição que ela possuía de um medicamento para dormir e um antipsicótico. Ellen lutava contra a autoinvalidação sobre seu peso e experimentava uma autoestima cronicamente baixa. Além disso, ela se preocupava com suas finanças. Ellen se descrevia como hipersensível, de modo que, em resposta a um evento negativo relativamente benigno, ela agiria como se fosse "o fim do mundo". Ela preenchia todos os nove critérios do DSM-IV-TR (American Psychiatric Association, 2000) para TPB, bem como critérios para TEPT, transtorno bipolar e transtorno depressivo maior. Em sua entrevista inicial, Ellen realizou vários testes, incluindo o Inventário Breve de Sintomas (BSI, do inglês Brief Symptom Inventory; Derogatis, 1993) e a Lista de Sintomas *Borderline* (BSL, do inglês Borderline Symptom List; Bohus et al., 2007), que indicaram que ela tinha problemas graves. Ellen queria aprender a lidar melhor com sua vida.

Embora ela tenha passado por tratamento anteriormente, tanto em regime de internação quanto ambulatorial, ela nunca recebeu a DBT. Ellen perguntou sobre a DBT em uma clínica universitária, com base em encaminhamento de seu psiquiatra. Ela participou de uma avaliação inicial, durante a qual o terapeuta coletou dados para o Passo 1 e determinou que a DBT era um tratamento adequado.

Formulação e plano de tratamento: estágio pré-tratamento da DBT

Estágio 1: coletar história pregressa enquadrada pela teoria biossocial

Conceitualizou-se que os problemas de Ellen estavam relacionados sobretudo à desregulação emocional, para a qual ela estava predisposta biologicamente. Ela exibia alta sensibilidade emocional, impulsividade e intensidade maior de reações a situações emocionais em comparação com a maioria das outras pessoas, e uma maior duração do que o normal em relação a emoções intensas. Ellen também passou, claramente, por um ambiente invalidante. O abuso sexual é a evidência mais clara, mas ela também experimentara invalidação de seus pais quando ela revelou o abuso, pois eles sugeriram que ela "seguisse em frente", pois isso acontecera há muito tempo – um exemplo de simplificação excessiva da resolução de problemas. Ellen sentia que seus pais não a entendiam e não levavam seus sentimentos a sério. Começando na adolescência e continuando até a idade adulta, Ellen também experimentou invalidação de homens que "a usavam para sexo" e não se envolviam de maneira significativa com ela.

Ellen aprendera a invalidar a si mesma e suas emoções, levando a uma imagem negativa de si. Quando cometia erros, ela se via como "horrenda" e "muito raramente [via] boas qualidades" sobre si mesma. Ela aprendera a suprimir, em vez de expressar, suas emoções. Ela via seus comportamentos suicidas e de NSSI como formas de enfrentamento nos momentos em que não conseguia mais suprimir suas emoções.

Estágio 2: determinar o estágio de tratamento adequado

O descontrole comportamental de Ellen indicava a necessidade do Estágio 1 da DBT, e ela concordou em começar essa terapia na fase de pré-tratamento. Seu terapeuta individual era um doutorando em psicologia clínica, que era supervisionado por um psicólogo clínico licenciado com experiência em DBT. Tanto o supervisor quanto o terapeuta foram assistidos por uma equipe de consultoria em DBT. O terapeuta orientou Ellen sobre a DBT, incluindo o grupo de treinamento de habilidades e o *coaching* telefônico, e ambos se comprometeram com a adesão ao tratamento por seis meses.

Estágio 3: identificar comportamentos-alvo primários

Como observado, Ellen apresentou diversos comportamentos que ameaçavam sua vida, incluindo tentativas de suicídio, planejamento de suicídio, ameaça de suicídio, impulsos suicidas, NSSI e impulsos NSSI. Embora tenha descrito uma história de adesão a tratamentos anteriores, ela estava cética quanto à ajuda que a DBT poderia oferecer-lhe; seu ceticismo foi considerado como um comportamento que poderia interferir na terapia. Outros comportamentos que interferiram na terapia surgiram durante o tratamento. Alguns exemplos: deixar de completar tarefas, atrasos, sentimentos de desesperança e vontade de desistir da terapia. Também parecia possível que a admissão em cuidados psiquiátricos hospitalares pudesse interferir na terapia, pois isso poderia impedi-la de comparecer às sessões. Ellen, portanto, foi orientada sobre como elementos da DBT, como o *coaching* telefônico, poderiam ajudá-la a evitar a hospitalização. Os principais comportamentos que interferiam na qualidade de vida de Ellen eram seus sintomas de TEPT, a baixa quantidade e a qualidade de relacionamentos (ela tinha apenas dois conhecidos e não falava com nenhum deles sobre assuntos pessoais), a compulsividade alimentar, renda insuficiente para viver de forma independente, e experiências persistentes de raiva e tristeza que contribuíam para o isolamento interpessoal. Além disso, Ellen tinha deficiências em seu conhecimento, sua prática e sua generalização de habilidades relacionadas a atenção plena, efetividade interpessoal, regulação emocional e tolerância ao sofrimento.

Estágio 4: construir uma compreensão colaborativa de objetivos

Ellen e seu terapeuta individual identificaram como seus objetivos e os alvos do tratamento estavam entrelaçados. Os pressupostos da DBT ajudaram Ellen e seu terapeuta a evitarem explicações inválidas e julgadoras, e sim, a entender como ela fez o melhor que pôde e a focar em ajudá-la a fazer melhor. Eles concordaram que eliminar comportamentos que ameaçavam a vida seria um objetivo central. Também concordaram que ambos trabalhariam para minimizar comportamentos que interfeririam na terapia. Para melhorar sua qualidade de vida, Ellen concordou que precisaria aumentar o número e a qualidade de seus relacionamentos, diminuir seus sintomas de TEPT, reduzir sua ingestão excessiva de alimentos e diminuir suas expressões de raiva e de tristeza. A díade terapêutica identificou que a vida que valeria a pena ser vivida para Ellen seria aquela em que ela experimentasse conexões interpessoais significativas e gratificantes, em que pudesse se respeitar e valorizar e em que pudesse bancar a própria independência.

Plano de tratamento para Ellen: utilizando os passos 5 a 9
no estágio 1 da DBT e adiante

No pré-tratamento, o terapeuta de Ellen a orientou sobre as ferramentas que seriam usadas ao longo do tratamento, incluindo a análise em cadeia, a análise de solução e os cartões diários da DBT. Os dois concordaram em utilizar essas ferramentas para focar em comportamentos-problema e alcançar os objetivos do tratamento.

Curso da terapia

Ellen e seu terapeuta iniciaram a DBT de modo que tivessem uma sessão individual por semana, um treinamento de habilidades em grupo por semana, encontros semanais do terapeuta com a equipe de consultoria e *coaching* telefônico quando necessário. O tratamento individual durou seis meses (23 sessões), e Ellen participou do grupo de treinamento de habilidades durante esse período. Durante o pré-tratamento (Sessões 1 a 4), Ellen e seu terapeuta começaram a estabelecer a relação terapêutica e levantaram a história pregressa (incluindo a história de comportamentos suicidas). Ellen aprendeu sobre os pressupostos e a estrutura da DBT, da dialética, da terapia comportamental, dos princípios de aceitação e da teoria biossocial, e foi orientada sobre os cartões diários da DBT. De forma colaborativa, identificaram objetivos de tratamento e utilizaram estratégias de comprometimento para obter o comprometimento de Ellen em parar de imediato todos os comportamentos de autolesão e de suicídio e em comparecer a todas as sessões individuais e em grupo por um período de seis meses. Ellen e seu terapeuta formularam juntos um plano de tratamento e concordaram em utilizar as etapas restantes do processo de formulação de caso para alcançar os objetivos de tratamento.

Passo 5: avaliar variáveis de controle dos comportamentos-problema
por meio da análise comportamental em cadeia

Ellen e seu terapeuta realizaram uma análise em cadeia do comportamento mais recente de Ellen, que ocorreu duas semanas antes de ela iniciar a terapia. Ela havia cortado o abdome a ponto de precisar de hospitalização. A análise em cadeia identificou variáveis que precipitaram a autolesão, em especial, a variável de controle que consistia em sentir-se rejeitada pelo pai. A análise levou à conclusão de que Ellen precisava de novas habilidades para lidar com a percepção de rejeição.

A díade concordou que sempre que Ellen se envolvesse em autolesão suicida ou não suicida (NSSI) – que eles definiram como se machucar de modo intencional causando danos teciduais, envenenamento ou *overdose* – ou relatasse um aumento significativo em impulsos que pudessem levá-la à NSSI ou ao suicídio (i.e., um aumento de 3 ou mais pontos em uma escala de impulsos com 6 pontos), eles realizariam uma análise em cadeia. Ellen só fez um tipo de autolesão durante a terapia. A análise em cadeia revelou que Ellen fez cortes superficiais na mão esquerda, na perna direita e no abdome com uma lâmina de barbear que ela havia desmontado. Os fatores de vulnerabilidade incluíam comparecer a uma festa de despedida de solteira em que um *stripper* se apresentou. A festa lembrou Ellen de traumas passados e despertou medo de seu próximo aniversário. Um *flashback* foi o evento desencadeador para que ela obtivesse a lâmina com intenção de se cortar. Os elos críticos, balizados pelo acrônimo TEASE, incluíam *pensamentos* de ser feia, de estar acima do peso, de não ter valor, de ser um fracasso e de não ter progredido no tratamento, além de impulsos para se cortar. Suas *emoções* intensas de raiva consigo mesma, tristeza por seu passado e desesperança por seu futuro, bem como teimosia (i.e., não ligar para seu terapeuta porque acreditava que ela era um fracasso no tratamento), também foram elos importantes. As *ações* importantes que ela realizou foram ligar para sua irmã, sua mãe e seu psiquiatra. Durante a ligação com o psiquiatra, ela tentou abrir a lâmina de barbear e cortou acidentalmente o polegar, o que lhe *acalmou*. A pedido de seu psiquiatra, ela concordou em parar de se cortar, mas experimentou um aumento nos impulsos de se cortar após o fim da chamada com seu psiquiatra. Em seguida, ela ligou para um amigo, que propôs levá-la ao hospital (i.e., um evento *ambiental*). Ela concordou e dirigiu até a casa do amigo. Enquanto dirigia, ela sentiu uma onda de desesperança e se cortou. Ela sentiu alívio imediatamente (i.e., uma consequência). Seu amigo a levou ao hospital, onde ela ficou internada por 72 horas. Mais tarde, ela teve pensamentos de ser um fracasso e sentiu culpa e vergonha por se cortar.

Passo 6: criar e implementar soluções por meio da análise de soluções

Armado com uma avaliação completa, o tratamento foi focado na substituição dos comportamentos-alvo de Ellen por outros mais adaptativos e habilidosos. A análise em cadeia de Ellen de sua única autolesão durante o tratamento destacou muitas variáveis críticas e pontos de intervenção. O treinamento de habilidades foi utilizado de diversas maneiras. Primeiro, ela e seu terapeuta implementaram um plano para usar a habilidade de tolerância ao mal-estar conhecida como "disposição", restringindo seu acesso a lâminas de barbear e usando apoios, incluindo seu terapeuta, quando ela tivesse vontade de se machucar. Isso resultou em aumento nas barreiras ao comportamento de autolesão e em maior probabilidade de apoio eficaz. O terapeuta de Ellen também ensinou a ela habilidades de regulação emocional e atenção plena para ajudá-la a lidar com sua raiva, sua tristeza e sua desesperança. Ellen aprendeu habilidades de efetividade interpessoal para ajudá-la a obter apoio de sua família para lidar com seu sofrimento. O terapeuta de Ellen usou a modificação cognitiva para ajudá-la a se desvincular da autoinvalidação. Conforme progredia, ela passou a praticar a autovalidação com afirmações do tipo: "Eu sei que não sou inútil" e "Eu sei que os outros se importam comigo". A exposição informal foi utilizada para ajudar Ellen a diminuir sua reatividade negativa ao próprio corpo, olhando fotos dela do casamento de sua irmã. A análise em cadeia também destacou a necessidade de exposição no Estágio 2 para tratar os sintomas de TEPT de

Ellen. Por fim, o manejo de contingências foi usado para aumentar a probabilidade de que comportamentos efetivos fossem reforçados, e não punidos. De maneira específica, Ellen usou habilidades de efetividade interpessoal para orientar sua irmã, sua mãe e sua amiga sobre como responder melhor a ela quando estivesse praticando autoinvalidação ou se sentindo triste e desesperançosa. Em suma, o terapeuta de Ellen usou treinamento de habilidades, modificação cognitiva, exposição e manejo de contingências para ajudá-la a promover mudanças nos comportamentos-alvo.

Passo 7: avaliar e tratar alvos secundários

O papel dos alvos secundários em inibir o progresso foi continuamente avaliado ao longo do tratamento com base em sua presença nas análises em cadeia de comportamentos graves. Por exemplo, na cadeia de autolesão de Ellen, a autoinvalidação (p. ex., pensar que ela era inútil) desempenhou um papel fundamental. Outros exemplos de autoinvalidação de Ellen incluíam pensamentos como "As pessoas estariam melhor sem mim", ações como se chamar de "estúpida" e se perceber como inadequada quando cometia erros. Semelhante ao tratamento dos alvos primários, esses padrões de comportamento foram tratados com treinamento de habilidades, modificação cognitiva, exposição e gerenciamento de contingências. Ellen também exibia vulnerabilidade emocional, assim como os pares de passividade ativa e competência aparente, e crises implacáveis e luto inibido. Esses também foram alvos e tratados.

Passo 8: medir o progresso

No início de cada sessão, o terapeuta revisava o cartão diário de Ellen em busca de evidências de comportamentos que eram alvos do tratamento. Ellen e o terapeuta determinavam uma agenda para cada sessão, com comportamentos de alta prioridade sendo os primeiros a serem discutidos e direcionados. Eles utilizavam os cartões diários para avaliar o progresso semanal e identificar padrões ao longo do tempo. Embora análises estatísticas não fossem usadas para avaliar o tratamento de Ellen, elas podem ser úteis para entender o curso do tratamento após o fato.

Dados de cartões diários

Antes de iniciar o tratamento, Ellen relatou que se autolesionava (NSSI) intencionalmente todos os dias. Ao longo de seis meses de tratamento, ela se autolesionou apenas uma vez. Os dados dos cartões diários de Ellen ao longo dos 146 dias de tratamento foram analisados com regressão linear para explorar mudanças adicionais ao longo do tratamento. Sua vontade diária de se autolesionar diminuiu significativamente ao longo do tempo ($F = 7,04$, $p < 0,01$), e sua classificação diária de aflição emocional também diminuiu de forma significativa ao longo do tempo ($F = 35,57$, $p < 0,001$). Embora as vontades de Ellen de cometer suicídio não tenham diminuído estatisticamente de modo significativo, uma média nas últimas quatro semanas de tratamento revelou que a média de vontade de Ellen de cometer suicídio foi de 0,7 em uma escala de 0 a 5 – bem abaixo da sua média de vontade de cometer suicídio de 2,2 durante as quatro semanas do meio do tratamento.

O uso das habilidades de DBT por Ellen, segundo o monitoramento nos cartões diários, também foi analisado com a regressão linear. Com o tempo, ela aumentou o uso de habilidades ($F = 48,37$, $p < 0,01$). Quando ela usava as habilidades, elas eram úteis em 71% das vezes. O uso diário das habilidades estava significativamente relacionado a uma redução em sua vontade de se autolesionar ($F = 8,44$, $p < 0,01$) e a um aumento em suas classificações diárias de alegria ($F = 7,55$, $p < 0,05$).

Passo 9: reformular contínua e colaborativamente com base em dados

Embora Ellen não tenha tido mais manifestações de autolesão, ela e seu terapeuta continuaram a usar análises em cadeia para ajudar no progresso do tratamento. Por exemplo, por meio de análises em cadeia de casos em que Ellen teve fortes desejos de se autolesionar, mas nos quais não agira sobre esses impulsos, ela e seu terapeuta discutiram o quão bem as soluções estavam funcionando e se elas poderiam ser generalizadas mais à frente. Além disso, Ellen e seu terapeuta utilizaram as etapas para direcionar comportamentos que interferiam na terapia e comportamentos que interferiam na qualidade de vida.

As sessões finais de terapia focaram no encerramento e na preparação de Ellen para a transferência para um novo terapeuta, já que o seu, sendo doutorando, precisava encerrar seu estágio. A equipe terapêutica e Ellen concordaram que ela havia alcançado o controle comportamental e estava pronta para o trabalho de DBT no Estágio 2 com seu novo terapeuta. As últimas sessões de Ellen também se concentraram no que ela havia aprendido sobre si mesma, no progresso que havia feito e no que Ellen e o terapeuta haviam aprendido um com o outro.

Análise do caso e o papel que a formulação de caso teve

A formulação de caso pela perspectiva da DBT guiou o tratamento desde a compreensão de como Ellen desenvolvera seus problemas até a avaliação e a intervenção para se abordar problemas específicos. Ellen mostrou progresso significativo, incluindo reduções de comportamentos potencialmente letais e melhorias nos comportamentos que interferiam na qualidade de vida. No final do tratamento, ela novamente completou o BSI e a BSL. Sua pontuação na subescala de Índice de Gravidade Global do BSI diminuiu de 2,34 no pré-tratamento (i.e., experimentando sintomas, em média, entre "às vezes" e "frequentemente") para 1,13 quando avaliada no pós-tratamento (i.e., experimentando sintomas principalmente em um nível médio próximo de "raramente"). Sua pontuação no pós-tratamento foi de 0,3 desvios-padrão abaixo da pontuação média de pacientes psiquiátricos do sexo feminino na amostra normativa, enquanto no pré-tratamento estava 1,2 desvios-padrão acima da média de pacientes psiquiátricos do sexo feminino

(Derogatis, 1993). A pontuação total de Ellen na BSL diminuiu de 2,67 no pré-tratamento (i.e., experimentando sintomas, em média, entre "bastante" e "muito") para 0,80 no pós-tratamento (i.e., experimentando sintomas, em média, abaixo do nível de "um pouco"). A pontuação no pós-tratamento de Ellen foi de mais de 1,5 desvios-padrão abaixo da média típica para indivíduos com TPB. Por meio da aplicação do processo de formulação de caso da DBT com seu terapeuta, Ellen passou de uma vida centrada no descontrole comportamental para uma vida em que estava livre para se concentrar na resolução de outros problemas.

APRENDENDO O MÉTODO

O exemplo de caso apresentou um terapeuta estudante que estava aprendendo a formulação de casos da DBT. O estudante aprendeu os princípios da terapia comportamental por meio de seu curso e treinamento com seu supervisor. Para aprender mais sobre DBT, ele se encontrou com um grupo de colegas em treinamento, que também eram membros da equipe de consultoria, para treinamento ao longo de um ano. O time fez uma leitura guiada dos manuais de tratamento de Linehan, um passo crítico para se aprender a DBT. O supervisor implementou um modelo de "aprender, observar, fazer" com o terapeuta estudante. O terapeuta estudante primeiro aprendeu sobre os princípios e técnicas da DBT por meio de leituras e didática. Em seguida, ele assistiu a demonstrações dos princípios e das técnicas por meio de vários métodos, especialmente observações das sessões gravadas em vídeo do supervisor. Por fim, o terapeuta praticou técnicas, por exemplo, por meio de simulações (*role-plays*). Além disso, os terapeutas praticaram ensinando técnicas uns aos outros.

Para qualquer pessoa aprendendo DBT, ler os manuais de tratamento e participar de um grupo de aprendizes com mentalidade semelhante, que são parte ou podem se tornar parte de uma equipe de consultoria em DBT, são etapas cruciais para aprender a formulação de casos pela ótica da DBT. Embora o exemplo apresentado aqui tenha sido dado no contexto de um programa universitário de pós-graduação, as etapas de treinamento podem ocorrer por meio de outras formas, incluindo equipes de DBT estabelecidas na prática privada, empresas de treinamento comercial e outros modelos de mentoria e aprendizagem. ECRs de DBT descrevem o treinamento de praticantes de DBT como algo que envolve educação intensiva e aprofundada antes da participação nos estudos. Os aprendizes devem buscar treinamento rigoroso com professores comprometidos em oferecer a DBT de acordo com o que é descrito nos manuais de Linehan (1993, 2015).

AGRADECIMENTOS

Gostaria de agradecer à Dra. Amy Karbasi pela ajuda na preparação da seção "Exemplo de caso" deste capítulo. Também gostaria de agradecer à Dra. Nikki Winchester por sua ajuda com a edição e a revisão deste capítulo.

REFERÊNCIAS

Abdelkarim, A., Molokhia, T., Rady, A., & Ivanoff, A. (2017). DBT for comorbid borderline personality disorder and substance use disorder without drug replacement in Egyptian outpatient settings: A non-randomized trial. *European Psychiatry, 41,* S260–S261.

Addis, M., & Linehan, M. M. (1989, November). *Predicting suicidal behavior: Psychometric properties of the Suicidal Behaviors Questionnaire.* Poster presented at the annual meeting of the Association for Advancement of Behavior Therapy, Washington, DC.

American Psychiatric Association. (2000). *Diagnostic and statistical manual of mental disorders* (4th ed., text rev.) Washington, DC: Author.

Azizi, A., Borjali, A., & Golzari, M. (2010). The effectiveness of emotion regulation training and cognitive therapy on the emotional and addictional problems of substance abusers. *Iranian Journal of Psychiatry, 5*(2), 60–65.

Bedics, J. D., Atkins, D. C., Comtois, K. A., & Linehan, M. M. (2012). Weekly therapist ratings of the therapeutic relationship and patient introject during the course of dialectical behavioral therapy for the treatment of borderline personality disorder. *Psychotherapy, 49,* 231–240.

Benjamin, L. S. (1974). Structural analysis of social behavior. *Psychological Review, 81,* 392–425.

Bohus, M., Limberger, M. F., Frank, U., Chapman, A. L., Kuhler, T., & Stieglitz, R. D. (2007) Psychometric properties of the Borderline Symptom List (BSL). *Psychopathology, 40,* 126–132.

Brettschneider, C., Riedel-Heller, S., & König, H.-H. (2014). A systematic review of economic evaluations of treatments for borderline personality disorder. *PLoS One, 9,* e107748.

Carter, G. L., Willcox, C. H., Lewin, T. J., Conrad, A. M., & Bendit, N. (2010). Hunter DBT project: Randomized controlled trial of dialectical behavior therapy in women with borderline personality disorder. *Australian and New Zealand Journal of Psychiatry, 44,* 162–173.

Cheng, A. T., Hawton, K., Lee, C. T., & Chen, T. H. (2007). The influence of media reporting of the suicide of a celebrity on suicide rates: A populationbased study. *International Journal of Epidemiology, 36,* 1229–1234.

Courbasson, C., Nishikawa, Y., & Dixon, L. (2012). Outcome of dialectical behavior therapy for concurrent eating and substance use disorders. *Clinical Psychology and Psychotherapy, 19,* 434–449.

Coyle, T. N., Shaver, J. A., & Linehan, M. M. (2018). On the potential for iatrogenic effects of psychiatric crisis services: The example of dialectical behavior therapy for adult women with borderline personality disorder. *Journal of Consulting and Clinical Psychology, 86,* 116–124.

Crowell, S. E., Beauchaine, T. P., & Linehan, M. M. (2009). A biosocial developmental model of borderline personality: Elaborating and extending Linehan's theory. *Psychological Bulletin, 135,* 495–510.

Derogatis, L. R. (1993). *BSI brief symptom inventory: Administration, scoring, and procedures manual* (4th ed.). Minneapolis, MN: National Computer Systems.

First, M. B., Williams, J. B. W., Karg, R. S., & Spitzer, R. L. (2016). *Structured Clinical Interview for DSM-5 Disorders, Clinician Version (SCID-5-CV).* Arlington, VA: American Psychiatric Association.

Fuchs, C., Lee, J. K., Roemer, L., & Orsillo, S. M. (2013). Using mindfulnessand acceptance-based treatments with clients from nondominant cultural and/or marginalized backgrounds: Clinical considerations, meta-analysis findings, and introduction to the special series. *Cognitive and Behavioral Practice, 20,* 1–12.

Harned, M. S., Korslund, K. E., & Linehan, M. M. (2014). A pilot randomized controlled trial of dialectical behavior therapy prolonged exposure protocol for suicidal and self-injuring women with borderline personality disorder and PTSD. *Behaviour Research and Therapy, 55,* 7–17.

Hooley, J. M., & Franklin, J. C. (2017). Why do people hurt themselves? A new conceptual model of nonsuicidal self-injury. *Clinical Psychological Science, 6,* 428–461.

Keller, M. B., Lavori, P. W., Friedman, B., Nielsen, E. C., Endicott, J., McDonald-Scott, P., et al. (1987). The Longitudinal Interval Follow-Up Evaluation: A comprehensive method for assessing outcome in prospective longitudinal studies. *Archives of General Psychiatry, 44,* 540–548.

Koerner, K. (2007). Case formulation in dialectical behavior therapy for borderline personality disorder. In T. D. Eells (Ed.), *Handbook of psychotherapy case formulation* (2nd ed., pp. 317–348). New York: Guilford Press.

Koons, C. R., Chapman, A. L., Betts, B. B., O'Rourke, B., Morse, N., & Robins, C. J. (2006). Dialectical behavior therapy adapted for the vocational rehabilitation of significantly disabled mentally ill adults. *Cognitive and Behavioral Practice, 13*, 146–156.

Koons, C. R., Robins, C. J., Tweed, J. L., Lynch, T. R., Gonzalez, A. M., Morse, J. Q., et al. (2001). Efficacy of dialectical behavior therapy in women veterans with borderline personality disorder. *Behavior Therapy, 32*, 371–390.

Landes, S. J., Chalker, S. A., & Comtois, K. A. (2016). Predicting dropout in outpatient dialectical behavior therapy with patients with borderline personality disorder receiving psychiatric disability. *Borderline Personality Disorder and Emotion Dysregulation, 3*, 1–8.

Linehan, M. M. (1981). A social-behavioral analysis of suicide and parasuicide: Implications for clinical assessment and treatment. In H. Glaezer & J. F. Clarkin (Eds.), *Psychobiology of suicidal behavior* (pp. 16–33). New York: New York Academy of Sciences.

Linehan, M. M. (1982). *Demographic Data Schedule (DDS)*. Unpublished manuscript, University of Washington, Seattle. Available from *http://depts.washington.edu/uwbrtc/resources/assessment-instruments/*.

Linehan, M. M. (1993). *Cognitive-behavioral treatment of borderline personality disorder*. New York: Guilford Press.

Linehan, M.M. (2009). *University of Washington Risk Assessment Action Protocol: UWRAMP*. Unpublished manuscript, University of Washington, Seattle.

Linehan, M. M. (2015). *DBT skills training manual* (2nd ed.). New York: Guilford Press.

Linehan, M. M., & Comtois, K. (1996). *Lifetime parasuicide history*. Unpublished manuscript, University of Washington, Seattle.

Linehan, M. M., Comtois, K. A., Brown, M. Z., Heard, H. L., & Wagner, A. (2006). Suicide Attempt Self-Injury Interview (SASII): Development, reliability, and validity of a scale to assess suicide attempts and intentional self-injury. *Psychological Assessment, 18*, 303–312.

Linehan, M. M., Comtois, K. A., Murray, A. M., Brown, M. Z., Gallop, R. J., Heard, H. L., et al. (2006). Two-year randomized controlled trial and follow-up of dialectical behavior therapy vs. therapy by experts for suicidal behaviors and borderline personality disorder. *Archives of General Psychiatry, 63*, 757–766.

Linehan, M. M., Comtois, K. A., & Ward-Ciesielski, E. F. (2012). Assessing and managing risk with suicidal individuals. *Cognitive and Behavioral Practice, 19*, 218–232.

Linehan, M. M., & Heard, H. (1999). Borderline personality disorder: Cost, course, and treatment outcome. In N. Miller & K. Magruder (Eds.), *Costeffectiveness of psychotherapy: A guide for practitioners, researchers, and policy makers* (pp. 291–305). Oxford, UK: Oxford University Press.

Linehan, M. M., Korslund, K. E., Harned, M. S., Gallop, R. J., Lungu, A., Neacsiu, A. D., et al. (2015). Dialectical Behavior Therapy for high suicide risk in individuals with borderline personality disorder: A randomized clinical trial and component analysis. *JAMA Psychiatry, 72*, 475-482.

Linehan, M. M., Lynch, T. R., Harned, M. S., Korslund, K. E., & Rosenthal, Z. M. (2009, November). *Preliminary outcomes of a randomized controlled trial of DBT vs. drug counseling for opiate-dependent BPD men and women*. Paper presented at the 43rd annual convention of the Association for Behavioral and Cognitive Therapies, New York, NY.

Lynch, T. R., Morse, J. Q., Mendelson, T., & Robins, C. J. (2003). Dialectical behavior therapy for depressed older adults: A randomized pilot study. *American Journal of Geriatric Psychiatry, 11*, 33–45.

McCauley, E., Berk, M. S., Asarnow, J. R., Adrian, M., Cohen, J., Korslund, K., et al. (2018). Efficacy of dialectical behavior therapy for adolescents at high risk for suicide: A randomized clinical trial. *JAMA Psychiatry, 75*, 777–785.

McMain, S. F., Guimond, T., Barnhart, R., Habinski, L., & Streiner, D. L. (2017). A randomized trial of brief dialectical behavior therapy skills training in suicidal patients suffering from borderline disorder. *Acta Psychiatrica Scandinavica, 135*, 138–148.

McMain, S. F., Links, P. S., Gnam, W. H., Guimond, T., Cardish, R. J., Korman, L., et al. (2009). A randomized trial of dialectical behavior therapy versus general psychiatric management for borderline personality disorder. *American Journal of Psychiatry, 166*, 1365–1374.

Meuldijk, D., McCarthy, A., Bourke, M. E., & Grenyer, B. F. S. (2017). The value of psychological treatment for borderline personality disorder: Systematic review and cost offset analysis of economic evaluations. *PLoS One, 12*(3), e0171592.

Miller, A. L., Rathus, J. H., & Linehan, M. M. (2007). *Dialectical behavior therapy with suicidal adolescents*. New York: Guilford Press.

Murphy, A., Bourke, J., Flynn, D., Kells, M., & Joyce, M. (2019). A cost-effectiveness analysis of dialectical behaviour therapy for treating individuals with borderline personality disorder in the community. *Irish Journal of Medical Science, 188*, 1–9.

Navarro-Haro, M. V., Botella, C., Guillen, V., Moliner, R., Marco, H., Jorquera, M., et al. (2018). Dialectical behavior therapy in the treatment of borderline personality disorder and eating disorders comorbidity: A pilot study in a naturalistic setting. *Cognitive Therapy and Research, 42*, 636–649.

Perepletchikova, F., Nathanson, D., Axelrod, S. R., Merrill, C., Walker, A., Grossman, M., et al. (2017). Randomized clinical trial of dialectical behavior therapy for preadolescent children with disruptive mood dysregulation disorder: Feasibility and outcomes. *Journal of the American Academy of Child and Adolescent Psychiatry, 56*, 832–840.

Rabinovitz, S., & Nagar, M. (2018). The effects of craving on implicit cognitive mechanisms involved in risk behavior: Can dialectical behavior therapy in therapeutic communities make a difference? A pilot study. *Journal of Therapeutic Communities, 39*, 83–92.

Ramaiya, M. K., Fiorillo, D., Regmi, U., Robins, C. J., & Kohrt, B. A. (2017). A cultural adaptation of dialectical behavior therapy in Nepal. *Cognitive and Behavioral Practice, 24*, 428–444.

Reitz, S., Kluetsch, R., Niedtfeld, I., Knorz, T., Lis, S., Paret, C., et al. (2015). Incision and stress regulation in borderline personality disorder: Neurobiological mechanisms of self-injurious behaviour. *British Journal of Psychiatry, 207*, 165–172.

Rizvi, S. L., Monroe-DeVita, M., & Dimeff, L. A. (2007). Evaluating your dialectical behavior therapy program. In L. A. Dimeff & K. Koerner (Eds.), *Dialectical behavior therapy in clinical practice: Applications across disorders and settings* (pp. 326–350). New York: Guilford Press.

Rogers, C. R. (1959). A theory of therapy, personality and interpersonal relationships, as developed in the client-centered framework. In S. Koch (Ed.), *Psychology: A study of science* (pp. 184–256). New York: McGraw-Hill.

Sherer, R. A. (2008, July). Personality disorder: "Untreatable" myth is challenged. Psychiatric Times, 25(8). Available at *www.psychiatrictimes.com/view/personality-disorder-untreatable-myth-challenged*.

Sloan, C. A., Berke, D. S., & Shipherd, J. C. (2017). Utilizing a dialectical framework to inform conceptualization and treatment of clinical distress in transgender individuals. *Professional Psychology Research and Practice, 48*, 301–309.

Steil, R., Dyer, A., Priebe, K., Kleindienst, N., & Bohus, M. (2011). Dialectical behavior therapy for posttraumatic stress disorder related to childhood sexual abuse: A pilot study of an intensive residential treatment program. *Journal of Traumatic Stress, 24*, 102–106.

van den Bosch, L. M., Verheul, R., Schippers, G. M., & van den Brink, W. (2002). Dialectical behavior therapy of borderline patients with and without substance use problems: Implementation and long-term effects. *Addictive Behaviors, 27*, 911–923.

Wagner, A. W., & Linehan, M. M. (1994). Relationship between childhood sexual abuse and topography of parasuicide among women with borderline personality disorder. *Journal of Personality Disorders, 8*, 1–9.

Weissman, M. M., & Bothwell, S. (1976). Assessment of social adjustment by patient self-report. *Archives of General Psychiatry, 33*, 1111–1115.

Zanarini, M. C., Frankenburt, F. R., Reich, D. B., Hennen, J., & Silk, K. R. (2005). Adult experiences of abuse reported by borderline patients and Axis II comparison subjects over six years of prospective follow-up. *Journal of Nervous and Mental Disease, 193*, 412–416.

11

Abordagens comportamentais à formulação de casos em psicoterapia

Peter Sturmey

A análise do comportamento aplicada (ABA, do inglês *applied behavior analysis*) tem uma longa história com a psicopatologia, remontando tanto ao trabalho de Pavlov (1951/1994a) quanto ao de Skinner (1953) nessa área. Este capítulo descreve os princípios gerais da ABA e sua aplicação em uma ampla gama de psicopatologia e formulação de casos comportamentais. No entanto, as evidências da superioridade do tratamento comportamental personalizado baseado em uma formulação de caso em comparação com o tratamento comportamental padronizado e descrito em manuais são pequenas e ambíguas. Isso talvez reflita a falta de definições de formulação de caso comportamental e consequente avaliação inadequada da implementação da formulação de caso comportamental em algumas aplicações. Em outros casos, a ausência de evidências mostrando a superioridade do tratamento comportamental personalizado pode refletir um tratamento padronizado altamente eficaz, como a terapia de exposição para transtornos de ansiedade. A aplicação de abordagens comportamentais à formulação de casos é ilustrada com um caso de agorafobia.

ORIGENS HISTÓRICAS DA ABORDAGEM

A análise do comportamento tem suas raízes na pesquisa experimental básica com não humanos sobre os condicionamentos clássico e operante em animais não humanos, mas que sempre manteve os olhos nas implicações para a compreensão e nas aplicações a diversos problemas de importância social, incluindo o alívio do sofrimento humano. Essas duas abordagens à compreensão da aprendizagem fizeram emergir dois sistemas de abordagens comportamentais à conceitualização de casos e às formas de tratamento. A primeira é baseada em modelos pavlovianos de compreensão, aquisição, manutenção e tratamento da psicopatologia. Essa abordagem está associada ao trabalho de Watson (Watson & Raynor, 1920), Jones (1924), Eysenck (1952) e Wolpe e Turkat (1985). A segunda é a tradição operante associada a Skinner e pessoas influenciadas por seu trabalho, como Ayllon com seu trabalho em esquizofrenia (Ayllon & Michael, 1959) e Ferster com suas análises de depressão e de autismo (1961, 1973). Ambas as abordagens compartilham uma base em pesquisa de laboratório sobre aprendizado com animais não humanos em ambientes altamente controlados, referência a processos de aprendizado básico e tentativas de traduzir pesquisas básicas para aplicações humanas.

Ivan Pavlov (1849-1936) foi um fisiologista russo que estudou processos digestivos em animais. Em 1904, ele recebeu o Prêmio Nobel de Fisiologia ou Medicina por sua pesquisa realizada na década de 1890 (Todes, 2014). Por acaso, ele observou seus cães experimentais salivando quando um experimentador familiar, que os alimentara repetidamente no passado, se aproximava deles. Ele prosseguiu para estudar o processo de pareamento de estímulos, conhecido hoje como condicionamento clássico, respondente ou pavloviano. Ele demonstrou que (1) alguns estímulos (estímulos não condicionados [US, do inglês *unconditioned stimuli*]) desencadeiam reflexos (respostas não condicionadas [UR, do inglês *unconditioned responses*]) sem a necessidade de uma história de aprendizagem anterior; (2) o pareamento de outros estímulos (estímulos condicionados [CS, do inglês *conditioned stimuli*]) com o US poderia resultar em CS suscitando respostas condicionadas (CR, do inglês *conditioned responses*), que geralmente eram semelhantes à UR; e (3) diversos parâmetros, como contiguidade, relação temporal entre o US e o CS, tinham relações legítimas com a aquisição da CR. Pavlov desenvolveu várias preparações experimentais para induzir comportamentos neuróticos e outros comportamentos anormais em cães. Em uma delas, os cães foram ensinados a discriminar entre círculos e elipses progressivamente semelhantes, ganhando comida por fazer escolhas corretas, até que a discriminação entre as duas formas se tornasse impossível. Nesse ponto, o comportamento dos cães se tornou desorganizado; eles pareciam ansiosos e temerosos; e pararam de comer. Pavlov (1951/1994) chamou essa condição de "neurose experimental". Durante as décadas de 1920 e 1930, Pavlov estabeleceu analogias entre o comportamento de cães nos quais neuroses experimentais haviam sido induzidas e sintomas psiquiátricos, como histeria, neurose compulsiva, paranoia e psicose. Ele também comparou o comportamento humano anormal, como o descrito por Freud no caso de Anna O, com o comportamento de cães que tinham neuroses experimentais (Todes, 2014). Além disso, ele tentou tratar neuroses experimentais em cães usando brometo, cafeína e/ou castração. Pavlov também participou de consultas psiquiátricas semanais na década de 1930 e interpretou os sintomas psiquiátricos dos pacientes em termos de neuroses experimentais (Pavlov, 1994b; Todes, 2014). Uma vez que o conceito de neurose experimental se tornou bem divulgado, Pavlov recebeu muitas cartas de pessoas com transtornos psiquiátricos pedindo ajuda; ele frequentemente recomendava repouso e brometos.

Influenciado pelo trabalho de Pavlov com o condicionamento clássico, Watson e Raynor (1920) aparentemente demonstraram a aquisição de medos condicionados em Albert, um bebê com idade entre 8 e 12 meses. Antes do condicionamento, Albert mostrava curiosidade e se aproximava de vários objetos e animais, mas não exibia comportamentos associados ao medo na presença deles. Após Watson e Raynor associarem um rato a um ruído alto diversas vezes, Albert parecia ter medo do rato. Albert também parecia ter medo, mas em menor grau, na presença de um coelho, um cachorro, um casaco de pele e uma máscara de Papai Noel. Posteriormente, Mary Cover Jones (1924) tratou um menino chamado Peter que tinha medo de coelhos. Ela fez isso (1) fazendo Peter brincar com três outras crianças que não apresentavam comportamentos de medo quando o coelho estava por perto; e (2) sentando Peter em uma cadeira alta e fazendo-o comer um alimento favorito quando um coelho estava presente em uma gaiola de arame, que foi colocada o mais perto possível dele sem despertar comportamento temeroso. No final desse procedimento, Jones descreveu que Peter parecia gostar do coelho e mostrou redução do medo mediante estímulos semelhantes, como um rato, algodão, um casaco de pele e penas. Jones também apresentou um gráfico de exposição progressiva que prefigurava o trabalho de Wolpe na década de 1950. Esse estudo é um clássico na psicologia e foi altamente influente no crescimento inicial da terapia comportamental para medos e fobias, mas também mais geralmente propagando a ideia de que o condicionamento clássico poderia ser a base de uma psicoterapia eficaz.

O trabalho inicial de B. F. Skinner envolveu pesquisa básica sobre condicionamento operante – isto é, aprendizado controlado sobretudo por consequências ambientais em que o comportamento não tem significado social específico –, mas seu interesse na aplicação aos muitos problemas da humanidade era prontamente aparente, incluindo a aplicação à psicopatologia. Estes e Skinner (1941) desenvolveram um modelo operante de ansiedade. Eles primeiro estabeleceram comportamento operante de estado estável em pombos. Um ruído foi, então, pareado a um choque elétrico, pois o experimentador produzia o choque imediatamente após o som do ruído. Após um número suficiente de associações, o ruído sozinho passou a suprimir o comportamento operante subsequente, sugerindo que algumas características da ansiedade, como congelamento ou paralisia de medo, ocorrem na presença de estímulos que, no passado, foram associados a punição. Em razão de o álcool e outros ansiolíticos atenuarem os efeitos de supressão de resposta do sinal de aviso, pesquisadores têm usado essa preparação para avaliar novos medicamentos antiansiedade, mais uma vez sugerindo vínculos entre a psicopatologia e seu tratamento.

Em *Walden II*, Skinner (1948) delineou uma visão panorâmica e utópica de uma sociedade feliz e sustentável projetada com base em princípios comportamentais. A autogestão comportamental foi um componente-chave explicitamente ensinado às crianças por pais e outros cuidadores para libertá-las de aborrecimentos cotidianos triviais. Por volta dessa época, Dollard e Miller (Dollard, Miller, Doob, Mowrer, & Sears, 1939; Miller & Dollard, 1941; Dollard & Miller, 1950) tentaram explicar a psicanálise freudiana em termos de teoria do aprendizado e forneceram formulações funcionais de agressão (Dollard et al., 1939).

Na década de 1950, o aluno de Skinner, Ogden Lindsley (1956, 1960), montou um laboratório operante nos terrenos de um hospital psiquiátrico e mostrou que o comportamento de pessoas com esquizofrenia estava sujeito a controle ambiental por meio de contingências de reforço, ou seja, eventos antecedentes e suas consequências. Esse trabalho formou a base da economia de fichas como um tratamento abrangente para indivíduos com esquizofrenia e outras doenças mentais graves (Ayllon & Michael, 1959). No início dos anos 1960, Ferster (1961, 1973) expandiu a aplicação do quadro analítico do comportamento para entender o autismo e, posteriormente, a depressão. Em 1965, a coleção clássica de Ullmann e Krasner, *Estudos de caso em modificação de comportamento* (em inglês *Case Studies in Behavior Modification*), relatou aplicações para problemas tão variados quanto anorexia, cegueira histérica, fobias, insônia, inadequação sexual, fetichismo, tiques, gagueira, chupar o dedo, acessos de raiva, isolamento social, engatinhar regressivamente, chorar e mutismo, e análises do comportamento verbal do cliente e do terapeuta durante as sessões de terapia.

Os estudos mais recentes na análise do comportamento e psicopatologia tem sido a expansão da pesquisa em equivalência de estímulos para relações derivadas, incluindo transferência de funções emocionais dentro de classes de estímulos, o que levou ao desenvolvimento da Teoria das Molduras Relacionais (Hayes, Barnes-Holmes, & Roche, 2001; ver também Chin, Stanton, Sanford, & Hayes, Capítulo 13, neste volume). Sua aplicação à psicopatologia levou ao desenvolvimento de tratamentos comportamentais de terceira onda, como terapia de aceitação e compromisso (ACT) e psicoterapia analítica funcional (FAP), um verdadeiro renascimento de tratamentos como a ativação comportamental e aplicações do manejo de contingências à adição a substâncias, entre outros problemas clínicos (Dougher, 2000; Sturmey, 2020).

MODELO CONCEITUAL

Behaviorismo

O behaviorismo é uma *filosofia da ciência* caracterizada por qualquer abordagem internamente consistente ao objeto de estudo e aos métodos da ciência do comportamento. *Comportamento* refere-se tanto ao comportamento externo (público) quanto ao interno (privado), incluindo pensamento, sentimento e sensação. Em vez de usar teorias especulativas e abordagens hipotético-dedutivas para a ciência, o behaviorismo utiliza abordagens indutivas, é impulsionado por dados observacionais e não vai muito além dos dados.

O objetivo do behaviorismo é rastrear fontes de variabilidade individual no comportamento (em vez de mascará-lo com ficções estatísticas como médias) usando controle experimental em vez de estatístico, em geral por meio de experimentos com poucos participantes (*N* pequeno). O behaviorismo aborda a generalidade por meio da generalização direta e sistemática de experimentos. No que diz respeito à causalidade, o behaviorismo radical rejeita a noção comum de cadeias de causalidade e do *self* iniciador como o começo de tal cadeia de eventos. Em vez disso, o behaviorismo prefere a noção de relações funcionais à de causalidade; isto é, prefere observar relações confiáveis entre variáveis ambientais que predizem o comportamento e, então, induzir generalizações de forma cautelosa.

Essa filosofia da ciência fundamenta a prática de dois tipos de ciência. O primeiro é a análise experimental do comportamento (AEC), preocupada em entender a ciência básica da aprendizagem em ambientes artificiais projetados para estudo experimental. A AEC utiliza organismos arbitrários e respostas de nenhum valor social para maximizar a consistência interna. Por exemplo, a AEC pode tentar encontrar variáveis independentes que influenciam a generalização da discriminação de cores em peixes dourados. O segundo é a ABA, que utiliza princípios básicos de aprendizagem para abordar comportamentos socialmente significativos em ambientes do mundo real (Chiesa, 1994). Por exemplo, a ABA pode avaliar procedimentos para promover a generalização do uso de estratégias para aumentar a fluência verbal em estudantes nervosos em salas de aula.

A estrutura de Skinner para a psicopatologia

Skinner (1953) delineou a aplicação mais explícita de um quadro comportamental para a psicopatologia e seu tratamento em sua obra *Ciência e comportamento humano*. Skinner propôs três fontes de comportamento: evolução biológica, evolução cultural e evolução do comportamento operante durante a vida útil (filogênese, cultura e ontogênese). A evolução biológica prepara o organismo para aspectos relativamente inalterados do ambiente, como gravidade e ameaças físicas. Também prepara o organismo para a sobrevivência pela seleção de comportamentos relacionados à sensibilidade a reforçadores que promovem a sobrevivência, como as propriedades altamente reforçadoras das calorias e a sensibilidade a aversivos que ameaçam a integridade do organismo, como estímulos de alta intensidade. A evolução cultural refere-se à seleção de práticas culturais que controlam o comportamento do indivíduo e contribuem para a sobrevivência da cultura. Instituições como governo, lei, religião, psicoterapia, controle econômico e educação vêm com contingências de reforço ou punição que controlam o comportamento de seus membros e promovem a sobrevivência da cultura. Por exemplo, contingências de punição para dirigir perigosamente, comportamento excessivamente agressivo, consumo excessivo e poluição podem promover a sobrevivência cultural. Membros da cultura que não podem ser controlados dessa forma podem ser expulsos social ou fisicamente. Culturas que são ineficazes em controlar o comportamento de seus membros podem ser extintas (Diamond, 1998), deixando espaço e outros recursos para outras culturas se expandirem (Diamond, 2005). Por fim, o condicionamento operante seleciona e aprimora o comportamento ao longo da vida para se adaptar às condições ambientais específicas e idiossincráticas que a evolução biológica não pode antecipar. Assim, embora aprender a engolir comida possa começar com raízes e outros reflexos, aprender a selecionar, preparar, mastigar e engolir tofu e frutas de acácia sem engasgar são habilidades moldadas pelo ambiente. Todos os três processos (evolução biológica, evolução cultural e evolução do comportamento operante durante a vida) envolvem variações na forma, no comportamento e em outras propriedades do organismo e de seu ambiente.

Uma forma muitas vezes eficiente de a sociedade controlar o comportamento de seus membros é por meio da punição. Dizer "Não!" a uma criança quando ela tenta pegar o biscoito de outra pessoa com frequência controla o comportamento da criança, e ela pode aprender a não roubar no futuro, pelo menos nesse contexto, o que promove a sobrevivência cultural. Todas as agências culturais mencionadas usam contingências de punição em graus variados de habilidade e intrusão: a multa de estacionamento, a expulsão da escola e a excomunhão e condenação ao inferno são todos exemplos de tais processos. Infelizmente, a punição e os estímulos que predizem a punição primária muitas vezes vêm com efeitos colaterais adversos, como ansiedade (Estes & Skinner, 1941) e evitação subsequente de situações e pessoas associadas à punição. Dependendo do ambiente de seleção e da história de aprendizado da pessoa, ela também pode aprender comportamentos problemáticos. Comportamento problemático pode incluir diversas formas de evitação, como evitar fisicamente o punidor, passividade, mudar constantemente de assunto e estar ocupado demais, bem como abuso de álcool e outras substâncias. Tal repertório comportamental é caracterizado por reforço negativo, ou seja, a probabilidade futura de um comportamento é fortalecida pela remoção de uma consequência aversiva. Por exemplo, comportamento de evitação como recusa escolar pode ser negativamente reforçado pela remoção ou pela evitação de estímulos aversivos e estímulos que anteriormente previam punição, como colegas de classe que praticam *bullying*. O comportamento de evitação também pode ser negativamente reforçado pela atenuação dos efeitos colaterais negativos da punição, como reduzir a ansiedade aversiva.

Alguns reforçadores positivos também são problemáticos. Reforçadores positivos são consequências que, quando apresentadas, fortalecem a probabilidade futura de um comportamento: açúcar, gordura, álcool, sexo, nicotina e substâncias de adição são, muitas vezes, reforçadores de alta magnitude e, portanto, podem ser problemáticos. Eles reforçam de forma positiva o comportamento em curto prazo, mas acumulam muitos problemas futuros, caros e perigosos. O caminho para o futuro inferno aqui na terra – na forma de obesidade, artrite, diabetes, dependência e transtornos psiquiátricos – é pavimentado com açúcar, gordura, álcool e nicotina, entre outros prazeres. Epstein (1997) refere-se a eles como reforçadores "sombrios", e, no discurso cotidiano, nós os chamamos de *tentações*.

Muitos de nós não sucumbem aos reforçadores sombrios, e alguns de nós aprendem a superar nossas dependências deles. Como isso acontece?

Uma forma é aprendermos um repertório de *autocontrole comportamental* (Epstein, 1997; Skinner, 1948, 1953). Em situações em que um comportamento gera uma consequência positiva em curto prazo e uma negativa em longo prazo, podemos aprender dois tipos de respostas. A *resposta controladora* altera a probabilidade da *resposta controlada*. Por exemplo, nos dispomos a levar nossos amigos de carro à festa e bebemos um pouco de água antes de sairmos (respostas controladoras) para diminuir as chances de consumirmos calorias vazias, ficarmos bêbados e dirigirmos perigosamente (respostas controladas). Ao emitir a resposta controladora, evitamos a consequência negativa em longo prazo do reforçador sombrio, mas também seus efeitos colaterais emocionais negativos, como ansiedade e culpa, ao emitir a resposta controlada de dirigir bêbado com amigos no carro.

Skinner (1953) listou sete tipos de respostas controladoras. Usamos *restrição física e ajuda* quando colocamos as mãos sobre nossas bocas para parar de dizer algo estúpido; o pai irritado se afasta para evitar dizer algo desagradável ao filho; as pessoas cometem suicídio para evitar os efeitos colaterais emocionais graves de seu próprio comportamento futuro; e os espiões se matam para evitar divulgar segredos de estado. Ao *alterar o estímulo*, removemos um estímulo discriminativo para um comportamento indesejável; por exemplo, podemos presentear a caixa de doces para um vizinho para evitar que comamos. (Um *estímulo discriminativo* é um estímulo antecedente que foi pareado com um estímulo reforçador no passado; exemplos comuns incluem semáforos, placas e instruções de outras pessoas.) Apresentamos um estímulo discriminativo para um comportamento desejável; por exemplo, podemos ouvir uma fita de relaxamento ou respirar de maneira profunda para tornar mais provável que relaxemos. Também podemos mudar as funções do estímulo; por exemplo, quando nos expomos repetidamente a situações, como falar em público, que provoca ansiedade, rubor e transpiração, provavelmente mudamos a função desses estímulos para que não provoquem mais essas respostas emocionais indesejáveis. Usamos *privação* e *saciedade* quando comemos lanches regulares e saudáveis para comer menos no almoço, e comemos menos no almoço para trabalhar melhor à tarde. Talvez haja alguma transferência de saciedade entre comportamentos topograficamente semelhantes, como quando alguém se exercita vigorosamente para reduzir o envolvimento em comportamentos sexuais problemáticos. Manipulamos *condições emocionais* quando apresentamos estímulos para evocar comportamento emocional, como quando ouvimos música energizante para nos ajudar a fazer tarefas domésticas, e reduzimos o poder de estímulos que evocam emoções negativas contando até 10 quando estamos com raiva para evitar uma resposta imediata que lamentaremos mais tarde. Utilizamos a *estimulação aversiva* ajustando um alarme para acordar. Também programamos futuros estímulos aversivos quando fazemos compromissos; por exemplo, quando prometemos levar um amigo para jantar no aniversário dele e, em parte, vamos ao jantar de aniversário para evitar as consequências sociais desagradáveis e a culpa por não comparecer após prometermos. Por fim, nos engajamos em algo que se parece com *condicionamento operante* quando nos damos um agrado apenas depois de fazer algo necessário, mas chato ou difícil.

Quando nos envolvemos em autocontrole comportamental, é tentador imaginar que é o *self* autônomo e iniciador que nos faz agir. No entanto, em última análise, o controle está no ambiente selecionado e em nossa história de aprendizado. Ao longo de nossas vidas, aprendemos autocontrole com nossos cuidadores e professores, que nos ensinam paciência diante de tentações e nos admoestam por fracassos no autocontrole. O ambiente atual também controla nossas próprias respostas de controle quando nosso chefe nos lembra de mostrar a ele o esboço do projeto antes de fazermos uma apresentação ou um parceiro agradece por prepararmos uma refeição deliciosa e saudável, sabendo que estamos tentando perder peso.

O autocontrole está diretamente relacionado à psicopatologia que envolve escolhas impulsivas, como uso de substâncias, jogos de azar, suicídio e incapacidade de tolerar estimulação aversiva. Também é um importante preditor de psicopatologia: a capacidade de adiar a gratificação impulsiva no teste do *marshmallow* aos 4 anos prevê uma ampla gama de comportamentos adolescentes direta e indiretamente relacionados à psicopatologia (Shoda, Mischel, & Peake, 1990).

Skinner (1971) apresentou um estudo de caso narrativo que é um modelo de formulação de caso comportamental com implicações para a terapia. Ele descreveu o caso hipotético de um homem deixando o serviço militar e tendo problemas para se ajustar à vida civil. Skinner observou que a mudança de ambiente envolve uma modificação nas contingências de reforço. Muitos comportamentos reforçados no exército agora são inúteis e não são mais reforçados, estando sujeitos à extinção. A extinção vem com frustração (efeito colateral emocional da extinção), punição de comportamentos ineficazes (novamente com efeitos colaterais emocionais negativos, como ansiedade), sensação de falta de propósito (porque pouco de seu comportamento é positivamente reforçado) e sentimentos de culpa e vergonha (porque a ociosidade foi punida no passado). Nesse caso, o ex-guerreiro se envolve em formas ineficazes de comportamento de fuga, evocando mais ansiedade, e conclui que está doente e não é mais a pessoa que era antes.

Essa formulação é interessante porque aborda uma forma comum de psicopatologia, ou seja, depressão e ansiedade associadas a transições e perdas. Também traduz a linguagem vernácula usada em saúde mental para a linguagem do behaviorismo. Essa formulação-modelo é útil porque as implicações para a terapia são claras: a terapia deve reconstruir um repertório comportamental eficaz que entre em contato com contingências de reforço positivo, estabelecendo, de alguma forma, um repertório de autocontrole comportamental que aborde desafios atuais e futuros.

Por fim, Skinner (1953, 1971) descreveu o papel dos terapeutas como uma espécie de ponte entre os problemas do cliente e o estabelecimento do autocontrole comportamental. Quando um terapeuta trabalha com um cliente e acredita que sabe a resposta para os problemas dele, é tentador instruir o cliente a mudar seu comportamento. Skinner desaconselha isso por duas razões. A primeira e mais óbvia é que muitas pessoas rejeitam bons conselhos de imediato. A segunda e mais sutil é que, se o terapeuta puder induzir o cliente a se envolver em alguma forma de autogerenciamento, como autorregistro ou participação em algum experimento comportamental, então o terapeuta já induziu alguma mudança comportamental, tornando mais prováveis futuras mudanças comportamentais mais importantes. Quando o cliente retorna após uma semana de autorregistro e percebe que estava mais feliz tomando café com um colega de escritório e infeliz durante o fim de semana sem nada para fazer, um terapeuta talvez se sinta tentado a instruir o cliente a convidar alguém para um café durante o fim de semana. Skinner sugere que o terapeuta deve preferencialmente (1) perguntar ao cliente o que eles pensam que seus dados significam (i.e., descrever a relação funcional entre seu próprio comportamento e o ambiente); (2) apenas dar uma dica se necessário quanto a um curso de ação específico; e (3) reforçar formas eficazes de autocontrole comportamental, como combinar de almoçar no próximo sábado com um membro da família.

CONSIDERAÇÕES MULTICULTURAIS

Nos primeiros trabalhos sobre ABA na década de 1960, abordou-se de maneira indireta os aspectos multiculturais da mudança de comportamento por meio da validação social, que se refere às opiniões de públicos relevantes quanto ao valor dos comportamentos-alvo, métodos de intervenção e resultados das intervenções em ABA (Wolf, 1978). Foster e Mash (1999) argumentaram que a validação social é amplamente semelhante a termos como "importância clínica, importância aplicada, significância clínica, mudança qualitativa, relevância educacional, validade ecológica e validade cultural" (p. 308). A análise do comportamento utilizou métodos como avaliações subjetivas usando escalas Likert de diversos públicos, dados normativos e escolha simultânea de métodos de tratamento. Apesar desse trabalho sobre a validação social, a ABA dedicou relativamente pouca atenção de forma direta aos aspectos multiculturais da mudança de comportamento. De fato, alguns criticaram os praticantes de ABA por aplicarem técnicas comportamentais inadequadas ou escolherem comportamentos-alvo inadequados. Estes incluíram a seleção de alvos como comportamento homossexual (Barlow & Agras, 1973) e comportamento feminino estereotipado em um menino (Rekers & Lovaas, 1977), embora tais publicações tenham sido imediatamente criticadas pela própria comunidade analítico-comportamental (Nordyke, Baer, Etzel, & LeBlanc, 1977; Winkler, 1977). Controvérsias também surgiram sobre métodos de tratamento, como o uso de punição positiva, que alguns consideram inaceitável, talvez em muitas ou em qualquer circunstância.

O crescimento e a expansão da profissão de analista do comportamento certificado pelo conselho trouxeram a ABA para um contato maior com outras profissões e uma gama mais ampla de ambientes do que antes, o que estimulou maior consideração de questões multiculturais. A ABA também tem uma longa história e conjunto de procedimentos que podem ter sido aceitáveis no passado, mas que podem não ser mais aceitos. Um número especial da *Behavior Analysis in Practice,* intitulado *"Diversity and equity in the practice of behavior analysis"* (Zarcone, Brodhead, & Tarbox, 2019), abordou diversas questões que em geral surgem na saúde mental e na educação, como as seguintes:

- Questões de gênero, como diferenças salariais relacionadas a gêneros (Li, Gravina, Protchard, & Poling, 2019); a organização Women in Behavior Analysis (Sundberge, Zoder-Martell, & Cox, 2019); trabalhar com pessoas transgêneros e gêneros não conformes (Leland & Stockwell, 2019); feminismo interseccional (DeFelice & Diller, 2019); e violência de parceiros íntimos (Eilers, 2019).
- Materiais de ensino de estudantes e currículos, incluindo avaliação de preferências de estudantes por exemplos de ensino mais variados (Nava, Fahmie, Jin, & Kumar, 2010) e matérias de ensino de acesso livre (Howard, 2019).
- Vieses de profissionais contra indivíduos com adição a substâncias e doenças mentais (Rey, Kurti, Badger, Cohen, & Heil, 2019).
- Necessidades não supridas de treinamento profissional relacionadas a diversidade e competência cultural (Conners, Johnson, Duarte, Murriky, & Marks, 2019).

- Avaliações empíricas das preferências de linguagem dos clientes (Kunze, Drew, Machalinek, Safer-Lichtenstein, & Crowe, 2019).
- Trabalhar com grupos específicos de clientes, como famílias de baixa renda (Fontenot, Uawyo, Avendano, & Ross, 2019); maoris (Plessas, McCormack, & Kafantaris, 2019) e famílias linguisticamente diversas (Dennison et al., 2019).

Embora esses tópicos se sobreponham ao trabalho sobre diversidade cultural abordado por outros profissionais de saúde mental e educação, há uma ou duas características que distinguem uma abordagem comportamental ao multiculturalismo. Primeiro, há um pequeno número de trabalhos empíricos abordando o comportamento do cliente. Por exemplo, Nava et al. (2019) descobriram que exemplos mais culturalmente variados gerados pelos alunos não faziam diferença para a aprendizagem dos alunos, mas estes os preferiam aos exemplos típicos e restritos do livro didático. Kunze et al. (2019) avaliaram os efeitos da língua do pessoal (espanhol ou inglês) na taxa de pedidos e escolha de linguagem usada por um jovem com síndrome de Down ao utilizar um dispositivo de geração de fala para determinar suas preferências empiricamente. Em segundo lugar, não está claro o quanto esses artigos de posição influenciaram o treinamento profissional e a prática nesse momento.

EVIDÊNCIAS A FAVOR DO MÉTODO

Demonstrar que a formulação comportamental de casos é uma prática baseada em evidências não é simples. Muitas vezes, os critérios para fazer isso não são explicitamente declarados, e projetar e conduzir experimentos é complicado, sobretudo no que diz respeito à consideração do que é um grupo-controle apropriado. Por exemplo, Persons, Roberts, Zalecki e Brechwald (2006) relataram o tratamento de ansiedade e depressão em uma série de 58 adultos com base em formulações de terapia cognitivo-comportamental (TCC) na prática privada. Houve diferenças estatisticamente significativas nos sintomas autorrelatados comparando dados basais com dados pós-tratamento, e os resultados foram amplamente semelhantes aos de ensaios experimentais de TCC em populações similares. Mas, se esse é o caso, então por que se preocupar com a formulação se resultados semelhantes poderiam ter sido alcançados com a TCC-padrão sem a necessidade de fazer uma formulação? O último leva tempo e dinheiro e pode envolver atrasos no tratamento.

Existem diversas estratégias que podem responder melhor à questão da eficácia da formulação. Uma delas é comparar o tratamento baseado em formulação com a prática-padrão baseada em evidências para um tratamento específico. Por exemplo, Ghaderi (2005) randomizou 50 indivíduos com bulimia para receberem tratamento padronizado ou individualizado guiado pela TCC por análise funcional lógica (Wulfert, Greenway, & Dougher, 1996). O tratamento no grupo individualizado às vezes era semelhante à TCC-padrão, mas às vezes incluía mais intervenções baseadas em comportamento governado por regras, aceitação, relacionamentos interpessoais e estratégias individuais para trauma, relacionamentos abusivos e isolamento social, quando aplicável. Ambos os tratamentos foram bastante eficazes em múltiplos resultados, mas o tratamento individualizado baseado em análise funcional foi superior à TCC-padrão. O tratamento baseado em função tinha mais probabilidade de resultar em mais dias sem compulsão alimentar no acompanhamento, e dos 10 não respondedores, oito estavam no grupo de TCC-padrão.

Outros estudos em grupo produziram resultados mistos. Okajima et al. (2013) relataram que o tratamento baseado em análise funcional da insônia crônica foi mais eficaz do que a educação do paciente. Um suporte parcial para o uso do tratamento baseado em análise funcional de transtornos de ansiedade também foi relatado por Trower, Yardley, Bryant e Shaw (1978), já Nelson-Grey, Herbert, Herbert, Sigmon e Brannon (1987) encontraram um suporte mais forte para a eficácia do tratamento baseado em análise funcional. De modo surpreendente, estudos sobre depressão usando desenhos de N pequeno comparando tratamentos baseados em análise funcional com outros tratamentos produziram evidências positivas para a eficácia da abordagem baseada em análise funcional (Nelson-Gray et al., 1989). Em contraste, Schulte et al. (1992) relataram que a exposição padronizada foi *superior* ao tratamento individualmente adaptado de transtornos de ansiedade. Curiosamente, a terapia de exposição também foi eficaz no tratamento daqueles que recebiam tratamento individualmente adaptado, assim como aqueles em um grupo-controle que recebiam tratamento baseado em um plano adaptado para outro participante do estudo, mas os pacientes nesses dois últimos grupos receberam significativamente menos intervenções de exposição. Assim, a entrega de intervenções de exposição foi o ingrediente ativo primário no tratamento da ansiedade. Por fim, Emmelkamp, Blouman e Blaauw (1992) relataram que o tratamento baseado em formulação não foi superior ao tratamento padronizado de exposição e prevenção de resposta para transtorno obsessivo-compulsivo (TOC).

Uma segunda estratégia é comparar o tratamento baseado em análise funcional combinado e não combinado em uma mesma pessoa. Por exemplo, Kearney e Silverman (1999) avaliaram as funções da recusa escolar em oito crianças usando a Escala de Avaliação da Recusa Escolar (SRS [do inglês, *School Refusal Assessment Scale*]; Kearney & Silverman, 1993), que foi modelada após a *Motivation Assessment Scale* (Escala de Avaliação da Motivação; Durand & Crimmons, 1992). A SRS classifica a função da recusa escolar como evitação de estímulos que provocam afetos negativos, evitação de avaliações sociais aversivas, busca por atenção e reforço positivo tangível. Quatro crianças receberam tratamento baseado na função de sua recusa escolar, e quatro receberam tratamentos não baseados nos resultados da SRS. O tratamento baseado na função foi eficaz, resultando na quase completa eliminação da recusa escolar pós-tratamento e no acompanhamento. O tratamento que não foi baseado na função foi um tanto *iatrogênico*, pois a recusa escolar aumentou um pouco. Além disso, quando o grupo-controle posteriormente recebeu tratamento baseado em análise funcional, a recusa escolar foi reduzida de forma drástica pós-treinamento, embora tenha havido alguma recaída no acompanhamento. Resultados semelhantes foram relatados para o tratamento baseado na função de transtornos de comportamento em crianças tipicamente desenvolvidas (Ingram, Lewis-Palmer, & Sugai, 2005).

Podemos concluir que o tratamento baseado em análise funcional às vezes tem resultados semelhantes ou até melhores que o tratamento-padrão. Em algumas circunstâncias, sobretudo em contextos nos quais tratamentos altamente eficazes já existem, pode haver menos evidências da eficácia dos tratamentos baseados em análise funcional. Como acontece com todos esses resultados negativos, isso pode simplesmente refletir treinamento inadequado do profissional em avaliação funcional e tratamento, implementação deficiente da avaliação funcional, tradução inadequada dos resultados da avaliação funcional para um tratamento baseado na função, problemas de integridade do tratamento e/ou falta de poder experimental ou outras características de *delineamento* que podem resultar em uma falha em detectar diferenças que possam ter ocorrido.

PASSO A PASSO DA FORMULAÇÃO DE CASOS

Existem diversas tecnologias para auxiliar os profissionais na elaboração de formulações de casos comportamentais (Sturmey, 2008, 2020). Alguns exemplos incluem (1) a análise SORCK (estímulo-organismo-repertório de resposta-contingência-consequência [do inglês, *stimulus-organism-response repertoire-contingency-consequence*]) de psicopatologia de Kanfer e Phillip (1970) (Frost & Devilly, 2015; Lincoln et al., 2017); (2) o trabalho de Haynes e O'Brien (2000) sobre avaliação comportamental e modelo clínico analítico funcional (FACCM, do inglês *functional analytical clinical case model*), que alguns incorporaram à terapia de aceitação e compromisso (Rasanenn, Lappalainen, Muotka, Tolvanen, & Lappalainen, 2016) e a outras terapias comportamentais de terceira onda (Kohtala, Muotka, & Lappalainen, 2018); (3) análise funcional lógica (Wulfert et al., 1996); e (4) o mapa clínico de patogênese (Nezu & Nezu, 1989; Nezu, Nezu, & Cos, 2007). Além disso, vários autores incorporaram elementos significativos da formulação de casos comportamentais em abordagens comportamentais amplas, como o uso da análise de cadeia na terapia comportamental dialética (DBT, Salsman, Capítulo 10, neste volume) e o diagrama de fluxo de Follette, Naugle e Linnerooth (2000), que resume os passos amplos na condução de uma formulação de caso comportamental. Também existem análises funcionais experimentais verdadeiras de comportamentos psicopatológicos, como fobias (Jones & Friman, 1999), depressão (Nelson-Grey et al., 1987) e discurso psicótico (Lindsley, 1956, 1960; Frojan-Parga, de Prado-Gordillo, Álvarez-Iglesias, & Alonso-Veja, 2019). Na verdade, a formulação de casos comportamentais tem sido aplicada a quase todas as formas de psicopatologia (Sturmey, 2020) do *Manual diagnóstico e estatístico de transtornos mentais* – 5ª edição (DSM-5; American Psychiatric Association, 2013) e muitos problemas clinicamente significativos que não se correlacionam facilmente com diagnósticos individuais do DSM-5, como raiva (Fernandez, 2013).

Essas várias abordagens para fazer uma formulação de caso comportamental diferem de maneira substancial, não apenas em termos da tecnologia utilizada mas também em relação a outros fatores, incluindo:

- a sequência em que as tarefas são executadas;
- se elas têm ênfase explícita em estabelecer o *rapport*;
- métodos utilizados para coleta, análise e apresentação de dados de avaliação funcional e de análise;
- o grau em que formulações são empiricamente testadas antes de o tratamento ser implementado (Mumma, 2011) e se análises experimentais que utilizam um N pequeno de experimentos são conduzidas;
- o grau de complexidade da formulação que pode ser desejável para terapeuta e/ou cliente; e
- até que ponto o cliente participa na confecção, na confirmação e na utilização da formulação.

Antes de tecnologias específicas serem consideradas, pode ser útil revisitar a visão de Skinner (1953) acerca do processo psicoterápico.

Lembre-se de que Skinner via a psicopatologia como resultado de uma história de punição e seus efeitos colaterais. A psicoterapia é iniciada porque o comportamento do cliente é problemático para si mesmo ou para os outros. A sociedade oferece muitos bons conselhos relacionados à psicopatologia na forma de provérbios ("Quem quer colher mel deve enfrentar a picada das abelhas") e conselhos de outras pessoas ("Defenda-se! Não tenha medo do seu chefe"), e na medida em que seguir tais regras seja eficaz e reforçado, essas regras são muitas vezes adequadas. Mas, em um mundo com menos sacerdotes e sábios, tais conselhos podem não estar disponíveis ou podem falhar mesmo quando seguidos. Portanto, as pessoas podem procurar ajuda profissional.

Skinner destacou que muitos terapeutas dão grande importância à coleta de informações e à atribuição de um rótulo (ou muitos rótulos) a um problema, mas que tal abordagem não é, por si só, uma compreensão científica completa do problema do cliente. Apenas por meio de uma compreensão da relação funcional entre os fatos e o ambiente é que alguém pode entender o problema.

Skinner observou que a maneira como os clientes chegam à terapia é complicada, mas que uma das principais razões pelas quais alguém procura o terapeuta é a possibilidade de aliviar sintomas angustiantes, como ser um pai malvado e punitivo e se sentir culpado ou outros estímulos aversivos, como a ameaça de perda do próprio filho por causa de práticas parentais danosas e inaceitáveis. De início, o terapeuta tem pouco controle sobre o comportamento do cliente porque não tem histórico com ele. Promessas de alívio de estímulos aversivos; evidências de eficácia com outros clientes; similaridade com outros indivíduos eficazes, como professores, pais, sacerdotes; e símbolos de autoridade profissional, como certificados na parede e formas de comportamento e vestimenta profissionais, podem ajudar a estabelecer esse controle.

Talvez o início mais importante do controle do terapeuta sobre o comportamento do cliente venha de qualquer alívio inicial que o cliente sinta do sofrimento. Skinner observou que os terapeutas são normalmente não punitivos, e comentários dos terapeutas como "aham" e "isso é interessante" criam um ambiente facilitador de controle para os clientes, sobretudo aqueles com histórico de exposição à punição. Esse processo tem dois resultados: aumenta a fala do cliente, incluindo conversas sobre tópicos e uso de palavras que não têm usado há muito tempo; também expõe repetidamente os clientes aos efeitos colaterais emocionais dessas palavras, o que pode resultar na extinção de seus efeitos colaterais emocionais, como quando o cliente chora discutindo um assunto difícil. Por exemplo, o cliente pode se sentir mais confortável e menos culpado ao falar sobre ser um pai não amoroso, o que pode preparar o terreno para falar sobre soluções para esse problema. Se o terapeuta inexperiente inadvertidamente punir o cliente, ele pode falar menos ou parar de falar – e dizemos que o cliente mostra resistência (Rogers, 1942).

Com o tempo, o terapeuta pode passar a exercer maior controle sobre o comportamento do cliente. O cliente segue os bons conselhos do terapeuta ou adquire um repertório de autocontrole. O cliente, então, experimenta maior alívio da estimulação aversiva e entra em contato com contingências de reforço positivo.

O terapeuta pode fazer muitas coisas para alcançar esses resultados, incluindo o uso de técnicas psicoterapêuticas tradicionais. Skinner permaneceu relativamente neutro quanto à eficácia da psicoterapia e à eficácia relativa de diferentes técnicas de psicoterapia. Em vez disso, ele observou que os terapeutas poderiam usar uma ampla gama de estratégias. Uma primeira estratégia foi reduzir o uso de punição; por exemplo, pedir aos pais que relaxem seus padrões e reconheçam aspectos positivos do comportamento de seus filhos. Uma segunda estratégia, quando há controle insuficiente de fontes tradicionais, foi aumentar o controle, como adicionar regras e consequências; por exemplo, adicionar um cronograma estruturado com contingências em casa. Um terceiro exemplo foi construir repertórios comportamentais novos e eficazes, como ensinar uma criança a obter elogios dos pais de maneira apropriada e eficaz. Curiosamente, Skinner destacou a importância de construir um repertório generalizado de autocontrole do cliente que este possa usar em situações e desafios futuros não antecipados. Uma quarta estratégia é identificar contingências prejudiciais e substituí-las por outras mais benignas. Por exemplo, muitos dos comportamentos que a sociedade pune são, em essência, altamente reforçadores, como o uso ilícito de drogas. Nessa situação, o terapeuta deve considerar extinguir o comportamento problemático e reforçar comportamentos alternativos. (Isso, é claro, nem sempre é possível, já que o terapeuta pode não ter controle sobre todas as contingências relevantes.) O resultado do processo terapêutico é que o terapeuta não deve instruir o cliente sobre como mudar seu comportamento, nem mesmo fazer o cliente descobrir sua própria solução. Em vez disso, o trabalho do terapeuta é mudar o comportamento do cliente para que ele seja capaz de descobrir sua própria solução para o problema.

Seguindo o trabalho de Skinner, houve diversos exemplos de abordagens específicas para a formulação de casos comportamentais (Sturmey, 2008; ver também discussões anteriores neste capítulo). Vamos agora considerar quatro exemplos. Um primeiro e simples exemplo vem de Follette et al. (2000), que delinearam uma abordagem simples de seis etapas para análise funcional. Os objetivos da análise funcional são identificar comportamentos-alvo e variáveis ambientais que os controlam, selecionar uma intervenção baseada na função e fornecer um quadro para monitoramento e avaliação do tratamento. Duas características importantes da análise funcional são que ela é iterativa e autocorretiva. Ela pode conter omissões, sobretudo no início, e erros positivos que o terapeuta e o cliente podem identificar à medida que a avaliação e o tratamento progridem. A Etapa 1 é identificar uma lista de problemas, incluindo comportamentos-problema, e organizá-la em alguma hierarquia de importância. Além disso, o terapeuta deve identificar uma ampla gama de ativos e déficits do cliente. A Etapa 1 é útil porque especifica de maneira construtiva resultados observáveis do cliente e facilita a avaliação do tratamento. A Etapa 1 é semelhante a muitas abordagens de formulação de casos. A Etapa 2, especificamente comportamental, é organizar os problemas apresentados usando conceitos comportamentais. Essa etapa pode incluir a identificação das operações estabelecedoras, estímulos discriminativos, contingências de reforço e comportamento governado por regras para ambos os comportamentos-alvo desejáveis e problemáticos, incluindo comportamentos observáveis externos e comportamentos encobertos, como pensar e sentir. Por exemplo, isso pode incluir a agrupação de diferentes topografias em classes de resposta funcionais e identificar maneiras mais eficazes de se comportar. As Etapas 3, 4 e 5 consistem em desenvolver um plano de intervenção baseado na função, estimar e avaliar os resultados. Se a intervenção for considerada eficaz, então a terapia estará concluída. Se for considerada ineficaz, então terapeuta e cliente implementam a Etapa 6, que é voltar à Etapa 1 e reformular o problema. Esse ciclo continua até que a intervenção seja considerada eficaz.

Uma segunda abordagem são as entrevistas baseadas em hipóteses de Wolpe (Wolpe & Turkat, 1985). Em vez de seguir uma série de etapas para conduzir uma análise funcional e depois organizar as informações usando conceitos comportamentais, essa abordagem começa com hipóteses sobre o(s) problema(s) apresentado(s) para guiar perguntas que confirmem e testem essas hipóteses funcionais. Wolpe caracterizou essa abordagem como uma espécie de trabalho de detetive ativo por parte do terapeuta. Por exemplo, Wolpe e Turkat (1985, pp. 11-12) escreveram sobre a primeira sessão de um caso, na qual diversas observações foram realizadas a partir do momento que o cliente se sentou e antes de qualquer pergunta ter sido feita:

> A paciente está muito bem-vestida e parece rígida ao andar. Quando sentada, a postura da paciente também é formal. Ela se senta na beirada da cadeira ... o batom está fresco. ... Ela é geralmente cautelosa? ... Por que ... [ela] exige perfeição de si mesma? Ela está excessivamente preocupada com a forma como aparece para os outros? Ela tem medo de críticas? ...
>
> O terapeuta adota a hipótese preliminar, ou seja, que a paciente é uma perfeccionista ... com medo de cometer erros e ser criticada, falhar...

Com essa hipótese inicial, o terapeuta prosseguiu com a investigação.

Entrevistas subsequentes podem confirmar, elaborar ou refutar essa hipótese, mas ela guia a linha de questionamento, prevê como o cliente pode se comportar no futuro e também prevê intervenções baseadas na função. Por exemplo, essa formulação prelimi-nar pode prever problemas relacionados a várias formas de crítica e falha e sugere que o tratamento deve abordar isso por meio de um tratamento idiossincrático baseado na função para essa pessoa, como exposição progressiva à crítica e à falha e maneiras mais eficazes de lidar com esses antecedentes. Turkat (1985) oferece um excelente modelo para essa abordagem orientada por hipóteses.

Outra abordagem para a formulação de casos comportamentais é o FACCM (Haynes & O'Brien, 2000). Um FACCM é "um diagrama vetorial de uma análise funcional . . . [que] inclui problemas comportamentais, a importância e as relações entre os compor-tamentos-problema, a força e a direção das relações funcionais causais e não causais e a modificabilidade das relações causais" (p. 283). Esses diagramas são úteis para iden-tificar caminhos, incluindo a relação entre eventos ambientais e comportamentos-pro-blema e entre comportamentos que levam ao comportamento-alvo (ou seja, cadeias de comportamento). Além disso, os FACCMs identificam de maneira explícita o grau de modificabilidade das variáveis, a magnitude de seus efeitos e se são causais ou não. Por-tanto, os FACCMs ajudam a direcionar a atenção do clínico e do cliente para variáveis que são mais prováveis de ter um grande efeito sobre o comportamento-alvo e para pon-tos de entrada precoces nas cadeias de comportamento que podem ter grandes efeitos de propagação. FACCMs podem ser encontrados relacionados à autolesão em um me-nino com deficiências de desenvolvimento e em uma mulher com episódios de pânico (Haynes & O'Brien, 2000).

Haynes e Williams (2003) apresentaram uma aplicação de um FACCM para entender os problemas do Sr. Stockert, um homem de 50 anos que apresentava múltiplos proble-mas após uma lesão nas costas no trabalho seis meses antes da avaliação. Ele já havia passado por duas cirurgias consideradas bem-sucedidas por seu cirurgião ortopédico, e não havia problemas orgânicos conhecidos no momento do encaminhamento. A aná-lise funcional foi conduzida em dois encontros, cada um com duração de 1,5 hora, com cinco dias de intervalo. Entre as consultas, o Sr. Stockert monitorava a dor e o sono por conta própria. As avaliações incluíram entrevistas com o Sr. Stockert e sua esposa, ava-liação psicométrica de depressão e dor, e uma observação analógica de uma discussão sobre um tópico difícil (problemas financeiros) entre o cliente e sua esposa.

Durante a entrevista, o Sr. Stockert parecia deprimido (falava lentamente com um tom de voz baixo) e relatava poucas atividades prazerosas. Os autores identificaram os comportamentos-alvo, classificados do mais importante para o menos importante, como (1) discussões sobre finanças, (2) dificuldades financeiras, (3) demandas da es-posa, (4) preocupações pré-sono, (5) atribuições negativas da esposa, (6) pensamentos de desvalorização e (7) incapacidade de trabalhar. Esses problemas eram modificáveis e fortemente relacionados ao humor deprimido, à diminuição da atividade física e ao aumento da dor. Discutir sobre finanças era altamente angustiante para ambos os par-ceiros. A observação analógica do casal discutindo esse problema revelou acusações, raiva, poucos comentários positivos e preocupação da esposa do Sr. Stockert de que ela talvez tenha que trabalhar fora de casa pela primeira vez. Haynes e Williams (2003) não fizeram recomendações de tratamento explícitas, mas seu FACCM sugere que a intervenção precoce, seja o casal resolvendo seus problemas financeiros ou mudando a forma como discutiam esses problemas, poderia ser um bom ponto de entrada, pois essas variáveis eram causais, tinham grandes magnitudes de efeitos na dor e, potencialmente, eram altamente modificáveis. No entanto, existem muitas opções de tratamento, e o clínico deve escolher com base em fatores como aceitabilidade do tratamento, eficiência e custo.

Haynes e O'Brien (2000) apresentaram uma abordagem mais tecnicamente explícita para a formulação de casos comportamentais do que outras abordagens, pois enfatizam alguns aspectos básicos da avaliação, incluindo a avaliação comportamental. Ou seja, eles enfatizam a coleta de informações de avaliação usando múltiplos métodos – entrevistas de autorrelatos, avaliações psicométricas, *roleplays* e observação direta – e múltiplas fontes – familiares, amigos e outros.

Por fim, existem algumas análises funcionais experimentais verdadeiras do comportamento psicopatológico, incluindo análises funcionais da depressão (McKnight, Nelson, Hayes, & Jarrett, 1984; Nelson-Grey et al., 1987), recusa escolar (Kearney & Silverman, 1999), gagueira (Jones & Azrin, 1969) e fobias específicas (Jones & Friman, 1999). Essas abordagens analíticas funcionais são caracterizadas por dados observacionais, desenhos experimentais de N pequeno e análises experimentais pré-intervenção do comportamento para determinar as funções do(s) comportamento(s)-alvo e identificar comportamentos substitutos antes da intervenção.

Estendendo o trabalho anterior sobre análises funcionais da depressão (Trower et al., 1978), Nelson-Grey et al. (1987) identificaram as funções da depressão em nove mulheres. Eles identificaram as funções da depressão usando *roleplays* para avaliar habilidades sociais e autorrelatos de cognição para classificar as funções como déficits em habilidades sociais, distorções cognitivas ou ambos. Havia três mulheres com cada função. Usando desenhos de múltiplos elementos, eles compararam intervenções que correspondiam ou não às funções da depressão e descobriram que as intervenções eram mais eficazes quando os tratamentos correspondiam às funções.

Esses estudos mostram que existem diversas abordagens para conduzir avaliações funcionais e análises de comportamento relacionadas à psicopatologia. Alguns desses métodos são próximos ao trabalho clínico tradicional, pois utilizam entrevistas no consultório como única fonte de dados (Turkat, 1985; Wolpe & Turkat, 1985), já outras abordagens usam métodos de avaliação mais variados e períodos de avaliação mais extensos (p. ex., Haynes & O'Brien, 2000). Alguns praticantes de ABA relutam em incluir dados de avaliação que não podem ser verificados, como histórico autorrelatado, enquanto outros utilizam o histórico autorrelatado de diferentes maneiras. Por exemplo, Wolpe e Turkat (1985) usam entrevistas comportamentais para identificar possíveis eventos condicionantes. Essas entrevistas informam a identificação de variáveis no ambiente atual que, de outra forma, podem ser difíceis de identificar e que podem ser essenciais no desenvolvimento de tratamentos baseados em função. Outros incluem informações de histórico de desenvolvimento e social para confirmar as funções dos problemas apresentados e também para construir uma explicação funcional coerente e internamente consistente do problema apresentado e sua possível história. Até o momento, há pouca informação sobre os méritos relativos dessas diferentes abordagens para a formulação de casos comportamentais.

PLANEJAMENTO E PRÁTICA DO TRATAMENTO

A principal maneira pela qual o terapeuta utiliza uma formulação de caso comportamental é guiar o tratamento idiossincrático para desenvolver um tratamento melhor *do que o que seria implementado de outra forma*. Por exemplo, no caso do Sr. Stockert, já descrito, pode ser aceitável colocá-lo em um grupo de tratamento com base em diversos diagnósticos potenciais, como terapia em grupo de TCC para depressão, distúrbios do sono ou terapia de casal. De fato, um ou mais desses tratamentos podem ser eficazes para o Sr. Stockert. Se o processo de formulação de caso comportamental for valioso, ele deverá ser melhor do que essas opções de tratamento razoáveis. Por exemplo, pode-se prever que apenas os tratamentos – seja diagnóstico ou baseado em análise funcional – que abordam problemas financeiros, discutem sobre problemas financeiros e os resolvem deveriam ser os mais eficazes. Tratamentos diagnósticos e baseados em análise funcional que não atingem o alvo, como ensinar higiene do sono ou estratégias de terapia cognitiva, devem ser menos eficazes do que os tratamentos baseados em análise funcional, ineficazes ou até prejudiciais.

A literatura sobre formulação de casos comportamentais tem reconhecido o trabalho de compartilhamento de formulações, que foi conduzido principalmente por pesquisadores cognitivo-comportamentais. De fato, esse trabalho relatou resultados surpreendentes, ou seja, que os clientes viram o compartilhamento de formulações tanto de forma positiva quanto negativa (Chadwick, Williams, & Mackenzie, 2003). A questão de saber se o compartilhamento de formulações de caso melhora os resultados dos clientes ainda precisa ser respondida de maneira empírica.

De uma perspectiva behaviorista radical, pode ser interessante considerar os muitos significados de "compartilhar uma formulação" com um cliente e as diferentes mudanças no comportamento do cliente e do terapeuta. Uma forma de compartilhar uma formulação é o terapeuta entregá-la no final da avaliação, seja como uma opinião de especialista, como um auxílio-memória para o cliente ou ambos. Compartilhar a formulação dessa forma pode ser problemático, pois o cliente pode não entendê-la nem saber como usá-la. Uma forma alternativa de compartilhar uma formulação é usá-la como uma ferramenta para iniciar a mudança de comportamento do cliente. Um modelo interessante para fazer isso vem de Kinderman e Lobban (2000), que começam apresentando aos clientes uma formulação-padrão simples e genérica de diátese-estresse ("vulnerabilidade + estresse = angústia ou distúrbio") e, então, elaborando e personalizando a formulação em discussão com o cliente, resultando em uma formulação individual construída em conjunto pelo terapeuta e cliente. Exatamente o que acontece enquanto o terapeuta e o cliente desenvolvem a formulação não está claro em Kinderman e Lobban (2000). Se o terapeuta pega as informações do cliente e diz a ele "Então um dos seus fatores de vulnerabilidade é X" ou o incentiva dizendo "Que tipo de vulnerabilidades você acha que levaram aos seus problemas?", isso pode ser importante. Esse último envolve ensinar o cliente a relatar e fazer discriminações sobre seu próprio comportamento e, como tal, pode ser um exemplo do que Skinner se referia como capacitar o cliente a se preparar para descobrir a solução para seu próprio problema. Assim, neste momento, não existem protocolos explícitos para abordagens skinnerianas de compartilhamento de formulações de caso com clientes, mas permanece uma possibilidade intrigante sobre o que seria isso e se faz uma diferença importante no processo ou no resultado da terapia.

As abordagens comportamentais para a formulação de casos são muito empíricas. Elas incluem estabelecer metas específicas, mensuráveis e limitadas no tempo, e geralmente incluem o acompanhamento de comportamentos-alvo, comportamentos relacionados ao comportamento-alvo, como comportamentos precursor, comportamentos alternativos e etapas na terapia, como metas diárias e semanais. Assim, as abordagens comportamentais para a formulação de casos focam na avaliação dos resultados do tratamento e na revisão da formulação com base nos resultados do cliente.

EXEMPLO DE CASO

A apresentação de caso a seguir utiliza uma combinação de métodos de várias abordagens comportamentais descritas previamente. O tratamento pode incluir uma avaliação inicial para identificar e organizar outros comportamentos-alvo e esclarecer objetivos em curto e longo prazos, incluindo tanto a redução de comportamentos indesejados quanto a perpetuação do comportamento desejado. Em geral, o tratamento comportamental ocorre em um ambiente ambulatorial para muitos problemas comuns, como casos de ansiedade e depressão, mas pode diferir de outras formas de psicoterapia por ser mais orientado para a ação, por exemplo, incluindo mais *roleplays* e ensaios de habilidades e também sendo mais provável de envolver observação no ambiente natural ou em situações análogas. O terapeuta provavelmente estará focado em mudar o comportamento relativamente rápido pela utilização de metas mutuamente acordadas (p. ex., caminhar até as lojas três vezes nesta semana, mesmo que tenha que voltar para casa mais cedo) e em utilizar métodos específicos de terapia comportamental, como exposição, relaxamento, ativação comportamental, e assim por diante. O relacionamento terapêutico é positivo e empático. Isso é importante na medida em que facilita as mudanças no comportamento do cliente e o tratamento eficaz, mas, por si só, é insuficiente. O número de sessões muitas vezes é relativamente curto e focado no problema. Por exemplo, o tratamento em grupo e individual da depressão pode ocorrer em apenas seis sessões de uma hora, embora sessões adicionais possam ser necessárias para acompanhamento, generalização e abordagem de recaídas ou para casos mais desafiadores e complexos.

Apresentação do caso

Uma carta de encaminhamento indicou que a Sra. Sylvia Brockwood era uma mulher casada de 57 anos encaminhada para tratamento de agorafobia grave, que a deixava em grande parte confinada em casa. Seu médico de atenção primária a encaminhou após tentar tratar esse problema com medicamentos ansiolíticos e antidepressivos, mas sem sucesso. Ele havia descartado problemas de saúde física como causa 12 meses antes. O médico de Sylvia também a havia encaminhado a um psiquiatra 12 meses antes; o psiquiatra fez várias mudanças na medicação, mas sem impacto significativo no problema, exceto por alguma redução no desconforto geral e na ansiedade.

Sylvia morava em casa com o marido, George, um homem de negócios de 62 anos muito bem-sucedido que viajava muito a trabalho. Eles moravam em um subúrbio arborizado de uma área metropolitana importante. Ela nunca havia trabalhado fora de casa durante seus 37 anos de casamento. Eles tinham duas filhas, Janine e Annette, de 35 e 33 anos, respectivamente. Ambas as filhas saíram de casa aos 18 anos para frequentar a universidade e, até recentemente, moravam perto, mas, no último ano, ambas se mudaram para mais longe. As filhas recentemente tiveram seus próprios filhos.

Antes de se encontrar com a cliente

A conceitualização de caso não começa do zero a cada vez. Em vez disso, o terapeuta a aborda munido de uma história de treinamento acadêmico e profissional, que especifica regras e modelos de como proceder com a formulação de caso, e experiências profissionais, que trazem consigo uma história de aprendizagem que afeta o desempenho futuro tanto de maneiras boas quanto ruins.

Neste caso, um terapeuta pode chegar com a formulação genérica de que os transtornos de ansiedade são caracterizados por (1) evitação de estímulos que provocam ansiedade para atenuar esse sintoma (ou seja, cronogramas de reforço negativo, mantendo a evitação e o envolvimento em outros comportamentos); (2) estímulos que foram pareados com estímulos aversivos no passado que podem suprimir o comportamento operante em curso (Estes & Skinner, 1941); e (3) transições envolvendo perda de oportunidades de se envolver em comportamentos previamente reforçados que podem resultar na extinção de comportamentos previamente eficazes e nos efeitos colaterais emocionais negativos da extinção e aquisição de comportamentos problemáticos quando o comportamento eficaz é extinto (Skinner, 1971).

Com base nas informações de encaminhamento anteriores, o terapeuta pode fazer três previsões que compõem uma avaliação funcional preliminar. Primeiro, que "permanecer em grande parte confinada em casa" pode indicar evitação de ansiedade fora de casa. Os estímulos evitados ainda não estão claros; no entanto, o terapeuta pode prever que a ansiedade aumentará fora de casa e diminuirá ao retornar para casa se os estímulos provocativos forem removidos. Em segundo lugar, o terapeuta pode prever que existam estímulos que foram pareados com estímulos aversivos no passado, mas até agora não se sabe quais são. Dadas as informações sobre transições envolvendo perdas no parágrafo anterior (item 3), é possível que estímulos que predizem a perda de acesso aos membros da família sejam alguns exemplos de estímulos que provocam comportamento ansioso. Se for esse o caso, talvez o acesso aos membros da família seja um reforçador mais poderoso após períodos de falta desse acesso. Em terceiro lugar, no contexto do marido de Sylvia estar ausente em razão dos negócios, as transições da perda das filhas que saíram de casa, o fato de terem se mudado para mais longe de casa e terem aumentado o tempo passado com suas próprias famílias podem ter reduzido as oportunidades para Sylvia se envolver em comportamentos parentais previamente reforçados. Essa perda, por sua vez, pode funcionar como uma operação estabelecedora para aumentar o valor do acesso aos membros da família e talvez a outros, e é possível que esse acesso possa reforçar o comportamento agorafóbico. Pode-se prever que durante a primeira entrevista, Sylvia não apenas estará ansiosa, mas solicitará ajuda e garantia do terapeuta e buscará maneiras de manter contato com seus membros da família. Embora isso seja especulação – embora especulação informada por conceitos básicos da análise do comportamento –, isso estabelece um quadro para a primeira entrevista de avaliação e é um exemplo de formulação de caso comportamental orientada por hipóteses (Wolpe & Turkat, 1985).

Encontrando-se com a cliente

Durante a primeira entrevista de avaliação, Sylvia chegou cedo à sala de espera, acompanhada, de braços dados, por uma jovem mulher, presumivelmente uma de suas filhas. Quando a terapeuta as cumprimentou na sala de espera, Sylvia estava chorosa e ansiosa; ela segurava sua bolsa e sua filha; ela estava visivelmente muito ansiosa, com ombros, braços, pernas, pescoço, músculos faciais todos tensos; ela respirava rápida e superficialmente; e ela examinava de maneira ansiosa o ambiente em busca do que poderia acontecer e olhava nervosamente para qualquer pessoa no ambiente, como a recepcionista do consultório. Quando a terapeuta entrou na sala, Sylvia começou a se comportar de forma nervosa. Antes de a terapeuta se apresentar, a filha tranquilizou sua mãe de que tudo estava bem, que estaria lá esperando por ela durante e após a entrevista, e que não sairia da sala de espera por nenhum motivo. Quando a terapeuta se apresentou, Sylvia mal conseguiu dizer algumas palavras.

O detetive/terapeuta informado e observador pode notar algumas das seguintes características desta breve interação. Primeiro, como previsto pelas informações de encaminhamento, a filha de Sylvia estava muito receptiva e tranquilizadora em relação às solicitações de sua mãe, sugerindo que o conforto do comportamento de sua filha era um reforçador positivo para pedidos de ajuda. Em segundo lugar, houve um bom exemplo de controle de estímulo da ansiedade; ou seja, Sylvia conversava facilmente com sua filha, mas não conseguia falar com a terapeuta. Isso sugeria que a nova terapeuta provocava mais ansiedade do que sua filha. Agora, como Sylvia não tinha histórico de aprendizado com a terapeuta, poderia haver um histórico de aprendizado com pessoas fisica ou funcionalmente semelhantes pareadas com estímulos aversivos no passado. Por fim, com vistas à possível terapia de exposição, a terapeuta observou que, embora Sylvia estivesse confinada em casa, ela saía, embora em estado de considerável angústia, para consultas médicas e profissionais quando acompanhada por sua filha, indicando controle de estímulo do comportamento ansioso.

Neste ponto, já poderíamos confirmar algumas características de nossa formulação preliminar. Ou seja, parecia que o conforto para o comportamento ansioso de pelo menos um membro da família poderia ser um reforçador positivo poderoso. Também poderíamos elaborar ainda mais a formulação. O comportamento ansioso de Sylvia ocorria em detrimento da representação funcional da pessoa com quem ela estava falando. Não estava claro quais eram as diferenças relevantes entre as pessoas, mas poderia ser familiar *versus* desconhecido, família *versus* não família, e assim por diante; uma avaliação mais aprofundada deveria explorar essa questão em relação a diferentes membros da família, amigos (se houver) e indivíduos desconhecidos.

A primeira entrevista

No momento que Sylvia entrou no consultório da terapeuta e sentou-se, ela estava respirando rápida e superficialmente, sentada na beira da cadeira, ainda segurando sua bolsa, enxugando os olhos e apenas conseguindo dizer as palavras: "Doutora, espero que você possa me ajudar", enquanto olhava ansiosamente para a porta do consultório fechada. Quando perguntada: "Diga-me o que a trouxe aqui", Sylvia afirmou que estava constantemente com medo de sofrer um ataque cardíaco ou um acidente vascular cerebral (AVC), de que pudesse gritar ou surtar, ou de que algo terrível pudesse acontecer quando ela estivesse sozinha em casa sem ninguém para ajudá-la. Ela afirmou que temia algo assim acontecendo em casa quando estivesse sozinha e incapaz de pedir ajuda ou que poderia chamar uma ambulância que chegaria tarde demais. Ela descreveu uma ampla gama de sintomas fisiológicos de ansiedade, incluindo tontura, sensações estranhas por todo o corpo, sensação de que o sangue está correndo para a cabeça e pressão alta. Ela também descreveu diversos incidentes nos últimos dois anos em que, temendo algum desastre médico, ligou para suas filhas e, quando elas não responderam imediatamente, ela chamou uma ambulância. Normalmente, uma ou ambas as filhas a encontravam no hospital e, após exames médicos para descartar ataques cardíacos, AVC ou outros problemas médicos, suas filhas a levavam para casa algumas horas depois e ficavam com ela até seu marido chegar do trabalho ou, se ele estivesse fora a trabalho, até ele ligar para ela. Às vezes, uma das filhas ficava com ela durante a noite. Ela afirmou várias vezes que temia morrer sozinha.

Ela afirmou que tinha pouco para fazer em casa depois que suas duas filhas saíram. Ela descrevia sua casa de muitas maneiras, como "meu belo ninho vazio" e "minha gaiola dourada". Na maioria dos dias, ela fazia alguns afazeres domésticos sozinha, mas também passava muito tempo lendo sobre seus problemas médicos e medicamentos *on--line* e seus efeitos colaterais. Às vezes, ela ligava para suas filhas para pedir informações sobre os efeitos colaterais dos medicamentos ou para ajudá-la a agendar consultas médicas. Ela descrevia suas consultas médicas como essenciais para salvar sua vida, mas que eram quase impossíveis de comparecer, pois ela temia morrer antes ou a caminho da consulta. (Note a semelhança com o modelo de discriminações impossíveis de Pavlov que causam ansiedade). Ela afirmou que temia morrer naquela manhã só de pensar em ter que ver seu novo terapeuta, com um leve tom de culpa de que o terapeuta poderia ser responsável por sua morte iminente.

Ela também afirmou que, embora entendesse que suas filhas não podiam mais vir tanto quanto no passado, pois agora tinham seus próprios filhos, ela insinuou indiretamente ressentimento por elas a terem negligenciado nos últimos dois anos, quando ela estava tão doente. Ela mencionou pouco sobre seu marido, exceto pelo fato de que ele estava extremamente ocupado com negócios importantes e não deveria ser incomodado sob nenhuma circunstância – nem quando viajava, nem quando estava em casa relaxando após longos dias de trabalho, nem quando estava fora de casa se divertindo nos fins de semana. Houve pouca menção a amigos ou atividades sociais fora da família ou fora de casa. Na maioria das vezes, ela falava em voz baixa e tímida, mas, ocasionalmente, demonstrava indícios de raiva em relação às filhas.

Essas informações adicionais permitiram uma elaboração adicional da formulação. Primeiro, parece que há uma classe de respostas mais ampla para solicitar ajuda de outros, incluindo comportamento raivoso e acusações implícitas de abandono e ingratidão. Algumas das contingências de reforço do comportamento ansioso estavam, agora, mais aparentes. Ou seja, após períodos de falta de atividade, focando em estímulos interoceptivos e questões médicas (operações estabelecedoras), Sylvia se envolvia em uma cadeia de comportamento de buscar informações médicas, ligar para suas filhas e, se isso não fosse bem-sucedido, chamar uma ambulância. As consequências para aumentar o comportamento ansioso e de busca por ajuda eram chamar a ambulância e sua chegada, conforto e tratamentos médicos dos paramédicos, chegada ao hospital e a chegada eventual das filhas, passando tempo com elas e, em um cronograma intermitente de reforço, a chegada de seu marido. A operação estabelecedora e a falta de comportamento alternativo eficaz potencializavam o comportamento ansioso e a busca por ajuda. A chegada de outras pessoas e membros da família reforçava o comportamento ansioso e de busca por ajuda, mas também removia a operação estabelecedora, resultando temporariamente na restauração da calma.

Quando perguntada sobre seus objetivos para a terapia, Sylvia foi um tanto evasiva e parecia confusa, afirmando que queria se livrar de se sentir assustada o tempo todo. Quando perguntada sobre coisas positivas que faria se estivesse livre da ansiedade, ela não conseguiu dar uma resposta clara e afirmou que estava tão sobrecarregada há anos que nunca tinha pensado sobre isso. Ao ser questionada sobre seus pontos fortes pessoais, ela imediatamente afirmou que havia sido uma mãe amorosa, dedicada e abnegada, que havia criado duas filhas quase sozinha. Ela estava orgulhosa das realizações profissionais e pessoais de suas filhas e de seus casamentos bonitos, bem-sucedidos e amorosos, e de seus maridos maravilhosos, amorosos e leais. Ela também mencionou interesses e habilidades em casa, incluindo culinária, jardinagem e decoração de interiores, e que no passado ela havia feito festas maravilhosas de Ação de Graças, Natal e aniversário, mas, então, acrescentou que esses dias haviam acabado.

Ao relatar sua história, ela afirmou que, pelo que podia se lembrar, sempre foi uma pessoa ansiosa e nervosa que estava preocupada em agradar aos outros. Academicamente, ela estava um pouco acima da média e sempre gostou de agradar seus professores e trazer boas notas para seus pais. Ela descreveu sua mãe, que morreu de um ataque cardíaco aos 55 anos, como carinhosa, amorosa e atenciosa, e seu pai como exigente e punitivo, e que "ele era um pai e marido antiquado que todos tinham que obedecer e assim eram as coisas naquela época".

Quando perguntada sobre seu casamento, ela descreveu um namoro breve que foi agradável, emocionante e novo. Ela insinuou que seu pai havia dito que seu noivo era um bom partido e que ela não poderia esperar algo melhor, então era melhor se casar rapidamente enquanto pudesse antes de se tornar uma solteirona solitária e uma vergonha para seus pais. Então ela seguiu seu conselho. Quando solicitada a descrever seu casamento, ela se concentrou sobretudo nas recompensas de criar suas filhas e foi evasiva sobre seu relacionamento com seu marido, afirmando que ele era um bom provedor, que trabalhava muito, sugerindo que isso era tudo o que ela ou qualquer outra pessoa deveria esperar.

Entrevista com a filha

Como a filha de Sylvia estava do lado de fora, a terapeuta perguntou se ela poderia entrevistar a filha separadamente e, mais tarde, juntas. Após uma pausa prolongada, Sylvia concordou. Enquanto passavam uma pela outra na porta, sua filha mais velha, Annette, perguntou à mãe se ela estava se sentindo bem e se precisava de algo, e sua mãe agradeceu pela preocupação.

Annette confirmou grande parte do que Sylvia já havia dito, mas retratou sua mãe como excessivamente carente e às vezes exigente em excesso, pedindo ajuda com tarefas pequenas e exigindo que outra pessoa dirigisse ou fizesse tarefas cotidianas fora de casa, como fazer compras. Ela confirmou que uma vez que ela e sua irmã tiveram seus próprios filhos, ambas tiveram menos tempo para passar com sua mãe e, subsequentemente, sua mãe teve muito mais episódios de problemas de saúde relatados. Quando perguntada sobre o relacionamento de seus pais, Annette foi superficialmente positiva, afirmando que eles estiveram juntos por muitos anos e tiveram seus altos e baixos como todos, embora parecesse perturbada ao discutir isso.

Ao entrevistar Sylvia e Annette juntas, a terapeuta observou que Sylvia estava solícita com sua filha, perguntando a ela as respostas para perguntas que ela já sabia por si mesma. Annette ofereceu confirmações frequentes tanto sobre coisas importantes quanto triviais e ofereceu ajuda com transporte e para fazer o jantar, se oferecendo para adiar ir ver seus próprios filhos, se necessário.

Automonitoramento

A terapeuta pediu a Sylvia para manter um diário estruturado de atividades, avaliações de ansiedade e registros de antecedente-comportamento-consequência para ataques de pânico e eventos relacionados, e para completar um inventário de interesses pessoais para a próxima semana. A terapeuta também pediu a Sylvia para vir com seu marido na próxima semana para entrevistas conjuntas e individuais. Sylvia pareceu aterrorizada com o último pedido, explicando que seu marido quase certamente estaria fora do estado em negócios corporativos extremamente importantes e não poderia ser perturbado por nenhum motivo. No entanto, a terapeuta insistiu que ele viesse.

Segunda consulta

Uma semana depois, tanto Sylvia quanto seu marido estavam presentes na sala de espera no horário marcado. Quando a terapeuta entrou, ela observou que Sylvia estava visivelmente encolhida na presença de seu marido, pedindo desculpas por ter que trazê--lo e dizendo que realmente não sabia por que era necessário. George era um homem alto, carrancudo e obeso, olhando ao redor com raiva, vestindo um terno italiano caro e muitas joias. Quando viu a terapeuta de sua esposa, ele afirmou em um tom cortante e zangado que esperava que isso valesse a pena, pois ele estava muito ocupado e tinha pouco tempo a perder; então, ele conferiu seu relógio e seu celular.

Na entrevista conjunta, Sylvia disse pouco além de concordar com seu marido quando podia. George muitas vezes se referia a ela como "uma coitada", "uma boneca quebrada" e "uma mulher muito doente", conseguindo obter concordância mínima de sua esposa em cada um desses pontos com um olhar direto e um "Não é mesmo, querida?". Ele também ofereceu pagar à terapeuta um dinheiro extra, talvez em espécie, se ela desse mais atenção à sua esposa do que a alguns dos clientes comuns na sala de espera.

Quando entrevistado sozinho, George permaneceu um valentão que fazia *bullying*, perguntando à terapeuta quantos anos ela tinha, quais eram suas qualificações e onde ela havia estudado. Ele confirmou grande parte do que Sylvia e Annette haviam relatado. Ele acrescentou que, embora a parte inicial do casamento e da vida familiar tenham sido suficientemente gratificantes, com o tempo ele perdeu o interesse por sua esposa e, em certa medida, por suas filhas, provavelmente vendo sua família mais como uma questão de obrigação do que de prazer e, às vezes, como um inconveniente. Ele ficou desconfortável e inquieto quando perguntado sobre o que fazia para se divertir. Após explicar a natureza de alto estresse de seu trabalho, as grandes somas de dinheiro que estavam em jogo em cada uma de suas decisões e a falta de diversão em casa, ele disse com um leve sorriso que gostava de passar tempo no fim de semana longe do estresse do trabalho e de sua família em seu barco no lago. Quando perguntado sobre o que fazia no barco, ele descreveu relaxar com um amigo muito especial e muito mais jovem com quem tinha "uma amizade muito fina e profundamente compreensiva". Ele também mencionou de maneira confusa que sua esposa e suas filhas costumavam interromper seu tempo de relaxamento no final de semana, tornando necessário que ele inconvenientemente retornasse à casa da família nos domingos à tarde.

A terapeuta pediu ao casal para fazer uma simulação de uma situação difícil, ou seja, para organizar um evento familiar durante o fim de semana para toda a família na casa da família. Ambos pareciam perplexos com o motivo pelo qual deveriam participar de uma conversa tão improvável. Sylvia principalmente perguntou, de forma hesitante, o que seu marido achava que deveriam fazer, e George deu instruções a ela, mas, no final, ambos concordaram que ele deveria passar o fim de semana relaxando em seu barco, embora, nesse ponto, Sylvia estivesse chorando silenciosamente e olhando para a terapeuta em busca de tranquilidade.

Uma análise do autorregistro de Sylvia revelou que ela mantinha registros completos e detalhados de sua semana, grande parte dos quais consistia em longos períodos sozinha, com contato ocasional com suas filhas. Ela saiu de casa apenas três vezes, acompanhada de uma filha em cada ocasião, para fazer compras em uma loja local. Seus interesses pessoais permaneceram centrados em ser mãe. Ela expressou arrependimentos por não poder ser uma boa avó por causa de sua agorafobia. Quando perguntada sobre seu marido, ela admitiu que não era o casamento mais feliz do mundo e esperava que pudessem ser melhores amigos, mas expressou que estava convencida de que eles iriam continuar juntos independentemente do que acontecesse. Quando perguntada sobre objetivos para o futuro, ela listou sair de sua casa sozinha sem ansiedade, ser uma avó melhor, fazer coisas mais agradáveis com sua família, ter alguns amigos fora da própria família e, talvez, fazer algum trabalho voluntário.

Formulação inicial e plano de tratamento

A lista de problemas incluía os seguintes comportamentos: ansiedade severa e ataques de pânico; evitação de sair de casa; busca excessiva por ajuda; leitura excessiva sobre questões de saúde e medicamentos; falta de atividades significativas em casa; falta de atividades significativas fora de casa; falta de interações positivas com todos os membros da família; falha em estabelecer-se como uma avó eficaz; relacionamento conjugal fraco; falta de assertividade; e falha em estabelecer um papel adulto significativo depois que suas filhas saíram de casa. Os comportamentos-alvo principais foram (em ordem de importância, do mais para o menos importante) (1) ansiedade e pânico excessivos e a restrição associada no repertório comportamental e falta de reforço; (2) busca excessiva por ajuda; e (3) inatividade em casa. Muitas vezes, esses eventos ocorriam em sequência, formando uma cadeia de comportamentos em que ela estava inativa e entediada, depois começava a buscar ajuda por *e-mail* ou ligando para membros da família e, por fim, quando muito mais ansiosa, entrava em pânico. A terapeuta julgou que todos esses fatores tinham grande impacto no comportamento-alvo principal e eram muito modificáveis. Como a inatividade em casa era a mais precoce na cadeia, parecia que este poderia ser o melhor lugar para iniciar a intervenção.

Como a função da busca excessiva por ajuda era reduzir a ansiedade (reforço negativo), concordou-se em ensinar a ela habilidades básicas de relaxamento e usar exposição graduada para deixar progressivamente a casa de forma independente para reduzir as propriedades provocadoras de ansiedade desses estímulos. Por fim, para aumentar as atividades significativas em casa e promover mais reforço positivo de comportamentos saudáveis, ela concordou em começar a elaborar cronogramas de atividades prazerosas e significativas relacionadas à melhoria de seu papel como membro da família mais eficaz e valorizado, como fazer brinquedos de pelúcia para seus netos, preparar refeições para as famílias de suas filhas, e assim por diante. O plano também envolveu o treinamento de Sylvia para se abster de buscar ajuda e o treinamento de seus familiares para apoiar apenas comportamentos saudáveis, incluindo os menores passos que ela dava em direção ao progresso. Por exemplo, seu marido concordou em voltar aos domingos em um horário acordado para contornar a necessidade de os membros da família ligarem para ele.

Nas primeiras seis semanas, as coisas melhoraram consideravelmente. Sylvia começou a sair de casa de forma independente, a usar relaxamento quando ficava ansiosa, aumentar as atividades prazerosas em casa, visitar suas filhas e levar presentes para seus netos. O progresso foi monitorado por meio do gráfico do número de viagens não acompanhadas fora de casa e dos passos dominados em uma hierarquia de exposição *in vivo*.

Ocorreu um contratempo quando Sylvia se interessou em responder a um anúncio para voluntários trabalharem com crianças em um hospital local. George reagiu furiosamente, ligando para ela e gritando que sua esposa não iria se juntar a um monte de crianças sujas e assistentes sociais. Pelas próximas duas semanas, Sylvia não saiu de casa, nem sozinha nem acompanhada. A terapeuta de Sylvia teve outra reunião com a paciente e George, e concordaram que ela deveria ser voluntária uma vez por semana, durante um mês, para ver como seria. George pediu desculpas por seu acesso de raiva (algo que ele nunca tinha feito antes) e reconheceu que isso havia contribuído para a recaída de sua esposa. Adquirindo um pouco de compreensão, ele concordou que eles participariam de uma atividade social mutuamente acordada, como um filme ou jantar, duas vezes por mês e que, se ele ficasse bravo novamente, esperaria duas horas antes de discutir o problema. Posteriormente, Sylvia conseguiu fazer de cinco a nove viagens independentes por semana e relatou que estava muito mais relaxada e feliz. Ela também gostava da companhia de outros voluntários que compartilhavam seus interesses em crianças e ocasionalmente tomava café com eles em restaurantes locais. A terapeuta reduziu o apoio gradualmente e, em um acompanhamento de seis meses, Sylvia estava saindo de casa de forma independente cerca de seis a 12 vezes por semana e concordou que o tratamento não era mais necessário.

APRENDENDO O MÉTODO

O treinamento profissional em ABA evoluiu rapidamente nos últimos 20 anos. A prática da análise do comportamento tem sido comumente associada à psicologia, à educação e à educação especial e, em menor medida, ao trabalho social e à psiquiatria. Mais recentemente, a ABA emergiu como uma profissão independente, como evidenciado por licenças nacionais e estaduais, financiamento separado para posições em análise do comportamento, graus acadêmicos, trilhas e departamentos de análise do comportamento (aplicada) e associações profissionais dedicadas à análise do comportamento em muitos países. Tornar-se um analista do comportamento profissional pode levar aproximadamente 2 mil horas de treinamento de pós-graduação. Obter uma licença pode exigir um adicional de 1,5 mil a 2 mil horas de prática supervisionada, e manter uma licença profissional requer mais treinamento contínuo.

Atualmente, pratica-se a análise do comportamento predominantemente com crianças e, em menor medida, com adultos com deficiências e no ensino regular, embora isso esteja mudando. A maioria dos profissionais de saúde mental que usam a ABA geralmente o fazem no contexto de treinamento profissional em outras disciplinas que têm algum treinamento limitado em análise do comportamento de campos relacionados, como terapia comportamental; alguns obtêm treinamento pós-qualificação especificamente em ABA, como certificados de pós-graduação.

Há literatura limitada sobre o treinamento de clínicos na formulação de casos, mas muito pouco sobre as habilidades específicas da formulação comportamental de casos. Existem estudos empíricos demonstrando o ensino de métodos específicos de avaliação, como a entrevista comportamental semiestruturada, mas desconheço estudos que treinem de maneira específica o repertório completo de habilidades necessário para uma formulação comportamental de casos efetiva.

REFERÊNCIAS

American Psychiatric Association. (2013). *Diagnostic and statistical manual of mental disorders* (5th ed.). Arlington, VA: Author.

Ayllon, T., & Michael, J. (1959). The psychiatric aide as a behavioral engineer. *Journal of the Experimental Analysis of Behavior, 2,* 232–334.

Barlow, D. H., & Agras, W. S. (1973). Fading to increase heterosexual responsiveness in homosexuals. *Journal of Applied Behavior Analysis, 6,* 355–366.

Chadwick, P., Williams, C., & Mackenzie, J. (2003). Impact of case formulation in cognitive behaviour therapy for psychosis. *Behaviour, Research, and Therapy, 41,* 671–680.

Chiesa, M. (1994). *Radical behaviorism: The philosophy and the science.* Boston: Authors Cooperative.

Conners, B., Johnson, A., Duarte, J., Murriky, R., & Marks, K. (2019) Future directions of training and fieldwork in diversity issues in applied behavior analysis. *Behavior Analysis in Practice, 12,* 767–776.

DeFelice, K. A., & Diller, J. W. (2019). Intersectional feminism and behavior analysis. *Behavior Analysis in Practice, 12,* 831–838.

Dennison, A., Lund, E. M., Brodhead, M. T., Mejia, L., Armenta, A., & Leal, J. (2019). Delivering home-supported applied behavior analysis therapies to culturally and linguistically diverse families. *Behavior Analysis in Practice, 12,* 887–898.

Diamond, J. M. (1998). *Guns, germs and steel: A short history of everybody for the last 13,000 years.* New York: Norton.

Diamond, J. M. (2005). *Collapse: How societies choose to fail or succeed.* New York: Penguin.

Dollard, J., & Miller, N. E. (1950). *Personality and psychotherapy: An analysis in terms of learning, thinking, and culture.* New York: McGraw-Hill.

Dollard, J., Miller, N. E., Doob, L. W., Mowrer, O. H., & Sears, R. R. (1939). *Frustration and aggression.* New Haven, CT: Yale University Press.

Dougher, M. J. (Ed.). (2000). *Clinical behavior analysis.* Reno, NV: Context Press.

Durand, M. V., & Crimmons, D. B. (1992). *Motivation Assessment Scale.* Topeka, KS: Monaco & Associates.

Eilers, H. J. (2019). The utility of a function-based approach to intimate partner violence and gender bias in family courts. *Behavior Analysis in Practice, 12,* 869–878.

Emmelkamp, P. M. G., Blouman, T. K., & Blaauw, E. (1992). Individualized versus standardized therapy: A comparative evaluation with obsessive–compulsive patients. *Clinical Psychology and Psychotherapy, 1,* 95–100.

Epstein, R. (1997). *Self-management without the hype.* Northlake Tucker, GA: Aubrey Daniels & Associates.

Estes, W. K., & Skinner, B. F. (1941). Some quantitative properties of anxiety. *Journal of Experimental Psychology, 29*(5), 390–400.

Eysenck, H. J. (1952). The effects of psychotherapy: An evaluation. *Journal of Consulting Psychology, 16*(5), 319––324.

Fernandez, E. (2013). *Treatments for anger in specific populations: Theory, application, and outcome* (pp. 255–265). New York: Oxford University Press.

Ferster, C. B. (1961) Positive reinforcement and behavioral deficits of autistic children. *Child Development, 32,* 437–456.

Ferster, C. B. (1973). A functional analysis of depression. *American Psychologist, 28,* 857–870.

Follette, W. C., Naugle, A. E., & Linnerooth, P. J. N. (2000). Functional alternatives to traditional assessment and diagnosis. In M. J. Dougher (Ed.), *Clinical behavior analysis* (pp. 99–125). Reno, NV: Context Press.

Fontenot, B., Uwayo, M., Avendano, S. M., & Ross, D. (2019). A descriptive analysis of applied behavior analysis research with economically disadvantaged children. *Behavior Analysis in Practice, 12*(4), 782–794.

Foster, S. L., & Mash, E. J. (1999). Assessing social validity in clinical treatment research: Issues and procedures. *Journal of Consulting and Clinical Psychology, 67*(3), 308–319.

Froján-Parga, M. X., de Prado-Gordillo, M. N., Álvarez-Iglesias, A., & AlonsoVega, J. (2019). Functional behavioral assessment-based interventions on adults' delusions, hallucinations and disorganized speech: A single case metaanalysis. *Behaviour, Research, and Therapy, 120,* 103444.

Frost, A. D. J., & Devilly, G. J. (2015). Principles of behaviorism as related to health. In J. Fitzgerald & G. Byrne (Eds.), *Psychosocial dimensions of medicine* (pp. 118–235). Victoria, Australia: IP Communications.

Ghaderi, A. (2005). Does individualization matter? A randomized trial of standardized (focused) versus individualized (broad) cognitive behavior therapy for bulimia nervosa. *Behaviour, Research and Therapy, 44,* 273–288.

Hayes, S. C., Barnes-Holmes, D., & Roche, B. (Eds.). (2001). *Relational frame theory: A post-Skinnerian account of human language and cognition.* New York: Kluwer Academic/Plenum.

Haynes, S. N., & O'Brien, W. H. (2000). *Principles and practice of behavioral assessment.* New York: Springer.

Haynes, S. N., & Williams, A. E. (2003). Case formulation and design of behavioral treatment programs: Matching treatment mechanisms to causal variables for behavior problems. *European Journal of Psychological Assessment, 19*(3), 164–174.

Howard, V. J. (2019). Open educational resources in behavior analysis. *Behavior Analysis in Practice, 12,* 839––853.

Ingram, K., Lewis-Palmer, T., & Sugai, G. (2005). Function-based intervention planning: Comparing the effectiveness of FBA function-based and nonfunction-based intervention plans. *Journal of Positive Behavior Interventions, 7*(4), 224–236.

Jones, K. M., & Friman, P. C. (1999). A case study of behavioral assessment and treatment of insect phobia. *Journal of Applied Behavior Analysis, 32*(1), 95–98.

Jones, M. C. (1924). The elimination of children's fears. *Journal of Experimental Psychology, 7*(5), 382–390.

Jones, R. J., & Azrin, N. H. (1969). Behavioral engineering: Stuttering as a function of stimulus duration during speech synchronization. *Journal of Applied Behavior Analysis, 2*(4), 223–229.

Kanfer, F. H., & Phillips, J. S. (1970). *Learning foundations of behavior therapy.* Chichester, UK: Wiley.

Kearney, C. A., & Silverman, W. K. (1993). Measuring the function of school refusal behavior: The School Refusal Assessment Scale. *Journal of Clinical Child Psychology, 22,* 85–96.

Kearney, C. A., & Silverman, W. K. (1999). Functionally based prescriptive and nonprescriptive treatment for children and adolescents with school refusal behavior. *Behavior Therapy, 30,* 673–695.

Kinderman, P., & Lobban, F. (2000). Evolving formulations: Sharing complex information with clients. *Behavioural and Cognitive Psychotherapy, 28*(3), 307–310.

Kohtala, A., Muotka, J., & Lappalainen, R. (2018). Changes in mindfulness facets and psychological flexibility associated with changes in depressive symptoms in a brief acceptance and value-based intervention: An exploratory study. *International Journal of Psychology and Psychological Therapy, 18,* 83–98.

Kunze, M., Drew, C., Machalicek, W., Safer-Lichtenstein, J., & Crowe, B. (2019). Language preference of a multilingual individual with disabilities using a speech generating device. *Behavior Analysis in Practice, 12,* 777–781.

Leland, W., & Stockwell, A. (2019). A self-assessment tool for cultivating affirming practices with transgender and gender-nonconforming (TGNC) clients, supervisees, students, and colleagues. *Behavior Analysis in Practice, 12,* 816–825.

Li, A., Gravina, N., Protchard, J. K., & Poling, A. (2019). The gender pay gap for behavior analysis faculty. *Behavior Analysis in Practice, 12,* 743–746.

Lincoln, T. M., Riehle, M., Pillny, M., Helbig-Lang, S., Fladung, A.-K., HartmannRiemer, M., et al. (2017). Using functional analysis as a framework to guide individualized treatment for negative symptoms. *Frontiers in Psychology, 8,* 2108

Lindsley, O. R. (1956). Operant conditioning methods applied to research in chronic schizophrenia. *Psychiatric Research Reports, 5,* 118–139.

Lindsley, O. R. (1960) Characteristics of the behavior of chronic psychotics as revealed by free-operant conditioning methods. *Diseases of the Nervous System, 21,* 66–78.

McKnight, D. L., Nelson, R. O., Hayes, S. C., & Jarrett, R. B. (1984). Importance of treating individually assessed response classes in the amelioration of depression. *Behavior Therapy, 15*(4), 315–335.

Miller, N. E., & Dollard, J. (1941). *Social learning and imitation.* New Haven, CT: Yale University Press.

Mumma, G. H. (2011). Validity issues in cognitive-behavioral case formulation. *European Journal of Psychological Assessment, 27,* 29–49.

Nava, C. E., Fahmie, T. A., Jin, S., & Kumar, P. (2019). Evaluating the efficacy, preference, and cultural responsiveness of student-generated content in an undergraduate behavioral course. *Behavior Analysis in Practice, 12,* 747–757.

Nelson-Grey, S. O., Herbert, J. D., Herbert, D. L., Sigmon, S. T., & Brannon, S. E. (1987). Effectiveness of matched, mismatched, and package treatments of depression. *Journal of Behavior Therapy and Experimental Psychiatry, 20,* 281–294.

Nezu, A. M., & Nezu, C. M. (1989). *Clinical decision making in behavior therapy: A problem-solving perspective.* Champaign, IL: Research Press.

Nezu, A. M., Nezu, C. M., & Cos, T. A. (2007). Case formulation for the behavioral and cognitive therapies. In T. D. Eells (Ed.), *Handbook of psychotherapy case formulation* (2nd ed., pp. 349–378). New York: Guilford Press.

Nordyke, N. S., Baer, D. M., Etzel, B. C., & LeBlanc, J. M. (1977). Implications of the stereotyping and modification of sex role. *Journal of Applied Behavior Analysis, 10,* 553–557.

Okajima, I., Nakamura, M., Nishida, S., Usui, A., Hayashida, K.-I., Kanno, M., et al. (2013). Cognitive behavioural therapy with behavioural analysis for pharmacological treatment-resistant chronic insomnia. *Psychiatry Research, 210,* 515–521.

Pavlov, I. P. (1994a). Experimental neuroses. In D. Mystine & S. Bolsky (Trans.), *Psychopathology and psychiatry* (pp. 247–250). New Brunswick, NJ: Transaction. (Original work published 1951)

Pavlov, I. P. (1994b). *Psychopathology and psychiatry* (D. Mystine & S. Bolsky, Trans.). New Brunswick, NJ: Transaction.

Persons, J. B., Roberts, N. A., Zalecki, C. A., & Brechwald, W. A. (2006). Naturalistic outcome of case formulation--driven cognitive-behavior therapy for anxious depressed outpatients. *Behaviour, Research and Therapy, 44*(7), 1041–1051.

Plessas, A., McCormack, J., & Kafantaris, I. (2019). The potential role of applied behavior analysis in the cultural environment of Māori mental health. *Behavior Analysis in Practice, 12*(4), 854–868.

Rasanenn, P., Lappalainen, P., Muotka, J., Tolvanen, A., & Lappalainen, R. (2016). An online guided ACT intervention for enhancing the psychological wellbeing of university students: A randomized controlled clinical trial. *Behaviour, Research, and Therapy, 78*, 30–42.

Rekers, G. A., & Lovaas, I. O. (1977). Behavioral treatment of deviant sex-role behavior in a male child. *Journal of Applied Behavior Analysis, 7*, 173–190.

Rey, C. N., Kurti, A. N., Badger, G. J., Cohen, A. H., & Heil, S. H. (2019). Stigma, discrimination, treatment effectiveness, and policy support: Comparing behavior analysts' views on drug addiction and mental illness. *Behavior Analysis and Practice, 12*, 758–766.

Rogers, C. R. (1942). The use of electrically recorded interviews in improving psychotherapeutic techniques. *American Journal of Orthopsychiatry, 12*(3), 429–434.

Schulte, D., Kunzel, R., Pepping, G., & Schulte-Bahrenberg, T. (1992). Tailormade versus standardized therapy of phobic patients. *Advances in Behaviour Research and Therapy, 14*, 67–92.

Shoda, Y., Mischel, W., & Peake, P. K. (1990). Predicting adolescent cognitive and self-regulatory competencies from preschool delay of gratification: Identifying diagnostic conditions. *Developmental Psychology, 26*, 978–986.

Skinner, B. F. (1948). *Walden II.* Indianapolis: Hacket.

Skinner, B. F. (1953). *Science and human behavior.* New York: Macmillan.

Skinner, B. F. (1971). *About behaviorism.* New York: Knopf.

Sturmey, P. (2008). *Behavioral case formulation and intervention: A functional analytic approach.* Chichester, UK: Wiley.

Sturmey, P. (Ed.). (2020). *Functional analysis in clinical treatment* (2nd ed.). New York: Elsevier.

Sundberge, D. M., Zoder-Martell, K., & Cox, A. (2019). Why WIBA? *Behavior Analysis in Practice, 11*, 810–815.

Todes, D. P. (2014). *Ivan Pavlov: A Russian life in science.* Oxford, UK: Oxford University Press.

Trower, P., Yardley, K., Bryant, B. M., & Shaw, P. (1978). The treatment of social failure: A comparison of anxiety--reduction and skills-acquisition procedures on two social problems. *Behavior Modification, 2*, 41–60.

Turkat, I. (Ed.). (1985). *Behavioral case formulation.* Boston: Springer.

Ullmann, L., & Krasner, L. P. (1965) *Case studies in behavior modification.* New York: Holt, Rinehart & Winston.

Watson, J. B., & Raynor, R. (1920). Conditioned emotional reactions. *Journal of Experimental Psychology, 3*, 1–14.

Winkler, R. C. (1977). What types of sex-role behavior should behavior modifiers promote? *Journal of Applied Behavior Analysis, 10*, 549–552.

Wolf, M. M. (1978). Social validity: The case for subjective measurement, or how applied behavior analysis is finding its heart. *Journal of Applied Behavior Analysis, 11*, 203–214.

Wolpe, J., & Turkat, I. D. (1985). Behavioral formulation of clinical cases. In I. Turkat (Ed.), *Behavioral case formulation* (pp. 5–36). Boston: Springer.

Wulfert, E., Greenway, D. E., & Dougher, M. J. (1996). A logical functional analysis of reinforcement-based disorders: Alcoholism and pedophilia. *Journal of Consulting and Clinical Psychology, 64*(6), 1140–1151.

Zarcone, J., Brodhead, M., & Tarbox, J. (2019). Beyond a call to action: An introduction to the special issue on diversity and equity in the practice of behavior analysis. *Behavior Analysis in Practice, 12*, 741–742.

12

Conceitualização de casos na terapia cognitiva baseada em *mindfulness*

Willem Kuyken e Barnaby D. Dunn

ORIGENS HISTÓRICAS DA ABORDAGEM

Se a psicologia pretende enfrentar alguns dos problemas urgentes no mundo contemporâneo (doenças físicas crônicas, problemas de saúde mental comuns, dependência, potencial humano não realizado), precisamos ampliar nosso foco além das terapias que tratam transtornos mentais agudos. Precisamos desenvolver maneiras de prevenir transtornos de saúde mental, de preferência no início da vida, antes que eles ocorram (Patel et al., 2018). A prevenção visa reduzir a incidência, a prevalência e a recorrência de transtornos de saúde mental e sua deficiência associada. Em uma conceitualização mais ampla, a prevenção também busca melhorar a qualidade de vida, saúde, estado funcional, bem-estar e florescimento para a população como um todo (Rose, 2008). Além disso, há necessidade de expandir nosso foco para desbloquear o potencial humano, promovendo o bem-estar e o florescimento humano.

Uma das características definidoras das intervenções baseadas em *mindfulness* (MBIs, do inglês *mindfulness-based interventions*) é seu foco na prevenção. As MBIs têm o potencial de atender a esses objetivos preventivos ensinando habilidades, atitudes e comportamentos fundamentais que promovem a resiliência diante da dor psicológica e física e do sofrimento. Mais do que isso, sugerimos que aprender essas habilidades pode ajudar as pessoas a desenvolver a capacidade de florescer diante das oportunidades e dos desafios na vida. Delineamos como a terapia cognitiva baseada em *mindfulness* (MBCT, do inglês *mindfulness-based cognitive therapy*) foi inicialmente desenvolvida como uma abordagem de prevenção da depressão. Além disso, delineamos como a MBCT evoluiu, desde então, para ajudar de modo mais amplo uma gama de problemas de saúde mental e problemas de saúde física crônicos e, mais recentemente, para promover o bem-estar na população em geral. Discutimos a conceitualização geral de saúde mental e bem-estar na qual as MBIs se baseiam, bem como a conceitualização específica da MBCT dos mecanismos que impulsionam a depressão recorrente. Em seguida, revelamos como essa conceitualização é desenvolvida por meio de uma série de marcos que compõem o programa MBCT. Fornecemos um resumo geral da base de evidências para a premissa teórica da MBCT, sua eficácia, custo-efetividade e implementação, apontando para revisões mais detalhadas para que os leitores interessados possam buscar as fontes originais. Mas primeiro explicamos o que queremos dizer com *mindfulness*, uma MBI, e MBCT.

O que é *mindfulness*, o que define uma MBI e o que distingue a MBCT?

Mindfulness é a capacidade humana natural e treinável de trazer consciência para toda experiência, com atitudes de interesse, amizade e cuidado, com o objetivo de aliviar o sofrimento, promover o bem-estar e apoiar as pessoas a fazer escolhas discernentes que são a base para uma vida significativa e gratificante (Feldman & Kuyken, 2019). A MBCT é projetada para ensinar essas habilidades por meio de um programa sistemático em grupo e em fases (Segal, Williams, & Teasdale, 2013). Ela se baseia tanto na psicologia contemporânea quanto em antigas tradições contemplativas, tanto em termos de sua conceitualização subjacente quanto das estratégias terapêuticas usadas para facilitar a mudança. Ela foi desenvolvida como parte do trabalho pioneiro de Jon Kabat-Zinn, que desenvolveu um programa de redução do estresse baseado em *mindfulness* (MBSR, do inglês *Mindfulness-Based-Stress Reduction*), originalmente para pessoas em situação de cuidados de saúde convencionais que estavam aprendendo a gerenciar e, em muitos casos, a viver com doenças crônicas (Kabat-Zinn, 1990, 2011). Como tal, a MBCT é um dos membros de uma família de MBIs, cada um com objetivos e intenções um pouco diferentes, cada um adaptado para atender a um conjunto específico de intenções, população e contexto (Crane et al., 2017). Embora as MBIs sejam normalmente ensinadas em grupos, às vezes são ensinadas de forma individual; as práticas de *mindfulness* foram amplamente integradas a outras terapias individuais convencionais.

O crescente interesse e pesquisa exponencial em *mindfulness* e MBIs levaram alguns dos desenvolvedores de MBIs de primeira e segunda geração – incluindo um de nós (W. K.) – a escrever um documento de posição definindo o que é e o que não é uma MBI (Crane et al., 2017). Usamos uma metáfora do artesanato de tecelagem para articular as características definidoras de todas as MBIs ("a urdidura") e depois o que define MBIs específicas ("a trama"). A *urdidura* refere-se à conceitualização compartilhada da experiência humana que explica o que causa e mantém o sofrimento humano e o caminho comum para aliviar o sofrimento. A *trama* refere-se à maneira como MBIs específicas, para grupos específicos de pessoas ou contextos, têm outra camada que adapta a conceitualização a essa população e/ou contexto. A trama universal das MBIs permanece, mas, para populações e contextos específicos, ou a ênfase muda, ou elementos são adicionados à MBI, que são tecidos para as particularidades daquela conceitualização – a trama.

Um relatório de 2015 intitulado *Mindful Nation UK* delineou a miríade de maneiras pelas quais as MBIs estão sendo ofertadas no sistema de saúde, na educação, na justiça criminal e nos ambientes laborais (Mindfulness All-Party Parliamentary Group, 2015).

MODELO CONCEITUAL

Começamos focando na "urdidura" de conceitualização comum a todas as MBIs, ou seja, os mecanismos psicológicos comuns a todos nós – controle atencional, por exemplo. Em seguida, consideramos dois tipos de "trama": primeiro, a conceitualização no nível de uma população específica, por exemplo, os processos cognitivos e emocionais que impulsionam a vulnerabilidade em pessoas em risco de depressão; e, segundo, a forma como esses mecanismos se manifestam de maneiras previsíveis para um indivíduo (p. ex., ser sensível a críticas, talvez até mesmo em um domínio específico, como relacionamentos). A urdidura e a trama estão intimamente entrelaçadas, com o universal fundamentando o específico, e o específico evidenciando o universal de maneiras idiossincráticas.

Em termos de todo o tecido conceitual, a urdidura e a trama, as MBIs fazem várias suposições sobre o funcionamento humano saudável, o que cria e mantém o sofrimento,[1] e o que apoia o florescimento humano.[2]

1. As MBIs são baseadas em teorias e conceitualizações retiradas de tradições contemplativas, ciência e das principais disciplinas da medicina, da psicologia e da educação.
2. As MBIs consideram um modelo universal de ordem mais elevada da experiência humana que descreve e explica como o sofrimento é gerado, mantido e aliviado. Esse modelo se estende a experiências mais amplas de regulação emocional e comportamental que subjazem ao funcionamento cotidiano, bem como ao florescimento humano. A conceitualização entende a mente e o corpo como um grupo integrado de estruturas mais abrangentes e de sistemas neurais, viscerais, somáticos e endócrinos. Além do mais, a mudança opera por meio desses sistemas biocomportamentais integrados.
3. As MBIs consideram que a aprendizagem experiencial, baseada em investigação, é útil e, por tal razão, utilizam diversas práticas formais e informais de *mindfulness* como veículos para compreensão e mudança.

---

[1] Usamos o termo *angústia* para nos referirmos a um estado de "insatisfação". Pode variar de um leve sentimento de desconforto a uma dor excruciante. Pode ser físico, emocional, mental ou uma combinação desses.

[2] Usamos o termo *florescimento* para nos referirmos à capacidade humana de crescer e se desenvolver de maneiras saudáveis e sustentáveis, mental, emocional, física e espiritualmente e em todas as áreas da vida (lar, trabalho, recreação). Tem um sentido de viver com um senso de potencial humano (em oposição a definhar).

4. As MBIs possuem suas raízes no empirismo, tanto o empirismo do método científico quanto o da prática em primeira pessoa de *mindfulness*.

A MBCT faz parte da família das MBIs. Ela enfatiza sobretudo uma ciência psicológica de conceitualização de padrões de pensamentos e comportamentos que causam e mantêm o sofrimento. Embora a MBCT tenha sido inicialmente desenvolvida para a depressão recorrente, ela tem sido ampliada para outras populações e contextos. Existem duas razões principais para isso. Primeiro, a MBCT pode substituir a conceitualização específica da depressão recorrente por uma conceitualização de outros transtornos e ajustar as estratégias terapêuticas de acordo. Isso levou ao aumento do uso da MBCT com novas populações clínicas – por exemplo, pessoas suicidas, com ansiedade relacionada à saúde, com câncer. Em segundo lugar, a MBCT visa mecanismos universais. Por exemplo, o controle atencional e a regulação emocional e comportamental são mecanismos que apoiam a resiliência e o bem-estar de todos. Isso levou a adaptações da MBCT, sendo cada vez mais utilizada em configurações de população geral para apoiar a resiliência e promover o bem-estar.

Conceitualização universal: a urdidura

Seria presunção afirmar que temos um modelo universal da mente, ainda mais afirmar que isso pode representar tanto os entendimentos das tradições antigas de sabedoria quanto a psicologia moderna. No entanto, existem algumas áreas de convergência entre a psicologia antiga e a moderna que fornecem um mapa útil para professores e alunos de MBI (Feldman & Kuyken, 2019). Identificamos quatro áreas de tal convergência.

1. Em sua forma mais simples, a experiência é composta por estímulos e reações. Os estímulos podem ser gerados de modo interno (p. ex., sensação ou pensamento) ou acionados externamente (p. ex., sons). Nossa experiência é composta por um processo contínuo e dinâmico de desdobramento, muitas vezes ocorrendo de forma bastante automática e em grande parte além da consciência. Por exemplo, enquanto você lê isso, os padrões de luz e escuridão na tela ou na página são transformados em palavras, frases e significados, em grande parte automaticamente.

2. Embora nossa experiência consciente em qualquer momento da vida cotidiana tenda a ser uma *gestalt* agregada de múltiplas entradas, ainda pode ser útil desagregá-la em partes constituintes: sensações corporais; emoções; pensamentos, imagens e processos cognitivos (planejamento, lembrança, divagação da mente); e impulsos (comumente referidos como o "modelo de cinco partes"; Padesky & Mooney, 1990). Cada momento surge em um contexto específico, seja de forma externa no mundo ou internamente em nosso estado atual de mente e corpo. Por exemplo, um momento de tristeza pode estar associado a uma memória ("Este era o lugar onde meu pai e eu costumávamos pescar juntos antes de ele morrer"), com sensações corporais de lágrimas se acumulando e com

um impulso de se retirar. Este modelo de cinco partes é amplamente utilizado na terapia cognitiva para ajudar os clientes a primeiro desagregar sua experiência e depois ver como os elementos se relacionam entre si (Kuyken, Padesky, & Dudley, 2009).

3. O desdobramento da experiência é, em grande parte, impulsionado por uma mente que rotula de modo contínuo a experiência como agradável, desagradável ou neutra e, então, julga nossa experiência com base em como gostaria que as coisas fossem ou deveriam ser. Essa mente elaborativa e julgadora é fundamental para conceitualizar momentos que são experimentados como de alguma forma problemáticos. Por exemplo, alguém com um histórico recorrente de depressão pode notar sintomas de cansaço no final do dia e, em vez de simplesmente interpretar a experiência como um sinal de fadiga natural, ter o pensamento "Isso significa que minha depressão está voltando", desencadeando um ciclo de ruminação, preocupação e autorrecriminação. Essas consequências não intencionais da mente julgadora e avaliativa podem exacerbar momentos desagradáveis na vida; mas também podem amortecer ou contaminar os aspectos positivos da vida. Por exemplo, alguém pode viajar para um local bonito e, em vez de apreciar o momento, ter o pensamento "Se ao menos eu pudesse morar em um lugar assim o ano todo". Isso cria uma dissonância pungente entre este momento e a vida cotidiana.

4. O contexto de qualquer momento molda poderosamente nossa experiência. O contexto aqui pode ser considerado em seu sentido social e cultural mais amplo, incluindo nossa história de aprendizado ao longo da vida e evolutiva, nossa disposição, nosso estado mental atual e o que aconteceu nos momentos anteriores (Sapolsky, 2017). Por exemplo, evoluímos para examinar nosso ambiente em busca de características que garantam segurança, saciedade e reprodução sexual. De forma disposicional, as pessoas geralmente são capazes de negociar a novidade e a mudança. Em termos de estados mentais imediatos, a fadiga, causada por *jet lag* ou uma noite maldormida, afetará nossa capacidade para estados positivos e pensamento claro.

A MBCT enfatiza ainda mais nossa capacidade para diferentes modos de mente, conceitual, experiencial e observadora (Feldman & Kuyken, 2019; Teasdale, 1999; Williams, 2008). Cada um é apoiado por uma arquitetura mental um tanto diferente, ou seja, estruturas e funções cérebro-corpo (Teasdale, 1993). Cada modo é uma forma de conhecer e ser que nos serve de maneiras diferentes, ajudando-nos a navegar pelo mundo.

Talvez o modo de ser e conhecer mais familiar no mundo contemporâneo seja um modo de mente conceitual, baseado em linguagem, no qual representamos nossa experiência com conceitos, palavras e ideias. Por exemplo, estamos escrevendo um capítulo para um livro; somos ambos pais, psicólogos e cientistas. Esse modo se baseia em abstrações de nossa experiência, usando representações conceituais (p. ex., "pai"), linguagem e narrativa. Em vez de nossa experiência ter um foco simples no momento presente, exatamente como é, representamos nossa experiência com conceitos. O passado, o futuro e o presente podem ser todos representados por meio de nossa extraordinária capacidade de viajar mentalmente pelo tempo e pelo espaço. Esse modo conceitual extraordinário nos permite ter pensamentos abstratos, recriar o mundo na imaginação, ser criativos, planejar e ter um banco de dados de ricas memórias autobiográficas. Isso nos permitiu enviar humanos ao espaço, criar as tecnologias digitais complexas, que fazem parte da vida cotidiana, escrever romances, criar narrativas históricas e produzir manifestos políticos. Esse modo de mente nos permite responder a desafios atuais e futuros, como viver por mais tempo na velhice e mudanças climáticas. É extraordinário pensar que a linguagem falada pode ter evoluído há tão pouco quanto 100 mil anos (Dunbar, 2003) e é uma capacidade que se integrou a outras maneiras de conhecer e ser que antecederam a linguagem e que compartilhamos com muitas outras espécies cuja linguagem não é tão evoluída quanto a nossa. Embora seja um grande trunfo, esse modo conceitual da mente também pode ser uma desvantagem. Por exemplo, problemas emocionais e de relacionamento às vezes são exacerbados por tentativas conceituais de *resolvê-los*. Isso tende a criar *loops* de ruminação, autorrecriminação por não atingir metas, preocupações improdutivas com um evento futuro, e assim por diante. Além disso, existem dimensões da vida humana que não são necessariamente enriquecidas pelo pensamento conceitual – fazer amor e apreciação simples da natureza, para dar apenas dois exemplos.

Em um modo experiencial de conhecimento e ser, experimentamos nosso mundo diretamente, no momento presente, com toda sua particularidade, amplitude e dinâmica, sejam sensações, estados de espírito, impulsos ou pensamentos. As experiências se desdobram momento a momento sem serem elaboradas de forma conceitual. Estímulos são primeiro registrados em um de nossos sentidos (audição, visão, tato, outras sensações corporais). Com esse modo, essa informação é integrada em um todo que fornece uma maneira valiosa de entender e responder. Compartilhamos esse modo com outras espécies; é um modo fundamental que nos fornece informações sobre mudanças em nossos mundos interno e externo, pistas sobre segurança, saciedade, energia/fadiga, e assim por diante. A aprendizagem associativa ao longo de nossa vida fornece modelos e heurísticas que nos permitem usar esse modo para saber o que fazer e quando. Podemos ficar como estamos ou precisamos nos mover para a segurança? Devemos comer ou beber, ou estamos saciados? Devemos descansar, ou podemos ser ativos? O modo experiencial nos permite saborear os aspectos positivos da vida (p. ex., o sol em nosso rosto e o vento em nossos cabelos ao caminhar ao longo da costa). Ele também pode nos conectar de forma poderosa a emoções negativas, sensações e experiências. Por esse motivo, indivíduos com histórico de problemas de saúde mental e/ou trauma podem evitar esse modo de mente, pois traz à mente experiências negativas fortes (Hayes, 2004; Hayes et al., 2004). Quando esses indivíduos reengajam o modo experiencial, pode ser avassalador e confuso. No entanto, ao perder essa conexão com a experiência, uma importante fonte de informação para orientar ações sábias é perdida (Feldman & Kuyken, 2019; Robinson & Clore, 2002).

O terceiro modo de mente é a observadora, a capacidade de adotar uma visão descentralizada de nossa experiência, seja ela conceitual ou experiencial. É uma postura intencional de se afastar e observar o que está acontecendo. É como se estivéssemos em uma colina acima da cidade onde levamos nossas vidas, capazes de olhar para baixo e ver nossas vidas com uma perspectiva maior. De maneira crucial, os pensamentos são vistos como fenômenos psicológicos, e não como realidade (Beck, 1976). A partir dessa perspectiva, é possível escolher onde colocar a atenção e, potencialmente, como responder, em qualquer momento, um tema ao qual retornamos depois. Também é a perspectiva a partir da qual alternamos entre modos de mente, perguntando: "Onde é habilidoso colocar minha atenção e como?". Por exemplo, sendo capazes de perceber quando entramos repetidamente em um problema emocional em nossas mentes de forma conceitual (p. ex., preocupação e ruminação), temos a opção de parar e perguntar: "Isso é útil?" A distância criada pela mente observadora torna possível para as pessoas descentralizar – lidar com pensamentos ou experiências difíceis que antes poderiam parecer avassaladores (Segal et al., 2019).

A MBCT enfatiza primeiro a capacidade de voltar ao modo observador e ver tanto os modos de mente conceituais quanto experienciais. Em seguida, envolve treinamento no modo experiencial de mente, vendo-o como um modo que pode ser tanto intrinsecamente agradável quanto recompensador. Ele pode ancorar nossa atenção e servir como fonte importante de compreensão. De forma crucial, MBIs conceituam como podemos primeiro nos familiarizar com esses três modos de mente, aprender a alternar modos e, ao longo do tempo, saber quando é útil alternar modos. Às vezes, estar totalmente imerso em nossa experiência, sem julgamento, é apropriado – por exemplo, fazer amor ou ouvir música. Às vezes, o planejamento e o ensaio cognitivo são apropriados – por exemplo, se preparar para uma entrevista de emprego. O ponto-chave é que temos essa capacidade de estar e conhecer o mundo de maneiras diferentes e podemos optar por envolver os modos experiencial e conceitual da mente para servir às nossas intenções.

Essa conceitualização universal se baseia na psicologia para mapear como processos mentais de atenção, percepção e compreensão se unem para criar nossa experiência. Isso se aplica a toda a gama da experiência humana, não apenas mapeando como o sofrimento é criado e mantido mas também explicando momentos de alegria, bem-estar sustentado e florescimento humano. Diversos arcabouços teóricos mais abrangentes na psicologia começaram a considerar como o florescimento humano pode ser apoiado por MBIs (Fredrickson & Losada, 2005; Garland et al., 2010), talvez mais notavelmente a ideia de que trazer consciência em momentos de felicidade, facilidade e contentamento "amplia e constrói" nossa capacidade de enfrentar o espectro completo da experiência, incluindo os desafios da vida. Com o tempo, isso tem o efeito de construir confiança e resiliência.

Conceitualizações específicas a uma população: trama em nível populacional

Como observado, a MBCT foi originalmente desenvolvida para pessoas com depressão recorrente. Mais recentemente, os pesquisadores estão examinando adaptações da MBCT para abordar os mecanismos que mantêm outras condições. Após descrever a conceitualização da MBCT da depressão, delineamos brevemente três extensões da MBCT para outras áreas clínicas para ilustrar esses desenvolvimentos, especificamente, suicídio, ansiedade relativa à saúde e câncer.

Depressão

A MBCT para depressão é baseada em uma conceitualização cognitiva de recaídas depressivas e busca fornecer às pessoas as habilidades para prevenir recaídas e quebrar o padrão de recorrência (Segal et al., 2013). Essa conceitualização sugere que crenças negativas, atitudes e suposições caracterizam a depressão. De modo crítico, em pessoas com risco de depressão, essa configuração cognitiva pode ser reativada por pequenos gatilhos, seja um humor baixo, uma memória ou um evento de vida marcante. Quando reativada, como se fosse acender rapidamente uma fogueira, essa configuração cognitiva pode se estabelecer e rapidamente se transformar em um episódio depressivo maior completo. A tendência a reagir a esse processo com perguntas como "Por que isso está acontecendo comigo?"; "O que eu fiz de errado?"; e "Como posso sair desse padrão?" é como bombear oxigênio para o fogo (Segal et al., 2013, p. 3.135). Para pessoas com risco de depressão recorrente, humor triste, pensamentos negativos, memórias perturbadoras e propensão à ruminação tornaram-se problemáticos porque ativam prontamente uma configuração depressiva que se transforma em depressão, muitas vezes com bastante rapidez e com uma sensação de horror impotente (Segal, Williams, Teasdale, & Gemar, 1996).

A depressão também é caracterizada por respostas emocionais amortecidas e inadequadas ao contexto de estímulos ambientais – um "embotamento afetivo" global contra um pano de fundo de um humor negativo habitual (Dunn, Dalgleish, Lawrence, Cusack, & Ogilvie, 2004; Rottenberg, Joormann, Brozovich, & Gotlib, 2005). Note que o embotamento afetivo é caracterizado pela experiência de *qualquer* emotividade em indivíduos com depressão como aversiva, mesmo emoções positivas; consequentemente, indivíduos com depressão fazem grandes esforços para evitar gatilhos comportamentais, cognitivos e experienciais de qualquer emoção, potencialmente levando à anedonia. A relutância em se envolver em situações gratificantes (incluindo durante a viagem mental para o passado e para o futuro) em parte impulsiona a perda de interesse e prazer que é um componente central da depressão. Exacerbando ainda mais o embotamento afetivo está a tendência entre os indivíduos com depressão de "amortecer" avaliações potencialmente adaptativas de situações positivas quando o humor depressivo começa a melhorar, por exemplo, pensando, "Eu não mereço isso" ou "isso é bom demais para durar". Essas avaliações amortecem o surgimento de emoções positivas e podem precipitar avaliações ainda piores, como "Não estou aproveitando e isso está decepcionando todo mundo", "Sou tão ingrato", ou "o que há de errado comigo?", reforçando assim o estado depressivo (Burr, Javiad, Jell, Werner-Seidler, & Dunn, 2017; Yilmaz, Psychogiou, Javaid, Ford, & Dunn, 2019).

A MBCT foi projetada para ajudar as pessoas a reconhecerem as manifestações precoces dessa reatividade, desengajar-se desses modos de mente ruminativos e autoperpetuantes e aprender a responder de maneiras mais adaptativas. Também constrói a capacidade de envolver o sistema de valência positiva, ajudando as pessoas a se aproximar e (re)engajar-se com aspectos prazerosos e recompensadoras de sua experiência e vida.

Suicidalidade

A suicidalidade é uma manifestação extrema de reatividade, na qual pensamentos, imagens e impulsos relacionados à autolesão e à morte do eu fazem parte do modo que pode ser ativado e no qual a escalada pode levar a automutilação, tentativas de suicídio e morte por suicídio (Williams, Duggan, Crane, & Fennell, 2006). Diante de um estado emocional que parece avassalador, pensamentos como "Não consigo lidar com isso, isso é horrível, quero que isso acabe, quero morrer" podem surgir. Nessas ocasiões, pensamentos como "a morte seria uma saída para isso" podem parecer soluções genuinamente viáveis (Beck, Brown, & Steer, 1989; Steer, Beck, Brown, & Beck, 1993). Esses modos são, é claro, angustiantes, então muitas pessoas propensas à suicidalidade se engajam na evitação, uma estratégia que pode ser útil em curto prazo, mas raramente é eficaz em longo prazo (Williams et al., 2007).

A MBCT foi adaptada para ajudar pessoas propensas à suicidalidade a desenvolver estratégias para permanecerem ancoradas na consciência do momento presente quando surgem pensamentos e impulsos suicidas e para vê-los como eventos mentais passageiros, em vez de fatos (Williams, Fennell, Barnhofer, Crane, & Silverton, 2015). Eles aprendem habilidades de resolução de problemas para os problemas que desencadeiam esse tipo de pensamento e, para o próprio pensamento, aprendem a se desligar e desenvolver a meta-consciência (Barnhofer et al., 2015; Forkmann et al., 2014; Williams et al., 2006). Mesmo os pensamentos mais perturbadores, como "a morte seria uma saída para isso", podem ser vistos como pensamentos, e não como fatos. Por fim, e de maneira mais ampla, a MBCT para suicidalidade ensina habilidades para aprimorar o autocuidado, a aproximação e o engajamento – todas estratégias que podem construir resiliência nesse grupo.

Ansiedade relacionada à saúde

Uma conceitualização cognitiva da ansiedade em relação à saúde, ou hipocondria, sugere que as interpretações dos sintomas corporais se tornam exageradas e catastrofizadas como condições médicas graves, apesar de todas as garantias médicas; ao longo do tempo, essas interpretações equivocadas se tornam uma preocupação crônica e incapacitante. Por exemplo, uma sensação de coração acelerado pode ser interpretada erroneamente como sinal de um ataque cardíaco iminente, ou qualquer tipo de desconforto no corpo como sinal de um crescimento cancerígeno. Essas interpretações errôneas rapidamente levam a pensamentos catastróficos, como "preciso verificar isso e tratá-lo o mais rápido possível" ou "se isso for grave, minha família ficará desamparada". A MBCT ajuda as pessoas a experimentarem sensações corporais de modo direto, com curiosidade e consciência não julgadora do momento a momento. Os participantes aprendem a observar as interpretações e o pensamento catastrófico, novamente, como pensamentos, e não como fatos. Em vez de mudar pensamentos e imagens, a MBCT visa reduzir seu impacto, ajudando as pessoas a darem um passo atrás e a não se envolverem em estilos e comportamentos de pensamento problemáticos; ou seja, responder em vez de reagir. Há evidências preliminares de um pequeno ensaio clínico randomizado (ECR) de que a MBCT é efetiva para a ansiedade relacionada à saúde e que ela funciona por meio desse mecanismo suposto (McManus, Surawy, Muse, Vazquez-Montes, & Williams, 2012).

Câncer

Pessoas com câncer enfrentam grandes desafios psicológicos. Elas podem experimentar dor, fadiga, angústia, preocupação, ansiedade e depressão, além de questões fundamentais sobre viver e morrer. Esses problemas vão e vêm em diferentes estágios da doença e do tratamento. À medida que os tratamentos melhoram, mais pessoas estão vivendo mais tempo com diagnósticos de câncer, o que significa que precisam encontrar maneiras de enfrentar e conviver com esses desafios.

As intervenções baseadas em *mindfulness* oferecem práticas para diferentes estágios da doença (Bartley, 2011; Carlson & Garland, 2005; Carlson, Ursuliak, Goodey, Angen, & Speca, 2001). As estratégias que as pessoas usaram em outras áreas de suas vidas, como resolver problemas ou conversar com amigos, podem não ser tão apropriadas e eficazes para lidar com o câncer. Na verdade, elas podem ter o efeito oposto e levar a pensamentos circulares e preocupações com sintomas e tratamentos que são improdutivos e alimentam a ansiedade. A MBCT ajuda as pessoas a se voltarem para e enfrentarem suas experiências, incluindo as difíceis, com bondade e compaixão. Ele aborda diretamente os processos psicológicos que podem alimentar a angústia, a reatividade e a catastrofização, ajudando as pessoas a reconhecerem e se desvincularem de suas sensações corporais, seus sentimentos e seus pensamentos. Ele incentiva o autocuidado e, como geralmente é oferecido em formato de grupo, cria um senso de humanidade comum. Quando ensinado com habilidade, pode ajudar as pessoas a considerarem questões fundamentais em um ambiente de grupo seguro e contido.

Conceitualizações específicas a uma pessoa em especial: trama em nível individual

Embora a MBCT seja um programa baseado em grupo e grande parte do ensino embutido nele esteja focado em mecanismos comuns ao grupo, também há o potencial para os professores de MBCT trabalharem no nível dos mecanismos idiossincráticos que causam angústia e sofrimento para cada membro do grupo. Esse método apoia a mudança para esses indivíduos, antecipa e trabalha com seus obstáculos particulares e os ajuda a avançar em direção aos seus objetivos individuais. Por exemplo, com a depressão recorrente, embora a conceitualização anterior possa ser comum a muitos, a forma como isso se manifesta será diferente para cada indivíduo. A história e os gatilhos de cada indivíduo serão únicos. Por exemplo, temas comuns nos modos de depressão podem envolver rejeição interpessoal ou falha no trabalho. Uma pessoa pode reagir com retraimento, e outra, com hostilidade (Kuyken et al., 2009).

Para resumir, um professor de MBCT habilidoso utiliza tanto mecanismos universais, a urdidura, quanto mecanismos específicos à população ou ao indivíduo, e a trama, em conceitualização. Além do mais, ele toma cuidado para conceitualizar tanto o grupo quanto os indivíduos do grupo, trabalhando para permitir a mudança nos dois níveis.

CONSIDERAÇÕES MULTICULTURAIS

Ao direcionar processos mentais considerados universais, a MBCT deveria, em princípio, ser aplicável a pessoas de diversas origens. Como já observado, a MBCT é derivada em parte de tradições contemplativas antigas, talvez mais notavelmente da psicologia budista. Quando o Buda estava articulando pela primeira vez sua conceitualização de como o sofrimento e a angústia são criados e perpetuados, ele passou anos estudando com uma variedade de professores, utilizando uma abordagem empírica de primeira pessoa e perguntando: "Como esse ensinamento ressoa com minha experiência e a experiência dos outros? Como ele explica como a angústia surge? Ele fornece ferramentas para lidar com as dificuldades? Ele oferece métodos para cultivar atenção, alegria e bem-estar?" Ele rejeitou cada ensinamento por vez, refinando sua própria conceitualização e desenvolvendo o que às vezes é considerado como modelos psicológicos precoces da mente que têm poder descritivo e explicativo. O que é impressionante é que Buda fez isso em um momento no norte da Índia em que gênero e casta impediam que alguns grupos acessassem esses ensinamentos. Ele concluiu, de forma radical, que os processos básicos de atenção, percepção e cognição mais amplamente eram provavelmente os mesmos, independentemente de gênero ou casta. Com seu foco em processos mentais, essa conclusão é potencialmente tão verdadeira hoje quanto há 2.500 anos. No entanto, a maneira como a MBCT é apresentada e ensinada é mais acessível e aceitável para alguns grupos do que para outros. Houve alguns esforços para adaptar a MBCT a diferentes contextos culturais, garantindo que o treinamento seja inclusivo e considerando questões culturais (R. S. Crane, 2017). Essa é uma área que requer consideravelmente mais trabalho.

EVIDÊNCIAS A FAVOR DO MÉTODO

A MBCT está se desenvolvendo em um modelo translacional de pesquisa, no qual teoria, desenvolvimento de intervenção, eficácia e implementação são vistos como se informando e se construindo de maneira mútua (Dimidjian & Segal, 2015). Aqui, revisamos brevemente apenas a pesquisa mais relevante para a conceitualização de casos, seu mecanismo de ação e sua eficácia.

Teoria e mecanismo

Existem três corpos distintos de trabalho que se perguntam como a atenção plena está implicada na atenção, na regulação emocional e comportamental, na saúde mental e no bem-estar. Primeiro, há um corpo crescente de pesquisa sugerindo que a atenção plena está consistentemente associada à saúde mental e ao bem-estar e que essas associações são, em parte, explicadas em um nível psicológico por meio de maior controle atencional e autorregulação (Masicampo & Baumeister, 2007; Teasdale & Chaskalson, 2011). Existe um correspondente e promissor corpo de trabalho investigando os correlatos neurocognitivos (Lutz, Jha, Dunne, & Saron, 2015; Lutz et al., 2009; Tang, Holzel, & Posner, 2015) e biocomportamentais da atenção plena (p. ex., Davidson et al., 2003; Kirschner et al., 2019). No entanto, a pesquisa mais elaborada testando esses mecanismos teóricos, triangulando relatos subjetivos em primeira pessoa e medidas biocomportamentais adicionais para perguntar como a atenção plena afeta a saúde mental e o bem-estar, ainda está em seus estágios iniciais. Em segundo lugar, diversas revisões sistemáticas apontam para três construtos inter-relacionados como prováveis mecanismos de mudança na MBCT: atenção plena, autocompaixão e descentralização. Há algumas evidências de que essas mudanças são específicas da MBCT e que um treinamento mais intensivo em atenção plena leva a maiores mudanças nesses mecanismos hipotéticos (Alsubaie et al., 2017; Gu, Strauss, Bond, & Cavanagh, 2015; van der Velden et al., 2015). Em terceiro lugar, e intrigantemente, há evidências emergentes de que o treinamento em atenção plena de forma geral e, especificamente, a MBCT ajudam as pessoas a fortalecerem os sistemas de valência positiva (PVS) de maneiras que ampliam e desenvolvem sua capacidade de apreciação, felicidade, gratidão e autorregulação (Garland, Geschwind, Peeters, & Wichers, 2015; Strege, Swain, Bochicchio, Valdespino, & Richey, 2018). Essa é uma linha de trabalho importante e muito promissora. É claro que a promessa desse trabalho é que, à medida que entendemos melhor como a MBCT causa mudanças, podemos refinar a MBCT para causar mudanças maiores em mais pessoas.

Efetividade

Em termos das populações já revisadas, a base de evidências está em diferentes estágios. Agora existem várias revisões grandes e substanciais, bem como metanálises de MBIs para uma variedade de populações que consistentemente sugerem que elas são eficazes em melhorar a saúde mental e o bem-estar e reduzir o estresse, a depressão e a ansiedade; em mais de 300 estudos e amostras de até 12 mil pessoas, as MBIs parecem ser mais eficazes do que nenhum tratamento e tão eficazes quanto outras abordagens baseadas em evidências, como a terapia cognitivo-comportamental (TCC; Goldberg et al., 2018; Goyal et al., 2014; Khoury, Sharma, Rush & Fournier, 2015). Há evidências emergentes da eficácia de custo das MBIs (Feliu-Soler et al., 2018). A base de evidências para a MBCT para depressão recorrente agora é convincente. Usando dados de nove ECRs ($N = 1.258$), uma metanálise de dados de pacientes individuais demonstrou claramente a superioridade da MBCT na prevenção da depressão em relação ao tratamento usual e a promessa como uma alternativa aos antidepressivos de manutenção (Kuyken et al., 2016). Os efeitos de combinar a MBCT com outros tratamentos e como planejar o tratamento da melhor maneira possível ainda precisam de mais trabalhos, com certas confusão e descobertas contraditórias (p. ex., Huijbers et al., 2015) que precisam de mais investigação. Por fim, um estudo de eficácia não controlado sugere que os efeitos da MBCT são replicados em um grande estudo do mundo real ($N = 1.554$), realizado em cinco configurações de cuidados de saúde mental, com efeitos positivos comparáveis aos vistos em ECRs e taxas de deterioração semelhantes ou abaixo daquelas para outras terapias baseadas em evidências (Tickell et al., 2019).

A base de evidências para a MBCT para suicidalidade está em estágio muito inicial de desenvolvimento, mas diversos estudos, incluindo ECRs pilotos, apontam para sua eficácia promissora e, o que é importante, que seus efeitos são mediados pelos mecanismos teorizados de metaconsciência e especificidade (Crane et al., 2008; Hargus, Crane, Barnhofer, & Williams, 2010; Williams et al., 2006). Existe uma base de evidências substancial para a efetividade das MBIs, especialmente a MBSR, para pacientes com câncer. Revisões sistemáticas em pacientes com câncer heterogêneos demonstram consistentemente efeitos significativos de pequenos a moderados em vários resultados psicossociais (p. ex., sono, dor, humor, estresse) em pacientes com câncer (Baer, 2003; Cramer, Lauche, Paul & Dobos, 2012; Greene, Philip, Poppito, & Schnur, 2012; Ngamkham, Holden, & Smith, 2019; Piet, Wurtzen, & Zachariae, 2012; Shennan, Payne, & Fenlon, 2011; Smith, Richardson, Hoffman, & Pilkington, 2005; Zhang, Zhao, & Zheng, 2019). Para a ansiedade relacionada à saúde, a literatura de efetividade está em fase inicial e promissora, com evidências de aceitabilidade e eficácia por meio de mecanismos supostos que precisam ser testados em ensaios clínicos adequadamente dimensionados (McManus et al., 2012).

PASSO A PASSO DA FORMULAÇÃO DE CASOS E PLANEJAMENTO E PRÁTICA DO TRATAMENTO

A MBCT é um programa em grupo cujo objetivo principal é facilitar a aprendizagem para o grupo como um todo. Como já argumentamos, a principal conceitualização é dos problemas que o grupo em sua totalidade traz (a urdidura). Como tal, o modelo primário de mudança, o mapa de rota, também se aplica ao grupo como um todo. Claro, no grupo, cada indivíduo terá seu próprio mapa de rota específico para a mudança, com o qual um bom professor de MBCT muitas vezes também é capaz de trabalhar (a trama).

O programa MBCT tem objetivos e intenções gerais e uma sequência de sessões que gradualmente desenvolve a aprendizagem dos participantes em direção a esses objetivos. Pode ser útil pensar nele como um mapa de rota que leva as pessoas ao longo de marcos-chave de mudança. O papel do professor é guiar os participantes usando esse mapa de rota, de um marco para o próximo. Os objetivos detalhados e as intenções da MBCT e os marcos são delineados nos manuais da MBCT, mas, em termos gerais, eles são estabilizar a atenção; abrir-se para novas maneiras de ser e conhecer; aprender a responder (em vez de reagir); reavaliação, descentralização e *insight*; e incorporar o que é aprendido (Feldman & Kuyken, 2019).

Marco 1: atenção!

O primeiro marco na MBCT é capacitar as pessoas a treinar e estabilizar sua atenção, a reunir suas mentes dispersas. O programa fornece uma série de elementos psicoeducacionais e práticas de atenção plena que ajudam as pessoas a ver como a atenção e a percepção se manifestam para criar sua experiência momento a momento. Professores habilidosos apoiam os participantes com quaisquer lutas e dificuldades que encontrarem ao dominar essa habilidade. Isso permite que os participantes reconheçam e comecem a escolher sair da automaticidade e do hábito, sobretudo quando isso, no pior dos casos, alimenta seus problemas (p. ex., ruminação e depressão) ou talvez iniba uma apreciação mais plena da vida. A atenção é o portal para a experiência (James, 1890). Os participantes começam a dar o passo empoderador de escolher onde colocar sua atenção, no que eles se concentram e no que inibem. A atenção também pode enriquecer a experiência, por exemplo, ao desacelerar e aprofundar a consciência sensorial em todas as modalidades sensoriais (p. ex., comer com atenção plena). À medida que essa habilidade é revisitada, uma e outra vez, a experiência pode ser enriquecida por meio de uma percepção cada vez maior em todas as modalidades sensoriais.

Quando enfrentam dificuldades, a atenção pode ser usada para ancorar a consciência no aqui e agora e em um objeto que fornece um refúgio confiável. No meio de uma situação estressante ou difícil, quando a mente e o corpo podem se tornar muito agitados, os participantes aprendem que podem recorrer a esse ponto de ancoragem. Isso pode ser a respiração, uma parte do corpo (p. ex., o abdome, as nádegas em contato com o assento, as mãos ou os pés, ou até mesmo um ponto de ancoragem externo, como fixar o olhar em um objeto, como um relógio).

Quando encontramos experiências cotidianas agradáveis, é um pequeno passo trazer intencionalmente a atenção para ver, tocar e ouvir de todo o coração – sentir realmente a brisa na pele, saborear a comida na língua, ouvir o riso dos amigos, o toque de um amante. Ao trazer atenção para essas sensações corporais, emoções, impulsos, pensamentos e imagens, elas podem ser apreciadas e desfrutadas. Por exemplo, ao cumprimentar e abraçar um ente querido após algum tempo separados, o prazer de estar reunido, a sensação de estar juntos, a conexão do toque podem ser completamente experimentados em vez de passados de forma rápida.

Embora a compreensão mecanicista de como a MBCT ajuda a construir o sistema de valência positiva seja embrionária, um elemento-chave pode ser que prestar atenção à gama completa de experiências reconecta as pessoas às suas experiências sensoriais e emocionais. Com o tempo, as pessoas aprendem a ter confiança de que podem ancorar sua consciência, que a atenção é algo que podem controlar de modo intencional. Essa é uma realização empoderadora.

Marco 2: uma nova maneira de conhecer e ser

À medida que a atenção é estabilizada, a MBCT introduz os diferentes modos de mente já delineados: experiencial, conceitual e observador. Aprender a atenção plena primeiro ajuda os participantes a ver e reconhecer o clima de suas mentes. Estão no piloto automático, seguindo padrões habituais de pensamento e comportamento? Estão em uma consciência receptiva do momento presente que pode estar com o que é? Os participantes aprendem a ver suas mentes alternando entre a automaticidade; a forma como diferentes estímulos internos e externos desencadeiam reações familiares; a maneira como as experiências podem ser elaboradas com o pensamento conceitual; o pensamento repetitivo, como preocupação, obsessão e ruminação; o quão difícil pode ser permanecer presente; e como experiências comuns, como agitação e sonolência, podem surgir. Por meio de uma série sequenciada de práticas de atenção plena e psicoeducacionais, os participantes desenvolvem a capacidade de reconhecer, desenvolver uma familiaridade profunda com e começar a entender esses modos de mente – quando podem servir e quando são problemáticos. Eles começam a dominar a orientação intencional da atenção e a alternância entre esses modos de mente. O pensamento conceitual é essencial para o planejamento, a linguagem é obviamente fundamental para a comunicação, e um modo de ser experiencial pode apoiar estados mentais positivos, apreciação e alegria e permitir que estados mentais negativos venham e vão naturalmente. Isso pode ser muito empoderador, vendo, por exemplo, que pensamentos e imagens podem ser experimentados como eventos mentais; eles são "pensamentos, e não fatos".

Marco 3: aprendendo a responder (não reagir)

Estabilizar a atenção e abrir para diferentes formas de conhecer e ser apoiam a transição para o terceiro marco – a capacidade de começar a responder com maior liberdade, escolha e flexibilidade ao fluxo contínuo de estímulos, tanto internos quanto externos. A atenção estável lança luz sobre os processos em evolução da mente; ela desacelera e amplia nossa percepção. Sensações corporais, pensamentos, sentimentos e impulsos são vistos como são, pelo que são. Torna-se possível perceber o momento em que uma reação automática e habitual começa. Voltar-se e permitir que as experiências sejam como são, com uma atenção observadora e amável, é o início de um tipo diferente de resposta. Quando elas são experimentadas no momento presente, pode desativar a mente contínua de rotular e julgar que alimenta a sensação de experiência sendo diferente do que deveria ser, exigindo correção. Em vez disso, recorrendo tanto aos modos de mente conceituais quanto experienciais, é possível estar com as experiências como elas são, com gentileza, cuidado e paciência; é o início de um tipo diferente de resposta. Quanto mais aprendemos que podemos dar um passo para trás e responder de forma diferente, mais cresce um sentido de capacidade e confiança. Não é ciência de foguetes. Isso, por sua vez, cria novas aprendizagens; aquilo que a mente se atenta e se inclina é o que a molda (Feldman & Kuyken, 2019). O treinamento em atenção plena cria um espaço no qual podemos escolher responder de maneira mais habilidosa.

O trabalho de aprender a tolerar e, posteriormente, abordar experiências difíceis com uma atitude de curiosidade, bondade e abertura pode reconectar as pessoas à sua capacidade de experimentar emoções positivas. Isso é especialmente verdadeiro para pessoas com histórico de trauma e/ou depressão, que compreensivelmente aprenderam a evitar experiências negativas. Além disso, desenvolver uma postura não julgadora e não reativa em relação às emoções positivas pode ajudar a desfazer os efeitos prejudiciais das avaliações negativas. Claro, um mecanismo semelhante também pode ajudar a regular o sistema de valência negativa. Um equilíbrio se desenvolve. Essa equanimidade está plenamente envolvida com o desdobramento das experiências interna e externa.

Marco 4: reavaliação, descentralização e *insight*

A atenção estável, uma forma ampliada e aprofundada de ser e conhecer, e maior capacidade de resposta mudam as narrativas e histórias que temos sobre nós mesmos, nossa história autobiográfica e o mundo. O que antes parecia uma realidade fixa é um processo que está sempre mudando, aberto a diferentes possibilidades e perspectivas. Em vez de se identificar demais com a experiência ("Isso é quem eu sou" ou "Isso sempre acontece comigo"), é possível dizer: "ah, isso também passará" ou "essas são histórias que estou me contando, elas não são fatos". Identidades e autoimagens podem ter uma longa história e ser profundamente enraizadas. Ser capaz de reconhecer, recuar e experimentar isso de uma nova maneira é o terreno para novas percepções. O que parece uma experiência sólida, fixa e intratável pode ser vista como transitória e flutuante.

É uma mudança, por exemplo, de "sou um sofredor crônico de dor" para "minha dor muda; eu não sou minha dor". Essa é uma mudança importante de perspectiva sobre nós mesmos, os outros e o mundo.

Marco 5: incorporar o que é aprendido

Com o tempo e com o começo da aplicação do que é aprendido na vida cotidiana, ocorre um maior alinhamento entre as intenções dos participantes, os seus pensamentos e as suas sensações corporais, e o que eles dizem e fazem (Feldman & Kuyken, 2019).

Ensino habilidoso da MBCT

O programa da MBCT é cuidadosamente estruturado para ofertar de maneira sequencial uma série de práticas e exercícios que dão suporte à aprendizagem dos participantes. Em geral, as MBIs começam com uma atividade diária (p. ex., alimentar-se) para ilustrar o quanto nos apoiamos em automatismos e hábitos. Práticas e exercícios iniciais começam a estabilizar a atenção e ensinar habilidades para o reconhecimento e compreensão de como a mente e o corpo criam nossos desconfortos e nosso sofrimento. O ensino habilidoso de MBCT apoia os participantes nessa jornada de aprendizado, visitando e revisitando cada marco repetidamente para consolidar o aprendizado. Tanto o programa quanto a incorporação do professor ajudam os participantes a desenvolverem a habilidade de voltar-se para sua experiência com simpatia e cuidado. As sessões posteriores mapeiam como a angústia e problemas específicos são criados e mantidos, utilizando sobretudo aprendizado experiencial e alguns exercícios cognitivo-comportamentais. A confiança cresce junto com a reavaliação e descentralização já descritas. As sessões posteriores consideram o que sustenta e nutre os participantes para que possam continuar sua jornada de aprendizado e, crucialmente, aplicar o que aprenderam em suas vidas além do fim do programa relativamente breve.

Em um sentido, a tarefa dos professores de MBCT é sair do caminho, permitir e facilitar a aprendizagem por meio da estrutura do programa e do aprendizado experiencial que decorre das práticas de atenção plena. No entanto, os professores habilidosos têm a teoria (mapa) e os marcos de mudança (mapa de rota) para orientar seu ensino; eles orientam as práticas de atenção plena e exercícios por meio das intenções de aprendizagem do programa MBCT. Por exemplo, a primeira sessão é intitulada "Acordando do Piloto Automático", e os objetivos são para os participantes entenderem a automaticidade e o hábito, aprenderem quando a automaticidade é útil e prejudicial, e começarem o processo de aprendizado para estabilizar a atenção. Os professores mantêm a sessão focada e alinhada a esses objetivos com a teoria orientando seu ensino. Na MBCT, há um período de revisão após cada exercício no qual os participantes são convidados a compartilhar sua experiência e seu aprendizado. Aqui novamente, os professores habilidosos tentam alinhar o que emerge com as intenções de aprendizagem, teoria e marcos sequenciais orientando a aprendizagem dos participantes.

Os professores também precisam equilibrar tanto as necessidades de aprendizado do grupo quanto as dos participantes individuais. Eles precisam não apenas promover um aprendizado mais profundo para indivíduos específicos à medida que suas experiências de aprendizado sobre seus próprios padrões ou mente surgem (trama individual) mas também falar para o restante do grupo sobre padrões universais da mente (a urdidura). Na maioria dos casos, é possível alinhar as necessidades do grupo e as do indivíduo. Mas, em alguns casos, essas podem divergir, e o professor precisa decidir como priorizar e responder. Isso pode, por exemplo, envolver extrair o aprendizado universal e depois sugerir que o indivíduo explore seu aprendizado em sua prática pessoal e traga-o de volta ao grupo em sessões futuras. Também há a necessidade de adaptar e ajustar o programa com base nas necessidades de aprendizado tanto do grupo quanto dos indivíduos. Por exemplo, para pessoas com dor física crônica, pode ser necessário apoio sobre como se envolver melhor com as práticas de atenção plena. Da mesma forma, para pessoas com histórico de trauma, pode haver a necessidade de adaptar as práticas nas fases iniciais para apoiar a conscientização do enraizamento e evitar desencadear hiperexcitação e memórias intrusivas.

Por fim, os professores de MBCT são treinados para ensinarem com base em suas próprias experiências e incorporações, para "colocarem em prática o que pregam". Nesse sentido, eles incorporaram o mapa a partir de seu próprio aprendizado experiencial. Isso orienta seu ensino e se configura como um modelo poderoso para os participantes.

EXEMPLO DE CASO: "APRENDENDO A VIVER NA LUZ"

A MBCT é um programa baseado em grupo, então é possível descrever o caso de um grupo inteiro ou de um indivíduo. Cada grupo é um pouco diferente, aprendendo de maneiras diferentes em ritmos diferentes, talvez com ênfases diferentes ou com aprendizados-chave diferentes (um exemplo de caso de um grupo inteiro é descrito em Kuyken & Evans, 2014). Para os propósitos deste capítulo, descrevemos um caso individual de alguém passando por um grupo de MBCT para depressão (adaptado de Feldman & Kuyken, 2019).

Ling estava no início dos seus 40 anos, trabalhava como taquígrafa e era mãe solteira de dois filhos adolescentes. Ela havia sofrido muitos episódios de depressão em sua vida, que começaram na adolescência. Após ser abusada sexual e emocionalmente em sua casa familiar, foi criada por uma série de pais adotivos e passou algum tempo em lares para crianças. Na escola, ela tinha dificuldade em se encaixar no que era esperado dela académica e socialmente e às vezes era excluída da escola por períodos de tempo. Embora o primeiro episódio de depressão de Ling provavelmente tenha sido causado por esses desafios em casa e na escola, episódios mais recentes de depressão se reuniam sem um gatilho claro. Ling descreveu seu episódio mais recente de depressão desta forma: "Eu senti uma queda, simplesmente afundei, fui direto para a cama, apenas dormi, não conseguia fazer nada. Não conseguia funcionar." Como tantas outras pessoas, Ling teve que encontrar uma forma de gerenciar sua depressão recorrente enquanto trabalhava e era mãe solteira. Nessas épocas, ela tinha que tirar folgas do trabalho e encontrar apoio para ajudar a criar seus filhos adolescentes. Os antidepressivos foram úteis para ela, mas não a protegeram totalmente de recaídas tão graves. Ela desejava desesperadamente encontrar uma forma de aprender a evitar essas experiências sombrias e assustadoras de depressão.

Depois de seu episódio mais recente de depressão, seu médico de família sugeriu a MBCT como um modo de aprender habilidades para evitar ficar deprimida de novo. Ela abordou a MBCT com ceticismo, questionando como a meditação e a ioga poderiam possivelmente ajudar algo que seu médico de família e psiquiatra haviam dito há muito tempo que era um "desequilíbrio em seu cérebro". Na orientação individual, o professor de MBCT dedicou tempo ouvindo a história de Ling, abordando suas perguntas e suas preocupações e explicando uma conceituação mais psicológica da depressão recorrente: que a maneira como pensamos e reagimos faz parte da depressão e que podemos aprender habilidades para prevenir a depressão. No final da sessão, o professor explicou que a MBCT envolve trabalho árduo, enfrentando estados mentais e corporais que podem ser desconfortáveis; e, ciente da história de trauma de Ling, o professor discutiu como a paciente poderia se envolver da melhor forma possível com a MBCT para se certificar de que ela trabalhasse nos limites do que era manejável e seguro. O professor de MBCT perguntou diretamente: "Você está pronta para isso, Ling? É um bom momento em sua vida?" Quando Ling respondeu "Sim", o professor de MBCT pediu a ela para se envolver com o curso com "mente e coração abertos", confiando em si mesma, sabendo o que poderia administrar, se envolvendo com o programa da melhor maneira possível e vendo o que acontecia.

As primeiras práticas não foram fáceis. Ling percebeu o quanto sua mente estava agitada, o quanto seu corpo era um depósito de sensações fortes e muitas vezes desagradáveis, que ela tinha propensão a "entorpecer" – uma estratégia que a tinha servido bem crescendo em diversos ambientes abusivos. No entanto, Ling começou a aprender maneiras de estabilizar sua atenção nessas situações, usando tanto a sensação da respiração em seu abdômen quanto as sensações em sua mão como um ponto de ancoragem. Se ela começasse a entorpecer, ela colocaria a mão em seu ventre para tornar as sensações mais diretas e reais, enquanto sentia o movimento de seu ventre a cada respiração. Ela aprendeu que poderia ancorar sua atenção. Ela aprendeu que havia uma forma diferente de se relacionar com experiências desagradáveis, com interesse, amizade e discernimento, aprendendo quando e como era possível permitir que esses estados mentais e corporais difíceis entrassem na consciência e quando era prudente não o fazer. Uma manhã ela acordou às 3 horas da manhã, e o primeiro pensamento que veio à mente foi: "ah não, lá vou eu de novo." Automática e habitualmente, um ciclo de pensamento ruminativo tomou conta, contribuindo para um ciclo vicioso de se sentir agitada e que cair de novo no sono seria impossível. Isso desencadeou mais ruminação ainda, nas seguintes linhas: "Ah, não, eu não conseguirei funcionar amanhã".

Ling aplicou o que aprendeu na MBCT, estabilizando sua atenção. Ela percebeu que tinha uma escolha ativa. Ela poderia tentar voltar a dormir, ou seguir com o dia, sabendo que provavelmente dormiria bem na noite seguinte. Ela levantou e realmente saboreou uma xícara de café (antes de seus filhos acordarem). Ela fez algo que vinha adiando há algum tempo: escrever uma referência para um de seus ex-colegas. Quando imprimiu a carta, um sorriso surgiu em seu rosto ao saber que sua referência ajudaria seu amigo a conseguir um bom emprego. Essas pequenas mudanças foram transformadoras e capacitadoras e mudaram o rumo do dia de Ling.

Mais tarde, no curso de MBCT, Ling começou a entender como seus hábitos de pensamento e reação eram completamente compreensíveis devido à sua história de vida, mas não estavam mais lhe servindo bem. Suas primeiras experiências com pais biológicos, pais adotivos e cuidadores a tornaram desconfiada e duvidosa de seu próprio valor e capacidade de ser amada. Ela trabalhava no sistema judicial, um emprego estressante, que muitas vezes acionava para ela memórias muito perturbadoras dos abusos físicos e sexuais que havia sofrido quando criança. Na hora do almoço, ela muitas vezes saía para caminhar. Havia um banco em uma colina logo fora da cidade onde ela costumava almoçar. Olhando para baixo na cidade e nos tribunais onde trabalhava, ela percebeu que era possível ter um ponto de vista diferente. O que parecia tão imediato, real e perturbador quando ela estava nos tribunais podia ser visto a partir de uma perspectiva diferente, mais descentralizada. Ela percebeu que o fluxo de pensamentos que muitas vezes parecia dominá-la era apenas isso, fluxo de pensamentos, não fatos. Essa capacidade de se distanciar estava sempre disponível para ela, mesmo às 3 horas da manhã quando acordava cheia de preocupações! No meio de uma enxurrada de pensamentos negativos, Ling conseguia ancorar sua atenção em seu corpo, um lugar que agora estava disponível para ela como refúgio. Quando ela conseguia acessar atitudes de interesse, simpatia e compaixão, estava mais bem-preparada para lidar com esses estados difíceis da mente e do corpo. À medida que seu senso de capacidade crescia, sua necessidade de se desligar diminuía.

Com o tempo, além do curso de oito semanas, Ling estendeu seu aprendizado à forma como criava seus filhos adolescentes. Aqui, ela conseguia reconhecer pensamentos como "Sou uma péssima mãe e vou arruinar meus filhos" como "pensamentos de bola de demolição". Quando ela descreveu essas experiências em uma aula de reunião, houve um alívio palpável, pois os outros membros do grupo puderam se identificar com sua poderosa metáfora com um pensamento comum: "Nós também temos pensamentos de bola de demolição". Essa capacidade de se afastar de tais pensamentos abre a possibilidade, como mãe, de responder aos inevitáveis desafios da parentalidade, com maior discernimento e equanimidade. A metáfora também é tão poderosa porque, se nos afastarmos, a bola de demolição passa sem causar danos e eventualmente perde seu poder.

Alguns anos depois, Ling decidiu mudar de emprego para um que fosse mais agradável e recompensador e que não tivesse o potencial de desencadear sua própria história traumática de abuso diariamente. Ela descreveu ao seu professor de MBCT alguns anos após o curso que, inicialmente, se envolveu com a MBCT como uma forma de lidar e evitar a escuridão da depressão. Mas, com o tempo, ela usou o que aprendeu para se voltar e "viver mais plenamente na luz". Ela começou a desfrutar dos prazeres simples da vida, da parentalidade e de um clube de caiaque ao qual se juntou, no qual, com o tempo, se tornou instrutora. Ela há muito tempo mantinha um diário e percebeu que o tom de seus registros estava mudando. Havia mais uma sensação de apreciação de sua vida, uma sensação de realmente se envolver com seu trabalho, seus filhos e seus amigos de uma maneira mais aberta, confiante e uma fé de que tinha os recursos para enfrentar desafios e dificuldades. Ela ainda usava antidepressivos por períodos de tempo, mas o fazia de forma intencional e instrumental nos momentos em que sentia que precisava deles como parte de sua abordagem de autocuidado. Ela teve outros períodos de baixo humor e depressão, mas enfrentou essas experiências com maior compreensão, auto-compaixão e um sentido de "isso vai passar". Durante períodos de contentamento, alegria e realização, ela era capaz de reconhecê-los e saboreá-los. Conforme ela trouxe isso para seu relacionamento com seus filhos, seus colegas de trabalho e seus amigos, eles também se tornaram mais estáveis e ricos.

A conceitualização da MBCT de que a reatividade impulsiona recaídas depressivas e os marcos de mudança já delineados foram o mapa que Ling desenvolveu para entender sua depressão e, então, traçar um caminho, primeiro, para prevenir a depressão recorrente e, então, com o tempo, aprender a viver sua vida, profissional e pessoalmente – mais "na luz".

APRENDENDO O MÉTODO

O modelo estabelecido de treinamento de professores de MBCT evoluiu a partir de mais de 40 anos de ensino tanto de professores de TCC quanto de professores de MBI. Ele é delineado em um consenso que estabelece as etapas do treinamento de professores (Segal et al., 2018; Woods, Rockman, & Collins, 2019). Os professores de MBCT primeiro estabelecem uma prática de *mindfulness* ao participarem de uma aula de MBCT como participantes. Em seguida, aprendem a teoria e a prática da MBCT e praticam o ensino em pequenos grupos de colegas, recebendo *feedback* dos treinadores. A terceira fase é começar a ensinar a MBCT como aprendiz com um professor mais experiente ou com mentoria e supervisão próximas. Após várias dessas aulas, alguns professores procurarão ter sua competência de ensino formalmente avaliada. O treinamento contínuo envolve mentoria e supervisão e educação continuada, junto com apoio para sustentar e aprofundar a prática pessoal de *mindfulness*.

Para os professores de MBCT ensinarem de forma eficaz, eles precisam ter uma compreensão completa dos mapas universais e específicos da população e dos mapas de rota – a trama e a urdidura que compõem a tapeçaria do ensino da MBCT. Esses mapas são usados para orientar e moldar o ensino, tanto o ensino em grupo das práticas de *mindfulness* quanto dos exercícios de TCC, mas também como cada interação é tratada, como o professor responde a oportunidades e desafios. Quando Ling disse, ao final da primeira prática longa, "eu estava tão agitada que queria estar em qualquer outro lugar menos aqui", o professor modelou curiosidade, compaixão e paciência, incentivando Ling a fazer apenas o que parecia gerenciável e trabalhando com ela para encontrar maneiras de ancorar sua atenção quando ela ficava agitada – colocando a mão em sua barriga, acompanhando os movimentos de sua respiração. O primeiro marco, reconheceu o professor, não era apenas uma habilidade importante por si só mas também essencial para que Ling acessasse o ensino adicional. O mapa e o mapa de rota apoiam o professor; eles são aprendidos tanto conceitual quanto experiencialmente. Os professores também terão momentos de agitação em que gostariam de estar "em qualquer outro lugar menos aqui".

RESUMO E CONCLUSÃO

A MBCT foi originalmente desenvolvida com base em uma conceitualização psicológica de recaída depressiva. A estrutura do programa permitiu que pessoas em risco de recaída depressiva reconhecessem como a reatividade pode facilmente se transformar em depressão, permitiu que se desvinculassem desses padrões e respondessem de forma adaptativa. No entanto, como todas as MBIs, a MBCT também se baseia em uma conceitualização universal daquilo que impulsiona o desconforto, o sofrimento e o florescimento humano. Conforme a MBCT evolui para ser utilizada com novas populações e contextos, requer consideração da conceitualização teórica que informa essas adaptações, juntamente com pesquisa translacional programática para estabelecer sua eficácia. Argumentamos que a MBCT apoia as pessoas a viverem bem com condições de saúde física e mental crônicas e recorrentes. Mais do que isso, pode potencialmente promover o bem-estar humano e o florescimento em nível da população em geral.

REFERÊNCIAS

Alsubaie, M., Abbott, R., Dunn, B., Dickens, C., Keil, T. F., Henley, W., et al. (2017). Mechanisms of action in mindfulness-based cognitive therapy (MBCT) and mindfulness-based stress reduction (MBSR) in people with physical and/or psychological conditions: A systematic review. *Clinical Psychology Review, 55,* 74–91.

Baer, R. A. (2003). Mindfulness training as a clinical intervention: A conceptual and empirical review. *Clinical Psychology: Science and Practice, 10*(2), 125–143.

Barnhofer, T., Crane, C., Brennan, K., Duggan, D. S., Crane, R. S., Eames, C., et al. (2015). Mindfulness-based cognitive therapy (MBCT) reduces the association between depressive symptoms and suicidal cognitions in patients with a history of suicidal depression. *Journal of Consulting and Clinical Psychology, 83*(6), 1013–1020.

Bartley, T. (2011). *Mindfulness-based cognitive therapy for cancer.* Chichester, UK: Wiley-Blackwell.

Beck, A. T. (1976). *Cognitive therapy and emotional disorders.* New York: Meridian.

Beck, A. T., Brown, G., & Steer, R. A. (1989). Prediction of eventual suicide in psychiatric inpatients by clinical rating of hopelessness. *Journal of Consulting and Clinical Psychology, 57,* 309–310.

Burr, L. A., Javaid, M., Jell, G., Werner-Seidler, A., & Dunn, B. D. (2017). Turning lemonade into lemons: Dampening appraisals reduce positive affect and increase negative affect during positive activity scheduling. *Behaviour Research and Therapy, 91,* 91–101.

Carlson, L. E., & Garland, S. N. (2005). Impact of mindfulness-based stress reduction (MBSR) on sleep, mood, stress and fatigue symptoms in cancer outpatients. *International Journal of Behavioral Medicine, 12*(4), 278–285.

Carlson, L. E., Ursuliak, Z., Goodey, E., Angen, M., & Speca, M. (2001). The effects of a mindfulness-meditation--based stress reduction program on mood and symptoms of stress in cancer outpatients: 6-month follow-up. *Supportive Care in Cancer, 9*(2), 112–123.

Cramer, H., Lauche, R., Paul, A., & Dobos, G. (2012). Mindfulness-based stress reduction for breast cancer: A systematic review and meta-analysis. *Current Oncology, 19*(5), E343–E352.

Crane, C., Barnhofer, T., Duggan, D. S., Hepburn, S., Fennell, M. V., & Williams, J. M. G. (2008). Mindfulness-based cognitive therapy and self-discrepancy in recovered depressed patients with a history of depression and suicidality. *Cognitive Therapy and Research, 32*(6), 775–787.

Crane, R. S. (2017). Implementing mindfulness in the mainstream: Making the path by walking it. *Mindfulness, 8*(3), 585–594.

Crane, R. S., Brewer, J., Feldman, C., Kabat-Zinn, J., Santorelli, S., Williams, J. M. G., et al. (2017). What defines mindfulness-based programs? The warp and the weft. *Psychological Medicine, 47*(6), 990–999.

Davidson, R. J., Kabat-Zinn, J., Schumacher, J., Rosenkranz, M., Muller, D., Santorelli, S. F., et al. (2003). Alterations in brain and immune function produced by mindfulness meditation. *Psychosomatic Medicine, 65*(4), 564–570.

Dimidjian, S., & Segal, Z. V. (2015). Prospects for a clinical science of mindfulness-based intervention. *American Psychologist, 70*(7), 593–620.

Dunbar, R. I. M. (2003). The social brain: Mind, language, and society in evolutionary perspective. *Annual Review of Anthropology, 32,* 163–181.

Dunn, B. D., Dalgleish, T., Lawrence, A. D., Cusack, R., & Ogilvie, A. D. (2004). Categorical and dimensional reports of experienced affect to emotion-inducing pictures in depression. *Journal of Abnormal Psychology, 113*(4), 654–660.

Feldman, C., & Kuyken, W. (2019). *Mindfulness: Ancient wisdom meets modern psychology.* New York: Guilford Press.

Feliu-Soler, A., Cebolla, A., McCracken, L. M., D'Amico, F., Knapp, M., LopezMontoyo, A., et al. (2018). Economic impact of third-wave cognitive-behavioral therapies: A systematic review and quality assessment of economic evaluations in randomized controlled trials. *Behavior Therapy, 49*(1), 124–147.

Forkmann, T., Wichers, M., Geschwind, N., Peeters, F., van Os, J., Mainz, V., et al. (2014). Effects of mindfulness-based cognitive therapy on self-reported suicidal ideation: Results from a randomised controlled trial in patients with residual depressive symptoms. *Comprehensive Psychiatry, 55*(8), 1883–1890.

Fredrickson, B. L., & Losada, M. F. (2005). Positive affect and the complex dynamics of human flourishing. *American Psychologist, 60*(7), 678–686.

Garland, E. L., Fredrickson, B., Kring, A. M., Johnson, D. P., Meyer, P. S., & Penn, D. L. (2010). Upward spirals of positive emotions counter downward spirals of negativity: Insights from the broaden-and-build theory and affective neuroscience on the treatment of emotion dysfunctions and deficits in psychopathology. *Clinical Psychology Review, 30*(7), 849–864.

Garland, E. L., Geschwind, N., Peeters, F., & Wichers, M. (2015). Mindfulness training promotes upward spirals of positive affect and cognition: Multilevel and autoregressive latent trajectory modeling analyses. *Frontiers in Psychology, 6,* 15.

Goldberg, S. B., Tucker, R. P., Greene, P. A., Davidson, R. J., Wampold, B. E., Kearney, D. J., et al. (2018). Mindfulness-based interventions for psychiatric disorders: A systematic review and meta-analysis. *Clinical Psychology Review, 59,* 52–60.

Goyal, M., Singh, S., Sibinga, E. M. S., Gould, N. F., Rowland-Seymour, A., Sharma, R., et al. (2014). Meditation programs for psychological stress and well-being: A systematic review and meta-analysis. *JAMA Internal Medicine, 174*(3), 357–368.

Greene, P. B., Philip, E. J., Poppito, S. R., & Schnur, J. B. (2012). Mindfulness and psychosocial care in cancer: Historical context and review of current and potential applications. *Palliative and Supportive Care, 10*(4), 287–294.

Gu, J., Strauss, C., Bond, R., & Cavanagh, K. (2015). How do mindfulness-based cognitive therapy and mindfulness-based stress reduction improve mental health and wellbeing? A systematic review and meta-analysis of mediation studies. *Clinical Psychology Review, 37,* 1–12.

Hargus, E., Crane, C., Barnhofer, T., & Williams, J. M. (2010). Effects of mindfulness on meta-awareness and specificity of describing prodromal symptoms in suicidal depression. *Emotion, 10*(1), 34–42.

Hayes, S. C. (2004). Acceptance and commitment therapy, relational frame theory, and the third wave of behavior therapy. *Behavior Therapy, 35*(4), 639–665.

Hayes, S. C., Strosahl, K., Wilson, K. G., Bissett, R. T., Pistorello, J., Toarmino, D., et al. (2004). Measuring experiential avoidance: A preliminary test of a working model. *Psychological Record, 54*(4), 553–578.

Huijbers, M. J., Spinhoven, P., Spijker, J., Ruhe, H. G., van Schaik, D. J. F., van Oppen, P., et al. (2015). Adding mindfulness-based cognitive therapy to maintenance antidepressant medication for prevention of relapse/recurrence in major depressive disorder: Randomised controlled trial. *Journal of Affective Disorders, 187,* 54–61.

James, W. (1890). *The principles of psychology*: New York: Dover.

Kabat-Zinn, J. (1990). *Full catastrophe living: How to cope with stress, pain and illness using mindfulness meditation*. New York: Delacorte.

Kabat-Zinn, J. (2011). Some reflections on the origins of MBSR, skillful means, and the trouble with maps. *Contemporary Buddhism, 12*(1), 281–306.

Khoury, B., Sharma, M., Rush, S. E., & Fournier, C. (2015). Mindfulness-based stress reduction: A meta-analysis. *Journal of Psychosomatic Research, 78*(6), 519–528.

Kirschner, H., Kuyken, W., Wright, K., Roberts, H., Brejcha, C., & Karl, A. (2019). Soothing your heart and feeling connected: A new experimental paradigm to study the benefits of self-compassion. *Clinical Psychological Science, 7*(3), 545–565.

Kuyken, W., & Evans, A. (2014). Mindfulness-based cognitive therapy for recurrent depression. In R. Baer (Ed.), *Mindfulness-based treatment approaches: Clinicians' guide to evidence and applications* (pp. 27–60). London: Elsevier.

Kuyken, W., Padesky, C. A., & Dudley, R. (2009). *Collaborative case conceptualization: Working effectively with clients in cognitive-behavioral therapy*. New York: Guilford Press.

Kuyken, W., Warren, F. C., Taylor, R. S., Whalley, B., Crane, C., Bondolfi, G., et al. (2016). Efficacy of mindfulness-based cognitive therapy in prevention of depressive relapse: An individual patient data meta-analysis from randomized trials. *JAMA Psychiatry, 73*(6), 565–574.

Lutz, A., Jha, A. P., Dunne, J. D., & Saron, C. D. (2015). Investigating the phenomenological matrix of mindfulness-related practices from a neurocognitive perspective. *American Psychologist, 70*(7), 632–658.

Lutz, A., Slagter, H. A., Rawlings, N. B., Francis, A. D., Greischar, L. L., & Davidson, R. J. (2009). Mental training enhances attentional stability: Neural and behavioral evidence. *Journal of Neuroscience, 29*(42), 13418–13427.

Masicampo, E. J., & Baumeister, R. R. (2007). Relating mindfulness and selfregulatory processes. *Psychological Inquiry, 18,* 255–258.

McManus, F., Surawy, C., Muse, K., Vazquez-Montes, M., & Williams, J. M. G. (2012). A randomized clinical trial of mindfulness-based cognitive therapy versus unrestricted services for health anxiety (hypochondriasis). *Journal of Consulting and Clinical Psychology, 80*(5), 817–828.

Mindfulness All-Party Parliamentary Group. (2015). Mindful nation UK. Retrieved from *www.themindfulnessinitiative.org/Handlers/Download.ashx?IDMF=1af56392-4cf1-4550-bdd1-72e809fa627a*.

Ngamkham, S., Holden, J. E., & Smith, E. L. (2019). A systematic review: Mindfulness intervention for cancer-related pain. *Asia–Pacific Journal of Oncology Nursing, 6*(2), 161–169.

Padesky, C. A., & Mooney, K. A. (1990). Clinical tip: Presenting the cognitive model to clients. *International Cognitive Therapy Newsletter, 6,* 13–14.

Patel, V., Saxena, S., Lund, C., Thornicroft, G., Baingana, F., Bolton, P., et al. (2018). The Lancet Commission on global mental health and sustainable development. *Lancet (London, England), 392*(10157), 1553–1598.

Piet, J., Wurtzen, H., & Zachariae, R. (2012). The effect of mindfulness-based therapy on symptoms of anxiety and depression in adult cancer patients and survivors: A systematic review and meta-analysis. *Journal of Consulting and Clinical Psychology, 80*(6), 1007–1020.

Robinson, M. D., & Clore, G. L. (2002). Episodic and semantic knowledge in emotional self-report: Evidence for two judgment processes. *Journal of Personality and Social Psychology, 83*(1), 198–215.

Rose, G. (2008). *Strategy of preventive medicine*. Oxford, UK: Oxford University Press.

Rottenberg, J., Joormann, J., Brozovich, F., & Gotlib, I. H. (2005). Emotional intensity of idiographic sad memories in depression predicts symptom levels 1 year later. *Emotion, 5*(2), 238–242.

Sapolsky, R. M. (2017). *Behave: The biology of humans at our best and worst*. London: Penguin Random House.

Segal, Z. V., Anderson, A. K., Gulamani, T., Williams, L. D., Desormeau, P., Ferguson, A., et al. (2019). Practice of therapy acquired regulatory skills and depressive relapse/recurrence prophylaxis following cognitive therapy or mindfulness-based cognitive therapy. *Journal of Consulting and Clinical Psychology, 87*(2), 161–170.

Segal, Z. V., Williams, J. M. G., & Teasdale, J. D. (2013). *Mindfulness-based cognitive therapy for depression* (2nd ed.). New York: Guilford Press.

Segal, Z. V., Williams, J. M. G., Teasdale, J. D., Crane, R., Dimidjian, S., Ma, H., et al. (2018). Mindfulness-based cognitive therapy training pathway. Retrieved from *http://oxfordmindfulness.org.*

Segal, Z. V., Williams, J. M., Teasdale, J. D., & Gemar, M. (1996). A cognitive science perspective on kindling and episode sensitization in recurrent affective disorder. *Psychological Medicine, 26*(2), 371–380.

Shennan, C., Payne, S., & Fenlon, D. (2011). What is the evidence for the use of mindfulness-based interventions in cancer care? A review. *Psycho-Oncology, 20*(7), 681–697.

Smith, J., Richardson, J., Hoffman, C., & Pilkington, K. (2005). Mindfulnessbased stress reduction as supportive therapy in cancer care: Systematic review. *Journal of Advanced Nursing, 52*(3), 315–327.

Steer, R. A., Beck, A. T., Brown, G. K., & Beck, J. S. (1993). Classification of suicidal and nonsuicidal outpatients: A cluster-analytic approach. *Journal of Clinical Psychology, 49*(5), 603–614.

Strege, M. V., Swain, D., Bochicchio, L., Valdespino, A., & Richey, J. A. (2018). A pilot study of the effects of mindfulness-based cognitive therapy on positive affect and social anxiety symptoms. *Frontiers in Psychology, 9*, 866.

Tang, Y. Y., Holzel, B. K., & Posner, M. I. (2015). The neuroscience of mindfulness meditation. *Nature Reviews Neuroscience, 16*(4), 213–225.

Teasdale, J. D. (1993). Emotion and two kinds of meaning: Cognitive therapy and applied cognitive science. *Behaviour Research and Therapy, 31*(4), 339–354.

Teasdale, J. D. (1999). Metacognition, mindfulness and the modification of mood disorders. *Clinical Psychology and Psychotherapy, 6*(2), 146–155.

Teasdale, J. D., & Chaskalson, M. (2011). How does mindfulness transform suffering? I: The nature and origins of dukkha. *Contemporary Buddhism, 12*(1), 89–102.

Tickell, A., Ball., S., Bernard, P., Kuyken, W., Marx, R., Pack, S., et al. (2019). The effectiveness of mindfulness--based cognitive therapy (MBCT) in real-world healthcare services. *Mindfulness, 11*, 279–290.

van der Velden, A. M., Kuyken, W., Wattar, U., Crane, C., Pallesen, K. J., Dahlgaard, J., et al. (2015). A systematic review of mechanisms of change in mindfulness-based cognitive therapy in the treatment of recurrent major depressive disorder. *Clinical Psychology Review, 37*, 26–39.

Williams, J. M. G. (2008). Mindfulness, depression and modes of mind. *Cognitive Therapy and Research, 32*(6), 721–733.

Williams, J. M. G., Barnhofer, T., Crane, C., Hermans, D., Raes, F., Watkins, E., et al. (2007). Autobiographical memory specificity and emotional disorder. *Psychological Bulletin, 133*(1), 122–148.

Williams, J. M. G., Duggan, D. S., Crane, C., & Fennell, M. J. (2006). Mindfulness-based cognitive therapy for prevention of recurrence of suicidal behavior. *Journal of Clinical Psychology, 62*(2), 201–210.

Williams, J. M. G., Fennell, M., Barnhofer, T., Crane, R., & Silverton, S. (2015). *Mindfulness and the transformation of despair: Working with people at risk of suicide.* New York: Guilford Press.

Woods, S., Rockman, P., & Collins, E. (2019). *Mindfulness-based cognitive therapy: Embodied presence and inquiry in practice.* Oakland, CA: Context Press.

Yilmaz, M., Psychogiou, L., Javaid, M., Ford, T., & Dunn, B. D. (2019). Making the worst of a good job: Induced dampening appraisals blunt happiness and increase sadness in adolescents during pleasant memory recall. *Behaviour Research and Therapy, 122*, 103476.

Zhang, Q. X., Zhao, H., & Zheng, Y. (2019). Effectiveness of mindfulness-based stress reduction (MBSR) on symptom variables and health-related quality of life in breast cancer patients: A systematic review and meta--analysis. *Supportive Care in Cancer, 27*(3), 771–781.

13

Conceitualização de casos na terapia de aceitação e compromisso

Fredrick T. Chin, Cory E. Stanton, Brandon T. Sanford e Steven C. Hayes

ORIGENS HISTÓRICAS DA ABORDAGEM

A terapia de aceitação e compromisso (ACT, do inglês *acceptance and commitment therapy*; Hayes, Strosahl, & Wilson, 1999) utiliza métodos de aceitação e atenção plena com métodos de compromisso e mudança comportamental para produzir maior flexibilidade psicológica. Nos quase 40 anos desde que o primeiro *workshop* de ACT foi realizado em 1982, vários milhares de artigos foram publicados sobre as questões filosóficas, teóricas, básicas e aplicadas relacionadas ao seu desenvolvimento. Vale lembrar que o trabalho inicial de ACT ocorreu antes que questões como "atenção plena" (*mindfulness*) ou "aceitação" pudessem ser prontamente discutidas ou estudadas na ciência de intervenção. Em parte, como resultado disso, os criadores da ACT seguiram uma estratégia de desenvolvimento lenta e abrangente na tentativa de estabelecer uma base filosófica e teórica sólida para que questões desse grau de complexidade pudessem ser abordadas de modo científico. Isso entrelaçou o desenvolvimento da ACT com um conjunto de questões que agora compõem a tradição científica da ciência comportamental contextual (CBS; Hayes, Barnes-Holmes, & Wilson, 2012). Assim, em certo sentido, a história da ACT é a história da CBS. Ela tem sua própria filosofia da ciência bem explicada, o contextualismo funcional (Hayes, Hayes, & Reese, 1988); sua própria versão básica da linguagem e cognição humanas, a teoria das molduras relacionais (RFT; Hayes, Barnes--Holmes, & Roche, 2001); e seu próprio modelo aplicado de patologia e de prosperidade humana, o modelo de flexibilidade psicológica (Hayes, 2019). A CBS é considerada uma versão moderna da análise do comportamento, alterada pelo impacto de uma abordagem moderna da linguagem e da cognição, e inserida em uma abordagem evolucionária multinível e multidimensional nas ciências da vida de maneira mais geral (Wilson & Hayes, 2018).

Todo trabalho científico começa com pressupostos, e os pesquisadores da ACT têm sido cuidadosos ao explicitar os seus. Filosoficamente, a CBS está enraizada em uma versão do pragmatismo chamada *contextualismo funcional* (Hayes, 1993). *Contextualismo* aqui se refere ao uso do ato proposital historicamente situado, o "ato-em-contexto, como uma metáfora raiz que interpreta eventos psicológicos" (Pepper, 1942). O contextualismo funcional reorganiza diversas características do behaviorismo radical de B. F. Skinner. Declarações são consideradas "verdadeiras" na medida em que levam a um trabalho bem-sucedido em direção a um objetivo científico preestabelecido. De maneira específica, para o contextualismo funcional, o objetivo é declarado como: "prever e influenciar, com precisão, alcance e profundidade, organismos inteiros interagindo em e com um contexto considerado histórica e situacionalmente" (Hayes, Barnes-Holmes, & Wilson, 2012, p. 4). Longe de ser de interesse apenas para o pesquisador, o contextualismo e o pragmatismo penetram em todos os aspectos da CBS e seus métodos, incluindo a conceituação de casos e questões de tratamento abordadas neste capítulo.

Compare essa abordagem com pressupostos filosóficos científicos mais comuns, como uma abordagem mecanicista em que o mundo natural é considerado uma máquina, composta de várias partes que estão em arranjos específicos e podem exercer força umas sobre as outras. O objetivo da conceituação de casos em uma visão de mundo mecanicista torna-se o mapeamento dessas partes, relações e forças. Uma conceituação de caso "verdadeira" desse ponto de vista é um modelo que corresponde aos detalhes do caso e que permite previsões testáveis.

Já o contextualismo vê as ações dos terapeutas ou dos cientistas ao dividirem o mundo de forma conceitual como uma tentativa proposital de funcionar mais efetivamente nele e com ele. Assim, uma conceituação de caso é "verdadeira" na medida em que promove ação efetiva, como intervenção. Em vez de reivindicações ontológicas (i.e., apelos à verdadeira natureza do mundo natural), o contextualismo se baseia firmemente na utilidade pragmática.

Na base do desenvolvimento da ACT como abordagem de tratamento está a RFT (Hayes et al., 2001), teoria analítico-comportamental da linguagem e da cognição. Embora uma descrição completa e um relato histórico da RFT mereçam um capítulo completo por si só, um esboço é fornecido aqui, pois se aplica ao espírito do texto atual (para uma revisão do estado das evidências, ver Dymond, May, Munnelly, & Hoon, 2010). A RFT foi desenvolvida dentro da CBS para ser pragmaticamente útil e consistente com a ciência evolutiva moderna (Hayes & Sanford, 2014; Hayes, Sanford, & Chin, 2017) e para tratar de déficits percebidos com versões analítico-comportamental prévias da linguagem (Hayes, Barnes-Holmes, & Roche, 2003; Skinner, 1957). No seu núcleo, a RFT concentra-se na habilidade humana de relacionar estímulos e abstrair essas relações para serem aplicadas arbitrariamente.

Tanto os animais não humanos quanto os humanos são capazes de fazer relações não arbitrárias, como *maior-menor* ou *mais escuro-mais claro*. No entanto, os humanos são capazes de abstrair essas relações e permitir que elas sejam controladas contextualmente por meio de convenções sociais. É nesse sentido que uma moeda de 25 centavos pode ser fisicamente maior do que uma moeda de 50 centavos, mas, arbitrariamente "menor".

Existem três principais propriedades do aprendizado relacional. As relações possuem implicações mútuas, também chamadas de *bidirecionalidade*. Quando uma pessoa aprende a relação entre o estímulo A e o estímulo B em um contexto específico, isso implica, ou significa, uma relação entre B e A. Por exemplo, se uma moeda de 25 centavos é menor do que uma de 50 centavos, isso implica que uma moeda de 50 centavos é maior do que uma de 25 centavos. Da mesma forma, as relações mostram implicações combinatórias; se, no exemplo anterior, for ensinado que uma moeda de 1 real é maior do que uma de 50 centavos, a relação entre uma moeda de 25 centavos e uma de 1 real é implicada.

Isso é visto muitas vezes no treinamento tradicional de idiomas. Por exemplo, se uma criança é ensinada que a palavra sueca para a cor preta é *svart*, isso implicará uma relação entre *svart* e um quadrado de cor preta e, se a criança fosse solicitada a escolher o oposto de *svart*, ela escolheria o quadrado branco. Por meio dessa propriedade da linguagem, um estímulo relacional relativamente pequeno pode criar redes complexas que se expandem a cada nova relação ensinada.

Por fim, as funções dos estímulos são transformadas pelo aprendizado relacional. Se uma criança está ciente da função dos níqueis para comprar doces, a relação da moeda de 25 centavos com as de 50 centavos e a de 1 real tornaria a moeda de 1 real altamente desejável, mesmo que a criança não tenha uma história direta de comprar doces com elas.

As implicações da RFT como uma explicação da linguagem humana e cognição são fundamentais para a abordagem da ACT aos problemas psicológicos. A ACT contém uma preocupação com qualquer esforço eliminativo focado na cognição, o que faz sentido porque, do ponto de vista da RFT, as relações cognitivas são aprendidas, e não há processo na aprendizagem chamado "desaprendizado". Uma vez que uma relação é derivada, ela faz parte da história de aprendizagem da pessoa nesse contexto.

Apesar disso, as regras verbais devem ser abordadas. A transformação das funções do estímulo permite que as regras verbais moldem de maneira fundamental como um indivíduo experimenta seu ambiente (Barnes-Holmes, Barnes-Holmes, McHugh, & Hayes, 2004). Um relato verbal da história autobiográfica de alguém pode eliciar muitas das emoções e dos impulsos comportamentais que estavam presentes durante um evento inicial. Essa reatividade é um processo ativo: um futuro pode ser imaginado como "maior", "mais assustador" ou "mais importante" e ter suas funções transformadas de acordo com essas relações.

A incrível complexidade e provável inconsistência das redes cognitivas argumentam contra tentativas de se livrar de relações cognitivas específicas, mas, sim, de se concentrar em como pensar de forma mais flexível e alterar o impacto comportamental do pensamento quando suas implicações são desfavoráveis.

A ACT como tecnologia específica nasceu dessas considerações. Trabalhos iniciais baseados na ideia de governança de regras problemáticas reimaginaram a terapia cognitiva em um manual de tratamento para a forma mais antiga de ACT, chamada de "distanciamento abrangente" (Hayes, 1981; Zettle, 2005). O *distanciamento* aqui se referia ao envolvimento do indivíduo com seu pensamento com um senso de separação e curiosidade impessoal. Essa mudança de perspectiva tentou ajudar a pessoa a ver seus próprios pensamentos e regras de uma distância psicológica para poder se comportar na presença deles de maneiras mais variadas, reguladas por suas consequências. Esse trabalho resultou no primeiro pequeno ensaio clínico, que mostrou uma vantagem sobre a terapia cognitiva contemporânea para aqueles que sofrem de depressão (Zettle, 1984) com um processo distinto de mudança (Zettle & Hayes, 1986). Após esse ensaio, iniciou-se um trabalho extenso de explicação da RFT e da filosofia contextualista da ciência, bem como o desenvolvimento dos conceitos básicos e das medidas do modelo de flexibilidade psicológica, para o qual agora nos voltamos.

MODELO CONCEITUAL

A ACT organiza procedimentos terapêuticos e processos de mudança sob o guarda-chuva da flexibilidade psicológica. Isso consiste em seis processos interligados, sobrepostos e distintos que formam o mapa conceitual para a intervenção.

Aceitação

"Se você não está disposto a tê-lo, você o tem" (Hayes et al., 1999, pp. 120–122). Talvez a declaração mais direta sobre o que é a agenda de controle experiencial, essa citação do texto seminal da ACT destaca a natureza paradoxal da agenda normal de resolução de problemas quando aplicada a eventos privados. À medida que as pessoas lutam para controlar ou esconder seus pensamentos, seus sentimentos, suas sensações ou suas memórias, descobrem que se engajar no controle experiencial é mais ou menos sem sucesso, especialmente em longo prazo; ou, pelo menos, falha com tanta frequência que acabam em tratamento, buscando outras respostas. A aceitação como um processo da ACT refere-se tanto (1) a abandonar o controle experiencial como estratégia de vida quanto (2) a abraçar uma disposição para experimentar eventos privados dolorosos ou angustiantes como um caminho alternativo para uma vida significativa. A aceitação às vezes pode ter conotação negativa para alguns clientes (sobretudo clientes que foram orientados a "simplesmente aceitar a vida" de maneiras inviáveis ou insustentáveis), e é totalmente apropriado falar sobre tal processo como "disposição" se o cliente considerar a terminologia mais palatável.

Existem três perguntas principais que um clínico de ACT pode usar para estruturar o trabalho no início da terapia, a fim de começar a minar o controle experiencial e construir um momento em direção à aceitação: (1) "O que você tentou?", (2) "Como funcionou?", (3) "Qual foi o custo?" (Harris, 2009).

A primeira pergunta convida o cliente a listar suas tentativas anteriores de controlar sua experiência privada. Muitas vezes, os clientes gerarão prontamente muitos exemplos de estratégias de controle, como distração, supressão, ruminação, álcool e outras drogas, uso problemático da internet e outros. Essa lista também pode incluir os elementos de estilo interpessoal que o cliente traz para a sessão, como mudar de assunto, evitar o contato visual ou se esforçar para ser a alma da festa.

A segunda pergunta tem a intenção de ajudar o cliente a entrar em contato com a ideia de que o controle experiencial nunca cumpre completamente sua missão: dar ao cliente uma vida sem dor. No modelo ACT, as tentativas de controlar nosso sofrimento são o verdadeiro problema, não o próprio sofrimento. É importante para o terapeuta abordar essa questão com autenticidade e curiosidade. O objetivo *não* é convencer o cliente de que suas estratégias de controle não funcionam, mas colocar o cliente em contato com sua história de estratégias de controle funcionando ou não (Luoma, Hayes, & Walser, 2017). Em outras palavras, o objetivo é orientar os clientes para sua experiência real desses momentos em vez do que suas mentes lhes dizem que devem fazer.

A terceira pergunta orienta o cliente a considerar do que eles desistiram ao tentar controlar seus eventos privados. O tempo gasto suprimindo, distraindo ou escapando/evitando pensamentos e sentimentos negativos é tempo não gasto abraçando entes queridos, contribuindo para a comunidade ou vivendo uma vida significativa Desenvolver aceitação significa construir a disposição de ter qualquer experiência privada que apareça no curso de cultivar uma vida que valha a pena viver. Essa disposição pode ser trabalhada gradualmente ao longo do tempo e em diferentes contextos, mas sempre tem uma qualidade de "tudo ou nada". Uma pessoa não pode estar meio disposta; uma pessoa está disposta a sentir plenamente sua experiência interna ou não está.

Desfusão

Aceitação e desfusão estão intimamente ligadas. Se a *aceitação* se refere a uma disposição para ter experiência privada em serviço de seus valores, então a *desfusão* se refere a um processo específico que significa minar a literalidade da linguagem em serviço da flexibilidade (Hayes, Strosahl, & Wilson, 2012). Desfusão é um processo de enfraquecimento do estímulo verbal usando pistas contextuais que diminuem a transformação das funções do estímulo que dão ao pensamento o seu impacto no comportamento (para um maior aprofundamento sobre desfusão, veja Blackledge, 2007). Outra maneira de expressar essa ideia é delinear uma distinção entre olhar *para* os próprios pensamentos e olhar *a partir* dos próprios pensamentos. A última, ou *fusão*, é "a mistura de processos verbais/cognitivos e experiência direta de forma que o indivíduo não possa discriminar entre os dois" (Hayes, Barnes-Holmes, & Wilson, 2012, p. 244), já a *desfusão* é "fazer contato mais próximo com eventos verbais como eles realmente são, não apenas como eles dizem que são" (p. 244). A fusão é o que permite ao leitor interpretar os símbolos nesta página como uma série de palavras e frases. Esse processo é bastante útil para se engajar em diferentes formas de resolução de problemas. No entanto, quando os seres humanos se tornam muito fundidos com o conteúdo simbólico em sua experiência privada (pensamentos, memórias, regras, etc.), eles se envolvem em padrões rígidos e estreitos de comportamento governado por regras.

Existem muitas técnicas no cânone da ACT para direcionar a desfusão. Um dos exemplos mais clássicos é a técnica semântica de simplesmente repetir uma única palavra diversas vezes e observar a palavra perder suas propriedades de estímulo (i.e., Masuda, Hayes, Sackett, & Twohig, 2004). Outras técnicas relacionadas incluem pedir ao cliente para escrever conteúdo fusionado em cartões e carregar os cartões com eles na carteira. De forma geral, o trabalho de desfusão é solicitado quando os clientes estão "fusionados" com regras ou outras atribuições verbais que estão atrapalhando uma vida significativa. Os clientes às vezes serão muito claros sobre ficarem presos em seu pensamento ("Tudo em que consigo pensar é como deveria ter sido melhor") ou às vezes mais sutis. Qualquer técnica que oriente o cliente a dar um passo para trás e observar sua mente se envolver em processos verbais contínuos (ou seja, "Estou ciente de que estou tendo um pensamento sobre ser não amável" vs. "Eu não sou amável") pode estar explorando o processo de desfusão. O objetivo da desfusão é ensinar o cliente a desenvolver melhor controle discriminativo contextual para quando eles precisam "literalizar" a linguagem *versus* "desliteralizá-la".

Momento presente

De muitas maneiras, a consciência ao momento presente é um ingrediente-chave para o trabalho terapêutico bem-sucedido, ACT ou não. Afinal, as interações terapeuta-cliente estão ocorrendo em apenas um momento – agora. A mente gosta de nos levar de volta à lembrança do passado ou em direção aos planos para o futuro, mas o presente "aqui e agora" é o momento que temos para agir e criar mudanças significativas. Planejar e lembrar ocorrem no presente, mesmo que não se concentrem nele, e podem ser estratégias de evitação superficialmente eficazes. Cultivar habilidades de momento presente significa desenvolver um repertório para notar e retornar ao "agora", não importa quantas vezes seja necessário. O momento presente é onde experimentamos as coisas que estamos experimentando, incluindo aquelas que preferiríamos evitar. Estar presente e notar essas tendências nos dá o espaço psicológico para escolher de forma diferente. Em muitos aspectos, as habilidades de consciência do momento presente estão relacionadas ao desenvolvimento de um controle flexível da atenção. Muitas técnicas de atenção plena (i.e., comer com consciência uma noz, respirar com atenção plena, meditar) são bons candidatos para se engajar em habilidades "do momento presente". Técnicas terapêuticas que envolvem a rotulagem da experiência interna presente ("Neste momento, quais sentimentos estão aparecendo? Que impulsos ou pensamentos estão ocupando sua mente enquanto conversamos aqui?") também são úteis para esse propósito.

Self-como-contexto

Quando um terapeuta pede a um cliente para estar presente, abrir-se e fazer o que importa, esse terapeuta está pedindo ao cliente para fazer algo bastante desafiador. Afinal, se não fosse desafiador, por que o cliente precisaria de tratamento? Parte do trabalho da ACT é promover a capacidade de desviar a atenção de ficar preso no sofrimento para um sentido mais elevado de si mesmo que pode "conter" o sofrimento. A lição de casa da terapia nos pede para parar de se envolver em estratégias de evitação e abrir-nos para nossa experiência interna, o que pode ameaçar nosso senso de nós mesmos, dependendo de nossa história.

A ACT define três estágios de desenvolvimento de um sentido mais funcional de si mesmo: (1) eu conceitualizado, (2) eu-como-processo e (3) eu-como-contexto (Hayes, Strosahl, & Wilson, 2012). Na maioria das vezes, os clientes entram na terapia fundidos com seu eu-conceitualizado, ou sua narrativa verbalmente construída sobre quem eles são. Essa narrativa tende a ser composta de atribuições, julgamentos e descrições retiradas de uma história de vida. Os clientes dão como certo a noção de que seus pensamentos e histórias sobre suas vidas são "verdadeiros" e são descrições literais de quem são e quem podem ser. Isso tem o efeito colateral de estreitar repertórios comportamentais (Hayes, Strosahl, & Wilson, 2012).

Quando os clientes podem perceber seus julgamentos e suas atribuições momento a momento e podem descrever comportamentos (seus ou de outros) sem justificação defensiva, eles começaram a se envolver no eu-como-processo. À medida que os clientes começam a rotular sua perspectiva e entendem que *eles têm* uma perspectiva, entram em contato com as relações dêiticas contrastantes que caracterizam a tomada de perspectiva. Quando os clientes falam de "Eu-Aqui-Agora", eles se envolvem em uma forma ativa de tomada de perspectiva que não só torna mais fácil se desvincular de pensamentos e sentimentos problemáticos mas também torna mais fácil adotar a perspectiva dos outros.

Esse processo é referido como eu-como-contexto, a ideia de que a maior perspectiva por trás de toda experiência humana é o *eu* ou *você* silencioso que observa minha (ou sua) experiência, independente de rótulos ou julgamentos. Os clientes que podem se beneficiar do trabalho orientado para o eu são aqueles que apresentam narrativas importantes e rígidas, mas mal adaptadas, sobre quem são e quais qualidades têm ou não têm (Hayes, Strosahl, & Wilson, 2012).

Valores

Os valores na ACT foram mais comumente definidos como: "são consequências livremente escolhidas, verbalmente construídas, de padrões de atividades contínuos, dinâmicos e progressivos, os quais estabelecem reforçadores predominantes para essa atividade que são intrínsecos ao engajamento no próprio padrão comportamental valorizado" (Wilson & Dufrene, 2009, p. 66). O termo *livremente escolhido* nessa definição refere-se a valores que são perseguidos sob controle apetitivo em vez de um padrão contínuo de controle predominantemente aversivo (Plumb, Stewart, Dahl, & Lundgren, 2009). Em outras palavras, são ideais não fundidos com concepções do que a pessoa "deveria" achar importante ou o que seus pais ou comunidade social maior acham importante. Na prática, ao paciente pode ser perguntado: "Se ninguém pudesse saber sobre o que você fez em busca desse valor, ainda valeria a pena fazer?". Valores são construídos verbalmente; eles podem adquirir suas funções psicológicas sem que a pessoa realmente entre em contato direto com as contingências (Wilson, Sandoz, Kitchens, & Roberts, 2010). Além disso, o comportamento consistente com os valores é mantido por consequências estabelecidas verbalmente devido à sua relação com os valores como conceitos abstratos de ordem superior, como "intimidade" ou "confiabilidade" (Plumb et al., 2009). Uma pessoa pode nunca ter experimentado ser uma "boa mãe" e, ainda assim, se isso for estabelecido como um valor, comportamentos consistentes com ser uma "boa mãe", como levar seus filhos a uma feira estadual lotada, serão reforçadores mesmo se o incômodo de estacionar, o intenso barulho e o custo monetário exorbitante funcionassem de outra forma como aversivos. Dessa forma, padrões de atividade contínuos, dinâmicos e em evolução são reforçados porque são estabelecidos verbalmente como consistentes com uma direção valorizada.

É feita uma distinção entre valores e objetivos. Enquanto as metas podem ser concluídas, os valores são vistos como um processo contínuo ou uma direção na qual se viaja. Uma pessoa que valoriza ter um relacionamento íntimo profundo não concluiu essa tarefa ao se casar, pois ainda resta uma vida de trabalho para manter e aprofundar essa intimidade. Além disso, deve ser feita uma segunda distinção entre valores e regras rígidas, no sentido de que os valores não especificam comportamentos específicos ou uma frequência específica na qual esses comportamentos devem ocorrer. Em vez disso, os valores moldam o comportamento por meio do rastreamento contínuo da coerência entre as ações de alguém e seus valores declarados, promovendo, assim, um repertório comportamental flexível e adaptativo.

Ação comprometida

A ACT busca criar padrões amplos e flexíveis de resposta. Isso é realizado por meio da melhoria da evitação rígida e da fusão, conectando comportamentos a valores claros e pessoalmente escolhidos, e promovendo a prática deliberada em se envolver em ações consistentes com esses valores. Isso pode ser feito de diversas maneiras, retiradas dos bem-estabelecidos anais da terapia comportamental. Por exemplo, a ativação comportamental baseada em valores e a exposição *in vivo* fornecem oportunidades valiosas não apenas para praticar habilidades de aceitação e desfusão, mas também para experimentar e se envolver com o ambiente natural. Em contraste com os valores, a ação comprometida provavelmente é composta por metas comportamentais concretas de curto e longo prazo.

Embora os processos delineados nesta seção sejam tratados como distintos, na prática eles se sobrepõem e estão interligados. "Considerados como um todo, cada um apoia o outro e todos visam à flexibilidade psicológica: o processo de contatar plenamente o momento presente como um ser humano consciente e persistir ou mudar o comportamento em serviço dos valores escolhidos" (Hayes, Luoma, Bond, Masuda, & Lillis, 2006, p. 9). Na formulação de casos e tratamento, a análise funcional é usada para aproveitar as forças existentes e direcionar repertórios rígidos e/ou disfuncionais quando eles se apresentam.

CONSIDERAÇÕES MULTICULTURAIS

Entregar a ACT de maneira eficaz implica fornecer intervenções que façam sentido no contexto da identidade do cliente e de seus componentes. A ACT baseia-se de forma direta na experiência do cliente com seus valores e seu senso corporificado de si mesmo para promover o crescimento, a vida valorizada e o bem-estar geral. A relativa clareza filosófica e teórica da ACT a torna uma boa candidata como intervenção culturalmente adaptável. A inflexibilidade psicológica parece ser prevalente tanto nas culturas ocidentais quanto nas orientais, embora sua expressão possa variar conforme a cultura (Cook & Hayes, 2010; Monestès et al., 2016). Ao ter um conjunto de processos funcionais e procedimentos ligados a uma ciência básica da cognição humana, a ACT é capaz de incorporar o contexto cultural na formulação do caso de forma eficaz, de baixo para cima (Hayes, Muto, & Masuda, 2011).

Examinar as qualidades funcionais da identidade cultural no contexto permite ao terapeuta considerar quais dimensões da identidade são mais relevantes para o problema apresentado e, assim, implementar a(s) intervenção(ões) mais adequada(s). Talvez o melhor exemplo seja a implementação do treinamento da ACT durante a crise do ebola na África Ocidental. Em Serra Leoa, psicólogos treinaram partes interessadas locais (enfermeiros, assistentes sociais, outras figuras da comunidade) na ACT como um modelo de intervenção em suas comunidades. Quando a crise do ebola atingiu Serra Leoa, as partes interessadas locais usaram a ACT para encorajar as vítimas e suas famílias a honrar suas tradições funerárias de novas maneiras, sem se envolverem em comportamentos que promoveriam a propagação da doença (especificamente, beijar os corpos dos falecidos; Stewart et al., 2016).

A ACT foi examinada para uma variedade de pacientes de origens diversas. Por exemplo, a ACT foi avaliada para pacientes iranianos e mostrou-se promissora para o tratamento do transtorno obsessivo-compulsivo (Rohani et al., 2018), para ansiedade e depressão em mulheres com câncer de mama (Mohabbat-Bahar, Maleki-Rizi, Akbari, & Moradi-Joo, 2015) e para crianças com diabetes (Moazzezi, Moghanloo, Moghanloo, & Pishvaei, 2015; Moghanloo, Moghanloo, & Moazzezi, 2015). Métodos baseados na ACT também foram avaliados para clientes sul-africanos (Lundgren, Dahl, Melin, & Kies, 2006; Lundgren, Dahl, Yardi, & Melin, 2008), clientes japoneses (Muto & Mitamura, 2015) e estudantes japoneses que residem em outro país (Muto, Hayes, & Jeffcoat, 2011), e a ACT foi testada em formato de grupo para pessoas turcas que vivem no Reino Unido (Perry, Gardener, Oliver, Taş, & Özenç, 2019). Mais pesquisas ainda precisam ser conduzidas, e embora os resultados da pesquisa sejam predominantemente positivos, esse não é universalmente o caso. Por exemplo, um estudo piloto examinando a ACT para depressão e ansiedade em pacientes iranianos em tratamento de manutenção com metadona encontrou resultados mistos (Saedy, Kooshki, Firouzabadi, Emamipour, & Ardani, 2015).

Como já descrito, um foco no contexto é central para a ACT. Qualquer componente do contexto social e cultural do cliente pode ser incluído na formulação se parecer ligado às dificuldades contínuas que o cliente está enfrentando (p. ex., estigma relacionado à condição de LGBT e racismo; para um exemplo de como a ACT pode ser adaptada para questões multiculturais, ver Stitt, 2014). A formulação de casos na ACT é uma descrição idiográfica, de baixo para cima, do que o paciente está lutando e, portanto, pode incorporar qualquer aspecto da identidade de um cliente relevante para o caso. A ACT é sobretudo adequada para pacientes que estão lutando com algum tipo de evitação experiencial. A ACT é mais difícil de aplicar ao trabalho orientado para a prevenção, e os resultados de ensaios nessa área têm sido altamente variáveis. É difícil direcionar processos de inflexibilidade na ACT se os clientes ainda não entraram em contato com algum tipo de sofrimento. Algumas formas de evitação (p. ex., tomar analgésico para dor de cabeça) são realmente bastante funcionais e não afetam o funcionamento diário.

A ACT foi desenvolvida como e pretende ser uma abordagem de tratamento universal para problemas de sofrimento humano e florescimento (Hayes, Strosahl, & Wilson, 2012). Embora haja necessidade de mais investigação nessa área, há tendências iniciais promissoras para as terapias de terceira onda e respostas a contextos multiculturais (Fuchs, Lee, Roemer, & Orsillo, 2013).

EVIDÊNCIAS A FAVOR DO MÉTODO

Há quase 350 ensaios clínicos randomizados (ECRs) da ACT (ver *bit.ly/ACTRCTs*), com mais de 3 mil estudos examinando os resultados da ACT, o modelo de flexibilidade psicológica e RFT. Há também mais de 50 metanálises examinando essa pesquisa (Hayes, 2019; ver *bit.ly/ACTmetas*). A ACT é reconhecida pela Divisão 12 da American Psychological Association como um tratamento com suporte de pesquisa para depressão, transtornos de ansiedade mista, dor crônica, psicose e transtorno obsessivo-compulsivo (com base em critérios estabelecidos por Chambless & Hollon, 1998). Também possui extenso banco de dados em saúde comportamental, bem como aplicações sociais e organizacionais.

Os pesquisadores da ACT não estão preocupados apenas em alcançar resultados específicos; eles também investigam como e por que a ACT funciona. Dessa forma, a ACT pode ser considerada um exemplo de terapia baseada em processo (PBT; Hofmann & Hayes, 2019). Como os tratamentos funcionam e por que funcionam permanecem uma área importante de investigação (Kazdin, 2007; Tolin, McKay, Forman, Klonsky, & Thombs, 2015). Responder a essas perguntas tradicionalmente tem sido competência de análises de mediação e moderação, e a comunidade da CBS tornou essas questões um pilar central de sua missão científica (Hayes, Barnes-Holmes, & Wilson, 2012). Evidências que apoiam a mediação pela flexibilidade psicológica em intervenções da ACT foram demonstradas em uma metanálise recente sobre o tema (Stockton et al., 2019). Em razão de os processos de mudança serem centrais para a questão da formulação de casos, um pequeno número de estudos também é revisado aqui.

Em um ECR comparando terapia cognitiva (TC) com ACT para problemas de humor e ansiedade, foram observados caminhos diferenciais de mediação. Embora ambos os grupos tenham visto melhorias significativas e equivalentes, mudanças em observar e descrever a experiência interna mediaram ganhos na condição de TC, já a flexibilidade psicológica mediou os resultados na condição de ACT (Forman, Herbert, Moitra, Yeomans, & Geller, 2007). Em um ECR comparando ACT com terapia cognitivo-comportamental (TCC) para transtorno de ansiedade social, embora a taxa de mudança em cognições negativas tenha previsto mudanças em ambos os grupos, a taxa de mudança em evitação experiencial previu resultados apenas na condição de ACT (Niles et al., 2014). Outras evidências sugerem que a diminuição da credibilidade de alucinações (que supostamente ocorrerem por meio de métodos de desfusão) media resultados para pessoas com sintomas psicóticos (Bach, Gaudiano, Hayes, & Herbert, 2013; Bach & Hayes, 2002; Gaudiano & Herbert, 2006). Um ECR comparando ACT com o tratamento usual (TAU) para indivíduos que receberam cirurgia bariátrica descobriu que as mudanças na flexibilidade psicológica mediaram mudanças na insatisfação corporal, na qualidade de vida e no comportamento de transtorno alimentar pós-cirurgia. Outras pesquisas mostraram que os processos da ACT podem mediar o resultado independentemente da condição de tratamento. Por exemplo, em um ECR comparando TCC e ACT, mudanças na desfusão cognitiva mediaram parcialmente a qualidade de vida, a evitação e os resultados da depressão em ambos os grupos (Arch, Wolitzky-Taylor, Eifert, & Craske, 2012).

A pesquisa de processo na ACT também se concentrou em domínios específicos de problemas. Por exemplo, múltiplos estudos sugerem que a ACT melhora os resultados da dor crônica. Os efeitos da ACT foram demonstrados serem mediados pela aceitação em um ECR (Cederberg, Cernvall, Dahl, von Essen, & Ljungman, 2015), conforme medido pelo Questionário de Aceitação da Dor Crônica (CPAQ; McCracken, Vowles, & Eccleston, 2004). Em um ECR comparando TAU com TAU mais oito sessões de ACT para dor pediátrica, os resultados foram significativamente mediados pela flexibilidade psicológica (Wicksell, Olsson, & Hayes, 2010). Um grupo de ACT de 12 semanas mostrou-se superior a um grupo-controle de lista de espera para pessoas com fibromialgia, e os ganhos pré-tratamento até o acompanhamento foram previstos por mudanças na flexibilidade psicológica ao longo do tratamento (Wicksell et al., 2013). A ACT também foi empregada como uma tecnologia fora de configurações clínicas de saúde mental. Em um ECR comparando ACT com treinamento de inoculação ao estresse, encontrou-se que mudanças em exaustão no trabalho em ambos os grupos foram mediadas pela flexibilidade psicológica (Flaxman & Bond, 2010). Em outro ECR comparando ACT com um grupo-controle de lista de espera para esgotamento no local de trabalho, mudanças na flexibilidade psicológica mediaram mudanças no esgotamento emocional (Lloyd & Bond, 2013).

PASSO A PASSO DA FORMULAÇÃO DE CASOS

Historicamente, terapias baseadas em evidências têm utilizado uma abordagem nosológica para determinar a eficácia do tratamento; isto é, estratégias de pesquisa têm se concentrado na construção de manuais de tratamento projetados para direcionar diagnósticos específicos do *Manual diagnóstico e estatístico de transtornos mentais* (DSM). De fato, as evidências para ACT revisadas aqui incluíram uma grande quantidade de pesquisas orientadas para os critérios do DSM. Embora essa abordagem tenha sido razoavelmente eficaz, há problemas fundamentais significativos com ela. Por exemplo, clientes que buscam tratamento nem sempre se encaixam perfeitamente nos critérios diagnósticos definidos pelo DSM, e a comorbidade é a regra, não a exceção (Kessler, Chiu, Demler, & Walter, 2005). Ainda mais alarmante, a abordagem focada na síndrome até o momento não revelou dados suficientes sobre a etiologia dos transtornos identificados, como esses transtornos progridem de forma natural, como progridem de síndromes para doenças ou como mudam em resposta ao tratamento. Como resultado, o campo tem se afastado progressivamente dos diagnósticos do DSM e, em vez disso, mudou-se para estudar e identificar os mecanismos subjacentes que caracterizam como e por que os tratamentos funcionam.

Embora essa mudança seja relativamente recente na psicologia convencional (p. ex., terapia baseada em processo, Hofmann & Hayes, 2019; critérios de domínio de pesquisa, Insel et al., 2010), essas ideias têm sido um princípio fundamental da ACT desde o início. Os seis processos centrais da ACT representam princípios comportamentais gerais que ajudam a explicar uma variedade de problemas apresentados, comportamentos mal-adaptativos e histórias (Hayes et al., 2006). Como tal, um aspecto importante da conceitualização de casos de uma perspectiva da ACT reside em identificar como a inflexibilidade psicológica e a evitação experiencial contribuíram para os comportamentos atuais do cliente (incluindo os pensamentos, sentimentos e ações ostensivas do cliente) e usar esses dados para ajudar a informar as decisões de tratamento.

Um componente crítico dessa análise reside em ir além das propriedades públicas e formais dos comportamentos do cliente e avaliar as funções desses comportamentos. Comportamentos que, à primeira vista, parecem diferentes uns dos outros (p. ex., comportamentos autolesivos e abuso de substâncias) podem servir a uma função semelhante (p. ex., distrações para evitar pensamentos e memórias dolorosos e indesejados). Em contrapartida, o mesmo comportamento pode servir a funções diferentes dependendo do contexto. Fazer tarefas domésticas pode ser um comportamento adaptativo associado à limpeza da casa, mas também pode ser uma estratégia de evitação para adiar a realização de outra tarefa mais indesejada. Na abordagem da ACT para a conceitualização de casos, o terapeuta deve se concentrar em gerar hipóteses sobre as funções que dirigem os comportamentos do cliente – dado o contexto específico e a história do cliente – e, então, testar essas hipóteses com o cliente. Os dados dessas hipóteses devem, então, ser usados para informar e guiar as intervenções de tratamento.

Na maioria dos contextos, um plano de tratamento da ACT incluirá intervenções em todos os seis processos de flexibilidade psicológica (ou seja, aceitação, desfusão, contato com o momento presente, o *self*-como-contexto, valores e ação comprometida). No entanto, o tempo e a ênfase atribuídos a cada um desses processos dependerão do problema apresentado pelo cliente e da formulação subsequente do caso. Além disso, a formulação do caso informará a ordem em que esses processos são abordados: um cliente que está excessivamente fundido à ideia de que seu problema precisará ser resolvido para ver melhorias provavelmente se beneficiaria enfatizando processos de aceitação e desfusão desde o início, já um cliente que tem dificuldade em se concentrar na sessão devido a ruminação persistente sobre o passado pode exigir intervenções significativas baseadas no momento presente antes de progredir. Assim, enquanto se envolve na formulação do caso, o clínico deve desenvolver um senso de quais processos estão mais significativamente prejudicados ou são mais salientes para uma determinada apresentação.

O primeiro passo da conceitualização de casos, muitas vezes realizado durante a avaliação inicial, é identificar a conceitualização do problema pelos clientes que os trouxe para a terapia. O que eles sentem que está "errado" em suas vidas? Que mudanças eles gostariam de ver feitas para melhorar sua vida? Quais são seus objetivos para a terapia e, mais amplamente, na vida? Uma suposição importante na ACT é que as tentativas dos clientes de controlar o sofrimento fazem parte do problema subjacente. Portanto, um foco inicial da terapia deve ser identificar maneiras pelas quais o cliente tentou lidar com seus problemas antes da terapia. Com frequência, o cliente será capaz de identificar estratégias que são abertamente problemáticas (p. ex., abuso de álcool e substâncias, isolamento em suas casas), mas eles também podem descrever estratégias aparentemente úteis (p. ex., passar tempo com seus amigos e familiares, focando em sua vida profissional). Mesmo a decisão do cliente de buscar psicoterapia no presente é uma estratégia para tentar resolver seu problema. Estabelecer o grau em que essas estratégias foram usadas para controlar e aliviar o sofrimento e explorar formas como a "agenda de controle" tem sido problemática é uma forma útil de coletar dados relevantes para a formulação do caso.

Explorar o problema apresentado e os esforços do cliente para abordar essas questões muitas vezes revelará informações cruciais sobre os pensamentos, os sentimentos e as situações que o cliente está evitando, bem como declarações às quais o cliente está excessivamente fundido. No entanto, o clínico pode precisar aprofundar mais o relato do cliente para reunir mais informações. Por exemplo, o terapeuta pode precisar solicitar exemplos específicos e concretos para revelar o conteúdo do pensamento associado aos estados negativos. Os clínicos também podem adotar a técnica da "seta descendente" da TCC para revelar pensamentos fundidos (i.e., "E se essa avaliação negativa fosse verdade, o que isso significaria?"). Os clientes podem ser questionados além do conteúdo estritamente cognitivo ou verbal para desliteralizar suas declarações (p. ex., "Quando você se sente culpado, onde em seu corpo você sente isso?"). A fusão com os pensamentos muitas vezes pode ser vista nas avaliações do cliente sobre si mesmos, sua história ou suas situações. Nesses casos, os clientes podem apresentar seus pensamentos fundidos como se fossem verdades ontológicas sobre si mesmos e o mundo (p. ex., "Estou muito ansioso para fazer novos amigos" ou "Sou um fracasso"). O clínico precisará ter cuidado para não aceitar essas declarações ao pé da letra, mas, sim, abordá-las levemente. Importante ressaltar que a função de atender a esses dados na formulação do caso não é mudar ou modificar esses pensamentos e crenças, como na TCC. Em vez disso, eles representam oportunidades para estratégias de aceitação e desfusão, de modo que o cliente possa ter esses pensamentos e ainda ser capaz de avançar em direções significativas.

O segundo passo da conceitualização do caso na ACT é identificar os pensamentos e sentimentos que o cliente tende a evitar e, portanto, as estratégias que o cliente utiliza para evitá-los. Embora essas estratégias possam envolver comportamentos evidentes (p. ex., evitar situações físicas ou lembretes, abuso de substâncias e outras dependências, autolesão), a evitação também pode ocorrer no nível cognitivo. Investigar como a distração, a ruminação, a preocupação excessiva e a resolução de problemas servem como comportamentos de evitação que pode ajudar a identificar os alvos de tratamento associados ao problema inicial apresentado. Referir-se aos comportamentos associados à agenda de controle pode ajudar ainda mais na exploração e avaliação aqui. Além disso, o clínico desejará observar os comportamentos de evitação que ocorrem na sessão – se um conteúdo específico provocar confronto de forma confiável ou levar o cliente a mudar de assunto, é provável que o cliente esteja evitando esse conteúdo. Em uma escala mais ampla, a ausência habitual ou a chegada tardia às sessões também pode funcionar como comportamentos de evitação. Embora esses comportamentos possam não ser facilmente perceptíveis no início da terapia, muitas vezes vale a pena hipotetizar e prever como esses comportamentos podem se manifestar, a fim de desenvolver um plano proativo de como abordá-los caso interfiram na terapia. Identificar um plano precocemente para lidar com comportamentos de evitação para um cliente que se sente angustiado ao desenvolver proximidade com os outros, por exemplo, pode evitar a desistência prematura mais tarde.

Como terceiro passo, explorar os domínios nos quais o repertório comportamental do cliente é rígido ou limitado pode fornecer mais dados relevantes para a conceitualização do caso. Como o *framework* da ACT visa *viver bem* em vez de *sentir-se bem*, o clínico precisará explorar o funcionamento em áreas amplas da vida do cliente. Avaliar quando os comportamentos de evitação aparecem nessas áreas e como eles limitam a vida do cliente fornecerá informações valiosas relacionadas ao funcionamento do cliente. O clínico pode usar o relato do cliente para começar a formular alvos comportamentais fora da sessão (ou seja, tarefas) que estejam vinculados de forma significativa a reforçadores importantes. Os clientes podem ser questionados sobre sua qualidade de vida antes do início dos problemas, especialmente relacionada ao que parecia mais gratificante ou significativo, se sua angústia não for particularmente crônica. Do contrário, os clientes podem ser questionados sobre o que eles estariam fazendo se seus problemas fossem resolvidos.

Quarto, é útil explorar o que está indo "bem" na vida do cliente para obter pistas sobre o sistema de valores do cliente e identificar padrões adaptativos de comportamento que possam ser expandidos e reforçados ao longo da terapia. Explorar aspectos positivos da vida atual do cliente também pode ajudar a reformular a terapia como um contexto no qual construir ações direcionadas aos valores é tão importante quanto ajudar o cliente a lidar com sua angústia atual.

Como quinto passo, os objetivos declarados pelo cliente podem ser usados para começar a formar um esboço aproximado do sistema de valores do cliente. Muitos objetivos, sobretudo os focados em resultados desejados, podem ser conceituados como valores – ser um pai mais paciente, ter um relacionamento mais próximo com um parceiro íntimo, ser um amigo confiável, ser mais trabalhador no trabalho. Esses objetivos vinculados aos valores muitas vezes podem ser expressos na forma de verbos, pois refletem ações e formas de viver conectadas a sistemas significativos. Dessa forma gradual, os valores do cliente se tornam o foco dominante desta fase de conceitualização do caso. Existem diversas ferramentas de avaliação disponíveis para explorar valores com o cliente de maneira mais estruturada. Estas incluem o Questionário de Vida Valorizada (VLQ, do inglês, Valued Living Questionnaire; Wilson et al., 2010) e o Questionário de Valores (VQ, do inglês, Valuing Questionnaire; Smout, Davies, Burns, & Christie, 2014). Essas avaliações podem ser usadas para abrir uma discussão sobre quais áreas da vida são importantes para o cliente e podem ser usadas em sessões futuras para avaliar o grau em que os clientes se envolvem em comportamentos relevantes para os valores.

De início, não é incomum os clientes fornecerem declarações de valores que são socialmente prescritas em vez de mantidas, escolhidas e endossadas de forma privada. Prestar atenção à linguagem que sugere que o cliente sente que *precisa* buscar seus valores declarados, em vez de *escolher* se engajar em seus valores, pode fornecer uma indicação de quão pessoal esse valor é para o cliente. Especialmente durante a exploração inicial de valores, os clínicos devem ter cuidado para não impor seus próprios sistemas de valores aos clientes. Embora os clientes possam sentir-se motivados o suficiente para buscar essas áreas para agradar o clínico, esses incentivos não permanecerão uma vez que o cliente tenha concluído a terapia. Além disso, como em toda a conceitualização de caso da ACT, os clínicos devem permanecer flexíveis com suas hipóteses sobre domínios valorizados.

Um padrão comum é os clientes fornecerem valores e objetivos que envolvem remover ou "corrigir" sua angústia atual. Essas declarações podem estar relacionadas às expectativas de tratamento e geralmente representam fusão com a crença de que avançar em uma direção significativa na vida é impossível enquanto a angústia atual estiver presente. Desafiar essa ligação de maneira não julgadora provavelmente será um alvo de tratamento inicial na ACT.

Como sexto passo, os terapeutas devem avaliar se os clientes são capazes de construir e seguir padrões de comportamento vinculados aos seus valores expressados (i.e., ação comprometida). Como o cliente perseguiu com sucesso esses valores no passado? Eles são capazes de encontrar maneiras de incorporar seus valores no futuro? Quais barreiras eles encontraram ao se aproximar de seus valores e o que tentaram fazer para superar essas barreiras? Ter dificuldade em identificar ações consistentes com os valores pode indicar deficiências de habilidades na definição de objetivos ou uma incapacidade de dividir objetivos distais em metas menores mais gerenciáveis em curto prazo. Clientes com dificuldade persistente em seguir os valores podem estar experimentando fusão com crenças que tornam a busca desses valores parecer vazia ou forçada. Ao explorar como o cliente pode seguir seus valores, também pode ser útil avaliar o ambiente do cliente para determinar o grau em que o contexto é adequado para comportamentos relacionados aos valores. Um cliente que deseja proximidade com os outros, mas está cercado por familiares ou amigos manipuladores ou indiferentes, pode precisar de assistência para ser mais assertivo e identificar indivíduos confiáveis em sua vida antes de poder seguir seu valor de forma eficaz.

Em sétimo lugar, os processos de flexibilidade no momento presente e atenção precisam ser avaliados. Os clientes podem mostrar dificuldade em direcionar a atenção para sua história com o problema ou descrever como seriam suas vidas, indicando problemas em seus processos no momento atual. Exemplos comuns de falhas no momento presente são ruminação excessiva sobre o passado ou preocupação persistente com o futuro. No entanto, processos de fusão e evitação também podem afastar os clientes da experiência direta, levando-os a ter pouca consciência de seus pensamentos, emoções ou sensações. Isso pode se manifestar em uma dificuldade marcada ou uma incapacidade de descrever seu estado atual (p. ex., alexitimia) ou uma falta de variação na descrição de seus sentimentos (p. ex., dizer ao clínico que se "sente bem" independentemente de sua apresentação atual). Clientes com prejuízos na consciência do momento presente também podem parecer desconectados do terapeuta, aparentemente distraídos ou distantes, sobretudo ao discutir conteúdo difícil. Eles também podem começar a falar de forma rápida ou pressionada, indicando que estão experimentando desconforto no momento.

Ao se avaliar a capacidade do cliente de contatar o presente, pode ser útil pedir-lhe de forma gentil para pausar por um momento e descrever como está se sentindo agora. Clientes com dificuldade em acompanhar sua experiência momento a momento podem hesitar ou ser incapazes de descrever suas emoções, ou podem fornecer respostas significativamente diferentes de suas apresentações. Eles também podem responder com narrativas socialmente aceitáveis que não estão situadas no momento atual (p. ex., "Bem, eu me atrasei para o trabalho mais cedo hoje e depois foi só tumulto desde então"). Se essas dificuldades persistirem apesar de várias tentativas de avaliar seus pensamentos e seus sentimentos atuais, o cliente pode se beneficiar de atividades baseadas em *mindfulness*. Além disso, déficits nessa área podem ser um indicador para incorporar intervenções breves no momento presente no início de cada sessão.

Como o oitavo passo, os fornecedores de ACT devem avaliar o senso de autoperspectiva do cliente, ou "eu-como-contexto". Os clientes podem estar excessivamente grudados com uma narrativa autobiográfica de si mesmos, expressando descrições rígidas e inflexíveis de suas identidades. Embora as autoavaliações negativas sejam claramente problemáticas (p. ex., "Eu sou um fracasso"), até declarações positivas podem facilmente se tornar mal adaptativas se evocarem apego. Por exemplo, um cliente que está fortemente fundido à sua identidade de "inteligente" pode minimizar ou ignorar qualquer evento em seu passado que contradiga essa afirmação. Eles podem se apresentar como alguém que nunca esteve errado e podem ficar na defensiva em relação a qualquer um que possa sugerir o oposto. A própria consciência apresenta uma sensação alternativa de si mesmo baseada nas qualidades "eu-aqui-agora" da consciência humana. Para avaliar déficits nessa área, o terapeuta pode pedir ao cliente que participe de exercícios de tomada de perspectiva. Perguntar ao cliente o que o terapeuta pode estar sentindo durante uma troca emocional ou pedir ao cliente que imagine que conselho uma versão mais velha de si mesmo poderia fornecer pode eliciar informações úteis.

No geral, esses oito passos devem fornecer grande quantidade de informações úteis sobre os processos de flexibilidade psicológica em uma infinidade de domínios. Essas informações podem então ser integradas para descrever um plano de tratamento coeso. Um plano de tratamento ACT eficaz deve conter as seguintes informações: (1) o problema apresentado pelo cliente e os eventos históricos que precederam esse problema, (2) as maneiras pelas quais os processos de inflexibilidade psicológica mantiveram o problema e (3) como direcionar processos adequados de flexibilidade psicológica para ampliar o repertório comportamental do cliente de maneiras que permitam que o cliente viva uma vida mais realizadora. Como o plano de tratamento inicial será, em grande parte, construído a partir de dados coletados da entrevista e da avaliação do cliente, o cliente desempenha um papel crucial no processo de formulação do caso.

Existe uma miríade de ferramentas de avaliação para se acompanhar o progresso do tratamento e avaliar o grau em que o plano de tratamento está adequadamente direcionando o problema apresentado pelo cliente e aumentando efetivamente os processos de flexibilidade do cliente. Talvez a medida de flexibilidade psicológica mais amplamente utilizada seja o Questionário de Aceitação e Ação II (AAQ-II; do inglês, Acceptance and Action Questionnaire–II; Bond et al., 2011). Esse instrumento serve como uma medida de um único fator de inflexibilidade psicológica. Pode ser usado para acompanhar o grau em que os processos de inflexibilidade estão interferindo no funcionamento do cliente de sessão para sessão. Diversas versões do AAQ específicas para transtornos existem e estão disponíveis em *www.contextualscience.org*. Além disso, existem medidas que podem rastrear a flexibilidade psicológica no nível de processo (p. ex., a ACT Advisor, também disponível em *www.contextualscience.org*), fornecendo uma forma mais detalhada de acompanhar o progresso do cliente nos seis processos principais. Medidas focadas em sintomas (p. ex., o Inventário de Depressão de Beck II [BDI-II, do inglês, *Beck Depression Inventory-II*]; Beck, Steer, & Brown, 1996) também podem ser úteis, mas os fornecedores precisam ter em mente que a ACT não se destina a diminuir os sintomas, mas sim a diminuir o impacto dos sintomas do cliente em seu funcionamento. Portanto, pode ser útil reiterar para o cliente que a frequência ou a gravidade dos sintomas não é uma medida de saúde psicológica.

Como nota final, assim como os clínicos pedem aos seus clientes que sejam flexíveis em seus pensamentos e suas avaliações sobre si mesmos e suas vidas, os próprios clínicos devem permanecer flexíveis em suas formulações de caso com seus clientes. Na ACT, a formulação de caso deve ser um processo dinâmico e em evolução, começando desde o momento em que o cliente entra pela primeira vez na sala até a sessão final e término. Embora a seção presente possa ser um guia útil para orientar o terapeuta sobre informações clinicamente relevantes no início do tratamento, os processos de flexibilidade psicológica devem ser considerados em cada etapa da terapia. Adotar tal postura permitirá que o clínico seja mais sensível aos momentos na terapia em que o cliente fica "preso" e responda mais eficazmente a essas instâncias.

PLANEJAMENTO E PRÁTICA DO TRATAMENTO

A formulação de caso da ACT, em última análise, aponta para duas questões-chave que orientam a avaliação e o tratamento: Que tipo de vida o cliente mais deseja criar e viver profundamente? Quais são os processos psicológicos e/ou ambientais que têm inibido ou interferido na busca desse tipo de vida? (Hayes, Strosahl, & Wilson, 2012, p. 105). Para responder a essas perguntas, os terapeutas da ACT usam o modelo hexaflex para identificar os processos relevantes de flexibilidade psicológica e entender como eles estão interconectados. Os terapeutas consideram quais dos processos hexaflex precisam de atenção na terapia e desenvolvem hipóteses de trabalho de como esses processos podem se manifestar no momento. Quais pensamentos ou julgamentos o cliente está fundido? O cliente pode se separar de sua experiência de sentimentos, memórias e histórias? O cliente pode contatar o momento presente de forma efetiva? O cliente tem um conjunto de valores pessoais que eles podem articular? Eles precisam de ajuda para encontrar ações comprometidas para se envolverem para que possam viver seus valores (Luoma et al., 2017)?

A ACT é utilizada em uma variedade de configurações, desde o ambiente tradicional de psicoterapia com entrevistas estruturadas até configurações de cuidados integrados em que os clínicos podem ter 15 minutos para avaliar e intervir com um cliente (Hayes, Strosahl, & Wilson, 2012; Strosahl, Robinson, & Gustavsson, 2012). Não importa quanto tempo um clínico possa ter, é imperativo começar a construir ativamente uma formulação de caso funcional assim que começar a entrevistar o cliente e modelar processos de flexibilidade nas interações com o cliente. Ao ouvir esses processos durante o contato inicial, é importante ouvir não apenas a forma mas também a função deles. Qual é a linha do tempo do(s) problema(s) do cliente? Há quanto tempo esses problemas existem? Qual é a sua trajetória, ou seja, eles melhoraram ou pioraram sob certas circunstâncias? Quais são os antecedentes ou consequências presentes quando os problemas aparecem?

Uma vez que um clínico tem uma ideia dos processos de flexibilidade relevantes, é útil usar o conteúdo emocional do cliente para orientá-lo ao controle emocional como o problema. O objetivo da avaliação inicial é estabelecer um terreno fértil para o planejamento do tratamento. Muitos dos princípios importantes do planejamento inicial do tratamento também são relevantes para a ACT: compartilhar uma formulação do(s) problema(s) com o cliente, descrever quais intervenções parecem fazer sentido com base no modelo da ACT e eliciar e fortalecer o engajamento do cliente para o tratamento. Usando a formulação do caso, o terapeuta escuta "com ouvidos de ACT" em busca de sinais de inflexibilidade psicológica e encontra oportunidades para implementar técnicas terapêuticas relevantes. Os terapeutas podem compartilhar a formulação do caso usando quadros brancos, folhetos ou demonstrações experienciais que modelam os processos de flexibilidade relevantes. Uma variedade de técnicas cognitivas, comportamentais ou outras (gestalt, relacional, etc.) podem ser usadas para esse fim, desde que se baseiem na formulação do caso. Os terapeutas devem ter critérios claros para determinar se um exercício "funciona" ou "não funciona".

O que acontece quando fica evidente que a conceitualização do caso precisa mudar, e como um terapeuta acompanha isso? Como outros terapeutas, os clínicos da ACT cultivam e confiam no relacionamento terapêutico como um veículo-chave para a mudança. Talvez o mais importante, os terapeutas da ACT modelam flexibilidade psicológica: eles dão espaço para suas experiências privadas mesmo enquanto buscam ajudar seus clientes, modelam a aproximação em vez da evitação e se aproximam do cliente a partir de um lugar de aceitação radical de quem são (Hayes, Strosahl, & Wilson, 2012). Quando os clientes se sentem confortáveis em se abrir, eles se tornam uma fonte valiosa de *feedback* sobre como a terapia está indo e se a encontram útil. Além disso, uma variedade de medidas abrangentes, bem como específicas de processo, podem ser usadas para acompanhar o progresso quantitativamente e medir tanto os processos quanto os resultados. O monitoramento de progresso empírico é altamente encorajado, sobretudo o progresso medido como comportamentos discretos. O cliente liga mais para a família ou amigos como resultado do trabalho na sessão? Eles começam a reduzir o consumo de cigarro ou maconha? Eles caminham mais ou se esforçam mais na academia? Eles vocalizam mais na sessão sobre sua capacidade de se aceitar, falhas e tudo?

A ACT é muitas vezes entregue com um protocolo manualizado, e encorajamos os terapeutas novos na ACT a considerar trabalhar por meio de protocolos manualizados para os primeiros clientes. Muitos clínicos nos falaram anedoticamente sobre os benefícios de começar com a estrutura de um protocolo antes de deixá-lo de lado para conduzir a ACT de forma mais guiada funcionalmente em um método "livre". Leitores interessados são incentivados a visitar *contextualscience.org* e considerar se juntar à Association for Contextual Behavioral Science (ACBS). Uma variedade de avaliações psicológicas, protocolos de tratamento e recursos de planejamento de tratamento estão disponíveis para os membros. Os *sites* dos principais autores da ACT também têm materiais gratuitos disponíveis (p. ex., *actmindfully.com.au/free-stuff* para Russ Harris, ou *stevenchayes.com*).

EXEMPLO DE CASO

Lisa era uma mulher branca casada de 39 anos com depressão significativa e estresse decorrente de uma imagem corporal insatisfatória, além de cuidar de sua filha de 12 anos com autismo não verbal. Lisa descreveu já ter trabalhado como modelo e que historicamente se orgulhava de sua aparência e seu peso. No entanto, ela começou a ganhar peso significativo aproximadamente cinco anos antes devido a uma condição médica. Ela relatou sentir-se "feia" e "indesejável" e temia que seu marido não a achasse mais atraente. Ela havia perdido o contato com muitos de seus amigos e tinha um relacionamento tenso com seus pais devido a ser abusada emocionalmente e manipulada por sua mãe. Ela foi encaminhada a um de nós (F. T. C.) por um centro de tratamento para autismo após relatar ao terapeuta de sua filha que estava se sentindo sobrecarregada por cuidar de sua filha.

Lisa estava chorosa durante a maior parte da sessão de admissão. Ela descreveu seu problema principal como estresse ao cuidar de sua filha e relatou que se sentia culpada por não ser tão paciente com ela como costumava ser. Ela afirmou que costumava ser ativa na escola de sua filha e no passado havia defendido os direitos dos autistas na comunidade – por exemplo, fazendo petições ao conselho de educação do condado para fornecer serviços mais abrangentes para crianças com autismo –, mas, ao longo do tempo, ela sentiu que faltava energia para se envolver. Durante essa parte da admissão, Lisa parecia visivelmente deprimida, sentada na cadeira com má postura e evitando o contato visual. No entanto, durante a admissão, ela se desculpou por sua aparência, apesar de estar bem arrumada e vestida de forma adequada. Quando questionada mais a fundo, ela respondeu que usava roupas largas intencionalmente ao sair de casa para esconder sua aparência. Lisa então descreveu sua frustração com sua incapacidade de perder peso devido à sua condição médica e observou que se sentia "repugnante". Nesse ponto, seu tom de voz ficou mais alto e sua postura ficou mais tensa. Com alguma dificuldade, ela admitiu que sua aparência física era tão problemática para ela quanto cuidar de sua filha e que estava envergonhada por estar lutando tanto com sua imagem corporal. Ela relatou beber ocasionalmente a cada duas semanas e fumar maconha "quase diariamente" para ajudar a se distrair de sua angústia.

De seu relato inicial, ficou imediatamente claro que Lisa estava muito fundida com sua aparência anterior à doença. Como resultado do aumento de peso, ela evitava quaisquer lembretes de que seu corpo não parecia mais como costumava. Ela evitava se olhar no espelho e não se envolvia mais em atividades íntimas com seu marido. Lisa afirmou que tentava não pensar em sua imagem corporal, mas, quanto mais tentava evitar, mais acabava pensando nisso. Ela também relatou que, quando percebeu o ganho de peso pela primeira vez, tentou mudar sua dieta e se exercitar com mais regularidade na tentativa de ficar em forma. No entanto, após manter essas mudanças de estilo de vida por meio ano enquanto ainda ganhava peso, ela abandonou essas mudanças.

O relato de Lisa sobre seu relacionamento com sua filha e sua luta para assumir um papel de defensora em sua vida também forneceram dados significativos para a formulação do caso. Ao descrever seu relacionamento com sua filha, o humor de Lisa melhorou de maneira considerável, e ela afirmou o quanto estava extremamente orgulhosa dela. Ela observou ainda que, apesar, ou talvez por causa, dos desafios de sua filha, o relacionamento delas era mais forte e próximo do que teria sido de outra forma. Assim, o desejo de Lisa de apoiar e advogar por sua filha parecia ser claramente importante para seus valores.

O plano de tratamento inicial para Lisa foi o seguinte: apesar da queixa inicial dela sobre o estresse de criar sua filha, sua queixa principal era sua imagem corporal. Ela estava atualmente lutando para evitar e suprimir lembretes de que havia ganhado peso e se preocupava que esses pensamentos a tornassem superficial e superficial. Ela também estava fusionada ao pensamento de que era "feia", e esse pensamento alimentava seus comportamentos de evitação. Parecia que ela passava uma quantidade considerável de tempo ruminando sobre sua vida antes de sua doença, mas conseguia descrever efetivamente sua experiência presente. Ela valorizava seu relacionamento com sua filha e, no passado, conseguiu se comprometer a advogar por ela. No entanto, atualmente, estava lutando para se envolver nesses comportamentos e parecia fundida à ideia de que isso a tornava uma mãe pior. Os alvos de tratamento incluíam a realização de exercícios de aceitação para ajudá-la a aceitar seu corpo como ele era, a mostrar autocompaixão na presença de pensamentos negativos e a aceitar as dificuldades e o estresse associados à criação de um filho com autismo. Sua pontuação inicial no AAQ-II foi de 40 (de 42), indicando extrema inflexibilidade psicológica em quase todos os domínios.

Durante a segunda sessão, Lisa teve notícias positivas para compartilhar sobre seu compromisso em apoiar sua filha. Após a primeira sessão, ela entrou em contato com outros pais de crianças com autismo com quem havia feito amizade no passado e descobriu que um deles estava escrevendo um artigo curto para o boletim da comunidade autista. Lisa ofereceu-se para ajudar a escrever o artigo e observou que não teria dado esse passo se não fosse pela sessão de terapia na semana anterior. De modo notável, ela não discutiu nenhum dos problemas de imagem corporal que haviam sido mencionados anteriormente. Quando questionada sobre eles, ela admitiu ter evitado pensar neles. Durante o curso da sessão, o terapeuta trabalhou com Lisa para identificar a estratégia de controle que ela adotou para lidar com seu sofrimento com a imagem corporal. Lisa conseguiu admitir seus comportamentos de evitação, incluindo sua evitação em trazer à tona questões de imagem corporal durante a sessão como uma forma de tentar minimizar a dor psicológica associada a pensar em "como seu corpo estava diferente e como se sentia" comparada com o passado. Ao discutir sua evitação, ela relatou que teve uma consulta com seu médico algumas semanas depois para determinar se seria possível tratar sua condição médica cirurgicamente. Ela expressou que estava tentando não pensar nisso e que estava com medo de criar expectativas após tanto tempo lutando com seu peso e aparência. Ela também descreveu ter estrias severas associadas ao seu ganho de peso e expressou preocupação de que o tratamento cirúrgico não as tratasse. Na segunda sessão, seu AAQ-II caiu para 32, e ela relatou sentir-se mais realizada por ter encontrado uma forma de se comprometer com seus comportamentos de defesa.

No entanto, ela ainda se sentia frustrada com seu corpo. Como resultado, seu plano de tratamento foi alterado para direcionar mais especificamente seus problemas de imagem corporal, enquanto também monitorava e mantinha o progresso relacionado ao cuidado de sua filha.

Durante sua terceira sessão, Lisa continuou a relatar dificuldades com pensamentos sobre seu corpo. No entanto, ela descreveu suas emoções de maneira mais precisa e acurada ao pensar sobre seu corpo. Especificamente, ela admitiu se sentir irritada e envergonhada consigo mesma por julgar com tanta negatividade sua autoimagem, ao mesmo tempo em que se sentia triste com seu corpo "se voltando contra ela". Durante a semana anterior, ela passou um tempo olhando para si mesma no espelho e observando os pensamentos que surgiam — uma tarefa de casa que foi dada como resultado da adaptação de seu plano de tratamento para se ajustar melhor ao problema apresentado. Ela relatou ter dificuldade com essa tarefa e só foi capaz de se envolver no comportamento por alguns minutos antes de se sentir sobrecarregada por seus pensamentos negativos. No entanto, ela concordou com a justificativa do tratamento e reconheceu que, quando seus pensamentos eram menos julgadores, ela poderia "mostrar amor" a si mesma. Durante essa sessão, o terapeuta conduziu Lisa por um exercício de atenção plena guiada para ajudá-la a expandir seu repertório de observação além dos pensamentos sobre seu corpo. Contudo, ela exibiu desconforto durante essa atividade, relatando: "Foi difícil deixar-me perceber o que meu corpo estava me dizendo sem também sentir o quão pesado ele estava".

A quarta sessão ocorreu alguns dias antes de sua consulta cirúrgica, e ela relatou estar ansiosa e preocupada com a possibilidade de passar pela cirurgia. Mais do que nas sessões anteriores, Lisa relatou compreensivelmente uma grande quantidade de ruminação ansiosa e preocupação. Grande parte da sessão girou em torno do uso de exercícios previamente discutidos (ou seja, aceitação, atenção plena e desfusão) como ferramentas para experimentar ansiedade, bem como depressão. Uma parte da sessão também foi dedicada ao desenvolvimento de um plano caso se descobrisse que a cirurgia não era uma opção viável.

Infelizmente, mais de um mês se passou entre a quarta e a quinta sessões porque Lisa cancelou as consultas. Quando ela retornou, relatou que a cirurgia não era uma opção e que estava se sentindo muito deprimida e frustrada para ter uma sessão imediatamente após ouvir essa notícia. Subsequentemente, ela "ficou presa nos pensamentos" sobre a sua falta na sessão – sobretudo porque tinha se comprometido a comparecer independentemente do resultado de sua consulta cirúrgica, mas, então, perdeu outra sessão para evitar "se sentir mal" durante a sessão. Essa interrupção na terapia proporcionou uma oportunidade para explorar como a evitação experiencial se manifesta e mantém o sofrimento de uma forma que fosse intensamente experiencial e pragmática para a cliente. Como esse problema específico (faltar à terapia para evitar sentir-se culpada por descumprir o compromisso de comparecer) era relativamente pequeno em comparação com sua experiência de anos evitando o desconforto com sua imagem corporal, Lisa conseguiu identificar tanto o alívio de curto prazo quanto o sofrimento de longo prazo associado ao seu desconforto. Lisa também conseguiu fornecer um exemplo pessoal de como sua evitação exacerbou seu sofrimento ao longo do tempo, afirmando que tinha medo de ser desligada da terapia após as faltas consecutivas. De certa forma, essa interrupção na terapia marcou um ponto de virada em que ela conseguiu ser mais honesta e aberta durante a sessão, tanto consigo mesma quanto com o terapeuta.

Durante a sexta sessão, Lisa abriu-se com o terapeuta sobre seu marido, a quem não mencionava desde a sessão inicial. Lisa relatou que não tiveram relações sexuais no último ano e que ela estava certa de que era devido à sua aparência. Além disso, ela reconheceu que parte de sua vergonha e sua consciência corporal decorria da aparente falta de desejo dele por ela. Ela observou ainda que havia tentado iniciar intimidade física no passado, mas ele a havia rejeitado. No entanto, ela afirmou que, além da falta de intimidade física, ele a apoiava e era um "pai maravilhoso e paciente". Com base nessas informações, o plano de tratamento foi modificado para incluir seu relacionamento com o marido como um dos principais fatores que mantinham seu sofrimento. O terapeuta discutiu com Lisa as qualidades que ela valorizava em seu relacionamento com o marido e se essas qualidades valiam a dor de se sentir fisicamente rejeitada. Quando ficou claro que Lisa e seu marido não tinham discutido isso de forma explícita, o terapeuta avaliou se Lisa estava disposta a ter uma discussão aberta com o marido sobre como ela se sentia quando ele a rejeitava. Vale ressaltar que o terapeuta fez questão de ser *muito* cauteloso para não tomar partido ou inserir suas próprias avaliações da situação. Pelo contrário, o terapeuta visou criar um contexto no qual o cliente pudesse avaliar livre e honestamente o que era importante para ela e seguir em frente nessa direção sem ser influenciada por preocupações ou medo. No final, Lisa escolheu não confrontar seu marido sobre a falta de intimidade deles. Notavelmente, esta sessão foi a primeira desde a segunda sessão em que sua pontuação no AAQ mudou significativamente, caindo para 25.

Durante a sétima sessão, Lisa continuou a progredir em relação à sua autoimagem. Como parte de sua capacidade de se envolver e lidar com pensamentos sobre sua imagem corporal, ela foi capaz de comparar sua experiência com a de sua filha. Especificamente, ela estabeleceu um paralelo entre como a falta de fala de sua filha autista a "mantém presa" da mesma forma que "meus pensamentos sobre meu corpo me mantêm presa". Ela observou ainda que conseguia mostrar compaixão e cuidado à sua filha e que não percebia o autismo dela como uma fraqueza. Assim, ao se comparar com sua filha, ela foi capaz de estender alguns dos aspectos positivos, incluindo emoções de cuidado que ela exibiu em direção à sua filha e para seu próprio eu. Embora ela ainda continuasse a mostrar alguma fusão com sua imagem corporal ao longo do restante da terapia, essa metáfora gerada pela cliente forneceu um "marco" rápido e emocionalmente significativo para ajudá-la a se desvincular e a experimentar suas lutas de uma perspectiva mais contextualizada.

As duas próximas sessões envolveram reforçar e validar o progresso de Lisa obtido nas sessões anteriores. Um evento digno de nota durante a oitava sessão envolveu Lisa perguntando ao terapeuta se ele sabia algo sobre a terapia Reiki (uma prática alternativa de medicina pseudocientífica na qual as palmas dos praticantes são colocadas nos corpos para "transferir energia" a fim de promover a cura física). Ela então afirmou que uma amiga sua, que era praticante de Reiki, se ofereceu para realizar Reiki nela para ajudar a tratar seus sintomas físicos. Lisa demonstrou certo alívio ao ouvir que não era cientificamente comprovado, observando que se sentiria desconfortável com o processo por não gostar de ser tocada. Após uma exploração mais aprofundada, Lisa estabeleceu que ser tocada, mesmo por uma amiga, a colocaria em contato com pensamentos negativos sobre seu corpo. O terapeuta, então, explorou com Lisa se ela estaria disposta a passar pela terapia de Reiki mesmo assim, como um meio de se expor a esses pensamentos angustiantes em serviço de aceitá-los, ao mesmo tempo em que permitia que sua amiga a ajudasse e a apoiasse. Ela afirmou que estaria bem com isso. Ela relatou durante a próxima sessão que, embora a experiência fosse desconfortável, foi útil para ela no geral.

A décima e última sessão foi dedicada à revisão do progresso da terapia, à consolidação dos ganhos e à reflexão sobre o relacionamento terapêutico. Esta sessão, mais do que qualquer outra, é aquela em que o conteúdo e a estrutura são altamente variáveis devido à sua natureza altamente pessoal e idiossincrática. Embora Lisa não estivesse "curada" no sentido convencional, ela foi capaz de entrar em contato com aspectos significativos de sua vida de maneira mais variada e vibrante do que antes do tratamento. Ela foi capaz de "lidar com" sua imagem corporal negativa, suas lutas como mãe e suas frustrações com seu marido de maneira mais eficaz e adaptativa. Sua vida não estava livre de dor e sofrimento; na verdade, estava longe disso. No entanto, ela estava disposta a enfrentar seu sofrimento, a entrar em contato com ele e a atravessá-lo a serviço de uma vida que valesse a pena viver.

A cliente presente foi escolhida como um exemplo de caso por várias razões. Primeiro, os problemas, as angústias e os sintomas de Lisa eram relativamente únicos e um tanto complexos. Na prática, poucos clientes se encaixam nas síndromes prototípicas descritas no DSM, e ser capaz de adaptar um tratamento às necessidades do seu cliente é uma habilidade valiosa. Em segundo lugar, Lisa não era um "caso-padrão" em termos de sua resposta ao tratamento. Identificar o problema principal apresentado por ela foi excepcionalmente desafiador, destacando a necessidade de estar ciente de informações inconsistentes e díspares, mesmo no início do tratamento. Por fim, sentimos que este caso seria útil para enfatizar a utilidade de ser flexível no processo de formulação de casos. Ter as próprias hipóteses em reavaliação constante e ser capaz de adaptar seu plano de tratamento a informações novas e em mudança vindas do cliente é uma habilidade útil para se desenvolver – uma que se encaixa bem dentro do modelo da ACT.

No caso de Lisa, a formulação do caso começou com uma avaliação de seus problemas atuais. Embora o problema declarado não fosse diretamente o alvo da maioria do tratamento, ainda fornecia informações úteis com relação aos domínios de valores, sobretudo em relação ao seu relacionamento com sua filha e seu desejo de ser uma mãe carinhosa e solidária. O problema central real foi apenas aludido no final de sua sessão de admissão, e exigiu disposição por parte do clínico para detectar e avaliar adequadamente. O fato de suas questões de imagem corporal não terem sido apresentadas de forma central sugeriu uma grande quantidade de evitação experiencial em torno do tópico, o que foi confirmado em sessões subsequentes. Além disso, a frequência com que ela falava sobre sua aparência física antes de sua doença indicava fusão com seu senso de identidade. Essa fusão foi ainda mais enfatizada por sua evitação de nem sequer abordar esses pensamentos, pois tinha medo de que fosse superficial admitir que sua aparência a incomodava tanto quanto incomodava. Suas preocupações com sua imagem corporal foram mantidas, em parte, pela falta de desejo de seu marido em se envolver em comportamentos íntimos com ela, bem como por seu repertório de evitação.

Faltar a várias sessões inicialmente poderia ter apresentado uma barreira ao tratamento. No entanto, após o terapeuta explorar a situação com ela, essas sessões perdidas serviram como uma ferramenta poderosa para demonstrar os efeitos deletérios da evitação experiencial, bem como o alívio em curto prazo que serve para reforçar e manter os comportamentos de evitação. Sua subsequente disposição para enfrentar e experimentar pensamentos desconfortáveis sobre seu corpo permitiu que ela fizesse uma comparação com seu relacionamento com sua filha, fornecendo um útil exercício de *self*-como-contexto que permitiu que ela se tratasse com a mesma gentileza e amor que mostrava em relação à sua filha. Por fim, sua disposição para se envolver em Reiki como uma forma de terapia de exposição (e a abstenção do terapeuta de descartar o processo como pseudociência imediatamente) proporcionou uma oportunidade adicional para entrar em contato com sensações indesejadas em prol de fins valorizados. Esperamos que o presente caso demonstre a utilidade clínica da formulação de casos de forma ampla e, especificamente, como a formulação de casos funciona a partir de uma perspectiva da ACT.

APRENDENDO O MÉTODO

Aprender a ACT é uma tarefa mais bem realizada em três domínios principais: *workshops* experienciais, leituras didáticas e supervisão de pares. Como foi observado, o clínico da ACT tenta incorporar flexibilidade psicológica ao longo do processo de terapia. Para fazer isso, é conveniente para aqueles que aprendem a ACT experimentar os processos de flexibilidade psicológica em primeira mão. *Workshops* costumam ser compostos por aprendizagem didática, prática experiencial de processos da ACT e treinamento de habilidades via *role play*, em que técnicas da ACT podem ser praticadas com *feedback* direto. No que diz respeito à leitura didática, a segunda edição de *Acceptance and Commitment Therapy*[1] (Hayes, Strosahl, & Wilson, 2012), a segunda edição de *Learning ACT* (Luoma et al., 2017) e o *Wiley Handbook of Contextual Behavioral Science* (Zettle, Hayes, Barnes-Holmes, & Biglan, 2016) representam um bom ponto de partida. Uma infinidade de livros mais específicos orientados para a prática clínica também existe, caso o leitor deseje buscar relatos mais aprofundados do tratamento dentro de diversos domínios de problemas. Por fim, a supervisão de pares pode ser fundamental para aprender

---

[1] N. de T. Publicado no Brasil: Hayes, S. C., Strosahl, K. D., & Wilson, K. G. (2021). *Terapia de aceitação e compromisso: o processo e a prática da mudança consciente*. (2. ed.). Artmed.

a implementar a ACT com sucesso. Praticantes mais experientes são capazes de ajudar na construção da formulação do caso, sugerir técnicas específicas que possam ser úteis e revisar gravações para garantir que as avaliações funcionais feitas na sala de consulta sejam feitas corretamente. O mencionado *contextualscience.org* é um recurso maravilhoso para cada um desses domínios, com páginas dedicadas a treinamentos futuros, um repositório de publicações em ciência comportamental contextual, protocolos de tratamento, grupos locais e equipes de supervisão de pares, e uma lista de discussão por *e-mail* bem povoada e altamente ativa. As taxas são baixas e "baseadas em valores", o que significa que os membros são convidados a pagar o que acham que o trabalho vale, conforme sua capacidade de pagamento. Por fim, a Conferência Mundial da Associação de Ciência Comportamental Contextual, agora em seu 18º ano no momento em que este texto é produzido, oferece uma oportunidade para se envolver com a comunidade global maior de pesquisadores e clínicos.

REFERÊNCIAS

Arch, J. J., Wolitzky-Taylor, K. B., Eifert, G. H., & Craske, M. G. (2012). Longitudinal treatment mediation of traditional cognitive-behavioral therapy and acceptance and commitment therapy for anxiety disorders. *Behaviour Research and Therapy, 50*(7), 469–478.

Bach, P., Gaudiano, B. A., Hayes, S. C., & Herbert, J. D. (2013). Acceptance and commitment therapy for psychosis: Intent to treat, hospitalization outcome and mediation by believability. *Psychosis, 5*(2), 166–174.

Bach, P., & Hayes, S. C. (2002). The use of acceptance and commitment therapy to prevent the rehospitalization of psychotic patients: A randomized controlled trial. *Journal of Consulting and Clinical Psychology, 70*(5), 1129–1138.

Barnes-Holmes, Y., Barnes-Holmes, D., McHugh, L., & Hayes, S. C. (2004). Relational frame theory: Some implications for understanding and treating human psychopathology. *International Journal of Psychology and Psychological Therapy, 4*, 355–375.

Beck, A. T., Steer, R. A., & Brown, G. K. (1996). *Manual for the Beck Depression Inventory–II*. San Antonio, TX: Psychological Corporation.

Blackledge, J. T. (2007). Disrupting verbal processes: Cognitive defusion in acceptance and commitment therapy and other mindfulness-based psychotherapies. *Psychological Record, 57*(4), 555–576.

Bond, F. W., Hayes, S. C., Baer, R. A., Carpenter, K. M., Guenole, N., Orcutt, H. K., et al. (2011). Preliminary psychometric properties of the Acceptance and Action Questionnaire–II: A revised measure of psychological inflexibility and experiential avoidance. *Behavior Therapy, 42*(4), 676–688.

Cederberg, J. T., Cernvall, M., Dahl, J., von Essen, L., & Ljungman, G. (2015). Acceptance as a mediator for change in acceptance and commitment therapy for persons with chronic pain? *International Journal of Behavioral Medicine, 23*(1), 21–29.

Chambless, D. L., & Hollon, S. D. (1998). Defining empirically supported therapies. *Journal of Consulting and Clinical Psychology, 66*(1), 7–18.

Cook, D., & Hayes, S. C. (2010). Acceptance-based coping and the psychological adjustment of Asian and Caucasian Americans. *International Journal of Behavioral Consultation and Therapy, 6*, 186–197.

Dymond, S., May, R. J., Munnelly, A., & Hoon, A. E. (2010). Evaluating the evidence base for relational frame theory: A citation analysis. *Behavior Analyst, 33*(1), 97–117.

Flaxman, P. E., & Bond, F. W. (2010). A randomised worksite comparison of acceptance and commitment therapy and stress inoculation training. *Behaviour Research and Therapy, 48*(8), 816–820.

Forman, E. M., Herbert, J. D., Moitra, E., Yeomans, P. D., & Geller, P. A. (2007). A randomized controlled effectiveness trial of acceptance and commitment therapy and cognitive therapy for anxiety and depression. *Behavior Modification, 31*(6), 772–799.

Fuchs, C., Lee, J. K., Roemer, L., & Orsillo, S. M. (2013). Using mindfulnessand acceptance-based treatments with clients from nondominant cultural and/or marginalized backgrounds: Clinical considerations, meta-analysis findings, and introduction to the special series. *Cognitive and Behavioral Practice, 20*(1), 1–12.

Gaudiano, B. A., & Herbert, J. D. (2006). Acute treatment of inpatients with psychotic symptoms using acceptance and commitment therapy: Pilot results. *Behaviour Research and Therapy, 44*(3), 415–437.

Harris, R. (2009). *ACT made simple: An easy-to-read primer on acceptance and commitment therapy.* Oakland, CA: New Harbinger.

Hayes, S. C. (1981). *Comprehensive cognitive distancing procedures.* Unpublished manuscript, University of North Carolina at Greensboro.

Hayes, S. C. (1993). Analytic goals and the varieties of scientific contextualism. In S. C. Hayes, L. J. Hayes, H. W. Reese, & T. R. Sarbin (Eds.), *Varieties of scientific contextualism* (pp. 11–27). Reno, NV: Context Press.

Hayes, S. C. (2019). Acceptance and commitment therapy: Towards a unified model of behavior change. *World Psychiatry, 18*(2), 226–227.

Hayes, S. C., Barnes-Holmes, D., & Roche, B. (Eds.). (2001). *Relational frame theory: A post-Skinnerian account of human language and cognition.* New York: Kluwer Academic/Plenum Press.

Hayes, S. C., Barnes-Holmes, D., & Roche, B. (2003). Behavior analysis, relational frame theory, and the challenge of human language and cognition: A reply to the commentaries on "Relational frame theory: A post-Skinnerian account of human language and cognition." *Analysis of Verbal Behavior, 19*(1), 39–54.

Hayes, S. C., Barnes-Holmes, D., & Wilson, K. G. (2012). Contextual behavioral science: Creating a science more adequate to the challenge of the human condition. *Journal of Contextual Behavioral Science, 1*(1–2), 1–16.

Hayes, S. C., Hayes, L. J., & Reese, H. W. (1988). Finding the philosophical core: A review of Stephen C. Pepper's "World hypotheses: A study in evidence." *Journal of the Experimental Analysis of Behavior, 50*(1), 97.

Hayes, S. C., Luoma, J. B., Bond, F. W., Masuda, A., & Lillis, J. (2006). Acceptance and commitment therapy: Model, processes and outcomes. *Behaviour Research and Therapy, 44*(1), 1–25.

Hayes, S. C., Muto, T., & Masuda, A. (2011). Seeking cultural competence from the ground up. *Clinical Psychology: Science and Practice, 18*(3), 232–237.

Hayes, S. C., & Sanford, B. T. (2014). Cooperation came first: Evolution and human cognition. *Journal of the Experimental Analysis of Behavior, 101*(1), 112–129.

Hayes, S. C., Sanford, B. T., & Chin, F. T. (2017). Carrying the baton: Evolution science and a contextual behavioral analysis of language and cognition. *Journal of Contextual Behavioral Science, 6*(3), 314–328.

Hayes, S. C., Strosahl, K. D., & Wilson, K. G. (1999). *Acceptance and commitment therapy: An experiential approach to behavior change.* New York: Guilford Press.

Hayes, S. C., Strosahl, K. D., & Wilson, K. G. (2012). *Acceptance and commitment therapy: The process and practice of mindful change* (2nd ed.). New York: Guilford Press.

Hofmann, S. G., & Hayes, S. C. (2019). The future of intervention science: Process-based therapy. *Clinical Psychological Science, 7*(1), 37–50.

Insel, T., Cuthbert, B., Garvey, M., Heinssen, R., Pine, D. S., Quinn, K., et al. (2010). Research Domain Criteria (RDoC): Toward a new classification framework for research on mental disorders. *American Journal of Psychiatry, 167*, 748–751.

Kazdin, A. E. (2007). Mediators and mechanisms of change in psychotherapy research. *Annual Review in Clinical Psychology, 3*, 1–27.

Kessler, R. C., Chiu, W. T., Demler, O., & Walter, E. E. (2005). Prevalence, severity, and comorbidity of 12-month DSM-IV disorders in the National Comorbidity Survey Replication. *Archives of General Psychiatry, 62*, 617–627.

Lloyd, J., & Bond, F. W. (2013). Identifying psychological mechanisms underpinning a cognitive behavioral therapy intervention for emotional burnout. *Work and Stress, 27*(2), 181–199.

Lundgren, T., Dahl, J., Melin, L., & Kies, B. (2006). Evaluation of acceptance and commitment therapy for drug refractory epilepsy: A randomized controlled trial in South Africa—a pilot study. *Epilepsia, 47*(12), 2173–2179.

Lundgren, T., Dahl, J., Yardi, N., & Melin, L. (2008). Acceptance and commitment therapy and yoga for drug-refractory epilepsy: A randomized controlled trial. *Epilepsy and Behavior, 13*(1), 102–108.

Luoma, J. B., Hayes, S. C., & Walser, R. D. (2017). *Learning ACT: An acceptance and commitment therapy skills training manual for therapists* (2nd ed.). Oakland, CA: New Harbinger.

Masuda, A., Hayes, S. C., Sackett, C. F., & Twohig, M. P. (2004). Cognitive defusion and self-relevant negative thoughts: Examining the impact of a ninetyyear-old technique. *Behaviour Research and Therapy, 42*(4), 477–485.

McCracken, L. M., Vowles, K. E., & Eccleston, C. (2004). Acceptance of chronic pain: Component analysis and a revised assessment method. *Pain, 107*(1), 159–166.

Moazzezi, M., Moghanloo, V. A., Moghanloo, R. A., & Pishvaei, M. (2015). Impact of acceptance and commitment therapy on perceived stress and special health self-efficacy in sevento fifteen-year-old children with diabetes mellitus. *Iranian Journal of Psychiatry and Behavioral Sciences, 9*(2), 956.

Moghanloo, V. A., Moghanloo, R. A., & Moazzezi, M. (2015). Effectiveness of acceptance and commitment therapy for depression, psychological well-being and feeling of guilt in 7–15 years old diabetic children. *Iranian Journal of Pediatrics, 25*(4).

Mohabbat-Bahar, S., Maleki-Rizi, F., Akbari, M. E., & Moradi-Joo, M. (2015). Effectiveness of group training based on acceptance and commitment therapy on anxiety and depression of women with breast cancer. *Iranian Journal of Cancer Prevention, 8*(2), 71.

Monestès, J. L., Karekla, M., Jacobs, N., Michaelides, M., Hooper, N., Kleen, M., et al. (2016). Experiential avoidance as a common psychological process in European cultures. *European Journal of Psychological Assessment, 34*(4), 247–257.

Muto, T., Hayes, S. C., & Jeffcoat, T. (2011). The effectiveness of acceptance and commitment therapy bibliotherapy for enhancing the psychological health of Japanese college students living abroad. *Behavior Therapy, 42*(2), 323–335.

Muto, T., & Mitamura, T. (2015). Acceptance and commitment therapy for "Taro," a Japanese client with chronic depression: A replicated treatment-evaluation. *Pragmatic Case Studies in Psychotherapy, 11*(2), 117–153.

Niles, A. N., Nurkland, L. J., Arch, J. J., Lieberman, M. D., Saxbe, D., & Craske, M. G. (2014). Cognitive mediators of treatment for social anxiety disorder: Comparing acceptance and commitment therapy and cognitive--behavioral therapy. *Behavior Therapy, 45*(5), 664-677.

Pepper, S. C. (1942). *World hypotheses: A study in evidence.* Berkeley: University of California Press.

Perry, A., Gardener, C., Oliver, J., Taş, Ç., & Özenç, C. (2019). Exploring the cultural flexibility of the ACT model as an effective therapeutic group intervention for Turkish-speaking communities in East London. *Cognitive Behaviour Therapist, 12*, E2.

Plumb, J. C., Stewart, I., Dahl, J., & Lundgren, T. (2009). In search of meaning: Values in modern clinical behavior analysis. *Behavior Analyst, 32*(1), 85–103.

Rohani, F., Rasouli-Azad, M., Twohig, M. P., Ghoreishi, F. S., Lee, E. B., & Akbari, H. (2018). Preliminary test of group acceptance and commitment therapy on obsessive–compulsive disorder for patients on optimal dose of selective serotonin reuptake inhibitors. *Journal of Obsessive–Compulsive and Related Disorders, 16*(1), 8–13.

Saedy, M., Kooshki, S., Firouzabadi, M. J., Emamipour, S., & Ardani, A. R. (2015). Effectiveness of acceptance-commitment therapy on anxiety and depression among patients on methadone treatment: A pilot study. *Iranian Journal of Psychiatry and Behavioral Sciences, 9*(1), e222.

Skinner, B. F. (1957). *Verbal behavior.* New York: Appleton-Century-Crofts.

Smout, M., Davies, M., Burns, N., & Christie, A. (2014). Development of the Valuing Questionnaire (VQ). *Journal of Contextual Behavioral Science, 3*(3), 164–172.

Stewart, C., White, R. G., Ebert, B., Mays, I., Nardozzi, J., & Bockarie, H. (2016). A preliminary evaluation of acceptance and commitment therapy (ACT) training in Sierra Leone. *Journal of Contextual Behavioral Science, 5*(1), 16–22.

Stitt, A. L. (2014). The cat and the cloud: ACT for LGBT locus of control, responsibility, and acceptance. *Journal of LGBT Issues in Counseling, 8*, 282–297.

Stockton, D., Kellett, S., Berrios, R., Sirois, F., Wilkinson, N., & Miles, G. (2019). Identifying the underlying mechanisms of change during acceptance and commitment therapy (ACT): A systematic review of contemporary mediation studies. *Behavioural and Cognitive Psychotherapy, 47*(3), 332–362.

Strosahl, K. D., Robinson, P. J., & Gustavsson, T. (2012). *Brief interventions for radical change: Principles and practice of focused acceptance and commitment therapy.* Oakland, CA: New Harbinger.

Tolin, D. F., McKay, D., Forman, E. M., Klonsky, E. D., & Thombs, B. D. (2015). Empirically supported treatment: Recommendations for a new model. *Clinical Psychology: Science and Practice, 22*(4), 317–338.

Wicksell, R. K., Kemani, M., Jensen, K., Kosek, E., Kadetoff, D., Sorjonen, K., et al. (2013). Acceptance and commitment therapy for fibromyalgia: A randomized controlled trial. *European Journal of Pain, 17*(4), 599–611.

Wicksell, R. K., Olsson, G. L., & Hayes, S. C. (2010). Psychological flexibility as a mediator of improvement in acceptance and commitment therapy for patients with chronic pain following whiplash. *European Journal of Pain, 14*(10), 1059.e1–1059.e11.

Wilson, D. S., & Hayes, S. C. (Eds.). (2018). *Evolution and contextual behavioral science: An integrated framework for understanding, predicting, and influencing human behavior.* Oakland, CA: Context Press/New Harbinger.

Wilson, K. G., & Dufrene, T. (2009). *Mindfulness for two: An acceptance and commitment therapy approach to mindfulness in psychotherapy.* Oakland, CA: New Harbinger.

Wilson, K. G., Sandoz, E. K., Kitchens, J., & Roberts, M. E. (2010). The Valued Living Questionnaire: Defining and measuring valued action within a behavior framework. *Psychological Record, 60*, 249–272.

Zettle, R. D. (1984). *Cognitive therapy of depression: A conceptual and empirical analysis of component and process issues.* Unpublished doctoral dissertation, University of North Carolina at Greensboro.

Zettle, R. D. (2005). The evolution of a contextual approach to therapy: From comprehensive distancing to ACT. *International Journal of Behavioral Consultation and Therapy, 1*(2), 77–89.

Zettle, R. D., & Hayes, S. C. (1986). Dysfunctional control by client verbal behavior: The context of reason-giving. *Analysis of Verbal Behavior, 4*(1), 30–38.

Zettle, R. D., Hayes, S. C., Barnes-Holmes, D., & Biglan, A. (Eds.). (2016). *The Wiley handbook of contextual behavioral science.* Chichester, UK: Wiley Blackwell.

14

Formulação de casos na terapia focada nas emoções

ORIGENS HISTÓRICAS DA ABORDAGEM

A terapia focada nas emoções (TFE) é uma abordagem experiencial neo-humanista de terapia reformulada em termos da moderna teoria da emoção e da neurociência afetiva (Goldman & Greenberg, 2015; Goldman, Vaz, & Rousmaniere, 2021; Greenberg & Goldman, 2019; Elliott, Watson, Goldman, & Greenberg, 2004; Greenberg, Rice, & Elliott, 1993; Watson, Goldman, & Greenberg, 2007). Esse modelo é fundamentado pela teoria humanista-fenomenológica (Rogers, 1951, 1957; Perls, Hefferline, & Goodman, 1951), teoria da emoção e cognição (Arnold, 1960; Fridja, 1986; Pascual-Leone, 1984, 1991; Leventhal, 1986; Greenberg & Safran, 1987; Greenberg, 2015), neurociência afetiva (LeDoux, 1996; Davidson, 2000; Lane & Nadel, 2000; Lane, Ryan, Nadel, & Greenberg, 2015) e teoria de sistemas dinâmicos e sistemas familiares (Thelen & Smith, 1994). A TFE concentra-se na consciência, na regulação, na expressão, na transformação e na reflexão da emoção momento a momento na prática da terapia, com o objetivo de fortalecer o *self* e criar novos significados.

A abordagem da TFE para a formulação de casos está muito inserida na tradição humanista, especificamente na terapia centrada no cliente e na Gestalt-Terapia. No entanto, nenhuma dessas teorias terapêuticas desenvolveu com originalidade uma abordagem de formulação de casos. A Gestalt-Terapia (Perls et al., 1951) não utilizava de modo direto a formulação de casos, mas identificava determinantes de problemas específicos, como interrupções no contato consigo mesmo e com os outros, ou autorregulação neurótica. Interrupções como projeção, confluência, retroflexão, introjeção e deflexão foram identificadas como causadoras de um funcionamento atual não saudável, e esses conceitos foram usados de forma implícita para guiar a formulação e o tratamento, assim como conceitos como assuntos inacabados e divisões. Rogers (1951) poderia ser visto como tendo uma formulação universal, a da incongruência entre autoconceito e experiência, embora o conceito de profundidade da experiência também possa ser visto como um modo de fazer formulações de processo sobre o nível atual de funcionamento do cliente. Rogers (1951) também era contra a maioria das formas de avaliação e escreveu que "o diagnóstico psicológico, como geralmente entendido, é desnecessário para a psicoterapia e pode realmente ser prejudicial ao processo terapêutico" (p. 220). Rogers (1951) expressou preocupação com o desequilíbrio de poder criado quando o terapeuta está na posição de diagnosticar. Ele estava preocupado com "a possibilidade do desenvolvimento de uma dependência não saudável se o terapeuta desempenhar o papel de especialista, e a possibilidade de que diagnosticar clientes coloque o controle social de muitos nas mãos de poucos" (p. 224).

Embora estejamos em grande parte de acordo com as preocupações de Rogers de que a *expertise* cria um desequilíbrio de poder muito grande e interfere na formação de um relacionamento genuíno, temos a visão de que desenvolver um foco na terapia, que envolve algum tipo de formulação, é benéfico. Acreditamos que formulações diferenciais de processos em nossa terapia ajudam a orientar as intervenções e, ao fazer isso, facilitam o desenvolvimento de um foco para o tratamento que, em última análise, aprimora o processo de cura. O foco que se desenvolve é equivalente a uma formulação de caso. No entanto, nossa abordagem específica à abordagem de formulação de casos permanece muito dentro dos limites da tradição da terapia experiencial de onde ela surge. Na TFE, as formulações *nunca* são realizadas *a priori* (i.e., com base em avaliação inicial), pois não tentamos estabelecer o que é disfuncional ou presumir saber o que será mais relevante ou importante para o cliente. Acreditamos que o que é mais problemático, comovente e significativo emerge de forma progressiva, no contexto seguro do ambiente terapêutico, e que o foco é coconstruído pelo cliente e pelo terapeuta.

Além disso, nós, como Rogers, acreditamos que assumir uma posição autoritária de decidir por nós mesmos ou informar definitivamente os clientes sobre a origem de seus problemas pode ser problemático. Isso pode (1) romper a delicada natureza interpessoal do vínculo terapêutico e (2) criar situações nas quais os clientes são impedidos de descobrir, por meio da atenção à sua própria experiência emergente, o que é idiossincraticamente significativo e relevante para eles. A auto-organização é vista como um poderoso processo de aprendizagem experiencial (i.e., fundamental para a mudança nesse tipo de terapia).

Diante dessa visão, é imperativo, na terapia experiencial, que as formulações sejam coconstruídas de modo colaborativo pelo cliente e pelo terapeuta e sejam reformuladas continuamente para permanecerem próximas à experiência momentânea do cliente ou a estados atuais em vez de serem baseadas no caráter de uma pessoa. Nossos principais meios de formulação envolvem "diagnósticos de processo" sobre como as pessoas estão vivenciando atualmente seus problemas e impedindo ou interferindo em sua própria experiência. Em relação aos diagnósticos, acreditamos que o conhecimento de certas categorias nosológicas ou síndromes pode ser útil para terapeutas experienciais, mas são mais bem-concebidos como descrições de padrões de funcionamento do que de tipos de pessoas. Assim, por exemplo, preferimos pensar em *processos* ansiosos, obsessivos ou *borderline* em vez de em pessoas ansiosas, obsessivas ou *borderline*.

Um princípio fundamental subjacente a essa abordagem focada na emoção é que o organismo possui um sistema inato baseado em emoções que fornece uma tendência adaptativa para crescimento e domínio. Um desdobramento disso é que os clientes são vistos como especialistas em sua própria experiência, pois têm acesso mais próximo a ela. No momento terapêutico, o cliente é incentivado a prestar atenção à experiência momentânea e estimula o desenvolvimento de um funcionamento mais adaptativo, concentrando de forma contínua os clientes em seus sentidos e emoções. O relacionamento "eu-tu" baseado em princípios de presença, empatia, aceitação e congruência está no centro da abordagem (Buber, 1960; Rogers, 1951). Esse tipo de relacionamento permite um foco nas necessidades adaptativas e valida o crescimento do cliente em direção à flexibilidade adaptativa. A tendência de crescimento é vista como estando embutida no sistema de emoções adaptativas (Greenberg et al., 1993; Rogers, 1951; Perls et al., 1951). Os clientes são incentivados de modo consistente a identificar e simbolizar a experiência interna e os referentes sentidos corporais para criar um novo significado. A terapia é vista como facilitando a escolha consciente e a ação racional com base em acesso e conscientização aumentados da experiência e sentimento interiores.

MODELO CONCEITUAL

Nessa visão, o *self* é visto como um agente, constantemente em fluxo, manifestando-se na fronteira de contato com o ambiente (Perls et al., 1951). A pessoa é um sistema dinâmico constantemente criando e sintetizando um conjunto de esquemas internos evocados em reação à situação, recriando, assim, um "eu-na-situação" (Greenberg & van Balen, 1998; Greenberg & Watson, 2005). Experiências excessivamente repetitivas de emoções dolorosas em situações e ocasiões implicam falta de flexibilidade no sistema de processamento e disfunção; a dor crônica e duradoura muitas vezes representa padrões rígidos de ativação esquemática e acesso limitado a respostas criativamente adaptativas às situações. A saúde psicológica é vista como a capacidade de ajustar-se criativamente às situações e de ser capaz de produzir respostas e experiências novas. Portanto, o objetivo do tratamento é superar bloqueios ao ajuste criativo e reinstaurar um "processo de tornar-se".

Além de ter emoção inata biologicamente fundamentada, as pessoas são vistas como vivendo em um processo constante de dar sentido às suas emoções. Propusemos uma visão dialética-construtivista do funcionamento humano para explicar esse processo (Greenberg & Pascual-Leone, 2001; Greenberg et al., 1993; Pascual-Leone, 1991; Watson & Greenberg, 1996; Greenberg & Watson, 2005). Em nossa visão, o *self* é uma organização multiprocessual, multinível que emerge da interação dialética de muitos componentes neuroquímicos, fisiológicos, afetivos, motivacionais e cognitivos dentro do *self* e da interação entre o *self* e o outro. Nessa visão, o significado é criado pela síntese dialética da experiência implícita contínua, influenciada pela biologia e pela experiência, e pelos processos reflexivos explícitos de nível superior, influenciados pela cultura e pela linguagem, que interpretam, ordenam e explicam processos experienciais elementares. Além de possuírem significado afetivo e sistemas expressivos de base biológica, os indivíduos são, portanto, agentes ativos que constroem constantemente significados e criando os seus *selves* que estão prestes a se tornar.

O processamento pré-verbal e pré-consciente carregado afetivamente é visto como uma fonte importante de autoexperiência. Isso em si é uma função de muitos processos dialéticos em muitos níveis que produzem experiência afetiva. Articular, organizar e ordenar essa experiência em uma narrativa coerente, no entanto, é outro elemento importante. Isso também envolve muitos processos dialéticos que geram cognição. Em nossa visão, a comunicação bidirecional ocorre, então, entre os sistemas implícito e explícito. Além disso, o *self* é concebido como modular, com diferentes vozes em diálogo constituindo um *self* dialógico (Hermans & Kempen, 1993; Whelton & Greenberg, 2000; Stiles, 1999). O objetivo do complexo processo de auto-organização é tanto a regulação afetiva quanto a flexibilidade adaptativa.

A disfunção pode surgir por meio de diversos mecanismos: da criação de significados e narrativas excessivamente rígidos ou disfuncionais (criação de significado); da incoerência ou incongruência entre o que é simbolizado reflexivamente e o alcance das possibilidades experimentadas (experiência não reivindicada ou não simbolizada); da experiência mal-adaptativa que é gerada pelas sínteses esquemáticas formadas com base em experiências negativas anteriores (aprendizado); e de mudanças problemáticas entre uma pluralidade de auto-organizações ou falta de ajuste ou integração entre elas (conflito ou divisões; Greenberg, & van Balen, 1998).

Processamento esquemático das emoções

O sistema esquemático da emoção é visto como o catalisador central da auto-organização, muitas vezes na base da disfunção e, ultimamente, o caminho para a cura. Para simplificar, nos referimos ao processo de síntese complexa no qual um número de esquemas de emoção coativados se aplicam para produzir um sentido unificado do *self* em relação ao mundo como o *processo esquemático da emoção* (Greenberg & Pascual-Leone, 1995; Greenberg & Watson, 2005). O estado experiencial do *self* em qualquer momento é referido como a *auto-organização atual*, e é formado por uma síntese de esquemas emocionais mais básicos. Na depressão, por exemplo, o *self* geralmente é organizado experiencialmente como indigno de amor, com base em esquemas de medo de ficar sozinho ou tristeza e memórias esquemáticas de emoções de perdas cruciais, ou como sem valor, com base em esquemas de vergonha e memórias emocionais de humilhação ou fracasso. O repúdio dessas emoções, pois são tão dolorosas, e a incapacidade de satisfazer as necessidades levam a um sentido reativo de desesperança ou incompetência (Greenberg & Goldman, 2019). Essas memórias emocionais e a auto-organização solitária ou sem valor são evocadas em resposta a perdas ou fracassos atuais e fazem o *self* perder a resiliência e entre em colapso em uma sensação de impotência deprimida. Esse estado sintomático é o que é simbolizado na consciência pelos clientes e é relatado como uma sensação de desesperança, inutilidade ou insegurança ansiosa.

Também nos referimos a um nível de organização do *self*, mais alto do que a auto--organização baseada em esquemas que gera a sensação de quem se é como uma identidade narrativa (Whelton & Greenberg, 2004; Angus & Greenberg, 2011). Essa identidade envolve a integração da experiência acumulada e de várias autorrepresentações em algum tipo de história ou narrativa coerente. A identidade não pode ser entendida fora dessas narrativas. Para assumir coerência e significado, as vidas humanas devem ser marcadas em uma história. Nesse processo, os eventos são organizados pelo discurso narrativo de forma que ações e experiências díspares de uma vida humana sejam formadas em uma narrativa coerente. Essas histórias são influenciadas por diferentes culturas que têm regras complexas sobre as formas que as narrativas significativas podem assumir. As histórias que nos dizem quem somos surgem em uma interação dialética entre o aspecto experiencial e explicativo do funcionamento do *self*.

A mudança emocional na TFE é vista como ocorrendo através dos processos de consciência e expressão emocional, regulação da emoção, dar sentido à emoção a partir da reflexão sobre ela e, por fim, transformação da emoção desadaptativa (Greenberg, 2015; Greenberg & Watson, 2005). A autoaceitação e a capacidade de integrar vários aspectos desconsiderados do *self*, bem como a necessidade de reestruturar respostas emocionais desadaptativas, são os principais meios de superar a disfunção psicológica. Reassumir ou reivindicar o que já foi ignorado envolve superar a proteção contra a experiência interna desconsiderada e as tendências de ação desconsideradas e mudar da avaliação negativa de sua experiência para uma postura de maior autoaceitação. Com a reivindicação do afeto e das tendências de ação associadas, surge um maior sentido de coerência e volição do *self* e o desenvolvimento de um sentido de que se é o agente da própria experiência. Com o desenvolvimento de um sentido de *self* coerente e ativo, vem um maior senso de eficácia e domínio sobre o próprio mundo psicológico.

A mudança nas estruturas de memória esquemática de emoção é facilitada pelo processo de reconsolidação da memória (Lane et al., 2015; Nadel & Bohbot, 2001; Nader, Schafe, & LeDoux, 2000). A visão clássica da memória sugere que, imediatamente após o aprendizado, há um período durante o qual a memória é frágil e mutável, mas que, após ter se passado um tempo suficiente, a memória é mais ou menos permanente. A visão tradicional era de que apenas durante esse período de consolidação era possível interromper a formação da memória (Lane et al., 2015). No entanto, recentemente, foi demonstrado que toda vez que uma memória é recuperada, o traço da memória subjacente é novamente lábil e frágil – exigindo outro período de consolidação, chamado de "reconsolidação". Esse período de reconsolidação permite outra oportunidade de alterar a memória.

Sugerimos que evocar novamente as memórias esquemáticas de emoção e introduzir novas emoções, bem como processar as antigas emoções dolorosas, permite que a memória seja reconsolidada de uma nova maneira. Assim, a raiva recém-experimentada ou a tristeza do luto, que têm tendências de ação de abordagem, podem desfazer os sentimentos desadaptativos de vergonha ou medo, que têm tendências de ação de evitação.

Essas novas experiências são então incorporadas à memória reconsolidada, e a pessoa tem uma nova experiência da situação antiga.

Na TFE, a sintonia empática com afeto e significado é o principal meio de engajamento do terapeuta. Em todos os momentos, o terapeuta tenta fazer *contato* psicológico e transmitir uma compreensão *genuína* da experiência interna do cliente (Rogers, 1951, 1957). O terapeuta acompanha de modo contínuo o que é importante para o cliente durante a sessão, respondendo constantemente ao que parecem ser os significados centrais do cliente. A abordagem envolve o terapeuta entrar ativamente no quadro de referência interno do cliente, ressoando com a experiência do cliente e guiando o foco de atenção do cliente para o que o terapeuta ouve como mais crucial ou comovente para o cliente em um momento específico (Rice, 1974; Vanaerschot, 1990). Isso ajuda a chegar aos determinantes subjacentes do problema apresentado ou às condições que geram o problema.

Nossa abordagem à formulação de caso envolve identificar a dor central do cliente e usar isso como guia para o desenvolvimento de um foco nos determinantes subjacentes que estão gerando as preocupações apresentadas. Os problemas apresentados pelos clientes, ou a angústia sintomática, são vistos como manifestações de dificuldades subjacentes no processamento esquemático emocional. Essas experiências centrais dolorosas são articuladas como preocupações, como um medo profundo de abandono ou um sentimento de indignidade baseado na vergonha.

Uma característica definidora de nossa abordagem é que ela é diagnóstica de processo (Greenberg et al., 1993) em vez de diagnóstica de pessoa. Assim, são os modos de processamento dos clientes, os marcadores de estados emocionais problemáticos durante a sessão e os temas terapêuticos coevolutivos que são atendidos como maneiras de ajudar a desenvolver um foco nos determinantes subjacentes. Embora a pessoa em tratamento possa ter sido diagnosticada como deprimida ou como tendo um transtorno de ansiedade, isso por si só não é a informação necessária para ajudar a formar um foco. O foco depende muito mais do estabelecimento na terapia dos determinantes subjacentes dos problemas dessa pessoa e do desenvolvimento colaborativo de uma compreensão da principal dor da pessoa. Em nossa abordagem orientada para o processo de tratamento, a formulação de casos é contínua, sensível ao momento e ao contexto da sessão, assim como ao entendimento da pessoa como um caso. Isso ocorre tanto por causa do relacionamento igualitário que se deseja manter quanto porque as pessoas são vistas como agentes ativos que constantemente criam significado. Os estados momentâneos atuais das pessoas e suas narrativas são mais determinantes em relação a quem elas são do que qualquer conceitualização de padrões mais duradouros ou conceitos de si mesmas que podem ser avaliados no início do tratamento. Portanto, em uma abordagem diagnóstica de processo, há foco contínuo no estado mental atual do cliente e nos estados cognitivo-afetivos atuais do problema. A principal preocupação do terapeuta é seguir o processo contínuo do cliente e identificar marcadores das preocupações emocionais atuais mais do que desenvolver uma imagem da personalidade, do caráter ou do padrão central da pessoa.

Ao formular um foco, o terapeuta, portanto, presta atenção a uma variedade de marcadores diferentes em diferentes níveis de processamento do cliente à medida que surgem. Os marcadores são declarações ou comportamentos dos clientes que alertam os terapeutas para vários aspectos do funcionamento dos clientes que podem precisar de atenção como possíveis determinantes do problema apresentado. São esses que orientam a intervenção mais do que um diagnóstico ou uma formulação de caso explícita. É a experiência atualmente sentida pelo cliente que indica qual é a dificuldade e se os determinantes do problema estão atualmente acessíveis e suscetíveis à intervenção. O estabelecimento precoce de um foco e a discussão dos determinantes ou condições geradoras da depressão servem apenas como um amplo quadro para direcionar inicialmente a exploração. O foco está sempre sujeito a mudanças e desenvolvimento, e o diagnóstico de processo dos estados de problemas durante a sessão age sempre como um meio importante de foco em cada sessão.

CONSIDERAÇÕES MULTICULTURAIS

A TFE tem suas raízes em tradições filosóficas como o existencialismo e a fenomenologia, que enfatizam a consciência honesta dos conteúdos da experiência consciente e uma atitude de abertura para a realidade e as limitações das circunstâncias concretas (Elliott et al., 2004). A TFE, como muitos modelos de psicoterapia em geral, reconhece a necessidade de uma compreensão ampliada do impacto da cultura no funcionamento (Sue & Sue, 2012). A psicologia ocidental moderna tradicionalmente coloca ênfase exagerada no indivíduo, o que pode levar à identificação incorreta do papel da pobreza, do racismo, da misoginia e de outras formas sistemáticas de opressão na criação de miséria, desesperança e uma variedade de dificuldades de saúde mental (Smail, 2001; Levitt, Whelton, & Iwakabe, 2019). Em parte, devido ao nosso trabalho na formação de psicoterapeutas de TFE em contextos culturais diversos (América Latina, China, Singapura, Japão), tomamos consciência do grau em que a TFE e os modelos ocidentais de psicoterapia enfatizam a autonomia e a individuação. Desenvolvemos uma sensibilidade que, em certa medida, nos levou a modificar a abordagem para encaixá-la em um contexto cultural que vincula indivíduos à família e à sociedade em um quadro coletivista. A TFE adota uma relação empática e igualitária e, portanto, é sensível às desigualdades de poder inerentes que podem existir entre diferentes grupos de pessoas, bem como entre terapeuta e cliente. É necessário ter empatia cultural, assim como empatia individual. Os terapeutas resistem à aplicação de rótulos diagnósticos preconcebidos que podem não refletir os quadros de significado cultural dos clientes de diferentes origens raciais e étnicas ou que podem, de fato, patologizar sistemas de valores culturalmente diferentes. Os terapeutas se educam sobre o *background* cultural do cliente se este for desconhecido para eles, tendo cuidado em avaliar o grau de aculturação à cultura dominante. Potenciais problemas relacionados a diferenças de poder são abordados diretamente por meio da relação terapêutica no início da terapia caso os clientes expressarem desconforto de qualquer forma ou medo destas diferenças. A TFE, como muitos modelos de psicoterapia, tende a destacar a importância da autorrevelação emocional, expressividade e transparência (Sue & Sue, 2012) e procura modificar isso dentro de contextos culturais que favorecem diferentes graus de autocontrole, mentalidade comunitária e responsabilidade interpessoal (Sue & Sue, 2012).

É importante, nessa abordagem, entender como a emoção funciona em outras culturas. Por exemplo, algumas culturas são menos propensas a mostrar emoções de maneira espontânea (Lam & Sue, 2001). Os terapeutas devem ser sensíveis a isso, discutir abertamente uma justificativa para a expressão emocional com os clientes e fornecer alto grau de segurança, permitindo um ritmo mais lento, com compreensão da emoção dentro do contexto cultural específico. Por exemplo, mostrar desrespeito aos pais é tabu em muitas tradições culturais, e expressar raiva para com um pai em um diálogo com uma cadeira vazia pode violar essas crenças. Uma forte aliança será necessária, e uma justificativa mais clara deverá ser fornecida, assim como a permissão para a expressão emocional (positiva) antes que clientes dessas culturas expressem qualquer emoção negativa em relação aos pais. Em algumas culturas baseadas na África e na América Latina, as emoções são expressas mais somaticamente. Em culturas mais expressivas, pode ser necessário prestar mais atenção aos graus adicionais de foco interno no corpo e na simbolização do que na expressão emocional.

Em termos de critérios de inclusão-exclusão, antes do início da terapia, é realizada uma avaliação global na qual a adequação do cliente para essa terapia é avaliada. Essa terapia é mais adequada para lidar com transtornos afetivos moderados ou eventos traumáticos na vida, bem como problemas interpessoais, de identidade e existenciais. Além disso, as pessoas que preenchem os seguintes critérios são consideradas não adequadas para o tratamento de TFE de curto prazo (16-20 semanas): alto risco de suicídio; dependência de álcool ou drogas em longo prazo; três ou mais episódios depressivos; sintomas psicóticos; e os transtornos da personalidade esquizoide, esquizotípica, *borderline* e antissocial. Além de uma avaliação inicial, na qual se verifica se o cliente satisfaz os critérios de inclusão-exclusão, se os problemas são apropriados para a psicoterapia individual e se o cliente deseja tratamento, nenhuma outra avaliação formal é realizada. A capacidade da pessoa de formar uma aliança é informalmente avaliada no início e de maneira contínua ao longo do tratamento.

EVIDÊNCIAS A FAVOR DO MÉTODO

O apoio empírico para a eficácia da TFE que opera pela abordagem de formulação de casos articulada foi documentado. Tal terapia mostrou-se eficaz no tratamento de depressão (Greenberg & Watson, 1998; Goldman, Greenberg, & Angus, 2006; Watson, Gordon, Stermac, Kalogerakos, & Steckley, 2003; Ellison, Greenberg, Goldman, & Angus, 2009), ansiedade generalizada, ansiedade social e trauma complexo (Elliott, 2013; Shahar, Bar-Kalifa, & Alon, 2017; Khayyat-Abuaita & Paivio, 2018; Watson & Greenberg, 2017; Watson, Timulak, & Greenberg, 2018; Elliott, Greenberg, Watson, Timulak, & Freire, 2013). Além disso, os processos emocionais em sessão abordados na formulação de casos foram mostrados como relacionados ao resultado (Goldman, Greenberg, & Pos, 2005; Missirlian, Toukmanian, Warwar, & Greenberg, 2005; Elliott et al., 2013).

As tarefas da TFE foram extensivamente estudadas (Greenberg, Elliott, & Lietaer, 1994; Elliott, Greenberg, & Lietaer, 2004; Sharbanee, Goldman, & Greenberg, 2019). Manuais que orientam a identificação dos seis marcadores e tarefas específicas foram especificados e estudados (Greenberg et al., 1993; Elliott, Watson, et al., 2004). Embora a formulação de casos da TFE não envolva formulações *a priori*, a pesquisa mostrou que, em casos bem-sucedidos, formulações momentâneas contínuas ao longo das sessões resultam em temas específicos surgindo até o meio da terapia (Goldman et al., 2005). Esses temas formam um forte foco de tratamento e foram encontrados como relacionados a questões intrapessoais ou interpessoais. A pesquisa também indica que focar nesses temas por meio do envolvimento em tarefas afetivas específicas repetidamente ao longo de diversas sessões e trabalhar de modo progressivo em direção à resolução é preditivo de sucesso no tratamento. Em um estudo sobre a frequência de expressão emocional despertada e resultado (Carryer & Greenberg, 2010), foi mostrado que uma frequência de 25% de expressões emocionais moderada ou altamente evocadas foi o melhor preditor dos resultados. Divergências em direção a frequências mais baixas, indicando falta de envolvimento emocional, representou uma extensão da relação geralmente aceita entre baixos níveis de estímulo emocional expresso e resultados ruins, já as divergências em direção a frequências mais altas mostrou que quantidades excessivas de emoção altamente evocada estavam negativamente relacionadas a um bom resultado terapêutico. Isso sugere que fazer o cliente alcançar um nível intenso e completo de expressão emocional é preditivo de bons desfechos, contanto que o cliente não mantenha esse nível de expressão emocional por muito tempo ou com muita frequência.

A produtividade emocional (ver Passo 3, no Estágio 1, na seção subsequente, "Passo a Passo da Formulação de Casos") foi medida, e sua validade preditiva foi testada em uma amostra de 74 clientes nos estudos sobre depressão de York (Auszra & Greenberg, 2007; Auszra, Greenberg, & Hermann, 2013). Foi constatado que a produtividade emocional aumentou desde o início até as fases de trabalho e de término do tratamento. Foi observado que a produtividade emocional na fase de trabalho predizia 66% do resultado do tratamento, além da variância explicada pela produtividade emocional na fase inicial, pela aliança de trabalho na Sessão 4 e pela alta excitação emocional expressa na fase de trabalho.

Uma análise de tarefa sobre as etapas de processamento emocional envolvidas na resolução do sofrimento global produziu um modelo de experiência corretiva que é altamente relevante para a formulação de casos. Os clientes que mudaram no decorrer de uma sessão, passando de um ponto inicial de sofrimento global para um estado de aceitação e deixar ir, passaram por estados de emoções desadaptativas centrais – sobretudo medo e vergonha – para avaliações negativas de si mesmos e para o passo crucial da articulação das necessidades. A resolução do sofrimento global, então, envolveu a transição da necessidade para raiva assertiva, autoapaziguamento ou mágoa e luto (Pascual-Leone & Greenberg, 2007). Uma medida identificando componentes do modelo, chamada de Classificação de Estados Afetivo-Significativos, também foi desenvolvida (Pascual-Leone & Greenberg, 2007). O sofrimento global foi identificado como uma emoção não processada com alta excitação e baixo significado. O modelo foi testado usando uma amostra de 34 clientes em sofrimento global. Os resultados mostram que o modelo de processamento emocional previu resultados em sessão e que as emoções distintas descritas no modelo emergiram momento a momento em padrões sequenciais previstos. Os achados apoiam o modelo teoricamente articulado de passos de mudança da TFE (Greenberg & Paivio, 1997) e apoiam a visão mantida na formulação de casos da TFE de que chegar à emoção dolorosa e à expressão da "necessidade sincera" associada – ou seja, o desejo de vínculo, validação, autonomia pessoal ou sobrevivência – é central para a mudança. Além disso, a necessidade deve ser vivenciada de maneira corporal e profundamente sentida, e isso é fundamental para o surgimento de uma nova vivência emocional adaptativa (Greenberg, 2015; Greenberg & Paivio, 1997; Greenberg et al., 1993). Um estudo adicional desse modelo por A. Pascual-Leone (2009) examinou como mudanças emocionais dinâmicas se acumularam momento a momento para produzir ganhos em processamento emocional em sessão. O estudo mostrou que o processamento emocional eficaz estava associado a uma progressão constante ao longo dos passos em direção à resolução caracterizada por "dois passos à frente, um passo atrás". Eventos de resolução também mostraram ter colapsos emocionais cada vez mais curtos em direção oposta, já o oposto era verdadeiro para eventos em sessão ruins. Isso destaca mais uma vez a natureza processual da mudança na TFE e a importância de se ter uma formulação que tenha um foco durante o processo de ida e volta.

PASSO A PASSO DA FORMULAÇÃO DE CASOS

Uma relação terapêutica forte, caracterizada por segurança e confiança, é criada para permitir que o processo de formulação prossiga. Por meio do processo empático, cliente e terapeuta estão negociando de forma contínua os termos da relação de trabalho, esclarecendo quais são os problemas e desenvolvendo um acordo sobre as tarefas, as metas imediatas e as responsabilidades do tratamento. As formulações são sempre coconstruções que emergem da relação em vez de serem formadas pelo terapeuta e dadas ao cliente. O estabelecimento de uma definição do problema equivale ao acordo sobre os objetivos do tratamento na formação da aliança inicial (Bordin, 1994). Esse aspecto importante da formação da aliança envolve a identificação colaborativa de questões centrais e o estabelecimento de um foco temático. Um aspecto importante da aliança inicial também envolve o cliente percebendo as tarefas do tratamento como relevantes (Horvath & Greenberg, 1989). As tarefas iniciais que o cliente precisa perceber como relevantes no tratamento são aquelas de revelação, exploração e aprofundamento da experiência.

Ao longo da formulação, o terapeuta faz "diagnósticos de processo" ou formulações do que está ocorrendo no cliente no momento e como proceder melhor com a exploração emocional produtiva. O diagnóstico de processo envolve a atenção a diferentes marcadores do cliente, o que ajuda a desenvolver uma formulação das dificuldades do cliente e a focalizar o tratamento. Os marcadores incluem o estilo de processamento emocional dos clientes, os marcadores de tarefas, os marcadores de estilos característicos de resposta dos clientes e os micromarcadores de processo do cliente. Atendemos a marcadores importantes de problemas emocionais ao longo do processo, pois eles são vistos como indicadores de pontos de entrada ou focos potenciais de intervenção. As formulações são mantidas provisória e constantemente verificadas com o cliente quanto à relevância e à adequação. O processamento do cliente momento a momento em sessão continua sendo o guia final. É importante que os terapeutas articulem suas intervenções de maneira relevante para os objetivos e as metas de seus clientes e que haja concordância sobre os comportamentos e interações que estão contribuindo para os problemas dos clientes. Formulação e intervenção são, em última análise, inseparáveis, e abrangem todo o curso do tratamento. Eles também ocorrem de modo constante em muitos níveis. Não há uma fase de formulação ou avaliação inicial discreta. O terapeuta, ao longo do tempo, passa a conhecer o cliente, mas nunca chega a saber definitivamente o que está ocorrendo dentro do cliente. Assim, a formulação nunca termina.

As informações de formulação de casos da TFE são organizadas ao longo de diversas dimensões, incluindo (1) um estilo de processamento emocional, (2) temas narrativos relacionados a questões de apego e identidade e história, (3) emoção dolorosa, (4) esquemas emocionais problemáticos ou desadaptativos e (5) os marcadores e respectivas tarefas que podem ser realizadas para tratar desses esquemas problemáticos. Temas emergem e se desenvolvem a partir do processo terapêutico após o diagnóstico da natureza do estilo de processamento emocional e das dificuldades.

O processo de formulação de casos da TFE é dividido em três estágios e 14 passos (Goldman & Greenberg, 2015). A integração de emoção e narrativa ocorre ao longo de todo o processo, assim como o movimento de ida e volta entre o nível de processo/estado e a compreensão conceitual (ver Figura 14.1).

Estágio 1. Desdobrar a narrativa e observar o estilo de processamento emocional do cliente. O terapeuta ouve o cliente para desconstruir os problemas apresentados por ele, as experiências dolorosas e comoventes, e a narrativa que acompanha; ouve temas relacionados a apego e identidade; e observa o estilo de processamento emocional do cliente.

Estágio 2. Cocriar um foco e identificar a emoção central. O terapeuta guia o cliente identificando marcadores, desvendando os diferentes elementos da emoção central, incluindo emoções primárias e secundárias e necessidades, e identifica temas e bloqueios emocionais. Uma narrativa de formulação coerente que emerge muitas vezes é caracterizada por temas existenciais e relacionados a *self-self* e *self*-outro.

Estágio 3. Atentar-se aos marcadores de processo e novo significado emergente. O terapeuta identifica os marcadores de tarefa emergentes e micromarcadores embutidos e facilita a construção de um novo significado, facilitando o cliente a conectá-los às narrativas existentes.

FIGURA 14.1 Estágios e passos na formulação de casos da TFE.

Estágio 1: desdobrar a narrativa e observar o estilo de processamento emocional do cliente

O Estágio 1 ocorre nas primeiras fases do tratamento e concentra-se na experiência emocional do cliente, no estilo de processamento emocional e nos temas narrativos emergentes no contexto da história de vida do cliente. O Passo 1, *ouvir o problema apresentado (dificuldades relacionais ou comportamentais)*, concentra-se em uma compreensão inicial e reformulação dos problemas apresentados e em entendê-los em termos de temas narrativos. Os terapeutas de TFE obtêm uma compreensão de como os clientes estão dando sentido aos eventos atuais em suas vidas e aos impactos emocionais que os acompanham.

No Passo 2, *ouvir e identificar a experiência emocional dolorosa e pungente*, os terapeutas escutam a dor central e observam o estilo de processamento emocional. Os terapeutas são guiados pelo que é doloroso e comovente (o que toca seu coração?). Os terapeutas ligam sua "bússola da dor", que pode ser pensada como um dispositivo de rastreamento emocional, para seguir as experiências de seus clientes (Greenberg & Watson, 2005).

Eles começam a destacar os eventos dolorosos da vida que seus clientes suportaram. Eventos dolorosos fornecem pistas sobre a dor crônica e duradoura da vida e a vulnerabilidade que é vista como a fonte dos esquemas centrais de emoção desadaptativos. Dor ou outros afetos intensos são os sinais que alertam o terapeuta para áreas de exploração potencialmente vantajosas, enquanto se concentram na experiência momento a momento dos clientes.

Os terapeutas também observam os tipos e as variedades de estratégias que os clientes usam para lidar e modular suas emoções dolorosas e quais habilidades podem estar faltando. A presença e a ausência de tais estratégias, como enfrentamento focalizado no problema, envolvendo a capacidade de pensar sobre o problema e as maneiras de resolvê-lo, e enfrentamento emocional, envolvendo a consciência dos sentimentos, a capacidade de tolerar emoções e a reflexão ativa sobre o significado e a importância dos sentimentos, são observadas (Goldman & Greenberg, 2015).

No Passo 3, *atenção e observação ao estilo de processamento emocional do cliente*, os terapeutas observam a natureza do estilo emocional de processamento dos clientes, atentando para o envolvimento emocional do cliente com o conteúdo, a natureza da qualidade vocal, expressão facial, expressões corporais, níveis de excitação emocional e outros aspectos não verbais da comunicação.

Neste estágio inicial, os terapeutas estão compreendendo a capacidade do cliente para regulação emocional; eles avaliam se os clientes hiperregulam seu estilo emocional, indicando que estão tendo dificuldade em acessar a emoção ou simbolizá-la na consciência, ou a sub-regulam, indicando que estão tendo dificuldade em controlar sua expressão emocional e geralmente estão sobrecarregados pela emoção (Goldman & Greenberg, 2015).

Neste passo, os terapeutas observam o estado afetivo significativo momento a momento dos clientes, determinando se estão experimentando, por exemplo, angústia global, rejeição ou raiva assertiva, autoavaliação negativa, dor, tristeza ou medo da vergonha (Pascual-Leone & Greenberg, 2007; Pascual-Leone, 2009; Pascual-Leone & Kramer, 2018). A avaliação dos estados momentâneos também envolve distinguir entre respostas emocionais primárias, secundárias e instrumentais (Greenberg & Paivio, 1997; Greenberg et al., 1993). As emoções primárias são respostas diretas e imediatas às situações, já as emoções secundárias são reações a emoções ou pensamentos mais primários. Estes muitas vezes obscurecem o processo gerador primário. Emoções instrumentais são aquelas expressões usadas para alcançar um objetivo, como expressar tristeza para obter conforto ou raiva para intimidar (Greenberg & Paivio, 1997). O principal objetivo em diferenciar a resposta emocional é acessar a resposta emocional primária orgânica que não foi reconhecida. Em seguida, os terapeutas, juntamente com seus clientes, determinam se a emoção primária é adaptativa e pode ser utilizada para fornecer informações úteis e tendências de ação adaptativas ou se ela é desadaptativa e não pode ser seguida. O objetivo é identificar os esquemas de emoção central desadaptativos que precisam ser transformados. Uma vez identificados, esses esquemas desadaptativos guiam o foco.

Existem diversos sinais de processo que são implicitamente estimados ao se fazer essas avaliações momentâneas. Cada um é explicado brevemente. Os terapeutas observavam o estilo vocal do cliente. Quatro estilos vocais relevantes para o processamento experiencial foram definidos: focado, emocional, limitado e externo (Rice & Kerr, 1986). Por exemplo, um terapeuta notará quando a voz de um cliente se tornar mais focada, indicando que a energia atencional do cliente está voltada para dentro e a pessoa está tentando simbolizar a experiência de uma forma nova. Alternativamente, uma voz altamente externalizada, que tem uma qualidade pré-monitorada envolvendo uma grande quantidade de energia atencional sendo direcionada para fora, pode indicar um estilo de processamento mais ensaiado e falta de espontaneidade. Embora inicialmente dê a impressão de expressividade, o padrão de entonação rítmica transmite uma qualidade de "falando sobre", "descrevendo". É improvável que o conteúdo expresso nessa voz vivenciado de forma autêntica. Um alto grau de estilo vocal externa sugere que a pessoa não tem uma forte propensão para o autoenfoque (Rice & Kerr, 1986). Uma voz "emocional" é facilmente identificável, pois as palavras são interrompidas por expressões emocionais como soluços, choro ou gritos de raiva. Uma voz "limitada" tem uma qualidade leve e frágil, sugerindo afeto estrangulado ao qual a pessoa não tem acesso total. A voz pode parecer cortada ou estridente, não completa, e pode ser aguda. Clientes que demonstram pouco ou nenhum foco ou voz emocional são vistos como menos acessíveis emocionalmente e precisam de mais trabalho para ajudá-los a processar informações experienciais internas. Clientes com alto grau de estilo vocal externa precisam ser ajudados a se concentrar internamente, já aqueles com um alto grau de qualidade vocal limitada, indicando cautela, precisam de um ambiente seguro para desenvolver confiança no terapeuta e permitir que eles relaxem. Pesquisas mostraram que uma proporção maior de voz focada e emocional ao longo da terapia é um preditor positivo de resultado (Watson & Greenberg, 1996).

Outro indicador do estilo de processamento emocional envolve a avaliação da profundidade inicial de experiência do cliente (Klein, Mathieu, Gendlin, & Kiesler, 1969). A Escala de Experiência (EXP) define o envolvimento dos clientes em referências e experiências internas, desde o impessoal (Nível 1) e superficial (Nível 2), passando por referências externalizadas ou limitadas aos sentimentos (Nível 3), pelo foco direto na experiência interna e nos sentimentos (Nível 4), pela questão ou proposição do *self* sobre sentimentos internos e experiências pessoais (Nível 5) para experimentar um aspecto do *self* de uma nova perspectiva (Nível 6), até um ponto em que a consciência dos sentimentos presentes está imediatamente conectada aos processos internos e a exploração está continuamente se expandindo (Nível 7). Formulações momentâneas, com o processamento dos clientes em um baixo nível de EXP, sugerem facilitar uma experiência mais profunda, às vezes conjecturando empaticamente sobre o que os clientes estão experimentando no momento e, em outras vezes, direcionando a atenção para dentro para se concentrar diretamente na experiência corporal sentida.

O estilo narrativo, sejam os clientes externos (falando sobre o que aconteceu), internos (como se sentiram) ou reflexivos (o que significou), também é atendido com o objetivo de incentivar o foco no interno para promover reflexão posterior (Angus & Greenberg, 2011). Também é importante notar a postura expressiva dos clientes, indicando se eles são observadores de sua experiência, ou seja, falam sobre o *self*, ou expressores, ou seja, falam a partir do *self*, e se são diferenciados ou globais, descritivos ou avaliativos em seu processamento. A atenção também é dada à vivacidade do uso da linguagem, como a poesia, e vivacidade das imagens e dos sentimentos que são evocados pelo conteúdo. Um alto grau de concretude, especificidade e vivacidade no uso da linguagem indica forte autoenfoque e alto envolvimento no trabalho. O terapeuta também está atento a outros micromarcadores, como deflexões, descrições ensaiadas, divagação, silêncio e muitos outros indicadores da maneira como a pessoa processa o afeto. Esses sinais alertam os terapeutas para o processamento momento a momento dos clientes e permitem que eles ajustem suas intervenções para serem maximamente responsivos aos seus clientes. Em resumo, a formulação nesse nível geral envolve avaliações da natureza do estilo atual de processamento emocional e diagnósticos de processo sobre como facilitar melhor um foco na experiência interna.

Os terapeutas também avaliam o grau em que uma emoção está sendo processada de forma produtiva em qualquer momento dado (Auszra & Greenberg, 2007; Hermann & Auszra, 2018). Isso envolve um julgamento sobre se uma emoção ativada está sendo processada de maneira plenamente consciente. Esse é um julgamento sobre se o cliente está de fato sentindo a emoção no momento. Os terapeutas fazem essa avaliação de maneira implícita ao longo de sete dimensões: atenção, simbolização, congruência, aceitação, regulação, agência e diferenciação. (Para uma descrição mais completa de cada dimensão, ver Goldman & Greenberg, 2015, ou Hermann & Auszra, 2018.)

No Passo 4, *desdobrar a narrativa/história de vida baseada na emoção (relacionada ao apego e à identidade)*, o processo exploratório e a discussão da história dos problemas atuais, aspectos-chave da narrativa ou tópicos e questões focais emergem. As narrativas tendem a ser ouvidas, organizadas e entendidas em relação aos temas centrais de identidade e apego. Os temas de identidade centram-se em questões de como as pessoas se relacionam ou se tratam. As emoções centrais relacionadas à identidade são baseadas na vergonha e associadas a uma necessidade de validação. O apego centra-se no *self* em relação ao outro ou nos relacionamentos de apego. As emoções centrais relacionadas ao apego são a tristeza do abandono solitário, o medo e um sentimento de insegurança em relação a si mesmo. Em geral, as necessidades estão relacionadas a afiliação e segurança.

Estágio 2: cocriar um foco e identificar a emoção central

O segundo estágio, *cocriar um foco e identificar a emoção central*, é direcionado para a dor crônica e persistente, mas focado na identificação dos esquemas emocionais centrais vistos como determinantes dos problemas apresentados e na coconstrução de temas emergentes relacionados. A investigação de material pungente e doloroso do Estágio 1 é vista como criadora de janelas que nos permitem enxergar os esquemas emocionais, que, no fim das contas, tornam-se o foco da terapia e objetos para a transformação. O acrônimo MENSIT descreve os Passos 5 a 10 (Goldman & Greenberg, 2015). Aqui, os terapeutas estão atentos a *marcadores* (M) que indicam que podem iniciar tarefas para tipos específicos de problemas de processamento *emocional* (E), no centro dos quais está a emoção desadaptativa. Ao fazer isso, os terapeutas procuram pela *necessidade* (N) incorporada na emoção. No entanto, a *emoção secundária* (S) geralmente emerge, que é como uma cobertura ou defesa em cima da emoção desadaptativa primária, bem como bloqueios *interruptivos* (I) que cobrem, consciente ou inconscientemente, as emoções desadaptativas centrais. Em última análise, o objetivo é transformar os esquemas emocionais centrais por meio do processo terapêutico. Os *temas* (T), assim, surgem no final dessa etapa de formulação do caso, e são vistos como organizando ainda mais a formulação. Conforme os temas surgem durante o processo, eles são simbolizados, nomeados e subsequentemente entendidos em termos da narrativa maior. Esse é um processo reflexivo que decorre do processamento emocional (Pascual-Leone & Greenberg, 2007). Os temas tendem a se organizar, se unir e formar parte da estrutura básica da terapia, à medida que cliente e terapeuta se encontram continuamente retornando a eles.

Em geral, os temas se enquadram em três categorias separadas (*self-self*, *self*-outro ou existencial). Exemplos de *self-self* podem ser autocrítica, autossilenciamento ou autoaniquilação. Temas *self-self* podem se concentrar em necessidades não atendidas de validação ou segurança ou feridas relacionadas a abuso ou negligência de pessoas significativas no desenvolvimento. Temas existenciais podem envolver aceitar mudanças na vida ou decepções relacionadas a filhos crescidos ou carreiras.

No último passo deste estágio (Passo 11), *coconstruir a narrativa da formulação do caso, vinculando dificuldades relacionais e comportamentais apresentadas a eventos desencadeadores e esquemas emocionais centrais*, os terapeutas ajudam os clientes a vincularem os esquemas emocionais e os temas narrativos de volta às dificuldades relacionais e comportamentais apresentadas como uma forma de fornecer direção e metas adicionais para o trabalho terapêutico em curso. Essa é uma narrativa de formulação que vincula o MENSIT ou os elementos centrais dos esquemas emocionais de volta aos problemas apresentados. Assim, os clientes passam a entender de forma explícita a fonte de sua dor crônica e persistente, o que desencadeia os esquemas emocionais centrais, bem como as respostas comportamentais e as consequências de seus processos de enfrentamento emocional atuais. Isso ajuda ainda mais a aprofundar o entendimento e a aliança, pois cliente e terapeuta agora sentem mais do que nunca que têm metas mútuas claras e uma direção que pode levar a mudanças emocionais.

Estágio 3: atentar-se a marcadores de processo e novo significado emergente

O terceiro estágio da formulação de casos da TFE acontece sobretudo pelo processo contínuo da terapia. Uma vez que o Estágio 2 tenha ocorrido, cliente e terapeuta agora têm uma ideia explícita e clara das questões temáticas-chave relacionadas aos esquemas emocionais subjacentes, e, assim, as sessões terapêuticas são organizadas em torno delas. O foco do Estágio 3 volta-se para a observação contínua e a formulação de estados emocionais em curso, marcadores e micromarcadores. Esses marcadores em sessão sinalizam aos terapeutas para tomarem decisões momentâneas específicas sobre como proceder da melhor maneira para facilitar o processamento emocional produtivo. Ao longo deste estágio, os terapeutas sintonizam-se e procuram *marcadores de tarefa* (Passo 12) e *micromarcadores* (Passo 13) e sugerem tarefas ou subtarefas projetadas para abordar os problemas de processamento específicos que se apresentam durante as sessões de terapia. Isso continua ao longo do processo. Peças do quebra-cabeça narrativo são desmontadas de modo contínuo, exploradas emocionalmente, reorganizadas e remontadas, tarefas se resolvem, novas emoções e significados emergem, e novos marcadores aparecem sugerindo mais tarefas ou subtarefas.

Por fim, no Passo 14, *avalie como o novo significado influencia a reconstrução de novas narrativas e se conecta de volta aos problemas apresentados*, o novo significado emergente é vinculado de volta aos temas narrativos existentes e conectado às dificuldades relacionais e comportamentais que originalmente levaram as pessoas à terapia. A formulação de casos nesta última etapa é, portanto, um processo de formulação de diagnóstico de processo momento a momento (Passos 12 e 13) e reestruturação narrativa contínua e criação de significado (Passo 14; Goldman & Greenberg, 2015).

PLANEJAMENTO E PRÁTICA DO TRATAMENTO

As sessões não são planejadas com antecipação. Ao longo da formulação, o terapeuta segue e orienta o cliente em uma exploração focada da experiência interna. Em sessão, formulações diagnósticas de processo são feitas em resposta ao material apresentado. Em algumas sessões, isso envolve a continuação da exploração do processamento cognitivo-afetivo momentâneo, encorajando a consciência da experiência interna, enquanto, em outras sessões, pode surgir um marcador que levará a uma formulação de que seria mais produtivo introduzir uma tarefa específica. Como todos os clientes têm uma tendência, em um ambiente facilitador, caminhar em direção à maestria, presume-se que, ao observar com atenção a fenomenologia atual dos clientes, seus esforços para resolver seus problemas e seus bloqueios ou interrupções surgirão.

Os terapeutas da TFE reúnem informações de múltiplos níveis ao trabalhar com seus clientes. Os diferentes níveis de processamento que os terapeutas encontram juntos constituem uma sequência de compreensão. Desde o início, os terapeutas prestam uma atenção cuidadosa ao processo momento a momento dos clientes e a como os clientes estão se envolvendo no trabalho de processamento de sua experiência emocional. Eles também ouvem as histórias de vida dos clientes para identificar suas maneiras características de ser consigo mesmos e com os outros. Os terapeutas também ficam atentos a marcadores de tarefas cognitivo-afetivas específicas ou estados de problema e para os principais problemas subjacentes dos clientes emergirem. Uma vez estabelecido um foco e cliente e terapeuta estiverem engajados em trabalhar nos temas centrais, o foco estará na experiência momento a momento.

Embora sensibilizados por teorias dos determinantes de problemas ou transtornos (p. ex., para depressão, vulnerabilidade da autoestima por meio de autocrítica e dependência, perda, raiva não resolvida, impotência, vergonha ou culpa), essas teorias são vistas apenas como ferramentas úteis que fornecem perspectiva, não como determinantes definitivos. Os clientes são compreendidos em seus próprios termos, e cada compreensão do cliente é mantida provisoriamente e está aberta a reformulação e mudança à medida que mais exploração ocorre. O tratamento não é conduzido por uma teoria das causas, digamos, de depressão ou ansiedade, mas, sim, ouvindo, sendo empático, seguindo o processo do cliente e identificando os marcadores; uma noção dos determinantes é construída desde o início, usando o cliente como critério constante para o que é verdadeiro. Portanto, os tratamentos são feitos sob medida para cada pessoa.

Os estágios e os passos da formulação de casos são resumidos em gráficos que exemplificam sua aplicação no Capítulo 9 do livro de Goldman e Greenberg (2015). Os terapeutas podem usar os gráficos para orientar seus casos. Os terapeutas são encorajados a seguir a estrutura fornecida e preencher cada categoria da melhor forma possível, com o máximo de informações que têm, após cada sessão. Não se espera que os terapeutas consigam completar todos os 14 passos após a primeira sessão. Na verdade, tais profissionais podem ser capazes de completar apenas o Estágio 1 e, talvez, partes do Estágio 2 após a primeira sessão. Conforme a terapia avança, os terapeutas devem ser capazes de completar todos os passos. Após quatro a seis sessões, todos os 14 passos podem ser concluídos, embora essa seja uma questão empírica a ser verificada por meio de pesquisas futuras (Goldman, 2019).

Em paralelo com os passos de formulação do primeiro estágio e ao longo do tratamento, os terapeutas prestam atenção à maneira como os clientes processam emoções de momento a momento. Os terapeutas são treinados para observar pistas de processo de qualidade vocal, experiência do cliente produtividade emocional e estilo narrativo, e isso os ajuda a aprofundar e explorar nesse estágio, pois fornece informações essenciais aos terapeutas sobre no que focar. Eles observam se o cliente está usando processamento conceitual ou experiencial e o grau de excitação emocional. O terapeuta avalia se os clientes têm a capacidade de assumir um foco no *self* e se são capazes de direcionar a atenção para dentro de sua experiência. Os terapeutas não prestam atenção apenas ao conteúdo dos clientes mas também à maneira e ao estilo com que apresentam suas experiências. A atenção é dada a *como* os clientes estão apresentando suas experiências, além de *o que* estão dizendo e à concretude, à especificidade e à vivacidade do uso da linguagem e diferentes tipos de processamento emocional. Conforme a terapia avança, os terapeutas continuam a prestar atenção a um estilo momentâneo de processamento para fazer diagnósticos de processo sobre como intervir da melhor forma para facilitar o processamento emocional.

A marca registrada da Etapa 2 é a atenção dedicada aos marcadores e tarefas durante a sessão. Essas tarefas decorrem da identificação de marcadores específicos, consistindo em declarações do cliente que sinalizam problemas cognitivo-afetivos não resolvidos. À medida que ouvem as narrativas de seus clientes, os terapeutas de TFE se perguntam quais comportamentos específicos durante a sessão são indicadores das dificuldades de processamento emocional de seu cliente.

Marcadores significam tipos específicos de problemas afetivos que atualmente são suscetíveis a intervenções específicas. Portanto, o terapeuta percebe quando um marcador emerge, o que sinaliza para ele que deve intervir de maneira específica para facilitar a resolução desse tipo de problema de processamento. Os principais marcadores e as tarefas afetivas que identificamos e estudamos são (1) reações problemáticas expressas por meio de perplexidade sobre respostas emocionais ou comportamentais a situações específicas, indicando prontidão para explorar por meio de um desdobramento evocativo sistemático; (2) divisões de conflito em que um aspecto do *self* é crítico ou coercitivo em relação ao outro, indicando prontidão para um diálogo de duas cadeiras; (3) divisões autointerrompidas em que uma parte do *self* interrompe ou restringe a experiência e a expressão emocional, indicando prontidão para uma encenação de duas cadeiras; (4) um sentido percebido pouco claro em que a pessoa está na superfície ou se sentindo confusa e incapaz de obter um sentido claro de sua experiência, indicando prontidão para focalizar; (5) assuntos inacabados envolvendo a declaração de um sentimento persistente não resolvido em relação a um ente querido, indicando uma oportunidade para diálogo com uma cadeira vazia; (6) vulnerabilidade em que a pessoa se sente profundamente envergonhada ou insegura sobre algum aspecto de sua experiência, indicando necessidade de afirmação empática; e (7) trabalho de autoconforto quando um cliente está emocionalmente desregulado e angustiado (Sharbanee, Goldman e Greenberg, 2019; Goldman & Greenberg, 2015).

Uma variedade de marcadores de outros estados problemáticos importantes baseados em pesquisa e processos de intervenção específicos, como rupturas na aliança e a criação de novos significados quando uma crença valorizada foi desconfirmada, foram identificados

(Elliott et al., 2004). A pesquisa demonstrou que os estados em terapia de clientes específicos são marcadores de tipos específicos de processamento disfuncional que podem ser resolvidos de maneiras específicas (Greenberg et al., 1993; Greenberg & Goldman, 2019).

Um foco nos principais temas intrapessoais, interpessoais ou existenciais que estão contribuindo para a dor dos clientes emerge ao longo do tempo. Por exemplo, em um caso, a terapia pode se concentrar em sentimentos de insegurança e falta de valor e encorajar sua exploração se parecerem de importância central. Em outro, a raiva não resolvida pode surgir como foco. A exploração empática focada e o engajamento em tarefas muitas vezes levam os clientes a material temático importante. Descobrimos que, em casos bem-sucedidos, questões temáticas centrais emergem. Observou-se que os temas se enquadram em uma das quatro principais classes de determinantes. Os clientes são vistos como sofrendo de (1) problemas nas relações intrapessoais, (2) problemas nas relações interpessoais ou (3) preocupações existenciais, ou de alguma combinação desses (Goldman & Greenberg, 2015). Questões intrapsíquicas geralmente se relacionam com autodefinição e autoestima, como ser excessivamente autocrítico ou perfeccionista, enquanto questões interpessoais geralmente envolvem questões de apego e relacionadas à interdependência, como sentir-se muito dependente ou vulnerável à rejeição. Questões existenciais se relacionam com situações-limite, envolvendo perda, escolha, liberdade e morte.

Na Etapa 3, os terapeutas são treinados para prestar atenção e responder ao processamento momento a momento dos clientes para orientar as intervenções. Os terapeutas têm um conhecimento completo da gama de marcadores e tarefas e, portanto, são capazes de diferenciar os marcadores quando surgem durante as sessões. Os terapeutas desenvolveram a capacidade de diferenciar entre marcadores (p. ex., autocrítica *versus* assuntos inacabados com um ente querido, ou disfunção emocional que exige autoconforto *versus* vulnerabilidade emocional que exige afirmação empática). Tais diferenciações são decisões complexas tomadas no momento em resposta a estímulos verbais e não verbais apresentados pelo cliente. Para uma descrição completa da variedade de diversos marcadores de tarefas e uma explicação de como diferenciar entre marcadores, ver Goldman e Greenberg (2015).

EXEMPLO DE CASO

Na seção a seguir, os passos e os estágios da formulação de casos de TFE são explicados e ilustrados pela aplicação ao caso de Sandra, uma mulher de 45 anos, casada, com um filho de 14 anos de um relacionamento anterior. Ela teve 11 sessões de TFE com um terapeuta que praticava há mais de 30 anos.

Estágio 1

Sandra começou a terapia explicando seus problemas apresentados em termos de sintomas comportamentais (depressão) e relacionamentos (conflito em muitos relacionamentos familiares):

"Tenho me sentido bastante deprimida, acho, a maior parte da minha vida, mas este foi um ano especialmente ruim, e perdi algumas pessoas próximas que me ajudaram na minha vida pessoal, e eu apenas senti que, embora eu tenha lutado no passado com a depressão, sempre pareci ser capaz de me recuperar, sabe, e estou tendo dificuldades este ano e..."

O marido de Sandra também sofria de depressão. No início do ano, sua irmã chamou a polícia porque o comportamento dele era imprevisível e ele parecia violento. Como resultado, seu marido foi hospitalizado contra a vontade dele e proibido de morar em casa por vários meses:

"Sim, foi muito perturbador porque ele ficou violento... não tanto comigo, mas ele poderia quebraria coisas e destruiria coisas, e sua personalidade mudou completamente, porque ele não é esse tipo de pessoa... muito gentil, pessoa doce... então isso aconteceu, e eu achei minha família pouquíssimo acolhedora, e eu acho que... e porque eles não serem assim, então basicamente a atitude deles foi estimular que eu me divorciasse e me livrasse dele."

Sandra, porém, decidiu defender seu esposo e apoiá-lo durante seu período difícil, como consequência, isolando-se de sua família. Ela descreveu seu relacionamento com seu marido, atualmente, como algo que a estava drenando às vezes, mas que, não obstante, era sólido:

SANDRA (S): Estou bem com ele. Acho cansativo porque não me sinto bem, mas me esforço para tentar... quando ele está tendo um dia ruim... fazê-lo se sentir melhor, e percebo que ele simplesmente não tem o que é preciso neste momento para retribuir.

TERAPEUTA (T): Para retribuir, então, às vezes, você meio que sente que não resta nada.

S: Certo, mas não estou com raiva dele por isso. Acho que estou com raiva da minha família.

Em sua visão atual da sua depressão, ela se sente mais traída pelas suas irmãs:

SANDRA (S): A maior parte da minha depressão, acho, gira em torno da dinâmica da minha família. Não me sinto próxima da minha família, nem mesmo de minhas irmãs. Todas elas se casaram muito jovens, todas tiveram filhos, e seus filhos têm filhos. Eu sou meio que a nômade da família, não me casei até os 36 anos. Me mudei muito e voltei, fiz todos os tipos de coisas diferentes – sabe, não é a mesma coisa – um tipo de vida diferente da que elas tiveram.

TERAPEUTA (T): Mas você se sentiu excluída.

S: Sim, elas me rejeitaram.

T: Então não é apenas se sentir excluída, mas também criticada por elas.

S: Sim, sim, minha irmã mais velha não fez isso, mas senti que minha segunda irmã mais velha fez. Minha outra irmã e eu costumávamos ser muito próximas e depois não fomos mais, e eu não entendo isso. Não sei, talvez ela esteja cansada de estar perto de uma pessoa depressiva. Você entende?

T: E você está dizendo que foi difícil para você porque elas meio que desaprovaram. Elas estavam dizendo, sim, você deveria estar casada, você deveria estar...

S: Estabelecida.

T: E você se sentiu meio que sobrecarregada. E isso te fez sentir muito mal...

S: Deprimida. Algumas vezes me sinto deprimida, eu não sei o motivo.

O terapeuta utilizou uma "bússola da dor" para escutar a dor crônica e persistente do cliente. O sentimento de desaprovação e julgamento por parte de membros próximos da família de Sandra tocou uma dor crônica persistente e profunda (Passo 2). Ao falar sobre sua necessidade de ser apoiada e aceita por sua família, ela expressou emoções intensas, sentindo-se imediatamente sobrecarregada pelo pensamento de que isso nunca aconteceria e que, em última análise, ela não merecia tal intimidade.

> "Eu me conto uma história repetidas vezes até o ponto de acreditar nisso. Acredito que é assim e que não pode ser consertado. Ou eu não me importo. Eu não quero que seja consertado... Que eu não sou amada, que não sou tão boa quanto eles, sabe, minha vida é caótica, e a delas [irmãs] parece estar indo bem, você sabe, a vida delas parece ser muito mais fácil."

A enormidade de sua solidão estava cercada por um sentimento de desesperança. Não apenas ela sentia que não era amada e que não havia nada que pudesse fazer a respeito, mas também sentia que nunca iria mudar.

Em termos de seu estilo de processamento emocional (Passo 3), o terapeuta observou que Sandra era capaz de se concentrar em sua experiência interna. Embora não tenha alcançado isso sem a ajuda das explorações empáticas focadas do terapeuta e conjecturas, ela era capaz de uma profundidade moderada de experiência. Ao longo da primeira sessão, Sandra expressou muitas emoções, incluindo dor, raiva e vergonha. O terapeuta observou sua capacidade de processar emoções de forma produtiva (Passo 3). Ao expressar emoção, a excitação era bastante intensa, perturbando seus padrões normais de fala.

Sandra descreveu como ela simplesmente não conseguia lidar mais com sua família:

SANDRA (S): Minha irmã me ligou e deixou uma mensagem dizendo: "Eu gostaria de te levar para almoçar no seu aniversário". E, por algum motivo, isso realmente me perturbou o dia todo ontem, e eu estava dormindo na garagem e chorei, estava muito emocional e pensei 'não vou almoçar com você porque posso dizer algo e você vai me criticar'. Ela é muito crítica. Ela tem, eu acho, uma vida ideal e ela olha para minha vida e é ela quem me disse para arrumar um advogado, e então eu nunca mais ouvi falar dela por meses quando [marido] saiu do hospital. E ela se pergunta por que eu não apareço. Como você acha que nos sentimos? Eles me disseram para ir, para deixá-lo. Porque ele está doente mental. Então você deveria ir até lá e sentir como se estivesse tudo bem?

TERAPEUTA (T): Então, na verdade, parece que você está se sentindo bastante ressentida com eles.

S: Estou.

T: É difícil fazer uma cara feliz e ir para um almoço de aniversário ou o que quer que seja. É um fingimento. Mas, em certo sentido, também acaba com você chorando e...

S: Isso me deixa deprimida. Sim.

T: Porque, de certa forma, é como se você estivesse brava com ela pelo modo como ela te tratou.

S: Sim, estou.

T: E também entra em um tipo de vulnerabilidade, que ela vai te criticar ou algo assim...

S: Sinto que eu estou muito sensível. Quer dizer, algumas vezes, quando eu fiquei brava no passado, simplesmente disse a ela para... mas estou no ponto agora em que não quero discutir. Basicamente, quero que me deixem em paz. É assim que me sinto. E sei que não é bom. O Natal está chegando e eu temo isso.

Como Sandra relatou, no entanto, ela tendia a evitar (como muitas pessoas fazem) emoções dolorosas e difíceis. A desesperança era uma das emoções mais predominantes expressas. Parecia haver um padrão emocional identificável em que ela entrava em estados de impotência e desesperança emocional secundárias quando começava a sentir emoções primárias de tristeza ou raiva e em resposta à sua experiência de necessidade de proximidade e aceitação.

O terapeuta ouviu que, ao longo de sua infância e até a idade adulta, Sandra muitas vezes se sentia sozinha e sem apoio (Passo 4). Sua situação familiar era tão difícil que as quatro irmãs deixaram a família quando estavam na adolescência. Sandra internalizou a voz crítica de seus pais e frequentemente se julgava como uma fracassada. No contexto de um passado física e emocionalmente abusivo, ela com frequência se sentia emocionalmente insegura e abandonada (Passos 2 e 4). Ela considerava suas irmãs a parte mais importante de sua família e, muitas vezes, as via mais em um papel parental, recebendo grande parte do afeto e apoio delas em vez de seus pais.

Seus relacionamentos com os membros da família eram difíceis e frequentemente dolorosos. Sua mãe era alcoólatra, com quem ela e suas três irmãs não tinham mais contato. Seu pai era um sobrevivente de campo de concentração. Ele sempre esteve emocionalmente distante da família e muitas vezes era percebido como crítico e julgador. Havia um histórico de punição física durante toda sua infância, sobretudo por parte de seu pai (Passo 4). Falando sobre seus pais na primeira sessão, ela disse:

> "E ela [mãe] faz coisas assim, no meio da noite, te liga e te xinga, e uma vez que eu estava casada, acho que simplesmente decidi que já tinha chegado ao meu li-

mite. Não aguento mais isso, então simplesmente cortei os laços com ela. E meu pai simplesmente não está lá. Como eu tenho feito... eu não trabalhei durante um ano, meu marido teve um colapso, até minha melhor amiga morreu. Ele não ligou sequer uma vez. Não só neste ano, mas em qualquer ano. Simplesmente não... ele simplesmente não... ele não é demonstrativo".

O terapeuta, ouvindo uma voz focada quando ela falava sobre seu pai simplesmente não estar lá, a direcionou internamente, refletindo de forma seletiva sobre a solidão implícita em seu estado atual: "Você está se sentindo tão sozinha. Não há realmente ninguém lá".

Logo após isso, a exploração se voltou para seus sentimentos solitários, fracos e vulneráveis, e ela entrou em desesperança. O terapeuta identificou isso como um foco potencial da terapia, marcando-o para mais tarde, enquanto sugeriu uma justificativa para uma TFE e uma abordagem alternativa para lidar com tais emoções:

SANDRA (S): Ah, acho que deveria estar fazendo outras coisas em vez de ficar sentada por aí me sentindo mal.

TERAPEUTA (T): Você está dizendo que odeia ficar fraca.

S: Ah, sim, uma perda de tempo.

T: De alguma forma, sua emoção é uma mensagem importante que você está dando a si mesma.

S: Bem, sim, tenho feito isso a vida toda.

T: Sim, então é aqui que você quer... De alguma forma, o que é isso, o que você sente enquanto começa a chorar? Você se sente tão sozinha? É isso?

S: Acho que sim. Eu apenas... me sinto cansada.

T: Cansada da luta.

S: Sim, estou cansada de pensar nisso. Sabe, às vezes estou preocupada, tipo, "Ah, meu Deus, se eu pudesse apertar um interruptor". Muitas vezes gosto de dormir porque aí não penso.

T: Sim, sim, mas, de alguma forma, aconteça o que acontecer, você pensa e isso fica girando em sua mente.

S: O tempo todo.

T: É como se houvesse sempre sentimentos não resolvidos e, então, eles continuam voltando. Como se você estivesse carregando muita bagagem emocional. Conversamos sobre uma história bastante dolorosa com sua família e parece que continua se repetindo, não é mesmo? Acho que parte do que faremos é tentar lidar com isso para talvez terminar e depois guardar.

Estágio 2

Quando Sandra chegou à Sessão 3 discutindo a possibilidade de voltar à escola, surgiu um marcador (Passo 5). Ela rapidamente ficou sem esperança diante da possibilidade futura de fracasso aos olhos de suas irmãs. Nesse ponto, o terapeuta iniciou um diálogo de duas cadeiras colocando suas irmãs na outra cadeira. Embora esse seja um diálogo com outra pessoa em vez de uma parte do eu, é visto como um diálogo autocrítico, pois sua hipersensibilidade às críticas de suas irmãs sugere que suas críticas internalizadas estão sendo projetadas ou atribuídas às irmãs. As críticas das irmãs são tão prejudiciais porque ativam o crítico interno de Sandra.

> "Sim, sem apoio, eu me sinto inferior a elas, sinto que não tenho mais autoestima e é como se eu não quisesse mais tentar com elas. É como se dissesse 'Ok, você venceu, eu não sou tão boa quanto você, você venceu e é isso. Tudo bem. Então me deixe em paz'."

Ela relatou a história de seu relacionamento com seu pai. Ela descreveu não ter recebido aprovação dele. Em resposta, o terapeuta iniciou um diálogo de cadeira vazia para trabalhar com os assuntos não resolvidos com seu pai:

SANDRA (S): Eu acredito que sou uma pessoa ruim, mas, no fundo, não acho que sou uma pessoa ruim... sim, estou lamentando por algo que provavelmente não tive e sei que nunca terei.

TERAPEUTA (T): Você consegue imaginá-lo aqui (*apontando para a cadeira*) e dizer a ele como ele fez você se sentir uma pessoa ruim?

S: Você destruiu meus sentimentos. Você destruiu minha vida. Não completamente... mas você não fez nada para me educar e me ajudar na vida. Você não fez absolutamente nada. Você me alimentou e me vestiu até certo ponto. É isso.

T: Conte a ele como foi ser chamada de diabo e ir à igreja todos os...

S: Foi horrível. Ele me fez sentir que eu sempre era má, acho que quando eu era criança. Eu não acredito mais nisso, mas quando era criança sentia que ia morrer e ia para o inferno porque era uma pessoa ruim.

Sandra internalizou a autocrítica relacionada a questões de fracasso que surgem no contexto de seus relacionamentos familiares. Essa voz de fracasso e falta de valor (Passo 6) foi inicialmente identificada como vindo de suas irmãs, mas claramente tinha raízes em relacionamentos anteriores com seus pais. Relacionado a sua autocrítica e necessidade de aprovação, havia uma necessidade de amor (Passo 7). Um sentimento secundário de desesperança (Passo 8), muitas vezes, obscurecia a emoção desadaptativa central de vergonha e falta de valor, no entanto. O amor tinha sido difícil de encontrar em sua vida. Ela aprendeu como interromper ou evitar reconhecer essa necessidade (Passo 9), e isso a deixou se sentindo vulnerável e sozinha. Ela aprendeu como depender de si própria, mas essa independência cobrara um preço, uma vez que a deixou se sentindo desesperançosa, desamparada e isolada. Essa necessidade de amor estava relacionada aos seus assuntos não resolvidos decorrentes de seu relacionamento precoce com seu pai. Ela nutria muito ressentimento em relação ao pai devido aos maus-tratos que ele dispensou a ela quando criança, e tinha uma tendência a minimizar isso, como se "ser espancada fosse simplesmente normal". Ela internalizou isso como um sentimento de falta de valor e de não ser digna de ser amada. Essas emoções subjacentes surgiram por meio do trabalho tanto no diálogo de duas cadeiras para divisões de conflitos internos quanto no diálogo de cadeira vazia para feridas emocionais não resolvidas com um ente querido. No final da Sessão 3, o tema *self-self* (fracasso e autocrítica) surgiu (Passo 10), e ficou claro que ele surgiu de relacionamentos *self*-outros nos quais ela se sentia criticada e diminuída. (Este exemplo de caso não exemplifica questões existenciais.)

O Passo 11, no qual a narrativa de formulação de caso é gerada, pode ser demonstrado na próxima interação entre Sandra e seu terapeuta, na qual eles vincularam de forma coconstrutiva o sentimento de depressão (sintomas) de Sandra e infelicidade com eventos desencadeantes (incidentes nos quais ela se sentia criticada por irmãs e membros da família) e esquemas emocionais centrais relacionados a fracasso e baixa autoestima.

SANDRA: É por isso que acho que estou fazendo esta terapia. Eu penso que se eu puder me sentir contente comigo mesma, então essas coisas não me afetarão tanto. Minha família está sempre encontrando defeitos de uma forma ou de outra, e não se esqueça, se lhe disserem com frequência que você é um fracasso, você começa a acreditar nisso.
TERAPEUTA: Sim, então isso é realmente uma peça importante para trabalhar. E eu acho que é por isso que essa desaprovação é tão dolorosa, pois ela ativa esse "eu sou um fracasso e sendo dito o tempo todo que sou um fracasso", isso é quase como se a voz dela estivesse na sua cabeça. E, então, meio que te diminui, e é difícil se opor a isso. E é esse sentimento de se sentir diminuída e como se você fosse um fracasso que precisamos continuar trabalhando.

Aqui, a ligação dos três elementos do problema apresentado, eventos desencadeadores e esquemas emocionais centrais se consolidaram e formaram um impulso adicional para trabalhar juntos em um nível mais profundo para transformar a emoção subjacente dolorosa. Isso ajudou a solidificar a aliança terapêutica e formou um foco adicional para o trabalho.

Estágio 3

As questões temáticas de baixa autoestima e fracasso continuaram a ser um foco. Em um diálogo autocrítico na Sessão 4, Sandra percebeu que a voz autocrítica estava incorporada na voz de seus pais.

SANDRA (S): (*falando como crítica internalizada na voz de seu pai*) "Bem, você está errada, você é má, você nunca faz nada certo. Toda vez que peço para você fazer algo, você não faz do jeito que eu quero, e suas notas nunca são boas o suficiente, e você nunca está no horário certo, e você sabe, tudo o que você faz está errado."
TERAPEUTA (T): Sim, agora você pode vir para esta cadeira [cadeira de experiência]. Deve doer muito ouvir isso.

S: Quando estou deprimida, eu acredito. Acredito de todo o coração. Que sou má, e estou errada e sou uma perdedora. Essa é a grande palavra, "perdedora", que fica se repetindo e, então, eu sou uma grande perdedora porque não posso apenas ter uma vida simples e normal. De muitas maneiras, esse é um sentimento que me acompanhou ao longo da minha vida.

T: Diga a ela [crítica] como ela faz você se sentir.

S: Isso me faz sentir horrível, me faz sentir triste. Isso me faz sentir não amada e incapaz de amar sabe; isso me faz sentir como se eu nunca devesse ter nascido.

Aqui, o marcador de assuntos não resolvidos foi um exemplo de um marcador de tarefa emergente (Passo 12), já que este surgiu do trabalho de tarefa autocrítica.

> "Mesmo que mamãe e papai não me amassem ou não me mostrassem nenhum amor, não foi porque eu era indesejável, foi apenas porque eles eram incapazes dessas emoções. Eles não sabem como... ainda não sabem como amar."

Mais tarde, na Sessão 7, Sandra e seu terapeuta trabalharam para identificar as maneiras pelas quais ela interrompia e impedia o sentimento de querer ser amada e protegida contra a dor de ter suas necessidades não atendidas. Esse é um exemplo de micromarcador (Passo 13), pois é um marcador de tarefa autointerruptiva que surge no contexto de outra tarefa (tarefa de assuntos não resolvidos). Na Sessão 9, falando como sua "interrompedora" da outra cadeira, ela disse a si mesma:

> "Você está perdendo seu tempo se sentindo mal porque os quer, e eles não estão lá. Então é melhor você desligar seus sentimentos e não precisar deles. Isso é o que faço na minha vida. Quando as pessoas me machucam o suficiente, chego a um ponto em que consigo imaginar, literalmente, cortá-las da minha vida como fiz com minha mãe."

Eles continuaram a identificar como a necessidade de amor tornava Sandra vulnerável ao sofrimento e à dor e como interromper essas necessidades a deixava vulnerável ao isolamento e à solidão. Nas Sessões 7 a 9, Sandra continuou a explorar os dois lados diferentes de sua experiência: o crítico, que tentava protegê-la por meio do controle e da anulação de necessidades, e o *self* experimentador, que queria ser amado e aceito. Ela continuou a definir e falar a partir de ambas as vozes e expressou uma variedade de tristeza, raiva e dor/mágoa. A desesperança, que era tão dominante nas primeiras sessões, agora era praticamente inexistente. A voz que queria amor e aceitação tornou-se mais forte, e a crítica suavizou para expressar aceitação desta parte dela.

Embora a desesperança tenha diminuído e ela estivesse começando a se sentir mais forte consigo mesma, a questão do *self*-outro com seu pai, com quem ela se sentia magoada, com raiva e não amada, começou a se tornar mais forte. Em um diálogo-chave na Sessão 4, ela falou com seu pai:

"Isso me machuca... que você não me ame... sim... eu acho, sabe, mas... estou com raiva de você e eu precisava de amor e você não estava lá para me dar nenhum amor."

Ela, depois, falou para a imagem de seu pai sobre seu medo:

SANDRA (S): Eu estava sozinha. Eu não conhecia meu pai. Meu pai... tudo o que sabia sobre você era alguém que gritava comigo o tempo todo e me batia. Isso é tudo... eu não me lembro de você me dizendo que me amava ou que se importava comigo ou que achava que eu ia bem na escola ou qualquer coisa assim. Tudo o que sei é que você era alguém que eu temia.

TERAPEUTA (T): Diga a ele como você tinha medo de ser espancada.

S: Sim, e você me humilhava. Eu estava muito brava com você porque você sempre me batia, você era tão cruel e eu ouvi dizer que Hitler era cruel, então eu te chamei de Hitler.

Mais tarde na sessão, ela descreveu como interrompeu sua dolorosa sensação de se sentir não amada:

SANDRA: A única maneira de lidar com isso é fazendo piada sobre isso porque ajuda... ajuda porque quando estou muito séria sobre isso, fico tão deprimida que não consigo funcionar. Então eu aprendi a rir disso e você sabe que tenho esse humor sarcástico e meio cínico, eu acho, sobre as coisas.

TERAPEUTA: Porque por baixo do riso, acho que há muita dor e muito ódio.

Ela continuou expressando sua raiva em um diálogo de assuntos não resolvidos:

"Eu te odeio. Eu te odeio, não há dúvida sobre isso na minha mente. Eu te odeio há anos. Me irrita quando te vejo em eventos familiares e não me sinto bem estando lá e você age como se nada tivesse acontecido."

Em uma sessão posterior, Sandra expressou dor e mágoa pela incapacidade de seu pai de fazê-la sentir-se amada:

"Eu acho que continuo pensando que sim, você nunca será um pai, que você pegaria o telefone e simplesmente perguntaria como estou. Me machuca que você não me ame... sim... eu acho, sabe."

Ela encerrou a sessão reconhecendo que o que ela precisava era aceitável.

"Quando criança, eu precisava ser abraçada de vez em quando ou que me dissessem que estava tudo bem. Acho que isso é normal."

Ao acessar tanto o orgulho quanto a raiva e lamentar sua perda, sua vergonha central foi desfeita (Greenberg, 2015). Sandra começou, assim, a mudar sua crença de que a falha de seu pai não era por ela não ser digna de ser amada. Ela disse a ele na cadeira vazia:

> "Estou com raiva de você porque você pensa que foi um bom pai, você disse que nunca nos bateu, e essa é a maior mentira da terra, você nos batia constantemente, você nunca demonstrou amor, você nunca demonstrou afeto, você nunca reconheceu que estávamos lá, exceto para limpar e fazer coisas em casa."

Depois de processar sua raiva e sua tristeza e transformar sua vergonha, Sandra adotou uma posição mais compassiva e compreensiva em relação ao seu pai. Mais tarde, na terapia, novamente em um diálogo com seu pai na cadeira vazia na Sessão 10, ela disse:

> "Entendo que você passou por muita dor em sua vida e provavelmente por causa dessa dor, por causa das coisas que você viu, você se afastou. Você tem medo de talvez dar amor do jeito que deveria ser dado e de se aproximar demais de alguém, porque isso significa que você pode perdê-lo. E eu posso entender isso agora, enquanto crescia, eu não conseguia entender."

Ela continuou a responsabilizá-lo pelas maneiras como ele a decepcionou e machucou, enquanto permitia que sua compaixão fosse central no desenvolvimento de uma nova compreensão de suas lutas internas.

> "Você sabe [ser vítima de campo de concentração] teve um impacto real em você. Em vez de ser um adolescente, você era um prisioneiro de guerra. Obviamente, isso teve um impacto duradouro em você e, depois, à medida que a vida seguia e, sabe, seu casamento, ah, você sabe, tenho certeza de que no início era bom, sabe... eu penso que, em algum momento, mãe e pai, em algum momento... de verdade se amaram, mas acho que a bebedeira da minha mãe e, talvez, com um pouco da raiva que você teve em relação à sua vida, e então você perdeu seu filho, que... sua maneira de lidar com as coisas era sendo frio. Ser insensível, não ser solidário, não é que você não quisesse ser. Acho que você não sabe como. Eu posso realmente entender ou posso tentar sentir sua dor e entender que, ah, você fez o melhor que pôde sabendo o que sabia."

Ao falar sobre o diálogo no final da sessão, Sandra disse: "Sinto alívio por não ter mais essa raiva sufocando meu peito."

No Passo 14, Sandra e seu terapeuta concentraram-se no novo significado que surgiu por meio do trabalho de duas cadeiras para autocrítica relacionada à inutilidade central e no trabalho de cadeira de negócios inacabados com seu pai relacionado a se sentir não amada. O novo significado está relacionado às narrativas existentes e relacionado aos problemas iniciais apresentados. Sandra descreveu como agora podia aceitar que seu pai não tinha mais para dar. Isso levou a novas emoções de orgulho e, depois, alegria por ter superado esses sentimentos. Sua crença desadaptativa central baseada na vergonha, "Não mereço ser amada", mudou para incluir o significado emocional de que seu pai experimentou sua própria dor e que essa dor o levou a ser menos disponível para se comportar de maneira amorosa em relação a ela ou às suas irmãs. Precisar ser amada não desencadeava mais desesperança para Sandra. Ela deu voz a emoções fortes de que ela merecia ser amada e que poderia lidar com o que seu pai tinha a oferecer neste ponto de sua vida. Maior capacidade de comunicar suas necessidades, de se proteger contra sentimentos de inadequação e de estar próxima de suas irmãs também se desenvolveu.

APRENDENDO O MÉTODO

O material publicado mais recente que orienta os terapeutas a conduzirem uma formulação de caso detalhada é o *Case formulation in emotion-focused therapy: co-creating clinical maps for change* (Goldman & Greenberg, 2015). O treinamento e a supervisão em TFE (Greenberg & Tomescu, 2016) incorporam extensivamente um forte foco na formulação de casos. Os terapeutas podem usar a planilha para guiá-los através dos casos e organizar a conceituação após cada sessão. Além disso, o livro de 2015 fornece gráficos de amostra para orientar os terapeutas na formulação de casos relacionados a depressão, ansiedade generalizada, ansiedade social, trauma e transtornos alimentares (ver Capítulo 9). Uma sessão de psicoterapia recente em vídeo demonstra a formulação de casos em TFE (Goldman, 2013). Os terapeutas focados em emoções desenvolveram de forma significativa seus currículos para incluir treinamento específico em diagnóstico de processo, sintonia empática ao afeto, uso de novos procedimentos, incluindo exercícios de presença e uso de filmes para ajudar as pessoas a identificarem emoções. Várias outras fontes, como Greenberg e Goldman (2019) e Elliott, Watson, Goldman e Greenberg (2004), delineiam os passos envolvidos no treinamento em terapia experiencial (Greenberg & Goldman, 1988).

Recomendamos que os terapeutas em treinamento aprendam as medidas de processo já mencionadas neste capítulo, incluindo a Escala de Qualidade Vocal do Cliente (CVQ, do inglês *client vocal quality*) (Rice & Kerr, 1986), a escala EXP (Klein et al., 1969) e a Escala de Produtividade Emocional (Auszra, Greenberg, & Hermann, 2013). Esse treinamento ajuda o terapeuta a avaliar melhor a capacidade dos clientes de se concentrarem em si mesmos para melhorar sua capacidade de sintonia empática.

Por fim, filmes de demonstração e oportunidades de treinamento presencial estão disponíveis. Greenberg (1994, 2005, 2007) e Goldman (2013) fornecem um modelo de atenção ao processamento momento a momento e marcadores. Nos últimos 10 anos, a International Society for Emotion Focused Therapy (ISEFT; *www.iseft.org*) surgiu, e os treinamentos internacionais aumentaram tremendamente.

REFERÊNCIAS

Angus, L., & Greenberg, L. (2011). *Working with narrative and emotion in emotion-focused therapy: Changing stories, healing lives.* Washington, DC: American Psychological Association.

Arnold, M. B. (1960). *Emotion and personality* (vols. 1–2). New York: Columbia University Press.

Auszra, L., & Greenberg, L. S. (2007). Client emotional productivity. *European Psychotherapy, 7,* 137–152.

Auszra, L., Greenberg, L. S., & Hermann, I. (2013). Client emotional productivity: Optimal client in-session emotional processing in experiential therapy. *Psychotherapy Research, 23,* 732–746.

Bordin, E. (1994). Theory and research on the therapeutic working alliance: New directions. In A. O. Horvath & L. S. Greenberg (Eds.), *The working alliance: Theory, research, and practice* (pp. 13–37). New York: Wiley-Interscience.

Buber, M. (1960). *I and thou.* New York: Scribner.

Carryer, J., & Greenberg, L. (2010). Optimal levels of emotional arousal in experiential therapy of depression. *Journal of Consulting and Clinical Psychology, 78,* 190–199.

Davidson, R. (2000). Affective style, psychopathology and resilience: Brain mechanisms and plasticity. *American Psychologist, 5*(11), 1193–1196.

Elliott, R. (2013). Person-centered/experiential psychotherapy for anxiety difficulties: Theory, research and practice. *Person-Centered and Experiential Psychotherapies, 12,* 16–32.

Elliott, R., Greenberg, L., & Lietaer, G. (2004). Research on experiential psychotherapy. In M. J. Lambert (Ed.), *Bergin and Garfield's handbook of psychotherapy and behavior change* (pp. 493–539). New York: Wiley.

Elliott, R., Greenberg, L. S., Watson, J., Timulak, L., & Freire, E. (2013). Research on humanistic–experiential psychotherapies. In M. J. Lambert (Ed.), *Bergin and Garfield's handbook of psychotherapy and behavior change* (6th ed., pp. 495–538). New York: Wiley.

Elliott, R., Watson, J. C., Goldman, R. N., & Greenberg, L. S. (2004). *Learning emotion-focused therapy.* Washington, DC: American Psychological Association.

Ellison, J., Greenberg, L. S., Goldman, R., & Angus, L. (2009). Maintenance of gains following experiential therapies for depression. *Journal of Consulting and Clinical Psychology, 77,* 103–112.

Fridja, N. H. (1986). *The emotions.* Cambridge, UK: Cambridge University Press.

Goldman, R. N. (2013). *Systems of psychotherapy: Series 1. Case formulation in emotion-focused therapy: Addressing unfinished business* [Videotape]. Washington, DC: American Psychological Association.

Goldman, R. N. (2019). *Case formulation in emotion-focused therapy.* Paper presented in a panel at the Society for the Exploration of Psychotherapy Integration, Lisbon, Portugal.

Goldman, R. N., & Greenberg, L. S. (2015). *Case formulation in emotion-focused therapy: Co-creating clinical maps for change.* Washington, DC: American Psychological Association.

Goldman, R. N., Greenberg, L. S., & Angus, L. (2006). The effects of adding specific emotion-focused interventions to the therapeutic relationship in the treatment of depression. *Psychotherapy Research, 16*(5), 537–549.

Goldman, R. N., Greenberg, L. S., & Pos, A. E. (2005). Depth of emotional experience and outcome. *Psychotherapy Research, 15*(3), 248–260.

Goldman, R. N., Vaz, A., & Rousmaniere, T. (2021). *Deliberate practice in emotion-focused therapy.* Washington, DC: APA Books.

Greenberg, L. S. (1994). *Systems of psychotherapy: Series 1. Process experiential therapy* [Videotape]. Washington, DC: American Psychological Association.

Greenberg, L. S. (2005). *Emotion-focused therapy for depression* (video series). Washington, DC: American Psychological Association.

Greenberg, L. S. (2007). Emotion-focused therapy over time (video series). Washington, DC: American Psychological Association.

Greenberg, L. S. (2015). *Emotion-focused therapy: Theory and practice.* Washington, DC: American Psychological Association.

Greenberg, L. S., Elliott, R. K., & Lietaer, G. (1994). Research on experiential psychotherapies. In A. E. Bergin & S. L. Garfield (Eds.), *Handbook of psychotherapy and behavior change* (pp. 509–539). New York: Wiley.

Greenberg, L. S., & Goldman, R. N. (1988). Training in experiential therapy. *Journal of Consulting and Clinical Psychology, 56,* 696–702.

Greenberg, L. S., & Goldman, R. N. (Eds.). (2019). *Clinical handbook of emotionfocused therapy.* Washington, DC: American Psychological Association.

Greenberg, L. S., & Paivio, S. C. (1997). *Working with emotions.* New York: Guilford Press.

Greenberg, L. S., & Pascual-Leone, J. (1995). A dialectical constructivist approach to experiential change. In R. A. Neimeyer & M. J. Mahoney (Eds.), *Constructivism in psychotherapy* (pp. 169–191). Washington, DC: American Psychological Association.

Greenberg, L. S., & Pascual-Leone, J. (2001). A dialectical constructivist view of the creation of personal meaning. *Journal of Constructivist Psychology, 14*(3), 165–186.

Greenberg, L. S., Rice, L. N., & Elliott, R. (1993). *Facilitating emotional change: The moment-by-moment process.* New York: Guilford Press.

Greenberg, L. S., & Safran, J. D. (1987). *Emotion in psychotherapy: Affect, cognition, and the process of change.* New York: Guilford Press.

Greenberg, L. S., & Tomescu, L. R. (2016). *Supervision essentials for emotionfocused therapy.* Washington, DC: American Psychological Association.

Greenberg, L. S., & van Balen, R. (1998). The theory of experience-centered therapies. In L. S. Greenberg, J. C. Watson, & G. Lietaer (Eds.), *Handbook of experiential psychotherapy* (pp. 28–57). New York: Guilford Press.

Greenberg, L. S., & Watson, J. (1998). Experiential therapy of depression: Differential effects of client-centered relationship conditions and process interventions. *Psychotherapy Research, 8*(2), 210–224.

Greenberg, L. S., & Watson, J. (2005). *Emotion-focused therapy of depression.* Washington, DC: American Psychological Association.

Hermann, I., & Auszra, L. (2018). Facilitating optimal emotional processing. In L. S. Greenberg & R. N. Goldman (Eds.), *Clinical handbook of emotion-focused therapy* (pp. 193–216). Washington, DC: American Psychological Association.

Hermans, H. J. M., & Kempen, H. J. G. (1993). *The dialogical self: Meaning as movement.* New York: Academic Press.

Horvath, A., & Greenberg, L. S. (1989). Development and validation of the working alliance inventory. *Journal of Counseling Psychology, 36*(2), 223–233.

Khayyat-Abuaita, U., & Paivio, S. (2018). Emotion-focused therapy for complex interpersonal trauma. In L. S. Greenberg & R. N. Goldman (Eds.), *Clinical handbook of emotion-focused therapy* (pp. 361–380). Washington, DC: American Psychological Association.

Klein, M., Mathieu, P., Gendlin, E., & Kiesler, D. (1969). *The experiencing scale: A research and training manual* (vol. 1). Madison: University of Wisconsin Extension Bureau of Audiovisual Instruction.

Lam, A., & Sue, S. (2001). Client diversity. *Psychotherapy: Theory/Research/Practice/Training, 38,* 4.

Lane, R., & Nadel, L. (2000). *Cognitive neuroscience of emotion.* New York: Oxford University Press.

Lane, R., Ryan, L., Nadel, L., & Greenberg, L. (2015). Memory reconsolidation, emotional arousal, and the process of change in psychotherapy: New insights from brain science. *Behavioral and Brain Sciences, 38,* 1–80.

LeDoux, J. (1996). *The emotional brain: The mysterious underpinnings of emotional life.* New York: Simon & Schuster.

Leventhal, H. (1986). A perceptual-motor theory of emotion. In L. Berkowitz (Ed.), *Advances in experimental and social psychology* (pp. 117–182). New York: Academic Press.

Levitt, H., Whelton, W., & Iwakabe, S. (2019). Integrating feminist–multicultural perspectives into emotion-focused therapy. In L. S. Greenberg & R. N. Goldman (Eds.), *Clinical handbook of emotion-focused therapy* (pp. 425–444). Washington, DC: American Psychological Association.

Missirlian, T., Toukmanian, S., Warwar, S., & Greenberg, L. (2005). Emotional arousal, client perceptual processing, and the working alliance in experiential psychotherapy for depression. *Journal of Consulting and Clinical Psychology, 73*(5), 861–871.

Nadel, L., & Bohbot, V. (2001). Consolidation of memory. *Hippocampus, 11,* 56–60.

Nader, K., Schafe, G., & LeDoux, J. (2000). Consolidation. Reconsolidation: A test of whether reconsolidation depends on reactivation of the memory. *Nature, 406,* 722–726.

Pascual-Leone, A. (2009). Dynamic emotional processing in experiential therapy: Two steps forward, one step back. *Journal of Consulting and Clinical Psychology, 77,* 113–126.

Pascual-Leone, A., & Greenberg, L. (2007). Emotional processing in experiential therapy: Why "the only way out is through." *Journal of Consulting and Clinical Psychology, 75,* 875–887.

Pascual-Leone, A., & Kramer, U. (2018). How clients "change emotion with emotion": Sequences of emotional processing. In L. S. Greenberg & R. N. Goldman (Eds.), *Clinical handbook of emotion-focused therapy* (pp. 147––170). Washington, DC: American Psychological Association.

Pascual-Leone, J. (1984). Attentional, dialectical, and mental effort: Toward an organismic theory of life stages. In M. L. Commons, F. A. Richards, & C. Amon (Eds.), *Beyond formal operations: Late adolescent and adult cognitive development* (pp. 321–376). New York: Praeger.

Pascual-Leone, J. (1991). Emotions, development, and psychotherapy: A dialectical–constructivist perspective. In J. D. Safran & L. S. Greenberg (Eds.), *Emotion, psychotherapy, and change* (pp. 302–335). New York: Guilford Press.

Perls, F., Hefferline, R., & Goodman, P. (1951). *Gestalt therapy*. New York: Dell.

Rice, L. N. (1974). The evocative function of the therapist. In L. N. Rice & D. A. Wexler (Eds.), *Innovations in client--centered therapy* (pp. 289–311). New York: Wiley.

Rice, L. N., & Kerr, G. P. (1986). Measures of client and therapist vocal quality. In L. S. Greenberg & W. Pinsof (Eds.), *The psychotherapeutic process: A research handbook* (pp. 73–105). New York: Guilford Press.

Rogers, C. R. (1951). *Client-centered therapy*. Boston: Houghton Mifflin.

Rogers, C. R. (1957). The necessary and sufficient conditions of therapeutic personality change. *Journal of Consulting Psychology, 21,* 95–103.

Shahar, B., Bar-Kalifa, E., & Alon, E. (2017). Emotion-focused therapy for social anxiety disorder: Results from a multiple baseline study, *Journal of Consulting and Clinical Psychology, 85,* 238–249.

Sharbanee, J., Goldman, R. N., & Greenberg, L. S. (2019). Task analysis of emotional change. In L. S. Greenberg & R. N. Goldman (Eds.), *Clinical handbook of emotion-focused therapy* (pp. 217–242). Washington, DC: American Psychological Association.

Smail, D. (2001). *The nature of unhappiness*. London: Robinson.

Stiles, W. B. (1999). Signs and voices in psychotherapy. *Psychotherapy Research, 9,* 1–21.

Sue, D. W., & Sue, D. (2012). *Counseling the culturally diverse: Theory and practice* (6th ed.). Hoboken, NJ: Wiley.

Thelen, E., & Smith, L. B. (1994). *A dynamic systems approach to the development of cognition and action*. Cambridge, MA: MIT Press.

Vanaerschot, G. (1990). The process of empathy: Holding and letting go. In G. Lietaer, J. Rombauts, & R. Van Balen (Eds.), *Client-centered psychotherapy in the nineties* (pp. 269–294). Leuven, Belgium: Leuven University Press.

Watson, J. C., Goldman, R. N., & Greenberg, L. S. (2007). *Case studies in emotion-focused treatment for depression*. Washington, DC: APA Books.

Watson, J. C., Gordon, L. B., Stermac, L., Kalogerakos, F., & Steckley, P. (2003). Comparing the effectiveness of process-experiential with cognitive-behavioral psychotherapy in the treatment of depression. *Journal of Consulting and Clinical Psychology, 71,* 773–781.

Watson, J. C., & Greenberg, L. (1996). Pathways to change in the psychotherapy of depression: Relating process to session change and outcome. *Psychotherapy, 33*(2), 262–274.

Watson, J. C., & Greenberg, L. S. (2017). *Emotion-focused therapy for generalized anxiety disorder*. Washington, DC: American Psychological Association. Watson, J. C., Timulak, L., & Greenberg, L. S. (2018). Emotion-focused therapy for generalized anxiety disorder. In L. S. Greenberg & R. N. Goldman (Eds.), *Clinical handbook of emotion-focused therapy* (pp. 315–336). Washington, DC: American Psychological Association.

Whelton, W., & Greenberg, L. (2000). The self as a singular multiplicity: A process experiential perspective. In J. Muran (Ed.), *Self-relations in the psychotherapy process* (pp. 87–106). Washington, DC: American Psychological Association.

15

A conceitualização no método Gottman de terapia de casal

John M. Gottman, Julie S. Gottman, Donald L. Cole e Carrie U. Cole

ORIGENS HISTÓRICAS DA ABORDAGEM

O método Gottman de terapia de casal (GMCT, do inglês Gottman Method Couple Therapy) é uma abordagem terapêutica baseada em pesquisas. O método avalia a saúde do relacionamento e formula um planejamento do tratamento empiricamente baseado. É fundamentado em mais de quatro décadas de pesquisa empírica, de intervenção e de resultados que continuam até hoje. A pesquisa começou com observações de casais interagindo, com o objetivo de entender o que diferenciava casais em crise de casais bem ajustados ao longo do tempo. O objetivo original era reconhecer o que os casais em relacionamentos satisfatórios faziam de diferente daqueles que enfrentavam grandes conflitos. Mais adiante, um método de terapia de casal foi desenvolvido. O objetivo da terapia era desenvolver um modelo terapêutico baseado em casais reais e não apenas em uma teoria de saúde relacional. Os resultados da pesquisa de John Gottman e Robert Levenson (1984, 1985, 1988, 1992, 2002) incluíram a habilidade de prever com 90% de acurácia quais relacionamentos teriam sucesso e quais fatores levariam à deterioração da saúde relacional e ao divórcio se não fossem tratados. A teoria da casa do relacionamento saudável (CRS, do inglês The Sound Relationship House; Gottman, 1999; Gottman & Gottman, 2018) fornece o modelo conceitual para conceitualizar e avaliar a saúde do relacionamento. Com base nessa avaliação, os terapeutas são capazes de selecionar intervenções para o tratamento de relacionamentos fragilizados. A SRH e o GMCT tomaram forma ao longo do tempo, e seu desenvolvimento pode ser descrito em fases.

Padrões confiáveis de interação

A primeira fase foi a descoberta de padrões confiáveis de interação que distinguem relacionamentos funcionais dos disfuncionais. Descobrir e descrever esses padrões exigiu o desenvolvimento de um modelo matemático e de um método para análise sequencial, o que permitiu aos pesquisadores descreverem com precisão as diferenças entre casais insatisfeitos e satisfeitos. John Gottman desenvolveu esses modelos matemáticos com Roger Bakeman (Gottman, 1979).

Em 1975, John Gottman, em colaboração com Robert Levenson, começou a pesquisar a previsão de divórcio medindo a percepção, a interação e a fisiologia de casais ao conversarem entre si, com a hipótese de que o afeto negativo nos casais estava ligado à deterioração. Com base em um estudo anterior sobre relacionamento e fisiologia (Kaplan, Burch, & Bloom, 1964), o primeiro estudo observacional de Levenson e Gottman (1983, 1985), com 30 casais, incluiu uma discussão sobre os eventos do dia e uma discussão focada em um problema de conflito em seu relacionamento. As conversas dos casais no estudo foram gravadas em vídeo enquanto a equipe de pesquisa realizava medições fisiológicas, incluindo frequência cardíaca, condutância da pele, atividade motora grossa e velocidade sanguínea e, então, sincronizavam todos esses dados com o código de tempo do vídeo. O casal, então, assistia ao vídeo das duas conversas e era entrevistado sobre seus próprios pensamentos e sentimentos e seus palpites sobre os pensamentos e os sentimentos de seus parceiros. Eles também desenvolveram e usaram um medidor emotivo (*rating dial*) para aferir o quanto sentiam emoções positivas e negativas durante a interação.

Gottman e Levenson receberam, então, sua primeira bolsa de financiamento e começaram a expandir e replicar suas observações do primeiro estudo. Em 1983, Levenson e Gottman concluíram seu estudo longitudinal com os 30 casais e descobriram quais das variáveis afetivas e fisiológicas medidas previam a mudança na satisfação conjugal 3 anos depois. Após controlar os níveis iniciais de satisfação conjugal, os resultados indicaram que quanto mais fisiologicamente ativado um casal estava durante uma interação, mais o relacionamento se deteriorava em termos de satisfação ao longo de um período de três anos (Levenson & Gottman, 1985). Os pesquisadores ficaram surpresos por conseguirem prever mudanças na satisfação conjugal quase perfeitamente com medidas fisiológicas em seu primeiro estudo com 30 casais.

O medidor emotivo (*rating dial*) do casal e a codificação observacional pela equipe de pesquisa melhoraram a previsibilidade da satisfação no relacionamento. Eles também descobriram que um início áspero por parte das mulheres na discussão de conflitos previa a falta de interesse do parceiro masculino na discussão sobre os eventos do dia. Ao examinarem a reciprocidade, descobriram que a qualidade da amizade e da proximidade de um casal, sobretudo mantida por homens, era vital à compreensão de conflitos e estava relacionada ao início áspero. Essa descoberta apoiou o padrão "ataque-defesa" dos casamentos em crise. Esse padrão é observado quando uma pessoa busca encerrar um conflito se retirando, e a outra busca continuar a conversa para encontrar uma resolução. A retirada aumenta a perseguição, e a perseguição aumenta a retirada. Por fim, a habilidade de reparar e recuperar-se de conflitos para conversas positivas tornou-se um indicador de regulação emocional dos casais.

Beneficiando-se do desenvolvimento do *Facial Affect Coding System* (FACS, "Sistema de Codificação de Afeto Facial"; 1978), de Paul Ekman e Wallace Friesen, Gottman desenvolveu o *Specific Affect Coding System* (SPAFF, "Sistema de Codificação de Afeto Específico"; Gottman, McCoy, Coan, & Collier, 1996). O SPAFF tornou-se o principal sistema de codificação no laboratório de Gottman para codificar a interação entre casais, levando a maior precisão na descrição das interações afetivas positivas-negativas (Gottman & Krokoff, 1989). O SPAFF também forneceu maneiras precisas e confiáveis de codificar inflexão vocal, movimento corporal e o contexto da conversa (Gottman, 1994). Em um nível básico, os códigos do SPAFF avaliam cada turno de fala como afetivamente negativo, neutro ou positivo (Driver & Gottman, 2004a).

Pesquisa de previsão de divórcio

A segunda fase da pesquisa de Gottman foi dedicada ao uso dessas sequências consistentes de interações para prever resultados de satisfação conjugal ao longo do tempo. Em sete estudos longitudinais observacionais com 677 casais (Levenson & Gottman, 1983, 1985; Gottman, 1994; Gottman, Katz, & Hooven, 1996; Gottman, Coan, Carrere, & Swanson, 1998; Levenson, Carstensen, & Gottman, 1994; Jacobson & Gottman, 1998), Gottman e Levenson conseguiram prever se um casal se divorciaria com uma precisão média de 90% nos sete estudos. Eles fizeram isso usando diversos indicadores diferentes de dissolução conjugal. Eles analisaram a proporção de códigos SPAFF positivos para negativos, a presença dos "Quatro Cavaleiros do Apocalipse" (criticismo, defensividade, desprezo e evitação/retirada; Gottman & Levenson, 1992), fisiologia elevada (frequência cardíaca, tempo de trânsito do pulso, nível de condutância da pele e atividade somática geral; Levenson & Gottman, 1985), o mostrador de classificação de emoções positivas-negativas de cada parceiro e uma entrevista de história oral negativa (Buehlman, Gottman, & Katz, 1992). Essa entrevista, que pergunta sobre a história do casal, foi codificada usando o sistema de codificação de Buehlman. Em um estudo posterior utilizando essas medidas preditivas com 124 recém-casados, Carrere e Gottman (1999) descobriram que era estatisticamente possível prever quem se divorciaria dentro de seis anos com base na presença de um início brusco de comunicação durante os primeiros três minutos de uma conversa de conflito. Casais que usaram os Quatro Cavaleiros se divorciaram em média cinco anos e seis meses após o casamento (Carrere & Gottman, 1999). Além disso, Gottman e Levenson (2002) descobriram que o desengajamento emocional levaria ao divórcio dos casais em média 16 anos, dois meses depois do casamento, mesmo quando não utilizavam os Quatro Cavaleiros. Não apenas Gottman e Levenson conseguiam prever se um casal se divorciaria, mas agora também podiam prever quando. Eles estavam interessados em avaliar essas descobertas para uma população mais diversificada, então eles completaram um estudo observacional longitudinal de 12 anos e descobriram que os padrões se replicaram em casais formados por *gays* e lésbicas (Gottman et al., 2003). Neil Jacobson e John Gottman (1998) completaram uma pesquisa de 10 anos com o estudo de casais com violência doméstica tanto caracterológica quanto situacional. A pesquisa longitudinal de 12 estudos com mais de 3 mil casais também explorou transições importantes na vida, como a paternidade (Shapiro & Gottman, 2005; Shapiro, Gottman, & Carrere, 2000), casais criando filhos dos 4 aos 15 anos (Katz & Gottman, 1993) e transições para meia-idade e aposentadoria (Levenson, Carstensen, & Gottman, 1994).

A pesquisa de Gottman indicou que casais felizes e estáveis mantêm uma proporção de 5:1 de positividade para negatividade durante conversas de conflito (Gottman et al., 1998). A habilidade do parceiro masculino de aceitar influência da parceira feminina também foi preditiva de casamentos felizes e estáveis (Coan, Gottman, Babcock, & Jacobson, 1997; Gottman, 1979). Gottman e Levenson (1999) reconheceram que as interações do casal eram altamente estáveis ao longo do tempo, como evidenciado por cerca de 80% de estabilidade em discussões de conflito separadas por três anos. Eles também descobriram, ao fazer casais repetirem conversas de conflito a cada três anos, que 69% dos problemas de relacionamento são problemas perpétuos que não são resolvidos (Gottman & Levenson, 1999).

Em 1986, Gottman construiu um apartamento em contexto de laboratório no qual os casais moravam por períodos de 24 horas com câmeras ligadas entre 9h e 21h. Os casais foram instruídos a interagir de maneira normal. Os pesquisadores observaram e codificaram as conversas desses casais. Eles também coletaram dados fisiológicos, fizeram análises de hormônios do estresse urinário e coletaram amostras de sangue para medir o funcionamento imunológico dos parceiros. Essa pesquisa levou à descoberta da importância do sistema de amizade em um relacionamento e de como os parceiros respondem aos "sinais" de conexão, ou seja, tentativas de se aproximarem ou se conectarem um ao outro. Por exemplo, casais recém-casados que se divorciaram seis anos após o casamento recorreriam aos sinais de conexão em 33% das vezes, já os recém-casados que permaneceram casados recorreriam aos sinais em 86% das vezes (Driver & Gottman, 2004b, 2004c). O conceito e a importância de o casal ter uma "conta emocional" (Gottman & Silver, 2015, p. 88) foram validados.

A teoria da SRH

Em 1994, Julie Schwartz Gottman começou a trabalhar com John para traduzir a pesquisa sobre casais em uma abordagem terapêutica utilizável. Juntos, eles criaram a SRH (Gottman, 1999; Gottman & Gottman, 2018). Isso se tornou a teoria básica que sustenta o GMCT. Este nasceu do desejo de Julie Gottman de trazer o laboratório para a clínica e criar um método eficaz de terapia de casais. Os níveis da SRH são baseados nos achados empíricos na pesquisa de John Gottman e seus colegas, e ela fornece um plano para ajudar os casais a aprofundarem sua conexão, lidarem com conflitos e construírem um futuro significativo juntos. A SRH é descrita com mais detalhes na próxima seção.

Confiança e compromisso: os pilares da SRH

A pesquisa sobre a natureza dos relacionamentos continuou mesmo após o desenvolvimento do GMCT e da SRH. Mais recentemente, John Gottman estudou e desenvolveu teorias sobre confiança e traição com base na teoria dos jogos e validou isso revisando dados de estudos longitudinais anteriores (Gottman & Gottman, 2018). Essa conceitualização baseada em pesquisa sobre como os casais constroem confiança *versus* o caminho que leva à traição e à erosão da confiança foi integrada à SRH. Esses conceitos são descritos em *The science of trust* ("A ciência da confiança") (Gottman, 2011) e *What makes love last* ("O que faz o amor durar?") (Gottman & Silver, 2012).

John Gottman desenvolveu uma métrica de confiança que mede matematicamente a confiança em um casal (Gottman, 2011). A confiança pode ser medida em qualquer interação pelo modo como ambos os parceiros agem para maximizar a soma dos ganhos de ambos os parceiros. A definição operacional de confiança é responder às perguntas "Você estará lá por mim?" e "Você se voltará para mim durante períodos de negatividade?" Teoricamente, a negatividade no conflito é uma forma produtiva de construir confiança ao buscar entender os sentimentos e os significados subjacentes que os parceiros fazem, levando, assim, a uma confiança e intimidade mais profundas. A confiança é mostrada como necessária para que um relacionamento tenha um equilíbrio homeostático com mais afeto positivo do que negativo (Gottman & Gottman, 2018).

John Gottman também desenvolveu métricas de traição e compromisso integrando os 30 anos de pesquisa de Rusbult (1987) em seu modelo de investimento/compromisso de relacionamento. Uma métrica de alta traição é indicada por uma luta de poder "ganha-perde" no relacionamento; esses casais mantêm o desejo de melhores opções de relacionamento. Em contraste, uma métrica de alto comprometimento é indicada pelo investimento no relacionamento como sendo o futuro relacionamento que cada parceiro deseja estar.

A conceitualização de casos é baseada na teoria da SRH. Usando uma abordagem multimetodológica, o terapeuta examina o relacionamento do casal para avaliar cuidadosamente seu nível de funcionamento em cada uma das nove áreas da SRH. Isso permite ao terapeuta planejar o tratamento de forma eficaz e fornecer *feedback* preciso ao casal sobre suas lutas de relacionamento.

MODELO CONCEITUAL

O trabalho de John e Julie Gottman levou à formulação de uma forma sistemática de conceitualizar relacionamentos. O sistema ajuda os casais a encontrarem maneiras de aprofundar sua conexão, lidar com conflitos de forma mais eficaz e construir um futuro significativo. Ele também fornece ao clínico uma maneira de compreender as áreas específicas de força e de fraqueza nos relacionamentos de casais em busca de ajuda.

A teoria da SRH contém sete níveis e dois pilares. Esses níveis oferecem detalhes sobre três componentes-chave dos relacionamentos: o sistema de amizade, o sistema de gerenciamento de conflitos e o sistema de significado compartilhado (Gottman, 1999). A SRH é um modelo interacional, e cada nível da casa é afetado pelos outros níveis.

Mais recentemente, a pesquisa de John Gottman sobre confiança e traição adicionou confiança e compromisso ao modelo da SRH para apoiar os sete níveis, como visto na Figura 15.1.

O que torna a teoria da SRH tão poderosa é que cada nível da casa, incluindo os pilares de sustentação da confiança e do compromisso, pode ser refutado. Por exemplo, se um pesquisador levanta a hipótese de que casais com pouca confiança são tão estáveis quanto casais com alta confiança, essa hipótese pode ser testada usando a teoria SRH. Por esse motivo, o Instituto Gottman continua a fazer pesquisas sobre a ciência dos relacionamentos, bem como a eficácia do GMCT.

A ciência dos relacionamentos ensinou aos terapeutas que casais bem-sucedidos estão fazendo as nove coisas presentes na teoria da SRH. Os três primeiros dos sete níveis da SRH ajudam a conceitualizar o sistema de amizade no relacionamento do casal.

FIGURA 15.1 A Casa do Relacionamento Saudável. Copyright © 2000-2011 John M. Gottman. Distribuído com licença concedida pelo The Gottman Institute, Inc.

Construir mapas de amor

A começar pelo nível mais baixo da casa, "construir mapas de amor" é o processo de aprendizagem de um casal um sobre o outro no relacionamento. Isso acontece de imediato durante a fase de namoro de um relacionamento. Os parceiros estão curiosos e fazem perguntas sobre trabalho, família e o que a outra pessoa gosta ou não gosta. Ao fazer isso, os parceiros descobrem semelhanças e diferenças, às vezes falando sobre essas coisas até altas horas da manhã.

Segundo a pesquisa de Gottman, nem todos os casais mostram interesse um pelo outro no início do relacionamento. Mesmo após o casamento, esses casais têm dificuldade em sentir que realmente se conhecem e pulam essa etapa importante para construir intimidade e amizade (Buehlman et al., 1992).

Casais bem-sucedidos atualizam os mapas de amor um do outro ao longo da vida, à medida que os parceiros mudam ao longo do tempo. Por exemplo, parceiros em seus 20 e poucos anos podem não estar interessados em ser pais, mas cinco anos depois se encontram considerando essa possibilidade. Esses casais funcionais também mantêm essas informações em suas mentes e criam um "espaço cognitivo" para lembrar dos detalhes importantes das vidas de seus parceiros. Quando questionados sobre a vida de seus parceiros, eles podem oferecer um mapa rico do mundo interior de seus parceiros. Essa riqueza é evidente na consciência dos casais bem-sucedidos sobre os estressores que seus parceiros enfrentam no trabalho e como eles se sentem ao cuidar de seus pais idosos.

No entanto, os parceiros podem deixar de se manter atualizados um sobre o outro ao longo das mudanças na vida. Muitas vezes, casais que precisam de mapas de amor mais fortes reclamam que suas conversas estão diminuindo em profundidade e frequência. Eles sentem um distanciamento emocional. Se esse processo continuar sem tratamento, o relacionamento decairá em satisfação.

Ao conceitualizar o mapa de amor de um casal, o terapeuta investigará o quanto cada parceiro está ciente das amizades importantes, de outros membros da família, dos estressores, das atividades favoritas, dos filmes, etc. do outro parceiro.

Compartilhar carinho e admiração

O segundo nível, "compartilhar carinho e admiração", explora a tendência do casal de expressar carinho, afeto e respeito. Casais funcionais expressam gratidão e admiração um pelo outro de forma consistente. Eles demonstram respeito em como falam um com o outro e compartilham o que admiram um no outro. Expressões de afeto verbal e não verbal são comuns. A observação dos casais no laboratório mostrou que eles eram específicos em seus elogios e tinham um hábito mental de olhar para o que seus parceiros faziam corretamente e apontá-lo. Por exemplo, "Eu te agradeço muito por ter cozinhado o jantar hoje à noite. Estava delicioso!". Além disso, casais com altos níveis de carinho e admiração falam de maneira positiva sobre seus parceiros para os outros.

Casais que têm dificuldade com carinho e admiração demonstram o hábito de notar e destacar aspectos negativos, como ressaltar as falhas percebidas ou comportamentos de seus parceiros. Com frequência, isso leva a conflitos crescentes ou evitação um do outro.

Ao conceitualizar como os casais expressam carinho e admiração, os terapeutas observam como eles falam um sobre o outro, como reconhecem o que apreciam ou admiram em seus parceiros e a maneira geral como pensam sobre seus parceiros, positiva ou negativamente.

Voltar-se um ao outro em vez de virar as costas

O terceiro nível da SRH avalia quão bem os parceiros respondem aos pedidos de atenção ou conexão um do outro. Um pedido de conexão é a menor unidade mensurável de intimidade e é refletido em como os parceiros tentam se comunicar ou se conectar um com o outro. No apartamento do laboratório, mencionado anteriormente, Gottman e sua equipe notaram que os parceiros respondiam aos pedidos de três maneiras: Eles voltavam-se aos (1) seus parceiros, respondendo a eles; (2) afastavam-se, ignorando ou fingindo não ouvir o pedido; (3) viravam as costas para seus parceiros, respondendo-os com grosseria ou os menosprezando. Por exemplo, no apartamento do laboratório, um parceiro olhou pela janela e disse: "Que veleiro bacana". Um parceiro que "volta-se ao outro" poderia responder colocando seu livro de lado, juntando-se ao seu parceiro na janela por um momento e dizendo: "Sim! Isso!", ou o parceiro poderia responder entusiasticamente: "Uau! Que veleiro legal, vamos comprar um e viajar pelo mundo!". Uma resposta de afastamento seria o silêncio, como se o outro parceiro nunca tivesse dito uma palavra. Uma resposta compatível com o "virar as costas" seria: "Você não vê que estou lendo? Eu não me importo com um barco estúpido!". Os casais que voltavam-se um ao outro 86% do tempo estavam felizes no casamento após cinco anos. Casais que se voltavam um ao outro apenas 33% do tempo estavam divorciados ou infelizes (Driver & Gottman, 2004b).

Ao conceitualizar esse aspecto de um relacionamento, o terapeuta observa como os parceiros respondem aos pedidos de conexão um do outro. Esses poderiam ser pedidos pequenos, como pedir um lenço, ou pedidos maiores, como pedir ajuda com as crianças durante o fim de semana.

A perspectiva positiva

O quarto nível da SRH é "a perspectiva positiva". Robert Weiss (1980) rotulou as atitudes emocionais das pessoas sobre seu relacionamento como "sobrecarga de sentimento positivo" e "sobrecarga de sentimento negativo". Essa perspectiva reflete o quanto um casal é bem-sucedido nos três níveis inferiores da SRH, assim como o quão bem eles lidam com conflitos. Por exemplo, casais que se voltam um ao outro, compartilham carinho e admiração, e continuamente constroem mapas de amor tendem a manter uma perspectiva positiva sobre o relacionamento. Quando um ou mais desses níveis está com dificuldades, a negatividade surge e pode tornar a perspectiva negativa.

Por exemplo, imagine dois casais que experimentam o mesmo evento, mas têm perspectivas diferentes sobre seu relacionamento. Nesse evento, a esposa deveria chegar em casa do trabalho às 18h. Às 18h15, o marido liga ansiosamente para o celular dela, mas ela não atende.

Em uma perspectiva positiva, o marido pode pensar: "Espero que ela esteja bem. Talvez tenha esquecido de carregar o celular". Quando ela entra pela porta, ele pergunta com curiosidade: "O que aconteceu? Estava tentando te ligar". Ela responde: "Desculpe. Meu celular estava no fundo da bolsa e eu não quis pegá-lo enquanto dirigia". Ele responde: "Entendo. Daqui para frente, podemos começar o hábito de ligar quando estivermos a caminho de casa? Fico preocupado com as estradas escorregadias".

Em uma perspectiva negativa, ele pode pensar: "Onde será que ela está?" ou "Sabia. Ela está evitando minha ligação de propósito!". Nesse cenário, é menos provável que ele aceite o pedido de desculpas dela sobre o celular estar na bolsa, e a interação tende a se tornar mais negativa.

Ao conceitualizar a perspectiva de um casal, o terapeuta precisa examinar como os parceiros pensam um sobre o outro e ouvir suas perspectivas sobre o relacionamento. É importante considerar os níveis mais baixos da SRH e seu impacto na perspectiva de cada pessoa sobre o parceiro e o relacionamento. Também é importante entender as crenças que cada parceiro tem sobre os motivos do outro. Às vezes, a negatividade é tão avassaladora que atos neutros e até mesmo positivos do parceiro são vistos como provenientes de motivos negativos.

Esses três primeiros níveis da casa juntos são conhecidos como o sistema de amizade, e a força da amizade é refletida na perspectiva que os parceiros têm sobre o relacionamento. Se o sistema de amizade é forte, os conflitos de um casal podem ter menos inícios de comunicação abruptas severas, aceitação mais fácil de influência e tentativas de reparo que realmente funcionam. O exemplo citado ilustra a importância de uma forte amizade e seu impacto sobre como um casal gerencia conflitos.

Gerenciar conflitos

"Gerenciar conflitos" é o próximo nível da SRH. O termo *gerenciamento* é usado para normalizar o conflito como um componente natural e positivo de relacionamentos saudáveis. A pesquisa longitudinal de Gottman e Levenson (2002) descobriu que 69% dos conflitos são perpétuos e não têm solução. Problemas perpétuos são conflitos baseados em diferenças de personalidade ou sentimentos básicos e necessidades ou valores que provavelmente persistirão ao longo dos anos. Por exemplo, um parceiro tem uma atitude aventureira em relação à vida e adora viajar, enquanto o outro é mais caseiro. Essa diferença fundamental provavelmente nunca mudará. Casais funcionais mantêm um diálogo sobre o problema e aceitam essas diferenças fundamentais. Casais disfuncionais, no entanto, não dialogam sobre o problema e muitas vezes se encontram presos em conflitos estagnados.

Conflitos estagnados é o termo usado para descrever conflitos persistentes que levam a interações negativas. Discussões estagnadas resultam em casais se vilipendiando mutuamente e muitas vezes se sentindo radicalmente afastados um do outro. Por exemplo, uma esposa acreditava que seu marido era descuidado com o dinheiro, era materialista e provavelmente levaria a família à falência. O marido acreditava que sua esposa era tensa, nunca queria se divertir na vida e se preocupava com cada "centavo". Suas discussões financeiras tornaram-se cada vez mais negativas e ameaçavam terminar o relacionamento.

O casal mencionado destaca um conceito importante na teoria da SRH. A perspectiva emocional de cada parceiro sobre o relacionamento pode se tornar negativa mesmo quando o sistema de amizade é forte. Embora esse casal fosse bastante bem-sucedido em expressar carinho e responder a propostas de conexão, seu conflito estagnado havia se tornado tão destrutivo que estavam considerando o divórcio. Mudar a conversa de estagnação para diálogo foi a tarefa terapêutica central para esse casal.

Esse casal, assim como muitos outros que procuram terapia de casal, se envolvem em trocas negativas que se intensificam à medida que o casal tenta resolver o problema. No início da pesquisa de Gottman e Levenson, eles identificaram quatro estilos de comunicação que eram altamente preditivos de término de relacionamento. Eles os chamaram de "Quatro Cavaleiros do Apocalipse". São eles: criticismo, defensividade, desprezo e evasão. A presença desses Quatro Cavaleiros durante conversas de conflito previa o divórcio e o término do relacionamento com uma precisão de 90% (Gottman & Levenson, 1992).

- *Criticismo*: colocar a culpa pelo problema no parceiro. Muitas vezes assume a forma de reclamações severas, como "Por que você sempre gasta demais?" ou "Você nunca quer se divertir!".
- *Defensividade*: recusar-se a assumir qualquer responsabilidade pelo problema. Parceiros defensivos tendem a se defender usando um contra-ataque a uma queixa ou uma crítica, como "Você gasta mais dinheiro do que eu em sapatos!" ou podem agir de forma inocente lamentando-se por se sentir injustamente criticados, como "Eu trabalho duro, por que não posso ter coisas boas?".
- *Desprezo*: diminuir o parceiro com uma atitude de superioridade. O desprezo é mais severo do que a crítica, pois contém um tom de superioridade e inclui ser condescendente com o parceiro – por exemplo: "Aprendi o valor do dinheiro quando tinha 5 anos. Você precisa revisar matemática elementar, pois claramente não entende que não pode gastar mais do que ganha".
- *Evasão*: interromper toda a comunicação verbal e não verbal durante o conflito. O parceiro evasivo muitas vezes quebra o contato visual, desvia o olhar e se recusa a responder a perguntas diretas.

Casais bem-sucedidos utilizam esses padrões negativos muito menos do que casais com dificuldades e, quando o fazem, reparam o relacionamento e tentam construtivamente evitar que esses padrões ocorram de novo. John Gottman também observou que casais que foram bem-sucedidos em gerenciar conflitos ao longo dos anos praticaram seis habilidades de gerenciamento de conflitos para lidar com conflitos, ficar fora de conflitos estagnados, evitar os Quatro Cavaleiros e fortalecer o relacionamento. Essas seis habilidades são: início de comunicação suave, reparo eficaz, autorregulação fisiológica, aceitação de influência, honrar os sonhos do outro e compromisso. Essas habilidades são essenciais para criar uma proporção de cinco interações positivas para uma interação negativa em conflito. Casais que dominam as habilidades citadas são gentis um com o outro, evitam culpar, trabalham juntos, têm conflitos emocionalmente menos voláteis e tentam encontrar soluções ganha-ganha. Exploramos essas habilidades mais detalhadamente na seção "Passo a passo da formulação de casos" mais adiante neste capítulo.

É importante observar a influência do sistema de amizade no sistema de gerenciamento de conflitos. Casais com uma amizade positiva e emocionalmente próxima têm mais probabilidade de manter uma perspectiva positiva e lidar de modo eficaz com diferenças e problemas no relacionamento.

Tornar sonhos realidade

Muitas vezes, quando problemas perpétuos se tornam estagnados, no cerne estão histórias ocultas, necessidades fundamentais e sonhos cheios de significado simbólico que precisam ser expressos e compreendidos. No nível dos mapas do amor, os parceiros podem aprender sobre sonhos, valores, esperanças, convicções e aspirações um do outro, mas, neste sexto nível da SRH, há mais foco em como os parceiros se apoiam mutuamente na realização dos sonhos individuais e do relacionamento, aprofundando, assim, os mapas de amor.

Criar significado compartilhado

Por fim, temos o "sótão" da casa, onde casais funcionais criam intencionalmente um sentido de significado compartilhado em suas vidas. Casais bem-sucedidos dedicam tempo para definir papéis, objetivos e valores significativos para cada parceiro e para o relacionamento. Eles trabalham juntos para criar um significado compartilhado e propósito para suas vidas juntos. Este nível trata de construir uma vida juntos que inclui rituais informais e formais que aprofundam a conexão de um casal ao longo do tempo.

"Fazer os sonhos de vida se tornarem realidade" e "criar um significado compartilhado" se combinam para formar o sistema de significado compartilhado dos relacionamentos. Isso é expresso até mesmo por casais jovens, que frequentemente dizem: "Queremos envelhecer juntos". Casais de longo prazo e bem-sucedidos encontram maneiras significativas de passar o tempo juntos. Eles têm piadas internas das quais ambos riem.

Eles celebram juntos, com amigos e família. Eles compartilham a tarefa de serem pais. Eles podem trabalhar juntos para o bem da comunidade. Todo o trabalho de gerenciamento de conflitos ajuda a alcançar o objetivo de compartilhar uma vida amorosa e em longo prazo com alguém que torna tudo isso valioso.

Confiança e compromisso

Confiança e compromisso são os pilares que sustentam todos os níveis juntos. À medida que os casais avançam para a fase de compromisso do relacionamento além do período impulsionado hormonalmente de "apaixonar-se", ambos os parceiros começam a fazer e buscar respostas para perguntas importantes sobre o relacionamento. A confiança é um estado emocional que ocorre quando uma pessoa sabe que seu parceiro coloca seus interesses em pé de igualdade com os seus e tomará decisões que criem o melhor resultado para ambos os parceiros. Operacionalmente, isso se traduz em "estar lá" um para o outro. A confiança vai além de ser fiel sexualmente, embora esse último seja extremamente importante. É uma disposição para priorizar as necessidades do outro parceiro romântico acima das próprias. Precisamos saber que nosso parceiro está lá nos bons e nos maus momentos e que eles podem consertar as coisas conosco quando não correm perfeitamente bem. A confiança cresce quando os parceiros estão sintonizados com as emoções negativas e ouvem sem defensividade.

O compromisso significa acreditar e se comportar conforme a ideia de que "Este é o relacionamento em que quero estar. Esta é a pessoa com quem quero estar". O compromisso é baseado em quão bem os parceiros apreciam um ao outro e o relacionamento. Parceiros que não estão comprometidos desenvolvem comparações negativas com relacionamentos alternativos reais ou imaginários, o que mostrou-se ser o caminho para a traição.

Embora a SRH seja construída com cada nível sobre o outro, os andares estão interligados, pois narrativas, sonhos, metáforas e mitos sobre o ciclo do relacionamento retornam à base, que é conhecer um ao outro. Quando um sistema é trabalhado, ele afeta também os outros sistemas. A Figura 15.2 ilustra a natureza sobreposta dos níveis da SRH. Amizade/intimidade (mapas do amor, afeição e admiração, e voltar-se um ao outro) se sobrepõem e influenciam o conflito construtivo, e isso influencia o nível de amizade também. Tanto a amizade quanto o conflito afetam a habilidade de um casal de construir uma vida significativa juntos.

CONSIDERAÇÕES MULTICULTURAIS

A pesquisa de Gottman foi realizada com uma amostra populacional da América do Norte, e estudos semelhantes com populações em outros continentes ofereceriam um conhecimento aumentado sobre casais em outras culturas. Grande cuidado foi dado ao estudar casais de todas as idades ao longo de um período prolongado. A pesquisa

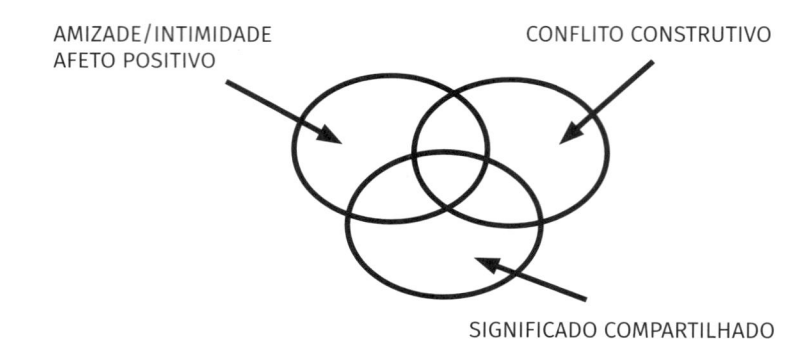

FIGURA 15.2 Três domínios para conceitualização e influências bidirecionais. Copyright © 2000-2018 John M. Gottman e Julie Schwartz Gottman. Distribuída com licença concedida pelo The Gottman Institute, Inc.

de Gottman incluiu estudos de relacionamentos homoafetivos (Gottman et al., 2003; Garanzini et al., 2017) e casais de baixa renda (Bradley, Friend, & Gottman, 2011).

Como método terapêutico, o GMCT tem sido ensinado e utilizado em todo o mundo, incluindo Europa, Ásia, Austrália e Américas, por mais de 30 mil conselheiros, terapeutas e educadores. Materiais para terapeutas e casais foram traduzidos para muitos idiomas, incluindo espanhol, turco, hebraico, norueguês, holandês e coreano. Além disso, o Instituto Gottman oferece treinamento para educadores em três programas comunitários diferentes: o Treinamento de Educadores dos Sete Princípios, Trazendo o Bebê para Casa e Programa de *Coaching* Emocional. Mais de 2 mil educadores em todo o mundo foram treinados no Trazendo o Bebê para Casa e no Programa dos Sete Princípios, de Gottman. Esses programas, juntamente com a Arte e Ciência do Amor (ministrada por terapeutas certificados pelo Método Gottman), oferecem ajuda para casais em diversos contextos. Pesquisas adicionais para verificar ou refutar a teoria SRH em outras culturas precisam ser concluídas.

Além disso, o GMCT é uma terapia de casal afetiva. O método concentra-se na universalidade dos estados emocionais básicos, conforme demonstrado por Ekman e Friesen (1971). Esse foco emocional ajuda a explicar a ampla aceitação do modelo em culturas fora da América do Norte.

EVIDÊNCIAS A FAVOR DO MÉTODO

Desde o desenvolvimento da teoria SRH, foram realizadas pesquisas em *workshops* psicoeducacionais, intervenções e estudos de resultados com mais de 4 mil casais (Navarra, Gottman, & Gottman, 2016).

Trazendo o Bebê para Casa

Em um estudo longitudinal, os pesquisadores acompanharam casais desde seus casamentos até a gravidez e até mesmo estudaram as interações entre pais e bebês. Os pesquisadores descobriram que 67% dos casais tiveram uma queda na satisfação do relacionamento durante os primeiros três anos de vida do bebê (Shapiro et al., 2000). Usando os dados que diferenciavam os 33% dos casais que não experimentaram uma queda na satisfação, um ensaio clínico randomizado de um *workshop* psicoeducacional preventivo de dois dias chamado Trazendo o Bebê para Casa (BBH, do inglês Bringing Baby Home), projetado pelos Gottman, foi eficaz na melhoria da qualidade conjugal e na redução da depressão pós-parto e do afeto hostil em conflitos (Shapiro & Gottman, 2005).

Workshop a arte e a ciência do amor

Julie e John Gottman projetaram esse *workshop* para casais. Um ensaio clínico randomizado de um ano indicou maiores mudanças na satisfação conjugal e reduções nos problemas de amizade e conflito dos casais (Babcock, Gottman, Ryan, & Gottman, 2013). Outro estudo comparou casais que participaram do *workshop* de dois dias com casais que participaram do *workshop* e completaram nove sessões de terapia de prevenção de recaída do GMCT após o *workshop* (Ryan, 2001). Houve um tamanho de efeito moderado para os casais que frequentaram as sessões de prevenção de recaída.

Estudo de desfecho sobre GMCT

Resultados de um ensaio clínico não controlado com 88 casais *gays* e 13 casais lésbicos que participaram do GMCT revelaram um tamanho de efeito muito grande de $d = 1,23$ para os casais *gays* e 1,13 para casais lésbicos (Garanzini et al., 2017), em que um tamanho de efeito grande a muito grande varia de 0,8 a 1,20 (Cohen, 1992; Sawilowsky, 2009). Isso é maior do que o tamanho do efeito de 0,9 da terapia comportamental integrativa para casais (IBCT, do inglês integrative behavioral couple therapy; Christensen et al., 2004) e da terapia comportamental tradicional para casais (TBCT, do inglês traditional behavioral couple therapy), com 0,82 (Christensen, Baucom, Vu, & Stanton, 2005).

Pesquisa de desfechos atuais

Uma análise recente de 39.251 casais heterossexuais, 1.022 casais lésbicos e 438 casais *gays* que completaram a Avaliação de Relacionamento Gottman antes de começar a terapia de casais indicou que casais que começam a terapia sofrem mais, com média de 2,5 nos desvios-padrão da média e muito mais comorbidades do que tem sido presumido em estudos prévios de universidades (Gottman, Gottman, Cole, & Preciado, 2020). A literatura atual indica que casais que iniciam o tratamento têm uma média de meio desvio-padrão abaixo da média, que os tamanhos típicos de efeito das intervenções em terapia de casal são de 0,5 desvios-padrão, e que 30 a 50% dos casais recaem aos níveis de satisfação pré-terapia dois anos pós-terapia (Gottman & Gottman, 2018). Esses dados demandam que pesquisadores e clínicos continuem desenvolvendo intervenções que tenham tamanhos de efeito de 2 a 4 desvios-padrão e mudanças de longo prazo que durem além do período de dois anos (Gottman et al., 2020).

Em alinhamento com a missão de melhor compreender a natureza dos relacionamentos e validar o GMCT como uma abordagem eficaz para trabalhar com casais, o Instituto Gottman tem três estudos de pesquisa ativos com o objetivo de criar mudanças positivas de alta magnitude nos relacionamentos, incluindo um estudo avaliando a recuperação de casos de infidelidade em casais com o uso do GMCT *versus* tratamento usual, um estudo naturalístico sobre a eficácia do GMCT nos Estados Unidos, Canadá e Austrália, e um estudo sobre a eficácia de uma maratona de terapia de casal.

PASSO A PASSO DA FORMULAÇÃO DE CASOS

O GMCT começa com processos sistemáticos de avaliação multimétodos que seguem a pesquisa do laboratório para orientar o plano de tratamento do terapeuta. O processo de avaliação ocorre em três sessões e utiliza a teoria SRH como base para a formulação de casos. Assim como no laboratório, os terapeutas utilizam observação, entrevistas interativas, autorrelatos e fisiologia para obter uma visão geral das forças atuais e das oportunidades de melhoria de um relacionamento. Na primeira sessão, o terapeuta se encontrará com o casal por 80 a 90 minutos. Antes da segunda sessão, o terapeuta solicitará que cada parceiro complete questionários de autorrelato. Durante a segunda sessão, o terapeuta se encontrará com cada parceiro para uma entrevista individual de 45 minutos cada. Na terceira sessão, o terapeuta oferecerá *feedback* com base no processo de avaliação que delineia o plano de tratamento.

A primeira sessão

Na primeira sessão, o terapeuta começa explorando a narrativa do casal sobre por que estão procurando terapia agora, a história do relacionamento (entrevista de história oral) e uma breve exploração das histórias familiares antes de ter uma conversa de conflito de 10 minutos. Em preparação para a sessão, os terapeutas equipam seus consultórios com dois oxímetros de pulso para monitorar as frequências cardíacas de cada parceiro durante as conversas de conflito, com a *Checklist* de Problemas Perpétuos, de Gottman (1999) (ver Apêndice 15.1) e com uma câmera de vídeo para gravar (com permissão escrita) a conversa conflituosa para uma revisão cautelosa pós-sessão.

A narrativa do casal

Após estabelecer o *rapport* e de discutir o comunicado de divulgação do terapeuta, o terapeuta começa a avaliar o casal perguntando: "Vamos começar com vocês me contando a história do que os trouxe aqui, o que vocês esperam alcançar vindo aqui e quais podem ser alguns dos seus pesadelos em vir aqui – o que vocês não querem ver acontecer". Durante esse passo inicial, são coletadas informações sobre o que motiva os parceiros e quão alinhadas ou diferentes são as narrativas de cada parceiro para procurar terapia.

Entrevista de história oral

Em seguida, o terapeuta guia o casal por uma entrevista semiestruturada de 10 perguntas chamada Entrevista de História Oral (EHO; ver Apêndice 15.2) que explora a história do relacionamento. A primeira pergunta da entrevista começa com uma afirmação como: "Vamos voltar agora e me contar como vocês se conheceram. Quais foram as primeiras impressões que tiveram um do outro?". A entrevista questiona sobre transições importantes na vida, sentimentos do casal, estresses e mudanças que ocorreram ao longo do relacionamento. Essa entrevista leva aproximadamente 40 minutos para ser concluída.

Kim Buehlman, no laboratório de Gottman, desenvolveu o sistema de codificação de história oral para avaliar de forma quantitativa a entrevista em várias dimensões. As dimensões de Buehlman orientam a compreensão da situação do casal pelo terapeuta. A codificação de Buehlman das entrevistas de história oral previu divórcio ou estabilidade em casais casados ao longo de um período de 4 anos com 94% de precisão (Buehlman, Gottman, & Katz, 1992). As dimensões de Buehlman são as seguintes:

- *Mapas de amor*. Os terapeutas conceituam o quanto de detalhes cada parceiro fornece quando perguntado sobre algum aspecto de suas vidas compartilhadas. Algumas pessoas dedicaram muito espaço cognitivo a esse relacionamento e ao mundo interior do parceiro, enquanto outras não.
- *Sistema de carinho e admiração*. Nas respostas do casal, houve expressões espontâneas de carinho e admiração um pelo outro? Os terapeutas conceituam isso enquanto o casal fala sobre eventos passados e sentimentos atuais de positividade e proximidade.
- *Decepção e negatividade*. Os terapeutas conceituam a quantidade de decepção no relacionamento expressa na entrevista. A quantidade de hostilidade expressa, direta ou indiretamente, na forma como cada parceiro fala sobre sua história compartilhada também é observada.
- *Nós-nosso*. Os terapeutas avaliam com que frequência cada parceiro usa palavras como nós e nosso em comparação com apenas falar sobre si mesmos como indivíduos. Examine se o casal completa as frases um do outro e se um parceiro fala em termos de *nós,* enquanto o outro foca na separação e nas diferenças.
- *Glorificação da dificuldade*. Quando o casal reflete sobre os tempos difíceis, como eles se sentem sobre isso? Alguns casais expressam a filosofia de que o relacionamento é uma dificuldade, mas que vale a pena. Alguns casais expressam que, mesmo antes de resolver um problema, esperam que não leve a lugar nenhum. Os terapeutas examinam como um casal expressa a dificuldade por meio dos problemas. Eles consideram isso como uma experiência potencialmente construtiva?
- *Caos*. Os terapeutas conceituam como o casal se sente sobre eventos de vida negativos. Esses eventos apenas "acontecem" com os dois com pouco controle? Suas vidas juntas parecem caóticas e fora de controle?

- *Papéis estereotipados, tradicionalidade.* Os terapeutas conceituam o papel de cada parceiro como bastante tradicional ou não tradicional. Flexibilidade e justiça nos papéis estão relacionadas à satisfação dos casais.
- *Evitar conflitos* versus *engajar-se em conflitos.* Alguns casais minimizam o quão intensa é sua reação a um problema, mantêm coisas pessoais em privado e tentam evitar desacordos. Outros casais são mais expressivos e engajados em conflitos. Os terapeutas conceituam como os casais evitam ou se envolvem quando se trata de seus conflitos.

Ao final da entrevista de história oral, o terapeuta não apenas coletou o conteúdo dos problemas apresentados pelo casal mas também fatores-chave preditivos do futuro do relacionamento. Agora, o terapeuta explora brevemente a história familiar de cada parceiro.

Histórias familiares

Os terapeutas pedem brevemente que cada parceiro compartilhe suas experiências em sua família de origem enquanto crescia, começando com uma pergunta como: "Gostaria de ter uma ideia das suas famílias principais enquanto cresciam. Como era sua família?" Isso leva aproximadamente 10 minutos.

Gravar uma interação de conflito em vídeo

Em seguida, o terapeuta pede ao casal que participe de uma conṿ ꒱sa que envolva algum conflito. Às vezes, eles entregam ao casal uma lista de problemas perceptuais comuns (Gottman, 1999), e outras vezes o casal seleciona os seus próprios. O terapeuta ajuda o casal a identificar uma área de desacordo contínuo que seja um problema para ambos os parceiros. O terapeuta, então, configura a câmera, pede ao casal que use o oxímetro de pulso e pede a eles que conversem um com o outro por 10 minutos sobre o problema. O terapeuta observa silenciosamente a conversa de 10 minutos, tendo o cuidado de não intervir.

Avaliando a fisiologia

Durante a conversa de conflito, os terapeutas usam oxímetros de pulso para avaliar a excitação fisiológica durante o conflito. Esse passo ajuda o terapeuta a avaliar o transbordamento emocional durante o conflito e está alinhado com as descobertas de Levenson e Gottman (1985) sobre a previsão da satisfação conjugal que foram replicadas em outros estudos longitudinais.

Durante a interação de conflito, os terapeutas monitoram sinais de excitação emocional, incluindo:

- Fechamentos longos dos olhos ou tremores das pálpebras, indicando que a pessoa se recolheu
- Aumentos em qualquer um dos Quatro Cavaleiros: criticismo, defensividade, desprezo e evitação
- Quadris virados para longe do parceiro, indicando um desejo de se desvincular
- Falta de afeto positivo
- Expressões faciais controladas, como lábios apertados ou mordida no interior da bochecha
- Raiva, indicada por lábios pressionados ou falta da parte vermelha visível do lábio superior
- Tristeza ou aflição, indicadas pelo canto interno das sobrancelhas levantado e juntos
- Sobrancelhas retas, indicando medo
- Qualquer indicação de que alguém parou de respirar regularmente ou está respirando superficialmente
- Não concluir frases, repetições, deslizes na fala, omissões e gagueira

Os terapeutas também examinam a capacidade de cada parceiro de voltar ao estado inicial. Essa avaliação oferece informações sobre a condição geral e a cronicidade da excitação no relacionamento.

Checklist *do terapeuta para comportamentos de conflito*

Durante o conflito, há comportamentos específicos que os terapeutas procuram na interação de conflito. Eles incluem a presença dos Quatro Cavaleiros – crítica, defensividade, desprezo e evitação –, além de beligerância, definida como provocar uma resposta como se estivesse tentando iniciar uma briga, e comportamentos dominadores, como tentar controlar a conversa ou forçar a conformidade (Driver & Gottman, 2004a).

Outro padrão que os terapeutas procuram é o desengajamento emocional, como indicado por pouco ou nenhum afeto positivo. Casais emocionalmente distantes muitas vezes dizem um ao outro que está tudo bem, mas isso indica a dificuldade deles em se adaptar à distância e ao isolamento no relacionamento. Se continuarem assim, viverão vidas paralelas, caminhando em direção à solidão e divorciando-se emocionalmente um do outro (Gottman & Gottman, 2018). Além disso, durante a interação de conflito de 10 minutos, o terapeuta observa o seguinte:

- Tentativas de reparo são feitas? Elas têm sucesso ou falham?
- Padrões de interação são sugeridos, como um parceiro perseguindo e o outro se distanciando? Há um padrão de escalada de conflitos ou evitação de tópicos? Um parceiro é dominador e o outro passivo e complacente? A passivo-agressividade está presente?

- O afeto positivo está presente, como humor, interesse, afeto, validação e desescalada?
- Há uma luta pelo poder no relacionamento?
- Quem iniciou a conversa e quão suave ou severa foi a abordagem?
- Quão bem cada parceiro aceita a influência do outro, especialmente o marido? Eles foram respeitosos com a influência? Houve uma troca na conversa?
- Eles chegaram a um compromisso juntos?
- Eles aceitam ou rejeitam as personalidades um do outro?

A análise de mais de 900 conflitos em vídeo no laboratório, além de mais de 1.000 entrevistas detalhadas sobre conflitos em casa, levou os Gottman a concluir que "Na maioria das vezes, a maioria dos casais briga por algo que parece ser absolutamente nada" (Gottman & Gottman, 2015, p. 137). Durante a conceitualização, é importante para os terapeutas focarem em como um casal conversa um com o outro sobre os problemas que enfrentam.

Questionários

Em seguida, o casal é convidado a preencher uma série de questionários, seja em papel ou *on-line* no *site* de Avaliação de Relacionamento de Gottman. Os clientes são convidados para o *site* por *e-mail* pelo terapeuta. O custo (atualmente $29 USD) pode ser pago pelo terapeuta ou pelo casal. O benefício de tê-los completado *on-line* é que o *site* automaticamente pontua os resultados para o terapeuta implementar na conceitualização do caso e no plano de tratamento.

Os clientes são solicitados a completar esses questionários antes de suas sessões individuais. Existem instrumentos-padrão, como o Teste de Ajustamento Conjugal de Locke-Wallace, bem como questionários (conhecidos como Questionário da Casa do Relacionamento Saudável) criados especificamente por Gottman. Esses demonstram alta validade e confiabilidade e correlacionam significativamente com os preditores de funcionamento do relacionamento por autorrelatos-padrão e multimétodos (Levenson & Gottman, 1983). Os Questionários da Casa do Relacionamento Saudável levaram à criação de itens válidos baseados na teoria da SRH (Gottman, 1999; Gottman & Gottman, 2018).

O Questionário da Casa do Relacionamento Saudável avalia o funcionamento dos casais em cinco domínios: amizade e intimidade, gerenciamento de conflitos, sistema de significados compartilhados, confiança e comprometimento. A validação multimétodo dos Questionários da Casa do Relacionamento Saudável incluiu entrevistas de história oral (Buehlman et al., 1992) e codificação comportamental das interações emocionais de conflito (Gottman & Levenson, 1985; Levenson & Gottman, 1985), bem como comparação com instrumentos padronizados validados, como o Teste de Ajustamento Conjugal de Locke-Wallace (Locke & Wallace, 1959) e o Inventário de Estado Conjugal de Weiss-Cerreto (Weiss & Cerreto, 1980). Após a análise dos itens, os melhores foram selecionados para diminuir o comprimento dos questionários e estabelecer pontos de corte empíricos. Para dados psicométricos relacionados aos estudos de validação da SRH, consulte Gottman et al. (2020). Além dos Questionários da Casa do Relacionamento Saudável, os casais completam o seguinte para facilitar uma conceitualização abrangente do relacionamento:

- Teste de Ajustamento Conjugal de Locke-Wallace (Locke & Wallace, 1959)
- Inventário de Estado Conjugal de Weiss-Cerreto (Weiss & Cerreto, 1980)
- Lista de Verificação de 19 Áreas de Gottman para Problemas Solucionáveis e Perpétuos (Gottman, 1999; Gottman & Gottman, 2018).
- Três escalas "Desvio", incluindo Caos, Metaemoções e Minha História Familiar (Gottman, Katz, & Hooven, 1996)
- Questionário de Abuso Emocional de Gottman (Waltz, Babcock, Jacobson, & Gottman, 2000)
- Lista de Verificação de Sintomas – 90 (Derogatis, Lipman, & Covi, 1973)
- Questionário CAGE-AID para rastrear problemas com álcool e drogas (Brown & Rounds, 1995)
- Breve Teste de Triagem de Álcool de Michigan (Connor, Grier, Feeney, & Young, 2007)

As respostas desses questionários de autorrelato são úteis para abordar preocupações específicas que cada parceiro tenha e podem ajudar a facilitar uma conversa sobre um aspecto do relacionamento que um parceiro classificou negativamente. Além disso, o questionário de história familiar e as medidas individuais ajudam o terapeuta a conceituar fatores individuais que influenciam as dinâmicas relacionais.

Entrevistas de sessão individual

No início das sessões individuais, o terapeuta lembra ao parceiro que nenhum segredo é mantido e que tudo que é compartilhado pode ser trazido para as sessões do casal. A sessão começa perguntando ao parceiro sobre sua própria narrativa de chegada à terapia. Isso permite que o terapeuta compreenda como o parceiro se sente em relação ao relacionamento. Em seguida, o terapeuta explora as histórias relevantes de origem familiar, relacionamento(s) anterior(es) e casamentos, e experiências passadas em terapia. Para o relacionamento, o terapeuta explora o seguinte:

- Compromisso de cada parceiro com o relacionamento e discrepâncias entre os dois
- Objetivos pessoais, esperanças e expectativas para o relacionamento
- Análise de custo-benefício de cada parceiro em permanecer e investir no relacionamento *versus* sair
- Abuso físico contínuo ou anterior, sobretudo um padrão de uso de violência para intimidar e controlar o parceiro

- Traições contínuas ou anteriores, especialmente casos extraconjugais
- Comorbidades de cada parceiro, como depressão, ansiedade, transtorno de estresse pós-traumático, transtorno obsessivo-compulsivo, entre outros
- Abuso sexual contínuo ou anterior
- Uso de drogas e álcool ou outras dependências

Ao final de cada sessão individual, o terapeuta informa a cada parceiro que o próximo encontro será uma sessão conjunta. Durante essa sessão conjunta, o terapeuta compartilhará sua compreensão do relacionamento e, junto com o casal, discutirá um plano de tratamento.

PLANEJAMENTO E PRÁTICA DO TRATAMENTO

Planejamento do tratamento

Com as sessões de avaliação concluídas, o terapeuta agora analisa os dados da sessão inicial, incluindo a narrativa do casal, a entrevista de história oral, a discussão de conflitos, as avaliações de autorrelato de Gottman e cada entrevista individual, e começa a formular um plano de tratamento integrativo para o casal. Ao formular um plano de tratamento, os terapeutas acham útil usar a Lista de Verificação do Clínico para Relacionamento, o Resumo e Guia de Interpretação da Avaliação de Gottman e o Plano de Tratamento de Gottman (Figuras 15.3, 15.4 e 15.5).

Após cada parceiro completar a versão *on-line* ou em papel dos questionários de Gottman, o terapeuta completa o Resumo e Guia de Interpretação da Avaliação de Gottman. O objetivo é conceituar o nível de funcionamento do casal em cada área da teoria SRH e usar essa conceituação para planejar uma estratégia de tratamento eficaz. O terapeuta recebe a Lista de Verificação do Clínico para Avaliação de Casal para organizar, revisar e resumir as dinâmicas do relacionamento conforme revelado pela narrativa do casal, entrevista de história oral, discussão de conflitos e cada entrevista individual, bem como questionários, e formular essas informações dentro do plano de tratamento.

O plano de tratamento permite ao terapeuta ver o relacionamento de relance para fornecer *feedback* ao casal. O relacionamento é avaliado de acordo com os pontos fortes e fracos relativos de cada área de funcionamento na SHR. É aqui que a conceitualização do caso é mais útil para o terapeuta e para o casal cliente. A SRH fornece uma imagem clara do funcionamento bem-sucedido do relacionamento e permite que o casal entenda os motivos de seu sofrimento e veja um caminho para a reparação.

O terapeuta prepara um *feedback* para o casal sobre seu relacionamento de maneira sistemática, fornecida pela SRH e pela análise de seu funcionamento. O terapeuta também prepara um *feedback* sobre quaisquer comorbidades que precisarão ser tratadas.

ID# (do cliente): _____ Data: _____

Sumário Gottman para registro de avaliação

Parceiro 1 _____

	Corte	P1	P2
Locke-Wallace	<85		
Weiss Cerreto	<4		

Casa do relacionamento saudável

	P1	P2
+ Mapas de amor		
+ Carinho e admiração		
+ Voltar-se um ao outro ou dar as costas		
– Sobrecarga de sentimento negativo		
– Começo ríspido		
+ Aceitar influência		
+ Tentativas de reparo		
+ Compromisso		
– Conflitos estagnados		
– Quatro Cavaleiros		
– Inundação		
– Ausência de engajamento emocional		
+ Sexo, romance e paixão		
+ Significado compartilhado – Rituais		
+ Significado compartilhado – Objetivos		
+ Significado compartilhado – Papéis		
+ Significado compartilhado – Símbolos		
Confiança		
Comprometimento		

Checagem das 19 áreas

	P1	P2
Permanecer conectado emocionalmente		
Gerenciar o trabalho e outros estresses		
Gerenciar discordâncias		
Romance e paixão		
Vida sexual		
Eventos traumáticos e importantes		
Questões parentais		
Sogros ou parentes		
Ciúme/atração por outros		
Caso(s) extraconjugal(is) recente(s)		
Brigas desagradáveis		
Valores e objetivos básicos		
Eventos de vida difíceis		
Trabalhar em equipe		
Poder e influência		
Finanças		
Diversão conjunta		
Construir uma comunidade		
Espiritualidade		

Parceiro 2 _____

Três escalas de desvio

	P1	P2
Caos		
Metaemoção (desconsideração da emoção)		
História familiar (história traumática)		

Abuso emocional (EAQ)

		P1	P2
Ciúme	1, 3, 4		
Isolamento social	2, 5, 6, 10		
Controle social	7, 8, 9		
Gaslighting	11		
Humilhação	12, 13, 14		
Coerção sexual	15, 19, 21		
Ameaça ou danos à propriedade	16-18, 22-25		
Escore total de abuso emocional			

	P1	P2
Controle		
Medo		
Potencial para suicídio		
Atos de agressão física		

SCL-90		Corte clínico	P1	P2
Somatização	So	1,23		
Obsessivo-compulsivo	OC	1,18		
Sensibilidade interpessoal	SI	0,96		
Depressão	D	1,50		
Ansiedade	A	1,24		
Raiva-hostilidade	RH	0,83		
Ansiedade fóbica	AF	0,69		
Ideação paranoide	IP	1,32		
Psicoticismo	Ps	0,76		
Q. 15 Discussões sobre legado e fim da vida				
Q. 63 Impulsos de causar danos				
Q. 3 Pensamentos indesejados				

Mapeamento de álcool e drogas

	P1	P2
CAGE AID		
b-MAST		

Notas:

FIGURA 15.3 Sumário Gottman para Registro de Avaliação. Copyright © 2000-2018 John M. Gottman e Julie Schwartz Gottman. Distribuído com licença concendida por The Gottman Institute, Inc.

	Áreas de força	Marginal*	Necessidades de aprimoramento
SRH +	81-100%	61-80%	0-60%
SRH −	0-20%	21-40%	41-100%
Confiança	51-100%		0-50%
Quaisquer itens marcados como Concordo ou Concordo bastante indicam a necessidade de mais avaliação			
Comprometimento	51-100%		0-50%
Quaisquer itens marcados como Discordo ou Discordo bastante indicam a necessidade de mais avaliação			
19 áreas	0-20%	21-40%	41-100%

* Quando um escore se enquadra em "Marginal", isso determina a necessidade de intervenção ao se avaliar de perto outros dados clínicos.

Três escalas de desvio	Áreas de força	Marginal*	Necessidades de melhoria
Caos	0-20%	21-40%	41-100%

	Não desconsideração emocional	Desconsideração emocional
Metaemoção	0-20%	20% ou mais

	Negatividade leve/história familiar positiva	Indica a necessidade de mais avaliação
História familiar traumática	0-15%	15% ou mais

EAQ
Se qualquer item da escala for marcado como "Verdadeiro", isso indica uma área de preocupação.

CAGE-AID
Escores de 2/4 ou maiores que isso indicam um CAGE positivo, sendo, então, necessária mais avaliação.

b-MAST

Escore b-MAST	Grau do problema envolvimento com álcool	Atitude sugerida
0-3	Ausência de problemas relatados	Nenhuma neste momento
4	Sugere alcoolismo	Mais investigação
5 ou mais	Indicativo de alcoolismo	Avaliação completa

FIGURA 15.4 Diretrizes Interpretativas. Copyright © 2000-2018 John M. Gottman e Julie Schwartz Gottman. Distribuída com licença concedida por The Gottman Institute, Inc.

Identificação do cliente: _____ Data: _____

Plano de Tratamento de Gottman

Áreas de força:

História significativa:
(abuso, trauma, casos extraconjugais,
origem familiar, relacionamento)

A casa do relacionamento saudável

Criar significado compartilhado
+ o -

Tornar sonhos realidade
+ o -

Manejar conflito
+ o -

A perspectiva positiva
+ o -

Voltar-se ao outro em vez de virar as costas
+ o -

Compartilhar carinho e admiração
+ o -

Construir Mapas de Amor
+ o -

CONFIANÇA

COMPROMETIMENTO

Comorbidades:

Problemas apresentados:

Objetivos de tratamento preliminares:

FIGURA 15.5 Plano de Tratamento de Gottman. Copyright © 2000-2018 John M. Gottman e Julie Schwartz Gottman. Distribuída com licença concedida por The Gottman Institute, Inc.

A sessão de *feedback* na prática

Na terceira sessão de 90 minutos, o terapeuta vê o casal junto. Após fazer um *check-in* com os clientes para discutir qualquer coisa relacionada ao processo de avaliação, o terapeuta dá ao casal uma cópia do diagrama SRH e, começando pela parte inferior, passa em cada nível da casa seguindo os passos seguintes:

1. *Nomear e definir o nível da SRH.*
2. *Dizer ao casal como o terapeuta entende o funcionamento deles nessa parte do relacionamento.* Terapeutas em GMCT são treinados para destacar se esse nível é uma força ou um desafio sem fornecer resultados específicos dos questionários ou das entrevistas.
3. *Checar com o casal.* É importante que eles entendam sua experiência enquanto a conversa segue o modelo da SRH e oferece *insights* sobre suas áreas específicas de dificuldade.
4. *Promover a esperança.* Ao compartilhar os níveis da SRH nos quais o casal é fraco, informar que existem exercícios específicos projetados para fortalecer essas áreas. Normalmente, os casais reagem de forma positiva ao *feedback* porque se sentem testemunhados e compreendidos. O *feedback* também cria um senso de esperança, pois os principais problemas são identificados e um plano de melhoria é oferecido. Exemplos incluem:
   a. *Tornar as discussões de conflito construtivas.* Os terapeutas fornecem intervenções GMCT para os casais lidarem com questões de conflito. Os casais aprendem técnicas para processar eventos negativos passados, aumentar a compreensão dos sentimentos e necessidades e fazer compromissos.
   b. *Melhorar a amizade, a conexão emocional e a intimidade.* No GMCT, os terapeutas têm exercícios e intervenções projetados para melhorar a amizade, conexão emocional, afeto, romance, flerte, paixão e intimidade sexual. Isso inclui dar apoio ao casal para que aumente o afeto positivo, por exemplo, por meio de brincadeiras, diversão, empolgação, prazer, alegria e aventura.
   c. *Melhorar o sistema de significado compartilhado.* Os terapeutas utilizam intervenções projetadas para tornar o sistema de significado compartilhado intencional, compreendendo e formando rituais significativos de conexão, apoiando os papéis de vida de cada parceiro e entendendo heranças culturais, metas de vida, missões, legados, filosofias, ética, moral, valores e crenças espirituais/religiosos.

Ao fim da sessão de *feedback*, o terapeuta conversa com o casal para verificar se eles estão comprometidos em iniciar a terapia de casal com base no plano de tratamento compartilhado.

Conceitualização de casos continuada

A conceitualização de casos não termina com a sessão de *feedback*. Cada sessão de terapia começa com uma microavaliação de qual sistema – amizade, gerenciamento de conflitos ou significado compartilhado – precisa de atenção naquela sessão. As intervenções selecionadas pelo terapeuta que utiliza o GMCT são projetadas especificamente para visar o sistema que precisa de melhoria. Exemplos disso são descritos no exemplo de caso a seguir.

EXEMPLO DE CASO

Charlie e Lisa são um casal de meia-idade. Eles estão casados há 23 anos e têm dois filhos adolescentes. Eles procuraram terapia de casal reclamando de discussões crescentes, menor sensação de conexão e sentimento geral de insatisfação crescente no relacionamento. O profissional era um terapeuta de casal certificado pelo Método Gottman, que atuava como terapeuta familiar e conjugal licenciado há cerca de 20 anos. Nomes e outras informações identificáveis foram alteradas. A terapia começou com um processo de avaliação-padrão do Método Gottman. O casal compareceu à primeira sessão de 90 minutos juntos. Após explicar o processo, o terapeuta iniciou a sessão pedindo ao casal que explicasse por que estavam procurando ajuda (narrativa do casal). Nesses primeiros minutos, o terapeuta notou padrões na expressão de sentimentos. Lisa expressou mais raiva e usou críticas para expressar suas queixas. Charlie estava mais calado e se defendia contra os ataques que sentia de Lisa. Já estava ficando evidente que o conflito crescente usando os Quatro Cavaleiros provavelmente era uma dificuldade importante nesse relacionamento. Lisa estava irritada porque Charlie havia desenvolvido recentemente a tendência de passar em um bar para tomar uma ou duas bebidas antes de chegar em casa do trabalho. Ela também reclamou que ele sempre foi muito passivo na criação dos filhos e que ele não participava das tarefas domésticas do modo que lhe parecia justo. Charlie afirmou que Lisa estava sendo injusta em suas críticas. Ele se via como um excelente pai, muito envolvido com os filhos. Ele também se via fazendo sua parte justa nas tarefas domésticas e ressentia-se da ranzinzice dela. Ele estava na defensiva sobre parar no bar. Ele insistia que não estava prejudicando ninguém, não estava bebendo muito e não entendia por que ela estava "fazendo tempestade em copo d'água".

Depois de ouvir as reclamações iniciais por cerca de 10 minutos, o terapeuta interrompeu a conversa e pediu-lhes que contassem a história de como se conheceram pela primeira vez. Esse foi o início da entrevista de história oral. Essa conversa semiestruturada procura traçar a história do relacionamento desde o seu início até o presente. Como discutido anteriormente, esse processo ajuda o terapeuta a entender as principais dimensões emocionais do relacionamento. A história inicial de Lisa e Charlie continha os ingredientes relacionados à satisfação e à longevidade do relacionamento. Suas histórias começaram com um alto nível de carinho e admiração. Ele a achava bonita e gentil, já ela se lembrava de pensar em sua alta inteligência e seu senso de humor. Eles foram capazes de lembrar a diversão do tempo de namoro. Lembraram-se de que se tornaram um casal quase imediatamente após se conhecerem na igreja e saírem para o primeiro encontro. Lembravam-se de detalhes claros desses primeiros momentos compartilhados, o que indicava que sua experiência inicial foi de "se voltar um para o outro" (Nível 3 da SRH). Tais memórias e sentimentos serviram como prognóstico positivo para o relacionamento e o sucesso da terapia.

Conforme a conversa de história oral continuava, ficava claro que as dificuldades começaram quando ela deu à luz o primeiro filho deles. Os sentimentos de proximidade começaram a desaparecer à medida que as demandas da paternidade surgiam. Ela começou a sentir uma ausência em seu envolvimento, e ele sentiu que estava sozinho o tempo todo. Seu estilo de gerenciamento de conflitos tornou-se mais óbvio para o terapeuta à medida que essa parte da história se desenrolava. Ambos tiveram, ao longo da vida, uma tendência vitalícia a evitar conflitos e negatividade. Embora ter um estilo compartilhado possa ser um preditor de estabilidade no relacionamento, a evitação excessiva pode levar a ressentimentos não expressos e eventos negativos não processados. Para Charlie e Lisa, sua substituição de sentimentos começou a se afastar de uma perspectiva positiva para uma mais negativa.

Conforme a conversa de história continuava, ficava claro que eles não tinham as habilidades de gerenciamento de conflitos necessárias para reparar momentos negativos. O padrão de Charlie de evitar conflitos aumentava, e ele encontrava mais motivos para manter sua distância de Lisa. Ela respondia com aumento de raiva e críticas, levando Charlie a se retirar ainda mais, exacerbando um ciclo já negativo. Esse padrão descrevia o estado atual do relacionamento.

Após completar a entrevista de história oral, o terapeuta pediu ao casal que participasse de uma conversa de 10 minutos sobre uma área de conflito. Eles escolheram discutir o problema de ele parar para tomar uma bebida depois do trabalho. O terapeuta pediu-lhes que usassem oxímetros de pulso durante essa conversa de conflito e falassem diretamente um com o outro. A conversa sobre o conflito foi muito reveladora. Lisa e Charlie tiveram dificuldade em discutir o problema. O padrão de crítica de Lisa e a defensividade de Charlie apareceu imediatamente, e logo a frequência cardíaca de Charlie ultrapassou 100 batimentos por minuto. Exteriormente, Charlie parecia calmo durante a conversa, mas sua frequência cardíaca indicava que ele estava inundado, o que levou a mais evitação (*stonewalling*). Também ficou claro na conversa que o problema de ele ir ao bar após o trabalho representava um impasse importante para o casal. Eles discutiram repetidamente, argumentaram de maneira extensiva e até tentaram fazer compromissos, mas o problema persistiu. De modo conceitual, os impasses contêm questões emocionais mais profundas e significados simbólicos que não são processados durante a discussão ou argumento e, por isso, continuam a aparecer e causar angústia no relacionamento. No final da sessão, foi pedido ao casal que preenchesse os questionários sobre o relacionamento usando o *site* do *Relationship Checkup*.

A segunda sessão foi dividida entre os parceiros, com o terapeuta passando cerca de 45 minutos com cada um. A história familiar de Lisa incluía ser criada por um pai alcoolista que era abusivo com sua mãe e os filhos quando estava bêbado. O abuso geralmente ocorria nas noites em que ele chegava em casa do trabalho depois de ficar bêbado. Ela afirmou que havia explicado essa história a Charlie, mas ele insistia que não era seu pai e não deveria ter que limitar seu comportamento por causa do abuso de seu pai. O terapeuta explorou os sentimentos de Lisa sobre o comportamento e a relutância dele em mudar. Ela se sentia machucada e sozinha por causa desse problema, mas insistia que estava comprometida em resolver os problemas no casamento e que acreditava que ele também estava.

Charlie discutiu sua história em sua sessão individual. Ele era o segundo filho em uma família com um irmão que se destacava em tudo. Charlie relatou que sempre se sentiu inferior ao irmão e que seus pais idolatravam o irmão e suas realizações. Alguns anos antes, seu irmão assumiu os negócios do pai e convenceu Charlie a vir trabalhar para ele. Charlie estava relutante, mas, com o incentivo do pai, decidiu fazê-lo. O padrão de parar para tomar uma bebida após o trabalho começou logo após essa decisão. Lisa e Charlie concordaram que sua forma de beber não era excessiva e que um *drink* geralmente era seu limite, mas ele não queria abrir mão do direito de tomar uma bebida sempre que quisesse.

Os questionários deram uma visão interessante do relacionamento que coincidia com as impressões do terapeuta e confirmavam suas hipóteses. O sistema de amizade de Charlie e Lisa, consistindo em mapas do amor, carinho e admiração, e especialmente voltar-se um para o outro em vez de se afastarem, estava se tornando mais negativo, mas ainda havia um sentimento de amor e conexão. Sua sobrecarga de sentimentos era negativa, mas ainda conseguiam ver boas intenções e ações um no outro às vezes. Seu sistema de conflitos estava cheio de experiências de escalada. As conversas começavam de maneira ríspida. Charlie se mostrava pouco inclinado a aceitar a influência de Lisa. As discussões frequentemente levavam a inundação e desligamento. Ambos relataram que evitavam o uso de desprezo durante os conflitos. Os questionários identificaram vários conflitos estagnados além de Charlie parar no bar. Especificamente, eles tinham problemas que se perpetuavam em torno da criação dos filhos e uso do dinheiro. Seus questionários mostraram um senso de significado e valores compartilhados, especialmente em relação à religião e objetivos de vida, o que era uma força do relacionamento. Abuso doméstico, tanto verbal quanto físico, foi negado por ambos, e ambos relataram não ter transtornos de humor ou vícios. Seu histórico de abuso apareceu nos questionários, assim como o alto nível de negatividade dele em relação à sua própria família de origem.

A terceira sessão é estruturada para fornecer *feedback* ao casal e conceituar as dificuldades de relacionamento deles nas categorias da SRH. Houve grande concordância de que a amizade, o amor e o afeto que estavam presentes no início do relacionamento haviam sido perdidos nos últimos anos. Tanto Charlie quanto Lisa expressaram o desejo de vivenciar o relacionamento dessa forma de novo. O terapeuta sugeriu que seriam necessários passos intencionais para reiniciar o nível de carinho e o processo de se voltar um para o outro e que ele sugeriria algumas tarefas de casa para ajudar com esses objetivos ao final da sessão. O *feedback* então passou para o sistema de conflitos deles. Eles discutiram o conceito de conflito estagnado, e tanto Lisa quanto Charlie concordaram que estavam experimentando essa dinâmica. O terapeuta sugeriu que eles usassem a segunda metade da sessão para começar a substituir o impasse por um novo diálogo sobre o problema, e eles concordaram que tal passo era desesperadamente necessário. Os efeitos negativos dos Quatro Cavaleiros foram discutidos, e ambos puderam admitir que se engajavam nesse tipo de negatividade. Eles conseguiram entender o problema da inundação emocional e como ela tornava as conversas de conflito impossíveis para eles. O terapeuta sugeriu que eles estabelecessem um novo protocolo para pedir uma pausa quando ocorresse uma inundação durante uma discussão. A questão de seus significados e valores compartilhados foi discutida como uma força no relacionamento. Eles também concordaram com o terapeuta que, no geral, seu compromisso com o relacionamento ainda era alto para ambos; também concordaram que a confiança não era tão forte quanto deveria ser. Eles não estavam preocupados com possíveis casos, mas cada um sentia que seu parceiro não estava lá para eles tanto quanto desejavam. Foi surpreendente para cada um ouvir que seu parceiro estava se sentindo assim.

Depois de dar *feedback* sobre todos os aspectos de seu relacionamento, eles puderam ver as forças e as fraquezas que haviam desenvolvido ao longo dos anos. Eles estavam mais bem capacitados para ver um caminho adiante para fazer mudanças. O terapeuta sugeriu que eles começassem a lidar com o problema travado de suas diferenças sobre ele parar no bar. Ele acreditava que tinham um desejo suficientemente alto de mudança e um *rapport* positivo suficiente com ele para iniciar a terapia com um assunto tão sensível.

Foi proposta a intervenção de sonhos dentro do conflito. Essa intervenção é projetada para mover uma conversa estagnada para uma posição de diálogo. O objetivo é entender a posição de cada um sobre o problema, o que sentem, o que precisam e por que têm essa necessidade central. A palavra *sonho* aqui se refere à necessidade central que é simbolizada pela sua posição. O exercício utiliza um formato de "falante-ouvinte". O ouvinte recebe uma série de perguntas para perguntar a seu parceiro. O objetivo é aprofundar a compreensão dos valores centrais e dos significados mais profundos por trás dos sentimentos, necessidades e significado existencial uns dos outros que estão no cerne da questão.

Charlie assumiu primeiro o papel de ouvinte e começou a fazer a Lisa as perguntas prescritas. A segunda pergunta da série é sobre histórias de infância ou eventos que afetam os sentimentos e crenças da pessoa sobre o assunto. Lisa identificou com facilidade histórias de abuso e terror que sentiu quando criança. Seu pai, em qualquer noite que se atrasasse para chegar em casa do trabalho, chegava embriagado e irritado. Ela contou as muitas vezes em que se encolheu embaixo da cama para se esconder, apenas para tê-lo arrastando-a para fora e batendo nela. Enquanto ouvia essa história, que já tinha ouvido antes, Charlie ficou na defensiva e insistiu que não era justo compará-lo ao pai dela. O terapeuta interrompeu a resposta defensiva e os ajudou a ver como a defensividade afetava negativamente o relacionamento. Charlie foi encorajado a ouvir os sentimentos de Lisa e tentar entender os gatilhos dela. Ele conseguiu aceitar alguma responsabilidade por fazer o trauma dela ser desencadeado por ele parar no bar. Conforme a conversa continuava, ficou claro que Lisa tinha um sonho de vida construído em torno de se sentir segura. Sua necessidade mais profunda era ter uma sensação de segurança para si mesma e para seus filhos, e ela precisava que esse sonho fosse honrado pelo homem com quem tinha se comprometido. Pela primeira vez, Charlie entendeu que os pedidos dela para que ele voltasse do trabalho não eram baseados na necessidade dela de controlá-lo, mas sim na necessidade dela de se sentir segura.

Uma solução simples pode parecer surgir nesse ponto: se Charlie mudasse apenas seu comportamento, Lisa se sentiria mais segura e a situação seria resolvida. No entanto, a teoria SRH demonstra porque tais soluções provavelmente serão inadequadas. Conflitos estagnados ocorrem porque cada parceiro sente que sua necessidade central mais profunda não é ouvida, não é importante e não é honrada pelo parceiro. Para que um conflito estagnado melhore e se mova para o diálogo, ambas as pessoas devem se sentir entendidas e honradas. O exercício continuou, e Lisa se tornou a ouvinte da história de Charlie. Sua resposta à pergunta sobre suas histórias de infância foi importante para sua compreensão do sonho dele, de sua necessidade central.

Charlie cresceu em uma situação familiar que não continha o tipo de disfunção que Lisa experimentou. Ele era o segundo de dois filhos e cresceu em uma família de classe média. Segundo Charlie, seu irmão mais velho era "o perfeito". O irmão tirava notas altas, se destacava nos esportes e por fim se formou em uma faculdade de prestígio. Charlie relatou como sempre se sentiu comparado de forma negativa ao irmão. Ele percebia seus pais como constantemente o pressionando para ser tão bom quanto o irmão. Ele se sentiu obrigado a praticar esportes, mesmo não sendo atlético e não gostando de esportes em equipe. Seus pais insistiam para que ele cursasse disciplinas de nível avançado e ficavam desapontados quando suas notas eram médias. Charlie lembrou-se de ser limitado em passar tempo com seus poucos amigos porque seus pais os viam como "perdedores" e insistiam que ele precisava estudar mais.

Charlie formou-se na faculdade e depois trabalhou como engenheiro em uma grande empresa, mas não gostava do trabalho. Seu irmão comprou a empresa do pai deles e a expandiu com sucesso. Ele ofereceu a Charlie um emprego com um salário muito mais alto, e Charlie aceitou. Ele tinha dúvidas sobre o relacionamento familiar, mas esperava que as coisas dessem certo. Charlie relatou que seus sentimentos no trabalho eram tão ruins quanto haviam sido durante sua infância. Seu irmão era rápido em apontar suas falhas e estava "sempre dizendo o que [ele] devia fazer!" Charlie se sentia preso e deprimido. Muitas dessas informações eram novas para Lisa, e juntos eles descobriram a necessidade central de Charlie: ele sempre quis sentir um senso de controle sobre sua própria vida. Ele precisava de autonomia, e as objeções de Lisa a ele parar para tomar uma bebida eram simbólicas para ele. Ele sentia que abrir mão de seu tempo depois do trabalho era mais do que ele poderia fazer.

Essa conversa só foi possível porque ainda havia um núcleo de conexão e compromisso no relacionamento, permitindo que eles ouvissem e tentassem honrar os sonhos um do outro. Se o sistema de amizade tivesse sido mais fraco, essa intervenção teria sido adiada até mais tarde na terapia. Após ouvir e entender os sonhos um do outro, eles conseguiram discutir maneiras de ambos terem seus sonhos e considerar compromissos. O terapeuta apresentou-lhes a intervenção dos ovais de compromisso, que os ajudou a elaborar um plano para o futuro. Eles concordaram que ele ligaria para ela todos os dias antes de sair do trabalho e a informaria se planejava passar no bar. Charlie também concordou em convidar Lisa para encontrá-lo lá, já que esperar em casa desencadeava seu medo e ansiedade. Ele concordou em ouvi-la e aceitar melhor sua influência sobre esse problema. Charlie também concordou que, se Lisa lhe dissesse "Hoje realmente não é um bom dia", ele aceitaria, mas pediu a ela que pedisse isso apenas se realmente precisasse. Por recomendação do terapeuta, ambos decidiram consultar um terapeuta individual para o trauma dela e o humor deprimido dele.

A intervenção de sonhos-dentro-do-conflito lançou luz sobre outros conflitos. Lisa focava mais do que Charlie em economizar dinheiro, e eles concordaram que a diferença de foco tinha uma dinâmica emocional semelhante a que foi descrita. Essa percepção permitiu que eles tivessem conversas melhores sobre questões financeiras. Sua grande necessidade de economizar dinheiro também estava enraizada em seu sonho de ter segurança na vida, e a necessidade dele de ser livre para gastar como escolhesse estava ligada ao seu sonho de sentir-se autônomo. Auxiliados por essas percepções, eles conseguiram fazer compromissos sobre orçamento e gastos. Entender e se importar com as necessidades e sonhos de vida um do outro também teve um efeito positivo em sua métrica de confiança. Ao ouvir e se voltar para os sentimentos negativos de seu parceiro, eles puderam experimentar um maior senso de poder contar um com o outro. Eles também conseguiram discutir diferenças sobre paternidade e tarefas domésticas usando esse modelo.

Como Lisa e Charlie sentiram que foram capazes de resolver seus problemas, eles se tornaram mais positivos sobre o relacionamento como um todo, e a negatividade começou a diminuir. A terapia, então, se concentrou em construir um maior senso de amizade e significado compartilhado. O GMCT enfatiza que relacionamentos estáveis são funcionais em três áreas principais: amizade, gerenciamento de conflitos e construção de significado compartilhado. O terapeuta sabia que era importante que Lisa e Charlie fizessem mudanças em suas interações não conflituosas. Ele utilizou intervenções específicas para ajudá-los a expressar sentimentos de afeto, gratidão e admiração. Eles também trabalharam para melhorar seu senso de se voltar um para o outro de duas maneiras significativas. Eles utilizaram o exercício do baralho de cartas "Oportunidade". Esse exercício fornece sugestões para melhorar a diversão e lazer, e eles começaram a passar mais tempo juntos. Eles planejaram uma viagem para a Europa, o que levou a muitas horas de conversas agradáveis sobre itinerário, orçamento e outros detalhes. Eles fizeram um curso de línguas juntos para se prepararem para a viagem e praticaram em casa. Eles se viam frequentemente rindo das confusões que tinham ao falar francês.

Por sugestão do terapeuta, eles criaram rituais no relacionamento que melhorariam tanto seus sentimentos de amizade quanto seu senso de significado compartilhado. Eles começaram a ter "conversas redutoras de estresse" diárias depois do trabalho, o que os ajudou a se sentirem mais positivos ao aumentar seus mapas de amor e seus momentos de se voltar um para o outro. Ouvir empaticamente seu estresse ajudou Charlie a sentir que poderia lidar melhor com a pressão do trabalho. Eles aguardavam ansiosamente essas conversas e, por escolha dele, Charlie frequentava menos o bar.

Como último passo na terapia, o terapeuta facilitou discussões sobre criar um maior senso de significado compartilhado. Lisa e Charlie eram membros de uma igreja, mas não estavam profundamente envolvidos. Eles descobriram que cada um desejava mais envolvimento na congregação e exploraram maneiras de dedicar mais tempo a essa parte de suas vidas. Eles acharam estranho que ambos quisessem isso há anos, mas nunca tivessem mencionado um ao outro. Conforme se envolviam mais, sentiam-se mais próximos um do outro e passavam tempo durante a semana planejando lições que dariam aos domingos. Eles também começaram a conversar sobre planos de aposentadoria. Eles sempre haviam presumido que permaneceriam em sua casa e comunidade, mas descobriram que considerar outras opções tinha certo apelo. As conversas sobre aposentadoria foram especialmente significativas, pois tocaram em seus respectivos sonhos de segurança e autonomia de maneiras que pareciam aceitáveis.

A terapia passou de um padrão semanal para sessões mensais e, em seguida, sessões de *follow up* em intervalos de seis meses. As sessões de checagem forneceram uma sensação de que Lisa e Charlie continuavam em um caminho positivo em seu relacionamento e estavam satisfeitos com os ganhos que haviam obtido.

APRENDENDO O MÉTODO

O treinamento do GMCT é estruturado sobretudo como um programa de certificação para terapeutas licenciados. Consiste em três *workshops*, um período de consultoria e uma revisão em vídeo. Os *workshops* de treinamento são liderados por terapeutas certificados pelo método Gottman, que foram avaliados e treinados pelo Instituto Gottman. Todos os materiais usados nos treinamentos são produzidos centralmente e distribuídos pelo Instituto.

- *Nível 1*. O *workshop* introdutório em GMCT é realizado em dois dias. Ele introduz a pesquisa e a teoria do método Gottman. Métodos de avaliação padronizados são ensinados. Demonstrativos em vídeo de sessões reais de terapia são fornecidos para demonstrar as principais intervenções usadas para o gerenciamento de conflitos, construção de amizade e aprofundamento de significado compartilhado. Esse *workshop* está aberto a qualquer profissional de ajuda que trabalhe com casais.
- *Nível 2*. Este *workshop* avançado é uma experiência de três dias. Os participantes observam sessões filmadas de terapia real ao vivo, como no *workshop* de Nível 1,

mas também têm a oportunidade de representar as intervenções em pequenos grupos sob a orientação do instrutor. É dada ênfase especial ao reconhecimento e tratamento de quatro comorbidades principais: dependência, transtorno de estresse pós-traumático (TEPT), casos extraconjugais e violência doméstica.

· *Nível 3.* Esta é uma experiência de *workshop* de prática de três dias. Os participantes fornecem casos de seu próprio trabalho para o grupo observar e usar como base para os *role plays* em pequenos grupos. O instrutor usa o caso apresentado e demonstra o uso da intervenção apropriada à situação. As representações dos participantes são baseadas nessa demonstração. Esse *workshop* é limitado a terapeutas licenciados ou estudantes de pós-graduação em um programa de terapia.

O rastreamento de certificação segue o Nível 3, com o estagiário designado a um consultor que observa vídeos de seu trabalho real e os ajuda a conceituar casos usando a teoria Gottman, desenvolver planos de tratamento adequados e fornecer intervenções terapêuticas que sejam apropriadas e consistentes com o método. As reuniões com o consultor geralmente são feitas *on-line* e podem consistir em reuniões individuais ou em pequenos grupos de no máximo três estagiários.

A revisão de vídeo é o último passo para a certificação. Com a ajuda do consultor, o estagiário prepara quatro vídeos que são revisados por um revisor treinado, que avalia a qualidade do trabalho. Quando o revisor aprova os vídeos, o terapeuta é considerado certificado.

Treinamentos adicionais estão disponíveis para terapeutas interessados, seja *on-line* ou ao vivo. Eles se concentram em treinamento adicional no trabalho com comorbidades e uso avançado de intervenções Gottman em clientes difíceis.

O Instituto Gottman também oferece treinamento para líderes com dois *workshops* psicoeducacionais baseados na pesquisa Gottman. O programa "Trazendo o Bebê para Casa" é para casais esperando a chegada de um bebê e novos pais, e "Sete Princípios" foca na melhoria geral do relacionamento.

REFERÊNCIAS

Babcock, J. C., Gottman, J. M., Ryan, K. D., & Gottman, J. S. (2013). A component analysis of a brief psycho-educational couples' workshop: One-year follow-up results. *Journal of Family Therapy, 35*, 252–280.

Bradley, R. P. C., Friend, D. J., & Gottman, J. M. (2011). Supporting healthy relationships in low-income, violent couples: Reducing conflict and strengthening relationship skills and satisfaction. *Journal of Couple and Relationship Therapy, 10*(2), 97–116.

Brown, R. L., & Rounds, L. A. (1995). Conjoint screening questionnaires for alcohol and drug abuse. *Wisconsin Medical Journal, 94*, 135–140.

Buehlman, K. T., Gottman, J. M., & Katz, L. F. (1992). How a couple views their past predicts their future: Predicting divorce from an oral history interview. *Journal of Family Psychology, 5*, 295–318.

Carrere, S., & Gottman, J. M. (1999). Predicting divorce among newlyweds from the first three minutes of a marital conflict discussion. *Family Process, 38*(3), 293–301.

Christensen, A., Atkins, D. C., Berns, S., Wheeler, J., Baucom, D. H., & Simpson, L. E. (2004). Traditional versus integrative behavioral couple therapy for significantly and chronically distressed married couples. *Journal of Consulting and Clinical Psychology, 72*(2), 176–191.

Christensen, A., Baucom, D. H., Vu, C. T., & Stanton, S. (2005). Methodologically sound, cost-effective research on the outcome of couple therapy. *Journal of Family Psychology, 19*(1), 6–17.

Coan, J., Gottman, J. M., Babcock, J. C., & Jacobson, N. S. (1997). Battering and the male rejection of influence from women. *Aggressive Behavior, 23*, 375–388.

Cohen, J. (1992). A power primer. *Psychological Bulletin, 112*, 155–159.

Connor, J. P., Grier, M., Feeney, G. F., & Young, R. M. (2007). The validity of the Brief Michigan Alcohol Screening Test (bMAST) as a problem drinking severity measure. *Journal of Studies on Alcohol and Drugs, 68*(5), 771–779.

Derogatis, L. R., Lipman, R. S., & Covi, L. (1973). SCL-90: An outpatient psychiatric rating scale: Preliminary report. *Psychopharmacology Bulletin, 9*(1), 13–28.

Driver, J. L., & Gottman, J. M. (2004a). The Specific Affect Coding System (SPAFF). *Family Process, 43*(3), 301–314.

Driver, J. L., & Gottman, J. M. (2004b). Daily marital interactions and positive affect during marital conflict among newlywed couples. *Family Process, 43*, 301–314.

Driver, J. L., & Gottman, J. M. (2004c). Turning toward versus turning away: A coding system of daily interactions. In P. K. Kerig & D. H. Baucom (Eds.), *Couple observational coding systems* (pp. 209–225). Hillsdale, NJ: Erlbaum.

Ekman, P., & Friesen, W. V. (1971). Constants across cultures in the face and emotion. *Journal of Personality and Social Psychology, 17*(2), 124–129.

Ekman, P., & Friesen, W. V. (1978). *Facial Action Coding System.* Palo Alto, CA: Consulting Psychologists Press.

Garanzini, S., Yee, A., Gottman, J., Gottman, J., Cole, C., Preciado, M., et al. (2017). Results of Gottman Method couples therapy with gay and lesbian couples. *Journal of Marital and Family Therapy, 43*(4), 674–684.

Gottman, J. M. (1979). *Marital interaction: Experimental investigations.* New York: Academic Press.

Gottman, J. M. (1994). *What predicts divorce? The relationship between marital processes and marital outcomes.* Hillsdale, NJ: Erlbaum.

Gottman, J. M. (1999). *The marriage clinic.* New York: Norton. Gottman, J. M. (2011). *The science of trust.* New York: Norton.

Gottman, J. M., Coan, J., Carrere, S., & Swanson, C. (1998). Predicting marital happiness and stability from newlywed interactions. *Journal of Marriage and Family Therapy, 60*(1), 5–22.

Gottman, J. M., & Gottman, J. S. (2015). Gottman couple therapy. In A. S. Gurman, J. L. Lebow, & D. K. Snyder (Eds.), *Clinical handbook of couple therapy* (pp. 129–157). New York: Guilford Press.

Gottman, J. M., & Gottman, J. S. (2018). *The science of couples and family therapy: Behind the scenes at the love lab.* New York: Norton.

Gottman, J. M., Gottman, J. S., Cole, C., & Preciado, M. (2020). Gay, lesbian, and heterosexual couples about to begin couples therapy: An online relationship assessment of 40,681 couples. *Journal of Marital and Family Therapy, 46*(2), 218–239.

Gottman, J. M., Katz, L., & Hooven, C. (1996). *Meta-emotion.* Hillsdale, NJ: Erlbaum.

Gottman, J. M., & Krokoff, L. J. (1989). The relationship between relationship interaction and relationship satisfaction: A longitudinal view. *Journal of Consulting and Clinical Psychology, 57*, 47–52.

Gottman, J. M., & Levenson, R. (1984). Why marriages fail: Affective and physiological patterns in marital interaction. In J. Masters (Ed.), *Boundary areas in social and developmental psychology* (pp. 110–136). New York: Academic Press.

Gottman, J. M., & Levenson, R. W. (1985). A valid procedure for obtaining selfreport of affect in marital interaction. *Journal of Consulting and Clinical Psychology, 53*, 151–160.

Gottman, J. M., & Levenson, R. W. (1988). The social psychophysiology of marriage. In P. Noller & M. A. Fitzpatrick (Eds.), *Perspectives on marital interaction* (pp. 182–200). Clevedon, UK: Multilingual Matters.

Gottman, J. M., & Levenson, R. W. (1992). Marital processes predictive of later dissolution: Behavior, physiology, and health. *Journal of Personality and Social Psychology, 63*, 221–233.

Gottman, J. M., & Levenson, R. W. (1999). What predicts change in marital interaction over time? A study of alternative models. *Family Process, 38,* 287–292.

Gottman, J. M., & Levenson, R. W. (2002). A two-factor model for predicting when a couple will divorce: Exploratory analyses using 14-year longitudinal data. *Family Process, 41,* 83–96.

Gottman, J. M., Levenson, R. W., Swanson, C., Swanson, K., Tyson, R., & Yoshimoto, D. (2003). Observing gay, lesbian and heterosexual couples' relationships: Mathematical modeling of conflict interactions. *Journal of Homosexuality, 45*(1), 65–91.

Gottman, J. M., McCoy, K., Coan, J., & Collier, H. (1996). The Specific Affect Coding System (SPAFF). In J. M. Gottman (Ed.), *What predicts divorce: The measures.* Hillside, NJ: Erlbaum.

Gottman, J. M., & Silver, N. (2012). *What makes love last?* New York: Simon & Schuster.

Jacobson, N. S., & Gottman, J. M. (1998). *When men batter women.* New York: Simon & Schuster.

Kaplan, H., Burch, N., & Bloom, S. W. (1964). Physiologic covariation in small peer groups. In P. Leiderman & D. Shapiro (Eds.), *Psychobiological approaches to social behavior* (pp. 92–109). Stanford, CA: Stanford University Press

Katz, L. F., & Gottman, J. M. (1993). Patterns of marital conflict predict children's internalizing and externalizing behaviors. *Developmental Psychology, 29,* 940–950.

Levenson, R. W., Carstensen, L. L., & Gottman, J. M. (1994). The influence of age and gender on affect, physiology and their interrelations: A study of long-term marriages. *Journal of Personality and Social Psychology, 67,* 56–68.

Levenson, R. W., & Gottman, J. M. (1983). Relationship interaction: Physiological linkage and affective exchange. *Journal of Personality and Social Psychology, 49*(1), 85–94.

Levenson, R. W., & Gottman, J. M. (1985). Physiological and affective predictors of change in relationship satisfaction. *Journal of Personality and Social Psychology, 49,* 85–94.

Locke, H. J., & Wallace, K. M. (1959). Short marital adjustment and prediction test: Their reliability and validity. *Marriage and Family Living, 21,* 251–255.

Navarra, R. J., Gottman, J. M., & Gottman, J. S. (2016). Sound relationship house theory and relationship and marriage education. In J. J. Ponzetti (Ed.), *Evidence-based approaches to relationship and marriage education* (pp. 93–107). New York: Routledge.

Rusbult, C. E. (1987). Commitment in close relationships: The investment model. In L. A. Pepiau, D. O. Sears, S. E. Taylor, & J. L. Freedman (Eds.), *Readings in social psychology: Classic and contemporary contributions* (pp. 147–157). Englewood Cliffs, NJ: Prentice-Hall.

Sawilowsky, S. (2009). New effect size rules of thumb. *Journal of Modern Applied Statistical Methods, 8,* 467–474.

Shapiro, A. F., & Gottman, J. (2005). Effects on marriage of a psycho-communicative-educational intervention with couples undergoing the transition to parenthood, evaluation at 1-year post-intervention. *Journal of Family Communication, 5*(1), 1–24.

Shapiro, A. F., Gottman, J. M., & Carrere, S., (2000). The baby and the marriage: Identifying factors that buffer against decline in marital satisfaction after the first baby arrives, *Journal of Family Psychology, 14*(1), 59–70.

Ryan, K. D. (2001). *A relapse prevention program for distress couples follow a workshop-based marital intervention* (Publication No. 3014021). Doctoral dissertation, The University of Washington. ProQuest Dissertations and Theses Global.

Waltz, J., Babcock, J. C., Jacobson, N. S., & Gottman, J. M. (2000). Testing a typology of batterers. *Journal of Consulting and Clinical Psychology, 68,* 658–699.

Weiss, R. L. (1980). Strategic behavioral relationship therapy: Toward a model for assessment and intervention. In J. P. Vincent (Ed.), *Advances in family intervention, assessment, and theory* (vol. 1, pp. 229–271). Greenwich, CT: JAI Press.

Weiss, R. L., & Cerreto, M. C. (1980). Development of a measure of dissolution potential. *American Journal of Family Therapy, 8,* 80–85.

Apêndice 15.1

Lista de problemas perpétuos[1]

- *Diferenças na arrumação e na organização.* Uma pessoa é organizada e arrumada, e a outra é desleixada e desorganizada.
- *Diferenças entre querer tempo juntos versus tempo separados e sozinhos.* Uma pessoa quer mais tempo sozinha, e a outra quer mais tempo juntos.
- *Diferenças na frequência sexual ideal.* Uma pessoa quer mais sexo do que a outra.
- *Diferenças no estilo preferido de fazer amor.* Existem diferenças no que cada pessoa deseja do ato sexual. Por exemplo, uma vê a intimidade como uma condição para fazer amor, já a outra vê o ato sexual como um caminho para a intimidade.
- *Diferenças no manejo das finanças.* Uma pessoa é muito mais conservadora financeiramente e talvez mais preocupada, e a outra quer gastar dinheiro mais livremente e tem uma filosofia de viver mais para o momento.
- *Diferenças com relação aos familiares/aos parentes.* Uma pessoa quer mais independência dos familiares/dos parentes, já a outra quer mais proximidade.
- *Diferenças na abordagem das tarefas domésticas.* Por exemplo, uma pessoa quer uma divisão igual de trabalho, já a outra, não.
- *Diferenças na criação e na disciplina dos filhos.* Uma pessoa está mais envolvida com os filhos do que a outra.
- *Diferenças na criação e na disciplina dos filhos.* Uma pessoa é mais rigorosa com os filhos do que a outra.
- *Diferenças na criação e na disciplina dos filhos.* Uma pessoa quer mais gentileza e compreensão com os filhos do que a outra.
- *Diferenças na pontualidade.* Uma pessoa costuma se atrasar, mas, para a outra, é importante chegar na hora.
- *Diferenças no nível de atividade física preferido.* Uma pessoa prefere recreação física ativa, já a outra é mais passiva e sedentária.

- *Diferenças em como lidam com as pessoas em geral.* Uma pessoa é mais extrovertida e sociável do que a outra.

- *Diferenças na influência preferida.* Uma pessoa prefere ser mais dominante na to-mada de decisões do que a outra.

- *Diferenças em ambição e importância do trabalho.* Uma pessoa é muito mais ambi-ciosa e orientada para o trabalho e para o sucesso do que a outra.

- *Diferenças com relação à religião.* Uma pessoa valoriza mais a religião do que a outra.

- *Diferenças com relação a drogas e álcool.* Uma pessoa é muito mais tolerante a drogas e álcool do que a outra.

- *Diferenças em independência.* Uma pessoa sente uma necessidade maior de ser in-dependente do que a outra.

- *Diferenças em emoção.* Uma pessoa sente uma necessidade maior de que a vida seja excitante ou aventureira do que a outra.

- *Diferenças em valores.* Existem grandes diferenças no que valorizamos na vida.

- *Diferenças em fidelidade no relacionamento.* Existem grandes diferenças no entendi-mento de o que significa ser sexualmente fiel um ao outro.

- *Outros:* Você pode adicioná-los aqui:

Apêndice **15.2**

Entrevista de história oral[1]

A seguir está a lista completa de perguntas para a Entrevista de História Oral (EHO). Quando a EHO é usada para fins clínicos, apenas as perguntas pertinentes precisam ser feitas. No entanto, a lista a seguir dá uma ideia de como todas as perguntas podem ser feitas. Certifique-se sempre de incluir aquelas relacionadas ao início do relacionamento (Perguntas 1 e 2), à transição para um relacionamento comprometido (se houve; Pergunta 3) e à transição para a paternidade (se o casal teve filhos; Pergunta 5). Transições importantes posteriores (como para a aposentadoria) devem ser questionadas se parecerem relevantes para o casal. Uma folha de resumo para a EHO está incluída nesta seção para sua conveniência.

- *Pergunta 1.* Por que não começamos desde o começo? Vamos discutir como vocês dois se conheceram e ficaram juntos. Vocês se lembram do momento em que se encontraram pela primeira vez? Contem-me sobre isso. Havia algo em seu parceiro que o destacava? Quais foram as primeiras impressões um do outro?

- *Pergunta 2.* Quando vocês pensam no tempo em que estavam namorando, antes de se casarem (ou se comprometerem um com o outro), o que vocês lembram? O que se destaca? Há quanto tempo vocês se conheciam antes do compromisso? O que vocês lembram desse período? Quais pontos de destaque vocês citariam? E de tensões? Que tipo de coisas vocês faziam juntos?

- *Pergunta 3.* Contem-me como vocês dois decidiram se casar ou se comprometer um com o outro. De todas as pessoas do mundo, o que os levou a decidir que esta era a pessoa com quem vocês queriam estar? Foi uma decisão fácil? Foi uma decisão difícil? Vocês já estiveram apaixonados? Conte-me sobre esse momento.

- *Pergunta 4.* Vocês se lembram do casamento ou da cerimônia de compromisso? Contem-me sobre isso. Vocês tiveram uma lua de mel? O que vocês lembram sobre isso?

- *Pergunta 5.* Quando vocês pensam no primeiro ano em que estavam casados (ou morando juntos), o que vocês lembram? Houve algum ajuste ao estar casado (ou morando juntos)?

- *Pergunta 6.* E quanto à transição para se tornarem pais? Contem-me sobre esse período de seu relacionamento. Como foi para vocês dois?

- *Pergunta 7.* Olhando para trás ao longo dos anos, quais momentos se destacam como os realmente bons em seu relacionamento? Quais foram os momentos realmente felizes? O que é um bom momento para vocês como casal? Isso mudou ao longo dos anos?

- *Pergunta 8.* Muitos dos casais com quem conversamos dizem que seus relacionamentos passam por períodos de altos e baixos. Vocês diriam que isso é verdade em seu relacionamento?

- *Pergunta 9.* Olhando para trás ao longo dos anos, quais momentos se destacam como os realmente difíceis em seu relacionamento? Por que vocês acham que permaneceram juntos? Como vocês superaram esses momentos difíceis? Qual é sua filosofia sobre como passar por momentos difíceis?

- *Pergunta 10.* Como vocês diriam que seu relacionamento é diferente de quando se casaram ou se comprometeram um com o outro? (Muitas pessoas têm perdas aqui; elas pararam de fazer coisas que antes lhes davam prazer. Explorem isso com o casal).

Índice